Auvergne
Bourbonnais

Le Puy de Côme. *J. Damase / Photononstop*

Les microrégions du guide :
(voir la carte à l'intérieur de la couverture ci-contre)

SOMMAIRE

B. Mollaret/Photononstop

NOS INCONTOURNABLES

NOS COUPS DE CŒUR

NOS ITINÉRAIRES

DÉCOUVRIR L'AUVERGNE

POUR CHAQUE SITE, RETROUVEZ NOS ADRESSES

7 PAYS DE THIERS ET LIVRADOIS-FOREZ

8 BOURBONNAIS

COMPRENDRE L'AUVERGNE

NATURE ET PAYSAGES

L'AUVERGNE AUJOURD'HUI

HISTOIRE

TRADITIONS ET ART DE VIVRE

ARCHITECTURE

ORGANISER SON VOYAGE

ALLER EN AUVERGNE

AVANT DE PARTIR

SUR PLACE DE A À Z

EN FAMILLE

MÉMO

NOS INCONTOURNABLES

★★★ Vaut le voyage ★★ Mérite un détour ★ Intéressant

★★★

Notre-Dame-du-Port, Clermont-Ferrand

Église du 11e-12e s. à l'unité de style incomparable et au chevet représentatif de l'art roman auvergnat. Chapiteaux du chœur parmi les plus célèbres de la région. **Voir p. 42.**

G. Gerault / hemis.fr / Getty Images

Ch. Guy / hemis.fr

★★

Gorges de la Truyère

Taillées dans les plateaux granitiques de la haute Auvergne, sauvages et étroites, elles constituent l'une des plus belles curiosités naturelles de l'Hexagone. **Voir p. 307.**

F. Cormon / hemis.fr

★★★

Parc naturel régional des Volcans d'Auvergne

Un patrimoine d'exception formé de cinq régions naturelles : Artense, Cézallier, monts du Cantal, monts Dôme et monts Dore. **Voir p. 26**.

★★

Vichy

Le centre thermal, de style mauresque (1903), signe l'apogée de Vichy, proclamée alors « reine des villes d'eau ». **Voir p. 520**.

. Lenain / hemis.fr

A. Chicurel / hemis.fr

★★

Viaduc de Garabit, Cantal

Construit par Gustave Eiffel en 1884, cet ouvrage spectaculaire enjambe les gorges de la Truyère avec audace. **Voir p. 309**.

★★★

Basilique St-Julien, Brioude

Admirez les fresques des 12e et 13e s., étonnantes par leur inventivité et leur diversité. Un réel chef-d'œuvre. **Voir p. 377.**

I. Vdovin / age fotostock

★★

Lac Pavin

Un beau jour, un volcan entra en éruption, qui creusa un cratère de 92 m de profondeur. Un sentier permet de faire le tour de cette superbe étendue d'eaux sombres. **Voir p. 182.**

F. Cormon / hemis.fr

H. Lenain / hemis.fr

H. Lenain / hemis.fr

★★★

Le Puy-en-Velay

Le rocher St-Michel d'Aiguilhe, d'un côté, le rocher Corneille de l'autre, et au centre l'extraordinaire cathédrale Notre-Dame, inscrite au Patrimoine mondial de l'Unesco. **Voir p. 328.**

★★★

Forêt de Tronçais

Avec ses futaies de chênes tricentenaires, avec lesquels on fabrique les meilleurs fûts pour le vieillissement du cognac, la forêt de Tronçais est la merveille du Bourbonnais. **Voir p. 476.**

imageBROKER / hemis.fr

★★★

Mont Mézenc

On se croirait dans le Grand Nord, à faire du ski nordique ou à se balader en traîneau à chiens au cœur de l'hiver, mais on est sur le mont Mézenc, où le vent souffle sur de vastes étendues ! **Voir p. 350.**

NOS COUPS DE CŒUR

Le Puy-en-Velay, cathédrale Notre-Dame-de-l'Annonciation.

TOP 5 **Les volcans**

1. Puy Mary (p. 252)
2. Puy de Vichatel (p. 136)
3. Puy Violent (p. 255)
4. Puy de la Vache (p. 136)
5. Puy Griou (p. 288)

Le puy Mary.
kodachrome25 / iStock

❤ **Se sentir tout petit** sur la route poétique menant de Massiac à Allanche, dans le Cantal, en passant par Le Bru. Le long de ce ruban qui serpente sur le plateau, on aperçoit le volcan Cantal au loin, et on croise parfois un tracteur. Face à l'immensité, on se sent gagné par un sentiment de plénitude … **Voir p. 395 et p. 219**.

❤ **Déguster l'aligot maison** accompagné d'une viande salers nourrie 100 % naturel, au restaurant L'Évasion, à Salers, tenu par deux jeunes chefs qui concoctent une cuisine de qualité privilégiant les produits locaux. Un pur moment de bonheur ! **Voir p. 268**.

❤ **Se perdre dans les ruelles** du Puy-en-Velay, derrière la cathédrale, en admirant les hôtels particuliers qui se dressent tout le long du parcours. Prendre le temps de détailler l'architecture des bâtiments Un voyage dans l'Histoire où les siècles défilent à vive allure. **Voir p. 328**.

❤ **Respirer un grand coup** en haut du mont Mézenc, en jouissant d'un panorama à 360° qui porte jusqu'aux Alpes par temps clair. Si l'on est très courageux, tenter l'aventure au petit matin… Prolonger la découverte par le tour du lac d'Issarlès, où les eaux bleues sont entourées d'une parure volcanique où domine la verdure **Voir p. 350**.

Massif du Mézenc, balade autour du lac d'Issarlès.
F. Guiziou / hemis.fr

Village et château de Polignac.

❤ **Découvrir l'Aventure** industrielle des Frères Michelin à Clermont-Ferrand. Voir le premier pneu automobile et l'Eclair, la première voiture sur pneus, une Micheline, la carte routière n°1, et une foule d'innovations.
Voir p. 53.

❤ **Se croire revenu au Moyen Âge** au château de Polignac, en écoutant des explications lumineuses sur la fabrication des armes de l'époque. Imaginer à quoi pouvait bien ressembler la forteresse pourvue de ses six portes successives.
Voir p. 343.

Issoire, abbatiale St-Austremoine.

TOP 5 Les églises

1. Abbatiale St-Austremoine à Issoire (p. 162)
2. Basilique St-Julien à Brioude (p. 377)
3. Basilique Notre-Dame-du-Port à Clermont-Ferrand (p. 42)
4. Église de St-Nectaire (p. 171)
5. Abbatiale de La Chaise-Dieu (p. 440)

Brioude, la Basilique Saint-Julien.
H. Lenain / hemis.fr

❤ **Prendre un verre** au Bistrot d'ici, à St-Saturnin, sur la jolie place du village, en attendant d'assister à l'un des nombreux concerts proposés. Ne pas hésiter à grimper jusqu'à la superbe église romane et le quartier ancien tout autour, où l'on jouit d'une calme absolu ; redescendre par le circuit des lavoirs. **Voir p. 152**.

❤ **Admirer un coucher de soleil** sur la plaine de la Limagne un soir d'automne, quand elle se pare de roux, de brun et d'or. La beauté du paysage fait parfois penser à la Toscane. **Voir p. 105**.

❤ **Se promener dans Issoire la nuit** lorsque l'éclairage met en valeur la richesse de l'architecture. Faire une halte face au chevet de l'abbatiale St-Austremoine en s'amusant à reconnaître les signes du zodiaque sculptés dans l'arkose. **Voir p. 160**.

❤ **Randonner dans les tourbières** de la réserve de Chastreix-Sancy en famille, où un guide fait découvrir la richesse de la flore – plus de 1 000 espèces ont été recensées ! Essayer, avec les enfants, de mémoriser toutes les plantes rencontrées. **Voir p. 193**.

Plaine de Limagne.
Ch. Guy / hemis.fr

Rosières, le ravin de Corbœuf.
L. Olivier / Photononstop

❤ Se ressourcer

à Fontanges, adorable village aux toits des maisons couverts de lauze et entouré de verdure. Aller voir la petite chapelle monolithe St-Michel, creusée dans une masse volcanique. Décider de s'arrêter pour la nuit à l'Auberge de l'Aspre afin de prolonger le plaisir. **Voir p. 268**.

Le château de Val, Bort-les-Orgues.
L. Lourdel /Photononstop

❤ Se croire transporté dans le Colorado, en faisant une randonnée jusqu'au ravin de Corbœuf, à Rosières, à l'ouest d'Yssingeaux. Les plis et les crêtes d'un jaune sable, résultant d'une étonnante formation géologique, ont comme un petit air des canyons du Far West. **Voir p. 371**.

❤ Se baigner au pied du château de Val, surmonté de tours élégantes, dans un décor enchanteur, avant de poursuivre par une balade en vedette pour découvrir les abords du barrage de Bort-les-Orgues. Prendre un café au bar situé au-dessus du plan d'eau : vue inoubliable ! **Voir p. 214**.

TOP 5 Les châteaux

1. Château d'Anjony (p. 264)
2. Château de Polignac (p. 343)
3. Château d'Aulteribe (p. 428)
4. Château de La Trémolière (p. 262)
5. Château de La Vigne (p. 271)

Le château de Polignac.
L. Olivier / Photononstop

❤ **Pique-niquer** au bord de la Sénouire à Lavaudieu, en pleine campagne. Grimper ensuite au village pour en goûter la sérénité. L'été, assister à un concert de musique classique sous les voûtes de l'ancienne abbaye, avec promenade illuminée aux chandelles pendant l'entracte **Voir p. 402**.

❤ **Rendre hommage** à ceux qui ont sauvé tant de vies et se sont dressés contre toutes les injustices, au Lieu de Mémoire du Chambon-sur-Lignon, à la muséographie éclairante. **Voir p. 365**.

❤ **Déambuler** dans le jardin de l'écomusée de la Margeride en s'extasiant devant la variété des plantes et des sites naturels reconstitués, puis découvrir dans la belle ferme de Pierre Allègre la vie d'une famille rurale du 19e s. **Voir p. 315**.

Le Chambon-sur-Lignon, Mémorial.
Picavet / Getty Images

Méandre de Queuille formé par la Sioule.

❤ **Tremper avec grande précaution un doigt** dans l'eau naturellement chaude d'une des fontaines de Chaudes-Aigues. En arpentant les ruelles, lever le nez vers les niches vitrées qui abritent des statues de saints protecteurs de chaque quartier. **Voir p. 320**.

❤ **Gagner le belvédère** du méandre de Queuille, dans les gorges de la Sioule, qui se creuse un passage dans le plateau granitique de Combrailles. Vue impressionnante et émotion garantie ! **Voir p. 496**.

❤ **Monter les marches** qui mènent à l'abbaye bénédictine de La Chaise-Dieu pour en saisir toute la majesté. À l'intérieur, s'abîmer en pensées devant la fresque murale, *La Danse macabre*, saisissante méditation sur la vie et la mort. Prendre le temps de parcourir l'église et d'admirer le chœur et ses magnifiques stalles, le jubé et le buffet d'orgue. **Voir p. 440**.

❤ **Longer les rives** de l'Allier à Vichy sur 1,5 km, bordées d'un côté par les parcs napoléoniens et, de l'autre, par les pontons, le chemin de planches, les plages et les aménagements sportifs. Déambuler sous les arbres centenaires puis aller prendre un pot dans l'une des guinguettes installées au bord de l'eau. **Voir p. 520**.

TOP 5 **Les lacs**

1. Lac Pavin (p. 182)
2. Lac d'Aydat (p. 153)
3. Lac de Lastioulles (p. 214)
4. Lac de la Crégut (p. 214)
5. Lac du Bouchet (p. 408)

Le lac Aydat.
Ch. Guy / hemis.fr

Lac du Bouchet.
H. Lenain / hemis.fr

Préparez votre voyage en retrouvant tous nos coups de cœur sur notre site internet ***voyages.michelin.fr***

Retrouvez-nous également sur Facebook® ***Facebook.com/MichelinVoyage***

NOS ITINÉRAIRES

Clermont et les monts Dôme
en 8 jours

G. Labriet / Photononstop

En bref : circuit de 160 km pour découvrir les richesses de la région.

• J-1 & 2 Clermont-Ferrand
Centre historique, basilique Notre-Dame-du-Port et musées (**p. 37**).

• J-3 Puy de Dôme
Ascension du Puy de Dôme à pied ou par le train à crémaillère (**p. 132**). Pique-nique et randonnée au sommet.

• J-4 Vulcania
Mystères du centre de la Terre (**p. 141**).

Vulcania.
F. Cormon / hemis.fr / Getty Images

• J-5 Montfermy
Découverte des gorges de Montfermy (**p. 144**) et des œuvres du chemin Fais'Art (**p. 145**).

• J-6 Orcival et Mont-Dore
Visite de la basilique d'Orcival (**p. 146**) ; après-midi au Mont-Dore (**p. 198**), montée au puy de Sancy.

• J-7 Randonnées autour de Montlosier et d'Aydat
Puy de la Vache ou puy de Vichatel (**p. 136**) depuis Montlosier et visite de la Maison du parc des Volcans (**p. 31**). Balade autour du lac d'Aydat (**p. 153**).

• J-8 Gergovie
Plateau de Gergovie (**p. 79**) et retour à Clermont pour une demi-journée.

Conseils : en saison, une navette relie Clermont à Vulcania et au Puy de Dôme. Évitez les périodes de forte affluence touristique.

Au fil des stations thermales
en 6 jours

B. Jaubert / age fotostock

En bref : 130 km pour faire le tour des villes d'eaux du Puy-de-Dôme.

• J-1 Vichy

Découverte du quartier thermal, du Vieux Vichy et des musées (**p. 520**).

• J-2 Vichy et Effiat

Promenade au bord de l'eau le matin, visite du château d'Effiat l'après-midi (**p. 106**).

• J-3 Châtel-Guyon

Découverte du domaine thermal de Châtel-Guyon le matin (**p. 101**) ; l'après-midi, direction Volvic (**p. 83**) pour les sources ou visite du château de Tournoël (**p. 86**).

• J-4 Royat

Visite de Royat, son église romane, les parcs et les thermes, puis randonnées dans les environs, dont l'arboretum (**p. 74**).

• J-5 Mont-Dore et Sancy

Le Mont-Dore (**p. 196**), visite des thermes ; ascension en téléphérique au puy de Sancy (**p. 189**) et randonnée.

• J-6 La Bourboule

Visite de La Bourboule (**p. 202**), puis excursion à la Banne d'Ordanche (**p. 204**) ou visite de la basilique d'Orcival (**p. 146**).

Conseils : en saison, profitez des forfaits détente proposés dans les centres de thermalisme ; en allant au Mont-Dore, arrêtez-vous au lac miniature de Guéry, entouré d'arbres.

Thermes du Mont-Dore.
B. Jaubert / age fotostock

De Moulins à Vichy
en 9 jours

Ch. Guy / imageBROKER / age fotostock

En bref : itinéraire de 210 km dans l'Allier.

• J-1 & 2 Moulins

Visite de la vieille ville et de ses musées, dont le Centre national du costume de scène (**p. 450**).

• J-3 Autour de Moulins

Arboretum de Balaine (sur la route, arrêt au château d'Avrilly et du Riau), (**p. 459**). Visite de l'église de St-Menoux (**p. 465**). Ou journée au PAL si vous êtes en famille (**p. 458**).

Souvigny, l'église prieurale Saint-Pierre et Saint-Paul.
H. Lenain / hemis.fr

• J-4 Bourbon-l'Archambault, Souvigny

Découverte de l'ancienne capitale des ducs de Bourgogne (**p. 462**) puis de Souvigny (**p. 467**).

• J-5 Limagne bourbonnaise

St-Pourçain-sur-Sioule (**p. 507**) et une partie du circuit de la Limagne bourbonnaise (**p. 508**), puis visite du château de Billy (**p. 511**) ou celui de Lapalisse (**p. 514**).

• J-6 & 7 Montagne bourbonnaise

Circuit des monts de la Madeleine (**p. 538**), puis direction Vichy par la vallée de la Credogne (**p. 540**).

• J-8 & 9 Vichy

Découverte de la ville (musées, opéra, centre thermal), promenade au bord de l'Allier (**p. 520**).

Conseils : le lundi, les musées sont fermés, à Moulins, St-Pourçain-sur-Sioule, et Vichy.

Les monts du Cantal
en 8 jours

Ch. Guy / hemis.fr

En bref : itinéraire de 200 km dans le Cantal.

• J-1 Autour du puy Mary
Découverte du pas de Peyrol et du puy Mary, suivie d'une randonnée (**p. 252**), puis cap sur Salers en passant par les gorges du Falgoux et le col de Néronne (**p. 255**).

• J-2 Salers
Visite de Salers (**p. 258**) et de la Cave de Salers, maître-affineur (**p. 268**).

• J-3 Autour de Salers
Suivre la route des crêtes (**p. 263**) avec visite de Fontanges, de Tournemire et du château d'Anjony en passant par le col de Legal. Puis découverte de la vallée de la Jordanne. Nuit à Lavigerie.

• J-4 Murat
Visite de la vieille ville de Murat (**p. 281**), de ses musées et de l'église de Bredons (**p. 283**).

• J-5 Alagon et Lioran
Découverte des gorges de l'Alagnon (**p. 396**), puis du Lioran (**p. 287**). Randonnée sur place.

• J-6 Vic-sur-Cère
Visite de la ville historique (**p. 290**) et randonnée au pas de Cère (**p. 292**) ou visite du château de Pesteils (**p. 294**).

• J-7 Aurillac
Visite de la vieille ville d'Aurillac et de ses musées (**p. 234**). Flânerie au gré des boutiques de produits locaux et de parapluies…

La vallée d'Alagnon.
L. Olivier / Photononstop

• J-8 Châtaigneraie cantalienne

Escapade en Châtaigneraie cantalienne (**p. 243**), notamment vers le lac et le barrage de St-Étienne-Cantalès, et le joli village de Laroquebrou.

Conseils : profitez de ce séjour pour goûter aux fromages spécifiques de la région, salers et cantal.

La Jordane à Aurillac.
B. Jaubert / Getty Images

Margeride cantalienne et gorges de la Truyère en 4 jours

Incamerastock/Photononstop

En bref : itinéraire de 120 km entre panoramas et gorges encaissées.

J-1 Saint-Flour

Visite de St-Flour (**p. 300**), la cathédrale St-Pierre et ses musées, et promenade dans les ruelles de la ville haute, bordées de jolies boutiques. Si vous avez le temps, ne manquez pas une visite au château du Sailhant, à la restauration réussie.

J-2 Margeride cantalienne

Découverte des sites de l'Écomusée de la Margeride, Ruynes-en-Margeride, ferme de Pierre Allègre et école de Clémence Fontille (**p. 315**), visite de Chaliers (**p. 316**), puis du mont Mouchet (**p. 317**) et du musée de la Résistance.

J-3 Alleuze et Garabit

Par la vallée de l'Ander, visite du château d'Alleuze (**p. 310**) et du viaduc de Garabit (**p. 309**). Détente sur l'eau au lac de Garabit-Granval.

J-4 Chaudes-Aigues et vallée de Brezons

Visite de Chaudes-Aigues (**p. 319**) le matin ; balade dans la vallée de Brezons (**p. 311**) et montée aux rochers de Turlande l'après-midi.

Conseils : pique-niquez au sommet du village de Chaliers (p. 316), pour profiter de la vue, magnifique.

Le viaduc de Garabit.
ARCO/G Lenz/Arco Images/age fotostock

À la découverte du Livradois-Forez
en 5 jours

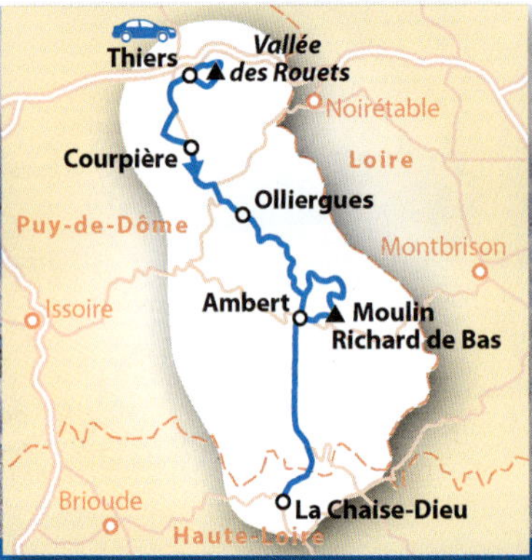

Ch. Guy / hemis.fr

En bref : itinéraire de 140 km de Thiers à La Chaise-Dieu.

J-1 Thiers

Visite de la ville haute de Thiers et de la vallée des Usines (**p. 414**).

J-2 De la Dore au Forez

Découverte de la vallée des Rouets (**p. 420**). Suivre le circuit « De la Dore au Forez » (**p. 421**) en passant par Courpière (**p. 427**) et Olliergues (**p. 422**).

L'abbatiale et le cloître de La Chaise-Dieu.
L. Olivier / Photononstop

J-3 Ambert

Visite d'Ambert et de la Maison de la fourme d'Ambert et des fromages d'Auvergne (**p. 430**). Après-midi, moulin Richard de Bas (**p. 432**) et randonnée au rocher de la Volpie (**p. 423**).

J-4 Parc naturel régional du Livradois-Forez

Randonnée pédestre (ou à VTT) dans le Livradois-Forez, nuit en chambre d'hôte (**p. 412**).

J-5 La Chaise-Dieu

Visite de l'abbaye de La Chaise-Dieu, découverte de la spectaculaire Aile de l'Écho et randonnée autour de La Chaise-Dieu (**p. 439**). En été, assister à un concert de musique classique (à réserver des mois à l'avance).

Conseils : empruntez le train touristique et panoramique (de La Chaise-Dieu à Ambert, 3h AR).

De Brioude au Mézenc par Le Puy
en 8 jours

H. Lenain / hemis.fr

En bref : itinéraire de 225 km en Haute-Loire.

• J-1 Brioude
La vieille ville et la basilique (**p. 377**), puis visite de Lavaudieu (**p. 402**).

• J-2 Haut Allier
Circuit « Églises du haut Allier et vallée de la Sénouire » (**p. 383**) par Lavoûte-Chilhac et Langeac. Visite du château de Chavaniac-Lafayette (**p. 387**).

• J-3 & 4 Le Puy-en-Velay
Visite de la vieille ville du Puy et de tous ses trésors (**p. 328**).

• J-5 Polignac et Bouzols
Château de Polignac (**p. 343**), château de Bouzols (**p. 340**) et début de visite au Monastier-sur-Gazeille (**p. 351**).

• J-6 Le Monastier-sur-Gazeille
Visite des trois musées de Monastier puis du village de Moudeyres (**p. 357**).

• J-7 Mont Mézenc
Randonnée au mont Mézenc (**p. 350**). Nuit au Chambon-sur-Lignon (**p. 364**).

• J-8 Le Chambon-sur-Lignon
Visite du Chambon (**p. 364**). Déjeuner et Spa à St-Bonnet-le-Froid (**p. 367**).

Conseils : faites provision de Fin Gras et de miel du Mézenc.

Brioude, la basilique Saint-Julien.
Ch. Guy / hemis.fr

DÉCOUVRIR L'AUVERGNE

Allègre, paysage du Parc naturel régional Livradois-Forez.
Ch. Guy / hemis.fr

Parc naturel régional des Volcans d'Auvergne

★★★

À cheval sur les départements du Cantal et du Puy-de-Dôme, le Parc naturel régional des Volcans d'Auvergne forme une mosaïque de paysages composée de cinq régions naturelles, des entités singulières et complémentaires : l'Artense, le Cézallier, les monts du Cantal, les monts Dôme et les monts Dore. Préservé, façonné et habité par l'Homme, ce territoire possède de multiples richesses : volcans, crêtes, estives, lacs, forêts… mais aussi une faune et une flore exceptionnelles, une culture et des savoir-faire vivants. Un patrimoine naturel et humain d'exception, à découvrir, respecter et préserver. La chaîne des Puys a obtenu le label du patrimoine mondial de l'Unesco en juillet 2018.

La formation des volcans d'Auvergne

Lorsque l'on arrive en Auvergne, le regard se porte d'emblée sur ses volcans. Plantés là, puissants et immuables, érodés ou acérés, ils veillent, comme de vieux sages, depuis des millions d'années pour les plus anciens. Volcans de la chaîne des Puys, emboîtés, arrondis ou égueulés – au bord échancré –, chauves ou boisés, montagnes escarpées du Cantal et des monts Dore, hauts plateaux herbeux du Cézallier et de l'Aubrac, sucs du Velay, ce sont tous les témoins de la lutte titanesque que la pierre et le feu se sont livré ici. La très grande majorité des volcans du Massif Central se déployant du nord-ouest du Puy-de-Dôme au sud-ouest du Cantal, cette histoire géologique est fondatrice du classement des volcans d'Auvergne en Parc naturel régional.

La nature volcanique des montagnes d'Auvergne n'a été reconnue qu'en 1752 avec les travaux scientifiques de **Jean-Étienne Guettard** (1715-1786). S'en sont suivies de nombreuses études qui ont largement contribué à donner naissance à la volcanologie. Aujourd'hui, si les recherches ont encore bien des choses à révéler, on connaît mieux l'histoire des manifestations volcaniques qui donnent ce caractère si singulier au Parc des Volcans d'Auvergne.

IL Y A ENVIRON 65 MILLIONS D'ANNÉES…

Les chaînes des Pyrénées et des Alpes surgissent, ébranlant fortement le Massif Central dont le centre se bombe, se lézarde et se disloque. À la faveur des fissures, le magma en fusion jaillit et les volcans s'édifient. Les premiers **volcans d'Auvergne** surgissent il y a environ 22 millions d'années, dans la **Comté** et dans le **Livradois**, au sud de la Limagne.

C'est plus récemment, il y a 13 millions d'années, qu'a débuté l'activité volcanique du Parc des Volcans d'Auvergne avec, au commencement, le **volcan cantalien**, plus grand **stratovolcan** (*p. 29*) d'Europe. Les monts du Cantal sont le fruit de multiples éruptions issues d'une même zone d'émission principale, d'où se sont échappées des coulées de lave formant des **planèzes**. Outre des phases de repos, leur activité volcanique aura duré 10 millions d'années pour se terminer il y a 3 millions d'années. Apparaissent ensuite les activités volcaniques des autres régions naturelles du Parc.

Édifié sur un soubassement granitique très ancien, le **Cézallier** correspond à une vaste étendue basaltique de plus de 500 km^2. Les éruptions y ont débuté

PARC NATUREL RÉGIONAL DES VOLCANS D'AUVERGNE

Parc des volcans d'Auvergne.
kodachrome25 / iStock

il y a environ 8 millions d'années, pour se terminer il y a seulement 110 000 ans. Le retrait des glaciers du Cézallier, 12 000 ans plus tôt, a laissé une série de dépressions humides dans lesquelles se sont développées des tourbières.

Quant à l'histoire volcanique du massif des **monts Dore**, commencée il y a 3 millions d'années, elle s'est achevée il y a 230 000 ans, livrant les différents paysages actuels : la caldeira (vallée de la Dordogne) et les massifs du Sancy, de la Banne d'Ordanche, de l'Aiguiller et Adventif. Ce stratovolcan couvre une superficie d'environ 500 km^2.

Apparaissent enfin les **monts Dômes** avec l'emblématique **chaîne des Puys**, composée de plus de 80 volcans aux formes harmonieuses. Nés de la dernière manifestation de la longue histoire volcanique du Massif Central, ils se sont érigés il y a -95 000 ans pour les plus anciens et - 8 400 ans pour les plus jeunes, ce qui confère à la chaîne des Puys une relative jeunesse.

L'ACTION DES GLACIERS ET DES HOMMES SUR LE PAYSAGE

L'atmosphère du globe subit un refroidissement général entre 75 000 et 10 000 ans avant notre ère. Les régions d'Auvergne les plus élevées et les plus exposées aux vents d'ouest humides, les **monts Dore**, l'**Artense** et le **Cantal**, sont recouvertes à plusieurs reprises par les glaciers. Leur masse se déplaçant lentement, ils rabotent les plateaux, élargissent les vallées et en redressent les versants, modelant de façon originale les cirques de montagne, comme celui de Mandailles dans le Cantal ou de Chaudefour dans le massif du Sancy. Ils laissent leur empreinte sur le pays : **buttes** rocheuses, surfaces moutonnées et striées, **tourbières.** En creusant de larges cuvettes, ils donnent naissance à des **lacs**, comme celui de la Crégut dans l'Artense, très différents des lacs de volcan.

Dès le Moyen Âge, sans comprendre qu'il s'agissait de volcans, l'homme utilise la **lave** extraite des carrières de la Nugère, près de Volvic, pour la transporter jusqu'au chantier de la cathédrale de Clermont. Il capte les eaux de sources cachées sous les anciennes coulées. C'est ainsi que naissent les **stations thermales** dont l'Auvergne est si prodigue.

L'EAU PURE DES LACS

C'est l'une des grandes originalités de l'Auvergne : la plupart des lacs sont nés de l'action des volcans. Ils occupent souvent d'anciens cratères d'effondrement, de type **maar**, qui ont été créés par des explosions d'une rare violence, et présentent des similitudes : formant un ovale régulier, ils sont entourés de versants aux pentes accentuées et remplis d'eaux d'un bleu profond, très froides. Par la fascination qu'ils exercent, ils ont donné lieu à des légendes de villes englouties et de forces obscures.
D'autres lacs d'Auvergne sont nés du barrage d'une vallée par une coulée de lave. Moins profonds que les lacs de cratère, ils sont peu à peu comblés par des algues, des sables et des galets et se transforment en tourbières. C'est le cas du lac d'En-Bas (à La Godivelle), inexorablement envahi par les herbes qui l'environnent.

LES PRINCIPAUX TYPES DE VOLCANS

Les principaux types d'éruptions volcaniques monogéniques

(c'est-à-dire issues d'une seule et même éruption relativement brève à l'échelle géologique) :
- **éruption de type effusif** donnant naissance aux cônes de **scories** : engendrés par un magma fluide, ces cônes sont caractérisés par des coulées de lave et des cônes de projections. Le cône peut être à cratère simple, égueulé, double ou emboîté. Les volcans du puy des Goules, des puys de la Vache et de Lassolas sont parmi les plus caractéristiques.
- **éruption de type explosif** donnant naissance aux **dômes** : peu nombreux, les dômes sont engendrés par un magma acide et visqueux qui s'accumule et finit par obstruer la cheminée. Les gaz ne parvenant à s'échapper que par de terribles explosions provoquent les redoutables nuées ardentes. Le Puy de Dôme, Grand Sarcoui, Clierzou en sont les plus beaux exemples.
- **éruption de type phréatomagmatique** donnant naissance aux cratères d'explosion ou **maars** : ces cratères résultent de la rencontre d'une nappe d'eau avec un magma ascendant. Le cratère peut être occupé par un lac, un marécage ou parfois simplement comblé. À voir, le gour de Tazenat ou la narse d'Espinasse.

Les stratovolcans

Édifices volcaniques complexes, les stratovolcans se sont formés grâce à une multitude d'éruptions présentant une grande variété de laves et de formes éruptives pouvant s'étendre sur plusieurs millions d'années. Cette construction

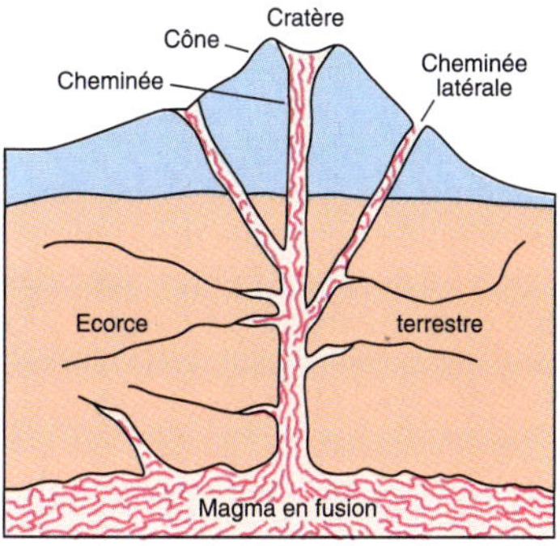

Eléments d'un volcan

MICHELIN

implique l'existence d'un réservoir de grand volume, cycliquement réalimenté à partir d'un réservoir plus profond.

Un espace protégé

Comme les autres Parcs naturels régionaux français, le Parc des Volcans d'Auvergne contribue au développement économique, social et culturel de son territoire, par la valorisation et la préservation du patrimoine. De l'agriculture à la gestion des paysages, du patrimoine naturel aux ressources en eau, de la culture au tourisme durable, le Syndicat mixte du Parc accompagne au quotidien ce territoire composé de 150 communes et d'environ 90 000 habitants dans des programmes d'actions majeurs. Il constitue ainsi un lieu d'expérimentation essentiel pour le développement durable.

La **flore**, extrêmement variée, comprend environ 2 000 espèces végétales : la gentiane, l'aconit, la digitale… ou encore le lis martagon et la jasione d'Auvergne qui sont protégés, sans oublier le peuplement végétal si particulier des tourbières.

La **faune** est tout aussi riche. Dans les forêts, les grands mammifères cohabitent avec d'autres plus rares et plus discrets : les genettes (rares), la salamandre tachetée, la rosalie des Alpes. L'activité volcanique a donné naissance à des milieux spécifiques composés de falaises, éboulis et escarpements rocheux. Ces milieux rupestres constituent des habitats privilégiés pour des espèces emblématiques comme le monticole de roche, le milan royal et le chamois. Une rencontre avec un animal sauvage est un moment privilégié. Pour augmenter vos chances, soyez discret et privilégiez l'aube et le crépuscule.

La diversité géologique, les reliefs et le climat du Parc expliquent l'exceptionnelle variété de faune, flore et milieux naturels : prairies, landes d'altitude, tourbières, lacs naturels, forêts, falaises, etc. Cette biodiversité et la qualité de sa conservation font de ce territoire un immense cœur de nature à l'échelle du Massif Central.

Certains sites, au sein du Parc, ont fait l'objet d'un classement en réserves naturelles nationales : les Sagnes de La Godivelle et le rocher de la Jaquette (Cézallier), Chastreix-Sancy et la vallée de Chaudefour (massif du Sancy). L'accès à ces zones est réglementé, mais il est possible de les découvrir, le temps d'une promenade, en respectant le code de bonne conduite en vigueur.

Un territoire attractif mais fragile

Entre amis ou en famille, à pied ou à vélo, pour arpenter les crêtes d'un volcan, découvrir les mystérieux lacs de cratère ou simplement profiter d'un cadre

POUR PRÉSERVER LA NATURE

Si la nature est un patrimoine commun, la majorité des espaces traversés par les chemins balisés sont des propriétés privées. Remporter ses déchets, rester sur les chemins balisés, ne pas déranger la faune sauvage… autant de gestes simples pour respecter la nature, les habitants et les autres visiteurs.

Nature en poche – Peut-on se baigner dans tous les lacs du Parc naturel régional des Volcans d'Auvergne ? Ai-je le droit de cueillir ces fleurs ? Puis-je faire du feu dans le Parc ou me balader avec mon chien ? etc. Autant de questions auxquelles ce petit guide répond, non sans humour. Disponible dans les offices de tourisme, il présente, grâce à des illustrations naturalistes, les milieux naturels du Parc, leur diversité floristique et faunistique ou encore les activités traditionnelles qui les façonnent - *www.parcdesvolcans.fr/natureenpoche*

naturel exceptionnel, le Parc attire de plus en plus de visiteurs. Certains puys, plus confidentiels, méritent d'être découverts : le **puy de Vichatel** *(p. 136)*, le **Capucin** *(p. 199)*, **Prat-de-Bouc** *(p. 284)*) ou encore la **butte de Brion** *(p. 228)*. Classé « Parc naturel régional » pour son équilibre fragile et son patrimoine naturel et culturel remarquable, ce territoire requiert une attention particulière, notamment dans le cadre d'activités de pleine nature. Elles doivent être pratiquées dans le respect de la diversité des usages des espaces naturels (l'agriculture, le pastoralisme, l'exploitation forestière, …).

NOS ADRESSES DANS LE PARC NATUREL RÉGIONAL DES VOLCANS D'AUVERGNE

INFORMATION ET VISITES

www.parcdesvolcans.fr/visiteur. Ce site est une mine d'informations sur le territoire, les balades ou les hébergements. Les Maisons du Parc et des Réserves proposent des espaces d'accueil et d'information pour une découverte pédagogique et ludique.

Maison du Parc des Volcans d'Auvergne – *Montlosier - 63970 Aydat - 04 73 65 64 26 - www.parcdesvolcans.fr - - juin-sept. : 10h-12h30, 13h30-18h30 ; mai : 10h-12h30, 13h30-17h30 ; de mi- à fin avr. et oct. : tlj sf mar. 10h-12h30, 13h30-17h30 - fermé de déb. nov. à mi-avr. Randonnées (1h, 2h, 2h30) accessibles à partir de la Maison du Parc. Espace pique-nique.*

Maison du tourisme des Hautes Terres et du Parc des Volcans d'Auvergne - *Pl. de l'Hôtel-de-Ville - 15300 Murat - 04 71 20 09 47 - www.hautesterrestourisme.fr - juil.-août : 9h30-18h30, dim. 10h-12h, 14h-18h ; vac. scol. (hors juil.-août) : 9h30-12h30, 14h-18h, dim. 9h30-12h30 ; reste de l'année : tlj sf dim. 9h30-12h30, 14h-18h - fermé j. fériés.*

Maison de la Réserve naturelle de la Vallée de Chaudefour – *Parc naturel régional des Volcans d'Auvergne - 63790 Chambon-sur-Lac - 04 73 88 68 80 - mai-août : 10h-12h,14h-18h - fermé sam. - visite guidée sur demande (3h) - 4 € (-6 ans gratuit).*

Maison de la Réserve naturelle des Sagnes de La Godivelle – *63850 La Godivelle - Pl. de l'Église - 04 73 71 78 12 - www.parcdesvolcans.fr - exposition et boutique juil.-août : 14h-18h.*

Maison de la Réserve naturelle de Chastreix-Sancy – *Maison de la Réserve - 63680 Chastreix-Sancy - 04 73 21 41 74 - www.parcdesvolcans.fr/reserves-naturelles - - juil.-août : 9h30-12h, 14h-18h ; reste de l'année : 9h30-12h, sam. 9h30-11h.*

HÉBERGEMENT, RESTAURATION, ACHATS

Signe de reconnaissance et de confiance, la marque « Valeurs Parc naturel régional » est attribuée par le Syndicat mixte du Parc des Volcans d'Auvergne à des **produits** (gentiane, viande salers, pâtisseries traditionnelles, miel, fromages et produits laitiers fermiers), mais aussi à des **restaurants** et **hébergements**. Ces prestataires valorisent les richesses du patrimoine naturel et culturel du Parc et s'engagent à mettre en œuvre des pratiques respectueuses de la nature. Retrouvez-les sur le site du Parc : *www.parcdesvolcans.fr/Marque-Valeurs-Parc.*

PANORAMIQUE DES DOMES

Clermont-Ferrand et ses alentours

1

Carte Michelin Départements 326 - Puy-de-Dôme (63)

Le Puy de Dôme, le train à crémaillère Panoramique des Dômes.
Ch. Guy / hemis.fr

CLERMONT-FERRAND ET SES ALENTOURS

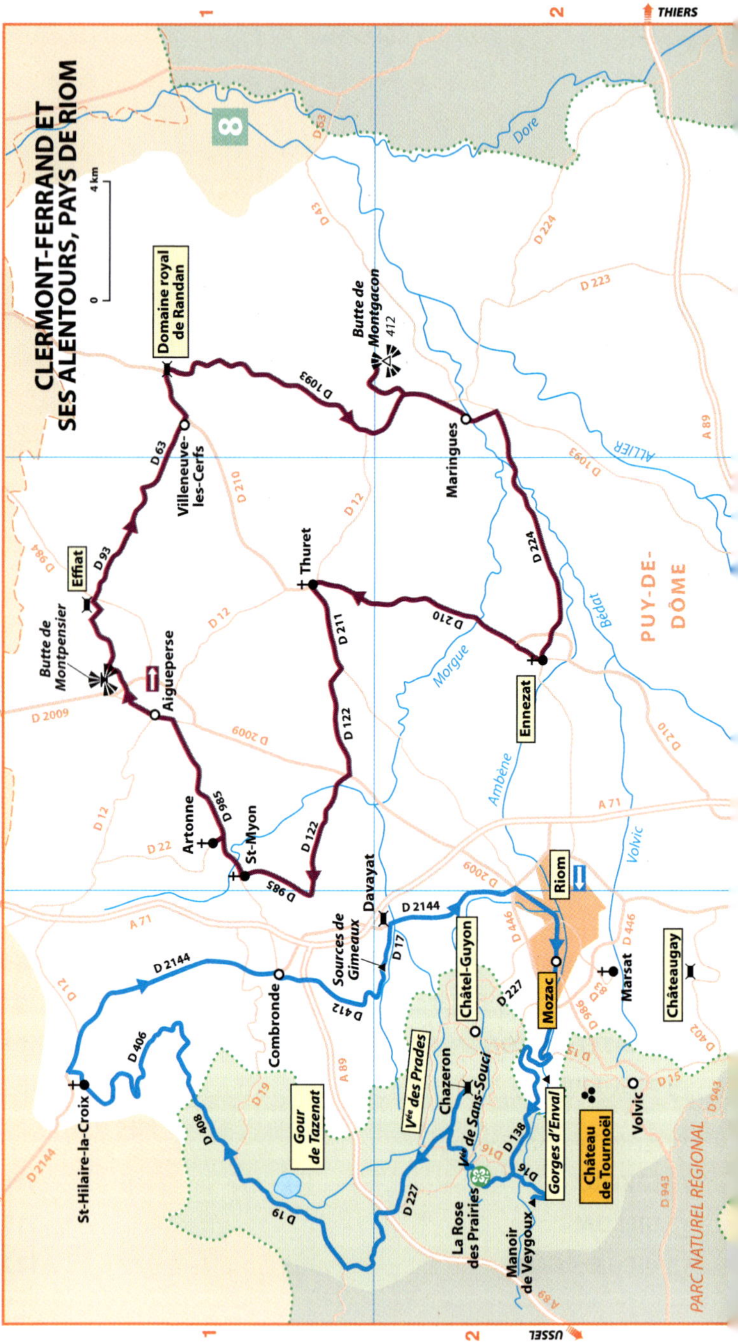

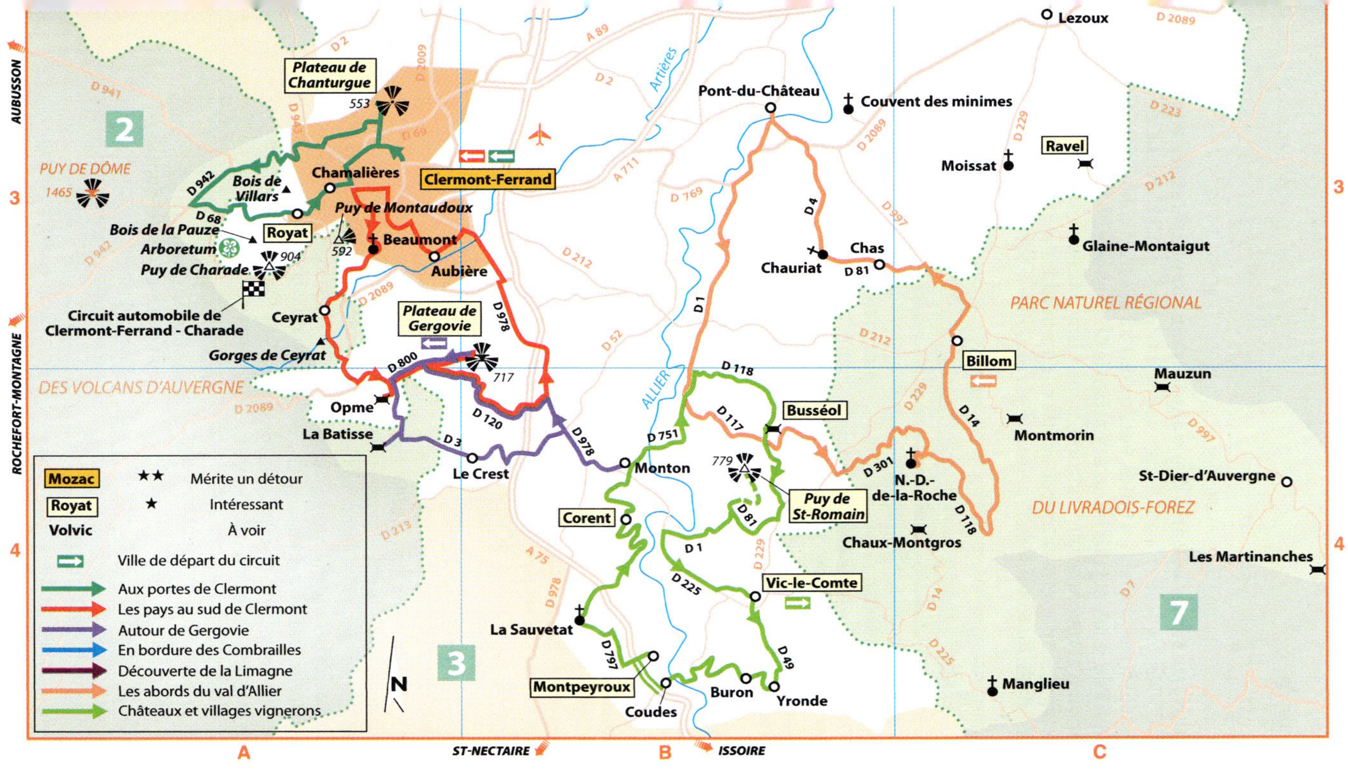

AUBUSSON
ROCHEFORT-MONTAGNE
ST-NECTAIRE
ISSOIRE
A
B
C
3
4
2
3
7
PUY DE DÔME
1465
DES VOLCANS D'AUVERGNE
PARC NATUREL RÉGIONAL
DU LIVRADOIS-FOREZ
Plateau de Chanturgue
553
Chamalières
Bois de Villars
Royat
Bois de la Pauze
Arboretum
Puy de Charade
904
Puy de Montaudoux
592
Beaumont
Aubière
Clermont-Ferrand
Circuit automobile de Clermont-Ferrand - Charade
Ceyrat
Gorges de Ceyrat
Plateau de Gergovie
717
Opme
La Batisse
Le Crest
Monton
Corent
La Sauvetat
Montpeyroux
Coudes
Buron
Yronde
Vic-le-Comte
Puy de St-Romain
779
Busséol
N.-D.-de-la-Roche
Chaux-Montgros
Billom
Montmorin
Mauzun
St-Dier-d'Auvergne
Les Martinanches
Manglieu
Glaine-Montaigut
Ravel
Moissat
Couvent des minimes
Lezoux
Pont-du-Château
Chauriat
Chas
Allier
Artières
D 941
D 942
D 68
D 2
D 943
D 2009
D 69
A 89
A 711
D 769
D 2089
D 212
D 52
D 978
D 800
D 120
D 3
D 213
A 75
D 751
D 1
D 118
D 117
D 81
D 229
D 225
D 49
D 797
D 301
D 14
D 4
D 997
D 223
D 7
Mozac
Royat
Volvic
Mérite un détour
Intéressant
À voir
Ville de départ du circuit
Aux portes de Clermont
Les pays au sud de Clermont
Autour de Gergovie
En bordure des Combrailles
Découverte de la Limagne
Les abords du val d'Allier
Châteaux et villages vignerons
N

Clermont-Ferrand

★★

14 1398 Clermontois – Agglomération : 290 000 habitants
Puy-de-Dôme (63)

Ouverte sur les volcans, Clermont-Ferrand conjugue les attraits de la ville à ceux de la splendide campagne environnante. Le vieux Clermont est bâti sur une légère butte, vestige de l'un des trois cônes volcaniques qui s'étendaient jadis jusqu'à l'entrée de Chamalières. Richesse du patrimoine et rayonnement culturel, dynamisme industriel et universitaire comptent parmi les atouts de cette cité aujourd'hui métamorphosée. La capitale historique de l'Auvergne est une ville incontournable.

NOS ADRESSES PAGE 64
Hébergement, restauration, achats, activités, etc.

S'INFORMER

Office de tourisme métropolitain – *Pl. de la Victoire - 63000 Clermont-Ferrand - ✆ 04 73 98 65 00 - www.clermont-auvergne-tourisme.com - juil.-août : 10h-19h, w.-end et j. fériés 10h-19h ; reste de l'année : 10h-18h, w.-end et j. fériés 10h-13h, 14h-18h - fermé 1er janv., 25 déc., les dim. de nov. et janv., et lun.mat. hors vac. scol.*

Visites guidées – *www.clermont-auvergne-tourisme.com - de déb. juil. à mi-sept. : centre historique de Clermont lun., merc. et vend. 15h ; secteur sauvegardé de Montferrand mar. et jeu. 15h - de mi-juil. à fin août : Clermont en nocturne jeu. 20h30 ; la basilique N.-D.-du-Port lun. et merc. 11h ; la cathédrale mar. et vend. 11h ; de déb. juil. à mi-sept. : Clermont et ses fontaines sam. 15h ; Clermont d'hier et d'aujourd'hui dim. 15h - 4,80-6,90 € selon la durée de la visite.*

Itinéraires – *Un plan « Parcours dans la ville » est disponible à l'office de tourisme. Les circuits (trois à Clermont et un à Montferrand) sont balisés et ponctués de bornes informatives.*

SE REPÉRER

Carte de microrégion B3 p. 35 – *carte Michelin Départements 326 F8.*

Métropole régionale, Clermont bénéficie d'une position géographique centrale : les autoroutes A 71, A 75 et A 89 permettent de rejoindre rapidement la ville.

SE GARER

La circulation dans le centre-ville est limitée. L'idéal est de garer sa voiture dans l'un des parcs-relais aux entrées de l'agglomération et de prendre le tramway ou de louer un vélo (*Nos adresses p. 64*).

À NE PAS MANQUER

La richesse de l'architecture en pierre noire de Volvic et notamment la cathédrale et les ruelles alentour, la basilique Notre-Dame-du-Port et le musée de l'Aventure Michelin à Montferrand.

ORGANISER SON TEMPS

Prévoyez deux à trois jours pour la découverte de la ville et des alentours. Si vous aimez la scène rock, ne manquez pas le festival Europavox en juin.

AVEC LES ENFANTS

La ville fait preuve d'un dynamisme culturel dont ils pourront largement profiter : expositions, concerts, animations, festival Puy-de-Mômes (*p. 72*). Ils apprécieront aussi le musée de l'Aventure Michelin et ses animations.

Vue sur Clermont-Ferrand et la cathédrale de Notre-Dame-de-l'Assomption.
Cultura / hemis.fr

Se promener

★★ LE VIEUX CLERMONT Plan I et plan II AB2-3

Itinéraire dans le vieux Clermont tracé en vert sur le plan de la ville (p. 41).
Flâner dans le vieux Clermont permet de découvrir de vrais trésors : hôtels particuliers, pittoresques courettes intérieures, fontaines baroques, façades ouvragées, balustrades, tourelles d'escalier...

Une signalisation touristique, jalonnant les sites et monuments importants, accompagne la visite libre de la ville.

★ Place de Jaude E2

L'origine très ancienne de ce nom demeure un sujet de controverses. Deux missels de la Renaissance désignent la place de Jaude sous le nom de *Platea Galli,* place du Coq, le patois ayant donné au mot coq les formes *jô* ou *jau* : la place de Jaude aurait été un marché à la volaille. Une seconde interprétation lie l'origine du mot « jaude » au nom d'un faubourg de Clermont appelé en langue gauloise *Vasso Galate*. Si *Wasso* ou *Vasso* désignait une divinité gauloise, *Galate*, simple nom de terroir, a évolué en *galde* ou *gialde* (10e s.), *jalde* (12e s.), pour se vocaliser en jaude.

Composée d'un grand parvis de basalte au nord prolongé par une vaste esplanade de granit, la place est traversée par une ligne d'eau de 26 **fontaines**

LA NAISSANCE D'UNE VILLE

Imaginez deux monts fortifiés, les places fortes de deux seigneurs rivaux, l'évêque et le comte. Entre **Clarus Mons**, le mont Clair, et le **mont Ferrand**, ce fut la guerre durant des siècles. Jusqu'en 1630, où un édit royal les réunit en une ville unique : **Clermont-Ferrand**.

LE COURT-MÉTRAGE À CLERMONT
Le Festival international du court-métrage s'impose comme une référence en matière de cinéma. Après la Première Guerre mondiale, la standardisation de la durée des œuvres cinématographiques (env. 100mn) porte une vive atteinte aux courts-métrages. En 1979, Clermont-Ferrand réhabilite cette discipline en accueillant un festival du court-métrage, avec une sélection internationale. Ce rassemblement est peu à peu devenu un rendez-vous incontournable des cinéphiles. Cinq ou six films de 5 à 59mn sont diffusés plusieurs fois au cours de la semaine, dans plusieurs sites de la ville. La Maison de la culture est le poumon du festival et absorbe la moitié des cinéphiles, bien secondée par les salles de cinéma et les « amphis » des facultés voisines. Ambiance assurée ! *✆ 04 73 91 65 73 - www.clermont-filmfest.com.*

résurgentes. Avec ses nombreuses terrasses de cafés et ses deux centres commerciaux, la place de Jaude constitue le cœur de l'agglomération clermontoise. De nombreux événements musicaux, culturels et associatifs rythment la vie de cet espace tout au long de l'année. C'est ici notamment qu'est érigé en décembre l'immense sapin de Noël. Et lorsque l'équipe de rugby de l'ASM obtient le titre de champion de France en 2017 et en 2010, 100000 personnes en liesse y fêtent la victoire !
Deux statues chères aux Clermontois s'élèvent de part et d'autre de la place. Celle du **général Desaix** (Louis Desaix de Veygoux), édifiée en 1848, le représente pointant le champ de bataille du doigt. Ce soldat de Napoléon, né en 1768 à Ayat-sur-Sioule, s'illustra au cours de la campagne d'Égypte où il fut surnommé le « sultan juste ». Lors de la campagne d'Italie en 1800, il joua un rôle décisif dans la victoire de Marengo, mais il y perdit la vie.
Installée face au Puy de Dôme, la statue équestre de **Vercingétorix** est l'un des emblèmes de Clermont. Son auteur, **Auguste Bartholdi** (1834-1904), réalisa notamment *La liberté éclairant le monde,* plus connue sous le nom de *Statue de la Liberté*, mais aussi le fameux *Lion de Belfort*. Vercingétorix trouva son emplacement définitif en 1903.
À la nuit tombée, vous profiterez de la mise en lumière de la place, sur les fontaines, les statues, les façades des anciennes galeries de Jaude et de l'**Opéra-Théâtre**. Inauguré en 1894, ce dernier renferme une belle salle à l'italienne. Des restaurations, achevées en 2013, lui ont rendu ses décors d'origine *(ouv. en principe lors des Journées du patrimoine ; vis. guidées organisées à dates précises par l'office de tourisme métropolitain, se rens.).*

Église St-Pierre-les-Minimes E2

L'ancienne chapelle des Minimes prit sa forme actuelle au 19e s., grâce à l'architecte Teillard. Il créa un vaste chœur, agrandit la croisée du transept et la surmonta d'un dôme. Cet édifice classique possède de belles boiseries (1736) dans le chœur, ainsi qu'une **Vierge à l'Enfant** en pierre polychrome du 14e s. *(3e chapelle à gauche).*
Prenez l'avenue des États-Unis, puis tournez à droite dans la rue des Gras.

★ Rue des Gras E1-2

Artère essentielle du centre historique, elle monte dans l'axe de la façade occidentale de la cathédrale, offrant une vue superbe sur le monument de lave anthracite. Son nom rappelle d'ailleurs l'escalier (degrés) qui menait

39

CLERMONT-FERRAND

La cité du pneu

Par quel caprice du destin, Clermont, située au cœur de l'Auvergne, loin des ports qui reçoivent le caoutchouc et le coton, et à l'écart des grandes tréfileries, est-elle devenue la capitale du pneu en France et l'un des plus grands centres mondiaux de cette industrie ? Un tout petit fait en est la cause…

AUX ORIGINES

Au beau temps du romantisme, vers 1830, un ancien notaire, **Aristide Barbier**, aux trois quarts ruiné, s'associe avec son cousin **Édouard Daubrée**, ancien capitaine aux chevau-légers du roi, pour fonder à Clermont, sur les bords de la Tiretaine, une petite usine de machines agricoles. Peu à peu, l'usine est amenée à produire des articles en caoutchouc : tuyaux, courroies, etc. Pour amuser ses enfants, Mme Daubrée, nièce du savant écossais Mackintosh, qui avait découvert la solubilité du caoutchouc dans la benzine, confectionne quelques balles ainsi qu'elle l'avait vu faire par son oncle. Ces balles ont tant de succès que Barbier et Daubrée en entreprennent la fabrication en grande série. Après avoir connu un bel essor, l'usine décline.

L'ÉPOPÉE MICHELIN

En 1886, les frères **André** et **Édouard Michelin**, petits-fils d'Aristide Barbier, la reprennent en main. En 1889, l'entreprise prend la dénomination de Michelin et Cie. Ces deux génies créateurs créent le pneu vélo démontable en 1891, le pneu pour auto en 1895, le pneu « Confort » à basse pression en 1923. Suivent en 1937 le « Métalic » à carcasse en acier qui fait du poids-lourd un véritable outil de transport, en 1946 le « Radial » (commercialisé sous l'appellation X en 1949) qui associe une carcasse radiale réglant le problème de l'échauffement et une ceinture triangulée en acier assurant la tenue de route… inlassablement perfectionné depuis.

LES FRÈRES MICHELIN, DES VISIONNAIRES

Visionnaires et précurseurs, les frères Michelin l'ont été dans tous les domaines. En 1895, *L'Éclair* est la première voiture à rouler sur l'air, équipée de pneus Michelin, et *La Jamais Contente* franchit le mur des 100 km/h en 1899. Même si la France ne compte en 1907 que 40 000 automobiles, les deux frères parient sur leur développement. Entre 1910 et 1913, Michelin cartographie la France en 47 cartes et développe ensuite la signalisation des routes au moyen des bornes Michelin, formidable publicité pour l'entreprise. Après l'automobile, André et Édouard s'attaquent à l'aviation, avec le Breguet XIV, l'avion de la victoire de la Première Guerre mondiale, puis au train, avec la Micheline qui parcourt la France et même l'étranger, et dont la type 23 est présentée à l'Exposition universelle de New York en 1939.

UN SITE D'EXPOSITION

Dans le quartier de Montferrand, l'Aventure Michelin (*p. 53*) retrace sur un espace de 2 000 m^2 l'histoire de Michelin. Des reconstitutions, des films, des véhicules, des pièces uniques dont certaines jamais présentées vous plongent au cœur de la vie du groupe.

autrefois au sanctuaire. En vous retournant, vous aurez une vue magnifique et imprenable sur le sommet du Puy de Dôme. Animée de commerces, de bars et de restaurants, la rue compte quelques belles demeures, notamment l'**hôtel Fontfreyde** au n° 34 *(voir plus loin)*. Remarquez aussi les nombreuses arcades en anse de panier des rez-de-chaussée, caractéristiques des anciennes échoppes. *Prenez la deuxième rue à gauche.*

Marché St-Pierre E1

Lun.-sam. 7h-19h. Vers la place St-Pierre convergent de pittoresques rues commerçantes, comme la **rue de la Boucherie**. Au cœur de ce quartier ancien, le marché couvert, moderne et particulièrement animé le samedi matin, est l'occasion d'une agréable pause, dans une ambiance conviviale : boire un café au comptoir ou en terrasse, découvrir les étals de produits locaux, et déguster une assiette chez l'un des meilleurs fromagers de la ville. À côté, construit en 1780 pour abriter le « poids communal », le bâtiment néoclassique de la **salle Gilbert-Gaillard**, maire de la ville (1880-1894) et industriel de la confiserie, fut successivement halle aux fromages, conservatoire de musique et salle des fêtes avant de devenir un espace d'expositions.
Rejoignez la place Gaillard.

Fontgiève plan II A2

Les petites rues bordées de bars et de restaurants, au nord-ouest du marché St-Pierre, vous conduiront à l'un des plus anciens quartiers de la ville. Délimité au nord par la **rue Fontgiève**, ce qui fut, au haut Moyen Âge, un faubourg juif, a laissé place ensuite à l'hôpital général, destiné à l'enfermement des indigents. La **chapelle** de cet hôpital *(r. Ste-Rose)*, ouverte à l'occasion d'expositions, en est le seul témoin. Le quartier est aujourd'hui occupé par la cité judiciaire, projet urbanistique des années 1980.

St-Eutrope plan II A2

En bas de la **place Gaillard**, le quartier **St-Eutrope** tient son nom de l'église néogothique, inaugurée en 1862. Les restaurations de 2014 permettent d'apprécier le travail élégant de l'architecte Hugues Imbert (1802-1876) et les vitraux historiés.
Revenez vers le marché St-Pierre et la rue des Gras.

UN VÉRITABLE GRUYÈRE !

Le sous-sol de la butte centrale de Clermont-Ferrand a connu, au cours des siècles, maintes utilisations. Les Gallo-Romains avaient déjà profité de cette roche de faible densité et très poreuse qu'est le tuf pour construire des aqueducs, des puits et des caves. Au Moyen Âge, les sous-sols servaient de commerces ou de garde-manger. Plus tard, pour faciliter la circulation, les rues furent comblées, abaissant ainsi les rez-de-chaussée des belles demeures en sous-sol. C'est pourquoi, aujourd'hui encore, certaines caves laissent apparaître de très beaux détails d'architecture. Jusqu'à la crise du phylloxéra (fin du 19e s.), le vin était gardé dans ces galeries. Il laissa sa place au fromage, qui y est affiné sur de la paille de seigle. Pendant la Seconde Guerre mondiale, les Clermontois se réfugiaient dans ces sous-sols pour se protéger des bombardements ; en 1943, 527 caves, dans 77 rues, pouvaient ainsi accueillir plus de 17 000 personnes ! Certaines ont aujourd'hui retrouvé leur usage de caves à vin.

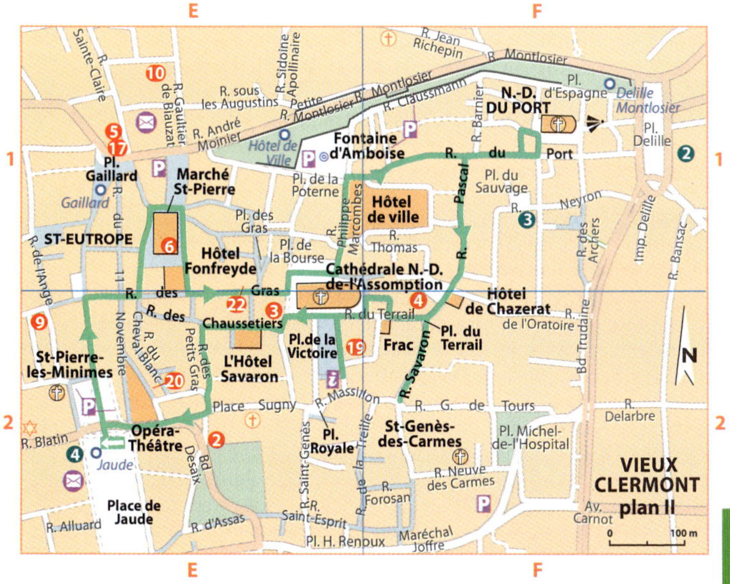

SE LOGER	SE RESTAURER	
Best Western Plus - Hôtel littéraire A. Vialatte 2	Apicius 6	Kim Oanh 3
Le Lion 4	Le Bistro des Dames 22	Le Pile-Poêle 9
5 Chambres en ville 3	Brasserie Derrière 19	La Régalade 20
	Le Comptoir des Saveurs 5	Le St-Eutrope 10
	Il Visconti 4	Le Sushi café 17
		Terres Latines 2

1

★ Hôtel Fontfreyde - Centre photographique E1

34 r. des Gras - ✆ 04 73 42 31 80 - www.clermont-ferrand.fr - 14h-19h - fermé dim.-lun., 1er janv., 1er Mai, 25 déc. - gratuit - possibilité de visite guidée sur demande (1h) 1er merc. du mois 16h.

Ce bel hôtel particulier Renaissance est également appelé « maison des Architectes ». Regardez dans la cour, visible depuis la petite rue St-Pierre, les motifs sculptés de la tourelle d'escalier et les croisées à pilastres. La façade sur la rue des Gras a été modifiée au 18e s. lors d'une opération d'alignement. L'hôtel a gardé quelques éléments de décors intérieurs, dont une impressionnante cheminée en bois sculpté. Dans la galerie du 1er étage, les vitraux (fin 19e s.) sont ornés de blasons peints, dont celui de Catherine de Médicis, comtesse d'Auvergne. L'édifice accueille aujourd'hui un centre dédié à la photographie contemporaine, qui organise d'intéressantes expositions temporaires.

Poursuivez la rue des Gras en direction de la cathédrale.

À l'angle de la place des Gras, à gauche, un linteau orné d'un **bas-relief** encastré dans la façade de la maison représente la scène du Lavement de pieds. Il s'agit d'un remploi provenant de l'ancienne église romane St-Pierre, détruite.

Continuez en direction de la cathédrale et prenez à gauche la rue Verdier Latour, qui se poursuit par la rue Boirot. Des travaux ont permis de mettre au jour un pan de l'enceinte de Clermont (3e-5e s.). Cette enceinte était l'une des plus petites de la Gaule : la ville enserrée entre ses remparts pour faire face aux attaques des barbares ne couvrait en effet que 3,6 ha.

Revenez sur vos pas, gagnez la place de la Bourse et prenez, à gauche de la cathédrale, la rue Philippe-Marcombes, bordée de quelques boutiques d'antiquités.

Hôtel de ville F1

C'est ici que se trouvait le château médiéval des comtes d'Auvergne. Au 19e s., l'ensemble fut entièrement reconstruit en style néoclassique pour accueillir l'hôtel de ville, inauguré en 1840. L'aspect monumental de sa façade à colonnes est accentué par sa position encaissée dans une rue étroite. Remarquez de part et d'autre du corps central les deux fontaines publiques. À l'intérieur, un escalier donne accès à un patio.

Poursuivez jusqu'à la place de la Poterne.

★ Fontaine d'Amboise E1

Érigée initialement place de la Victoire en 1515 grâce au mécénat de Jacques d'Amboise, évêque de Clermont, elle fut ensuite déplacée place Delille en 1808, puis cours Sablon en 1855 et enfin place de la Poterne en 1962. C'est une œuvre très rare de la Renaissance, voire exceptionnelle en France, taillée dans la lave de Volvic et comportant des réminiscences gothiques dans sa structure. La grande vasque est décorée de rinceaux (ornements en forme de branchages enroulés) dans le goût italien. Au sommet, un « homme sauvage » porte les armes de la maison d'Amboise. Remarquez une statue de **Blaise Pascal** (1880) dans le square éponyme situé en contrebas, et profitez de la vue sur le parc Montjuzet, et en contrebas sur le quartier de St-Eutrope, reconnaissable à son église et à la cité Vaudoit (maison avec une tour d'angle ornée de vitraux et coiffée en poivrière). Ne manquez pas également le panorama spectaculaire sur le Puy de Dôme.

Rue du Port F1

Autrefois l'une des principales artères commerçantes de la ville, elle tire son nom étonnant de *Portus*, lieu de marché et d'entrepôt des marchandises. Quelques cafés associatifs et galeries d'art y ont élu domicile. Certaines portes ouvragées cachent parfois la superbe façade d'un bel hôtel particulier. Au no 21, étroite maison ancienne à mâchicoulis. Remarquez à l'angle de la rue Barnier une maison du 16e s., avec bretèche (petit avant-corps plaqué sur un édifice défensif, en réalité ici simplement décoratif) ; en descendant la rue, à droite, au no 38, belle porte cochère et cour de l'hôtel élevé au début du 18e s. par le financier Montrosier de la Vilatelle. Cette rue très attachante, mais laissée un peu à l'abandon, est destinée à être réhabilitée dans les prochaines années (concours d'architectes prévu).

★★★ Basilique Notre-Dame-du-Port F1

R. du Port - ✆ 04 73 29 29 73 - ♿ - juil.-août : 8h-20h ; reste de l'année : 8h-19h - possibilité de visite guidée sur demande (50mn), s'adresser à l'office du tourisme.

Notre-Dame-du-Port fait, chaque année, l'objet d'un pèlerinage. Cette remarquable église romane fut longtemps appelée Ste-Marie-Principale, de *princeps*, « premier », titre que portait le comte. Fondée au 6e s. par l'évêque saint Avit, brûlée par les Normands, elle fut bâtie avec une exceptionnelle unité de style au 12e s. Les clochers sont des ajouts du 19e s. Basilique depuis 1881, Notre-Dame-du-Port est inscrite au Patrimoine mondial de l'Unesco au titre des chemins de St-Jacques-de-Compostelle (*ABC d'architecture p. 572 et 574*).

Extérieur – Le chevet est un exemple accompli de l'art roman. Remarquez l'harmonie des proportions, la diversité de la **décoration** (mosaïque de pierres de couleur, rosaces, modillons à copeaux, corniches en damier). Le portail roman de la façade sud est orné de sculptures dont on a retrouvé la polychromie d'origine. Sur le **linteau en bâtière** (monolithe et triangulaire, il est considéré comme une particularité architecturale auvergnate dans l'art roman) figurent : à gauche, l'Adoration des Mages ; au centre, la Présentation au Temple ; à droite, le Baptême du Christ. Dans le tympan, qu'entoure un arc outrepassé (influence orientale), le Christ trône entre deux séraphins, anges à six ailes. Les autres sculptures ont été rapportées : à gauche de la porte, Isaïe et, à droite, saint Jean Baptiste ; au-dessous de l'arc, à gauche, l'Annonciation et, à droite, la Nativité.

Intérieur – La dernière restauration a restitué le badigeon jonquille, particulièrement chaleureux, qui met en valeur les volumes et rend la basilique très lumineuse. Le **chœur★★★**, surélevé, retient particulièrement l'attention : c'est la plus belle partie de l'édifice. Il est entouré d'un déambulatoire sur lequel s'ouvrent quatre chapelles rayonnantes. Les vitraux, réalisés par l'atelier de Thévenot, maître verrier clermontois du 19e s., illustre des épisodes de la vie du Christ. Un éclairage met en valeur les détails des **chapiteaux★**, qui comptent parmi les plus célèbres de l'art roman auvergnat. L'un d'eux illustre le combat entre les Vertus et les Vices, la **Psychomachie**, tirée du poème allégorique de Prudence (5e s.). Les autres évoquent des épisodes de la vie d'Ève et de celle de Marie, issus de l'Ancien et du Nouveau Testament. Dans le bras droit du transept, très belle statue de **Vierge allaitant**, du 14e.

Crypte – Sous le chœur, la « Souterraine », chère au cœur des Clermontois, a le même plan que le chevet. Devant l'autel, on voit la margelle sculptée (16e s.) d'un puits qui devait exister bien avant la fondation de l'église. Sur l'autel trône une **Vierge noire**, reproduite au 18e s., portée dans une procession attestée dès 1614.

1

La **façade ouest**, nue et archaïque, contraste avec le reste de l'édifice. Un porche du 16e s. la précède. Le malencontreux clocher qui la surmonte fut édifié au 19e s.

Remontez la rue du Port et tournez à gauche.

Rue Blaise-Pascal F1

À partir du 16e s., des hôtels particuliers pour la noblesse clermontoise furent édifiés dans cette rue. Au n° 22, remarquez une ancienne demeure dotée d'un rez-de-chaussée à bossages et à balcon de fer forgé. Au n° 12, la chambre d'apparat de l'**hôtel Grandseigne** est visible dans le cadre des visites guidées de l'office de tourisme. Au n° 4, l'**hôtel de Chazerat**, dernier intendant d'Auvergne (agent du roi), et alors premier président de la cour des aides, est un bel édifice de la fin du 18e s. Un portail en demi-lune et un passage couvert donnent accès à une **cour ovale★**, scandée de pilastres ioniques, qui dégage une impression de majesté.

La petite **place du Terrail** est ornée d'une **fontaine**, une des plus anciennes de Clermont-Ferrand (1684). Observez sur le bassin circulaire le blason de la ville. Donnant sur la place, deux immeubles montrent des **façades** particulièrement remarquables : l'une avec des loggias et balustrades, l'autre, au-dessus du salon de thé, couronnée par un fronton portant une inscription latine, ancienne demeure du juriste Jean Savaron (début du 17e s.).

Rue Savaron F2

Dans la continuité de la rue Blaise-Pascal, cette pittoresque ruelle, qui était traditionnellement occupée par les antiquaires et les galeries d'art, a été investie ces dernières années par du *street art*, des galeries d'art alternatif, des boutiques d'encadrement et de sérigraphie, etc. Remarquez, côté impair, les très belles devantures en bois mouluré qui contribuent à son cachet. Plusieurs hôtels particuliers méritent un coup d'œil : au n° 8, l'**hôtel Luillier d'Orcières** montre une belle porte fin 18e s. ; l'**hôtel Reboul-Sadourny** *(n° 9, au fond d'une courte impasse)*, qui porte le nom d'un avocat du 18e s., conserve une porte cochère ornée d'une allégorie de la Justice et une belle cour intérieure où se dresse une fontaine. La rue Savaron est située dans le quartier de *las crottas*, des caves qui étaient utilisées autrefois pour conserver les vins, puis les fromages. *Revenez sur vos pas.*

Au 6 de la rue du Terrail se trouve le **Frac Auvergne** (Fonds régional d'art contemporain). Fort de plus de 400 œuvres, le fonds, principalement consacré à la peinture, s'inscrit au premier rang des collections d'art contemporain en Auvergne. Les grands noms de la création artistique sont montrés au public à l'occasion d'expositions temporaires, thématiques ou monographiques (*℘ 04 73 90 50 00 - www.frac-auvergne.fr - ♿ - août : tlj sf dim. 14h-18h - reste de l'année : 14h-18h, dim. 15h-18h - fermé lun., 24 et 31 déc. et j. fériés - entrée libre - possibilité de visite guidée (1h) sam. 15h et 16h30, dim. 16h30 - visite « flash » (30mn) vac. scol. : tlj sf sam.-lun. 15h ; reste de l'année : merc. et vend. 15h.*

En sortant, prenez la rue Fléchier à droite puis gagnez la rue des Grands-Jours qui contourne le chevet de la cathédrale.

★★ Cathédrale Notre-Dame-de-l'Assomption E1-2

Pl. de la Victoire - ℘ 04 73 98 65 00 - www.clermontauvergnetourisme.com - 7h30-12h, 14h-18h, dim. et j. fériés 9h30-12h, 15h-19h30 (en dehors des offices) - entrée libre - possibilité de visite guidée de mi-juil. à fin août sur demande à l'office de tourisme (4,80 €, -18 ans gratuit). Ce sanctuaire, dans le style du gothique rayonnant d'Île-de-France, doit son impressionnante couleur noire à l'**andésite**, une pierre issue de la coulée volcanique provenant du puy de la Nugère à côté de Volvic. Il s'agit de la seule grande cathédrale au monde bâtie en pierre de Volvic. L'édifice actuel fut construit à l'emplacement d'une église romane dont ne subsiste que la crypte. Les travaux, lancés en 1248, furent confiés à Jean Deschamps, qui travailla sur ce projet jusqu'à sa mort, vers 1295 ; on lui doit le chœur, qui vit s'unir en 1262 le futur Philippe III dit le Hardi (fils de Saint Louis, présent à la cérémonie) et Isabelle d'Aragon. Son fils poursuivit la construction et éleva le transept, les deux portails nord et sud, la première travée de la nef, puis les tours, dont celle de la Bayette.

La construction de la cathédrale continua au cours de la première moitié du 14e s., sous la direction de **Pierre de Cébazat**, l'un des maîtres d'œuvre de La Chaise-Dieu (*p. 439*), qui ajouta trois nouvelles travées à la nef. Le chantier fut interrompu par des difficultés financières et par la guerre de Cent Ans, et c'est au début du 16e s. qu'une toiture en plomb remplaça celle d'origine : elle est surmontée d'un arbre de Jessé (19e s.), supportant une statue de la Vierge. La cathédrale fut largement épargnée par la Révolution, à l'exception du mobilier liturgique, des stalles et statues, et des tours (celle de la Bayette ne subit aucun dommage). Il fallut attendre 1866 pour que **Viollet-le-Duc** reprenne les plans d'achèvement des travaux, qu'un de ses élèves put mener à bien. En 1884, la dernière travée de la nef, la façade ouest et ses belles flèches élevées à 108 m

LA PIERRE DE VOLVIC

La trachyandésite, andésite, « pierre éternelle », appelée aussi « lave » ou « pierre de Volvic », a façonné et teinté la ville de Clermont-Ferrand et ses environs. Son utilisation remonte à l'époque gallo-romaine, mais la période la plus représentative correspond à celle des constructions gothiques. Cette pierre provient de la coulée d'un des plus vieux volcans de la chaîne des Puys, le **puy de la Nugère**. Vous la rencontrerez un peu partout : églises, fontaines, bancs publics, mais aussi au cimetière des Carmes, où de nombreuses stèles sont de véritables œuvres d'art.

de hauteur étaient terminées. La réalisation des marches, en façade principale, date du début du 20e s. Vous repérerez l'emplacement de la maison natale de Blaise Pascal *(détruite)* par une inscription et un traçage au sol, place Lemaigre.
L'entrée s'effectue soit par le portail sud, sur la place des Victoires, soit par le **portail nord** du transept que domine la tour de la Bayette. À cette tour s'accroche la tourelle de la Guette, qui était surmontée de la loge du guetteur. L'impression de grande légèreté que donnent le vaisseau central et, surtout, le pourtour du chœur, traduit la virtuosité technique propre au gothique rayonnant. L'emploi de la lave, qui possède des qualités de résistance exceptionnelle, a permis d'amincir les piliers, les arcs des voûtes et les divers éléments des baies.
Votre regard sera très vite attiré par les superbes **vitraux★★** (12e-20e s.), aux dominantes de bleus et de rouges. Le semis de lys de France et de tours de Castille qui en décore certains tendrait à prouver qu'ils datent de l'époque de Saint Louis (hypothèse plausible, puisque le roi aurait pu en faire don à l'occasion du mariage de son fils en 1262). Le transept est éclairé par deux magnifiques rosaces, à l'intense coloration rouge *(sud)* ou bleue *(nord)*, dont les lancettes s'inscrivent dans un carré.

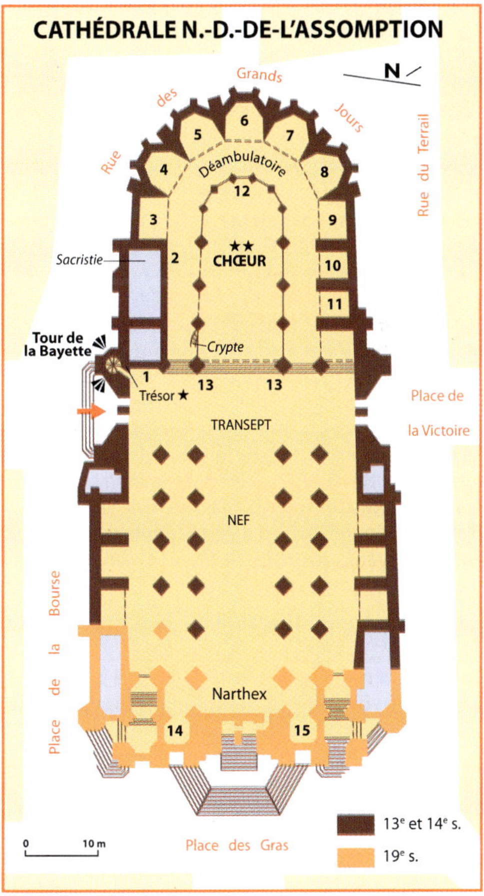

QUAND LE LAÏC ET LE RELIGIEUX COHABITENT

Apposée au fronton du **portail nord**, une inscription proclame : « Le peuple français reconnaît l'Être suprême et l'immortalité de l'âme. » Étonnant pour une église… Mise au jour il y a une dizaine d'années lors de travaux de réfection, cette phrase d'un discours de Robespierre, qu'il prononça devant la Convention en 1794, rappelle que celui-ci, loin de vouloir détruire la cathédrale, voulut en faire un lieu de rassemblement des citoyens…

Les chapelles du chœur abritent un des plus riches ensembles de **fresques★** du 12e au 15e s. conservé dans une cathédrale française.

En suivant le plan ci-dessous, vous remarquerez particulièrement les éléments suivants :

1) Tribune du croisillon nord – Belle **horloge à jacquemarts** du 16e s., dotée d'un mécanisme des 17e et 18e s. Elle fut enlevée à Issoire lors des guerres de Religion. Son ensemble en bois doré comprend trois statues de 1,70 m. Au milieu, le temps est représenté par un vieillard à longue barbe. À ses côtés, deux automates (Mars et Faunus) frappent les heures de leur marteau. Les aiguilles, en forme de flèche, évoquent les regrets du temps qui passe…

2) Sacristie – Au-dessus de la porte, encadrée de feuillages, trois peintures votives des 13e et 15e s. en partie superposées.

3) Chapelle St-Georges – Vitrail, aux couleurs chatoyantes, et **peinture murale** du 13e s. sur la vie et le martyre du saint.

4) Chapelle St-Austremoine – À droite, arrivée d'Austremoine en Auvergne, dont il sera le premier évêque ; au centre, son martyre ; à gauche, les miracles accomplis après sa mort. Remarquez aussi l'autel baroque.

5) Vitraux de sainte Marie Madeleine – Évoquant la fin de sa vie. Autel et pietà des 17e et 18e s. Peinture représentant le martyre de saint Sébastien ainsi qu'une touchante Vierge à l'Enfant.

6) Chapelle du Saint-Sacrement (chapelle axiale) – À gauche, la vie de saint Jean Baptiste ; au centre, l'enfance du Christ ; à droite, le miracle de Théophile. La pièce maîtresse est une superbe **Vierge en majesté** romane, contemporaine de celles de Marsat et d'Orcival, et l'héritière probable de la Vierge d'or d'Étienne II, leur prototype, qui fut détruite à la Révolution. Statue polychrome à l'origine, la peinture ébène qui en recouvre le visage et les mains depuis 1833 la range à tort parmi les Vierges noires. Le mobilier moderne, **devant d'autel** et tabernacle, ont été réalisés par un artiste du Puy-en-Velay, Philippe Kaeppelin.

7) Vitraux de saint Bonnet – Évêque de Clermont au 7e s.

8) Chapelle Ste-Anne – Au centre, les vitraux du 12e s., provenant de l'ancienne cathédrale, retracent la vie du Christ.

9) Chapelle Ste-Marguerite – Retable et Adoration des bergers du 17e s.

10) Vitraux de sainte Agathe et **statue du Christ** du Jugement dernier, du 14e s., dont le drapé est superbe.

11) Chapelle St-Arthème – Le **chœur★★** est fermé par de grandes arcades très légères. Au-dessus du triforium, les hautes **verrières (12)** des 13e et 14e s. sont traitées sur fond de grisaille et représentent une seule grande figure par lancette ; on reconnaît l'Assomption. Dans le chœur, remarquez le **maître-autel** en cuivre doré dessiné par Viollet-le-Duc. Accrochées aux piliers du transept, deux **statues (13)** de la Vierge et de saint Jean, du 15e s., proviennent de l'ancien jubé démoli en 1793. Au fond des bas-côtés **(14, 15)**, deux **vitraux** contemporains illustrent l'Apocalypse et la Genèse. La chapelle sous le clocher gauche abrite également des statues provenant du jubé détruit.

Crypte – *Inaccessible à la visite, jusqu'à nouvel ordre.* Bâtie au 10e s. avec déambulatoire et chapelles rayonnantes, la crypte fut altérée au moment de la construction de la cathédrale gothique. Elle renferme un très beau **sarcophage★** du 4e s. en marbre blanc ; sur la façade principale, une frise de personnages sculptés encadre la défunte. Un second sarcophage, du 5e ou 6e s., trouvé sous le dallage de la cathédrale, représente le Christ et les apôtres. Dans le déambulatoire se trouvent des **peintures murales** des 12e et 13e s.

Trésor★ – *Inaccessible à la visite, jusqu'à nouvel ordre.* Situé au-dessus de la sacristie des chanoines, il présente des collections allant du 12e au 19e s. : orfèvrerie et émaux, reliquaires, instruments liturgiques, vêtements sacerdotaux et liturgiques. **Sculptures romanes** (Vierges en majesté, grand Christ et tête de Christ) et du 16e s.

Tour de la Bayette – *Inaccessible à la visite, jusqu'à nouvel ordre.* Située au portail nord, l'unique tour d'époque médiévale ayant survécu est surmontée d'une terrasse et d'une tourelle renfermant une cloche. Elle a servi de tour de guet.

Place de la Victoire E2

Sur cette place piétonne se trouve l'office de tourisme. Hors sais., il organise diverses visites thématiques (demandez le programme « Les visites guidées de l'office de tourisme métropolitain »). Vous pourrez y découvrir l'**Espace Art roman**. Un opéra d'images, intitulé *Le Jeu de la pierre et de la foi,* rend hommage aux bâtisseurs des 11e et 12e s. Il abrite également un espace dédié au riche patrimoine de la ville et une boutique de souvenirs. Au centre de la place, la fontaine érigée en 1895 est surmontée de la statue en bronze d'**Urbain II,** qui prêcha à Clermont la première croisade croisade, en présence d'une quinzaine de cardinaux et de plus de 300 évêques. C'est sans aucun doute d'ici que l'on profite de la plus belle **vue** d'ensemble sur la cathédrale. Les nombreuses terrasses déployées sous les tilleuls de Hollande en témoignent.

Place Royale E2

Derrière la place de la Victoire, levez les yeux sur la très belle **façade Art nouveau** d'une ancienne pharmacie. Cette étonnante devanture ornée de ferronneries, protégée au titre des Monuments historiques, a été conçue en 1901 par Louis Jarrier. Admirez aussi la **fontaine** du 19e s., dont les vasques adossées sont surmontées par un groupe de deux Amours potelés, en fonte dorée. De là, vous pouvez profiter d'une belle perspective sur une partie de la ville, en contrebas, et sur le sommet du Puy de Dôme.

Revenir sur la place de la Victoire, qui donne accès à la rue des Chaussetiers.

UN CERTAIN BLAISE PASCAL…

C'est à Clermont que naît le grand Pascal (1623-1662), écrivain et penseur de génie, dont les ouvrages capitaux, *Les Provinciales* et les *Pensées,* comptent parmi les chefs-d'œuvre de la littérature française. Prodigieusement doué pour les lettres, Pascal l'était aussi pour les sciences. Dès l'âge de 12 ans, il manifesta d'exceptionnelles dispositions pour la géométrie, et à 16 ans il étonna Descartes par son *Traité des sections coniques*. Deux ans plus tard, il mettait au point une machine à calculer. La brouette ou vinaigrette, chaise à porteurs à deux roues, est aussi l'une de ses inventions. On lui doit également les carrosses à cinq sous, à parcours fixe et à départs réguliers, qui connurent, dès leur apparition, un merveilleux succès et furent à l'origine des omnibus parisiens. C'est lui enfin qui, avec l'aide de son beau-frère Périer, prouva la pesanteur de l'air.

1

CLERMONT-FERRAND ET SES ALENTOURS

SE LOGER		
Best Western Lafayette 5	Chambres d'hôte Le Petit Siam 6	Hôtel Mercure Centre Jaude 4
	Chambres d'hôte La Villa Pascaline 12	Hôtel Oceania 1

CLERMONT-FERRAND

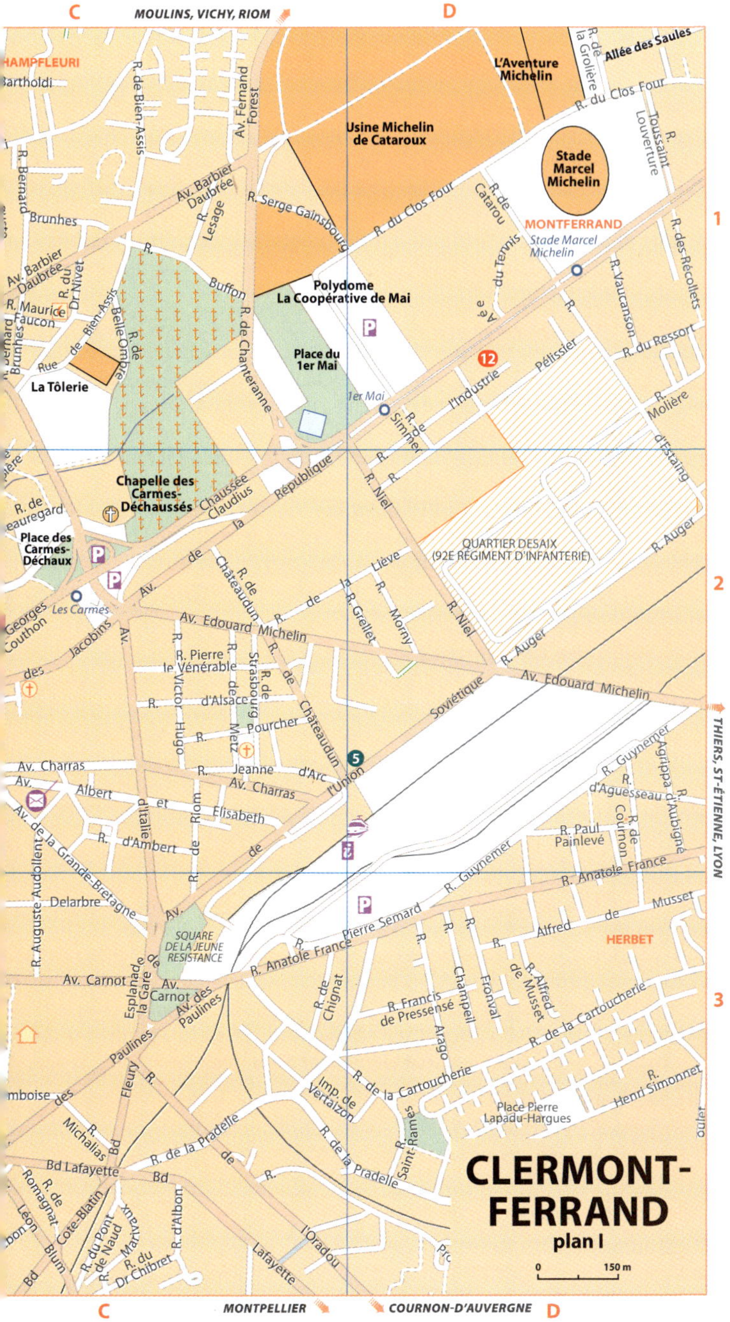

SE RESTAURER

Alfred 15
Bougnat Burger 2
L'Écureuil.................... 11
L'En-But 12
L'Odevie....................... 7
Pavillon Lecoq............... 5
Polypode...................... 6

Rue des Chaussetiers E2

Les marchands de meubles et de tapis ont cédé la place à un bar à vin et des boutiques vintage dans les rez-de-chaussée voûtés des maisons anciennes, qui se caractérisent par des arcades et d'imposantes portes. Au n° 3, remarquez l'**hôtel Savaron** (1513) : dans la **cour★**, la tourelle d'escalier, reliée au bâtiment principal par trois étages de paliers suspendus, s'ouvre par une belle porte sculptée dite « des Hommes sauvages ». Au n° 10, notez un portail gothique et des fenêtres à meneaux. Et, à l'angle de la rue des Petits-Gras, admirez des arcades romanes du 12e s., les plus anciens témoignages de ce style dans l'architecture civile à Clermont.

AU SUD DE LA PLACE DE JAUDE Plan I

Au sud de la butte centrale et de la place de Jaude se développe un quartier aéré qui témoigne de l'expansion de la cité à partir du 18e s. Ses artères, plus larges et régulières que dans la vieille ville, sont bordées d'immeubles élégants. Espace de transition entre le centre historique et le secteur des universités, on y rencontre beaucoup d'étudiants. Remarquez devant le musée Bargoin et le vaste jardin Lecoq **l'Obélisque** dédiée à Desaix, érigée en 1801. Une grande mutation urbanistique est en cours sur le site de l'hôtel-Dieu désaffecté, avec la construction de la Grande Bibliothèque *(ouverture prévue en 2022)*, qui prendra place dans l'ancien pavillon Dijon. Logements, bureaux et commerces sont également au programme.

Église St-Genès-des-Carmes Plan I F2

R. Neuve-des-Carmes - ✆ 04 73 29 29 70 - ♿ - 9h-18h - fermé w.-end - possibilité de visite guidée sur demande. Construite par les pères Carmes au début du 14e s., et placée sous le vocable de sainte Anne, cette église conventuelle devint paroissiale vers 1800, et fut alors rebaptisée. La flèche néogothique date de 1849. Remarquez les stalles en bois autour du chœur. L'église possède un bel orgue de 1845, et bénéficie d'une acoustique remarquable qui lui vaut d'être le cadre régulier de concerts.

Rue Ballainvilliers Plan I B3

Cette belle artère a été tracée en 1761 par Simon Charles de Ballainvilliers, intendant d'Auvergne. Promenade à la mode sous le Directoire et l'Empire, elle montre encore de beaux immeubles. Arrêtez-vous devant le n° 27. Il a été construit par l'architecte Tachet à la fin du 19e s. pour le pharmacien Bargoin qui en fit don aux hospices de Clermont. Jean-Baptiste Bargoin est aussi à l'origine de la construction du musée éponyme. Un buste, au tympan de la porte cochère, rend hommage à ce bienfaiteur de la ville.

★ Musée Bargoin Plan I B3

45 r. Ballainvilliers - ✆ 04 43 76 25 50 - www.clermontmetropole.eu - 10h-12h, 13h-17h, dim. 14h-19h - fermé lun., 1er janv., 1er Mai, 1er nov., 25 déc. - visite guidée

LA FUTURE SCÈNE NATIONALE

D'ici l'automne 2019, l'ancienne gare routière, située à 700 m au sud de la place de Jaude, abritera **la Comédie**, scène nationale, qui jusqu'ici se produisait au sein de la Maison de la Culture. Cette construction s'inscrit dans une vaste politique de développement culturelle de la ville. Conçu par l'architecte portugais Eduardo Souto de Moura, ce lieu identitaire comprendra deux salles de spectacle de 900 et 350 places, un espace d'exposition et une brasserie.

sur demande - 5 € (-18 ans gratuit) - gratuit 1er dim. du mois et J. nationale de l'archéologie (juin).
Édifié au début du 20e s. grâce au legs de **Jean-Baptiste Bargoin**, pharmacien clermontois, il associe un parcours permanent lié à l'archéologie à des expositions temporaires consacrées aux arts textiles extra-européens. Dans le hall, bel escalier monumental.
Département archéologie – Il présente des collections archéologiques issues essentiellement des fouilles pratiquées depuis le 19e s. dans le département du Puy-de-Dôme. Il retrace l'histoire du territoire du paléolithique à la période gallo-romaine, mettant en valeur des sites et des collections majeures comme le **trésor de Manson** (une centaine d'objets en bronze datant de la fin de l'âge du bronze), les *oppida* gaulois de Corent et de Gergovie, le temple de Mercure au sommet du Puy de Dôme datant de la fin de l'âge du bronze), les oppida gaulois de Corent et de Gergovie, le temple de Mercure au sommet du Puy de Dôme (notamment des stèles à l'effigie du dieu), la nécropole gallo-romaine des Martres-de-Veyre (connue pour l'exceptionnel état de conservation des objets déposés dans les tombes, qui permettent d'évoquer les pratiques funéraires locales). Il révèle aussi l'histoire de la ville d'*Augustonemetum* (Clermont-Ferrand antique) qui ne cesse de se dévoiler au fil des opérations archéologiques : **mosaïque à tête de Méduse★**, en excellent état ; **pied monumental en bronze**, appartenant à une statue de 2,70 à 3,50 m, qui ornait peut-être un grand édifice public d'*Augustonemetum*. Très riche collection de vases grecs et étrusques, en excellent état de conservation.
Département Arts textiles – Il conserve une collection unique en France de pièces extra-européennes allant du 18e au 21e s. : vêtements, tapis, objets mobiliers ou cultuels... Elles ne sont présentées que dans le cadre d'expositions temporaires thématiques, et tous les deux ans à l'occasion du Festival international des textiles extraordinaires (les années paires à Clermont-Ferrand) dont le musée est cofondateur et coorganisateur. Entre deux expositions, ces textiles remarquables ne sont pas visibles (*Renseignez-vous avant de vous déplacer*).

★ Muséum d'histoire naturelle Henri-Lecoq Plan I B3

15 r. Bardoux - 04 43 76 25 60 - www.clermontmetropole.eu - mai-sept. : 10h-12h, 14h-18h, dim. 14h-18h ; reste de l'année : 10h-12h, 14h-17h, dim. 14h-17h - fermé lun. et j. fériés - 5 € (-18 ans gratuit) - gratuit 1er dim. du mois.
Ainsi nommé en l'honneur du pharmacien et naturaliste **Henri Lecoq**, qui fut également responsable du jardin éponyme, ce muséum est installé dans l'hôtel particulier même du savant. Un espace restitue d'ailleurs son bureau et cabinet de travail, avec ses meubles et une immense carte géologique du Puy-de-Dôme. Les collections sont réparties sur trois niveaux. Ne manquez pas à l'entresol un espace consacré à l'enfant du pays **Blaise Pascal**. Vous y verrez un résumé de sa vie et de ses recherches, et une collection de machines arithmétiques et d'instruments de mesure, notamment un exemplaire de la célèbre « **pascaline** », ancêtre de nos machines à calculer. Au même niveau, sont exposées la collection minéralogique de Lavoisier, ainsi que des pièces de verrerie provenant du laboratoire d'Émile Duclaux.
Une petite section est dédiée à **Louis Pasteur**. La **collection botanique**, au 1er étage, est particulièrement riche, avec notamment un catalogue des orchidées d'Auvergne. Le département zoologie comporte une série d'**animaux naturalisés**, remarquablement mis en scène, et des collections d'insectes. Huit dioramas illustrent les milieux naturels auvergnats. Une riche **collection minéralogique** liée à l'Auvergne est également présentée.

UN NATURALISTE D'EXCEPTION

Passionné de sciences naturelles, **Henri Lecoq** (1802-1871) s'établit à Clermont-Ferrand en 1826. Assumant la direction de la chaire municipale d'histoire naturelle, ainsi que du jardin Lecoq, il va inlassablement prospecter l'Auvergne, rassemblant les spécimens de ses futures collections. Professeur d'université dès la création de la Faculté des sciences de Clermont-Ferrand en 1854, il met au point avec Jean-Baptiste Bargoin une célèbre boisson appelée **café de glands doux**, préparée à base de glands méditerranéens torréfiés et dépourvus de caféine. Grand philanthrope, il finança certains travaux publics dans la ville. Le muséum fut créé en 1873 dans son hôtel particulier.

Au 2e étage, vous pourrez suivre les complexes liens de parenté unissant les espèces, sur un passionnant « **arbre du vivant** ». Grâce aux progrès de la biologie et de la paléontologie, les scientifiques ont mis en évidence les caractères propres à certaines espèces issues d'un « ancêtre » commun, et établi une nouvelle classification que la scénographie du musée rend visible. Au même niveau, vous trouverez une salle consacrée aux enfants, une seconde salle préfigurant le futur espace paléontologique, ainsi que la reconstitution d'un atelier issu de la taillerie de pierres fines de Royat. Le musée accueille de belles expositions temporaires.

Jardin Lecoq Plan I B3

Bd Lafayette - ☎ 04 73 42 63 63 - www.clermont-ferrand.fr - de déb. mai à mi-sept. : 6h45-21h ; mars-avr. et de mi-sept. à fin oct. : 6h45-19h30 ; reste de l'année : 6h45-18h - gratuit. Ne vous laissez pas piéger : la sonnerie indique la proche fermeture du jardin.

L'aménagement de ce superbe espace vert très aéré de 3 ha fut commencé à l'initiative de l'abbé Delarbre en 1781, puis relayé par **Henri Lecoq** en 1865. Il comprend des variétés rares de plantes et d'arbres sur de grandes pelouses aux parterres fleuris, et de charmantes compositions, très en vogue au 19e s., où se mêlent fontaines et statues ainsi qu'un kiosque à musique. Au printemps, la **roseraie** est éclatante. Une **porte** avec tourelle en encorbellement du 14e s., provenant de l'ancien château de Bien-Assis (ancienne propriété du beau-frère de Blaise Pascal, démolie lors des agrandissements des usines Michelin en 1912), a été remontée à proximité du **bassin**. Au bord de ce plan d'eau, le **pavillon Lecoq** dispose d'une terrasse et d'une salle lumineuse pour se restaurer. Un pur moment de bonheur *(p. 67)*.

DE CLERMONT À MONTFERRAND Plan I p. 48-49

A nord-est du vieux Clermont, à partir du quartier des Carmes, se développe un secteur en mutation : là où autrefois une route de campagne reliait le Clermont épiscopal et le Montferrand comtal, c'est la ligne de tramway qui a pris le relais. À côté des installations industrielles Michelin, on trouve des lieux emblématiques et incontournables de la vie clermontoise : la Coopérative de Mai consacrée aux musiques actuelles et le stade Marcel-Michelin qui accueille les matchs de rugby de la fameuse équipe ASM.

Place des Carmes-Déchaux C2

Le secteur des Carmes abrite le **siège de la manufacture Michelin**, véritable symbole pour la ville. Des travaux sont prévus pour modifier la façade du siège, qui fera la part belle à la transparence. La place sera végétalisée, rythmée par le miroir d'eau et le mur aquatique, et le viaduc deviendra belvédère. Une serre tropicale renfermant des hévéas et qui à terme sera un espace public, rappelle que cet arbre produisant le caoutchouc est à l'origine du développement industriel de la ville *(fin des travaux prévus en 2020)*. Sur la place se dresse la **chapelle du couvent des Carmes-Déchaussés**, construite entre 1720 et 1770 suivant un curieux plan centré avec dôme sur tambour. Amateur d'art contemporain, faites un arrêt à **La Tôlerie** *(10 r. de Bien-Assis - ✆ 04 73 90 29 23 - http://latolerie.fr - durant les expositions : 14h-18h - fermé dim.-lun. et j. fériés - gratuit.)*. Cet espace municipal, installé dans un garage réhabilité, présente des expositions consacrées à des artistes contemporains reconnus.

Place du 1er-Mai C1

Cette esplanade en partie arborée est un espace important de la vie clermontoise. C'est là que se déroulent certaines grandes manifestations, comme le festival de musique Europavox, là aussi que se dressent le Centre de congrès et d'expositions **Polydome** ainsi que la **Coopérative de Mai** (*« Nos adresses » p. 72*), scène de musiques actuelles très appréciée. Créée en 1989 par le célèbre Étienne-Martin, la **sculpture monumentale** appartient à une série d'œuvres sur sa demeure natale de Loriol.

Stade Marcel-Michelin D1

Av. de la République - service billetterie - ✆ 04 73 14 63 68 - www.asm-rugby.com - visite guidée (1h15) 12 € (7-14 ans 9 €, - 7 ans gratuit), horaires, se rens. On trouve aussi sur place un restaurant et l'une des deux boutiques officielles du club. Incontournable dans la vie clermontoise, ce stade d'une capacité de 19 000 spectateurs trouve ses origines dans un terrain de sport construit en 1911 par Michelin. Il était déjà destiné à accueillir les matchs du **club de rugby à XV** de l'**Association Sportive Michelin**, devenue **ASM Clermont Auvergne**. Il sert toujours d'écrin aux matchs de la célèbre équipe, et abrite un nouveau centre d'entraînement ainsi qu'un **espace dédié à l'histoire de l'ASM, ASM Experience** *(✆ 04 73 14 60 23 - www.asm-rugby.com/asm-experience - ♿ - juil.-août : 10h-19h ; vac. scol. zone A 10h-19h ; reste de l'année : tlj sf lun. 10h-18h - fermé 1er janv., 25 déc. - 10 € (-14 ans 7 €) - 18 € billet combiné avec la visite guidée du stade)*. Sur plus de 600 m², le parcours de visite thématique est divisé en plusieurs espaces, de la fondation du Club à l'explication du jeu de rugby ; des supporters à l'univers sportif…

★★ L'Aventure Michelin D1

✆ 04 73 98 60 60 - https://laventure.michelin.com - ♿ - juil.-août : 10h-19h ; avr.-juin : 10h-18h ; reste de l'année : tlj sf lun. 10h-18h - fermé 3 sem. en janv., 1er janv., 25 déc. - possibilité de visite guidée sur demande (3h) - 9,50 € (-18 ans 5,50 €) - audioguide disponible (2 €) et smartguides (3 €), livret pour les enf. Parking gratuit.

LA COOPÉ, TREMPLIN DES MUSIQUES ACTUELLES

Inaugurée en mars 2000 par les Rita Mitsouko, la **Coopérative de Mai** est plus qu'une scène de concert. Elle est devenue un lieu emblématique de la vie culturelle clermontoise. Cette salle d'une capacité de 800 à 1 500 places est située à un endroit stratégique : place du 1er-Mai. La Coopé, comme on l'appelle familièrement, a facilité l'émergence sur la scène rock internationale de nombreux groupes clermontois, comme Cocoon ou Karoline, mais a aussi accueilli des artistes de renom comme Indochine ou Alain Bashung. Elle organise aussi chaque mois des *afterwork*. (*« Nos adresses » p. 72*).

Sur son site de Cataroux, Michelin a ouvert une exposition présentant l'histoire, l'actualité et les innovations du groupe. La mise en scène, originale, interactive et riche en anecdotes passionnantes, réserve de nombreuses surprises. Du premier pneu démontable à la future roue lunaire, en passant par les cartes, les guides et le légendaire Bibendum, c'est un univers bien vivant qui vous attend ! L'ensemble de 2 000 m² répartis sur 2 niveaux présente plus de 125 ans d'histoire, avec des documents et près de 1 000 objets de collection : la mobilité à la fin du 19e s., l'invention de la Micheline, dont un spectaculaire exemplaire est présenté dans le hall, Michelin pionnier de l'aviation, constructeur des avions Breguet durant la Première Guerre mondiale. L'aide au voyageur, avec la naissance du célèbre guide Michelin en 1900, suivie des cartes et guides de voyage, puis des applications numériques ViaMichelin, n'est pas oubliée. Des innovations aux grands enjeux de la recherche, l'Aventure Michelin se raconte pas à pas, sollicitant à chaque étape vue, ouïe, odorat et toucher. Vous serez ébahi par le « mille-pattes », sorte d'immense DS destinée à tester l'endurance des pneus poids lourds. Un parcours sensoriel, intitulé « Un autre regard » a été développé pour les personnes malvoyantes.

Site de Cataroux D1

Le site industriel Michelin s'est développé, à partir de la fin du 19e s., dans le secteur peu urbanisé de l'avenue de la République, permettant l'implantation des usines, et des cités ouvrières à côté. L'usine historique de **Cataroux**, qui se déploie derrière l'Aventure Michelin, marque profondément le paysage avec ses hautes cheminées en brique.

À l'est de l'usine, en allant vers Montferrand, vous pourrez longer des rues témoins des cités ouvrières : l'**allée des Saules** notamment.

Au nord du site, vous ne pourrez manquer ce que l'on surnomme affectueusement « les sphinx de Clermont-Ferrand » : les pistes Michelin occupent trois bâtiments à l'allure de toboggans. Longues de 383 à 437 m, ces 12 pistes d'essais ont été utilisées de 1928 à 2000 pour tester les pneumatiques. Mais le cœur de la recherche et du développement de Michelin se trouve quelques kilomètres plus au nord, à Ladoux, où un immense complexe ultramoderne (Urbalad) est en cours de construction.

★ LE VIEUX MONTFERRAND Plan du vieux Montferrand p. 57

Itinéraire dans le vieux Montferrand tracé en vert sur le plan (p. 57). Départ de la place de la Rodade.

Le **quartier historique de Montferrand** est l'un des plus anciens secteurs sauvegardés de France, avec quelque 80 maisons anciennes. De nombreux édifices ont retrouvé leurs façades d'antan, ornées de têtes sculptées, leurs balustrades, leurs tourelles d'escalier, leurs pierres d'angle et leurs arcades de lave qui contrastent avec les enduits colorés. La mise au jour des **remparts médiévaux** est venue parachever la réhabilitation de la cité, où l'on peut regretter l'absence quasi-totale de boutiques et de cafés-restaurants….

En vous promenant, vous observerez différents types de constructions, de la modeste **demeure paysanne** des anciens vignerons et maraîchers *(place Poly)* aux **maisons à pans de bois** des commerçants *(rue de la Rodade)*, en passant par les élégants **hôtels particuliers** des riches négociants, magistrats et officiers de justice, bâtis en pierre de Volvic et décorés de sculptures *(rue J.-Guesde)*.

Place de la Rodade A1 – L'une des portes d'entrée de la ville se trouvait jadis sur cette place, qui s'appelait « place de Belregard » en raison de la jolie vue

V. Duvivier / ASMCA

L'ASM, l'équipe de rugby de Clermont-Ferrand au stade Marcel-Michelin.

Ch. Guy / hemis.fr

L'Aventure Michelin, parcours scénographique de 2000 m².

Ch. Guy / hemis.fr

Rue des Gras, à droite bas-relief représentant Le Lavement des pieds des Apôtres par le Christ.

qu'elle offrait sur la chaîne des Puys. Au centre, une **fontaine des quatre saisons**, en lave de Volvic. *Pénétrez dans le vieux Montferrand par la rue de la Rodade.*

Hôtel Regin (maison de l'Annonciation) A1 – *Au n° 36.* Cet hôtel Renaissance est caractéristique des demeures montferrandaises. Dans sa **cour**, notez une belle statue de saint Christophe; sur la droite, au-dessus, la galerie est sculptée d'une Annonciation.

Hôtel Doyac A1 – *Au n° 29.* Cet hôtel de la fin du 15e s. appartenait à Jean de Doyac, bailli royal de Montferrand et ministre de Louis XI. Il est orné d'une porte gothique monumentale.

Hôtel du Bailliage A1 – *Au n° 20.* Cette ancienne maison des baillis se distingue par ses gargouilles et ses salles voûtées. Sur le trottoir d'en face se tient une **borne de justice** du 15e s. provenant de la route de Clermont à Montferrand.

Après l'élargissement de la **rue de la Rodade**, on observe des deux côtés de la rue un bel ensemble de maisons à colombages et à encorbellements. Leurs ouvertures cintrées et les façades de leurs boutiques sont disposées sur de hauts paliers marquant le niveau ancien de la rue. Au n° 8, maison des Capucins. Au n° 6, belle cour intérieure et escalier à balustrade.

Revenez sur vos pas. À l'angle marqué par la maison de l'Échauguette, prenez à droite la rue de Marmillat.

Hôtel de la Porte (maison de l'Architecte) A1 – *Au n° 5.* Dans la cour, tourelle d'escalier ornée d'une intéressante sculpture Renaissance datant de 1577.

Tournez à gauche rue Poly.

Ce secteur de la vieille ville était traditionnellement occupé par les vignerons et maraîchers, ce qui explique le caractère plus modeste de l'habitat. La **place Poly**, avec sa halle en bois, accueille encore chaque vendredi matin un **marché**.

Revenez rue de Marmillat et prenez à droite la rue de la Cerisière.

Hôtel de la Faye des Forges A1 – Au n° 2, une porte vitrée protège une ravissante porte intérieure dont le **tympan** est sculpté de lions soutenant un phylactère. En face, une maison présente une double galerie de bois.

Par la rue des Cordeliers, à gauche, puis la rue du Temple à droite, gagnez la rue Waldeck-Rousseau.

Elle domine la rue tracée sur les fossés, et longe intérieurement l'**ancien rempart** aménagé en **promenade piétonne**.

Par la rue du Temple, regagnez la rue des Cordeliers. R

Au n° 11 **rue des Cordeliers**, rez-de-chaussée Renaissance cantonné de pilastres, jolie cour intérieure; au n° 5, arcs Renaissance en façade.

★ **Carrefour des Taules** A1 – Le nom de ce carrefour central rappelle l'emplacement des étals traditionnels des marchands. Ici la rue, jadis en forte pente, fut écrêtée au 18e s. afin de faciliter le passage des charrois; si bien que, de nos jours, ce sont les anciennes caves qui se trouvent au rez-de-chaussée, alors qu'un peu plus bas, rue des Cordeliers et rue Jules-Guesde, les anciens rez-de-chaussée se présentent en contrebas de la rue rehaussée par les déblais.

Maison de l'Apothicaire A1 – *1 r. des Cordeliers.* Cet édifice du 15e s. présente deux étages à pans de bois. En haut, de chaque côté du pignon, on peut voir accrochés aux consoles un apothicaire, son clystère à la main, et le patient prêt pour l'opération.

Prenez à gauche la rue du Séminaire.

Halle aux toiles B1 – *Au n° 3.* Un long balcon supporte une belle enfilade de quatre arcades en anse de panier et leurs portes latérales.

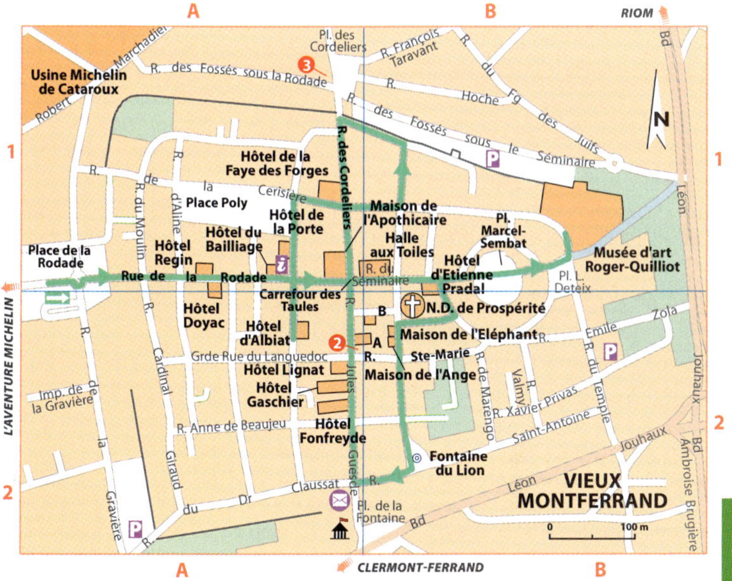

SE RESTAURER	
Le Duguesclin	3
La Grande Botte	2
Hôtel de Fontenilhes	A
Hôtel Mallet de Vandègre	B

Hôtel d'Étienne Pradal B1 – *Au nº 22.* Cet hôtel présente, au niveau des échoppes, de beaux arcs en plein cintre ou en anse de panier et, aux étages, des fenêtres Renaissance à meneaux. Ses pierres d'angle en lave sont très caractéristiques.

Rejoignez la place Louis-Deteix, en passant par la place Marcel-Sembat, en forme de fer à cheval.

★ Musée d'art Roger-Quilliot, MARQ B1

Pl. Louis-Deteix - ✆ 04 43 76 25 25 - www.clermontmetropole.eu/accueil - ♿ - 10h-18h, w.-end, j. fériés et ponts 10h-12h, 13h-18h - fermé lun., 1er janv., 1er Mai, 1er nov., 25 déc. - visite guidée sur demande - 5 € (-18 ans gratuit) - gratuit 1er dim. du mois.

Ce musée a été aménagé dans les années 1980, dans les bâtiments d'un ancien couvent d'Ursulines des 17e et 18e s. L'idée de promenade autour d'un atrium central, moderne et lumineux, a inspiré les architectes Adrien Fainsilber et Claude Gaillard.

Le musée regroupe des collections de peintures, sculptures et objets d'art du Moyen Âge à nos jours. Le rez-de-chaussée est consacré aux arts médiévaux et de la Renaissance. Remarquez la **Frise des abbés★** provenant de l'église d'Ennezat (très rare exemple en France de peinture sur bois de la fin du 13e s.), et le **coffret de Guillaume Savaron**, qui représente des scènes de vie dans des costumes élégants du 15e s. La Renaissance est très bien mise en valeur avec une série de sculptures de Léonard Sarson en pierre de Volvic, notamment la belle **Pallas Athénée** provenant de l'ancien hôtel de ville de Clermont. Voyez également la très mouvementée **Passion du Christ**, attribuée à Cornelis Engelbrechtsz (vers 1510), et le portrait de Jean d'Albion de Saint-André, de Corneille de Lyon. Au niveau 1, se trouve le spectaculaire **décor**

UNE ANCIENNE BASTIDE

Montferrand doit son origine aux comtes d'Auvergne, qui élevèrent un château fort sur une éminence, dont l'actuelle **place Marcel-Sembat** marque le site, afin de concurrencer l'autorité de l'évêque, seigneur de Clermont. Au début du 13e s., la ville est reconstruite en bastide, à l'initiative de la **comtesse Brayère**, qui demeure une figure attachante de l'histoire de cette ville. Deux grands axes de circulation se croisent alors à angle droit pour aboutir aux quatre portes ouvertes dans l'enceinte. Ville de commerce favorisée par sa situation de carrefour, Montferrand voit s'élever au 15e s. les demeures de la bourgeoisie, en lave pour la plupart. Au 16e s., le roi y installe la cour des aides, une cour de justice fiscale et criminelle ; c'est probablement l'apogée de Montferrand. La rivalité avec Clermont se poursuit jusqu'à l'édit d'Union de 1630 imposant la fusion des deux cités, effective un siècle plus tard, par le second édit d'Union de 1731.

peint★★ provenant du château d'Effiat : 12 grandes et puissantes compositions exécutées vers 1625 d'après le poème de l'Arioste, *Roland furieux*. Remarquez aussi la fourmillante *Foire d'Impruneta*, par Claude Callot (1638) et un portrait expressif de Vincent Voiture par Philippe de Champaigne. Le 18e s. s'ouvre sur l'art du portrait : portrait d'apparat de la duchesse d'Orléans ; portrait intime et sensuel d'après J.-M. Nattier ; autoportrait de Hyacinthe Rigaud. Ne manquez pas une *Marine* de Joseph Vernet, au soleil noyé dans la brume.

La **galerie du 19e s. ★** *(niv. 2)* reflète l'éclectisme de cette période d'affranchissement des artistes et restitue le foisonnement de cette époque post-Révolution et Empire. Notez la toile saisissante de **Gustave Doré**, *Les Saltimbanques*. Voyez aussi la belle *Vue du puy de Dôme* par Théodore Rousseau. Le dernier étage est consacré en partie à Vercingétorix et aux Gaules : maquette en plâtre du *Monument à Vercingétorix*, par Bartholdi, *La Défense des Gaules*, par Chassériau. Une salle « musée à croquer » est dédiée aux dessins que chaque visiteur peut réaliser, à partir d'une sélection de statues du 19e s. Au sous-sol, la **collection Combe** offre, avec ses toiles de Bernard Buffet, Marcel Gromaire, Jean Fautrier, Othon Friesz, un regard unique d'amateurs et marchands d'art clermontois sur la peinture figurative française des années 1930-1980.

Revenez sur vos pas. Retrouvez la rue du Séminaire, après la place Marcel-Sembat, et prenez à gauche la rue Kléber.

Église Notre-Dame-de-Prospérité B1

Cette ancienne chapelle du château, aux dimensions importantes (47,50 m de long pour une hauteur de 18 m), a conservé sa tour nord en façade. Celle du sud fut détruite en 1793. Servant de tour de guet, elle est surmontée d'une lanterne du 16e s., l'« Olivière ». En contournant l'église, observez les **gargouilles**, dont les silhouettes étirées contrastent avec le strict parement de lave. L'une d'elles représente un lévrier, sujet rare dans la sculpture religieuse.

La **nef** est un large vaisseau unique de style gothique méridional, sur lequel ouvrent les 15 chapelles placées entre les contreforts. Une rose flamboyante éclaire le mur de façade.

Poursuivez dans la rue Kléber.

Maison de l'Éléphant B2 – *Au no 12.* Elle tiendrait son nom d'une fresque aujourd'hui peu lisible. Cette maison romane montre de grands arcs **supportant à l'étage** des baies géminées. Des visages couronnés ornent les culs-de-lampe.

Maison de l'Ange B2 – *Au n° 14.* Dans la cour, un petit tympan de porte, triangulaire, représente un ange porteur d'un écusson armorié.
Dans la **rue Ste-Marie** *(à gauche)*, au pied du passage qui enjambe la rue, ancienne porte du couvent de la Visitation (écusson entouré de coquilles St-Jacques).
Fontaine du Lion B2 – Elle provient de la place à laquelle elle avait donné son nom. Au pignon, un lion porte le blason martelé de Montferrand.
Prenez à droite, puis encore à droite la rue J.-Guesde.
Hôtel Fontfreyde A2 *Au n° 28.* Dans la cour, on admire, à la porte gothique de la tourelle d'escalier, une ravissante Vierge à l'Enfant Renaissance, sculptée dans le même bloc de lave que le tympan. Sur la balustrade de la galerie de l'hôtel, trois beaux médaillons à l'italienne représentent Lucrèce se poignardant entre l'époux et le séducteur.
Hôtel Gaschier A2 - *Au n° 20.* Trois galeries superposées s'ouvrent sur la cour (15e-16e s.). Un tympan armorié décore la tourelle d'escalier polygonale.
Hôtel Lignat A2 – *Au n° 18.* Cet édifice du 16e s. prend le jour sur la rue par de gracieuses fenêtres à meneaux. Sur la Grande-Rue-du-Languedoc, il présente une élégante porte décorée d'une guirlande de roses inspirée par la Renaissance italienne. Dans la cour, une belle **tourelle d'escalier** dessert trois étages de galeries. L'une d'elles est ornée de fleurs de lys avec les restes, très effacés, d'une Annonciation.
Hôtel de Fontenilhes A2 – *Au n° 13.* Belle demeure datant de la fin du 16e s., en pierre de Volvic. Dans la **cour ★**, à trois étages de galeries *(ouv. slt lors des visites guidées organisées par l'office de tourisme)*, observez la tourelle d'escalier à vis, dont les rampes sont sculptées de lions, de griffons, de licornes, et la superposition des trois ordres classiques (dorique, ionique, corinthien).
Faites quelques pas dans la rue Notre-Dame. Au n° 2 se dresse l'**Hôtel Mallet de Vandègre**.
Descendez tout en bas de la rue Jules-Guesde pour admirer l'**architecture Art déco de la pharmacie de l'Horloge**, flanquée de son beffroi.
Par le carrefour des Taules et la rue de la Rodade, prenez à gauche la rue du Dr-Balme. Au n° 5, façade d'une maison romane avec colonnettes et chapiteaux. Au n° 11, **hôtel d'Albiat**, du 16e s.; dans la cour, on voit un tympan de porte abîmé (légende de la licorne) et, sur la galerie, une scène d'Apparition aux saintes femmes; corbeaux sculptés en forme de têtes, puits et four.

1

Circuits conseillés Carte des environs p. 61

AUX PORTES DE CLERMONT

Circuit de 35 km, tracé en vert sur la carte p. 61 et p. 35 – comptez une demi-journée. Quittez Clermont par la place des Carmes-Déchaux et empruntez, vers le nord, le boulevard J.-B.-Dumas (direction Limoges), puis prenez sur la droite la rue de Blanzat. Vous pouvez aussi accéder à certains sites en bus ou en tramway.
La route s'élève dans le ravin séparant les côtes de Clermont *(à gauche)* et le plateau de Chanturgue *(à droite)*.
1,2 km après le croisement du bd Charcot, prenez à droite et poursuivez sur 300 m jusqu'à une patte-d'oie. Continuez à pied. Environ 1h AR. Un chemin caillouteux, mais bien tracé, monte vers le site en longeant le rebord sur la gauche.

★ Plateau de Chanturgue

Accès en bus par la ligne 4 (stations Côtes-Fleuries et Les Lierres), ligne 7 (station Les Côtes), ligne 3 (station Les Vignes) et tramway ligne A (station Les Vignes).

Des hauteurs qui séparent les vallées de la Tiretaine et du Bédat, le plateau de Chanturgue est la plus jolie avancée sur Clermont. Ses versants portent quelques arpents du vignoble, un des quatre terroirs qui constituent les **côtes d'Auvergne**, mais qui rétrécit peu à peu comme une peau de chagrin ; on peut encore voir, par endroits, quelques cabanes de vignes ou « tonnes ». Sur le plateau, au-delà de deux anciennes carrières, à gauche du chemin, le **panorama★** se développe sur la plaine de la Limagne, l'agglomération clermontoise et, à l'ouest, la chaîne des Puys, que domine le Puy de Dôme. Remarquez, sur le flanc sud-est du plateau *(r. du Dr-Bousquet)*, l'imposante silhouette Art déco de l'**ancien hôpital-sanatorium** Sabourin, édifié par l'architecte Albéric Aubert et réhabilité en école d'architecture.

Oppidum des côtes de Clermont

Poursuivez la route d'accès sur 500 m, laissez votre voiture dans une amorce de chemin à gauche, sous bois, à hauteur d'un virage à droite, et gagnez (1h AR) l'arête du plateau des côtes de Clermont. En bus, accès par la ligne 4 (stations Côtes-Fleuries et Puyou), et par la ligne 7 (station Les Côtes). Carte des itinéraires balisés disponible à l'office de tourisme.

Des fouilles effectuées au 20e s. ont mis en évidence la présence de cet **oppidum gaulois**, assez étendu. Une partie du matériel découvert (céramiques, fibules, monnaies) est conservée au musée Bargoin. Les vestiges de fortifications et ceux d'un habitat ancien, les amas de pierres, les bases de constructions que recouvrent des bosselures ou des tertres de terre gazonnée intéresseront les amateurs d'archéologie.

Le site du **Cordon des côtes** *(panneau informatif)* a révélé l'existence d'une trame urbaine faite d'échoppes et d'habitats, vraisemblablement un quartier satellite d'Augustonemetum (l'antique Clermont). Sur le site même de l'oppidum, remarquez les traces de l'ancien **sanctuaire gallo-romain**, édifice de 26 m de côté, autrefois doté de colonnes en arkose. Les fouilles ont permis la découverte de fragments de chapiteaux à décor d'oursons. Le temple était accompagné de deux autres bâtiments : un caravansérail et une dépendance.

Plus haut, vous pourrez observer les vestiges des **remparts**, qui atteignent à certains endroits plus de 3 m de haut.

Redescendez vers Clermont et prenez sur la droite le bd Charcot en direction de Durtol. Rejoignez l'avenue du Puy-de-Dôme (D 941A) par l'avenue de la Paix (D 941), puis empruntez la côte de la Baraque.

Chamalières

Chamalières jouxte Clermont-Ferrand vers l'ouest. L'**avenue de Royat**, puis la **rue Blatin** partent en direction de la place de Jaude, toute proche.

Chamalières est une destination touristique grâce aux équipements thermaux qu'elle partage avec Royat. Ses opulentes villas, l'église Notre-Dame plus que millénaire et les vestiges des thermes antiques y composent un patrimoine varié. La ville est également connue pour la rare série d'ex-voto gallo-romains en bois qui y a été découverte (conservés au musée Bargoin à Clermont-Ferrand).

Église Notre-Dame – Des cinq églises qui s'élevaient autrefois à Chamalières, une seule subsiste. Sa nef est considérée comme l'une des plus anciennes de la région. Elle a intégré dans sa construction des éléments d'un édifice primitif, antérieur à l'an mil. Au 12e s., le chœur de l'église fut agrandi et refait. Au 17e s., la voûte en berceau fut en partie transformée en ogive. Le clocher est du 19e s. Le chevet présente des chapiteaux sculptés.

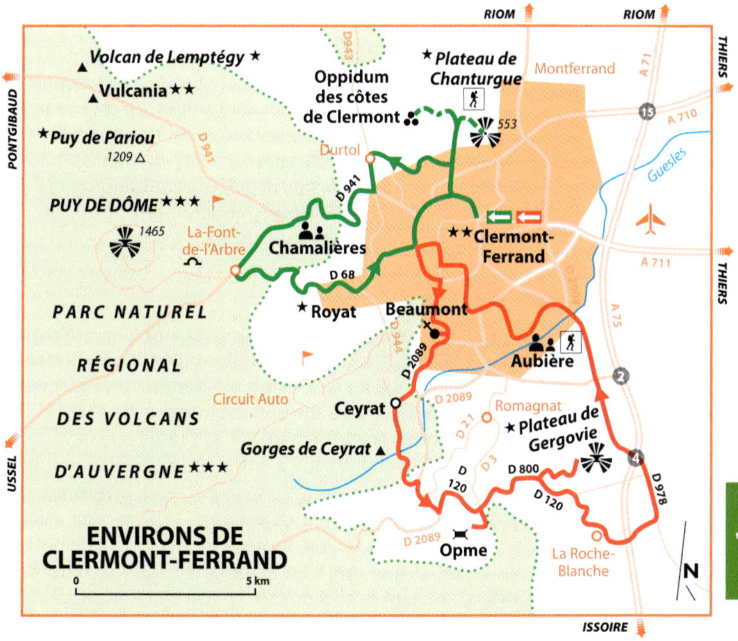

Moulin de la Saigne – *Dans le prolongement de l'église, empruntez la rue de la Coifferie et celle du Languedoc.* Le courant rapide de la Tiretaine a favorisé l'installation de roues hydrauliques : moulins à farine dès le 10e s., puis papetiers à partir du 15e s. Ancienne propriété des Jésuites, le moulin de la Saigne était encore en activité en 1939. Les murs donnant sur la placeont été peints en trompe l'œil par l'artiste chamaliérois Slobo pour évoquer ces anciens moulins.

Musée de la Résistance, de l'Internement et de la Déportation – *7 pl. Beaulieu - 04 73 31 28 42 - www.clermontmetropole.eu - - 9h-12h, 14h-17h30 - fermé dim. et j. fériés - possibilité de visite guidée sur demande (1h30) - 3 € (-18 ans gratuit).* De nombreux documents, reproductions, photographies, objets, témoignages divers illustrent cette terrible période de l'histoire que fut la Seconde Guerre mondiale. Une bibliothèque est à la disposition des visiteurs.

Galerie municipale d'art contemporain – *3 av. de Fontmaure - 04 73 30 97 22 - www.amac-chamalieres.com - - 14h-18h - fermé dim. et j. fériés - gratuit.* L'espace est relativement restreint, mais les expositions accueillent les grands noms de la peinture et de la sculpture contemporaines. Vous y découvrirez une collection d'estampes, dont les œuvres proviennent des **Triennales mondiales d'estampes petit format**, organisées depuis 1988 à Chamalières.

LES PAYS AU SUD DE CLERMONT

Circuit de 45 km tracé en rouge sur la carte p. 61 – comptez une demi-journée. Quittez Clermont par le sud, vers Beaumont. Prenez le bd Duclaux qui longe l'imprimerie de la Banque de France, puis le bd Aristide-Briand. Rejoignez la D 2089 par l'avenue de la Libération, et poursuivez jusqu'à Beaumont.

LE PETIT CAMP DE CÉSAR ?

Dans les bases de murs de pierres sèches, recouvertes de chaume ou enfouies dans les broussailles, observées sur le plateau de Chanturgue, certains archéologues ont cru voir les vestiges du petit camp de César lors du siège de Gergovie : vestiges de remparts avec leur berme (chemin le long d'un rempart), base d'une tour, redans, nasse de sortie pour une troupe d'attaque, guérite, grand axe de circulation, cantonnements standardisés et orientés... Si bien que Chanturgue serait peut-être l'un des camps romains de la fameuse **guerre des Gaules.**

Église de Beaumont

Traversé par la rivière Artière, le village de Beaumont, au sud de Clermont, était jadis un gros bourg vigneron, regroupé autour de son **église St-Pierre**. Celle-ci, fondée au 7e s., fut l'abbatiale d'une abbaye bénédictine jusqu'à l'expulsion des religieuses en 1792. Le portail ouest montre une frise du 12e s. À l'intérieur, la nef et les bas-côtés remontent au 10e s., tandis que la voûte et le transept datent du 11e s. Les chapiteaux à entrelacs et feuillages sont d'inspiration carolingienne. Dès l'entrée, l'attention se porte sur un étonnant ensemble de **statues★** en bois doré ou polychrome. Contre le pilier droit, saint Verny, patron des vignerons auvergnats, est représenté avec ses attributs. Dans le bas-côté droit, on remarque une Vierge romane ; dans le transept gauche, une pietà du 16e s., et, dans le chœur, une Vierge de l'Annonciation (fin 14e s.). À voir aussi, de nombreuses pierres tombales, parmi lesquelles celle de **Béatrice d'Auvergne** (13e s.), située dans le chœur.

Ceyrat

À l'embranchement de la route de Boisséjour, à gauche, remarquez les curieux restes d'un volcan, au bord du neck (vieil édifice volcanique, culminant à 690 m d'altitude) de **Montrognon**. À son sommet se dresse une **tour en ruine**, seul vestige d'un château construit au 12e s. En faisant quelques pas, vous pénétrerez à l'intérieur du cratère démantelé.

Poursuivez vers le sud.

Gorges de Ceyrat

De hautes falaises granitiques ont été profondément entaillées par une rivière qui a donné naissance aux gorges.

Rejoignez la D 2089 et, à Saulzet-le-Chaud, prenez à gauche la D 120. Suivez les panneaux « Château d'Opme ».

Château d'Opme

☏ 04 73 87 59 35 - www.route-chateaux-auvergne.org - de mi-juil. à mi-sept. : tlj sf mar. 14h-19h ; du w.-end de Pâques à mi-juil. et de mi-sept. à la Toussaint : dim. et j. fériés 14h30-18h - 5 € (-15 ans 3 €) - visite accompagnée d'un texte.

Ancienne forteresse (11e s.) des comtes d'Auvergne, commandant le col où passait la voie romaine de Clermont au Puy-en-Velay, le château d'Opme fut modernisé dans le goût de la Renaissance par Antoine de Ribeyre, trésorier de France sous Louis XIII. Le donjon est la partie la plus ancienne ; dans la salle basse (seule partie intérieure du château accessible au public), un petit **musée** retrace les grands moments de la vie du maréchal de Lattre de Tassigny.

La terrasse supérieure accueille un **jardin à la française★** encadré par deux allées de tilleuls centenaires. Un deuxième jardin est agrémenté d'une très

Beaumont et le Puy de Dôme.
Ch. Guy / hemis.fr

belle fontaine Renaissance attribuée à Androuet du Cerceau. La terrasse inférieure contient un potager aménagé à la façon du 17e s.

Revenez au carrefour de la D 3 et de la D 120, et tournez à droite.

Au cours de la montée, une **vue★** superbe embrasse sur la gauche Clermont, les côtes de Clermont, la chaîne des Puys, tandis que se profilent la chaîne des monts Dore et les pointements volcaniques de la Comté.

★ Plateau de Gergovie (*p. 79*)

Rejoignez La Roche-Blanche par la D 120, puis remontez vers Clermont par la D 978. Empruntez la D 2009 sur 2 km et prenez, sur la gauche, l'avenue R.-Maerte (D 777). 1,5 km plus loin, prenez à droite l'avenue J.-Noellet (D 69).

Aubière

Une rue bordée de curieuses caves à vin rappelle que cette cité fut la capitale du vignoble auvergnat au 19e s., avec près de 500 ha de vignes. Peu après, ces vignes ont été anéanties par les ravages du phylloxéra (1892) et du mildiou (1910). Les **caves d'Aubière**, qui constituent une curiosité dans le secteur, semblent s'être développées entre les 17e et 19e s., pour atteindre un nombre d'environ 900. Ce sont des constructions voûtées et recouvertes de terre, avec un conduit d'aération débouchant sur une cheminée maçonnée. Cette forme de cave isolée est vraisemblablement due à la faible profondeur des nappes phréatiques, empêchant de creuser sous les maisons du village. Vous les découvrirez entre les **rues des Grandes-Caves** et du **Paradis**. Certaines sont toujours en activité.

Allez vous promener dans le **bourg**, qui conserve ses maisons vigneronnes à trois ou quatre niveaux.

Poursuivez sur la D 69, puis prenez à gauche le bd Louis-Loucheur. Plus loin, le bd Claude-Bernard ramène vers la place de Jaude.

NOS ADRESSES À CLERMONT-FERRAND

TRANSPORTS

Tramway/Bus – *www.t2c.fr - 04 73 28 70 00 - ticket à l'unité : 1,60 €, carnet 10 tickets : 13,50 €, ticket 24h : 4,90 €, ticket parking-relais : 3,60 €.* Le tram circule de 5h à 1h du matin. Il relie Clermont nord, Montferrand, le centre-ville et la place de Jaude, le CHU, le campus universitaire des Cézeaux et la gare de La Pardieu.

Vélo – **C.Vélo** - *Parvis de la Gare, 28 av. de l'Union Soviétique - 04 73 92 65 08 - www.c-velo.fr.*

Location classique à la journée ou au week-end

Vélo classique : 5 €/j, 12 €/sem. - caution 200 € ; vélo à assistance électrique : 10 €/j, 24 €/sem. - caution 350 €.

Compte tenu du relief marqué dans le centre historique, un vélo à assistance électrique n'est pas superflu, sauf si vous êtes sportif !

Vélos en libre-service

40 stations à Clermont-Ferrand et Chamalières. Pour obtenir un code d'accès occasionnel, sans abonnement, rendez-vous dans les stations C.Vélo Libre-Service Jaude et Parvis de la Gare, avec carte bancaire, ou sur le serveur vocal par téléphone *(04 73 44 80 08). Ticket 1 jour : 2 €, première 1/2h gratuite, 2 € la 1/2h suppl. ; ticket 7 j. : 7 €, première 1/2h gratuite, 2 € la 1/2h suppl.*

FORFAITS TOURISTIQUES

Pass 3 musées – Valable un mois, ce pass donne droit à une entrée dans chacun des trois musées (musée d'art Roger-Quilliot, musée Bargoin, muséum Henri-Lecoq) - 9 €.

Clermont Pass – Valable 72h *(18,50 €)*, ce pass très avantageux donne accès gratuitement à l'Aventure Michelin et à un musée municipal au choix (musée d'art Roger-Quilliot, musée Bargoin, muséum Henri-Lecoq). Il permet de suivre une visite guidée animée par l'office de tourisme, d'emprunter gratuitement le train Panoramique des Dômes ainsi que les transports en commun (bus, tramway) sur tout le réseau Il propose aussi des réductions sur des activités de loisirs et de détente (Royatonic notamment), et dans certains magasins et restaurants clermontois. *En vente à l'office de tourisme, ou en ligne sur www.clermont-pass.com.*

HÉBERGEMENT

Sachez que les tarifs des chambres de certains hôtels peuvent considérablement varier entre la semaine et le w.-end, selon le remplissage, la saison, les congrès ou les événements. Consultez les sites Internet des différents établissements.

PREMIER PRIX

6 **Chambres d'hôte Le Petit Siam** – A2 - *23 r. des Vieillards - 04 73 36 72 75 - https://chambre-gite-lepetitsiam.com - 5 ch. 67/82 € en moyenne saison, 73/90 € en haute saison.* Au nord du quartier de Jaude, vous serez reçu dans une maison atypique à la décoration inspirée par l'Orient. Meubles anciens et panneaux en teck, tissus thaïlandais et perruches bavardes créent une ambiance exotique, autour d'une charmante cour arborée. Certaines chambres ont leur salle de bains sur le palier, précisez votre souhait au moment de réserver.

BUDGET MOYEN

4 Le Lion – E2 - *16 pl. de Jaude - ✆ 04 73 17 60 80 - www.hotel-le-lion-clermont.fr - 📶 - 29 ch. 83/133 €. - ✕ 11/24 €.* Idéalement situé, et très demandé, cet hôtel entièrement refait vous accueille dans des chambres lumineuses au décor contemporain et mobilier design. Possibilité de départ tardif le week-end.

12 Chambres d'hôte La Villa Pascaline – A1 - *90 bis bd Lavoisier - ✆ 06 25 69 56 38 - www.villa-pascaline.fr - 5 ch. 95/120 €* ☕. Le plaisir d'une chambre d'hôte, en centre-ville ! Un accueil chaleureux et personnalisé dans une belle maison du 19e s. rénovée. Les chambres sont spacieuses et confortables. Suites familiales.

3 5 Chambres en ville – F1 - *8 r. Neyron - ✆ 07 81 16 60 95 - www.5-chambresenville.com - P garage 12 €/j. - 5 ch. 89/115 €.* Dans un immeuble entièrement refait, ces chambres d'hôte sont modernes et décorées avec goût. Un petit espace salon, où vous prendrez votre petit déjeuner, invite à la détente au rez-de-chaussée. Les propriétaires logent à proximité. Une agréable manière de découvrir le vieux Clermont.

5 Best Western Lafayette – D2 - *53 av. de l'Union-Soviétique - ✆ 04 73 91 82 27 - www.bestwestern.fr - P 14,90 € - fermé 20 déc.-4 janv. - 48 ch. 69/140 € - ☕ 11 €.* Cet hôtel voisin de la gare affiche un hall contemporain et des chambres aux tons pastel dotées de meubles modernes en bois clair. Bonne insonorisation.

POUR SE FAIRE PLAISIR

2 Best Western Plus - Hôtel littéraire Alexandre Vialatte – F1 - *16 pl. Delille - ✆ 04 73 91 92 06 - www.hotelvialatte.com - P 14 €/j. - 7 €/j. le w.end - ♿ - 62 ch. 89/189 €.* Au pied du centre historique, tout près de la rue du Port et des petites rues piétonnes, c'est une bonne adresse pour découvrir la ville. Petit-déjeuner servi au dernier étage, avec une belle vue sur Clermont-Ferrand.

4 Hôtel Mercure Centre Jaude – A3 - *1 av. Julien - ✆ 04 63 66 21 00 - www.accorhotels.com - ♿ - 125 ch. 109/220 € - ☕ 17,90 €.* Un Mercure récent, construit face à la place de Jaude, donc vraiment très central. Les chambres sont d'un bon standing et confortables. Accueil attentionné et petit-déjeuner buffet très copieux.

1 Hôtel Oceania – A3 - *82 bd F.-Mitterrand - ✆ 04 73 29 59 59 - www.oceaniahotels.com - P 15 €/nuit - ♿ - 129 ch. et suites 90/180 € - ☕ 15 €.* L'Oceania est tout proche de la place de Jaude et du tram. Entièrement refait, ses chambres sont fonctionnelles et certaines vraiment spacieuses. Literie de qualité. Espace bien-être avec Spa et hammam en accès libre.

RESTAURATION

PREMIER PRIX

10 Le St-Eutrope – E1 - *4 r. St-Eutrope - ✆ 04 73 34 30 41 - www.sainteutrope.com - fermé sam.-lun., mar. et merc. soir - formule 21 €, menu 24/27 € - carte à partir de 14 €.* Vous souhaitez vous régaler avec une cuisine simple et inventive, dans un cadre un brin rétro ? Le St-Eutrope est fait pour vous. Allez-y, vous pourrez même parler anglais, les propriétaires sont britanniques et… bistronomiques (ce sont eux qui le disent).

2 Terres Latines – E2 - *12 bd Desaix - ✆ 04 73 34 36 87 - www.terreslatines.eu - fermé dim., lun. - menu déj. 15.50 €, menu soir 18/23 €.* Sous les arcades du boulevard Desaix, dans le cadre chaleureux d'une épicerie fine, choisissez entre les versions ibérique et italienne de la cuisine latine. Une formule originale avec six « portions » au choix, desserts inclus. Reste à trancher : plutôt tapas, ou antispasti ?

19 **Brasserie Derrière** – E2 - *12 pl. de la Victoire - ✆ 04 73 91 57 14 - ♿ - formule déj. 12 € - 7/13,50 € carte midi seult, planches apéritives le soir.* Tout près de la cathédrale, cette brasserie toujours animée propose des plats du jour pour le déjeuner (bon onglet) et des salades. Le soir, l'endroit devient plutôt bar tendance avec une clientèle jeune et branchée.

17 **Le Sushi café** – E1 - *12 pl. Gilbert-Gaillard - ✆ 04 73 36 09 71 - www.sushicafe.fr - tlj sf dim. midi - menu déj. 12,90 €, menu 12,90/29,90 €, plateau 2 à 4 pers. 29,90/59 €.* Un petit restaurant japonais, sushi, maki, sashimi et tataki à volonté.

2 **Bougnat Burger** – B3 - *10 bd Léon-Malfreyt - ✆ 07 60 12 00 63 - www.bougnatburger.fr - fermé dim. - à la carte 11,90/18,90 €.* Une adresse originale et très prisée, pour savourer des burgers maison confectionnés avec un maximum de produits régionaux : cantal, st-nectaire, jambon de pays, steak haché bio… le tout accompagné de savoureuses frites maison.

BUDGET MOYEN

3 **Kim Oanh** – E2 - *6 r. des Chaussetiers - ✆ 04 73 90 73 20 - www.kim-oanh.com - 7 j./7 midi et soir - formules déj. sem. sf j. fériés 10,50/14 €, menus 18/41 €.* Ce restaurant aux couleurs douces, sur lequel plane une musique apaisante, met la cuisine vietnamienne à l'honneur. Mélange de sucré-salé, agrémenté d'herbes aromatiques, c'est une délicieuse invitation à un voyage exotique. Service charmant. En prime, le Kim Oanh (L'Oiseau d'or) est ouvert tous les jours, même le dimanche soir !

11 **L'Écureuil** – A2 - *18 r. St-Adjutor - ✆ 04 73 37 83 86 - ♿ - fermé merc., dim., congés août et 23 déc.-4 janv. - formule 14,50 € - menu 26 €.* Lui est auvergnat, elle est italienne. Benoît et Monika ont créé en 2011 cet Écureuil chaleureux et gourmand avec une bien jolie cuisine du marché. Carte à l'ardoise et bons vins italiens. Mention spéciale au risotto !

20 **La Régalade** – E2 - *9 r. Nestor-Perret - ✆ 04 73 37 57 15 - www.restaurant-laregalade.fr - fermé dim.-lun. - plat du jour 10 €, formule déj. 14 €, menu déj. 16,50 € - menu 26 €.* Derrière l'Opéra, un restaurant à vins aussi chaleureux que délicieux. Produits de saison et impressionnante carte des vins, avec plus de 200.références bien choisies.

4 **Il Visconti** – F2 - *9 r. du Terrail - ✆ 04 73 74 35 26 - www.restaurant-laregalade.fr - fermé dim.-mar. midi. - formule déj. sem. 14 €, menu déj. semaine 16.50 € - menu 26 €.* La cuisine est ouverte sur la salle et l'accueil est charmant. En outre, on peut s'installer dans la cour intérieure. La cuisine italienne propose charcuteries, pâtes, risotto et des spécialités de plusieurs régions d'Italie. Tentez les spaghetti à l'encre de seiche.

15 **Alfred** – A3 - *5 r. du Puits-Artésien - ✆ 04 73 35 32 06 - www.restaurant-alfred.fr - fermé dim.-lun., 1 sem. en mai et 3 sem. en aout - formule déj. 15 €, menu déj. 19 € - menu soir 37 €.* Une bistrocuisine raffinée et de saison, à orientation méditéranneénne, c'est ce que propose Alain Roussingue, « toque d'Auvergne ».

Le cadre bistrot, chic et tendance, accueille aussi des expositions d'artistes locaux. Mention spéciale à la carte des vins, orchestrée par Rémi Paupert, de la célèbre famille des gastronomes Marcon. Merci Alfred !

9 **Le Pile-Poêle** – E2 - *9 r. St-Dominique - ✆ 04 73 36 08 88 - ♿ - fermé dim. - plat du jour 10 € (déj.), formule 14 €, menu déj. 16 €, menu 26/32 €.* Restaurant traditionnel de style contemporain possédant une belle salle voûtée en sous-sol. Il offre un large éventail de plats copieux. Une bonne adresse pour un repas de qualité, préparé avec des produits frais.

22 **Le Bistrot des Dames** – E2 - *24 r. des Gras - ✆ 04 73 30 93 03 - fermé dim.-lun. - plat du jour 10,90 €, salade du moment (en été) 12.90 €, menu 24 €.* Un vrai bistrot à découvrir, avec une carte à l'ardoise, des produits frais, cuisinés selon le marché et l'humeur. Très bon accueil. Petite salle.

7 **L'Odevie** – A3 - *1 r. Eugène-Gilbert - ✆ 04 73 93 90 00 - www.restaurantodevie.com - ♿ - fermé dim., 1er-21 août - 11h45-14h/18h45-22h15 - formule déj. 16 € - menu 26/35 €.* À deux pas de la place de Jaude, ce restaurant offre un cadre résolument moderne : portes automatiques à l'entrée, pont de bois franchissant une petite rivière artificielle, grandes baies vitrées, décor design… Cuisine de style brasserie. Terrasse aux beaux jours.

5 **Le Comptoir des Saveurs** – E1 - *5 r. Ste-Claire - ✆ 04 73 37 10 31 - www.le-comptoir-des-saveurs.fr - fermé dim.-lun. et mar. et merc. soir, 1er-21 août, 1 sem. en janv. - menu 22/45 €.* On peut jouer à la dînette en picorant parmi les propositions du chef – plats servis en mini-portions – qui changent chaque jour. Un concept à découvrir dans un cadre contemporain.

5 **Pavillon Lecoq** – B3 - *2 bd Lafayette - (dans le jardin Lecoq) - ✆ 04 73 93 06 00 - ouvert ttlj., le soir du jeu. au vend. - 13.50-18 €.* Une cuisine de brasserie plutôt originale. Mais l'établissement vaut surtout pour sa situation bucolique, au cœur du joli jardin Lecoq, avec une agréable terrasse et une salle lumineuse dominant le petit plan d'eau.

POUR SE FAIRE PLAISIR

6 **Polypode** – A2 - *6 pl. du Champgil - ✆ 04 73 19 37 82 - www.polypode.eatbu.com - ♿ - fermé dim.-lun., mar. soir et merc. soir - formule déj. 17 €, menu déj. 20 € - menu 32/58 €.* Dans une salle aux couleurs acidulées, sous une voûte en pierre, vous dégusterez une cuisine inventive, évoluant au rythme des saisons.

12 **L'En-But** – D1 - *107 av. de la République - ✆ 04 73 90 68 15 - www.lenbut.com - fermé w.end, sauf sur réserv. - formule déj. 22 € - menu 27/60 €.* Le restaurant panoramique du stade Marcel-Michelin offre une très belle vue sur le stade et sur la chaîne des Puys. La cuisine est raffinée. Cours de cuisine possible.

UNE FOLIE

6 **Apicius** – E1 - *Pl. St-Pierre - ✆ 04 73 91 13 61 - http://restaurant-apicius.com - fermé dim. - à la carte 55/90 €.* La maison, dont la réputation gastronomique n'est plus à faire, est installée au 1er étage du marché St-Pierre. Sans doute pour être au plus près des produits, qui sont ici magnifiés dans les assiettes par une cuisine très actuelle.

Vieux Montferrand

BUDGET MOYEN

2 **La Grande Botte** – Vieux Montferrand A2 -

1

15 r. Jules-Guesde - ✆ 09 82 25 26 94 - fermé dim. et lun. soir - formule 13 €, menu 14.50 €, lun. et vend. midi à la carte 13/19 €. Dans une des deux rues principales de Montferrand, bordée d'hôtels particuliers, ce petit restaurant tenu par un couple d'Italiens fait honneur à la cuisine traditionnelle transalpine. Risotto, gnocchi, pizzas et autres spécialités, accompagnés de vins italiens bien sûr.

POUR SE FAIRE PLAISIR

3 **Le Duguesclin** – Vieux Montferrand A1 - *3 pl. des Cordeliers - ✆ 04 73 25 76 69 - lun.-vend. 12h-14h, sam. 12h30-14h, jeu.-sam. 19h30-21h30 - formule midi 15/21 €, menu 37/60 €.* Il ne faut pas hésiter à pousser la porte de ce restaurant au cadre rustique pour profiter d'une cuisine raffinée et généreuse. Les produits du terroir, tout comme les fruits de mer, sont ici à l'honneur et déclinés avec subtilité : pigeon de Racan, agneau rôti, Saint-Jacques, baba au rhum, etc. Petite terrasse pour les beaux jours.

PETITE PAUSE

Le Manoir de Pélishka – *17 pl. du Terrail - mar.-sam. 10h30-19h.* Impossible de manquer la vitrine sur la jolie place qui donne l'impression de remonter le temps : ce salon de thé est aussi une galerie d'art et une brocante contenant des objets choisis avec beaucoup de goût. Pâtisseries maison accompagnent thés, cafés ou tisanes, dans une atmosphère délicieusement surannée. Le midi, on peut même venir avec son pique-nique, à une condition : prendre une consommation !

Les Goûters de Justine – *11 bis r. Pascal - ✆ 04 73 92 26 53 - ♿ - 12h-19h.* Ce salon de thé insolite est un charmant capharnaüm qui ressemble à une échoppe d'antiquaire… On s'y installe paisiblement pour prendre une tasse de café ou de thé, accompagnée d'une pâtisserie, au calme de ce quartier du vieux Clermont.

Australian Coffe House – *35 r. St-Esprit - ✆ 04 63 22 63 49 - ♿ - 10h-19h - fermé dim.-lun.* Tout près de la place de Jaude, vous pourrez déguster milk-shakes, smoothies et autres gourmandises - cookies, cheesecakes, cupcakes, muffins… Ambiance très agréable.

Les Augustes - café-lecture – *5 r. Sous-les-Augustins - ✆ 04 73 37 07 94 - www.cafelesaugustes.fr - ♿ - 11h-23h - fermé dim.* Un café charmant avec des milliers de livres ; animations, débats, lectures.

La Ruche Trianon – *26 r. du 11-Novembre - ✆ 04 73 37 38 26 - www.laruchetrianon.fr - ♿ - 9h30-19h, le lun. 10h30-13h30/14h-17h30 - fermé dim. et j. fériés- autre boutique : 39 av. Lavoisier, ZAC Les Varennes-Est 63170 Aubière.* Belle maison centenaire courtisée par les amateurs de plaisirs sucrés. À déguster, entre autres spécialités maison, le Volcania, la Pascaline (hommage à Blaise Pascal), le Péché du Diable et un grand choix de pâtes de fruits, ainsi que la dernière création : le chocolat à la gentiane.

La Chaumière - Martial Ray – *4 r. St-Dominique - ✆ 04 73 37 55 90 - www.martial-ray.com - ♿ - 9h-19h - fermé dim.-lun.* C'est d'abord une pâtisserie-confiserie où chaque gâteau donne envie. Et il y a quelques tables qui invitent les gourmands impatients à s'installer pour déguster les spécialités de la maison : comme ce séduisant Léopard, biscuit chocolat noir, praliné, mangue et bavaroise passion, ou cette Joséphine, riz à l'impératrice, macaronade et fraise mara des bois.

Café Ballainvilliers – *18 r. Ballainvilliers - ✆ 04 73 91 57 88 - ♿ - 7h30-22h30 - fermé dim. - restauration uniquement le midi (12h-14h30).* Ce pourrait être un café-brasserie ordinaire, mais son statut de plus vieux bar de Clermont, sa situation et l'ambiance qui y règne en font un lieu incontournable de la ville. Pour un café après la visite des musées, un plat de brasserie au déjeuner ou un pot en fin de journée, « le Ballain » s'impose !

ACHATS

Marché St-Pierre – *Pl. du Marché-St-Pierre - ✆ 04 73 31 27 88 - www.marche-saint-pierre.com - 7h-19h - fermé dim.* Ce marché abrite des stands de produits régionaux (fromages, charcuteries), de poissons, viandes, fruits et légumes, etc. Également une brasserie et un restaurant gastronomique.

Marché St-Joseph – *R. de Courtière - ✆ 04 73 96 07 41 - vend. 7h-12h.* Sous une halle métallique du19e s. se tient tous les vendredis un marché de producteurs locaux.

Marché de producteurs de Montferrand – *entre la pl. de la Fontaine et la r. Jules-Guesde - 1er et 3e sam. du mois 8h-13h.* Ce marché de producteurs, en circuit court, ne propose que des produits locaux, du terroir : fruits et légumes, fromages, charcuterie, boucherie, volaille, vin, spécialités sucrées et épicerie.

Marché aux puces – *Pl. Gambetta - parking de la gare routière - dim. 7h-13h.* Jusqu'à 150 exposants, dont la moitié sont des professionnels.

Fromager

La Maison du bon fromage – *Pl. St-Pierre - ✆ 04 73 36 16 13 - www.tentationfromage.fr - fermé dim.-lun. - mar.-jeu. : 7h-13h/15h-19h, ven.-sam. : 7h-19h.* Goûtez donc le saint-nectaire fermier, le bleu d'Auvergne ou le salers dont la maturation s'est achevée dans les caves naturelles de la maison. En vente également, des fromages régionaux moins connus, comme le lavort ou le gaperon, ainsi que de belles mottes de beurre frais.

Pâtissier-chocolatier

Maison Vieillard – *3 r. Blatin - deuxième boutique av. Ernest-Cristal - ✆ 04 73 28 64 30 - www.vieillard.fr - 9h-19h - fermé dim.-lun. et août.* Cette vénérable maison fondée en 1781 est devenue au fil des ans une institution locale. Son savoir-faire et son désir de perfection perdurent : il n'y a qu'à goûter ses ganaches, ses briquettes au café, ses chocolats à la liqueur, ses fondants à la menthe… Le décor chic de la boutique, années 1940, mérite également la visite.

La Chaumière – *4 r. St-Dominique - ✆ 04 73 37 55 90 - www.martial-ray.com - fermé dim.-lun. - 8h-19h.* Cet établissement de tradition vient de souffler ses 80 bougies. Martial Ray, pâtissier-chocolatier, y élabore des délices : la clémentine impériale (confite, garnie d'une ganache à la liqueur de mandarine), les andésites (noisettes torréfiées enrobées de chocolat noir)… Côté pâtisserie, les incontournables : éclairs, babas, chaussons aux pommes croustillants côtoient les créations du maître. À déguster au salon de thé ou à emporter.

Boulangerie-pâtisserie

Maison Vacher – *26 av. Voltaire - 63400 Chamalières - ✆ 04 73 36 36 00 - 6h30-20h - fermé dim.* On y va les yeux fermés, pour les gâteaux mais aussi et surtout pour les pains – la « fanette » est délicieuse – un peu cher, soit, mais c'est réellement bon.

Confiserie

Aux Délices des Puys – *4 r. Jules-Guesde (Montferrand) - ✆ 04 43 11 76 96 - ✆ 06 63 36 42 49 - www.auxdelicesdespuys.com - juil.-août et déc. : mar.-sam. 10h-12h30, 14h30-19h ; reste de l'année : merc. 13h30-18h30, vend. 9h-18h30, sam. 10h-12h, 14h30-18h.* La boutique est aussi petite que sa gamme de confiseries d'Auvergne est large, et sa propriétaire passionnée. Confitures, pâtes de fruits et autres confiseries, avec une mention spéciale pour l'angélique, spécialité de Montferrand.

Thés

Le Rendez-Vous des thés – *4 r. du Cheval-Blanc - ✆ 04 73 31 48 57 - www.lerendezvousdesthes.fr - ♿ - 13h-19h, sam. 10h-12h,14h-19h - fermé dim.-lun. et j. fériés.* Achat et dégustation de 300 variétés de thé. Trois petits salons de thé : japonais, chinois et traditionnel français.

Caviste

Caves de Grandseigne – *12 r. Pascal - ✆ 04 73 90 89 83 - www.cavedegrandseigne.com - 10h-12h15, 15h-20h, lun. 15h-20h, sam. 10h-12h30, 14h-20h - fermé dim. et j. fériés.* Cet établissement, un superbe hôtel particulier du 17e s., est né de l'association de six passionnés du vin qui décidèrent de créer leur propre cave. Séances de dégustation, vin du mois, réalisation d'un petit musée viticole, visite des caves voûtées et aménagement d'un rayon arts de la table.

Coutelleries

Grande Coutellerie Claude Dozorme – *30 r. des Gras - ✆ 04 63 22 35 52 - www.lagrandecoutellerie.fr - lun. 14h-19h15, mar.-sam. 9h45-13h30, 14h-19h15.* Vous trouverez là les créations de cette célèbre maison installée à Thiers depuis 1902.

Saint-Pierre Affûtage – *Marché St-Pierre - ✆ 04 73 31 24 75 - mar.-sam. 8h45-12h, 14h-19h.* Au marché St-Pierre, vente de couteaux et accessoires, affûtage et réparation.

Bibendum et dérivés

Boutique de l'Aventure Michelin – *32 r. du Clos-Four - ✆ 04 73 98 60 60 - www.laventuremichelin.com - tlj 10h-18h ; fermé lun. de sept. à mars.* Pour parfaire votre découverte de l'univers Michelin, et repartir avec un souvenir, la boutique propose de nombreux articles à l'effigie de Bibendum : guides, textile, cartes, porte-clés et autres stylos.

Librairie

Librairie Les Volcans – *80 bd François-Mitterrand - ✆ 04 73 43 66 75 - http://librarielesvolcans.fr - 10h-19h - fermé dim.* Librairie réputée, vaste choix de livres y compris pour la jeunesse.

Boutique ASM Rugby – *Pl. de Jaude - centre commercial Carré Jaude 2 - ✆ 04 73 35 56 03 - www.asm-boutique.com - fermé dim. - 10h-19h, 13h-19h le lun.* Autre boutique au stade Marcel-Michelin. C'est l'une des deux boutiques officielles des « jaune et bleu ». Amateur ou fervent supporter, vous y trouverez les accessoires obligatoires (écharpes, fanions), ainsi qu'une belle collection aux couleurs du club fétiche de Clermont.

Artcaroline – *2 r. Grégoire-de-Tours - ✆ 07 67 35 83 85 - http://https://artcaroline.fr - lun., jeu. et sam. 14h00–19h00 ; mar., merc. et vend. 10h30–19h00.* Dans une ruelle piétonne du centre historique, ce petit magasin propose une jolie sélection d'accessoires de mode fait main, notamment des sacs, des pochettes et des trousses en tissus, ainsi que des bijoux et quelques articles pour enfants.

Auvergnat Shop – *12 r. Massillon - ✆ 04 73 26 94 04 - www.mefiate.fr - mar.-sam. 10h30-12h30, 13h30-19h.* Un magasin original proposant des produits régionaux, des idées cadeaux, et une collection pleine d'humour de vêtements et d'accessoires Mefia Te, « la marque du peuple auvergnat ».

EN SOIRÉE

Bars, pubs

Bars, brasseries, cinémas, crêperies, pubs, restaurants et salons de thé tiennent une large place dans l'animation du centre-ville : ils se concentrent principalement place de Jaude, dans le quartier de la cathédrale, place Sugny, rue Fontgiève et place Gaillard.

Chez mon oncle – *8 bd Desaix - ✆ 04 73 16 02 98 - www.chez-mon-oncle.com - 18h-1h - fermé dim.-lun.* Sous les arcades, derrière les Galeries Lafayette, 70 références en vin et champagne pour ce nouveau bar à vins, déjà à la mode. Assiettes et tartines de charcuterie, fromages pour accompagner la dégustation.

Au fût et à mesure – *2 r. Boirot - ✆ 04 73 25 45 50 - www.aufutetamesure.fr - tlj. 17h-01h (02h jeu.-sam.).* Nouveau bar à bière, pour une clientèle jeune et branchée. Musique rock, bonnes bières belges. On se sert soi-même car chaque table est équipée d'une pompe à bière !

Un Singe en hiver – *13 pl. du Mar.-Fayolle - ✆ 04 73 36 94 36 - Wi-Fi - merc.-sam. à partir de 18h15.* Un bar à vin reconnu pour la qualité de ses crus et la chaleur de son accueil. Plus de cinquante références de vin à la carte, et pas de mauvaise surprise puisque vous pouvez goûter avant. Une tartine, des charcuteries ou des fromages régionaux peuvent accompagner votre verre.

Café Pascal – *4 pl. de la Victoire - ✆ 04 73 91 86 08 - http://cafepascal.com - tlj 8h30-1h30.* Sur une place de la Victoire toujours très passante, ce pub propose une douzaine de bières à la pression. Le lieu est très prisé pour une pause en fin d'après-midi, et on le comprend d'autant mieux que la vue sur la cathédrale est unique.

Les Arcandiers – Plan I J - *10 pl. du Terrail - ✆ 04 73 92 21 50 - fermé dim.-mar. - 12h-14h, 18h-23h.* Restaurant et bar à vin, Les Arcandiers cachent derrière leur devanture classique un drôle de décor, assemblage hétéroclite de bibelots et objets de brocante. En fin de journée, vous y apprécierez l'ambiance « cave à manger », avec ses terrines et assiettes de fromage ou de charcuterie, à accompagner d'un verre choisi parmi une centaine de références. Il n'est pas rare qu'un petit concert vienne animer les débuts de soirée déjà chaleureux.

Salles de spectacles

Les concerts de musique classique sont généralement donnés à la **Maison de la culture** *(bd François-Mitterrand).* Églises, auditorium (conservatoire) et amphithéâtre (faculté de droit) accueillent les récitals de musique de chambre.

La Baie des Singes – *6 av. de la République - 63800 Cournon-d'Auvergne - au sud-est de Clermont-Ferrand - ✆ 04 73 77 12 12 - www.baiedessinges.com - fermé merc. et w.end, ouvert 11h30-17h - spectacles et programmes sur rens.* Cette salle de concert incontournable participe toute l'année à de nombreuses manifestations : Jazz Auvergne Festival, festival On connaît la chanson, Les Automnales…

La Coopérative de Mai – *R. Serge-Gainsbourg - Polydôme - ✆ 04 73 14 48 08 - www.lacoope.org - ♿ - tram : ligne A arrêt place du 1er Mai - horaires et concerts sur site internet.* Lieu emblématique de la vie culturelle clermontoise
Le **Zénith d'Auvergne** accueille les grands spectacles en tournée.
La **Grande Halle d'Auvergne** est le lieu privilégié de vastes rassemblements comme la Foire économique de Clermont/Cournon *(sept.)* ou le Sommet de l'élevage *(oct.)*.
Les cinéphiles se donnent rendez-vous au cinéma **Le Rio** *(r. Sous-les-Vignes)*, **Aux Ambiances** *(7 r. St-Dominique)* et au Pathé **Capitole**.

ACTIVITÉS

Stade nautique Pierre-de-Coubertin – *R. Pierre de Coubertin - ✆ 04 63 66 96 40 - www.clermontcommunaute.net - 10h-20h, sam. 9h-18h, dim. et j. feries 9h-17h - entrée 3.60 €.* Bassin olympique découvert par beau temps, bassin ludique, toboggan, fosse de plongée, parc, sauna.

Parc Montjuzet, au nord-ouest du vieux Clermont *R. du Parc-Monjuzet - ✆ 04 73 42 63 63 - www.clermontmetropole.eu - mai-sept. : 7h15-21h ; reste de l'année : 7h15-17h30 - fermé en cas de tempête - entrée libre. - bus ligne C, station Limousin.* Installée sur une butte au nord de Clermont, à 486 m d'altitude, cette oasis de verdure (26 ha) ménage un beau **point de vue** sur l'agglomération. Ses espaces de loisirs en font un lieu très apprécié des enfants.

Sucrerie de Bourdon – *63510 Aulnat - ✆ 04 73 60 70 70 - visite sur demande 8h30-12h, 14h-18h.* « Site remarquable du goût », cette usine en pierre de Volvic (19e s.) vous dévoile les secrets de la fabrication du sucre et propose un parcours découverte du site industriel.

AGENDA

Festival international du court-métrage - Sauve qui peut le court-métrage – *✆ 04 73 91 65 73 - www.clermont-filmfest.com - fin janv.-déb. fév.* *p. 38.*

Puy-de-Mômes – Cournon-d'Auvergne - *✆ 04 73 69 90 40 - réserv. ✆ 04 73 69 94 53 - www.cournon-auvergne.fr - 2 sem. en avr.* Théâtre, marionnettes, cirque, danses, contes, concerts, ateliers et jeux pour le jeune public (dès 1 an).

Vidéoformes - Festival d'art vidéo et cultures numériques – *✆ 04 73 17 02 17 - www.videoformes.com - 5 j. mi-mars.* Le meilleur de la création numérique contemporaine : installations multimédias, vidéo, performances, conférences et Nuit des arts électroniques.

Contre-Plongées de l'été – *✆ 04 73 42 60 58 - www.clermont-ferrand.fr/contreplongees - juil.-août.* Programmation variée autour de plusieurs sites : théâtre au Centre Blaise-Pascal, projections de films en plein air sur la place de la Victoire, spectacles de rue place de Jaude.

Parapentes sur le Puy de Dôme, Clermont-Ferrand à l'horizon.
lucentius / iStock

Royat

★

4 775 Royadères ou Royatais – Puy-de-Dôme (63)

Voisine de Clermont-Ferrand, Royat s'étend sur des pentes escarpées, au fil de la Tiretaine. Entre le village médiéval perché sur les hauteurs et le quartier thermal déployant ses anciens hôtels de luxe transformés en appartements, le contraste est saisissant. Royat possède le charme et les atouts d'une ville d'eau, reposante et élégante. Elle est aussi un point de départ agréable pour des randonnées en forêt, avant un moment de délassement dans les eaux chaudes du centre thermoludique Royatonic.

NOS ADRESSES PAGE 77
Hébergement, restauration, achats, activités, etc.

S'INFORMER

Clermont Auvergne Tourisme, Bureau de Royat-Chamalières – *1 av. Auguste-Rouzaud - 63130 Royat - ✆ 04 73 29 74 70 - www.clermontauvergnetourisme.com - juil.-août : 9h-18h, sam. 9h-12h, 13h30-18h, dim. et j. fériés 9h30-12h, 14h-17h ; mai-juin et sept. : 9h-12h, 14h-18h, dim. et j. fériés 9h30-12h ; avr. et oct. : tlj sf dim. 9h-12h, 14h-18h ; reste de l'année : tlj sf w.-end et j. fériés 9h-12h, 14h-17h.*

L'office de tourisme propose des visites guidées de la ville dont une théâtralisée. Autres visites sur les thèmes du thermalisme, du Moyen-Âge et des plaisirs mondains. (horaires au ✆ 04 73 29 74 70 - 4,80/6,90 € visite guidée, 8 € visite théâtralisée).

SE REPÉRER

Carte de microrégion A3 p. 35 – *carte Michelin Départements 326 F8.*

À 3 km à l'ouest de Clermont-Ferrand, la ville s'étage le long de la D 68 qui grimpe hardiment vers le Puy de Dôme. Royat est accessible en bus (B) depuis Clermont-Ferrand.

À NE PAS MANQUER

Promenez-vous dans la vieille ville autour de l'église St-Léger et découvrez l'histoire du Royat thermal au pavillon St-Mart.

AVEC LES ENFANTS

Nombreux circuits pédestres balisés au départ de Royat. Le parc Bargoin, abrite un immense érable.

Se promener

L'**avenue Thermale**, tracée en corniche au nord de Royat, révèle de jolies **vues**★ sur le site de Clermont. Et pour qui vient de Pontgibaud par la D 941[A], le belvédère de la **Pierre carrée**, aménagé dans un virage, offre une superbe **vue**★★ sur l'agglomération clermontoise : *(de gauche à droite)* les côtes de Clermont ; la ville et sa cathédrale ; au loin, les monts du Livradois ; sur la droite, les volcans de la Comté, le plateau de Gergovie et le piton de Montrognon.

★ Royatonic

5 av. Auguste-Rouzaud - ✆ 04 73 29 58 90 - www.royatonic.com - ♿ - 10h-20h, merc. 10h30-20h, vend. 10h-21h30, dim. 10h-18h30 - fermé 1 sem. en mars et 1 sem. en sept., 1er janv., 25 déc. - 15 € 1h30, 20 €/pass 2h30, 34 €/j., 58 € pass w.-end (pour les réductions, voir le site Internet). Accès enf. 6 ans mini - spa fermé dim. et j. fériés.

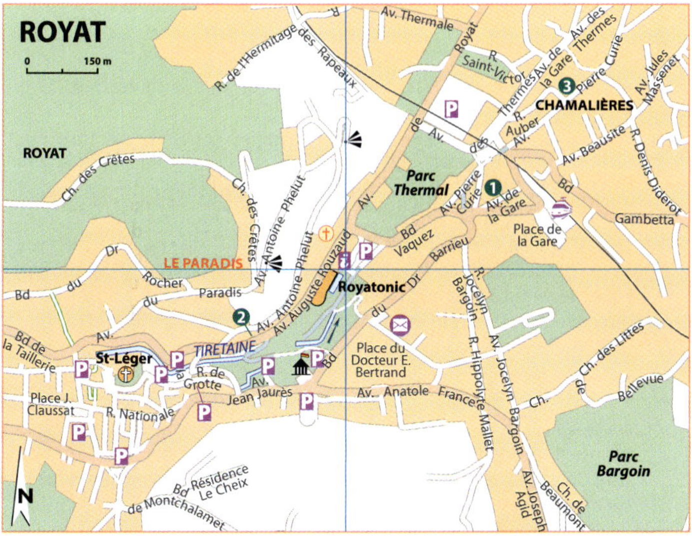

SE LOGER
Hôtel Le Châtel .... 2 Hôtel Radio .... 3 Royal St-Mart.............. 1

Lagune d'eau bleue, *frigidarium*, *tepidarium*, *caldarium*, bassin d'eau parfumée, village norvégien avec sauna... Déclinées sous de multiples formes, les eaux thermales de ce **centre thermoludique** sont accessibles, à l'intérieur sous une coupole de bois, et en plein air, avec vue sur la ville. On y trouve également un Spa d'exception *(lun.-sam. 10h-19h45).*

En sortant, passez devant l'office de tourisme à gauche et traversez la route.

★ Parc thermal

Construite en 1913 et nommée en l'honneur de l'impératrice Eugénie venue avec Napoléon III en 1862, la **buvette Eugénie**, au cœur du parc thermal, associe élégamment la mosaïque, le verre et le cuivre dans un style typique des villes d'eau de l'époque. Attention, l'eau ne peut être bue que sur ordonnance. En face, les **thermes** sont érigés en 1836 sur le modèle de la basilique de l'empereur romain Constantin. La façade présente quatre colonnes ioniques surmontées de statues. À l'intérieur, remarquez les voûtes peintes, le sol (classé Monument historique) ainsi que les vitraux. Seul le hall est accessible aux visiteurs. *Descendez le chemin jusqu'au casino puis tournez à gauche.* La **Tiretaine**, qui franchit de nombreux seuils en cascades ruisselantes, apporte charme et fraîcheur à la station. Vous pourrez voir les vestiges des **thermes gallo-romains** qui comportaient plusieurs piscines. L'une d'elles, mise au jour et restaurée, était autrefois recouverte de voûtes ornées de mosaïques; ses murs étaient revêtus de marbre. Des canalisations en terre cuite amenaient les eaux qui se déversaient en cascatelles dans la piscine. Ce parc à l'anglaise est ponctué de plaques émaillées reproduisant des dessins d'enfants. Le **géoscope** propose un parcours pédestre parsemé de blocs de roches, qui explique la géologie locale.

Remontez par les rues ou l'ascenseur.

ROYAT THERMAL

Connues des Arvernes, dont la capitale, Gergovie, était toute proche, les eaux de Royat furent ensuite exploitées par les Romains qui y construisirent des thermes magnifiques (on peut en voir quelques vestiges dans le parc thermal).

L'utilisation de ces eaux connut, jusqu'au milieu du 19e s., des fortunes diverses mais la vogue et la célébrité dont elles jouissent depuis cette date ne se sont pas démenties. Un établissement thermal fut élevé, et **l'impératrice Eugénie**, venue à Royat en 1862, lança la station. Durant son séjour forcé à Clermont en 1887, le **général Boulanger** cachait ses amours à l'hôtel de la Belle-Meunière. Jusqu'en 1914, des rois et des princes le fréquentèrent. La source St-Mart serait la plus ancienne : de captage celtique, elle porte le nom du saint qui, au 6e s., fonda un monastère sur l'emplacement actuel du parc thermal.

Dans l'actuelle station, plusieurs sources sont utilisées. La plus abondante est la source Eugénie qui était déjà captée par les Romains, comme les sources St-Victor (actuellement hors service) et César. Elle débite 1 000 litres à la minute (température 31,5 °C) et dégage en même temps une grande quantité de gaz thermaux radioactifs. La température des autres sources décroît jusqu'à 14 °C. Ces eaux sont employées sous forme de boisson, de bain carbogazeux et d'injections de gaz thermaux, pour le traitement des affections du cœur et des artères, et de l'arthrose. Existent également la source Velleda et la source Auraline, captée et mise en service en 1989, qui permet de couvrir la quasi-totalité des besoins en eau thermale.

★ Église St-Léger

Pl. Cohendy - ✆ 04 73 29 74 70 - ♿ - possibilité de visite guidée uniquement dans le cadre de la visite du bourg de Royat (6,90 €, -18 ans 4,80 €). Bâti à la fin du 11e s., cet édifice dépendait de l'abbaye de Mozac, qui l'agrandit en reconstruisant le chœur et le fortifia au début du 13e s. Il s'écarte sensiblement du type classique de l'église romane auvergnate, et s'apparente aux églises du Midi. Son clocher est du 19e s.

L'**ancien prieuré**, accolé au bras gauche du transept, était également fortifié. Deux belles roses gothiques sont percées, l'une dans le mur du transept droit, l'autre dans celui du chevet. Vous pouvez descendre visiter la crypte où ont été réutilisés des chapiteaux du 10e s.

Sur la place Cohendy se dresse un **calvaire**, sculpté dans la lave, datant de 1486. Ancien établissement thermal, le **pavillon St-Mart**, conçu par l'architecte Louis Jarrier, abrite des expositions temporaires en période estivale *(rens. auprès du bureau de tourisme)*. La mosaïque autour de la porte d'entrée représente le blason de St-Mart associé à des motifs emblématiques de l'eau.

★ Parc Bargoin

Sur la commune de Chamalières (p. 60). On l'atteint, depuis l'église St-Léger, par l'avenue Jean-Jaurès, puis l'avenue Anatole-France.

J.-B. Bargoin fit don de sa propriété au conseil général du Puy-de-Dôme ; ainsi, ce jardin d'agrément du 19e s., ordonné autour d'un château, fut ouvert au public selon son vœu. Aménagé dans un terrain accidenté (8 ha), ce parc possède des arbres magnifiques (dont un érable de 250 ans et de plus de 7,50 m de circonférence !) ainsi qu'un jardin botanique. Du haut d'une petite tour, belle **vue** sur Clermont-Ferrand.

Randonnées autour de Royat
Rens. au bureau de tourisme de Royat. Depuis Royat, de nombreuses randonnées sont possibles. Au départ du Paradis, on accède au **bois de Villars** *(1h)* – sous-bois, échappées sur la Limagne et les monts du Livradois, et vestiges bien conservés de la voie romaine reliant Clermont-Ferrand à Limoges –; par le sud, au **puy de Montaudoux** *(1h)* – du sommet (592 m), belle vue sur la Limagne –; par l'ouest, à l'**arboretum de Royat** *(1h)*, mais aussi à la **vallée de la Tiretaine** et au **chemin des Crêtes** *(2h)*. Depuis la rue de la Pauze, les randonneurs accèdent au **puy de la Charade** (3h).

À proximité Carte de microrégion

Circuit automobile de Clermont-Ferrand - Charade A3

18 km au sud-ouest. Le circuit de Charade, construit en 1958, bénéficie d'un beau cadre montagneux. Il a vu, au cours de son histoire, se dérouler des courses majeures comme les Grands Prix de l'Automobile Club de France de Formule 1 ou les Grands Prix de France de moto, et des pilotes aux noms légendaires comme Jackie Stewart, Patrick Depailler (Clermontois) ou encore Alain Prost y ont démontré leurs talents. Lieu de tournage du film *Grand Prix*, joué par Yves Montand et Françoise Hardy en 1965, le circuit servit à nouveau en 2003 pour le film *Michel Vaillant*, réalisé par Louis-Pascal Couvelaire. Le circuit (3 975 m et 18 virages), homologué pour tous types de courses, y compris la F1, est ouvert aux constructeurs et aux écoles de pilotage. Il accueille quelques compétitions nationales.

La Montagne Percée

7 km au nord. Laissez la voiture à l'embranchement de la D 941ᴬ et prenez tout de suite à droite, à hauteur de la borne kilométrique, le chemin qui conduit en 300 m au rocher de la Montagne Percée.
15mn AR. Un beau point de vue se révèle sur Clermont-Ferrand.

1

NOS ADRESSES À ROYAT ET CHAMALIÈRES

HÉBERGEMENT/RESTAURATION

– Pour organiser votre séjour, l'office de tourisme offre l'accès à un large choix d'hébergements : hôtels, meublés, résidences hôtelières et campings en saison. Le **camping** Huttopia *(rte de Gravenoire, quartier l'Oclède - 04 73 35 97 05 - https://.europe.huttopia.com - avr.-oct.)* propose des hébergements en chalets et mobil homes avec un forfait curiste.

PREMIER PRIX

2 **Hôtel Le Châtel** – A2 - *20 av. de la Vallée - 04 73 29 53 00 - www.hotel-lechatel.com - P - 30 ch. 50/65 € - 8 € - 19/26 €.* Face à un parc où ruisselle la Tiretaine, bâtisse ancienne abritant des chambres bien tenues. Certaines, plus grandes, occupent une maison voisine. Suites rénovées. Plaisante salle à manger. Cuisine traditionnelle et régionale escortée de formules diététiques.

POUR SE FAIRE PLAISIR

1 **Royal St-Mart** – B1 - *6 av. de la Gare - 63400 Chamalières - 04 73 35 80 01 - www.hotel-royalsaintmart.com - - 55 ch. - 87/140 € - 12 € - 32/42 €.* Depuis 1853, la même famille gère cette demeure bourgeoise ombragée de cèdres. Chambres de style composite ; préferez celles côté jardin. La cuisine est classique et la terrasse donne sur le jardin.

3 **Hôtel Radio** – B1 - *43 av. P.-et-M.-Curie - 63400 Chamalières - 04 73 30 87 83 - www.hotel-radio.fr - P parking gratuit - garage payant 9 €/j. - - fermé 28 oct.-8 nov. et 2-15 janv. - 24 ch. 105/165 € - 15 € - formule déj. 30 € - menu 65/98 €.* Élégant établissement des années 1930 au style Art déco. Les chambres, amples et feutrées, optent pour une ambiance plus contemporaine. Côté restaurant, vous apprécierez une cuisine originale dans un cadre chic.

ACHATS

Chocolaterie du Vieux-Royat – *15 bis r. Nationale - 04 73 35 87 18 - 9h-12h, 14h-19h - fermé dim.-lun. et j. fériés.* Tous les chocolats, au pur beurre de cacao, sont fabriqués à la main, sans qu'aucune machine n'intervienne. Au choix : pralinés, pâtes d'amande, giandujas, ganaches, orangettes, palets d'or... Un petit salon de thé a été aménagé pour les gourmands impatients de déguster ces merveilles.

Aux Pierres Fines – *6 bd Vaquez - 63130 Royat - 04 73 35 80 48 - www.auxpierresfines.fr - mar.-sam. 10h-12h, 15h-19h - fermé mars et nov.* Héritière d'une longue tradition familiale, Éliette Ballot-Fleury tient une taillerie-joaillerie qui a pignon sur rue depuis 1837. Création de bijoux traditionnels ou contemporains.

EN SOIRÉE

Casino de Royat – *Allée du Pariou - 04 73 29 52 52 - www.casinoroyat.com - 10h-3h, w.-end 10h-4h.* Un paradis pour les amateurs de jeux : 120 machines à sous et les jeux traditionnels tels que boule, roulette (16 roulettes anglaises), black-jack... dorénavant gratuit d'accès. Défilés, dîners-spectacles, concerts... Un bar et un restaurant complètent cet espace de loisirs.

Le Cintra – *2 av. Abbé-Védrine - 04 73 35 95 50 - 10h-22h - fermé lun.* À deux pas du parc thermal, pub-brasserie à l'atmosphère feutrée proposant une sélection de cocktails, portos et whiskys. Restauration de type brasserie (salades, grillades, plats traditionnels, glaces et desserts, etc.) à déguster aux beaux jours sur l'agréable terrasse, très prisée en fin de matinée et en soirée.

ACTIVITÉS

Thermes de Royat – *Pl. Allard - 04 73 29 51 51 - www.thermes-de-royat.com - - ouvert de mars à nov., 7h-13h, 14h-16h (sauf sam. ferme à 13h), fermé dim. en avr.-oct. - 47 € la matinée de soin, semaine santé 252 €.* Sports et activités de détente. L'établissement thermal s'est spécialisé dans la rhumatologie et le traitement des maladies cardio-artérielles.

Plateau de Gergovie

★

Puy-de-Dôme (63)

Un vaste plateau, dont la silhouette légèrement trapézoïdale se découpe en avant de la Limagne et du val d'Allier, se détache dans le paysage clermontois. Érigé sur l'un de ses bords, un curieux monument commémoratif, surmonté d'un casque ailé, permet de l'identifier à coup sûr. Des milliers de visiteurs aiment venir, tout au long de l'année, remonter aux sources d'un passé prestigieux et admirer la vue sur la région.

NOS ADRESSES PAGE 82
Hébergement, restauration, achats, activités, etc.

S'INFORMER

Office du tourisme Gergovie - Val d'Allier – *Plateau de Gergovie - 63670 La Roche-Blanche - ☏ 04 73 79 42 98 - www.mondarverne.com - juil.-août : horaires, se rens.*

SE REPÉRER

Carte de microrégion AB3 p. 35 - carte de la bataille p. 80 – *carte Michelin Départements 326 F8.*
La desserte la plus proche est l'A 75 (sortie 4). Vous pouvez également accéder par Romagnat si vous venez de l'agglomération clermontoise.

À NE PAS MANQUER

Les Arverniales ou « archéofête gauloise », fin juillet, spectacle d'histoire vivante projetant les visiteurs 2 000 ans en arrière à l'époque de la guerre des Gaules.

AVEC LES ENFANTS

La maison de Gergovie.

Se promener

Composé de trois colonnes monumentales à bossages, couronnées de chapiteaux corinthiens et surmontées d'un casque ailé gaulois de forme assez fantaisiste, le **monument commémoratif** de 26 m de hauteur a été élevé en 1900 par l'architecte Teillard à l'extrémité orientale du plateau. Prenez le temps de vous promener : l'air est vivifiant et le paysage magnifique.

★★ Panorama

La vue s'étend sur la limagne de Clermont, que ferment à l'horizon les monts du Forez et ceux du Livradois, et sur la vallée de l'Allier au-delà de laquelle pointent les puys de la Comté. À droite, derrière La Roche-Blanche et la petite vallée de l'Auzon, se découpe la tour médiévale du Crest, qui se distingue bien dans le paysage. La partie ouest du plateau demeure donc la plus accessible ; c'était déjà le problème le plus épineux pour Vercingétorix.

Maison de Gergovie

Plateau de Gergovie - ☏ 04 73 79 42 98 - www.ot-gergovie.fr - fermé pour travaux, réouv. prévue 2019.

Le centre d'interprétation du plateau fait l'objet d'importants travaux d'agrandissement et de modernisation pour présenter une nouvelle exposition permanente dédiée à la bataille de Gergovie et à la guerre des Gaules,

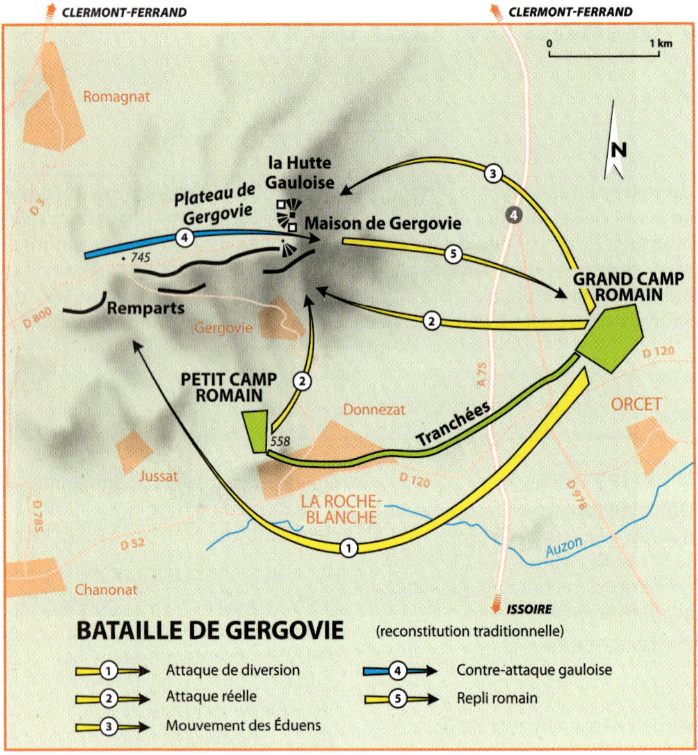

ainsi qu'à l'histoire du site et à l'archéologie de la période gauloise autour de Clermont-Ferrand. Son ouverture est prévue pour 2019.

Pour les amateurs d'archéologie gauloise, voir également le sanctuaire de Corent (*p. 125*).

Circuit conseillé Carte de microrégion AB3-4

AUTOUR DE GERGOVIE

Circuit de 12 km, tracé en violet sur la carte p. 35 – comptez 2h. Descendez du plateau de Gergovie jusqu'à Opme, puis en direction de Chanonat. À l'entrée du village, prenez à droite jusqu'à La Batisse.

Château de La Batisse A4

04 73 79 41 04 - www.chateaudelabatisse.com - visite médiévale animée (1h30) juil.-août : 10h30, 13h30, 15h et 16h45, lun. et dim. 15h et 16h45 ; reste de l'année : se rens. - 8,50 € (-18 ans 7 €) - 11 € billet combiné avec la visite nocturne.

Ses toits plats, ses terrasses, ses ailes du 18e s., ouvertes sur l'extérieur, confèrent au château une grâce avenante. Cette demeure de pierre blonde respire une quiétude qui contraste avec les sévères forteresses féodales de la région. Une tour en poivrière et deux tours d'angle, coiffées de calottes à lanternon de tuiles rouges, sont les vestiges du château primitif du 15e s. À l'intérieur, vous noterez des pièces de mobilier Louis XIII et Louis XVI, des tapisseries, des

81

PLATEAU DE GERGOVIE

La bataille de Gergovie

C'est un Florentin dénommé **Gabriel Simeoni** qui identifia, au 16e s., cet emplacement comme lieu de la fameuse bataille de Gergovie.

LES FOUILLES

Dirigée en 1862 par le **commandant Stoffel**, aide de camp de Napoléon III (qui attribua au site son nom actuel), une première campagne de fouilles permit d'identifier les deux camps de César et le double fossé de liaison. De nouvelles fouilles, entreprises de 1936 à 1939, confirmèrent ces conclusions. Des sondages effectués en 1995 ont précisé l'emplacement des fossés, qui sont bien localisés comme l'indiquait Stoffel.

Depuis 2001, le plateau lui-même est l'objet de recherches annuelles : les fouilles réalisées sur les fortifications ont conforté l'existence sur le site d'un oppidum arverne occupé à l'époque de la guerre des Gaules. Les dernières campagnes ont mis au jour la porte principale de la cité, ainsi qu'un vaste espace dallé de plusieurs milliers de m^2 au centre du plateau. Gergovie est encore loin d'avoir livré tous ses secrets.

LE RÉCIT DE LA BATAILLE

Le siège de Gergovie (*Gergobia* ou *Gergovia*) et la bataille qui s'ensuivit durèrent à peine deux à trois semaines. Il n'est donc pas surprenant que les vestiges archéologiques de cette intervention militaire soient plus modestes que les aménagements romains construits autour d'Alésia. Du haut du plateau de Gergovie, les Gaulois bénéficient d'une vue dominante sur le camp de César, installé sur la serre d'Orcet, en surveillent les manœuvres et conservent l'avantage du terrain lors d'escarmouches. Pour reprendre l'avantage, César s'empare de la colline de La Roche-Blanche, lors d'un assaut nocturne. Il la fortifie et y installe un petit camp que ses soldats relient au premier par deux tranchées parallèles. Après s'être assuré du concours des Éduens, peuple gaulois alliés des Romains, et voyant certaines hauteurs dégarnies de défenseurs, César ordonne un mouvement de diversion nocturne vers le col des Goules, exécuté par des fausses troupes (des muletiers) et soutenu par une légion. Les Gaulois se portent en masse vers ce point faible pour en compléter les défenses.

Dès le lendemain, peu après midi, le gros des troupes romaines du grand et du petit camp se lance à l'assaut de l'oppidum par le sud-est. Une première enceinte est franchie et les soldats de César montent à l'assaut du second rempart. À leur vue, les femmes poussent des cris de terreur et jettent des étoffes et de l'argent aux assaillants pour les arrêter. Attirés par les cris et comprenant l'attaque de diversion imaginée par César, les Gaulois reviennent en hâte sur le vrai lieu de la bataille.

Fatigués par l'effort fourni au cours de leur escalade et contrariés dans leur manœuvre par l'obstacle des remparts, les Romains, bousculés, se désunissent et bientôt se débandent. Pour leur malheur, ils prennent les Éduens, leurs alliés, qui arrivent sur le champ de bataille, pour une aide gauloise et se retirent en désordre. César donne alors l'ordre du repli.

UNE COULÉE DE LAVE

Les avis sont partagés quant à l'origine de la **table de basalte** qui recouvre le plateau de Gergovie : coulée de lave issue du puy Giroux, à l'ouest, ou d'un volcan dont on aperçoit les débris, sur la pente est du plateau… Cette table, qui culmine à 745 m, a protégé de l'érosion les assises inférieures plus tendres, engendrant une « inversion de relief ».

armes, une pietà du 16e s. Les **jardins**, conçus par Le Nôtre, furent reconstitués d'après un plan aquarellé du 18e s. réalisé par Jean-Baptiste Girard, et exposé dans la salle du Plan. Longeant le labyrinthe de verdure, une allée mène aux **cascades de l'Auzon**, au fond du parc.

Retournez à Chanonat, et prenez à droite la D 3 jusqu'au Crest.

Le Crest B4

Ce village de vignerons est bâti à l'extrémité de la montagne de la Serre (*p. 154*). Il est dominé par une tour, seul vestige d'un château autrefois important, d'après le dessin qu'en fit Guillaume Revel vers 1450. De la tour, on bénéficie d'un **panorama★** remarquable, au nord sur le plateau de Gergovie et la Limagne de Clermont, à l'est sur la vallée de l'Allier et le Livradois, au sud et sud-ouest sur le massif du Sancy, à l'ouest et nord-ouest sur la chaîne des Puys.

Redescendez vers la D 213 et l'A 75, passez dessous et prenez la toute petite route qui monte en s'enroulant autour de la butte de Monton.

Monton B4

D'origine castrale lui aussi, ce village étage ses maisons sur le flanc sud de la butte dont le sommet est couronné d'une monumentale statue de pierre blanche de la Vierge, Notre-Dame de Monton, réalisée sur le modèle de Notre-Dame du Puy. Plusieurs fois rénové à la suite de dégradations naturelles, ce colosse de 14 m de haut fait l'objet d'un pèlerinage le dimanche qui suit le 22 août. Anciens habitats troglodytiques près du site *(✆ 04 73 79 42 98 - visites guidées du site organisées en juil.-août par l'office du tourisme Gergovie-Val-d'Allier ou lors de manifestations spéciales.).*

Revenez à Gergovie par La Roche-Blanche.

NOS ADRESSES AUTOUR DU PLATEAU

HÉBERGEMENT

BUDGET MOYEN

Chambres d'hôte Le Couvent – *15 r. du Couvent - 63960 Veyre-Monton - suivez « Puy de la Vierge » et tournez r. Suaudeau - ✆ 04 73 69 75 05 - www.rue-du-couvent.fr - P - 5 ch. 75/90 €.* Ancien couvent isolé au pied du puy de la Vierge. Magnifique séjour dans la chapelle, où l'on peut admirer des vitraux ; au-dessus, salon en mezzanine avec vue plongeante sur les alentours.

RESTAURATION

La Hutte Gauloise – *63670 La Roche-Blanche - Plateau de Gergovie - ✆ 04 73 79 40 11 - www.la-hutte-gauloise.com - ouvert ttljrs. - menu 23/29.90 €.* Après une belle promenade sur le plateau, cette « hutte » en bois et pierre offre un havre sympathique avec vue panoramique, au coin du feu ou sur la grande terrasse. Au menu, un beau choix de spécialités locales.

Volvic

4 418 Volvicois – Puy-de-Dôme (63)

La cité de la pierre et de l'eau est bâtie sur la coulée de lave descendue du volcan de la Nugère. C'est à l'extraction et à l'industrie de la lave que Volvic, le « village sur la montagne », dans les monts Dôme, doit son activité. On y exploite aussi une source dont l'eau, filtrée par d'épaisses couches de roches volcaniques, est d'une grande pureté. Placé sous la protection de Notre-Dame de la Garde, Volvic constitue la porte nord de l'entrée du parc naturel régional des Volcans d'Auvergne et offre de multiples activités de pleine nature.

NOS ADRESSES PAGE 89
Hébergement, restauration, achats, activités, etc.

S'INFORMER

Office de tourisme – *Pl. de l'Église - 63530 Volvic - ✆ 04 73 33 58 73 - www.volvic-tourisme.com - juil.-août : 10h-12h, 14h-19h, dim. 10h-13h ; reste de l'année : tlj sf dim.-lun. et j. fériés 9h-12h, 14h-17h.*

SE REPÉRER

Carte de microrégion A2 p. 34 – *carte Michelin Départements 326 F7.* Volvic, à 14 km au nord de Clermont-Ferrand et à 7 km de Riom, est véritablement la porte des volcans. On y accède par la D 986, au sud-ouest de Riom.

À NE PAS MANQUER

La collection de Daumier au musée Marcel-Sahut ; la superbe Vierge noire de Marsat ; le cimetière de Volvic.

AVEC LES ENFANTS

Le château de Tournoël (aussi pour le panorama) et la Grotte de la pierre qui révèle tous les secrets du volcanisme.

Se promener

La pierre de Volvic, dure et résistante, fut exploitée dès le 13e s. Dans la Grand-Rue et les ruelles étroites alentour, la vieille ville a conservé des maisons en pierre (16e-19e s.) et d'anciennes fontaines qui témoignent de cette activité artisanale multiséculaire.

Église St-Priest

Cet ancien prieuré clunisien de Mozac, dont la nef et la façade ont été reconstruites au 19e s., est surtout remarquable par son vaste chœur du 12e s. ; il est entouré d'un déambulatoire, sur lequel s'ouvrent trois chapelles rayonnantes, et une belle grille forgée, d'époque romane, ferme la chapelle axiale. Intéressants chapiteaux historiés, dont le chapiteau du donateur, Guillaume de Bezac, immortalisé sur une corbeille du chœur. À l'entrée du chœur, à gauche, remarquez une Vierge à l'oiseau du 14e s.

Musée municipal Marcel-Sahut

R. des Écoles - ✆ 04 73 33 57 33 - www.ville-volvic.fr - juin-août : 10h-12h30, 14h-18h ; mai et sept.-nov. : 14h-18h, w.-end 10h-12h30, 14h-18h - fermé lun.-mar. et j. fériés - possibilité de visite guidée sur demande (45mn) - 3 €.

De nombreuses œuvres de **Marcel Sahut** (1901-1990), fusains, aquarelles, peintures, permettent de découvrir ce peintre originaire de Volvic. Les premières

LA TRACHYANDÉSITE OU LAVE DE VOLVIC

La trachyandésite, que l'on extrait aujourd'hui en carrières à ciel ouvert, est une roche volcanique remarquable : elle fut utilisée comme pierre à bâtir dès le 13e s., et de nombreux édifices auvergnats, mais aussi répartis sur l'ensemble du territoire français, lui doivent leur longévité. La couleur noire de ces monuments est due à une altération par la pollution atmosphérique, car la pierre extraite est de couleur gris très clair à gris moyen.
Le **cimetière de Volvic** constitue un curieux ensemble de monuments des 19e et 20e s. taillés dans cette pierre. Celle-ci a également servi à la construction de nombreux monuments funéraires parisiens, certains classés Monuments historiques.
La pierre de Volvic pouvant être émaillée à haute température (1 500 °C), elle est utilisée, depuis 1827, pour la confection de plaques destinées à être soumises d'une façon permanente aux intempéries : cadrans d'horloges, plaques de noms de rues, échelles de niveau, tables d'orientation, etc.
Les qualités de cette roche la firent choisir comme matériau des bornes d'angle, poteaux, plaques murales… en **lave émaillée** réalisés de 1920 à 1970 par les **Services de signalisation routière Michelin**.

salles sont consacrées à l'art de l'Extrême-Orient et de l'Afrique, mais le musée est surtout riche d'une belle collection de dessins, lithographies et peintures des 19e et 20e s. Les **dessins de Daumier★**, extraits de la série « Actualités », et ceux de Grévin illustrent l'art de la caricature sous le Second Empire. Dans la dernière salle, une vitrine expose une collection originale de **demi-noix de coco★** ornées de scènes gravées par les prisonniers des bagnes de Cayenne et de Nouvelle-Calédonie aux 18e et 19e s.

Statue de Notre-Dame de la Garde

Puy de la Bannière - Accès depuis la rue du Calvaire de Bannière (à proximité de l'office de tourisme). Empruntez le chemin des Dames.

30mn AR. Un sentier mène à la **statue monumentale** de Notre-Dame de la Garde, réalisée en 1861 par les enseignants et les élèves de l'école départementale d'architecture de Volvic. Fondée en 1820 par Gilbert-Joseph de Volvic, préfet de la Seine, celle-ci fut l'une des premières écoles d'art créées en Auvergne. Du pied de la statue, on peut contempler un très beau **panorama** sur la plaine de la Limagne *(pèlerinage le dernier dim. de mai).*

À voir aussi

Au nord-ouest du centre-ville.

Grotte de la pierre de Volvic

2 rte du Pont-Jany - ✆ 04 73 33 56 92 - www.grotte-pierre-volvic.fr - ♿ - visite guidée (1h) des vac. de fév. aux vac. de la Toussaint : horaires, se rens. - 7,80 € (-12 ans 6,30 €) - 17,50 € billet combiné avec le volcan de Lemptégy - boutique horaires, se rens.

Une ancienne carrière souterraine sert de cadre à cette visite animée par des bruitages, des jeux de lumière et des photographies. Pendant plus d'une heure, le spectateur marche sur les traces de Jean Legay-Chevalier, carrier des années 1900. Tandis que l'on pénètre au cœur de la **coulée de lave★** descendue du puy de la Nugère, on se laisse conter l'extraction et la taille de la pierre, la découverte de la source des eaux de Volvic ou encore la vie quotidienne

Le château de Tournoël vu du ciel.
F. Cormon / hemis.fr

des habitants du bourg. La voûte tourmentée atteste l'extraction ; elle est supportée par d'énormes piliers taillés directement dans la lave. Des ateliers d'initiation à l'émaillage et à la calligraphie-gravure sont proposés l'été. Exposition-vente présentant le travail des artisans d'aujourd'hui.

Source de Volvic - site du Goulet

R. des Sources - ✆ 04 73 64 51 24 - www.espaceinfo.volvic.fr - ♿ - juil.-août : 10h-18h45, w.-end et j. fériés 14h-18h30 ; avr.-juin et sept. : 10h-12h15, 14h-18h, w.-end et j. fériés 14h30-18h ; oct. : tlj sf w.-end 14h-18h - fermé 1er Mai - gratuit - possibilité de visite guidée sur demande (1h30) de l'usine juil.-août : tlj sf w.-end et sem. du 15 août ; avr.-juin et sept.-oct. : mar.

QUAND LA PIERRE PREND VIE SOUS LA MAIN DE L'ARTISTE

Comment conjuguer le minéral et le végétal… **Thierry Courtadon** sculpte la pierre de Volvic pour créer des œuvres exposées aujourd'hui dans **sept communes aux alentours de Volvic**. Son objectif ? Établir un lien solide entre l'artiste et le territoire, de façon à ce que ses sculptures s'intègrent au paysage et permettent au promeneur de le regarder avec d'autres yeux. Thierry Courtadon donne à ses sculptures des noms différents selon leur forme et l'environnement qui les accueille. À Chanat-la-Mouteyre, *Contempler* ; au lieu-dit Viallard de Volvic, *Rassembler* ; à Châtel-Guyon (parc thermal), *Ressurgir* ; à Pulvérières (arboretum), *Compresser* ; à Charbonnières-les-Varennes (manoir de Veygoux), *Suspendre* ; à Saint-Ours-les-Roches (village de Beauregard), *Chuchoter*, et à Sayat, dans le ruisseau du Bédat, *Ondoyer*. De bien beaux titres pour un circuit original *(accès libre)*, dédié à l'imaginaire, au sein de la nature…

Pour plus de précisions sur la localisation des œuvres, passez à l'office de tourisme ou consultez son site (www.volvic-tourisme.com, rubrique Land'Art) ainsi que celui de la communauté de communes (www.vsv.fr).

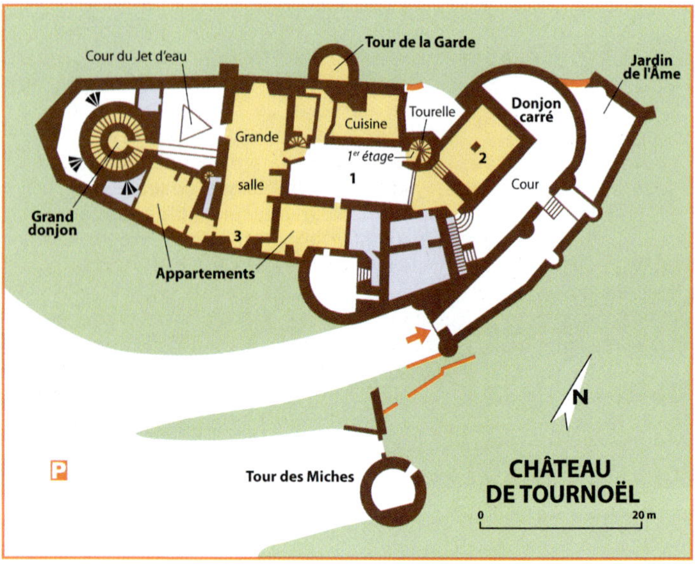

L'**Espace d'information** présente le bassin hydrographique de l'eau minérale de Volvic et sa mise en bouteilles, des projections sur l'Auvergne et les volcans et une exposition intitulée « Sous les roches volcaniques, une eau secrète ».

Des itinéraires de promenade (45mn-1h45) ainsi qu'un parcours d'orientation sont aménagés sur le site des sources. L'été des activités sportives y sont organisées (dont location de VTT).

Il est par ailleurs possible et très intéressant de visiter l'**usine d'embouteillage** de l'eau minérale naturelle **Volvic** *(ZI du Chancet - ☎ 04 73 64 51 24 - www.volvic.fr - gratuit, sur réserv. qq jours au préalable, les mar. d'avril, mai, juin, sept. et oct. et lun.-vend. en juil. et août, sf la sem. du 15 août - enf. de moins de 7 ans non admis).*

À proximité Carte de microrégion A2

★★ Château de Tournoël A2

À 2 km au nord de Volvic.

☎ 04 73 33 53 06 - www.tournoel.com - visite guidée (45mn) juil.-août et J. du patrimoine : 10h-12h15, 14h-18h - 9 € (-16 ans 5 €).

Campée sur la crête d'un éperon rocheux, la silhouette ruinée de Tournoël semble attendre vainement un ultime assaut. Racheté en 2000, ce superbe château fait depuis lors l'objet de restaurations soigneuses.

Le château de Tournoël présente **trois ensembles** : un massif donjon carré, protégé par une double enceinte, un grand donjon circulaire, isolé par une enceinte triangulaire et, entre les deux, les corps de logis. Près de l'entrée une table d'orientation livre une belle **vue** sur la plaine de la Limagne, les monts du Forez et du Livradois. Laissez à droite les jardins en terrasses et la **tour des Miches** (16e s.) – appelée ainsi en raison des bossages de ses murailles de lave, en forme de gros pains –qui défendait l'entrée.

Rez-de-chaussée – Une rampe mène à la porte de la première cour. Là se dresse le donjon carré (soubassements du 12e s.). Pénétrez dans la cour

PETITE ET GRANDE HISTOIRE

Au 12ᵉ s., le château de Tournoël appartenait aux comtes d'Auvergne. Philippe Auguste le prit et le détruisit presque entièrement en 1213. Hugues de La Roche le reconstruisit au 14ᵉ s. en empâtant le bas des tours. Tournoël eut, au cours de son histoire, deux propriétaires particulièrement excentriques. Vers 1500, la veuve **Françoise de Talaru**, jeune et coquette, en rivalité avec un beau-frère cupide, décide de l'éloigner de sa fille, dont il est le cotuteur, en le chassant de Tournoël. Le vertueux bailli de Montferrand, saisi de l'affaire, blâme sévèrement celle qu'il appelle « Circé, Mélusine, magicienne, sorcière » et la dépossède de sa tutelle. Cette sanction n'arrête pas la belle châtelaine qui, comme par enchantement, fiance sa fille de 7 ans au fils du bailli et épouse le vieux juge… qui meurt peu après. Autre personnage hors du commun : **Charles de Montvallet**, condamné lors des Grands Jours d'Auvergne, en 1665. Celui-ci avait tant de bâtards qu'il les faisait élever au château, afin de se fournir parmi eux en domestiques ; l'un d'eux portait le titre de chef des bâtards. Par un juste retour du destin, le galant seigneur avait trouvé plus fort que lui : sa femme le battait.

d'honneur **(1) aux belles arcades de style Renaissance**. Au rez-de-chaussée du donjon se trouve le « cuvage » **(2)**, avec son pressoir et, derrière un gros pilier, le foudre de pierre pouvant contenir 13 000 litres. À gauche se tient une partie des appartements du château. En face, la **cuisine**, à la cheminée impressionnante, en état de marche, et les communs. L'ancienne **grande salle a été reconstituée**. Belle cheminée et, devant la fenêtre, une pierre **(3)** présentant deux cavités inégales, qui aurait servi à prélever, à titre de contribution, le dixième du grain récolté sur le domaine. À droite, les appartements de la châtelaine. Dans la cour attenante, le **jardin** dit « de la Châtelaine » où se trouvait un jet d'eau. Vous êtes au pied de l'imposant grand donjon du 14ᵉ s. haut de 32 m, entouré, à mi-hauteur, d'une ceinture de mâchicoulis ajoutée au 15ᵉ s.
Étage – Montez l'escalier ménagé dans la tourelle (15ᵉ s.), très ornée, de la cour d'honneur. Les pièces ont retrouvé leurs plafonds peints et un mobilier de style. Belles cheminées Renaissance. La galerie qui donne sur la cour est celle de la chapelle : Annonciation sculptée au revers de sa porte d'entrée et fresques aux tons bleus et ocre à l'intérieur.
Une passerelle mène à l'entrée du donjon circulaire dont les trois étages sont desservis par un escalier creusé dans la muraille, épaisse de 4 m.
Grand donjon – Un escalier conduit au chemin de ronde. De la plate-forme, le **panorama★** embrasse la Limagne, le Forez, la Comté, le Livradois. On aperçoit bien les trois plateaux basaltiques qui forment de longs promontoires détachés du plateau des Dômes : le plus proche est celui de Châteaugay, le suivant, la côte de Clermont, le plus éloigné, le plateau de Gergovie.

Église de Marsat A2

À 5 km à l'est de Volvic par la D 83.
04 73 38 59 45 - www.tourisme-riomlimagne.fr - avr.-oct. : 8h-18h30 ; reste de l'année : 9h-16h - possibilité de visite guidée sur demande - Pour en savoir plus sur le village, procurez-vous le dépliant « circuit découverte » à l'office du tourisme de Riom.
Élevée aux 11ᵉ et 12ᵉ s., elle est formée de deux nefs accolées, fortement remaniées. Dans une niche sont exposés des objets précieux dont une magnifique croix-reliquaire de la Sainte Épine en argent doré et cristal de roche, qui serait d'époque Louis XIII.

Fontaine dans la ville de Volvic.
Ch. GUY/imageBROKER / age fotostock

Vierge noire★★ – Dans le chœur de la chapelle de gauche, trône une remarquable Vierge en majesté du 12e s. Vénérée depuis des siècles, cette œuvre en bois peint demeure l'un des joyaux de la statuaire religieuse médiévale en Auvergne.

Roue de cire – Une roue, sur laquelle s'enroule un fil de cire, très fin et qui pouvait avoir à l'origine 3 km de long (distance de Riom à Marsat), est suspendue à la voûte. Chaque année, jusqu'à la Révolution, les Riomois, à la suite d'un vœu, offraient à la Vierge de Marsat une « roue de cire » qu'ils avaient d'abord portée à la procession de St-Amable. Une roue, ornée de fleurs, figure toujours dans la procession de St-Amable ; la roue de cire est solennellement portée à Marsat le dimanche qui suit le 11 juin.

Châteaugay A2

À 6,5 km au sud-est de Volvic par la D 15 puis la D 402.

Sur le rebord d'un plateau basaltique, le bourg, dominé par la silhouette trapue de son château, offre des vues étendues sur la Limagne et les montagnes qui l'entourent. Les coteaux environnants produisent un vin renommé : Charles VI et Henri IV en appréciaient la saveur parfumée, rappelant celle du beaujolais.

Château – Dans la cour intérieure, on remarque encore quatre puits (qui sont aujourd'hui bouchés) sur les cinq qui servaient de citernes en cas de siège. Une belle porte Renaissance est décorée des armes des Laqueuille, qui transformèrent le château au 16e s.

★ **Donjon** – *R. du Château - ✆ 04 73 87 24 35 - www.chateaugay.fr - visite guidée (45mn) juil.-août : 15h-19h ; juin et sept. : sur demande préalable 15h-19h - 2,60 € (-10 ans gratuit).* Ce donjon est l'un des seuls d'Auvergne à être demeuré intact. En effet, Richelieu l'excepta de son édit de démolition, et, pendant les troubles révolutionnaires, le conventionnel Couthon ne parvint pas à le faire raser. Élevé sur plan carré, en lave, c'est la partie la plus intéressante du château. Il comprend quatre étages desservis par un escalier à vis. Dans trois salles sont rassemblées des œuvres du peintre Paul Trilloux sur le thème de la quête du Graal. De la plate-forme se révèle un beau **panorama★** sur la chaîne des Puys, les monts du Livradois et du Forez, la plaine de la Limagne.

En quittant le château, prenez vers l'ouest la D 402. Au carrefour avec la D 15, tournez à droite pour revenir vers Volvic.

NOS ADRESSES À VOLVIC

HÉBERGEMENT/RESTAURATION

BUDGET MOYEN

Hôtel-restaurant du Commerce – *Pl. de l'Église - ✆ 04 73 33 47 55 - www.hotelducommerce-volvic.com - 12 ch. 75 € - ☕ 9 € (-12 ans, 4,50 €) - ✕ ouv. midi mar.-sam. et j. fériés - menus 16,50/20,50 €.* En plein centre-ville, ce sympathique établissement offre des chambres rénovées et, en salle, des plats à base de produits du terroir joliment travaillés.

Auberge la chaumière – *10 r. des Remparts, Tournoël - ✆ 04 73 33 50 37 - ouv. fin avr.-fin sept., juil.-août : mar.-dim. 11h-18h30 et vend. et sam. 19h -22h30.* Installée dans un joli cadre face au château de Tournoël, cette crêperie est dotée d'une terrasse panoramique. On peut aussi y déguster des salades et des assiettes de produits du terroir (charcuterie, fromage).

ACHATS

Atelier Fusion de Lave – *17 rte de Marsat - ✆ 06 21 19 22 76 - http://https://fusiondelave.com - période estivale lun.-sam. 10h-12h, 14h30-19h ; reste de l'année mar.-sam. 14h30-18h30.* Ce céramiste réalise de très belles pièces en grès recouverts d'émaux à base de lave, aux couleurs magnifiques. Installé dans un écrin de verdure, l'atelier-boutique présente objets décoratifs et utilitaires.

Domaine No Control – *3 r. de la Croix-Badière - ✆ 06 64 23 50 22 - www.vin-nocontrol.fr - dégustation et vente du RV uniquement.* Sur les pentes de son domaine viticole de Volvic, en conversion vers l'agriculture biologique, Vincent Marie produit avec passion des vins naturels, ni filtrés, ni sulfités.

Salmoniculture du château de St-Genest-l'Enfant – *63200 Malauzat - ✆ 04 73 64 14 54 - 🅿 - fermé lun., 9h30-12h, 14h-18h - ouvert ttlj. en été 9h-12h et 14h-19h.* Cet établissement jouit d'un emplacement remarquable dans le bassin de la faille de Volvic. Son eau de source d'une grande pureté à température constante de 9 °C. Outre les truites, les ombles chevaliers et les saumons à pêcher soi-même, vous pourrez remplir votre panier de rillettes, filets fumés maison, carpaccio…

ACTIVITÉS

Atelier Courtadon, « La lave dans tous ses éclats » – *3 r. des Besses, Gare de Volvic - ✆ 04 73 33 65 39 - http://ateliercourtadon.com - sur RV lun.-vend. 8-12h, 13h30-17h30 (vend. 16h30).* Depuis son enfance, la pierre de Volvic est familière à Thierrry Courtadon, natif du pays, qui sait la travailler comme personne. Il lui confère les formes les plus originales, au point que parfois on se prend à penser que ce n'est pas de la pierre… Reconnu au-delà des frontières, il fait visiter son atelier sur demande. Certaines de ses œuvres sont en libre accès en pleine nature autour de Volvic (voir « Se promener »).

AGENDA

Volvic Volcanique Experience (VVX) – *www.volvic-vvx.com - en mai, w.-end de l'Ascension.* 3 jours de temps forts sportifs, culturels et festifs sur le territoire exceptionnel de chaîne des Puys (trail VTT, randos, balades en gyropose, rencontres, visites, concerts, etc.).

1

Riom

★

18 987 Riomois – Puy-de-Dôme (63)

Avec sa cour d'appel, l'ancienne sénéchaussée d'Auvergne est la cité judiciaire par excellence : de l'élégance, du maintien, un rien de raideur. À l'intérieur des anciens remparts, devenus aujourd'hui des boulevards, les splendides témoignages du passé ont conservé leur cachet. Riom aligne dans sa rue principale boutiques et restaurants, et possède deux beaux musées, dont le musée Mandet, un véritable joyau.

NOS ADRESSES PAGE 100
Hébergement, restauration, achats, activités, etc.

1

S'INFORMER

Office de tourisme *– 27 pl. de la Fédération - 63200 Riom - ✆ 04 73 38 59 45 - www.tourisme-riomlimagne.fr - 6 juil.-31 août : 9h30-12h30, 14h-18h30, dim. et j. fériés 10h-12h30 ; 16 mars- 5 juil. et 1er sept.- 5 nov. : tlj sf dim. 9h30-12h30, 14h-17h30, lun., jeu. et j. fériés 14h-17h30 ; reste de l'année : tlj sf dim. et j. fériés 14h-17h30, sam. 9h30-12h30, 15h-17h - fermé 24 et 31 déc.*

Visites guidées – *Service animation du patrimoine - ✆ 04 73 38 99 94 - http://patrimoine.riom-communaute.fr - juil.-août : tlj sf dim.-lun. 15h ; reste de l'année : mar. 15h - Le Pays d'art et d'histoire de Riom (label « Pays d'art et d'histoire ») proposent des visites-découvertes animées par des guides-conférenciers agréés.*

SE REPÉRER

Carte de microrégion B2 p. 34 – *carte Michelin Départements 326 F7.*

Riom, à 15 km au nord de Clermont-Ferrand, est desservi par l'A 71.

SE GARER

Vous trouverez de nombreux parkings le long des boulevards qui ceinturent le centre historique. Ce dernier est en partie piéton.

À NE PAS MANQUER

La vieille ville, le musée Mandet, le musée régional d'Auvergne ; pour les amoureux de la nature, la cascade des gorges d'Enval et le gour de Tazenat.

ORGANISER SON TEMPS

Comptez au moins une journée pour profiter de la ville et suivre l'itinéraire En bordure des Combrailles.

AVEC LES ENFANTS

Pour les artistes en herbe, pensez aux ateliers proposés par le musée Mandet ; le manoir de Veygout ; les châteaux de Davayat et Chazeron.

Se promener Plan de ville p. 93

Sous **Alfonse de Poitiers** (frère de Saint Louis, comte d'Auvergne, comte de Toulouse…), Riom reçoit en 1270 une charte de franchise appelée « l'Alfonsine ». La ville, jusque-là confinée autour de l'église St-Amable, s'édifie selon un plan régulier. Les maisons du 13e s., endommagées par des incendies, ont été remplacées, à la fin du 15e s., par des hôtels dont les détails ouvragés attestent un riche patrimoine architectural.

Partez de la place des Martyrs-de-la-Résistance, à l'est.

Tour de l'Horloge à Riom.
Ch. Guy / hemis.fr

SOUS LA FÉRULE DU DUC DE BERRY

En 1360, le **duc Jean de Berry**, fils de Jean le Bon, reçoit en apanage la Terre d'Auvergne érigée en duché. Personnage fastueux et dispendieux, il a autour de lui une brillante cour d'artistes et choisit Riom comme l'une de ses résidences favorites. Il ordonne d'importants travaux dans le château, qu'il fait transformer par **Hugues Foucher**. De cet édifice, détruit au 19e s. pour aménager le palais de justice, ne subsiste aujourd'hui que la **sainte-chapelle**. Après sa mort, Riom et le duché d'Auvergne appartiendront à la famille de Bourbon.

Fontaine du Pré-Madame

À l'entrée de l'esplanade du Pré-Madame, cette fontaine dédiée au général Desaix se compose de deux bassins en pierre de Volvic et d'une colonne en granit blanc.

★ Ste-chapelle

Bd Michel-de-l'Hospital - ✆ 04 73 38 99 94 - www.rlv.eu - juil.-août : mar.-vend. 10h-12h, 15h-17h ; juin et sept. : merc.-vend. 15h30-17h - 1 € (-18 ans gratuit) - possibilité de visite guidée (20mn) juil.-août : tlj sf sam.-lun. 16h et 16h30 ; reste de l'année : mar. 16h30. Visite adaptée aux mal-voyants.

Unique vestige du château du **duc de Berry**, la chapelle (14e s.) offre, dans le chœur aux lignes harmonieuses, des **vitraux★** de la fin du 15e s. Ceux-ci provoquèrent l'admiration de Prosper Mérimée, séduit par la vivacité de leurs coloris. C'est grâce à un crédit obtenu par l'écrivain que le travail de restauration débute en 1850. Cette ste-chapelle est bordée par le charmant jardin de la Cour d'appel, où se dresse une statue du juriste Michel de l'Hospital, qui fut délégué aux Grands Jours de justice de Riom en 1542.

★ Musée régional d'Auvergne

10 bis r. Delille - ✆ 04 73 38 17 31 - www.musees-riom.com - juil.-août : 14h30-18h ; reste de l'année : 14h-17h30 - fermé lun., de mi-nov. à déb. mai, certains j. fériés - possibilité de visite guidée (30mn) - gratuit.

Ce musée régional d'arts et de **traditions populaires** présente la physionomie de la région aux 19e et 20e s. Au rez-de-chaussée : remarquable collection d'instruments aratoires, d'outils ruraux et reconstitution d'un buron. La salle commune d'une maison paysanne montre l'habitat auvergnat au 19e s. Au premier étage : objets d'artisanat et vie domestique. Au second : costumes, belle collection de coiffes et ensemble d'art religieux. En 2018, le musée a ouvert une nouvelle salle dévoilant une collection d'anciens instruments de musique qui racontent l'histoire de l'Auvergne.

★ Musée Mandet

14 r. de l'Hôtel-de-Ville - ✆ 04 73 38 18 53 - www.rlv.eu - juil.-août : 10h-12h30, 14h30-18h ; reste de l'année : 10h-12h, 14h-17h30 - fermé lun. et j. fériés - possibilité de visite guidée sur demande - 3 € (-18 ans gratuit) - gratuit merc.

C'est l'un des plus riches et des plus beaux musées de la région. La muséographie, remarquablement pensée, donne à admirer des collections d'une très grande qualité. Il est aménagé dans deux hôtels particuliers : l'un, l'hôtel Dufraisse (1709), abrite les collections de peinture, de design et d'art décoratifs ; l'autre, l'hôtel Desaix, accueille la donation Richard. Cet ancien bâtonnier, grand collectionneur d'œuvres d'art, est l'initiateur du musée et à l'origine de sa restauration.

Au rez-de-chaussée, exceptionnelle collection de pièces d'**orfèvrerie**, de céramique et de verrerie contemporains. Au premier étage, des salles décorées de délicates boiseries présentent la collection de **peinture** : tableaux des écoles flamande et hollandaise du 17e s. (Frans Ykens, Cornelis Saftleven, Jacob Backer) et française des 17e et 18e s. (Charles Natoire, Jean Raoux, Jean-Baptiste Regnault). La peinture du 19e s. occupe le deuxième étage avec notamment des œuvres d'Alphonse Cornet, artiste riomois de l'époque.

La seconde partie abrite une importante collection d'objets d'**art décoratifs**, de l'Antiquité au 18e s. On retiendra un **portrait de femme** peint à la cire sur toile de lin, du 2e s. apr. J.-C., découvert dans la région du Fayoum, en Égypte ; une **Vierge romane** en majesté de la région de Clermont-Ferrand ; une tête de pèlerin en pierre de la fin du 15e s. ; et un groupe de **statuettes en bois** provenant des Flandres et du nord de la France. À ne pas manquer : les ivoires des 14e et 15e s., et une riche collection de châsses en émail champlevé. À côté des primitifs allemands et italiens figurent une Vierge à l'Enfant de l'école de Rogier Van der Weyden et une Crucifixion d'Engelbrechtsz. Les salles richement meublées, consacrées aux 16e, 17e et 18e s., présentent une remarquable collection d'**orfèvrerie civile**, un bel ensemble de céramiques françaises et une vitrine d'armes.

Les enfants de 6 à 16 ans peuvent participer à des ateliers de techniques artistiques et découvrir le fonctionnement d'un musée (vac. scol. sur réserv.).

Hôtel de ville

23 r. de l'Hôtel-de-Ville - 04 73 38 99 94 - juil.-sept. : 8h-19h, w.-end 10h-18h ; avr.-juin : 8h-19h, w.-end 10h-17h ; reste de l'année : 8h-17h, w.-end 10h-17h - fermé j. fériés - gratuit.

Dans le couloir d'entrée, une plaque de lave émaillée reproduit la lettre de **Jeanne d'Arc** aux Riomois (dont l'originale est conservée aux archives

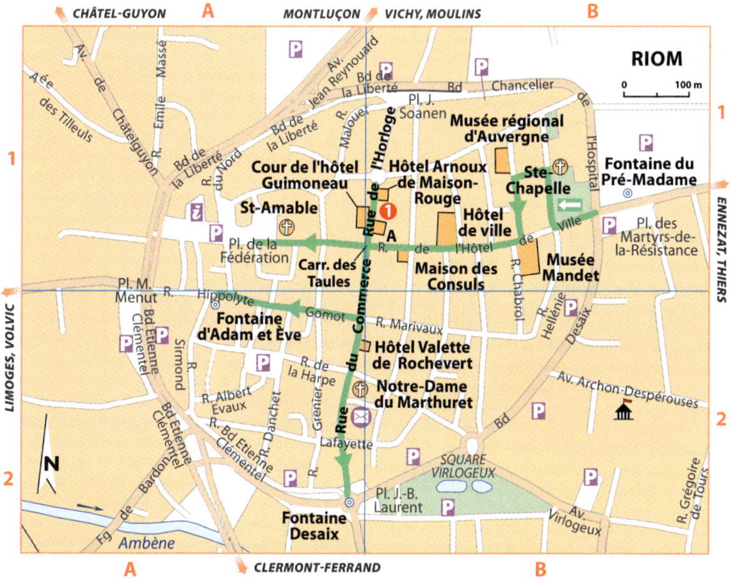

SE RESTAURER
Le Flamboyant 1

Tour de l'Horologe .... A

municipales). Pour la petite histoire, lorsque **Jeanne d'Arc** eut besoin de poudre et de flèches pour le siège de La Charité, elle s'adressa aux Riomois. Ceux-ci lui promirent 60 écus d'or, mais tardèrent à s'exécuter. En 1430, ils reçurent une lettre de rappel.

La jolie **cour★** (16e s.) est fermée par deux corps de logis ornés de galeries voûtées d'ogives. Ces arcades abritent deux **bronzes de Rodin** : le *Gallia Victrix* (profil de Camille Claudel) et un buste d'Étienne Clémentel (ancien maire de Riom), ainsi qu'un marbre par Rivoire *(Baiser de la gloire)*.

★ Maison des Consuls

Angle des rues de l'Hôtel-de-Ville et François-Croizier.

Bel hôtel du 16e s. dont le rez-de-chaussée comporte cinq arcades. Les fenêtres du premier étage supportent une élégante frise au-dessus de laquelle sont disposés deux bustes de femmes et deux bustes d'empereurs romains en médaillons de terre cuite cuite à l'antique. En face, la **maison de bois** date du 15e s.

★ Carrefour des Taules

Près de ce carrefour (« taule » est un mot ancien signifiant étal), où aboutissent les rues principales du vieux Riom, s'élèvent quelques-unes des plus intéressantes maisons anciennes de la ville. À l'angle des rues de l'Hôtel-de-Ville et de l'Horloge, l'**hôtel Soubrany** (16e s.) présente des fenêtres sculptées et un riche décor inspiré de l'Antiquité.

Rue de l'Horloge

Elle est bordée d'hôtels anciens qui abritent de remarquables cours et de belles fenêtres que l'on peut découvrir *(au no 4, et surtout au n° 12)*. À l'entrée de la rue se dresse l'ancien beffroi de la ville, au cadran d'horloge doré.

★ **Tour de l'Horloge** – *5 r. de l'Horloge - ✆ 04 73 38 99 94 - http://patrimoine.riom-communaute.fr - juil.-août : 10h-12h, 14h-18h, merc. 10h-19h ; reste de l'année : 10h-12h, 14h-17h - fermé lun., 1er janv., 25 déc. - 1 € (-18 ans gratuit) - gratuit merc. - visite aménagée pour non-voyants et déficients visuels (avec maquettes tactiles et documents en braille).* Couronnée d'un dôme du 17e s., cette tour octogonale Renaissance, un ancien beffroi, est édifiée sur une base carrée d'origine médiévale. Elle accueille une exposition sur le patrimoine de Riom (intéressantes maquettes tactiles). Cent vingt-huit marches permettent l'accès à la terrasse d'où s'étend un **panorama** sur la ville et les environs.

Hôtel Arnoux de Maison-Rouge *(au n° 7)* – Le couloir, éclairé de fenêtres ovales, donne accès à une jolie cour du début du 17e s. *(accessible dans le cadre de la visite guidée de la ville uniquement).*

★ **Cour de l'hôtel Guimoneau** *(au n° 12)* – La porte est du 16e s. Entrez dans le couloir, à l'extrémité duquel se trouve une superbe cour. L'**escalier** à vis ajouré est orné de sculptures délicates dont une Annonciation. À gauche, la galerie présente quatre statuettes figurant les Vertus cardinales : la Force, la Justice, la Prudence, la Tempérance. Dans les murs, remarquez les médaillons et deux cadres rectangulaires qui représentent le maître et la maîtresse de maison attendant leur hôte.

Revenez au carrefour des Taules et empruntez, à droite, la rue St-Amable.

Basilique St-Amable

De l'église du 12e s., il reste la nef et une partie du transept. Le chœur, du début du 13e s., mêle le style roman au gothique (chapiteau avec personnages de face et à gros crochets). Les chapelles latérales nord, avec leurs ogives fines sur culots sculptés de personnages, datent du 15e s. ; les chapelles latérales sud et la façade sont du 18e s. Amable, premier curé de Riom au 5e s., devint l'objet

Vue de la ville de Riom.
Ch. Guy/imageBROKER/age fotostock

d'une vénération qui s'est perpétuée de nos jours dans une fête annuelle. Le dimanche qui suit le 11 juin, sa **châsse** est portée en procession.

Descendez la rue du Commerce, et tournez à droite dans la rue Hippolyte-Gomot. Remontez-la jusqu'à sa jonction avec la rue Sirmond.

Fontaine d'Adam et Ève

Les 17e et 18e s. ont doté Riom de nombreuses fontaines. Celle-ci (17e s.), l'une des plus fameuses de la ville, est décorée de cariatides et a été réalisée par le Riomois Languille. En face, on peut découvrir une **maison Renaissance** à arcades, dite de l'Artisan, une ancienne boutique à la porte surmontée d'un fronton, avec un décor de rinceaux.

Revenez sur vos pas.

Rue du Commerce

Au no 36, vous remarquerez la porte, avec cariatide et atlante, de l'**hôtel Valette de Rochevert**.

Église Notre-Dame du Marthuret – De style gothique languedocien, elle date des 14e et 15e s. La façade ouest a été très abîmée sous la Révolution. L'intérieur a été remanié aux 17e et 19e s. : ajout de chapelles *(chœur et flanc sud)*, aménagement de faux bas-côtés. On peut y voir quelques vitraux intéressants des 15e et 16e s. et surtout, dans la première chapelle à droite, droite (chapelle St-Jacques, qui fut édifiée par la corporation des tanneurs), la **Vierge à l'oiseau★★★**. Cette œuvre du 14e s., sortie des ateliers de sculpture de Jean de Berry, fut sauvée sous la Terreur par la corporation des bouchers, qui la cachèrent dans une cave. Les Riomois demeurent attachés à cette image douce et tendre de la Vierge. En l'examinant de près, vous constaterez que l'expression se modifie selon l'angle de vue. Notez qu'une copie de la statue est adossée au trumeau du portail de l'église. Le vitrail Renaissance de cette chapelle représente la Vierge entre saint Jacques et saint Jean l'Évangéliste.

Au bout de la rue du Commerce, la **fontaine Desaix** évoque le héros de la bataille de Marengo, natif d'Ayat. Dessinée par Percier et Fontaine (architectes

entre autres de l'arc de triomphe du Carrousel, à Paris) et financée par une souscription organisée par les soldats de Napoléon, cette fontaine fut initialement installée place Dauphine à Paris.

Circuit conseillé

EN BORDURE DES COMBRAILLES Carte de microrégion AB1-2

Circuit d'env. 62 km tracé en bleu sur la carte p. 34 et p. 96 – comptez une demi-journée.

Quittez Riom par l'ouest en empruntant la D 986.

★★ Église de Mozac

31 r. de l'Abbaye - ✆ 04 73 38 59 45 - www.tourisme-riomlimagne.fr - mai-oct. : 9h-18h45 ; reste de l'année : 9h-17h - fermé 1er Mai - gratuit - possibilité de visite guidée (1h) juil.-août, rens. au ✆ 04 73 38 99 94.

Aux portes de Riom, Mozac est célèbre pour les chapiteaux et le trésor de son église. Au 7e s., une abbaye y fut fondée par saint Calmin. De l'époque préromane, il reste les étages inférieurs du clocher-porche et la crypte dotée d'un appareil gallo-romain réemployé. Édifiée au 12e s. sur le modèle des grandes églises auvergnates, l'église de Mozac fut en grande partie reconstruite au 15e s. à la suite d'un tremblement de terre. À la Révolution, le cloître et une partie des bâtiments abbatiaux furent démolis.

RIVALITÉS SÉCULAIRES

En 1531, la justice royale se fixe à Riom, qui est élevée au rang de généralité (une circonscription administrative de la France de l'Ancien Régime) en 1542. En 1551, sa position se renforce grâce à l'institution d'un présidial (organe intermédiaire entre le tribunal de bailliage et le parlement). Bientôt, Clermont bénéficie également de ces attributs. Du 16e au 19e s., la rivalité entre Riom et Clermont est sans répit. Les deux villes s'affrontent ; c'est à qui prouvera la plus noble ancienneté. Mais Clermont possède une avance définitive, et l'emporte, comme elle l'a emporté sur Montferrand. Riom est cependant restée le siège de la cour d'appel.

De l'époque romane subsiste la série des **chapiteaux★★** de la nef et du bas-côté nord, qui ont marqué l'histoire de la sculpture romane. Au bas de la nef, deux d'entre eux (12e s.), provenant du déambulatoire disparu, sont de toute beauté. L'un représente quatre atlantes agenouillés. L'autre, plus connu, représente les saintes femmes au tombeau tenant dans leurs mains les vases de parfum ; sur une autre face, trois soldats dorment devant le sépulcre du Christ. En avançant vers le chœur, on peut admirer un riche bestiaire roman : griffons, hommes chevauchant des boucs, dragons, singe cordé *(3e pilier gauche)*, centaures, oiseaux de paradis, masques, etc. Le chœur renferme des stalles du 15e s. Une Vierge à l'oiseau en bois sculpté (15e s.) se trouve près de la chapelle baptismale. Par le bas-côté droit, on accède à la cour de l'ancien cloître où est exposé le tympan (12e s.), dit « de l'Hommage ».

Musée lapidaire – La pièce la plus précieuse en est la **châsse de saint Calmin★★**, en émail champlevé, qui daterait de 1168. La **châsse de saint Austremoine** (17e s.), l'une des rares châsses peintes que possède la France, est exposée dans la chapelle grillagée du bas-côté droit.

Prenez la direction d'Enval vers l'est via la D 138.

À la sortie d'Enval, laissez votre voiture avant le pont qui franchit l'Ambène.

★ Gorges d'Enval

30mn AR. Passé le pont, prenez à gauche un sentier en montée sur la rive ombragée de l'Ambène. Après quelques minutes de marche parfois difficile, franchissez à gué le torrent qui tombe en cascade dans une gorge pittoresque.

L'été en soirée, un cheminement éclairé permet de découvrir les gorges, les fontaines et les croix de manière originale.

Continuez jusqu'à Charbonnières-les-Varennes. Prenez à gauche la D 16 vers Veygoux.

Manoir de Veygoux

04 73 33 83 00 - www.veygoux.com - - juil.-août : 10h-19h, sam. 10h-18h ; vac. scol. (hors juil.-août) : 10h-18h ; avr.-juin : tlj sf lun.-mar. 10h-18h ; reste de l'année : merc. et w.-end 10h-18h - fermé de déb. nov. à déb. avr. - visite guidée (2h) - 8,50 € (-16 ans 5,50 €) - 25 € billet famille (2 adultes + 2 enf.) - en juil.-août : vis. guidées animées, vis. théâtralisées.

Dans ce manoir, qui fut le lieu d'enfance du **général Desaix**, partez pour un voyage au temps de la Révolution française en Auvergne. Nobles, paysans et révolutionnaires vous attendent pour des visites en costumes d'époque. Marie-Antoinette, Louis XVI, Napoléon, une marquise ou un soldat du 18e s. revivent sous vos yeux. En sus, spectacles de scénovision, animations numériques, films, expositions. Les enfants sont gâtés : jeu de piste du petit révolutionnaire, jeu de piste du petit roi, chasse au trésor et atelier masques.

Revenez à Charbonnières-les-Varennes.

La Rose des Prairies

À **Dourioux** (au nord de Charbonnières-les-Varennes), accès par la D 16.

Dourioux - ✆ 04 73 86 65 40 - de fin mai à fin oct. : 15h-20h - fermé jeu. - possibilité de visite guidée sur demande (2h) - 5 € (-12 ans gratuit) - possibilité de dégustation (payant).

Ce jardin, membre du Conservatoire des collections végétales spécialisées, s'organise autour de trois espaces : la roseraie, aux 1 100 variétés de roses anciennes, galliques, botaniques et anglaises, le jardin secret et le potager. Une visite parfumée à faire à la floraison des rosiers.

Prenez la direction de Chazeron (D 16).

Château de Chazeron

✆ 07 68 65 00 54 - http://chateau-chazeron.com - visite guidée sur demande préalable (1h) juil.-août : 14h30-18h30 ; mai-juin et sept. : merc. et w.-end horaires, se rens. - 8 € (-16 ans 7 €) - chasse au trésor (1h30) juil.-août : 14h30-18h ; mai-juin, sept. et vac. de la Toussaint : merc. et w.-end 15h-18h ; reste de l'année : se rens.

Les **grilles du parc** s'ouvrent sur un édifice de type féodal, remanié au 17e s. par Mansart. Ce maître d'œuvre fit raser la tour *(est)* pour faire place à un perron, fit démolir les trois enceintes, combler les fossés puis bâtir deux **ailes★** en retour. Le château servit de lieu d'internement à certains accusés du procès de Riom en 1942 (Léon Blum, Édouard Daladier, le général Gamelin, Paul Reynaud, Georges Mandel…). Du haut de ses 25 m, le **donjon** offre un panorama sur l'Allier, la Limagne et la vallée du Sardon.

Poursuivez sur la D 227. Au lieu-dit Le Pont-de-la-Ganne, prenez à droite la D 19 en direction de Combronde.

★ Gour de Tazenat

1h AR. À partir de la buvette, un sentier permet d'en faire le tour (de préférence dans le sens contraire des aiguilles d'une montre). Plat dans la première section du parcours, le sentier devient parfois escarpé. Il est possible d'accéder en voiture au point de vue qui domine le lac par une petite route située 200 m après le départ des promenades pédestres.

Bien connu des pêcheurs qui viennent ici traquer l'omble chevalier, le lac de Tazenat enchâsse ses eaux bleues dans un cratère volcanique d'origine explosive, un maar, alimenté par le ruisseau de Rochegude. La position géographique du lac marque la limite nord de la chaîne des Puys. D'une superficie de 32 ha, sa profondeur, de 70 m en moyenne, atteint parfois 90 m. Hautes de plus de 50 m, ses berges dessinent une forme quasi circulaire.

À Charbonnières-les-Vieilles, au nord, empruntez la D 408 jusqu'à Montcel, puis la D 406 vers St-Hilaire-la-Croix.

Église de St-Hilaire-la-Croix

Ce bel édifice se dresse au bord du lac Rouge, ainsi nommé parce qu'il fut jadis baigné par le sang des martyrs, d'après une tradition locale. De vastes proportions, cette église de la fin du 12e s. reflète des influences limousines, voire saintongeaises si l'on considère les corbeilles des chapiteaux, envahies de palmettes et de rinceaux. Remarquez une **statue de sainte Madeleine** (fin 15e s.), gracieuse et légèrement hanchée, dans la tradition de la statuaire d'Île-de-France.

Les **vestiges du prieuré**, à proximité, comportent un bâtiment à étage, remarquable par sa vaste **charpente en carène** (16e s.), qui sert maintenant de cadre à des expositions temporaires.

Suivez la D 2144 jusqu'à Combronde.

Charbonnières-les-Vieilles, gour de Tazenat.
F. Cormon / hemis.frr

Combronde

Ce village, l'une des principales portes des Combrailles, sert de point de départ à de nombreuses randonnées. À l'entrée du village (à l'intersection de la D 2144 avec la D 19), la fontaine en forme de tonneau témoigne d'une activité viticole. Sur une croix en pierre de Volvic du 16e s., le Christ, la Vierge et saint Jean sont représentés sur le médaillon central.

Château des Caponi – *R. de l'Hôtel-de-Ville*. Représentatif des demeures aristocratiques du 18e s., il fut vendu comme bien national à la Révolution et devint la mairie du village. Remarquez la salle des armoiries, la ferronnerie des balcons et la rambarde de l'escalier d'honneur.

Église romane St-Genès-le-Comte – Les travaux de restauration ont fait renaître sa polychromie intérieure. Le chœur et la nef sont du 12e s. La châsse de saint Genès renferme un reliquaire en forme d'église portée par quatre lions couchés. Le 1er dimanche de juin, on y célèbre la fête du saint patron du village.

Fontaine Desaix – Non loin de l'église, de style égyptien et réalisée en pierre de Volvic, elle fut inaugurée en 1849 à la mémoire du général Louis Charles Antoine Desaix, héros de la bataille de Marengo.

De Combronde, empruntez la D 412 vers Gimeaux, puis la D 17 qui longe la Danade.

Château de Davayat

2 Grande-Rue - ✆ 04 73 63 30 04 - ♿ - visite guidée (35mn) de déb. août à mi-sept. : 14h-18h - fermé sam. - 7 € (enfant 5 €).

Une belle allée de marronniers conduit à cette gentilhommière Louis XIII bâtie par Blaise Roze, un riche bourgeois de Riom. Deux lions sculptés gardent la cour d'honneur. La petite aile est ornée d'une charmante terrasse soutenue par une colonnade et garnie d'une balustrade en pierre de Volvic.

La visite commence par la chapelle, un atelier et une maison de sabotier reconstitués, puis les jardins à la française, d'où se détache un if quatre fois centenaire, taillé en tonnelle. Les appartements renferment tableaux, meubles, objets décoratifs et costumes. Dans la salle à manger, outre un original plafond

à cabochons, belle collection d'objets antiques. Le salon de jeu expose une **collection d'éventails** dont l'un représente la réunion des états généraux en 1614. Dans la salle du billard : meubles en miniature et **costumes**.
Dans la cour d'honneur, parfumée par des glycines, d'étonnants cadrans solaires indiquent, l'un les heures, avec la mention *Hora pro nobis* (« L'heure pour nous »); l'autre les saisons, avec cette formule d'accueil : *Hora adventu, gaudes me* (« L'heure de ta venue me réjouit »).
À proximité du château, à l'intersection de la D 2144 et de la D 17, arrêtez-vous pour observer le plus important **menhir** d'Auvergne, d'une hauteur de 4,20 m.
Revenez à Riom par St-Bonnet en empruntant la D 2144.

NOS ADRESSES À RIOM

HÉBERGEMENT

POUR SE FAIRE PLAISIR

Chambres d'hôte La Maison de la Treille – Hors plan - *25 r. de l'Église - 63200 Davayat - ✆ 04 73 63 58 20 - ✆ 06 63 90 73 67 - http://honnorat.la.treille.free.fr - - 4 ch. 75/130 €, 1 suite 4 pers. 130 €*. Belle demeure bourgeoise (1810) aux lignes inspirées par le néoclassicisme italien. Les chambres, coquettes et personnalisées, sont aménagées dans l'orangerie, au cœur d'un ravissant jardin. Au petit-déjeuner, savoureuses confitures maison faites avec les fruits du verger. Stages de tapisserie sur sièges.

RESTAURATION

BUDGET MOYEN

1 **Le Flamboyant** – B1 - *21 bis r. de l'Horloge - ✆ 04 73 63 07 97 - www.restaurant-le-flamboyant.com - - fermé 1 sem. en fév., 10 j. en juil., dim. soir, lun. et merc. soir - formule 20 € - 40/46 €*. Restaurant au décor contemporain, sobre et coloré. Cuisine au goût du jour.

ACHATS

Mathieu Chocolatier – *36 r. de l'Hôtel-de-Ville - ✆ 04 73 38 22 36 - www.mathieu-chocolatier.com - fermé lun. - 9h-12h20/14h30-19h, dim. 9h-12h20*. Bonnes spécialités gourmandes, inspirées par la région. Le décor de la boutique, au beau plafond voûté, ajoute au charme du lieu.

AGENDA

La Tazenat – *Raid de VTT et randonnée pédestre - ✆ 04 73 97 37 14 ou 06 85 73 75 74 - http://combrondevtt.pagesperso-orange.fr - le 8 Mai - ouvert à tous, départ de Combronde*. Parcours de différentes longueurs (18 à 91 km) à travers les Combrailles auvergnates, dans un relief très marqué entre volcans d'Auvergne et gorges de la Sioule.

Châtel-Guyon

★

6 194 Châtelguyonnais – Puy-de-Dôme (63)

Cette agréable station thermale du pays brayaud s'ouvre sur la plaine de Limagne. Ses eaux chargées en magnésium font d'elle un lieu unique en Europe. À ses portes, le Parc naturel régional dévoile les premiers sommets de la chaîne des Puys, vous invitant à de belles randonnées.

NOS ADRESSES PAGE 103
Hébergement, restauration, achats, activités, etc.

S'INFORMER

Office de tourisme – *1 av. de l'Europe - 63140 Châtel-Guyon - 04 73 86 01 17 - www.ot-chatel-guyon.com - mai-sept. : 9h30-12h, 14h-18h, dim. et j. fériés 9h30-12h30 ; avr. : tlj sf dim. 9h30-12h, 14h-18h, sam. 10h-12h, 14h-17h ; oct. : tlj sf dim. 9h30-12h, 14h-17h, sam. 9h30-12h30 ; reste de l'année : se rens. - fermé 1er janv., 1er Mai, 1er et 11 Nov., 25 déc. - Visites guidées.*

SE REPÉRER

Carte de microrégion A2 p. 34 – *carte Michelin Départements 326 F7.*
À 24 km au nord de Clermont-Ferrand ; à 5 km de Riom.

À NE PAS MANQUER

Le parcours « Patrimoine thermal » (dépliant gratuit à l'office de tourisme) vous permet de faire un tour de la ville complet.

AVEC LES ENFANTS

Les animations proposées l'été (*Agenda*) et le parc Écureuil.

1

Se promener

Guy de Maupassant fut l'écrivain le plus connu de la station. « La Bourboule, St-Nectaire, Châtel-Guyon, et tant d'autres lieux à filets de liquide minéralisé qui se vend en bains, en bouteilles et en douches ascendantes ou descendantes, selon les besoins de la clientèle. La grande pharmacie souterraine d'Auvergne répond à toutes les exigences », écrit-il en 1883 dans ses *Petits Voyages*, à propos de ses séjours en Auvergne et de ses cures à Châtel-Guyon, dont il décrit aussi avec humour les « terribles supplices ». Mais il est vrai que les soins étaient alors bien différents de ceux d'aujourd'hui !

C'est au 17e s. que les premières analyses des eaux révélèrent des propriétés curatives. Il fallut attendre 1817 pour que la municipalité se dote d'un établissement de bains. Châtel-Guyon connut son essor à la Belle Époque et durant les Années folles. De **luxueux palaces** comme le Splendid Hôtel (1895) ou le Grand Hôtel (1932) furent construits pour accueillir les personnalités les plus diverses et donnèrent son cachet à la petite ville, convoitée par les plus mondains jusque dans les années 1960.

★ Le parc thermal

L'animation se concentre autour du **parc** et de son **casino-théâtre,** ainsi que le long de l'avenue Baraduc, bordée de cafés et de magasins de souvenirs.

Les **sources** captées sortent ici, le long du Sardon. Caractérisées par leur forte teneur en magnésium, ce sont les plus riches d'Europe. La station est spécialisée dans le traitement des maladies de l'appareil digestif et rhumatismales, mais aussi des troubles du métabolisme. Les soins sont dispensés aux **thermes Henry** (1888, reconstruits en 1983) et aux thermes du Splendid. Les **grands thermes** ne sont plus en activité mais le hall *(Sais. : dim. 16h-19h - entrée libre.)* constitue un bel exemple de l'architecture du début du 20e s.

Église Ste-Anne

Place de l'Orme, sur les hauteurs de la ville.

Des vitraux en dalles de cristal de Baccarat éclairent les **fresques**★ d'inspiration byzantine de Nicolas Greschny (1912-1985), qu'il réalisa durant l'hiver 1956. L'artiste, né à Tallin, est issu d'une famille estonienne de peintres d'icônes (l'un de ses ancêtres travailla aux fresques de la cathédrale de Smolensk). Tout en illustrant ici des scènes de l'Ancien et du Nouveau Testament, et des visions de l'Apocalypse, il s'est amusé à représenter le portrait de certains habitants de Châtel-Guyon. À voir aussi, une **pietà** du 15e s. dans la chapelle du bas-côté droit et un retable du 17e s. en bois doré.

Le calvaire

À côté de l'église et dominant le cœur de la ville, le calvaire (1884) occupe l'emplacement de l'ancien château de Guy II (*Castrum Guidonis*, qui donnera son nom à la ville). Contrairement aux stations voisines, Châtel-Guyon ne s'est pas construite autour de ses sources, mais autour de cette butte.

Randonnées Carte de microrégion

Plusieurs randonnées pédestres sont téléchargeables sur www.ot-chatel-guyon.com.

★ Vallée des Prades A2

1h30 à pied AR. Suivez au nord la D 78, puis prenez à gauche le large sentier qui longe le ruisseau des Grosliers et permet de remonter la vallée des Prades sur 1,5 km. Joli parcours sous bois.

Vallée de Sans-Souci A2

45mn à pied AR. Quittez Châtel-Guyon par le sud en empruntant la D 15. À 200 m, après avoir franchi le Sardon, prenez à droite le sentier signalé. Remontez la rive du Sardon, dans une agréable vallée fraîche et boisée, sur plus de 2 km jusqu'au gué. De là, vous pourrez continuer jusqu'aux cascades *(30mn suppl. AR)* par un sentier accidenté.

NOS ADRESSES À CHÂTEL-GUYON

HÉBERGEMENT

PREMIER PRIX

Hôtel de Paris – *1 r. du Dr-Levadoux - ✆ 04 73 86 00 12 - www.hoteldeparis-chatelguyon.com - ᯤ - fermé nov. - 49 ch. 57/65 € - ☕ 9,50 € - ✕ (fermé dim. soir) 23/37 €.* Les chambres sont logées dans le bâtiment principal de l'établissement et dans une ancienne chapelle située à l'arrière. Sauna. Côté restaurant : cuisine traditionnelle et régionale, pierres apparentes et plafond lambrissé.

BUDGET MOYEN

Hôtel Le Bellevue – *4 r. Alfred-Punett - ✆ 04 73 86 07 62 - www.bellevue63.fr - ᯤ - fermé oct.-avr. - 38 ch. 71/91 € - ☕ 10 € - ✕ formule déj. 15 €.* Hôtel des années 1930 surplombant la station. Chambres fonctionnelles, plus grandes en façade. La salle de restaurant offre une vue sur Châtel-Guyon. Cuisine d'inspiration régionale.

RESTAURATION

PREMIER PRIX

Thé ô Café – *17 av. Baraduc - ✆ 04 73 64 32 43 - fermé lund. - 8h-19h.* Tartes salées et desserts maison. Choix de cafés et thés.

BUDGET MOYEN

La Papillote – *11 rte de Volvic - sur la D15, quartier St-Hippolyte, au sud-ouest de Châtel-Guyon - ✆ 04 73 67 00 64 - http://lapapillote.fr - ♿ - fermé lun.-mar., merc. soir et dim. soir - 13/37 €.* Madame officie en salle et monsieur concocte une goûteuse cuisine de tradition. Décor simple et accueil charmant.

ACTIVITÉS

Le Spa Source d'équilibre – *7 bis r. d'Angleterre - ✆ 04 73 86 12 22 - www.spa-chatelguyon.com - P - 9h30-12h45, 13h45-19h30, vend.-sam. 9h30-19h30 - fermé dim.* Esthétique, aquagym, aquabike, sauna, modelage, etc. Nombreux forfaits.

Parc Écureuil – *Rte de Chazeron - D 227 - ✆ 06 77 13 46 31 - www.parcecureuil.com - ouv. de Pâques à la Toussaint, 10h-19h - 9 € (enf.)/22 € (adultes) - réserv. conseillée.* Parcours dans les arbres pour enfants (dès 4 ans) et adultes. Activités de difficultés croissantes : passerelles, échelles, filets de corde, tyroliennes, etc.

AGENDA

Marchés – *Mar. et vend. matin* place du Marché ; *dim. matin* place Brosson. Marché bio vend. (16h-20h) place du Marché.

Jazz aux sources – *3 jours en juin - www.jazz-aux-sources.com. Jazz Nouvelle-Orléans.* Plusieurs concerts gratuits en ville.

Les Estivales du parc – *De mi-juil. à mi-août.* Concerts gratuits en plein air les vendredis et samedis soir, dans le parc thermal.

Les Récrés du parc – *Dim. de mi-juil. à mi-août.* Ateliers, théâtre de rue, balades à poney, structures gonflables, spectacles… dans le parc thermal.

Théâtre de Châtel-Guyon – *www.theatre.chatel-guyon.fr.* Construit par Albert Le Voisvenel (1901) et agrandi par Édouard-Jean Niermans (le Moulin-Rouge à Paris, Le Negresco à Nice…), il propose une programmation variée.

1

Aigueperse

2 709 Aiguepersois – Puy-de-Dôme (63)

Charmante bourgade de Limagne, avec ses anciens hôtels bordant la « grande rue » et ses boulevards qui ceinturent la cité, cette ancienne possession des dauphins d'Auvergne fut la capitale d'un comté, puis d'un duché, défendu par le château fort de Montpensier, l'un des plus puissants de la région. Aigueperse est également renommée pour ses spécialités gourmandes, les fameux massepains et pralines.

NOS ADRESSES PAGE 110
Hébergement, restauration, achats, activités, etc.

S'INFORMER

Point d'information tourisme – *158 Grande-Rue - 63260 Aigueperse - ✆ 04 73 63 72 70 - www.tourisme-riomlimagne.fr - juil.-août : 10h-12h30, 14h-17h30, 14 Juil. 10h-12h30 ; juin et sept. : tlj sf sam. 10h-12h30, 14h-17h30 ; reste de l'année : mar. 9h30-12h30 - fermé dim.-lun.* **Visites guidées**. *✆ 04 73 38 59 45 - www.tourisme-riomlimagne.fr - Guide touristique regroupant les principales informations sur la région disponible à la Maison Nord-Limagne - possibilité de visite théâtralisée sur demande préalable, en sais.*

SE REPÉRER

Carte de microrégion B1 p. 34 – *carte Michelin Départements 326 G6.*
La capitale du Montpensier s'étire le long de la D 2009, à 17 km au nord-est de Riom.

À NE PAS MANQUER

La collégiale Notre-Dame, l'un des premiers édifices gothiques construits en Auvergne ; la sainte-chapelle ; le domaine royal de Randan.

Se promener

Collégiale Notre-Dame

Restaurée au 19e s., de style gothique, elle a conservé son chevet et son transept de la fin du 13e s. Elle abrite deux **œuvres★** majeures de peintres italiens du Quattrocento : une copie du *Saint Sébastien* d'Andrea Mantegna (l'original, aujourd'hui au Louvre, se trouvait avant 1789 dans la Sainte-Chapelle) et une très belle Nativité de Benedetto Ghirlandaio.

Sur un pilier à gauche du chœur, belle Descente de Croix en bois polychrome du 15e s., d'inspiration bourguignonne. Dans la chapelle axiale, boiseries du 18e s. Dans le transept nord, tombeaux et armoiries des **Marillac** : Louis de Marillac, maréchal de France, prit une part active aux guerres de Religion. Sa fille Louise fut la collaboratrice de saint Vincent de Paul.

Dans le collatéral gauche, fresque du 13e s., le *Martyre de sainte Catherine* ; d'autres fresques illustrant des scènes de la vie du Christ décorent le fond du transept sud. Dans la sacristie, statues en bois doré, crucifix et objets de culte, du 18e s., reliquaire du 15e s. Dans une tour, chapelle haute du 15e s.

Ste-chapelle

Grande-Rue - ✆ 04 73 38 59 45 - www.tourisme-riomlimagne.fr - intérieur non accessible actuellement, se rens.

Plaine de Limagne.
Ch. Guy / hemis.fr

1

De style gothique flamboyant, cette chapelle du château d'Aigueperse, aujourd'hui disparu, fut construite à l'initiative de Louis de Bourbon (15e s.). Elle offre une façade à mur-pignon et un beau **portail**, aux sculptures malheureusement mutilées, encadrant une porte aux vantaux de bois ouvragés et ornés de têtes en médaillons de femmes, de fous ou de vieillards. Au 16e s., le capitaine d'Aubiac, amant et protecteur de la reine Margot, épouse d'Henri de Navarre, périt enterré vivant après avoir été pendu par les pieds, devant la sainte-chapelle.

Hôtel de ville

Ne se visite pas. Cet ancien couvent des ursulines date de 1650. Dans le **beffroi** (1793), au-dessus de l'horloge qui surmonte un cadran solaire, trois **jacquemarts** sonnent les heures. Dans la cour, statue de Michel de L'Hospital par Debay.

Circuit conseillé

DÉCOUVERTE DE LA LIMAGNE Carte de microrégion BC1-2

Circuit de 75 km tracé en bordeaux sur la carte p. 34 et p. 106 – comptez environ 3h.

Quittez Aigueperse par le nord : la D 151 mène à la butte de Montpensier, à 4 km.
Cette très belle région, pleine de caractère, mérite qu'on s'y attarde. Par ses couleurs, elle ressemble parfois à la Toscane… Le parcours serpente à travers la grande plaine fertile qui s'étend du nord de Clermont aux abords du Bourbonnais.

Butte de Montpensier

Cette **butte de calcaire** a longtemps été exploitée comme carrière de gypse (pendant la Révolution, Montpensier fut renommé Montplâtre). Autrefois s'élevait là un château fort très imposant où mourut en 1226 Louis VIII,

père de Saint Louis, à son retour d'une croisade contre les Albigeois. Le château fut rasé sur ordre de Richelieu, mais il marqua durablement les esprits, au cœur d'une petite région qu'on a appelée le Montpensier. Beau point de vue sur la Limagne, la chaîne des Puys et le Bourbonnais *(tables d'orientation)*.
Continuez sur la D 151 jusqu'au carrefour et tournez à droite sur la D 93.

★ Château d'Effiat

La Folie - ☏ 04 73 63 66 76 - www.chateau-effiat.com - visite guidée (1h) juil.-août : 14h30, 16h et 17h30, vend. et w.-end se rens. - fermé lun. - 8 € (-12 ans gratuit).
Dans le prolongement d'une large esplanade plantée de tilleuls, la **cour d'honneur** s'ouvre par un majestueux portail, en lave de Volvic. Un corps de logis central réunit deux pavillons. La façade est ornée de pilastres jumelés doriques en lave.
Intérieur – Le mobilier est en majeure partie du 17e s.; les œuvres d'art et les souvenirs historiques ont été rassemblés par la famille de Moroges qui acquit le château en 1856 alors qu'il était voué à la démolition. On remarque dans le boudoir Louis XV : des vitraux (manufacture de Sèvres) illustrant des **scènes de la vie de Cinq-Mars** (vie privée, complot, exécution), le sceau du maréchal, le manuscrit relatant le procès et l'exécution de Cinq-Mars et de Thou. La plus belle pièce du Grand Salon, dont le plafond à poutrelles a été peint par des artistes italiens en 1627, est la cheminée monumentale et ses boiseries peintes, avec, au trumeau, une scène mythologique, *Les Forges de Vulcain*, attribuée à Le Nain : le peintre aurait donné à Vulcain et Thétis les traits du maréchal d'Effiat et de son épouse.
Jardins – Dessinés par **André Mollet**, parrain de Le Nôtre, ils composent un ensemble caractéristique du 17e s. : vastes pièces d'eau alimentées par des sources, chênes séculaires, terrasse de 130 m de long et **nymphée** (grotte artificielle très en vogue aux 16e et 17e s., dotée de jeux d'eau et autres agréments).
Suivez la D 93 jusqu'à Bas-et-Lezat, puis empruntez la D 63.

LES MARQUIS D'EFFIAT

Antoine Coiffier-Ruzé, surintendant des Finances et ami intime de Richelieu, fonde en 1627 une école d'oratoriens qui deviendra l'**École royale militaire d'Effiat**, de 1776 à 1793, ce qui a de quoi surprendre quand on considère ce petit village qui compte actuellement moins de 2000 âmes. C'est lui qui bâtit l'ensemble monumental actuel sur l'emplacement d'un manoir du 14e s.

Son fils, **marquis de Cinq-Mars**, gai, séduisant, gagne la confiance du cardinal qui le place auprès du roi Louis XIII. Grisé par ses succès, il mène un train de vie tapageur et sollicite d'autres faveurs. Richelieu s'inquiète alors de son influence et brise ses projets de mariage avec Louise Marie Gonzague de Nevers, fille du duc de Nevers. Blessé dans son orgueil, il prend part à une conspiration contre Richelieu avec son ami de Thou, et d'autres personnages du royaume. Le complot est découvert : le marquis, âgé de 22 ans, et son ami de Thou ont la tête tranchée à Lyon le 12 septembre 1642.

Villeneuve-les-Cerfs

À l'entrée du village, au croisement de la D 210 et de la D 63 *(à gauche en venant de Randan)*, se dresse dans une prairie un pittoresque **pigeonnier★**. Quelques villages de Limagne ont conservé leurs pigeonniers ; isolés au milieu d'un pré, attenants aux bâtiments d'exploitation agricoles ou proches de la ferme, la plupart sont carrés, couverts de tuiles et surmontés d'un clocheton central où sont aménagées les petites ouvertures qui permettent l'envol et le retour des pigeons (*« Maisons rurales » p. 570*).

Prenez la D 210 jusqu'à Randan.

★ Domaine royal de Randan

Pl. Adélaïde-d'Orléans - ✆ 04 70 41 57 86 - www.domaine-randan.fr - ♿ - juil.-août : 10h-19h ; 21 avr.-30 juin et sept. : 14h-19h - fermé mar. - possibilité de visite guidée (1h30) - 6 € (-26 ans gratuit) - labellisé jardin remarquable.

C'est au cœur de la ville que les grilles s'ouvrent sur ce vaste domaine de 100 ha. Construit au 16e s., le château d'origine fut la dernière acquisition royale en 1821. **Adélaïde d'Orléans** (1777-1847), sœur et conseillère de Louis-Philippe, fit construire des dépendances, meubler et créer un parc. Les travaux furent dirigés par Pierre Fontaine, architecte néoclassique et décorateur du roi.

Après le décès d'Adélaïde et la chute de la monarchie en 1848, la **comtesse de Paris** entretient et modernise la propriété. En 1925, le château est la proie des flammes. En 1999, la famille décide de vendre le domaine. En 2003, le conseil régional d'Auvergne, nouveau propriétaire, entreprend la sauvegarde et la rénovation du site. La maison de l'Inspecteur accueille des expositions temporaires liées à l'histoire du château ; les cuisines, la chapelle, l'orangerie et les communs témoignent du charme et de la modernité qui régnaient dans le domaine.

Empruntez la très belle **promenade** en terrasse, située dans la perspective du château et de la chapelle.

L'aile des cuisines accueille le **musée cynégétique** (ou musée des arts de la chasse). L'exposition « Chasses et voyages d'un prince français » rassemble plus de 450 animaux tués lors des voyages du duc de Montpensier à travers le monde et naturalisés par le taxidermiste londonien Rowland Ward.

Prenez la D 1093 jusqu'à Maringues et, peu après la sortie de Randan, remarquez sur votre droite la superbe vue sur les plaines de la Limagne.

Après 5 km, vous remarquerez sur votre gauche la **butte de Montgacon**. Un château, dont les seigneurs gouvernaient Maringues, se dressait autrefois sur ce promontoire. Il fut détruit sous Richelieu.

Du sommet, couronné par la Vierge des moissons, le **panorama** s'étend sur la Limagne et, à l'horizon, la chaîne des Puys. Un pèlerinage s'y déroule le 1er dimanche de juillet.

Maringues

Bien positionnée sur la rive gauche de l'Allier, voie fluviale vers le Bassin parisien, et située au carrefour de voies terrestres vers la Méditerranée, la ville devint un centre commercial florissant à partir du 13e s. On y trouvait blé, animaux, verrerie ou tissus. Le travail du cuir et de la laine, mentionné à Maringues depuis le 13e s., fut la grande spécialité locale jusqu'au milieu du 19e s.

Vers 1850, on dénombrait 60 tanneries en activité, alignées le long de la Morge. Elles utilisaient trois matières premières : les **peaux** provenaient de l'élevage local ou étaient achetées aux halles et foires de Clermont ; le **tan** (écorce de chêne) était récolté dans les grandes forêts de la région, puis conditionné dans un moulin des environs ; la **chaux** (nécessaire au délainage des peaux) était extraite des carrières d'Effiat. La production se répartissait entre les basanes (peaux de mouton sans poil), les gros cuirs et la laine.

Vieilles maisons – Face à l'ancienne halle au blé *(important marché à la volaille le lun.)*, l'hôtel de Bouillon (16e s.) appartint au père de Turenne. En descendant la rue de Bouillon, façades anciennes à pans de bois, corbeaux et consoles sculptés.

Église – *24 bd du Chéry - ✆ 04 73 68 71 33 - sur demande auprès de M. le curé.* Construite au 12e s., elle a subi d'importants remaniements à l'époque gothique. Dans le chœur roman, on remarquera d'intéressants **chapiteaux** à l'antique ou historiés. Voir également les clés de voûte sculptées, une belle chaire et une Mise au Tombeau du 15e s. De la terrasse devant l'église, belle **vue** sur la chaîne des Puys.

Musée Maringues et ses Tanneries – *R. St-Maurice - ✆ 04 73 38 59 45 - www.tourisme-riomlimagne.fr - visite théâtralisée du bourg et du musée (1h30) sur demande à l'office du tourisme de Riom juil.-août : horaires, se rens. - 5,50 € (-18 ans 4,90 €).* Une évocation du passé industriel maringuois est présentée dans cette ancienne tannerie du 17e s. Le métier du mégissier, qui travaillait les peaux de chèvre ou de veau, est reconstitué dans ses moindres détails : visitez l'atelier de mégisserie avant de découvrir le métier du cirier (confectionneur de cierges).

Sortez par le sud-ouest et prenez la D 224 en direction de Riom.

Ennezat

✆ 04 73 38 59 45 - www.tourisme-riomlimagne.fr - visite guidée été : 8h-19h ; reste de l'année : 8h-18h. - possibilité de visite théâtralisée de la Collégiale sur demande préalable en sais.

Ennezat s'élève à proximité de son « marais », dans un paysage de vastes champs géométriques, séparés par des fossés de drainage et des rangées de trembles ou de saules. Les labours y font apparaître une terre noire très fertile, qui colle à la semelle.

★ **Ancienne collégiale St-Victor-et-Ste-Couronne** – *✆ 04 73 38 59 45 - juil.-août : 8h-19h ; reste de l'année : 8h-18h - possibilité de visite guidée.* Appelée parfois la « cathédrale du marais », c'est la plus ancienne des églises majeures d'Auvergne. Elle se compose de deux parties très différentes : la nef voûtée en berceau ; les bas-côtés et le **transept★**, bâtis en arkose, pierre de teinte claire, qui datent du 12e s. et relèvent du pur style roman auvergnat *(p. 567)*.

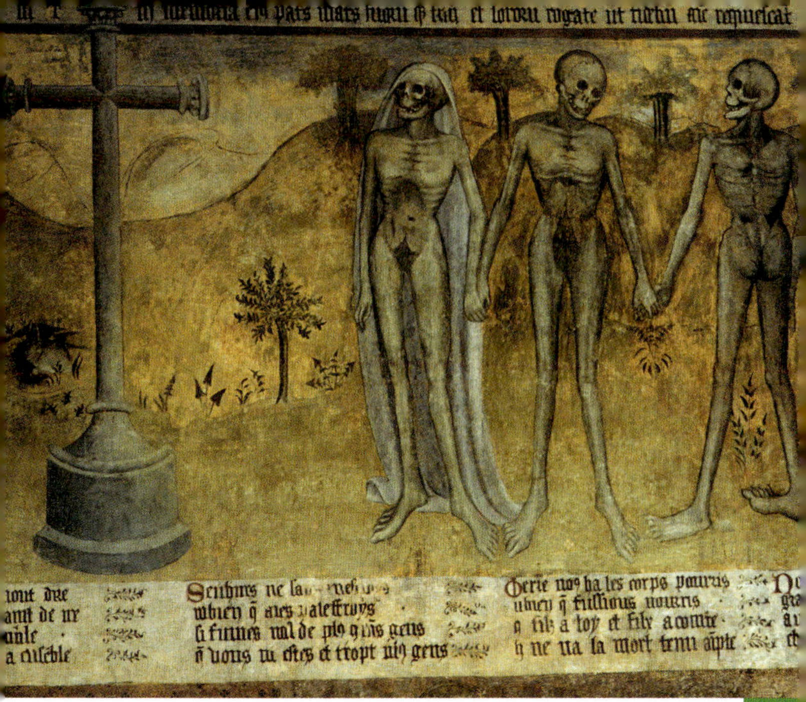

Ennezat, détail de la rencontre des trois vifs et des trois morts.
J.-D. Sudres/hemis.fr

Remarquez les chapiteaux, dont celui du « Supplice de l'avare », thème caractéristique de la région. Le **chœur gothique**, en lave, entouré d'un déambulatoire et de chapelles rayonnantes, a été reconstruit au 13e s. sur un plan plus vaste, en remplacement d'un ancien chœur roman. Dans la deuxième travée du collatéral gauche du chœur, remarquez une fresque de 1420 dont le thème est la « Rencontre des trois vifs et des trois morts » ; dans le collatéral droit, vous observerez une fresque de 1405 du Jugement dernier. Près de la porte de la sacristie, pietà en bois très expressive, du 17e s.
Sortez d'Ennezat et prenez la déviation de Vichy, la D 210.

Thuret

✆ 04 73 38 59 45 - www.tourisme-riomlimagne.fr - visite audio-guidée à télécharger sur le site Internet ou QR codes à flasher à l'office de tourisme.
Établi sur une légère éminence de la Limagne, ce village est dominé par un donjon du 13e s., vestige de l'ancien château ayant appartenu, au 18e s., au fameux financier Law, devenu seigneur de Thuret. Chaque année *(2e dim. de juil.)* se déroule à Thuret un pèlerinage très populaire, en l'honneur d'un enfant du pays, le **frère Bénilde**.
Église – Basilique de pèlerinage, elle date en grande partie du 12e s. Regardez le bel ensemble formé par le chevet et le clocher, puis passez devant le porche sud en remarquant son **linteau** pentagonal sculpté, où un beau Christ nimbé dans une mandorle est disposé sous une grande voussure à cordons de billettes. Admirez, à l'intérieur, la Vierge noire et les **chapiteaux**, sculptés et peints en faible relief, à la facture archaïque : Adam et Ève, le Bon Pasteur, l'homme enchaîné à son péché, des symboles eucharistiques.
Sortez de Thuret par la D 211 en direction de Riom jusqu'à Sardon. Entrez dans Sardon par la D 51, puis, à la sortie du village, prenez à gauche la D 122 jusqu'à l'embranchement avec la D 985 que vous emprunterez à droite jusqu'à St-Myon.

Église de St-Myon

Un prieuré de l'abbaye de Menat s'est développé autour d'un oratoire plus ancien. Ce charmant petit édifice roman est remarquable par sa belle

couverture de lauzes. L'église prieurale se caractérise par un **chœur** imposant à six colonnes qui a gardé des chapiteaux réalisés en calcaire de Chaptuzat de toute beauté. L'un d'eux représente un curieux pacte avec le Diable : un démon ailé joint les mains des deux personnages de la scène.
Suivez plein est la D 223.

Artonne

✆ 04 73 38 59 45 - www.tourisme-riomlimagne.fr - visite audioguidée du bourg et de l'église à télécharger sur le site Internet ou QR codes à flasher à l'office de tourisme.
Cet ancien village vigneron fortifié conserve de nombreux vestiges de son enceinte médiévale.
Coteau du puy St-Jean – *500 m.* Un sentier balisé sur le thème du milieu naturel de la vigne et de la flore vous mène à un point de vue sur le village *(table d'orientation).*
Église St-Martin – Ancienne collégiale fondée en 1048, à partir d'un édifice préroman et de remplois gallo-romains, elle est curieusement enserrée dans le tissu urbain. La nef des 10e et 11e s. est voûtée en berceau brisé. De belles **grilles en fer forgé** ferment le chœur reconstruit au 12e s. Dans le bas-côté nord subsiste l'ancienne salle capitulaire.
Prenez la D 985 pour retourner à Aigueperse.

NOS ADRESSES À AIGUEPERSE

RESTAURATION

À proximité

PREMIER PRIX

Le Cinq-Mars – *R. Cinq-Mars - 63260 Effiat - ✆ 04 73 63 64 16 - ♿ - fermé vac. de fév., 3-23 août - 14/16 €.* Vous trouverez cet ancien café-épicerie reconverti en restaurant au centre du village, non loin du château du bouillant marquis de Cinq-Mars. Repris en 1998 par un jeune chef originaire du pays, il est vite devenu « la » bonne petite adresse du coin. Au menu : cuisine traditionnelle agrémentée de suggestions régionales.

ACHATS

Jacques Vernet – *154 Grande-Rue - ✆ 04 73 63 61 85 - 6h30-19h - fermé lun., 3 sem. en juin.* Le grand-père avait repris en 1933 cette pâtisserie-chocolaterie située au centre du village. Aujourd'hui, son petit-fils préside à la destinée de la maison en préparant des spécialités reconnues. Chacun sait que l'on trouve ici de délicieuses créations pralinées ou des massepains mœlleux et fondants. Et l'on ne vous parle même pas du chocolat : le mieux est de goûter sur place…

Lezoux

6 000 Lézoviens – Puy-de-Dôme (63)

Situé sur la route de Clermont à Thiers, Lezoux connut sa période de gloire pendant l'Antiquité : la petite ville fut en effet un important centre de fabrication de céramique, diffusée dans tout le monde romain. La cité abrite le musée départemental de la Céramique, tandis que le bourg voisin de Ravel, dominé par un somptueux château, accueille, chaque année, un marché des potiers.

NOS ADRESSES PAGE 114
Hébergement, restauration, achats, activités, etc.

S'INFORMER

Point d'information touristique – *16 r. du Mar.-Leclerc - 63190 Lezoux - 04 73 62 29 24 - www.vacances-livradois-forez.com - juil.-août : tlj sf dim.-lun. 10h-12h30, 14h30-18h ; vac. scol. (hors juil.-août) : tlj sf dim.-lun. 10h-12h30, 14h30-17h ; reste de l'année : merc. 14h30-17h, sam. 10h-12h30.*

SE REPÉRER

Carte de microrégion C3 p. 34 – *carte Michelin Départements 326 H8.*
Lezoux, à 29 km à l'est de Clermont et à 15 km à l'ouest de Thiers, est sur la voie de passage pour se rendre de Clermont au pays thiernois, par la D 2089.

À NE PAS MANQUER

Le musée départemental de la Céramique.

ORGANISER SON TEMPS

Comptez un après-midi pour découvrir le musée.

AVEC LES ENFANTS

Le musée de la Céramique ; le château de Ravel.

1

Se promener

Les nombreuses découvertes effectuées sur le site de Lezoux depuis le 18e s. démontrent son importance archéologique. Les techniques, formes et décors (végétaux, scènes mythologiques…) que l'on retrouve sur la sigillée produite à Lezoux répondaient à des critères typologiques précis. C'est une véritable aubaine pour les archéologues qui, au moindre fragment découvert, peuvent dater quasi immédiatement, à quelques décennies près, la couche fouillée.

★ Musée départemental de la Céramique

39 r. de la République - 04 73 73 42 42 - http://musee-ceramique.puy-de-dome.fr - ♿ - visite guidée sur demande préalable (1h30) avr.-sept. : 10h-18h, w.-end 14h-19h ; reste de l'année : 10h-17h, w.-end 14h-18h - fermé mar., janv., 1er Mai, 1er et 11 Nov., 25 déc. - 5 € (-18 ans 2,50 €) - gratuit 1er dim. du mois.

Installé dans les anciennes fabriques de céramique Bompard (19e s.), ce musée très instructif intègre au parcours de nombreux éléments qui s'adressent à des publics spécifiques (enfants, personnes ayant une déficience visuelle…), tout en enrichissant la visite de chacun. L'exposition permanente est implantée dans le bâtiment de la fabrique où subsistent les deux fours monumentaux. Elle est rythmée par des vidéos, des animations sonores, des reconstitutions, des jeux.

LA POTERIE, UNE LONGUE TRADITION

L'activité potière de Lezoux remonterait au 1er s. av. J.-C., comme l'attestent les vestiges mis au jour d'un ancien four de potier. Et cette activité se retrouve jusque dans le nom du bourg, *louza* (terre boueuse), décrivant l'**argile des Varennes**, sols clairs, légers, où affleurent les sables, qui fera sa renommée. Ce sont les Romains qui feront de Lezoux le centre de production de céramiques le plus important de l'Empire occidental. Pas moins de 1 200 potiers, organisés de façon quasi industrielle, signèrent et laissèrent derrière eux vaisselle et objets divers dont certains servaient à la construction de maisons, et que l'on retrouve aujourd'hui encore en Italie, mais aussi jusqu'en Grande-Bretagne, en Suisse, en Roumanie et en Pologne ! Parmi ces productions, la plus caractéristique demeure la **céramique sigillée**, moulée, à l'aspect rouge orangé et aux décors en relief. Cette activité déclinera à partir du 5e s.

Au rez-de-chaussée, les trois premières sections évoquent la céramique, le site de Lezoux et enfin la fabrique de Bompard. L'essentiel du premier étage est consacré à la période romaine. Le parcours se termine avec le Moyen Âge. Pour les enfants, la visite peut se prolonger par un atelier.

À proximité Carte de microrégion

Moissat C3

À 6 km au sud par la D 229.

De style roman, l'**église de Moissat-Bas** a conservé sa coupole sur trompes, très primitive, son arc triomphal et des statues anciennes en bois doré. Les travaux de restauration du chœur ont fait apparaître des arcatures romanes avec leurs colonnes et leurs chapiteaux, ainsi que des peintures des 14e et 15e s.

Ravel C3

À 6 km au sud de Lezoux.

Ce village de la Limagne bocagère se distingue par le château qui le domine.

Église – De style gothique très pur, elle conserve dans la nef deux vitraux du 14e s., et dans la sacristie un autre vitrail de la fin du 13e s. Un curieux chapiteau roman sert de support à un bénitier en pierre du 12e s. Une porte d'escalier en bois sculpté du 14e s. est protégée par une seconde porte.

★ **Château de Ravel** – *Le château, sur les hauteurs, est desservi par des ruelles très étroites. On y accède plutôt par une petite route depuis la D 223. ✆ 04 73 68 44 63 - www.chateauderavel.com - visite guidée (50mn) mai-août : tlj sf lun. 10h, 11h, 14h, 15h, 16h et 17h ; reste de l'année : w.-end 14h, 15h, 16h et 17h - 6,50 € (enfant 4,50 €).*

Le château de Ravel, l'un des plus beaux du Puy-de-Dôme, fut donné en 1294 par Philippe le Bel à son chancelier Pierre Flotte, chargé de missions auprès des cours européennes, à la suite de transactions délicates menées avec la papauté. Il devint ensuite propriété de la famille d'Estaing qui le fit remanier au 17e s. Les murs et les tours de la façade remontent à l'époque féodale ; la cour d'honneur date du 17e s. et l'aile occidentale du 18e s. ; quant à la tour nord-ouest, elle a fait l'objet de grands travaux de restauration.

En arrivant au château, la pancarte du « Fond de l'étang », placée au-dessus du portail d'entrée, rappelle au visiteur que le film *Les Choristes* fut tourné au château en 2003.

Le château de Ravel, forteresse royale.
F. Cormon / hemis.frr

Intérieur – Vous découvrirez 13 pièces abritant une partie de l'ancien mobilier du château ; la salle de Généalogie, avec ses portraits des membres de la famille d'Estaing ; l'escalier monumental, qui débouche au 1er étage sur le grand vestibule, orné de tapisseries du 18e s. des Flandres et d'Aubusson ; la Grande Galerie (300 m²) et ses souvenirs de l'amiral d'Estaing (maquette de son bateau, le *Condé*, tableaux représentant des **batailles navales**, instruments de navigation, bibliothèque) ; le salon de musique aux boiseries décorées d'instruments de musique, sans oublier son mobilier Louis XV, signé Courtois, et son parquet chevillé à la Versailles ; la **chambre du Roi**, avec son admirable plafond à la française et ses tapisseries d'Aubusson. La **salle des États d'Auvergne** contient une frise héraldique unique comptant 49 écussons des provinces de France.

Sur la terrasse du château, en contrebas du jardin dessiné par Le Nôtre, un jardin à la française planté d'arbres fruitiers a été aménagé, avec un bassin en pierre de Volvic. Jolie **vue** sur la Limagne et la chaîne des Puys.

Couvent des minimes de Beauregard-l'Évêque B3

À 8 km au sud-ouest de Lezoux par la D 2089 et la D 4.

Avr.-oct. : 1er dim. du mois 14h-18h (ou sur demande préalable au ✆ 04 73 62 99 36) - entrée libre.

Le couvent, fondé en 1539 par l'évêque de Clermont Guillaume Duprat (fils du chancelier de François Ier), abritait derrière ses enceintes quelques frères minimes reclus du monde. Sa construction fut achevée au 17e s. avec l'ajout du cloître, qui subit des dégradations lors d'un incendie en 1935. Les ruines de cet ensemble de bâtiments de styles gothique flamboyant et néoclassique laissent découvrir le **logis abbatial** (16e s.), la bibliothèque, le déambulatoire, les chambres et la **chapelle** aux peintures restaurées.

NOS ADRESSES À LEZOUX

HÉBERGEMENT

BUDGET MOYEN

Hôtel Les Voyageurs – *2 pl. de la Mairie - ✆ 04 73 73 10 49 - http://hotel-logisvoyageurs.com - wifi - fermé 26 déc.-5 janv., 10 août-1er sept. - 17 ch. 58/66 € - petit-déj. 9 € - ✕ fermé vend. soir, dim. soir -14,50/42 €.* Les propriétaires, couple jovial et charmant, proposent aux « voyageurs » en visite des plats traditionnels dans une ambiance familiale. Chambres simples et bien tenues.

À proximité

PREMIER PRIX

Chambres d'hôte Le Clos Goëlle – *63190 Moissat - ✆ 04 73 62 98 84 - www.clos-goelle.com - P wifi - 3 ch. 56 € petit-déj. - table d'hôte 20 € (sf ven.-sam. et de mi-oct. à mi-mai).* Au pied du château de Ravel. Attention aux nids-de-poule pour accéder à cet ancien domaine agricole, mais le détour en vaut la chandelle : calme absolu, cadre magnifique, bâtiments de caractère.

RESTAURATION

BUDGET MOYEN

À proximité

Chante Bise – *Lieu-dit Courcourt - 63190 Seychalles - ✆ 04 73 62 91 41 - www.restaurant-chantebise63.com - avr.-oct. : merc. au dim. midi ; nov.-mars : le midi du merc. au dim., et ven. et sam. soir - formule 12,50 € - menu 23/32 €.* Ambiance conviviale dans ce restaurant agrémenté de pierres apparentes et de boiseries. Menus traditionnels, évoluant avec les saisons. Terrasse ombragée.

ACHATS

Poterie Marty – *76 r. de la République - ✆ 04 73 68 23 83 - www.poterie-marty.com - 9h-19h, dim. 14h-19h - appel conseillé avant visite hors saison.* À 30 m du musée de la Céramique, Didier Marty vous ouvre les portes de son atelier-expo : poterie décorative et utilitaire en grès du Berry. En période estivale, ce passionné propose, le lundi matin, une visite de son atelier.

Terre sigillée de Lezoux – *Pl. Jean-Baptiste-Moulin - ✆ 06 18 60 70 86 - www.ars-fictilis.com - 10h-18h, w.-end 14h-18h - fermé mar.* Situé au centre-ville, cet atelier de poterie propose des sigillées confectionnées suivant une tradition ancienne. Visite de l'atelier.

Billom

★

4 745 Billomois – Puy-de-Dôme (63)

Cette « bonne ville » d'Auvergne est traversée par l'Angaud. Ses maisons en arkose, aux teintes ocrées, rappellent les cités médiévales des villages du Sud. La région est communément appelée « Toscane auvergnate » : les lumières intenses des soirs d'été donnent aux paysages des allures de tableaux paisibles. Outre la fameuse foire à l'ail, de nombreuses manifestations, comme le festival des arts de la marionnette, rythment la vie billomoise tout au long de l'année.

NOS ADRESSES PAGE 121
Hébergement, restauration, achats, activités, etc.

S'INFORMER

Office de tourisme – *13 r. Carnot - 63160 Billom - ✆ 04 73 68 39 85 - www.vacances-livradois-forez.com - juil.-août : 10h-12h30, 14h30-18h, dim. et j. fériés 10h-12h30 ; de mi-avr. à fin juin et sept.-oct. : tlj sf dim. 10h-12h30, 14h30-18h.*

Visite guidée – *✆ 04 73 68 39 85 - www.stdb-auvergne.com - juil.-août : lun. et merc. 15h - « Démasquez Billom la Médiévale ou Billom la Religieuse », sur demande préalable.*

SE REPÉRER

Carte de microrégion C3 p. 35 – *carte Michelin Départements 326 H8.*

Billom est à 29 km de Clermont.

L'arrivée par la D 229, en provenance de Lezoux ou de Vic-le-Comte, offre les plus jolies vues d'ensemble sur la ville, avec le clocher de St-Cerneuf qui pointe en figure de proue.

SE GARER

Garez-vous sur le grand parking situé derrière l'avenue de la Gare, à proximité de l'hôtel de ville.

ORGANISER SON TEMPS

Très animé, le marché du lundi matin occupe la majeure partie du centre-ville.

AVEC LES ENFANTS

Le jeu de piste gratuit « Billom en un tour de clé » *(à demander à l'office de tourisme)* ; les châteaux des environs.

Se promener Plan p. 117

QUARTIER MÉDIÉVAL

Promenez-vous dans les petites ruelles aux ambiances médiévales, du chevet de l'église St-Cerneuf à l'actuel centre-ville.

Vous pourrez également suivre les circuits Billom médiévale, Billom marchande, Billom savante et Billom sainte proposés par l'office de tourisme.

Par le quai du Terrail, gagnez la **place du Creux-du-Marché**, aux vieilles demeures. Franchissez le **pont du Marché-aux-Grains** : à droite, sur le parapet, trois auges, avec leurs goulottes sur lesquelles s'adaptaient des mesures pour les grains, sont taillées dans la pierre de Volvic.

Remontant la rue de l'Étézon, sur la droite, vous apercevez le beffroi du 16e s. En haut de la rue, remarquez la **maison du Bailli**, du 16e s.

Maison du Chapitre

Cette demeure du 15e s. est un vestige de l'université médiévale. Dès la fin du 13e s., l'**école du chapitre** connaît un rayonnement sans précédent et se transforme en université, la quatrième après Paris, Toulouse et Montpellier.

Porte de l'Évêché

Elle correspond à l'une des entrées de la ville médiévale, et délimitait autrefois la première enceinte fortifiée.

★ Église St-Cerneuf

D'une rare élégance, c'est un édifice gothique élevé sur une ancienne église romane dont il subsiste une partie du chœur, le déambulatoire et une crypte. Les vantaux du portail possèdent des **pentures** sculptées avec finesse, à motifs anthropomorphes et zoomorphes, du 13e s. Au fond de la nef, à gauche de la porte d'entrée, remarquez une Mise au Tombeau dans le style bourguignon, un bel ange sculpté en pierre et des peintures du 15e s.; à droite, une pietà de la même époque.

Autour du chœur, une **grille★** en fer forgé date du 12e s.; dans le déambulatoire, un chapiteau relate l'histoire de Zachée, thème assez rare. À droite du chœur, la chapelle du Rosaire (ancienne chapelle des Aycelin de Montaigut dévastée par Couthon en 1793) est ornée d'un ensemble de **peintures murales** du 14e s., remarquables par leurs coloris et leurs drapés : l'Assomption et le Couronnement de la Vierge, des anges musiciens, les symboles des évangélistes et, face à face, l'église et la synagogue; elle abrite en outre, dans un enfeu, au-dessus d'un tombeau d'archevêque, une Nativité naïve du 14e s.

★ **Crypte** – Sobre et d'une grande beauté, c'est l'une des plus anciennes d'Auvergne (11e s.). Elle reproduit le plan du chevet primitif avec son déambulatoire sur lequel s'ouvrent quatre chapelles rayonnantes. La première, à droite, illustre par des fresques du 13e s. des scènes de la vie de sainte Marguerite. Un reliquaire en argent orné des instruments de la Passion contiendrait un des morceaux de la Sainte Croix.

Maison de l'Échevin

L'entrée de cet édifice du 16e s. abrite une tourelle d'escalier et un puits toujours muni de sa roue.

Rue des Boucheries

Étroite, pavée de cailloux pointus, sans trottoir, et dotée d'une rigole au milieu de la chaussée, elle a gardé ses maisons médiévales : celle du **Doyen**, au n° 20, avec une belle baie en anse de panier et une tour d'escalier Renaissance; et celle du **Boucher**, au n° 5, avec son entrée de boutique, ses deux étages en encorbellement, ses pierres sur un côté et ses pans de bois sur l'autre.

UNE VILLE TOUJOURS TRÈS ACTIVE

Avec ses marchés à l'ail rose et ses foires, Billom fut de tout temps un lieu de négoce *(magos)* entouré de bois *(bilio)*, deux mots d'origine gauloise qui composent son nom actuel. Au Moyen Âge, marchands, artisans corroyeurs et tanneurs s'affairaient le long de l'Angaud, mais Billom, surnommée « la Sainte », devait surtout sa renommée aux nombreuses institutions religieuses qui s'y étaient développées, et dont les fonctions s'étendaient au domaine judiciaire et à l'éducation. La notoriété de l'université de Billom, qui aurait compté un temps plus de 2000 élèves, dépassait largement les limites de l'Auvergne. Au 16e s. vint s'y ajouter le premier collège de Jésuites de France.

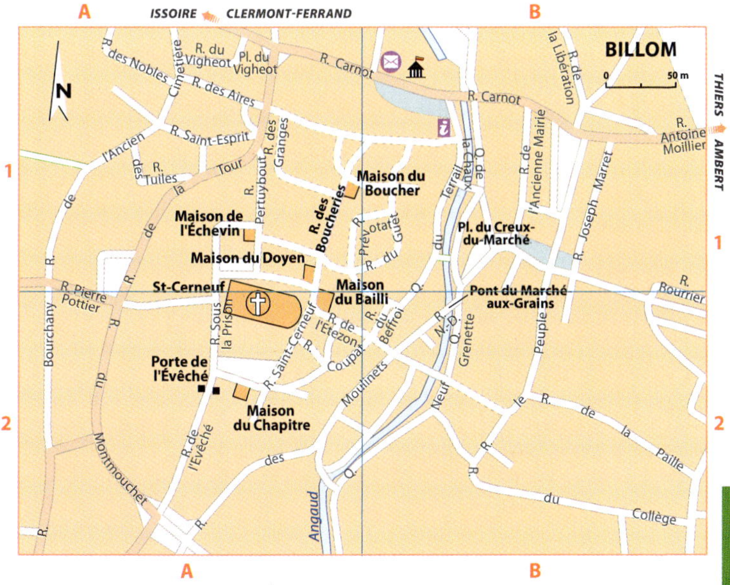

Circuits conseillés

LES ABORDS DU VAL D'ALLIER Carte de microrégion BC3-4

Circuit de 50 km, tracé en ocre sur la carte p. 35 – comptez environ 3h.
Quittez Billom par la D 997 (direction Pont-du-Château) et prenez à gauche la D 81.

Chas B3

Cet ancien bourg fortifié a conservé sa porte de ville à tourelle, son église romane précédée d'un porche Renaissance et une gracieuse fontaine.

Chauriat B3

Situé au nord de la Comté, ce bourg vigneron se distingue par ses deux églises.
Église Ste-Marie – Cette église du 12e s., dotée de beaux chapiteaux, a été transformée en chai. Les Établissements Dhome y font vinifier à la façon champenoise un vin pétillant, très agréable.
Église St-Julien – *Située de l'autre côté de la place.* Elle se signale surtout par un travail original de **marqueterie** de pierres polychromes, dispersées géométriquement au **pignon★** et sous les arcatures du bras droit du transept, ainsi que sous les arcs de décharge et dans les parties hautes de la nef. À l'intérieur, les gros piliers de la nef sont surmontés de **chapiteaux** à feuillages ou historiés (le troisième à droite représente la Multiplication des pains et le Lavement des pieds). Notez la haute coupole à base octogonale, épaulée par de puissants arcs romans, et remarquez une **Vierge en majesté** du 12e s.
Rejoignez Pont-du-Château par la D 4.

Pont-du-Château B3

Pont-du-Château a longtemps possédé le seul pont sur l'Allier entre Moulins et Brioude. La ville était donc fortifiée pour le protéger. Elle occupe le flanc et le sommet d'un plateau calcaire qui domine directement, en falaise, la rive gauche de l'Allier.

L'OR BLANC… OU ROSE

La ville de Billom doit son prestigieux label « Site remarquable du goût » à son fameux **ail d'Auvergne**.

L'ail rose était jadis vendu très cher; on l'appelait même l'« or blanc », au point que certains producteurs, de peur de se le faire voler, veillaient la nuit sur leurs champs! L'ail était utilisé, au Moyen Âge, pour soigner les bronchites ou soulager les maux intestinaux. En 1858, Louis Pasteur en constata lui aussi les vertus antibactériennes. Le fameux « ail d'Auvergne » fait l'objet d'une demande d'IGP (Indication géographique protégée) qui n'a pas abouti à ce jour.

Billom lui consacre une foire annuelle *(2e w.-end d'août)* durant laquelle se mêlent producteurs, mais aussi forains et camelots, sous l'œil averti de la **Confrérie des Grands Goussiers d'Auvergne**. La ville réserve aussi à l'ail une place d'honneur lors de l'Ail'Ambic *(11 Nov.)* et du Salon d'hiver des Sites remarquables *(1er w.-end de déc.)*, véritable occasion de découvrir les produits des terroirs de France. Notez enfin qu'une Route de l'ail d'Auvergne mène de producteurs en conditionneurs sur la zone de production. *Renseignements sur : www.auvergne.chambagri.fr.*

Église Ste-Martine – Dans le narthex et la nef de cette église romane, remarquez de beaux chapiteaux historiés ou décorés de feuillages, une jolie chaire en bois sculpté, une châsse et des retables.
Mairie – Ancien château du 17e s., doté de splendides plafonds à la française décorés de blasons peints. De la terrasse, la vue s'étend sur le bourg, l'Allier, les monts du Forez, les volcans de la Comté et les monts Dore.
Musée de la Batellerie d'Allier - Pierre-Mondanel – *Pl. de l'Aire - 04 73 83 73 62 - www.pontduchateau.net - juil.-août : 10h-12h, 14h15-18h ; reste de l'année : sur demande préalable - fermé lun. et j. fériés - possibilité de visite guidée sur demande (1h) - 3 € (-18 ans gratuit).* Installé dans les cuisines de l'ancien château, ce musée est consacré à la batellerie de l'Allier et de la Dore. Pont-du-Château fut, jusqu'au 19e s., un port très actif sur l'Allier : les mariniers, placés sous la protection de saint Nicolas, embarquaient toutes sortes de marchandises qui allaient jusqu'à Paris. Leurs bateaux, appelés « sapinières », étaient en fait des radeaux améliorés que l'on débitait en bois de chauffage lors de leur arrivée à destination.
Quittez Pont-du-Château par le sud et suivez la D 1 en direction de Vic-le-Comte.
La petite départementale suit la rive de l'Allier, épousant ses courbes capricieuses et ménageant des points de vue sur la chaîne des Puys.
Prenez à gauche la D 117 qui traverse Mirefleurs et grimpez vers Busséol.

★ Château de Busséol *(p. 126)* B4

Continuez sur la D 117, puis prenez la D 301 vers St-Julien-de-Coppel.

Notre-Dame-de-la-Roche C4

Cette petite chapelle, perchée sur un rocher, est accessible directement en voiture *(quelques pas sont encore à faire)*, ou, en suivant le chemin de moyenne montagne assez abrupt (partant de la D 301), à pied, depuis St-Julien-de-Coppel *(30mn de marche)*. Au sommet, joli **panorama** sur le pays de Billom, les Turlurons et le château de Coppel.
Continuez sur la D 118 pour voir les ruines du château de Coppel. Juste avant la Beauté, tournez à gauche. La D 14 vous ramène à Billom par la jolie vallée de l'Angaud.

Montmorin, le château et la chaîne des volcans d'Auvergne.
Ch. Guy / hemis.fr

Dans les environs Carte de microrégion

Château de Montmorin C4

✆ 04 73 68 30 94 - www.chateau-de-montmorin.fr - visite guidée (2h) juil.-août : 14h-18h - 6 € (-16 ans 3 €).

Cet ancien château fort, partiellement en ruine, possède un donjon cantonné de tours rondes. Dans le corps de garde, quatre salles présentent une collection de mobilier Louis XIII et des armes du 15e au 17e s. Les anciennes écuries abritent une intéressante collection d'**outils** (forgeron, maréchal-ferrant, sabotier, tonnelier, etc.). Vous y découvrirez aussi quelques objets trouvés lors de fouilles effectuées sur le domaine. Du chemin de ronde, la **vue** englobe le Livradois d'un côté et la chaîne des monts Dôme de l'autre.

St-Dier-d'Auvergne C4

Ce bourg du Livradois occupe un point de passage encaissé, à la traversée de la vallée du Miodet, sur l'ancienne route de Clermont-Ferrand à Ambert. Bel édifice du 12e s., en pierre à dominante rose, l'**église** fut fortifiée au 15e s. Sa façade, soutenue par des contreforts, est ornée d'arcatures romanes où alternent des granits clairs et des latérites rouges provenant du bassin de St-Dier. La porte a conservé ses anciennes pentures. À l'intérieur, remarquez les chapiteaux figurant des atlantes, des sirènes, des feuillages... À droite de l'église se trouvent les vestiges d'un ancien **prieuré** de La Chaise-Dieu.

Les Martinanches C4

Château – *La Ripodie - ✆ 04 73 70 81 98 - http://chateau-des-martinanches.com - visite guidée (45mn) 1er juil.-25 août : 14h-18h30 ; mai-juin et 26 août-24 sept. : dim. et j. fériés 14h-18h30 - 6 € (-12 ans 4 €) - programme d'animations estivales.*

Niché au creux d'un vallon, cet édifice du 11e s., remanié aux 15e et 19e s., occupe un site arboré entouré de douves. Il servit à entreposer les armes destinées aux châteaux forts environnants. Plafonds à la française, mobilier de différents styles, porcelaines de la Compagnie des Indes, faïences des Tuileries agrémentent la demeure.

Château de Mauzun C4

✆ 06 70 10 22 29 - www.chateaudemauzun.fr - visite guidée (1h) de mi-juil. à fin août : tlj sf lun. 14h-19h ; de déb. mai à mi-juil. et sept. : dim. et ponts 14h-19h - 7 € (-15 ans 4,50 €) - circuit des remparts, visite libre de la basse-cour et visite guidée du donjon.

Cette puissante forteresse (13e s.) des évêques de Clermont, plantée sur un piton basaltique, offre un panorama étendu sur la plaine de la Limagne. Avec sa forme carrée, sa triple enceinte de murailles et ses vingt tours, le château de Mauzun est surnommé le « Géant d'Auvergne », c'est en effet la plus vaste forteresse médiévale de la région. Au 18e s., le célèbre prédicateur **Massillon**, évêque de Clermont, la fit démolir, faute de fonds pour l'entretien. Il ne conserva que quelques chambres destinées aux prêtres détenus pour indiscipline. Laissé à l'abandon, le site servit par la suite de carrière. Le château a été racheté en 2001.

Après le parcours de l'enceinte extérieure et de ses seize tours, on pénètre dans la **basse-cour**, où la population locale se réfugiait lors des conflits, et qui servait de terrain d'artillerie en période de paix. Dans la capitainerie, où se trouve une maquette du site, une vidéo présente l'évolution des travaux de restauration. À l'intérieur du **château**, comprenant quatre tours, on peut voir les deux niveaux de galeries superposées et un réseau souterrain.

Église de Glaine-Montaigut C3

Cet édifice marque la transition de l'art carolingien au roman auvergnat. La nef du 11e s. est voûtée en plein cintre sans doubleau. Une coupole couvre le carré du transept. Le chœur, du 12e s., possède de beaux chapiteaux.

NOS ADRESSES À BILLOM

HÉBERGEMENT

À proximité

PREMIER PRIX

Chambres d'hôte La Tour Richelieu – Hors plan - *15 r. St-Martial - 63730 Les Martres-de-Veyre - ✆ 04 63 22 68 83 - ✆ 07 69 14 73 58 - www.tour-richelieu.com - - 5 ch. 65 €*. Dernier vestige du château qui se dressait autrefois au cœur du village, cette tour abrite 5 chambres, dont une, la Louis XVI, pleine de caractère avec son plafond à la française et sa cheminée. Quelques objets venus de Norvège (pays d'origine de la propriétaire) complètent la décoration.

RESTAURATION

À proximité

BUDGET MOYEN

L'Auberge du Ver Luisant – Hors plan - *2 r. Breuil - 63910 Bouzel - ✆ 04 73 62 93 83 - fermé le lun., sur réserv. le w.end. - formule déj. 16 € - 28/50 €*. Cette sympathique maison de pays a su conserver tout le charme de la campagne. On y mange une cuisine traditionnelle soignée, variant au rythme des saisons.

La Table Saint-Martin – Hors plan - *11-17 pl. St-Martin - 63490 Sauxillanges - ✆ 04 73 96 80 32 - http://latable-stmartin.com - fermé merc. et dim. soir - formule déj. 19 €, menu déj. 24 € - menu 36/50 €*. Face à la mairie, maison de village datant de 1811. Salle à manger plaisante et petit salon intime pour une fine cuisine mi-traditionnelle mi-régionale.

ACHATS

Les Caves de l'Abbaye SA – *9 r. du Commerce - 63117 Chauriat - ✆ 04 73 68 00 51 - www.caves-abbaye.com - tlj sf dim. 9h-12h, 14h-18h - fermé j. fériés*. Cette cave, installée dans une abbaye du 11e s., présente des vins élaborés selon les méthodes traditionnelles champenoises. Cela donne des crus comme le Vercingétorix, le Carte Noire, le Millésim ou le Yoann de la Garde. Elle propose aussi plus de 300 références, vins auvergnats en tête.

ACTIVITÉS

Ronde de nuit - visite nocturne de Billom – *✆ 04 73 68 39 85 - 19 juil.-23 août : vend. - réserv. conseillée - dép. et RV à 21h devant l'office de tourisme - durée 1h30 - 6,50 €, -17 ans 3 €.*

Randonnée – Au dép. de l'office de tourisme, le circuit du Turluron *(balisage jaune ; 2h30 ; Topoguide 27 : Monts du Livradois-Forez)* permet d'obtenir un joli point de vue sur la ville. Une « turlure » était jadis, dit-on, une maison de repos sur la colline.

AGENDA

Foire à l'ail rose – *2e w.-end d'août - ✆ 04 73 68 39 85 - www.stdb-auvergne.com*. Foire à l'ail et au vin.

Salon d'hiver des Sites remarquables du goût – *1er w.-end de déc.* Ce salon qui réunit tous les sites du goût français est l'occasion de découvrir les produits des terroirs de France.

Vic-le-Comte

★

5 027 Vicomtois – Puy-de-Dôme (63)

Séduisante cité aux maisons d'arkose claire, Vic-le-Comte abrite d'intéressants monuments religieux : la ville fut en effet un temps la capitale de la Comté d'Auvergne, région hérissée de pics volcaniques couronnés de forteresses en ruine. Successivement elle revint à Jean Stuart, Catherine de Médicis, puis à la célèbre reine Margot jusqu'en 1606, qui ont laissé à la région vicomtoise nombre de souvenirs et légendes. Elle constitue un point de départ idéal pour des excursions dans le val d'Allier ou dans les monts du Livradois.

NOS ADRESSES PAGE 127
Hébergement, restauration, achats, activités, etc.

S'INFORMER

Office du tourisme Allier-Comté-Communauté – *Halle du-Jeu-de-Paume - 63270 Vic-le-Comte - ✆ 04 73 79 37 69 - www.mondarverne.com - juil.-août : 9h-12h30, 14h-17h30 - fermé lun.-merc.*

SE REPÉRER

Carte de microrégion B4 p. 35 – *carte Michelin Départements 326 G9.*
Tout proche de l'A 75, Vic-le-Comte se trouve à 25 km au sud de Clermont et à 16 km au nord d'Issoire. La pittoresque D 229 qui va de Vic à Coudes, en surplomb du val d'Allier, ménage sur 5 km de belles perspectives.

À NE PAS MANQUER

Les vitraux et le retable de la ste-chapelle à Vic-le-Comte ; les belles maisons anciennes de la ville ; le château de Busséol et son jardin suspendu ; le village fortifié de Montpeyroux ; le site de Corent.

AVEC LES ENFANTS

Randonnée découverte dans les bois de la Comté. Château de Busséol.

Se promener

Les bénédictins de Manglieu établissent, au 8e s., un petit prieuré, suivi plus tard d'un monastère affilié à l'abbaye de Fontevraud (Maine-et-Loire).

★ Ste-chapelle

Il s'agit d'une belle œuvre gothique annonçant la Renaissance. Sa corniche est enrichie de sculptures : animaux fantastiques, choux frisés, chardons, personnages. Dans le chœur, les statues d'apôtres, abritées sous les dais placés aux retombées des ogives, datent de la Renaissance. Catherine de Médicis, qui détint quelque temps Vic-le-Comte, fit ajouter la tribune et sa balustrade. Les **vitraux★**, aux riches couleurs, représentent des scènes de l'Ancien et du Nouveau Testament. Remarquez l'éclat de la palette employée par ce peintre verrier de la Renaissance. Le très beau **retable★** de pierre (1520) est l'œuvre des artistes florentins qui exécutèrent la balustrade : en bas, trois Vertus morales cardinales ; en haut, les trois Vertus théologales. Observez aussi le polyptyque peint sur bois, œuvre intéressante du 15e s., dont le thème est la Passion et la Mise au Tombeau.

Église St-Jean

Cet édifice roman, remanié à l'époque gothique, possède une jolie porte du 14e s. À l'intérieur, de chaque côté du chœur, admirez un ensemble de **fresques** des 13e et 14e s. représentant la vie de saint Jean Baptiste et de saint Blaise. Dans la nef, à gauche, beau Christ en Croix du 15e s.; dans la chapelle de gauche, statue de Notre-Dame de pitié, du 16e s.

Maisons anciennes

Empruntez la rue de la Porte-Robin, dans laquelle vous verrez quelques façades des 15e et 16e s., puis longez la ste-chapelle pour rejoindre, à droite, la **porte Robin**, seul vestige de l'enceinte fortifiée. Sur la place du Vieux-Marché, remarquez une fontaine du 16e s. Continuez en direction de la rue du Palais, à l'entrée de laquelle se dressent deux maisons en encorbellement. Prenez ensuite à gauche, sous un passage couvert, la rue des Farges, puis, à droite et à gauche, la rue de Coulogne, et revenez sur vos pas.

À proximité

Château de la Chaux-Montgros C4

Sur la route de Sallèdes à St-Julien-de-Coppel, 9 km au nord-est de Vic-le-Comte par la D 53, puis à gauche la D 310. 04 73 69 23 18 - www.lachaux-montgros.com - Importants travaux de restauration en cours.

Ancienne propriété de Catherine de Médicis, ce château du 16e s., d'allure massive, est flanqué de quatre tours enserrant son corps de logis. Sa charpente, démantelée au 18e s. par les propriétaires, servit à confectionner les boiseries d'un autre château : celui de Chadieu. Profitez de la belle **vue** sur les bois de la Comté depuis ses terrasses.

Fin juillet, un spectacle son et lumière, organisé par des bénévoles, réunit des milliers de spectateurs au château.

Manglieu C4

À 11 km à l'est de Vic-le-Comte, par la D 225.

Un peu à l'écart de la D 225, ce village de la vallée de l'Ailloux est le siège de l'une des plus anciennes abbayes d'Auvergne. L'abbaye de Manglieu aurait été fondée en 656 par saint Genès, alors évêque de Clermont. Saint Bonnet s'y retira en 689. On trouve d'ailleurs, dans l'histoire de sa vie, une description de l'abbaye de Manglieu, qui semblait très importante, avec deux églises, somptueusement décorées.

Église abbatiale St-Sébastien – L'extérieur a été entièrement restauré, mais c'est surtout l'intérieur qui attire l'attention. Entrez par la jolie porte romane. Sous le porche surmonté d'une tribune, à gauche un sarcophage et deux dalles funéraires, l'une *(à gauche)* carolingienne, l'autre mérovingienne. La nef fut

LA COMTÉ D'AUVERGNE

Au début du 13e s., le comte d'Auvergne **Gui II,** vaincu par Philippe Auguste, vit son domaine se réduire à la région de Vic-le-Comte, du reste bien protégée par une ceinture de forteresses. Dans le même temps, l'abbaye cistercienne du Bouchet, près d'Yronde, devint la nécropole de la famille comtale. Par son mariage avec une héritière d'Auvergne, un descendant des rois d'Écosse, le comte de la Marche **Jean Stuart,** entra en possession de la Comté et embellit le château que ses prédécesseurs avaient élevé à Vic-le-Comte; il n'en subsiste qu'une porte et la ste-chapelle. De 1651 à la Révolution, la Comté d'Auvergne appartint aux ducs de Bouillon.

UN ENVIRONNEMENT NATUREL PROTÉGÉ

Zone naturelle d'intérêt écologique, faunistique et floristique, les **bois de la Comté** (1 500 ha) sont classés **site Natura 2000**. Composés essentiellement de chênes, de charmes et de tilleuls, ils abritent une flore (lis martagons, orchidées, géraniums) et une faune (crapauds sonneurs à ventre jaune, milans royaux, chevreuils, sangliers) remarquables. Les aménagements du site (sentiers pédagogiques, arboretum, etc.), les randonnées découvertes encadrées par l'ONF, le Parc naturel régional Livradois Forez et la LPO permettent de découvrir cette belle nature. *Se rens. à la LPO de Clermont-Ferrand au ✆ 04 73 36 39 79.*

refaite au 16e s. Le chœur, du 10e s., est très étroit. Défiguré par un badigeon et un plafond moderne, il s'ouvre sur la nef par un arc triomphal porté par deux colonnes antiques remployées.

Circuit conseillé

CHÂTEAUX ET VILLAGES VIGNERONS Carte de microrégion B4

Circuit de 45 km, tracé en vert clair sur la carte p. 35 - comptez une demi-journée. Quittez Vic-le-Comte par le sud en empruntant la D 49.

Yronde B4

C'est sur cette commune que se situait l'abbaye du Bouchet. Fondée en 1192 par le comte Robert IV d'Auvergne, dans un frais vallon descendant vers l'Allier, l'abbaye prit très vite une grande importance. La plupart des comtes s'y firent inhumer jusqu'au 15e s. Remarquez la petite église aux jolies proportions.
Après Yronde, prenez la D 136, puis à droite la D 760.

Buron B4

Le village est dominé par un piton basaltique dont le sommet est couronné par les ruines d'un château.
Continuez sur la D 760 jusqu'à Parent. À la sortie du village, prenez à gauche la D 229 vers Coudes, et traversez l'Allier.

Coudes B4

Au confluent de l'Allier et de la Couze Chambon, cet ancien village vigneron fut un important carrefour pour l'économie locale. Son port accueillait les sapinières, qui transportaient le vin à destination de la capitale.
En 1910, les vertus médicinales, apéritives et digestives des eaux de Coudes attirèrent l'attention de l'Académie de médecine. Un architecte élabora un plan de station thermale au lieu-dit Champ-Robert, mais, comme à Chaudefour (*p. 191*), la guerre de 1914-1918 et la popularité grandissante des eaux de Vichy plongèrent ce projet dans l'oubli.
Prenez la D 797, puis l'A 75/E 11 direction Clermont-Ferrand. À la sortie 7, prenez à droite la D 797.

★ Montpeyroux B4

Le village se parcourt à pied. Accroché à une colline dominant l'Allier, le village fortifié de Montpeyroux appartient au **pays du Dauphiné d'Auvergne**, tout comme La Sauvetat. Il doit son ancien nom de *Mons petrosus* (mont pierreux) aux carrières d'arkose toutes proches. Ce grès très résistant fut largement utilisé dans la construction des maisons paysannes et des églises de la région, les blocs transitant par le port de Coudes. Dans le village, le porche médiéval

Vue aérienne de Montpeyroux.
F. Cormon / hemis.fr

ouvre sur d'agréables ruelles qui serpentent jusqu'au **donjon** du 13e s., édifié sur trois étages au temps de Philippe Auguste ; il est couronné d'une plate-forme crénelée. Certaines demeures, soigneusement restaurées, ont conservé leurs caves, évoquant ainsi le passé viticole du village qui accueille aujourd'hui des artisans d'art (peintres, potiers, etc.).

Faites demi-tour et poursuivez sur la D 797. À Authezat, prenez à gauche la D 96.

La Sauvetat B4

Au cœur du bourg, autrefois fortifié, subsistent les vestiges d'une ancienne commanderie de l'ordre de St-Jean-de-Jérusalem. Les ruelles, formant labyrinthe, sont bordées de demeures (12e-14e s.) au style architectural caractéristique des anciens forts de Limagne (*℘ 04 73 39 52 67 - point d'information sur les anciens forts de Limagne.*).

Donjon – Des 13e et 14e s., il conserve une porte surmontée des armoiries de l'ordre de St-Jean-de-Jérusalem et d'Odon de Montaigu, grand prieur d'Auvergne, dont le gisant se trouve dans l'église d'Olloix.

Église – Au croisillon gauche, dans une niche protégée par une grille, est exposée une Vierge à l'Enfant du 14e s., au regard bleu énigmatique ; ce superbe travail en cuivre repoussé et ciselé avec émaux champlevés est issu des ateliers limousins.

Quittez La Sauvetat par le nord-est (D 630). Après avoir franchi l'A 75, rejoignez la D 96.

★ Corent B4

http://visitecorent.puydedome.fr - accès libre tte l'année - visites guidées en été « Corent, quand les Gaulois vivaient en ville » : w.-end 16h30 (2 €) et lun. 10h30.

Dominant l'Allier, ce village est accroché sur la partie nord-est du puy éponyme. Occupé du néolithique à l'âge du fer, il fut reconnu, dès le 19e s., comme

LES VOLCANS DE VIC-LE-COMTE

On dénombre, dans la région de Vic-le-Comte, plus de **50 points éruptifs**, couverts de bois et autrefois de vignes sur les pentes bien exposées. Ils ont surgi de la Limagne à la fin de l'ère tertiaire et forment une transition entre la plaine et les monts du Livradois. La plupart de ces volcans sont démantelés et réduits à une cheminée, parfois en relation avec des lambeaux de coulées.

l'un des grands sites d'habitat protohistorique d'Auvergne : grâce aux fouilles menées depuis 2001, les archéologues considèrent que cet oppidum abritait probablement la **capitale arverne**, avant la guerre des Gaules, concentrant sur des dizaines d'hectares les pouvoirs politique et économique. Le site était également un atelier monétaire important. Les milliers de tessons d'amphores et de céramiques importées, retrouvés sur place, témoignent du rôle commercial que Corent joua entre mondes méditerranéen et celtique. Les centaines de silos à grains mis au jour sur le site en 2015 prouvent qu'ils pouvaient servir de réserves de céréales pour une année, destinées à nourrir toute la population habitant sur place !

Corent doit aussi sa réputation à son **vignoble** qui, aujourd'hui encore, produit un vin de qualité, au goût de pierre à fusil, très particulier : il figure parmi les cinq crus composant les côtes-d'auvergne.

45mn (2 km AR). Montez dans le haut du bourg et garez-vous près du terrain de football. Suivez à gauche la direction du puy de Corent et tournez à droite pour longer le terrain de sport. Prenez le deuxième chemin à droite, puis à gauche. Suivez le parcours en tournant à droite dans un chemin herbeux. Tournez à nouveau à droite, puis encore avant le pont, et passez devant la croix. Suivez le chemin de droite pour revenir au point de départ.

Le sommet du **puy de Corent**, qui forme un vaste plateau, offre une superbe vue sur la vallée de l'Allier et le puy St-Romain. Non loin du stade, le **sanctuaire monumental de Corent** formait le cœur de la capitale arverne : le niveau inférieur correspond à l'édifice gaulois (100-50 av. J.-C.) et le niveau supérieur à la période romaine (50 av. J.-C.-350 apr. J.-C.). La remarquable reconstitution permet de distinguer ces deux époques de construction. Ont été également identifiés un hémicycle d'assemblée gauloise (2e-1er s. av. J.-C.) et un théâtre romain (1er-2e s. apr. J.-C.). Les constructions d'époque gauloise sont signalées par de grands poteaux de bois implantés à leur emplacement original. Une reconstitution 3D, visible sur le site Internet *(visitecorent.puy-de-dome.fr)*, permet de se faire une idée du lieu tel qu'il était à l'origine.

Suivez sur la D 786 vers le nord, puis franchissez l'Allier en suivant la D 751 à droite.

La route emprunte la rive droite de l'Allier jalonnée par les villages vignerons de Mirefleurs *(D 1)*, La Roche-Noire et St-Georges-sur-Allier *(D 118)*. À la sortie de ce dernier village, prenez sur la droite la D 759. Cette petite route plonge vers Busséol, offrant la meilleure vue sur son château féodal.

★ Château de Busséol B4

04 73 69 00 84 - www.route-chateaux-auvergne.org - visite guidée (45mn) de mi-juin à mi-sept. : 10h-12h, 14h30-18h30 ; reste de l'année : w.-end et j. fériés 14h30-17h30 - 8 € (-15 ans 4 €).

Cet élégant château féodal, qui coiffe un piton volcanique de la Comté, est l'un des plus anciens de la province. Édifié en 1170 pour les comtes d'Auvergne, il fut, durant des siècles, possession comtale et même royale, plusieurs reines de France ayant été également « dames de Busséol » : Jeanne, épouse de Jean le Bon, Catherine de Médicis et la reine Margot. Jean Stuart et Charles IX y séjournèrent également. La façade principale du château a été relevée et percée de fenêtres de style roman. À l'intérieur, la **cheminée★** à manteau rond d'époque romane est encore utilisée pour le chauffage. Notez aussi la chambre circulaire à coupole de la tour principale et de beaux meubles anciens. Un surprenant **jardin suspendu,** dit « des Croisades », jouxte l'habitation seigneuriale. Du chemin de guet, la **vue** s'étend sur une partie des monts Dore, des monts Dôme et de la Limagne.

Quittez Busséol par le sud et rejoignez la D 4, puis la D 229. Au hameau de Benaud, prenez à droite la D 116, puis la D 81. Garez-vous à St-Maurice.

★ Puy de St-Romain B4

90mn AR. Sa situation est saisissante, en surplomb de l'Allier. Du sommet (alt. 779 m), ancien lieu de culte païen, ample **panorama★** sur les puys de la Comté, les monts du Forez, les monts du Livradois, le bassin de Vic-le-Comte, la vallée de l'Allier, les monts du Cézallier et du Cantal, les monts Dore, les monts Dôme, Clermont-Ferrand et la Limagne.

Rejoignez Longues par la D 758, puis la D 1. La D 225 ramène à Vic-le-Comte.

NOS ADRESSES À VIC-LE-COMTE

HÉBERGEMENT

À proximité

PETIT PRIX

Chambre d'hôte L'Echarpe d'Iris – *8 r. de la Chacusse - 63114 Montpeyroux - ✆ 04 73 96 28 11 - www.echarpediris.fr - 2 ch. 50/65 €.* Au sein du charmant village médiéval de Montpeyroux, cette maison bourgeoise possède deux chambres confortables, dont l'une pourvue d'une grande salle de bains avec douche à l'italienne. Terrasse, copieux petit-déjeuner.

RESTAURATION

BUDGET MOYEN

Le Bistrot comtois – *Pl. de la République - ✆ 04 73 73 01 35 - fermé dim. midi et le soir sf dim. - menus 16/22 €.* Proposant une cuisine du terroir, ce Bistrot comtois qui fait aussi bar à vin est d'un bon rapport qualité-prix.

À proximité

L'Armoise – *186, bd du Gén.-de-Gaulle - Longues - 4 km au nord-ouest de Vic-le-Comte - ✆ 04 73 39 90 31 - www.restaurantlarmoise.com - fermé dim. soir, lun., et mar. soir - formules 14/19 € (déj. en sem.), menus 29,50/37,50 €.* Couleurs pastel et ambiance élégante pour des plats raffinés, concoctés par un chef pour qui l'amour du métier n'est pas un vain mot… Il suffit de se plonger dans les menus pour avoir déjà l'eau à la bouche !

ACHAT

Samarkande – *31 pl. de la Liberté - ✆ 09 51 60 11 54 - www.samarkande.net - sur RV.* Ce magasin d'antiquités atypique présente, parmi tous ses trésors, du mobilier ancien provenant du Maroc, du Rajasthan ou d'Afghanistan, et des réalisations en pierres dures de Francesca Berni, artiste florentine qui réalise des merveilles.

ACTIVITÉS

CrapaHutte – *Ste-Marguerite - ✆ 04 73 96 10 10 - www.crapa-hutte.com - réserv. conseillée.* Parcours aventure et escalade, randonnées quad, canoë-kayak, tir à l'arc, équitation. Hébergements pour les groupes à partir de 4 pers.

Astrap – *Bracou - 63270 Isserteaux - ✆ 04 73 70 90 25 - www.astrap.org - 1er sam. du mois 20h30 - conférence suivie d'observation du ciel.* Observatoire d'astronomie : planétarium, géorama, vidéoprojection, observation astronomique et du ciel avec lunettes, jumelles et télescopes.

CHAÎNE DES PUYS ET MONTS DÔME

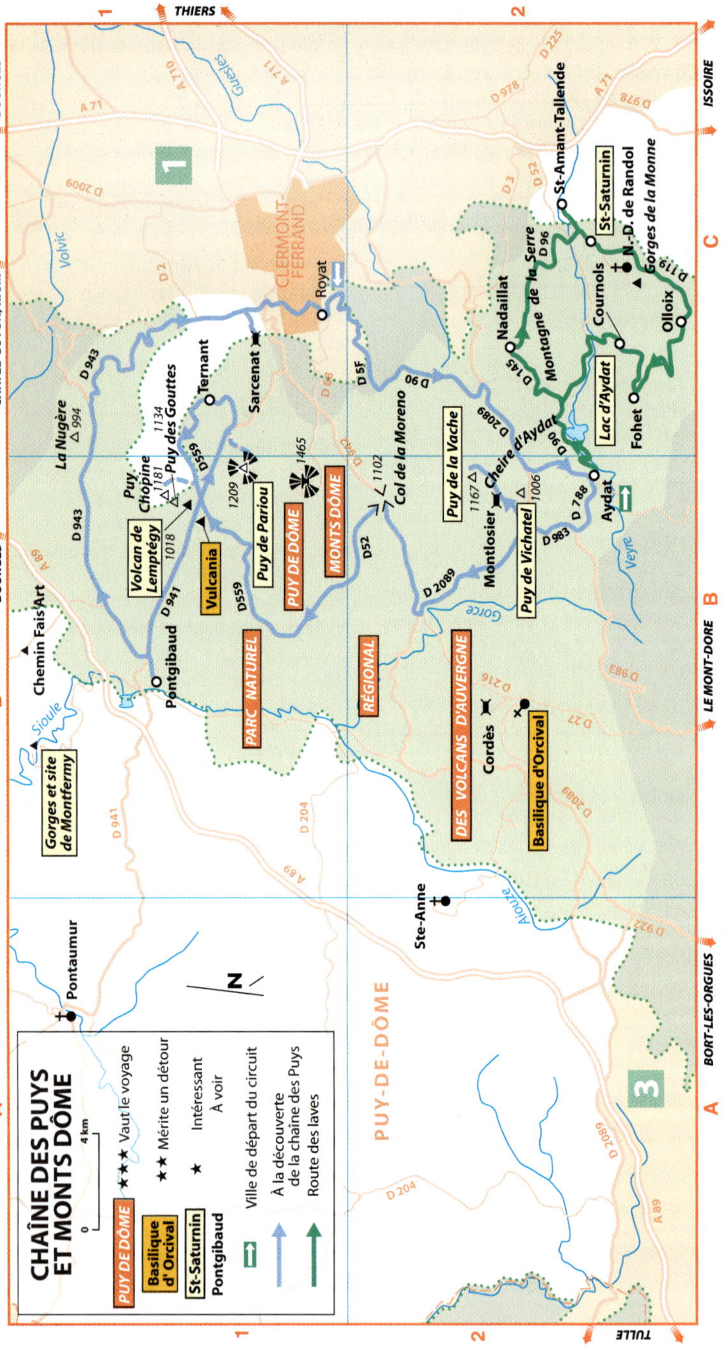

Chaîne des puys et monts Dôme 2

Carte Michelin Départements 326 - Puy-de-Dôme (63)

Puy de Dôme

★★★

Puy-de-Dôme (63)

Pour découvrir des cratères et des paysages de lave durcie, nul besoin d'entreprendre un voyage au bout du monde : quelque quatre-vingts volcans éteints vous attendent, juste à l'ouest de Clermont-Ferrand, entre les gorges de la Sioule et la grande Limagne. Sur une quarantaine de kilomètres environ, vous pourrez observer l'alignement incomparable de la chaîne des puys, dont le Puy de Dôme, premier site naturel en France inscrit au patrimoine de l'Unesco en 2018, constitue le plus majestueux exemple.

NOS ADRESSES PAGE 139
Hébergement, restauration, achats, activités, etc.

S'INFORMER

Espace accueil et informations – Maison de site au pied du Puy de Dôme - *63000 Clermont-Ferrand - ✆ 04 73 62 21 46 - www.planetepuydedome.com - avr.-sept. : 9h-19h ; reste de l'année : 10h-18h30 - entrée libre. Accès par le train panoramique des Dômes - www.panoramiquedesdomes.fr.*

Comité départemental de randonnée pédestre du Puy-de-Dôme – *15 bis r. du Pré-la-Reine - 63000 Clermont-Ferrand - ✆ 04 73 91 94 01 - http://puy-de-dome.ffrandonnee.fr - mar. 9h30-12h.*

Espace temple de Mercure – *✆ 04 73 62 21 46 - volcan.puy-de-dome.fr.* Visites guidées thématiques, tout public et gratuites, organisées au sommet du Puy de Dôme : « À la découverte du Dôme », « Le temple de Mercure », « Lecture de paysage au sommet du Puy de Dôme », « Défis et exploits au sommet du Puy de Dôme », « Un volcan, comment ça marche ? », etc.

SE REPÉRER

Carte de microrégion B1 p. 128 – *carte Michelin Départements 326 D/E8/9.* Il y a plusieurs façons de se rendre dans les monts Dôme, ou chaîne des Puys, à partir de Clermont. Sur la D 941, en direction de Limoges, le col des Goules marque l'entrée dans le « golfe des volcans ». La D 68, assez pittoresque, part de Royat et rejoint, après La Font-de-l'Arbre, la maison de site du Puy de Dôme. On peut aussi emprunter la D 942 vers le col de la Moreno.

SE GARER

La montée au Puy de Dôme n'est pas accessible en voiture, elle se fait par un train à crémaillère, le Panoramique des Dômes. Un grand parking (gratuit) végétalisé se situe au pied du site, près de la gare.

À NE PAS MANQUER

La vue du haut du Puy de Dôme ; les randonnées sur sentiers balisés qui serpentent à travers les volcans.

ORGANISER SON TEMPS

Pour faire l'ascension du Puy de Dôme à pied, par le chemin des Muletiers, comptez environ 2h aller-retour au départ du col de Ceyssat.

AVEC LES ENFANTS

Suivre l'un des parcours « accrobranches » de Charade Aventure, vivre une éruption volcanique plus vraie que nature grâce au film de la Mine explosive au volcan de Lemptégy, assister au ballet des abeilles à la Ruche des Puys et au musée au Puy de Dôme, tester les jeux en relation avec le temple de Mercure et les Romains.

Il était une fois… le Puy de Dôme

Avec une fréquentation touristique de 550 000 visiteurs par an, le Puy de Dôme suscite un intérêt écologique et économique. La montagne de l'exploit bénéficie depuis 2008 du label Grand Site de France.

DE LA MONTAGNE SACRÉE… À LA MONTAGNE DE L'EXPLOIT

L'origine volcanique des puys ne fut reconnue qu'en 1751. Jusque-là, on y voyait simplement de gigantesques fortifications dues aux Romains. Dès l'Antiquité, la solitude du Puy de Dôme, lieu d'accès difficile, inspira un religieux effroi. Les sanctuaires s'y succédèrent, voués au dieu gaulois Lug, puis à Mercure. Une petite chapelle de pèlerinage dédiée à saint Barnabé y fut également érigée au 12e s., et tomba en désuétude six siècles plus tard. À la fin du 19e s., on implanta un premier observatoire météorologique au Puy de Dôme. Le temps des exploits était venu. La première montée à bicyclette se fit en 1892, en 28mn. En 1905, une auto de 16 CV atteignit pour la première fois le sommet, en 11mn. En 1908, après l'exploit d'Henri Farman (premier lien aérien en circuit fermé et premier vol avec passager), les **frères Michelin** financèrent un Grand Prix de 5 000 louis d'or à attribuer à l'aviateur qui, parti de Paris avec un passager de 75 kg, viendrait, moins de 6h après son départ, atterrir au sommet du Puy de Dôme, après avoir contourné la cathédrale de Clermont en la laissant à 1 500 m sur sa droite. Trois ans plus tard, le 7 mars 1911, alors que certains augures prétendaient que cette prouesse ne serait pas réalisée avant une cinquantaine d'années, l'aviateur **Eugène Renaux,** avec son passager Senouque, réussit l'exploit après un vol de 5h11. Mais il fait redescendre son avion par le chemin des Muletiers… En 1932, Henri Vallot réitèrera l'exploit, en redécollant après son atterrissage au sommet du Puy de Dôme.

QUELQUES DATES CLÉS

Vers 140 apr. J.-C. : élévation du **temple** de Mercure.
1648 : expériences de **Blaise Pascal** sur la pression atmosphérique.
1790 : le député de Clermont, **Gaultier de Biauzat,** intervient pour donner le nom de Puy-de-Dôme au département nouvellement créé.
1872 : redécouverte du temple de Mercure lors des travaux de construction de l'**observatoire météorologique**, inauguré en 1876.
1907 : ligne de **tramway** reliant Clermont-Ferrand au sommet du Puy de Dôme.
1927 : inauguration de la **route** automobile à péage.
1952 : première ascension du **Tour de France**, remportée par Fausto Coppi.
1956 : construction de l'**antenne** TDF.
1973 : premier **vol en deltaplane** depuis le sommet.
1992 : ouverture du **restaurant** panoramique.
1999-2008 : importants **travaux** visant à sécuriser le site, à lutter contre l'érosion et à créer de nouveaux lieux d'accueil et d'information du public.
2008 : aménagement du temple de Mercure et labellisation du Puy de Dôme Grand Site de France par le ministère de l'Écologie.
2012 : lancement du train électrique à crémaillère Panoramique des Dômes.
2013 : début de restitution partielle des murs d'enceinte du temple de Mercure.
2017-2018 : aménagement d'un parcours de visite près du temple de Mercure.
2018 : inscription de la chaîne des Puys au patrimoine mondial de l'Unesco.

Découvrir Carte des monts Dôme p. 135

★★★ LE PUY DE DÔME

À 11 km de Royat (p. 74).
Alexandre Vialatte écrivait à son propos : « Le Puy de Dôme flatte si bien le département qu'on le visite comme un musée. » Il s'agit du volcan le plus élevé (alt. 1 465 m) et le plus célèbre de la chaîne des Puys, dont il occupe le centre. Son ascension et l'extraordinaire panorama qu'il vous réserve au sommet vous laisseront des souvenirs inoubliables.
Pendant la saison froide, on observe assez souvent l'**inversion de température** : tandis qu'il gèle à pierre fendre à Clermont, il fait presque doux sur le Dôme. C'est ainsi que le 26 décembre 1879, à 6h du matin, on enregistrait -16 °C à Clermont et + 4 °C au sommet du Puy. Ce phénomène, qui ne s'observe que par temps calme, est dû au glissement des couches d'air froid, plus lourdes, des hauteurs vers les dépressions. C'est pour une raison analogue que s'offre parfois, du Puy de Dôme, le magnifique spectacle de la **mer de nuages**. Tandis que la plaine de la Limagne disparaît sous un épais tapis de brume, les montagnes qui l'entourent émergent comme des îles étincelant au soleil. Ce phénomène se produit surtout en automne (notamment en novembre).

Montée par le Panoramique des Dômes

Train – *La Font-de-l'Arbre - 0 826 39 96 15 - www.panoramiquedesdomes.fr - juil.-août : montée 9h-20h40, descente 9h20-21h ; avr.-juin et sept.-oct. : montée 9h-19h, descente 9h20-19h20 ; reste de l'année : se rens. - 13,10/14,30 € (-12 ans 7/8,30 €) AR, 36,30 € billet famille (2 adultes + 2 enf.), 3,90 € chien. Achat des billets possible via Internet (-10 %). Le train est fermé pour maintenance 5 j. en avr. et 5 j. en oct. Expositions, boutiques et restauration en haut et en bas. Prévoir chaussures adaptées et vêtements chauds.* Ce train à crémaillère nouvelle génération n'est pas sans rappeler le petit chemin de fer à vapeur qui fonctionna au début du 20e s., avant qu'il ne soit remplacé par la route en 1927. Le Panoramique des Dômes reprend en grande partie le tracé de l'ancienne route : il permet d'accéder en 15mn au sommet.

Montée à pied par le chemin des Muletiers

C'est par cette ancienne voie romaine, chemin en lacet *(pentes de 35 à 40 %)*, que montèrent les chars, tirés par cinq à huit chevaux en flèche, qui transportaient les matériaux destinés à la construction du temple de Mercure et, à la fin du 19e s., à celle de l'observatoire.

DES PAYSAGES EN ÉVOLUTION

Les monts Dôme sont les volcans les plus récents d'Auvergne. Ils sont nés à l'ère quaternaire, et les premiers hommes ont peut-être été témoins de leurs éruptions. Certains de ces monts ne sont revêtus que d'herbe rase ou de landes, mais beaucoup d'autres sont couverts de bois, nés spontanément ou, plus souvent, plantés par les hommes depuis que l'exemple en fut donné, au début du 19e s., par le comte de Montlosier *(p. 137)*. Des **cheires**, longues coulées de lave, noirâtres, chaotiques, semées de genévriers et de pins, plantées d'épicéas et de pins douglas, s'étalent sur le plateau. L'une d'elles, issue des puys de Lassolas et de la Vache, a barré la vallée de la Veyre et donné naissance au lac d'Aydat *(p. 153)*.

Le Puy de Dôme, Grand Site de France.
F. Cormon / hemis.fr

1h30 à 2h à pied AR, au départ du parking juste avant le col de Ceyssat (si on arrive de Clermont). Prévoyez un équipement de randonnée.

3h30 AR au départ du parking de la maison de site. Suivre le « tour du Puy de Dôme » en direction du parking du col de Ceyssat (3 km), l'ascension se poursuivra par le chemin des Muletiers.

2

Le sommet

3 parcours – chemin des petits explorateurs, chemin des conquérants, chemin des curieux (respectivement de 1h, 35mn et 50mn) – permettent de mieux comprendre le site, son histoire et son paysage.

★★★ **Panorama** – On distingue nettement, au nord, les volcans qui, de même origine que le Puy de Dôme, sont de grosses taupinières sans cratère : Petit Suchet, Clierzou, Sarcouy. Tous les autres sont des cônes de débris possédant des cratères : petit Puy de Dôme ou Nid de la Poule, Grand Suchet, puy de Côme, Pariou, Louchadière. Au sud, tous les volcans ont des cratères : Monchier, Barme, Laschamp, Mercœur, etc. Au-delà des puys les plus proches, à l'horizon, se distinguent les monts Dore. Vers l'est, on domine la Limagne avec ses villes et villages, ses champs et ses coteaux. Au loin, les hauteurs du Livradois-Forez limitent la plaine ; vers l'ouest, vous pouvez apercevoir le plateau du Limousin.

La visibilité varie presque d'une minute à l'autre, suivant le jeu des nuages et de la brume. La vue s'étend sur onze départements, soit près d'un huitième de la France, et si vous vous trouvez là au bon moment, vous pourrez peut-être voir le mont Blanc… Alors, à vos jumelles !

Les puys sont couverts tantôt de gazon ou de landes, tantôt de futaies de résineux ou de taillis de coudriers. C'est au coucher du soleil que le spectacle est le plus grandiose. L'ombre de la montagne est projetée vers l'est ; elle couvre d'abord le plateau d'Orcines, atteint brusquement Clermont, puis envahit peu à peu la plaine : son bord extrême va jusqu'à Thiers.

Temple de Mercure

C'est en 1872, à l'occasion de la construction du premier observatoire, que furent mis au jour des vestiges antiques (dédicaces, statuettes et autres, exposés au musée Bargoin p. 50). Ces vestiges furent rapidement identifiés comme ceux d'un temple dédié à Mercure, dieu romain du Commerce et des Voyageurs. Ils furent classés dès 1875, et le site protégé en 1933. Les dernières fouilles (2000-2004) ont permis de préciser les techniques mises en œuvre par les Romains pour la construction de l'édifice, qui aurait eu lieu vers 140. Elles ont conduit à la restitution partielle des murs d'enceinte. La construction du temple a nécessité plus de 1 800 tonnes de blocs d'une pierre volcanique nommée trachyte et la mise en œuvre de moyens de levage sophistiqués pour l'époque. Ces pierres provenaient du cratère d'un volcan aujourd'hui disparu, le Kilian, situé au pied du puy de Dôme. Lors des fouilles, plus de mille objets métalliques ont été exhumés…

Le temple était situé près de la via Agrippa reliant Lyon à Saintes et à l'Atlantique, ce qui explique sans doute sa taille monumentale. Il était visible depuis la cité d'Augustonemetum, nom antique de Clermont-Ferrand.

Espace temple de Mercure – *Visite gratuite, libre ou audioguidée.* Situé au rez-de-chaussée du chalet de l'Observatoire météorologique, ce **lieu d'exposition** présente au public, de manière didactique et interactive, les résultats des fouilles exécutées sur l'ensemble du sanctuaire de Mercure. Vous suivrez le chemin des pélerins sur le sanctuaire et découvrirez les différentes hypothèses de restitution du temple, notamment des toitures.

Le sentier contourne les ruines et passe devant le monument rappelant l'exploit aérien de **Renaux** (*page 131*). C'est en contrebas de ce monument que s'élancent des adeptes, très nombreux par beau temps, du parapente ou du deltaplane.

Circuit conseillé Carte des monts Dôme

★★★ À LA DÉCOUVERTE DE LA CHAÎNE DES PUYS

Circuit de 120 km tracé en bleu sur la carte p. 128 et p. 135 – comptez une journée.

Une reconnaissance internationale

Depuis juillet 2018, la chaîne des Puys - faille de Limagne est le premier site naturel en France inscrit au patrimoine mondial de l'Unesco. Véritable théâtre géologique, cet ensemble illustre de manière exceptionnelle un phénomène terrestre majeur : la rupture d'un continent. Les formations de ce haut lieu tectonique permettent de comprendre comment la croûte terrestre s'est fracturée, effondrée, laissant remonter les magmas et surélevant massivement la surface. Le site donne à voir les différentes étapes du processus de rift :

- la faille de Limagne, longue de 32 km, et qui marque la limite entre le bassin effondré (plaine de Limagne) et le socle ancien (plateau des Dômes) où reposent les volcans ;
- l'inversion de relief de la Montagne de la Serre, ancienne coulée volcanique située à l'origine en fond de vallée et devenue plateau surélevé sous l'effet de trois millions d'années d'érosion ;
- l'alignement volcanique de la chaîne des Puys et ses quelque 80 édifices aux formes variées (dômes, cônes, maars et leurs coulées) qui sont le résultat des remontées magmatiques et des bouleversements en profondeur qui accompagnent l'étirement et la fracturation de la croûte continentale. Ces volcans

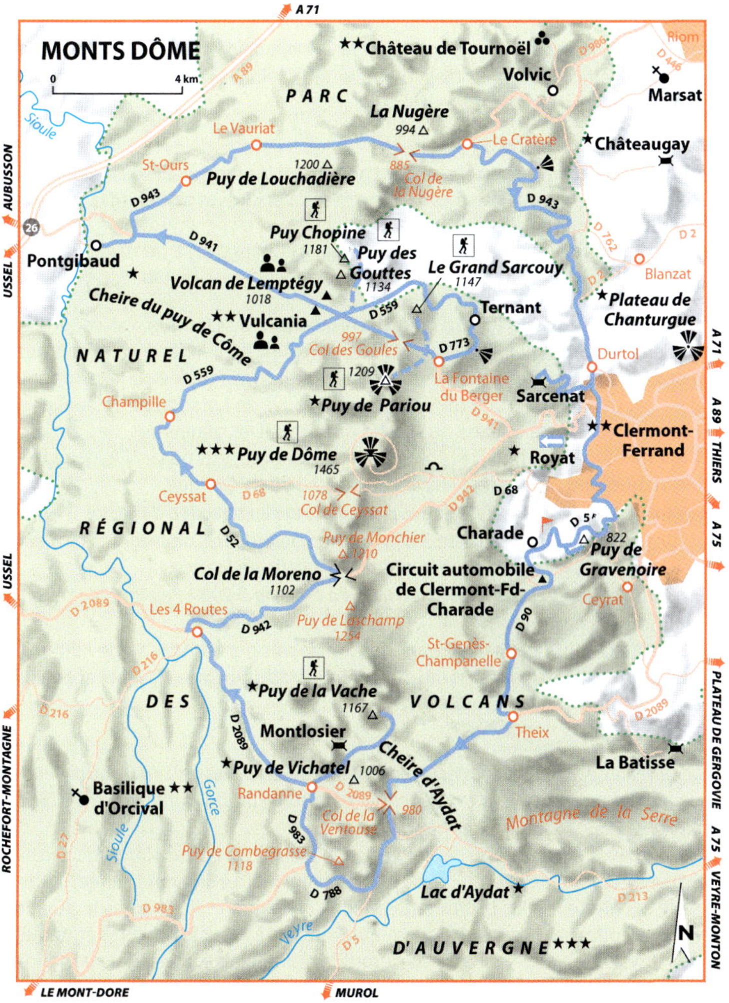

sont dits « monogéniques » car formés à la faveur d'une seule et unique éruption qui a pu durer de quelques heures à quelques jours. C'est ce qui explique leur nombre, leurs tailles et leurs formes variées.

Rassemblés en un seul lieu, cette faille, ces volcans et le relief inversé permettent d'appréhender dans sa totalité ce phénomène géologique remarquable par son ampleur et sa durée (350 millions d'années). Aucun autre lieu sur terre ne permet d'observer aussi clairement le déroulement complet de la rupture d'un continent.

Au cours de vos promenades, vous croiserez sans doute des **ravas**, brebis très résistantes, bien adaptées au pays, et qui ont peu à peu reconquis les prairies gagnées sur la forêt. Peut-être surprendrez-vous aussi le vol d'un magnifique papillon, l'**apollon**, dont les chenilles furent réintroduites dans les monts Dôme en 1996, après quatre-vingts ans d'absence.

★ Royat (p. 74)

Quittez Royat par le sud en empruntant la D 944, puis prenez à droite la D 5.
La route s'élève au-dessus de la plaine pour atteindre le socle granitique sur lequel ont surgi les cônes des volcans.

Puy de Gravenoire

Cet ancien volcan couvert de sapins a poussé sur la grande faille de la Limagne. Par la cassure, ses laves se sont épanchées vers Royat et Beaumont. On y exploite des carrières de pouzzolane.
En fin de montée, on atteint Charade au pied de son puy.

Charade (p. 77)

La route suit la partie sud du **circuit automobile** de Charade. Par Thèdes et St-Genès-Champanelle *(D 90, puis D 52)*, on rejoint, à Theix, la D 2089 (tournez à droite) qui traverse la **cheire d'Aydat**. Il s'agit d'une coulée de lave, longue de 6 km et large de 1 200 m. Vomie par les puys de Lassolas et de la Vache, elle s'est figée en un chaos de scories noirâtres. Des genévriers, des genêts, des bouleaux et un bois de pins et d'épicéas, aux abords du lac d'Aydat, atténuent quelque peu la désolation de ce paysage volcanique.
Au col de la Ventouse, prenez à gauche sur 3,5 km en direction de Murol.
À droite, la D 788, puis la D 983 contournent le puy de Combegrasse, où eut lieu, dès 1922, le premier concours de vol à voile en France.
À Randanne, prenez à droite la D 561, puis à droite la D 2089. Rejoignez la D 5 qui mène au puy de la Vache.
On passe d'abord par le **château de Montlosier** qui abrite le siège administratif du **Parc naturel régional des Volcans d'Auvergne** *(p. 26)* et accueille des expositions sur la région.

★ Puy de Vichatel

Les familles peuvent découvrir la biodiversité de ce volcan grâce à un outil pédagogique : la « Musette nature » (rens. à la maison du Parc à Montlosier - ✆ 04 73 65 64 26 - www.parcdesvolcans.fr).
2h AR, 5 km, niv. facile. Accès depuis la Maison du Parc à Montlosier (vaste parking). Encore peu connu, le puy de Vichatel mérite une randonnée. Il possède le cratère le plus profond (88 m) de la chaîne des Puys après le puy de Pariou. Il offre en outre une remarquable vue, à la fois sur les cratères égueulés des puys de la Vache et Lassolas durant la montée, et sur le sud de la chaîne des Puys, le lac d'Aydat et les monts Dore, depuis son sommet.
Des actions de préservation et de mise en valeur ont été menées par le Parc naturel régional des Volcans d'Auvergne ces dernières années pour permettre un cheminement agréable et sécurisé, mais aussi respectueux du site. Un troupeau de brebis y pâture régulièrement.

★ Puy de la Vache

1h AR. Le chemin d'accès au cratère égueulé du puy de la Vache part sur la gauche de la D 5. Il longe la cheire d'Aydat.
Ce volcan (alt. 1 167 m), encore si bien formé, offre avec son voisin le puy de Lassolas un des spectacles les plus évocateurs de la chaîne des Puys. Le cratère du volcan a d'abord lancé des cendres et des scories qui ont formé le cône, puis la lave a monté, remplissant le cratère. Sous sa pression formidable, le flanc sud du cône a cédé, le volcan s'est ouvert (« égueulé »), et un véritable torrent de matières en fusion s'est épanché sur le plateau : c'est l'actuelle **cheire d'Aydat**.
Reprenez la D 2089, sur la droite.

Parc naturel régional des volcans d'Auvergne, randonnée au puy de la Vache (alt : 1167m).
F. Guiziou / hemis.fr

La route traverse, à hauteur du village de Recoleine, un paysage où affleurent les roches volcaniques (basaltes et labradorites). Après les Quatre-Routes, la D 942, à droite, s'élève vers la chaîne des Puys pour atteindre le **col de la Moreno** (alt. 1 102 m) entre les puys de Laschamp, au sud, et de Monchier, au nord, couverts de bois.

Du col de la Moreno, la D 52, au nord, par Ceyssat et Champille, offre des vues intéressantes sur les nombreux cônes dont on longe le pied. La D 559, que vous prendrez à droite à la sortie de Champille, est une route étroite qui traverse la cheire du **puy de Côme,** couvert de hêtres et de résineux.

★★ Vulcania (*p. 141*)

Rejoignez la D 941 qui conduit, à droite, au col des Goules et à La Fontaine-du-Berger.

Le Grand Sarcouy

1h30 à pied AR par un sentier bien tracé sur la gauche, au départ de la D 941, peu après le col des Goules. Le Grand Sarcouy (alt. 1 147 m), de type péléen, est encore appelé « chaudron » en raison de sa forme. Dans le flanc sud de cette masse s'ouvre une vaste grotte.

UN ESPRIT VOLCANIQUE !

Au début du 19e s., de retour d'Angleterre où il avait émigré, François Dominique de Reynaud, **comte de Montlosier** (1755-1838), né à Clermont-Ferrand, chevalier, lieutenant, homme politique et naturaliste, entreprend de démontrer qu'il est possible de faire pousser une forêt dans des endroits considérés jusqu'alors comme stériles. L'expérience est pratiquée sur son domaine : le comte se met à boiser, à assécher les marécages, transformant radicalement le paysage de la chaîne des Puys. Traité tout d'abord d'original, il finit, aidé par sa pugnacité et sa forte personnalité, par acquérir un grand prestige lorsque les résultats de ses efforts deviennent tangibles. Ses travaux seront par la suite repris et appliqués par l'administration des Forêts. Il est par ailleurs l'auteur (en 1789) d'un *Essai sur la théorie des volcans d'Auvergne*. De 1824 à sa mort, le comte de Montlosier fut président de la Société des sciences, belles-lettres et arts de Clermont-Ferrand.

★ Puy de Pariou

2h30 à pied AR. Au départ de la D 941, avant La Fontaine-du-Berger, garez-vous sur le stationnement matérialisé puis empruntez le PR. Le puy de Pariou étant compris dans le périmètre de sécurité d'un champ de tir désactivé depuis 1998, il est interdit de ramasser des projectiles, des morceaux d'obus ou des objets suspects.

Le volcan – On franchit la paroi du premier cratère d'où est sortie la coulée, très visible, qui traverse la route aux abords d'Orcines. On atteint le second cratère, superbe entonnoir régulier de 950 m de circonférence et d'une profondeur de 96 m. Du bord de ce cratère (alt. 1 209 m), on jouit d'une belle **vue** sur les monts Dôme ; à l'ouest sur les puys du Clierzou et de Côme, aux deux cratères parfaitement emboîtés ; au nord, sur le puy Chopine, le puy de Chaumont et, derrière le puy des Goules, le Sarcouy ; au sud, sur le Puy de Dôme.

À La Fontaine-du-Berger, tournez à gauche (D 773) en direction de Ternant.

Ternant

La D 773, à hauteur de la grande croix de Ternant, offre de belles vues sur l'agglomération clermontoise et sur la Limagne.

À la sortie de Ternant, prenez à gauche la D 559. Empruntez ensuite un chemin à droite de la route, 300 m avant le croisement avec la D 941.

Puy Chopine

2h AR. Ce chemin (PR) permet, par temps sec, de faire le tour du puy. Ceux que l'escalade ne rebute pas pourront atteindre le sommet du puy Chopine et son aiguille rocheuse (alt. 1 181 m) qui a 10 000 ans d'existence. De là, on jouit d'une vue magnifique sur le Puy de Dôme. Le puy Chopine domine le **puy des Gouttes** (alt. 1 134 m), un ancien cône de type strombolien édifié il y a environ 30 000 ans. Les deux sites sont imbriqués l'un dans l'autre.

Au carrefour avec la D 941, prenez à droite en direction de Pontgibaud.

★ Volcan de Lemptégy

31 rte des Puys - ✆ 04 73 62 23 25 - www.auvergne-volcan.com - ♿ - visite guidée possible (2h45) des vac. de fév. aux vac. de Toussaint : horaires se rens. - 11 € (-12 ans 9 €) à pied, 15,20 € (-12 ans 12,20 €) en petit train. - réserv. recommandée en hte sais. pour le train.

Ancienne carrière de pouzzolane (scories) creusée dans un cône volcanique, le puy du Lemptégy (alt. 1 018 m) offre l'occasion unique de pénétrer au cœur d'un volcan à ciel ouvert afin d'en découvrir l'anatomie. Depuis le train, vous aurez un très beau point de vue sur les volcans environnants : puy Chopine, Grand Suché, puy de Goules ou encore puy de Côme. Côté marche, vous aurez la satisfaction de l'effort accompli ! Dans les deux cas, la visite commence par un film en 4D, *Aux origines*, sur l'histoire géologique et industrielle du site et sur la formation de la chaîne des Puys. Elle se poursuit par un **sentier de découverte** : scories, cheminées et bombes volcaniques n'auront plus de secrets pour vous. Un arrêt sur le site industriel permet de voir les anciennes machines d'extraction. La **Mine explosive** *(déconseillé aux femmes enceintes et aux personnes souffrant de claustrophobie, de problèmes cardiaques ou de troubles provoqués par des secousses ; les enfants de moins de 4 ans ne sont pas admis)* vous fait vivre une éruption volcanique grâce à un film en 3D doublé d'effets dynamiques. Avant ou après la visite, une **exposition** réalisée par des chercheurs de l'université Blaise-Pascal et consacrée à Lemptégy et aux volcans du monde accueille petits et grands.

Continuez sur la D 941 vers Pontgibaud.

Pontgibaud (*p. 143*)
Prenez sur la droite la D 943.
Au départ, la D 943 gravit le versant ouest de la chaîne des Puys. Après St-Ours et Le Vauriat, la route réserve les vues les plus saisissantes sur le **puy de Louchadière** qui, avec ses 1 200 m d'altitude et son cratère égueulé, profond de 150 m, compte parmi les principaux volcans de la chaîne. Plus loin, à gauche, la **Nugère** (994 m) offre sa silhouette caractéristique.
Après le col de la Nugère et le cratère, la route sinueuse descend vers la Limagne, que l'on découvre par de magnifiques échappées, et permet d'atteindre Royat par Durtol. Près de ce village se dresse le **château de Sarcenat** où naquit, en 1881, Pierre Teilhard de Chardin, jésuite, homme de science et philosophe.

NOS ADRESSES DANS LE PUY DE DÔME

TRANSPORTS

Navette de Clermont-Ferrand au Panoramique des Dômes – *04 73 44 68 68 - www.panoramiquedesdomes.fr* et *office du tourisme de Clermont. Départ de la gare SNCF et d'autres lieux centraux de Clermont. Déb. avr. à déb. nov., env. 35mn de trajet, 2,80 € AR, (gratuit - 4 ans).*

HÉBERGEMENT

PREMIER PRIX

Chambres d'hôte L'Abri du Berger – *Bravant - 63210 Olby - 2 km au nord des Quatre-Routes dir. Ussel puis rte secondaire - 04 73 87 12 28 - www.labriduberger.com - P - 15 fév.-15 nov. - 5 ch. 48/52 €*. Cette ferme traditionnelle joliment restaurée est au cœur d'un charmant village. Avec ses chambres confortables (dont 2 avec mezzanine), sa cuisine et son grand salon-salle à manger avec cheminée, c'est une agréable étape pour partir à la découverte des puys. Cartes et conseils en plus.

Chambres d'hôte Les Genêts Fleuris – *Lieu-dit Bonnabaud - 63230 St-Pierre-le-Chastel - 04 73 88 75 81 - www.chambres-hotes-puy-de-domes.com - - 5 ch. 58 € - table d'hôte 22 €.* La chaîne des Puys, le château de Bonnabaud, l'église de St-Pierre-le-Chastel : un superbe panorama s'offre à vous depuis cette ancienne ferme soigneusement restaurée. Chambres, avec Wifi, simples, confortables et bien tenues ; petit salon-bibliothèque. Spécialités auvergnates servies à la table d'hôte.

RESTAURATION

PREMIER PRIX

La Fourniale – *Allée du Château - Recoleine - 63210 Nébouzat - 04 73 87 16 63 - http://lafourniale.com - P - juil.-sept. : fermé lun. ; reste de l'année : ouv. sam. et dim. midi - formule 13,50, menu 17.50/20 €.* Les amateurs de cuisine auvergnate connaissent cette auberge sise dans une ancienne bergerie. Le cadre est rustique : tables en bois, auge en pierre scellée dans le mur, saucissons pendus au plafond... Produits frais et une spécialité maison : la truffade.

Restaurant du Volcan de Lemptégy – *31 rte des Puys - 04 73 62 23 25 - www.auvergne-volcan.com - des vac. de fév. au vac de la Toussaint, selon l'ouv. du site - 12,80/20 €.* Il propose des formules variées, cuisine traditionnelle, plats régionaux (truffade, aligot, petit salé aux lentilles), et snacking au plus fort de l'été. Prix raisonnables.

BUDGET MOYEN

Le Relais des Puys – *59 rte de La Baraque - 63870 Orcines - croisement des D 941 et D 942 - ✆ 04 73 62 10 51 - www.relaisdespuys.com - P ♿ wifi - fermé dim. soir hors sais. et lun. midi - formule déj. 15,30 € - menu 15,20/44 € - 32 ch. 80/112 € - ☕ 10,50 €.* Délicieuse cuisine régionale, concoctée avec une pointe de créativité. Vous pourrez déguster votre repas dans la salle intérieure réchauffée par la grande cheminée, ou, à la belle saison, sur la terrasse, face à un joli jardin de pierres et de mousse. Service soigné.

Auberge de la Moreno – *Col de la Moreno - 63122 St-Gènes-Champanelle - ✆ 04 73 87 16 46 - www.aubergemoreno.com - P ♿ wifi - 16,50 € - 20/33 € - 6 ch. 65/69 €.* Cette auberge joue la carte de l'authentique avec des recettes « cent pour cent terroir » : truffade, tripoux cantalous, jambon de pays, pied de cochon farci, lentilles du Puy, viandes de Salers ou d'Aubrac… Aucun risque de rester sur sa faim. Certains jours, on peut y croiser les joueurs de l'ASM. Chambres récentes.

POUR SE FAIRE PLAISIR

Auberge de la Baraque – *2 rte de Bordeaux - 63870 Orcines - ✆ 04 73 62 26 24 - www.laubrieres.com - fermé lun.-merc. - 32/61 €.* Dans cet ancien relais de diligence (1800), on apprécie une cuisine de qualité, savoureuse et bien présentée. Bon rapport qualité-prix.

ACTIVITÉS

Archipel-Volcans – *Rte de Clermont-Ferrand - 63122 St-Genès-Champanelle - village de Laschamps - ✆ 04 73 62 15 15 - www.archipel-volcans.com - ouv. tte l'année - réserv. conseillée et rens. sur site internet.* Outre l'hébergement et la restauration (fermée en hiver), cet établissement, situé au pied du Puy de Dôme, propose des loisirs basés sur la découverte du site : parapente ou le vol en montgolfière. Randonnées avec ânes, VTT l'été et raquettes l'hiver.

La Ruche des Puys – *Beauloup - 63230 St-Ours - ✆ 04 73 88 94 31 - www.laruchedespuys.com - visite guidée (1h30) juil.-août : 14h, 15h, 16h, 17h et 18h ; avr.-juin et sept.-oct. : 14h30 et 16h ; reste de l'année : se rens. - fermé 1er janv., 25-26 déc. - 7,40 € (-16 ans 5,80 €).* Pour découvrir l'importance des insectes dans notre environnement. Visite guidée au milieu des ruches vitrées, suivie d'une dégustation.

Charade Aventure – *Charade - 63130 Royat - ✆ 06 82 50 44 67 - www.charadeaventure.fr - vac. de Pâques, vac. d'été, mai-juin, sept.-oct. et vac. de Toussaint : 10h-19h - 22 € (enf. 11/16 € ; étudiants 19 €).* Neuf parcours accrobranches, à partir de 4 ans. Nocturne l'été.

Golf des Volcans – *La Bruyère-des-Moines - 63870 Orcines - ✆ 04 73 62 15 51 - www.golfdesvolcans.fr - ouv. tlj à partir de 8h (10h30 le merc.).* Parcours de 18 et 9 trous au pied du Puy de Dôme. Un cadre de rêve pour les golfeurs les plus exigeants.

Vulcania

Parc de l'aventure de la Terre

★★

Puy-de-Dôme (63)

Au cœur de la chaîne des Puys se dresse un volcan à l'intérieur en acier inoxydable coloré aux vapeurs de titane. Vulcania est né du rêve des volcanologues Katia et Maurice Krafft, celui d'un lieu qui regroupe toutes les connaissances connues en volcanologie et les expose au grand public. Pari réussi pour cet immense parc de 15 000 m² qui invite à découvrir les mystères du centre de la Terre grâce à un savant mélange entre le ludique et le scientifique.

SE REPÉRER

Carte de microrégion B1 p. 128 – *carte Michelin Départements 326 E7.*
Vulcania se trouve à 15 km à l'ouest de Clermont-Ferrand. Une **navette** par autocar relie Clermont à Vulcania *(2 fois par j. en juil.-août - sur réserv. pdt les vac. scol. de Pâques et de la Toussaint - ✆ 06 85 92 04 45 - www.vulcania.com - 4 € A/R.*

ORGANISER SON TEMPS

Comptez une journée. Munissez-vous du **plan** et du document indiquant les horaires des films et animations distribués à l'entrée.

Vous trouverez sur place snack, brasserie, cafétéria et plusieurs aires de pique-nique.

À NE PAS MANQUER

Les Nocturnes de Vulcania – *De mi-juil. à mi-août : 18h-22h - 15 € (-16 ans 9,50 €).* Ambiance magique.

AVEC LES ENFANTS

Prêt de poussette *(gratuit)*. Aires de jeux en extérieur. Si le parc dans sa globalité est accessible aux enfants, « le coin des expériences » et les énigmes Pitoufeu ont été conçus pour les plus petits.

2

Découvrir

Rte de Mazayes - ✆ 04 73 19 70 00 - www.vulcania.com - ♿ - vac. de Pâques, 7 juil.-2 sept. et vac. de la Toussaint : 10h-18h30 - 1er juin-6 juil. : 10h-18h ; reste de l'année : se rens. - fermé de la fin des vac. de la Toussaint au 20 mars - 28,50 € (-16 ans 20 €) billet non daté - à partir de 25 € (-16 ans à partir de 17,50 €) billet daté.

Dans le **hall** de Vulcania, le grondement permanent, enregistrements du volcan de l'Etna des Krafft, vous plonge dans l'ambiance d'un volcan en activité. Les **maquettes** des volcans d'Auvergne, l'écran où défilent sans arrêt les dernières nouvelles en matière de volcans, le **jardin volcanique** ou encore la vue sur le **cratère**, tout contribue à votre dépaysement.

Les espaces de découvertes scientifiques

Bouleversements - Comment les volcans peuvent changer la face du monde et bouleverser la vie des hommes : de la disparition des dinosaures à la paralysie du ciel aérien européen lors de l'éruption du volcan Eyjafjallajökull…
Machine Terre - Cet espace interactif propose hologrammes, tables tactiles, plancher interactif et autres écrans pour découvrir le système solaire, la Terre et les volcans dans une ambiance scientifique.
Planète dévoilée - *(45mn)* Découvrez la Terre au moyen d'images satellites en temps réel, et en interaction avec un animateur scientifique.

Espace Krafft – Grands noms de la volcanologie et du cinéma, les Krafft ont assisté à plus de 150 éruptions avant de disparaître en 1991 dans l'éruption meurtrière du volcan Unzen, au Japon. L'espace exposant des éléments de cette collection est à voir absolument.
La chaîne des Puys en relief – Exposition sur les volcans d'Auvergne en 3D. Située sur les extérieurs du parc Vulcania, non loin du Ballon des Puys, cette galerie de photos en relief, en partie aériennes, dévoile la splendeur de la chaîne des Puys – faille de Limagne et son patrimoine géologique unique.

Les attractions

Ballon des Puys – Ce ballon ascensionnel, jusqu'à 150 m d'altitude, propose un vol de 10mn avec pilote animateur, pour un panorama sur les volcans de la chaîne des Puys *(suppl. 6,5 €)*.
Volcans sacrés – À bord d'un véhicule surfant sur une coulée de lave, découvrez les légendes associées aux volcans grâce à des effets spéciaux, personnages animés, ambiances sonores et récits.
Premier envol – À bord d'une nacelle, dans la peau d'un aigle royal, vous survolez le paysage de la chaîne des Puys grâce à des images projetées sur un écran à 180°.
Tunnel des nuées ardentes – Un décor animé vous fait vivre le spectacle terrifiant d'une nuée ardente, ne laissant qu'un paysage lunaire après son passage.
Abyss explorer – Exploration sous-marine des grands fonds volcaniques de la planète. Après une plongée à bord d'un bathyscaphe, non sans turbulence, l'expédition vous emmène dans un monde inconnu, celui des volcans sous-marins et des « fumeurs noirs » !
Réveil des géants d'Auvergne – Et si les volcans d'Auvergne se réveillaient ? À l'aide de la 3D, de sièges dynamiques et d'effets spéciaux, cette simulation d'éruptions basée sur des déductions scientifiques vous donne un aperçu de ce qu'il adviendrait dans cette hypothèse. Impressionnant.
Dragon Ride – Les hommes ont toujours attribué les phénomènes naturels aux dieux et à des créatures fantastiques comme les dragons cracheurs de feu. Partez à leur rencontre au cœur d'un volcan, où vous plongerez aussi avec **Magma Explorer**. Dans **Terre en colère,** simulateur enrichi d'effets spéciaux, affrontez des forces de la nature.
Coin des expériences – Pour s'amuser en famille *(w-end et vac. scol.)*. Jouez, manipulez et expérimentez pour mieux comprendre le volcanisme. Grâce à des animations interactives, vous allez pouvoir percer les mystères de la terre.

Les projections

L'Odyssée magique – *70mn*, sur un écran géant, partez à la découverte de la Terre en compagnie d'un jeune Terrien et d'une créature magique nommée Titania. Un autre film est également diffusé dans cette salle : **Regards sur les volcans**, les événements historiques ou mythologiques mettant en scène les hommes et les volcans.
Découvrez des documentaires sur l'**éruption du mont St-Helens, les Risques volcaniques** et le travail de **L'Homme face aux volcans**.

Les extérieurs

Partez en balade à bord du **VolcanBul,** une voiture guidée par satellite, ou profitez du spectacle du **Grand Geyser** jaillissant de la terre et de ses jeux d'eau. Des **sentiers de découverte** balisés permettent de découvrir l'environnement de Vulcania.

Pontgibaud

738 Gibaldipontins – Puy-de-Dôme (63)

En marge des Combrailles et de la chaîne des Puys, ce joli bourg est dominé par les hautes tours du château Dauphin. Le long des berges tranquilles de la Sioule se pratique la pêche au ver, à la mouche et au lancer. À l'ouest de Pontgibaud, la ville voisine de Pontaumur organise chaque année au mois d'août le célèbre festival Bach en Combrailles.

NOS ADRESSES PAGE 145
Hébergement, restauration, achats, activités, etc.

S'INFORMER

Office de tourisme – *18 r. du Commerce - 63230 Pontgibaud - 04 73 85 80 94 - www.tourisme-combrailles.fr - juil.-août : 10h-13h, 14h30-19h, dim. 10h-12h30, lun. 14h-19h ; mai-juin et sept. : tlj sf w.-end 9h30-12h30, 14h-17h ; reste de l'année : tlj sf w.-end et jeu. 9h30-12h30, 13h30-17h - fermé j. fériés - l'agenda des manifestations et activités dans les Combrailles sont téléchargeables sur le site Internet.*

SE REPÉRER

Carte de microrégion B1 p. 128 – *carte Michelin Départements 326 E8.*
Pontgibaud se trouve à 22 km au nord-ouest de Clermont-Ferrand, par la D 941.

À NE PAS MANQUER

Les gorges et le site de Montfermy. Après Pontgibaud, à la sortie de Bromont-Lamothe, belle vue d'ensemble sur la chaîne des Puys.

AVEC LES ENFANTS

Le moulin de Villemonteix.

2

Se promener

Château Dauphin

6 r. du Frère-Genestier - 04 73 88 73 39 - www.chateaudauphin.com - visite guidée (45mn) juil.-août : tlj sf lun. 14h-19h ; reste de l'année : dim. et j. fériés 14h-18h - fermé de déb. nov. au w.-end de Pâques - 6 € (-18 ans 3,50 €) - 9 € billet combiné avec le musée des Mines d'Argent - 3,50 € jardin seul.

Une **porte fortifiée** précède l'allée qui conduit à une imposante forteresse en pierre de lave, avérée dès le 12e s. Des sept tours qui garnissaient l'enceinte, six, bien conservées, se dressent toujours fièrement autour du château ; à sa droite, la tour la plus imposante, celle du Chevalier, offre de son sommet une jolie vue sur le **jardin** et le **potager** du 16e s., reconstitué (l'original a été décrit par Montaigne en 1581). La **cour intérieure** du bâtiment principal, couverte d'une verrière, donne sur trois étages munis de balcons. Les différentes pièces (salon, bibliothèque, salle à manger) abritent du **mobilier** des 16e et 18e s., ainsi que des tableaux et miniatures du 18e s. représentant des membres de la famille seigneuriale.

Dès le 16e s., les **mines de plomb argentifère** de Pontgibaud fournirent de l'argent pour battre monnaie. Les ingénieurs venus d'Angleterre et les mineurs creusèrent près de 70 km de galeries, activité qui cessa à la fin du 19e s. Dans les communs du château, le **musée des Mines d'argent** retrace l'histoire et

Vue aérienne de Pontgibaud.
F. Cormon / hemis.frr

les techniques d'extraction du filon, utilisées par les paysans-mineurs exploitants, qui transformaient la galène en lingots d'argent.

Église

On retrouve dans les églises de la région, des éléments de la **chartreuse du Port-Ste-Marie** (*p. 497*), qui fut spoliée et dont les objets furent disséminés au moment de sa mise en vente comme bien national. L'église de Pontgibaud (15e s.) abrite, elle aussi, tout un mobilier provenant de Port-Ste-Marie : bénitier avec piédestal en fer forgé supportant la lampe du sanctuaire ; beau maître-autel en marbre de couleur (18e s.) ; *Assomption* (de Pierre Parrocel, derrière le maître-autel) ; deux toiles du 17e s. de Guy François du Puy (*L'Adoration des Mages* au-dessus de l'autel St-Benoît et *L'Adoration des bergers* près des fonts baptismaux).

À proximité Carte de microrégion

★ Gorges et site de Montfermy B1

*À 12 km. Quittez Pontgibaud par le nord en empruntant la D 418. Étroite et pittoresque, la route suit les gorges de la Sioule (**p. 492**). À Montfermy, à hauteur du pont sur la Sioule, laissez votre voiture.*

Cascade et moulin – Prenez le sentier qui longe la rive gauche de la Sioule et conduit à une cascade et à un moulin en ruine, situés à l'intérieur d'un méandre qui avait été coupé artificiellement à la base pour détourner en partie les eaux de la Sioule et actionner le moulin. L'ensemble est très harmonieux et reposant. C'est le coin préféré du peintre du dimanche, du pêcheur d'eau douce et des amoureux.

Église – Vous y découvrirez des **fresques** (restaurées) représentant des apôtres en pied, des anges musiciens, et surtout un épisode de l'histoire du prieuré, et sa reconstruction à la suite d'une catastrophe.

Chemin Fais'Art B1

Chateix - 63230 Chapdes-Beaufort - 04 73 79 25 26 (mairie) - http://www.tourisme-combrailles.fr - 04 73 85 80 94 - Pensez à vous équiper de baskets : le chemin descend à travers bois pour une partie en raidillon. Garez-vous sur le parking indiqué en arrivant.

2h AR - Dans cette véritable galerie en plein air, des chemins vous mènent de sculpture en sculpture, à la découverte d'**œuvres monumentales contemporaines** (serpent, bassin…), réalisées en pierre de Volvic par Gilles Perez. Un chemin vous conduit aussi vers une chapelle et un point de **vue** remarquable sur les Combrailles.

Église de Pontaumur A1

À 18 km à l'ouest de Pontgibaud par la D 941.

Cette église abrite la fidèle réplique de l'**orgue** qu'utilisait **Jean-Sébastien Bach** (1685-1750). Blanc et or, aux caractéristiques particulières (deux claviers pouvant s'accoupler, diapason…), elle retransmet très fidèlement la sonorité des œuvres de Bach (*Agenda*).

NOS ADRESSES À PONTGIBAUD

HÉBERGEMENT

BUDGET MOYEN

À proximité

Auberge de Mazayes – *Mazayes-Basses - 63230 Mazayes - 04 73 88 93 30 - www.auberge-mazayes.fr - - 15 ch. 91/103 € - 29/35 €.* Ferme restaurée au calme dans une campagne paisible. Chambres agréablement aménagées. Cuisine régionale.

RESTAURATION

POUR SE FAIRE PLAISIR

Hôtel de la Poste – *Pl. de la République - 04 73 88 70 02 - www.hoteldelaposte-pontgibaud.com - sur réserv. 10 €/nuit - - fermé lun.-mar. - menu du jour 14.90 € (hors juill.-aout), menu 43/52 € - 11 ch. 56/87 € - 7 €.* Dans cette maison de pays, on se régale des recettes régionales à l'abri des regards. Chambres pour l'étape.

UNE FOLIE

À proximité

L'Ours des Roches – *La Courteix - 63230 St-Ours-les-Roches - 4 km à l'est de Pontgibaud sur D 943 - 04 73 88 92 80 - www.oursdesroches.com - - fermé dim. soir, lun. et mar., 3 sem. en janv., 1 sem. fin sept., 1 sem. déb. oct. - 12h-14h : 20h-22h - menu 34/69.50 €.* Restaurant aménagé sous les voûtes d'une ancienne bergerie. Décor insolite, mélange du rustique et du contemporain.

ACTIVITÉS

Moulin de Villemonteix – *63230 Bromont-Lamothe - 3,5 km à l'ouest par D 941, puis D 572 - 04 73 88 70 73 - 04 73 88 31 85 - tte l'année sur réserv.* Le meunier vous fera visiter son moulin à farine et vivre son quotidien et les techniques de fabrication de cette activité artisanale.

AGENDA

Bach en Combrailles – 2e sem. d'août - *04 73 79 91 10 - www.bachencombrailles.com.* À Pontaumur et dans ses environs, ce festival accueille de grands virtuoses et de nombreux amateurs de musique classique.

La basilique d'Orcival

★★

234 Orcivaux – Puy-de-Dôme (63)

Niché dans un vallon arrosé par le Sioulet, Orcival est une étape inoubliable entre le massif du Sancy et la chaîne des Puys : ce joli village aux toits de lauzes, blotti dans son écrin de verdure, attire les foules qui viennent admirer sa superbe basilique romane, fondée par les moines de La Chaise-Dieu.

NOS ADRESSES PAGE 148
Hébergement, restauration, achats, activités, etc.

S'INFORMER

Office de tourisme – *Pl. Notre-Dame - 63210 Orcival - 04 73 65 89 77 - www.terresdomes-sancy.com - de fin avr. à fin sept. : 9h-13h, 14h-18h ; vac. scol. (hors juil.-août) : tlj sf w.-end 10h-13h, 14h-17h ; w.-end de Pâques : sam.-lun. 10h-13h, 14h-17h - fermé 1er janv., 25 déc.*

SE REPÉRER

Carte de microrégion B2 p. 128 – *carte Michelin Départements 326 E8.*
À 27 km au sud-ouest de Clermont-Ferrand, Orcival est accessible par la D 942 ou la D 2089, puis la D 27. Le Mont-Dore n'est qu'à 17 km plein sud par la D 27 et la D 983.

À NE PAS MANQUER

Orcival est connu pour sa superbe basilique, l'un des joyaux de l'art roman en Auvergne, qui renferme une très belle Vierge en majesté.

ORGANISER SON TEMPS

Prévoyez une demi-journée pour Orcival et ses environs et n'hésitez pas à découvrir la basilique avec un guide *(office de tourisme)*. Évitez les jours de pèlerinage et les périodes touristiques, durant lesquels la fréquentation du site est très importante.

AVEC LES ENFANTS

Le château de Cordès, sorti tout droit d'un conte de fées (intérieurs et jardins). L'office de tourisme propose un fascicule gratuit « Jeu de découverte » du village et de la basilique.

Découvrir

★★ Basilique Notre-Dame-des-Fers

À quel puissant mobile obéit le maître d'œuvre, obligé de détourner le lit de la rivière et d'entailler la montagne pour édifier la basilique ? Il s'en remit à la volonté de la Vierge : « Là où tombera le marteau du maçon, nous bâtirons l'église », lui aurait-elle signifié. Le lancer du marteau désigna le bas du vallon. La masse grise d'andésite volcanique d'Orcival fut élevée dans la première moitié du 12e s. et, à en juger par sa remarquable unité de style, au cours d'une seule campagne de construction.

Extérieur – Les volumes de la partie arrière de l'édifice se superposent harmonieusement jusqu'à la flèche (tronquée à la Révolution) du clocher octogonal à double étage percé de baies jumelées (*ABC d'architecture p. 572).* Le

Orcival.
G. Labriet/Getty Images

chevet comporte quatre absidioles rayonnantes dont une, au sud, est la seule (par une fantaisie de l'architecte) à englober le niveau de la crypte. Les vantaux des trois portes ont conservé leurs **pentures** romanes ; les plus ornées, de rinceaux et de têtes humaines, se trouvent sur la porte sud (dite St-Jean). Sous les arcatures du transept sud sont suspendues des chaînes, ex-voto de captifs délivrés. Des boulets et des chaînes, suspendus sous les arcades du croisillon sud, perpétuent ce culte, rendu à la bonne Vierge d'Orcival depuis des temps immémoriaux.

Intérieur – L'impression de plénitude est renforcée par l'extrême dépouillement de l'architecture, qui obéit aux règles des autres grandes églises auvergnates. Le regard est attiré par l'enfilade des piliers, jusque vers le chœur baigné de lumière. Chapiteaux intéressants dans le déambulatoire (sculptés d'animaux fabuleux, oiseaux, poissons, démons) et dans la nef où la plupart sont à feuillages ; le seul historié *(premier pilier sud)*, surmonté de l'inscription *Fol dives*, représente le **Châtiment de l'avare**. Derrière le maître-autel, sur une colonne, trône la très célèbre **Vierge d'Orcival★★**, en noyer, aux parements d'argent et de vermeil, ouvrant largement ses longues mains de lumière. Sous le chœur, une **crypte**, vaste et claire, en reproduit le plan. Notez l'autel en plomb doré, œuvre moderne du sculpteur Kaeppelin, et une charmante Vierge à l'Enfant, en bois, du 14e s.

Une balade à pied dans le village s'impose, pour admirer notamment les belles maisons flanquées de tours, qui accueillaient autrefois les prêtres venus participer au pèlerinage : à l'Ascension, la statue de la Vierge est toujours portée à

RETOUR À LA SOURCE ?

L'origine d'*Ourche Val* est incertaine : s'agissait-il du val d'Orcus, divinité gauloise des Enfers, du vallon de l'ours, ou encore du vallon de la source ? On dénombre en effet un grand nombre de sources dans les environs, et même à l'intérieur de l'église, dit-on…

dos d'hommes aux pieds nus, en procession, jusqu'au lieu dit du **Tombeau de la Vierge** *(le départ du chemin qui monte au calvaire se trouve entre la grande croix à côté de la basilique et le restaurant du Mont-Dore, qui arbore lui-même une tour impressionnante).*

À proximité Carte de microrégion

Château de Cordès B2

Rte du Château - ✆ 04 73 21 15 89 - www.chateau-cordes-orcival.com - visite guidée (40mn) juil.-août : 11h, 14h30 et 16h - jardin juil.-août : 10h-12h, 14h-18h ; reste de l'année : se rens. - 8 € (-16 ans gratuit) - 4 € jardin seul.

Ce charmant manoir des 13e-15e s. fut restauré par le maréchal d'Allègre. L'allée qui y mène est bordée de charmilles enserrant de beaux **parterres à la française★** tracés selon les règles de Le Nôtre. À l'intérieur, on parcourt le salon au décor de gypseries, la salle à manger et les salles du sous-sol dont celle des gardes, au vieux puits avec treuil et roue. Dans la chapelle, magnifique **pierre tombale** d'Yves II d'Allègre, mort à Ravenne en 1512, et beau retable en marbre de Carrare.

Église Ste-Anne A2

À Heume-l'Église, 16 km au nord-ouest par la D 555, puis la D 216 vers Rochefort-Montagne. Prenez ensuite la N 80, à droite la D 11, encore à droite la D 134, après avoir traversé la Miouze. Cette église au plan rectangulaire, de style roman tardif, début du gothique, abrite un beau mobilier du 17e s. ainsi qu'une Vierge en majesté en bois polychrome du 13e s. Elle conserve aussi des modillons et des chapiteaux des 12e et 13e s.

NOS ADRESSES À ORCIVAL

HÉBERGEMENT/RESTAURATION

PREMIER PRIX

Notre-Dame – *Le Bourg - ✆ 04 73 65 82 02 - www.hotelnotredame-orcival.com - ♿ (rest.) - 📶 - ouv. 1er fév. - 10 nov. - 7 ch 59 € - ☕ 9,50 € - ✕ menu 15/30 €.* Ambiance familiale dans cet établissement situé face à la basilique. Chambres confortables et colorées. Cuisine régionale servie dans un décor de bistro auvergnat.

ACHATS

La Maison de la Confiserie – *Le bourg - ✆ 04 73 65 85 60 - fermé le lun. - 9h-12h, 14h-19h et 9h30-12h30, 15h-18h le dim.* À 50 m de la basilique, Gisèle Sabatier, aidée de son mari, confectionne toutes sortes de douceurs telles que le grégorien d'Orcival (sablé, massepain, grué de chocolat) ou la pierre des volcans (croustillant praliné amande-noisette enrobé de chocolat noir, puis de cacao), ainsi que florentins et pâtes de fruits. Dans un cadre remarquable, exposition consacrée aux confiseries d'Auvergne et au chocolat.

Saint-Saturnin

★

1 164 Saturninois – Puy-de-Dôme (63)

Perché sur un promontoire basaltique au cœur d'un remarquable cirque naturel, St-Saturnin, ancienne résidence des barons de La Tour d'Auvergne – futurs comtes d'Auvergne –, se découvre à pied. Au contact des monts Dôme, du massif du Sancy, des vallées des Couzes et de la Comté, ce charmant bourg médiéval recèle, parmi ses ruelles tortueuses et les vestiges de ses murs d'enceinte, une superbe église romane et un château royal. Un lieu de prédilection pour les aquarellistes et les amateurs de belles pierres.

NOS ADRESSES PAGE 152
Hébergement, restauration, achats, activités, etc.

S'INFORMER

Office de tourisme – *Pl. du 8-Mai - 63450 St-Saturnin - ☏ 04 73 39 21 17 - www.mondarverne.com - juil.-août : 9h30-13h, 14h-17h30 ; juin et sept. : 9h30-13h, 14h-17h30, w.-end 10h-12h, 14h-17h.*

SE REPÉRER

Carte de microrégion C2 p. 128 – *carte Michelin Départements 326 F9.*
À 18 km au sud de Clermont-Ferrand par l'A 75. Depuis la D 213, route qui évite St-Amant-Tallende et va en direction d'Aydat, très belle vue sur St-Saturnin.

SE GARER

Garez-vous sur le parking de la place du 8-Mai, en bordure de la D 8.

À NE PAS MANQUER

St-Saturnin possède l'une des cinq églises romanes majeures d'Auvergne.

AVEC LES ENFANTS

Après avoir flâné dans le village et visité sa forteresse médiévale, prenez un bol d'air dans les gorges de la Monne, belles et sauvages.

2

Se promener

Le village de St-Saturnin doit son nom à un martyr du 3ᵉ s., premier évêque de Toulouse, également connu sous le nom de **saint Cernin**. Parmi les personnalités qui ont marqué le bourg, notons **Catherine de Médicis**, française par sa mère Madeleine de La Tour d'Auvergne, et sa fille **Marguerite de Valois**. Plusieurs circuits de visites sont indiqués dans le village. Gagnez la ville haute pour effectuer cette promenade.

★ Église Notre-Dame

☏ 04 73 36 51 15 - ♿ - été : 9h-19h ; reste de l'année : 9h-18h - gratuit - possibilité de visite guidée (45mn) juil.-août : mar., vend. et dim. 16h et 17h30.

Bâtie au 12ᵉ s., elle est très simple ; son superbe **chevet★** possède la particularité d'avoir une abside dépourvue de chapelles rayonnantes. Le large déambulatoire qui ceinture l'hémicycle du chœur, les chapelles orientées du transept dont la puissante structure porte le clocher octogonal le mieux conservé d'Auvergne, constituent un ensemble architectural remarquable. La décoration est composée de cordons de billettes, de modillons à copeaux, avec un jeu d'arcatures alternant les claveaux de basalte et d'arkose.

Intérieur – Remarquez la belle répartition des volumes architecturaux, entre la haute voûte en berceau de la nef, les tribunes qui surmontent les bas-côtés, l'élévation du carré du transept, et la crypte reposant sur de puissants piliers. Dans le chœur, **maître-autel en bois doré** provenant de la chapelle du château et marqué aux chiffres d'Henri IV et de Marguerite de Valois, la reine Margot, dame de St-Saturnin.

Chapelle Ste-Madeleine

À côté de l'église, cette petite chapelle (ancien baptistère) du 11e s., fortifiée au 14e s., est sans doute le monument le plus ancien de St-Saturnin. Le linteau du jardin attenant, daté de 1668, invite à la méditation : « Nous avons été comme vous. Un jour, vous serez comme nous. Pensez-y bien… »

★ Château royal

Pl. de l'Ormeau - ✆ 04 73 39 39 64 - www.chateaudesaintsaturnin.com - visite guidée (50mn) de déb. juil. à mi-sept. : tlj sf sam. 10h-19h, merc. et vend. 10h30-18h30 ; mai-juin : w.-end, j. fériés et ponts 14h-18h30 - 8 € (-18 ans 5 €) - visite insolite (1h30) sur le système défensif au Moyen-âge 3 derniers dim. de juil. et 3 premiers dim. d'août : 16h.

Bâtie au 13e s., remaniée deux siècles plus tard, cette imposante forteresse, restaurée avec soin, témoigne de l'**architecture militaire** du Moyen Âge : triple enceinte, remparts, tours à créneaux, mâchicoulis et douves (aujourd'hui en partie comblées), que l'on appréciera de la meilleure façon depuis la **cour d'honneur** et les grandes terrasses, de part et d'autre du corps de logis. De style Renaissance, coiffé d'un toit reposant sur une **charpente** en « carène de vaisseau renversée », ce dernier (15e s.) réunit deux ailes antérieures (13e et 14e s.), dont il fallut revoir l'organisation des étages dans un souci d'harmonisation. Les visites invitent à découvrir les donjons – donjon haut et donjon

DU FIEF DES COMTES AU CHÂTEAU ROYAL

C'est à la famille de La Tour d'Auvergne, puissante lignée originaire du village éponyme (dans le Sancy), que St-Saturnin doit sa belle forteresse, sauvée au début du 17e s. par son illustre propriétaire et dernière comtesse d'Auvergne : Marguerite de Valois, **la reine Margot**.

Par son intelligence, son esprit d'indépendance et sa liberté de ton, celle-ci avait suscité, à l'heure des guerres de Religion (en particulier du massacre de la St-Barthélemy) et de ses démêlés avec son époux Henri de Navarre, l'affliction de sa mère, **Catherine de Médicis**, et de son frère **Henri III**, qui la firent enfermer au château de St-Saturnin, puis à Usson où elle demeura dix-neuf ans (1586-1605). Rentrée à Paris, elle se réconcilia avec Henri de Navarre, devenu entre-temps **Henri IV**, roi de France, et se prit d'affection pour le fils né de sa nouvelle union avec Marie de Médicis : le dauphin Louis, futur Louis XIII. En signe d'amitié et pour cristalliser la réconciliation, Marguerite de Valois fit don à ce dernier du château, lequel, passant sous la tutelle royale, fut estampillé d'un sceau protecteur : quand Richelieu fit démanteler les châteaux d'Auvergne afin d'asseoir l'autorité royale, celui de St-Saturnin fut épargné. Avant sa mort, Marguerite de Valois y revint et offrit à l'église du village le maître-autel de la chapelle du château (aujourd'hui disparue). Après Catherine de Médicis et Charles IX, qui y séjournèrent, la reine Margot scella ainsi la transmission de l'édifice de la famille d'Auvergne à la famille royale.

Église et château de Saint-Saturnin.
Ch. Guy / hemis.fr

bas –, la charpente monumentale du 15e s., la cour d'honneur, la **Salle royale** où se tenaient, sous un superbe plafond resté intact, les réunions du conseil d'Auvergne, les grandes terrasses gagnées sur les douves, aménagées face aux parcelles impeccables d'un **jardin à la française** plus tardif (17e s.), les escaliers à vis du 15e s. et le **salon des Tomettes**. Cette pièce à vivre du comte côtoie sa chambre à coucher, où dormit Catherine de Médicis. Le chemin de ronde mène au sommet d'une tour : beau **panorama** sur le village et les collines environnantes. Un jardin d'inspiration Renaissance italienne a été récemment créé.

2

Place de l'Ormeau, près du château, s'élève une très jolie **fontaine** Renaissance, creusée dans la lave. Chaque face du bassin polygonal était ornée d'un écusson. On peut reconnaître les armoiries des de Broglie (« d'or au sautoir ancré d'azur ») et des de La Tour d'Auvergne : « de gueules (fond rouge) à la tour d'Argent ».

★ Lavoirs

Dans le village, deux lavoirs ont été restaurés par l'association Les Amis de St-Saturnin. Le premier, celui de la Freydière, est situé sous le château. Son chemin d'accès dans les gorges de la Monne permet de découvrir la coulée de lave de 37 m de basalte sur laquelle est construit le château, ainsi que le sommet du village. Le second, celui du creux du Thieu, se trouve sous l'ancienne poterne sur les pentes de la même vallée de la Monne *(un chemin depuis l'église permet d'y accéder)*.

À proximité Carte de microrégion

Abbaye Notre-Dame de Randol C2

2 km au sud-ouest par la D 28 et la D 28A. Rte de Randol - 04 73 39 31 00 - www.randol.org - ♿ - 8h45-13h, 14h-19h, mar. 8h45-13h, 14h-18h30 - possibilité de visite guidée sur demande (30mn) - gratuit.

En arrivant, beau coup d'œil sur cette architecture moderne (1971) qui domine la **vallée de la Monne**. L'église se distingue par l'harmonie de ses proportions et la hauteur de son vaisseau. On est saisi par l'envolée du **chœur★**, obtenue par l'inclinaison de la nef et l'élévation des fins piliers, qui montent d'un seul jet jusqu'à la voûte. Une abondante clarté confère à ce chœur ovale une grande élégance. Dans la chapelle de gauche, dédiée à la Sainte Famille, remarquez les vitraux représentant les Mystères du Rosaire.

Gorges de la Monne C2

Entre Olloix (*p. 155*) et Cournol, en contrebas de l'abbaye de Randol, le GR 30 descend dans les gorges de la Monne, sauvages et belles, la franchit au pont de Ribeyrolle et remonte les parois abruptes vers Olloix. *La Maison de la Monne, installée à Olloix, organise notamment de nombreuses randonnées pédestres ou à VTT.*

NOS ADRESSES À SAINT-SATURNIN

HÉBERGEMENT

PREMIER PRIX

Chambres d'hôte La Maison des Archers – *R. de la Boucherie - 04 73 39 31 42 - www.lamaisondesarchers.com - P - 3 ch. 67/72 €* . Avec sa façade du 15e s., cette maison passerait presque inaperçue dans le centre historique de St-Saturnin. Ancienne propriété de l'écuyer de la reine Margot, elle compte 2 salles voûtées, dont une aménagée en salon détente, et 3 chambres à l'étage. Garage fermé abritant des voitures de collection.

UNE FOLIE

Château de St-Saturnin – *Pl. de l'Ormeau - 04 73 39 39 64 - www.chateaudesaintsaturnin.com - P - ouv. de mi-mars à mi-nov. - 5 ch. 185/250 € - 18 €.* On replonge au Moyen Âge dans ce château du 13e s. dominant le village. Chambres et suites de bonne ampleur, au mobilier ancien. Charme, calme absolu, parc et jardins sont les principaux atouts de ce site.

RESTAURATION

PREMIER PRIX

Le Bistrot d'ici – *Pl. du 8-Mai - 04 73 39 32 91 - 06 23 97 24 67 - http://lebistrotdici.fr - fermé mar. - plat du jour (sem.) 8.50 €, formule (sem.) formule (w.end) 20/23 €.* Très convivial, ce Bistrot d'ici a tout compris : dans un village, il faut jouer sur plusieurs cartes à la fois. On peut y prendre un verre, déguster une glace, acheter son journal, obtenir des infos touristique, écouter un concert, consulter ses sites Internet, etc. Petite restauration également. La terrasse est accueillante, avec ses couleurs flashy, comme la salle intérieure avec ses meubles clairs.

ACHATS

Cave St-Verny – *2 rte d'Issoire - 63960 Veyre-Monton - au croisement de la D 978 et de la D 8 - A 75 sortie no6 dir. Veyre-Monton - 04 73 69 60 11 - www.saint-verny.com - P - 9h-12h, 14h-19h - fermé dim.-lun. et j. fériés.* Située au cœur d'un vignoble en plein renouveau (le 3e en France à la fin du 19e s. avant les ravages causés par le phylloxéra), la cave St-Verny invite à découvrir, à travers une dégustation gratuite, ses côtes-d'auvergne blanc, rouge ou rosé. Visite des chais sur rendez-vous.

Lac d'Aydat

★

Puy-de-Dôme (63)

Véritable oasis de fraîcheur, cette paisible étendue aux rives escarpées est parée d'un magnifique espace boisé. Les Clermontois aiment venir s'y baigner, pratiquer la voile ou la randonnée, ou encore arpenter ses rives boisées à la recherche de champignons et grimper sur la montagne de la Serre pour observer le vol des oiseaux migrateurs.

NOS ADRESSES PAGE 155
Hébergement, restauration, achats, activités, etc.

S'INFORMER

Office du tourisme LAVE (Lacs, Aydat, Volcans, Espaces) - *Bd du Lac - Sauteyras - 63970 Aydat - ✆ 04 73 79 37 69 - www.mondarverne.com - de mi-juil. à mi-août : 9h30-19h, dim. et j. fériés 10h-12h, 14h-18h ; de déb. à mi-juil. et de mi- à fin août : 9h30-13h, 14h-19h, dim. et j. fériés 10h-13h, 14h-18h ; mai-juin : 9h30-12h30, 14h-17h30, w.-end et j. fériés 10h-12h, 14h-17h ; reste de l'année : se rens.*

SE REPÉRER

Carte de microrégion C2 p. 128 – *carte Michelin Départements 326 E9.*
On arrive traditionnellement au lac d'Aydat par la D 2089, puis par la D 90 qui borde le petit lac de la Cassière, ou par la D 213, à partir de l'A 75, sortie 5. Mais c'est la D 788, de Veyreras à Fohet, qui ménage les plus belles perspectives sur le lac et les monts Dôme.

À NE PAS MANQUER

Une promenade à la montagne de la Serre, impressionnant relief tabulaire et lieu de passage privilégié des oiseaux migrateurs. Le dolmen de la Grotta, l'un des plus célèbres d'Auvergne.

AVEC LES ENFANTS

Baignade surveillée, aires de jeux, planche à voile, course d'orientation, pêche…

2

Circuit conseillé

ROUTE DES LAVES

Circuit de 40 km tracé en vert sur la carte p. 128 et p. 154 – comptez environ 2h.

Lac d'Aydat

Marqué par une grande variété de paysages, cet itinéraire révèle le lac d'Aydat sous des angles différents. Vous découvrirez, au détour d'un sentier, l'épilobe en épi et le framboisier, mêlés à d'éclatants boutons-d'or et d'odorants millepertuis. Le lac accueille une **base nautique** et une **plage** *(baignade surveillée en été)*. Des pontons aménagés permettent de traverser la zone humide d'Aydat, riche en flore et en faune.

Aydat

Remarquez l'église et ses curieux contreforts en forme de tourelles accotées.
Quittez Aydat par le nord et Sauteyras. Poursuivez sur la D 90. Au croisement, prenez à droite la D 213, puis à Rouillas-Bas la D 145, à gauche.
Passé Rouillat-Haut, les points de vue se multiplient sur la montagne de la Serre.

Nadaillat

Voici un très bel exemple de village construit en lave noire.

Quittez Nadaillat par l'est en empruntant la D 96.

Montagne de la Serre

La longue échine de la Serre, qui s'avance en promontoire dans la Limagne, est un exemple classique d'**inversion de relief** (vestige tabulaire d'une coulée ancienne plus dure, progressivement déchaussée par l'érosion). Deux vallées latérales l'entourent de part et d'autre, celles de la Veyre et de l'Auzon.

En forme d'entonnoir, c'est l'un des onze grands lieux de **passage migratoire** recensés en France. La Ligue pour la protection des oiseaux a mené ici, pendant dix-huit années, une action de sensibilisation pour la protection des oiseaux migrateurs. Entre août et octobre, 250 000 à 400 000 oiseaux survolent la montagne de la Serre. De provenances diverses, ils se croisent avant de s'envoler pour d'autres continents. Muni d'une paire de jumelles, vous pourrez observer milans noirs ou royaux, busards, cigognes blanches, grues cendrées, alouettes lulus et bien d'autres encore.

Le site peut se découvrir à pied, à VTT ou à cheval.

Poursuivez sur la D 96 jusqu'à St-Amant-Tallende.

St-Amant-Tallende

Ce village commerçant forme un beau tableau depuis le pont médiéval sur la Veyre. Dans la vieille ville, la maison forte de Murol rappelle que les propriétaires, la famille de La Tour d'Auvergne, exerçaient jadis une forte emprise sur l'ensemble de la ville.

Poursuivez sur la D 8.

★ St-Saturnin (*p. 149*)

À la sortie de St-Saturnin, prenez à gauche la D 28. Peu après avoir franchi la Monne, empruntez à droite la D 119.

Cette route pittoresque serpente dans un paysage austère d'herbe rase parsemé de rochers, découvrant des perspectives lointaines. Peu avant Olloix,

UN PEU DE GÉOLOGIE

Le **lac d'Aydat** est né d'une coulée de lave émise par les puys jumeaux de la Vache et de Lassolas, il y a 8 000 ans. En empruntant la vallée de la Veyre, la coulée a barré de nombreux affluents sur son passage. Longue de plus de 14 km, elle a ainsi donné naissance à des lacs, dont celui de la Cassière. Le lac d'Aydat est le plus grand lac naturel d'Auvergne, avec une superficie de 65 ha.

une **croix polylobée** se dresse au bord de la route et vous invite à vous arrêter un instant pour contempler le panorama.

Olloix

Ce village étire ses maisons anciennes le long de la route. C'était autrefois le siège de la commanderie des chevaliers de St-Jean-de-Jérusalem (ordre de Malte) dont dépendait la commanderie hospitalière de La Sauvetat *(Vic-le-Comte, p. 122)*. L'ancienne forteresse a disparu.

L'**église** romane, qui faisait partie de la commanderie adjacente (détruite) des hospitaliers de St-Jean de Jérusalem conserve le tombeau avec gisant d'Odon de Montaigu, grand prieur d'Auvergne au 14e s. À ses pieds figure un chien, symbole de fidélité, destiné à l'accompagner dans l'au-delà.

À la sortie d'Olloix, empruntez vers la droite la D 794, vers Fohet et Aydat.

Gorges de la Monne *(p. 152)*

La route sinueuse offre jusqu'à Fohet de belles échappées sur les gorges, dont le charme rude et sauvage a été préservé. Leur intérêt paysager unique a justifié leur inscription en site Natura 2000 et Site naturel classé *(panneaux d'information aux entrées - randonnées : informations à l'office du tourisme.)*.

Le **menhir de Fohet**, au lieu-dit Pierre-Longue, a longtemps servi de reposoir pour les cercueils des morts qu'on allait enterrer à Aydat.

Quittez Fohet vers l'est et prenez la D 788 en direction de Cournols.

À **Cournols**, au lieu-dit Sarou, faites le détour pour voir le **dolmen de la Grotta**, l'un des plus célèbres d'Auvergne, seul vestige de l'allée couverte de la Grotte. Datant du néolithique, il est constitué de quatorze piliers et de deux dalles de couverture.

Prenez la D 213 qui ramène à Aydat.

NOS ADRESSES AU LAC D'AYDAT

HÉBERGEMENT

PREMIER PRIX

Camping du lac d'Aydat - Forêt du Lot – *2 km au nord-est d'Aydat par D 90 puis rte à droite (près du lac) - 04 73 79 38 09 - www.camping-lac-aydat.com - 8/j. à 56 €/sem. - ouv. avr.-oct. - réserv. conseillée - 150 empl. 17/29 € - mobil-home (4 pers.) 50/125 € - châlet 65/115 €/nuit -* . Dans une agréable pinède accidentée, ce camping est bien situé au bord du lac. Les emplacements sont ombragés. Aire de jeux sur place, et à proximité nombreuses possibilités d'activités et de distractions.

2

Monts Dore et Cézallier 3

Carte Michelin Départements 326 et 330 -
Puy-de-Dôme (63), Cantal (15) et Corrèze (19)

Lac Chambon en automne.
Y. Guichaoua / Guichaoua Photos / age fotostock

MONTS DORE ET CÉZALLIER

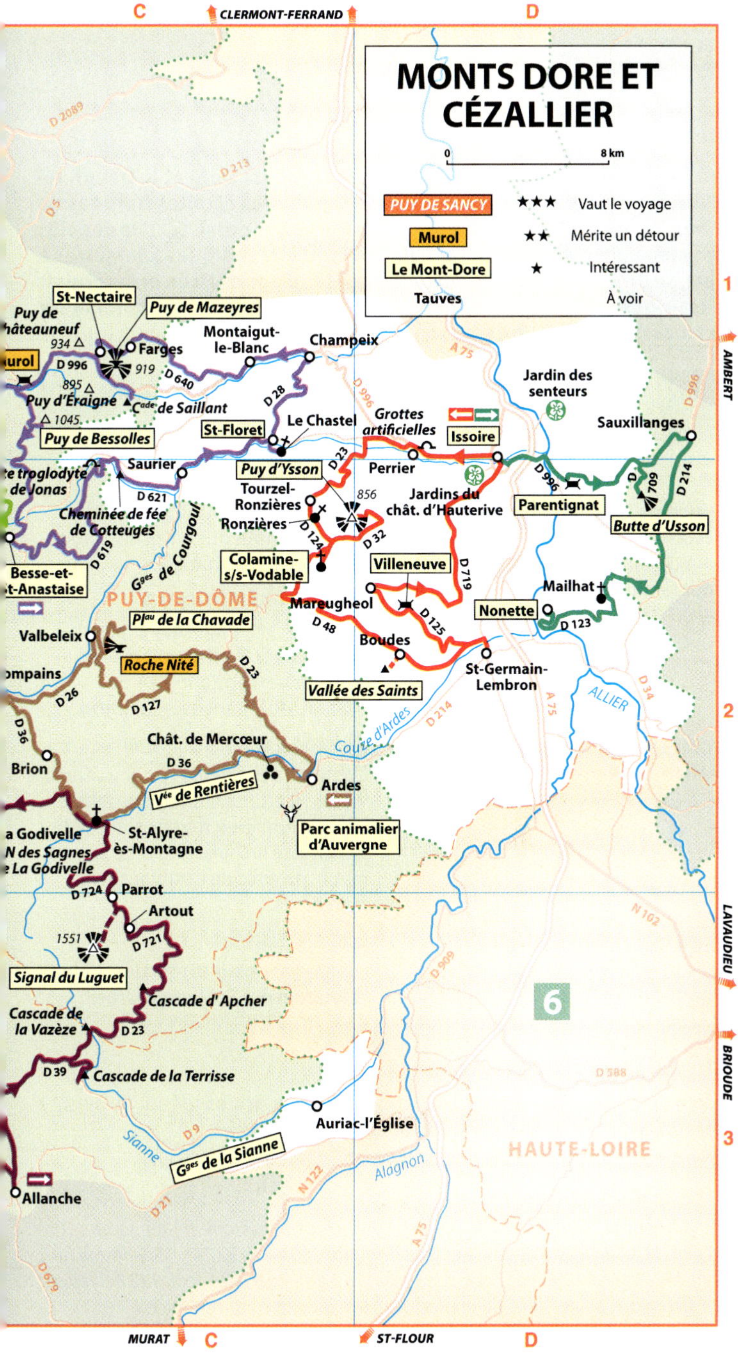
MONTS DORE ET CÉZALLIER
0
8 km
PUY DE SANCY ★★★ Vaut le voyage
Murol ★★ Mérite un détour
Le Mont-Dore ★ Intéressant
Tauves À voir
C
D
CLERMONT-FERRAND
AMBERT
LAVAUDIEU
BRIOUDE
MURAT
ST-FLOUR
1
2
3
6
St-Nectaire
Puy de Mazeyres
Farges
919
Montaigut-le-Blanc
Champeix
D 996
D 640
D 28
895
Puy d'Éraigne
Cade de Saillant
1045
Puy de Bessolles
St-Floret
Le Chastel
Grottes artificielles
Issoire
Jardin des senteurs
Sauxillanges
Saurier
D 621
Cheminée de fée de Cotteuges
de Jonas
Puy d'Ysson
Tourzel-Ronzières
Ronzières
856
D 23
Perrier
Jardins du chât. d'Hauterive
Parentignat
D 709
D 214
Butte d'Usson
D 124
D 32
Colamine-s/s-Vodable
Villeneuve
D 719
Mailhat
Nonette
D 123
Gges de Courgoul
D 619
Besse-et-
PUY-DE-DÔME
Plau de la Chavade
Mareugheol
D 48
D 125
Boudes
St-Germain-Lembron
Valbeleix
Roche Nité
D 26
D 127
Vallée des Saints
ALLIER
D 34
A 75
D 214
Couze d'Ardes
D 36
Brion
Chât. de Mercœur
D 36
Vée de Rentières
Ardes
Parc animalier d'Auvergne
St-Alyre-ès-Montagne
Parrot
D 724
Artout
1551
D 721
Signal du Luguet
Cascade d' Apcher
Cascade de la Vazèze
D 23
D 39
Cascade de la Terrisse
N 102
D 909
D 588
Auriac-l'Église
D 9
Sianne
Gges de la Sianne
Alagnon
N 122
HAUTE-LOIRE
Allanche
D 21
A 75
D 679
D 2089
D 213
D 5
A 75
D 996

Issoire

★

14 564 Issoiriens – Puy-de-Dôme (63)

Nichée entre les pentes du Livradois, des monts Dore et le Dauphiné d'Auvergne, Issoire présente un lacis de ruelles étroites bordées de vieux logis où l'on peut déambuler à sa guise. Elle possède l'une des plus spectaculaires églises romanes d'Auvergne. À quelques kilomètres à l'est, se dressent sur un piton volcanique le village d'Usson et ses orgues basaltiques. Du sommet de cette ancienne forteresse, le panorama sur les massifs de la région est exceptionnel.

NOS ADRESSES PAGE 169
Hébergement, restauration, achats, activités, etc.

S'INFORMER

Office de tourisme – *9 pl. St-Paul - 63500 Issoire - 04 73 89 15 90 - www.issoire-tourisme.com - juil.-août : 9h30-18h30, dim. 10h-12h30, 14h30-18h30 ; vac. scol. (hors juil.-août) : tlj sf dim. 10h-12h30, 14h30-17h30 ; reste de l'année : tlj sf dim. 14h30-17h, sam. 9h30-12h30 - fermé 1er janv., 25 déc.*

Point info tourisme – *R. Jean-Bigot (entrée parking centre commercial) - 04 73 89 28 44 - horaires, se rens.*

SE REPÉRER

Carte de microrégion D1-2 p. 159 – *carte Michelin Départements 326 G9.*
À 35 km au sud-est de Clermont-Ferrand, au cœur des Limagnes du sud, Issoire est un carrefour important. On y accède depuis l'A 75.

SE GARER

Vous trouverez plusieurs parkings gratuits autour du centre historique, et un devant l'abbatiale.

À NE PAS MANQUER

Joyau de l'art roman auvergnat, l'abbatiale St-Austremoine. Les peintures exceptionnelles du château de Villeneuve-Lambron.

ORGANISER SON TEMPS

Comptez deux heures pour visiter la vieille ville. Le soir en saison, elle se pare de lumières, mettant en valeur sa richesse architecturale. Le samedi matin, profitez de l'ambiance du marché.

AVEC LES ENFANTS

Les animations de la tour de l'Horloge et le jardin des Senteurs d'Orbeil.

Se promener Plan de ville p. 162

Place du Général-de-Gaulle, l'ancienne **halle aux grains** (début du 19e s.) a été reconvertie en espace d'animations.

Empruntez en face la rue du Ponteil qui mène à la tour de l'Horloge.

★ Tour de l'Horloge

4 r. du Ponteil - 04 73 89 07 70 - http://tour-horloge.issoire.fr - juil.-août : 10h-12h30, 14h-18h ; reste de l'année : 14h-18h, sam. 10h-12h30, 14h-18h - fermé lun., déc.-fév., 1er Mai - 6 € (enf. 3 €) scénographie + belvédère, 2 € (enf. 1 €) belvédère, 2 € spectacle, projections ou atelier, gratuit expositions temporaires.

L'ancien beffroi de la ville (15e s.) résonne encore des heures sombres ou exaltantes de la **Renaissance**. Trois scénovisions (« Le galion des Merveilles »,

Abbatiale St-Austremoine.
J. Stockshooter / age fotostock

« La caverne de Han l'écorcheur » et « L'atelier de Jean le Fier, l'horlogeur ») vous entraînent dans ce passé méconnu à travers l'épopée d'Austremoine, fils de l'horlogeur d'Issoire. Par ailleurs, de courts documentaires sur la Renaissance (imprimerie, Grandes Découvertes…) sont projetés, et des expositions temporaires sont organisées à intervalles réguliers.

Vous pourrez, indépendamment de la visite, accéder au sommet du beffroi pour admirer le **panorama** sur la ville.

Rejoignez la place de la République.

Place de la République

À l'entrée de la place *(ancienne Grande-Place)*, animée le samedi matin par le marché, se trouve la **maison Charrier** (15e s.) avec sa porte gothique. Au centre, la fontaine aux têtes sculptées (1823) est due à l'architecte Ledru. À l'angle de la rue Pissevin, la maison dites « des Arcades » vit naître le chercheur Gabriel Roux, connu pour avoir découvert l'action antibiotique de la pénicilline.

Tournez à gauche dans la rue des Fours.

L'**hôtel Bohier** (15e s., remanié aux 16e s. et 17e s.), construit par Bailly, architecte du château de Chenonceau, abrite un bel escalier Renaissance.

Plus loin, tournez à gauche vers le centre Pomel et l'abbatiale St-Austremoine.

Centre culturel Nicolas-Pomel

Parvis Raoul-Ollier - ✆ 04 73 89 56 04 - http://centre-artroman.issoire.fr.

Installé à l'emplacement de l'ancien monastère, il abritait le **centre d'art roman Georges-Duby★**, qui porte le nom du grand médiéviste français. *Un incendie a ravagé le bâtiment dans la nuit du 4 janvier 2019. Les dégâts sont considérables et nous ignorons quel sera le futur du bâtiment.*

★★ Abbatiale St-Austremoine

Pl. St-Paul - ✆ 04 73 89 15 90 - 8h-19h - possibilité de visite guidée sur demande (1h30) - livret-jeu enf. « raconte-moi l'abbatiale St-Austremoine ». Cette ancienne église d'une abbaye bénédictine fut bâtie au 12e s. Elle doit son nom au premier évêque en pays arverne, **Austremoine**, venu de Rome avec six compagnons pour évangéliser la Gaule, et dont la fin glorieuse et le martyre sont auréolés de légende. Au 8e ou au 9e s., son corps fut transporté à l'abbaye de Mozac (*p. 96*). L'abbatiale St-Austremoine remplace comme église paroissiale sa voisine placée sous le vocable de Saint-Paul, détruite peu après la Révolution. Le clocher, la façade, dont les deux tours furent saccagées lors des guerres de Religion, et de nombreux chapiteaux ont été remaniés au 19e s. Avant de pénétrer à l'intérieur, notez la sobriété de sa façade occidentale.

Jugement dernier★ – *À l'entrée de l'église (dans la boutique).* Cette peinture murale du 15e s., évoquant de façon fort animée ce thème cher aux artistes de l'époque, est traitée avec beaucoup de caractère et une grande verve satirique.

Nef – Composée de deux étages, elle frappe surtout par ses magnifiques proportions et la décoration peinte, ajoutée au milieu du 19e s., qui lui redonne ses aspects d'origine et une tonalité chaleureuse (*ABC d'architecture p. 574*). En vous avançant dans l'allée centrale, levez les yeux vers les chapiteaux, représentant des centaures, des porteurs de moutons ou des griffons, ne manquent pas de charme. À hauteur de la croisée du transept, soutenu par quatre puissants arcs diaphragmes allégés de baies, admirez la coupole,

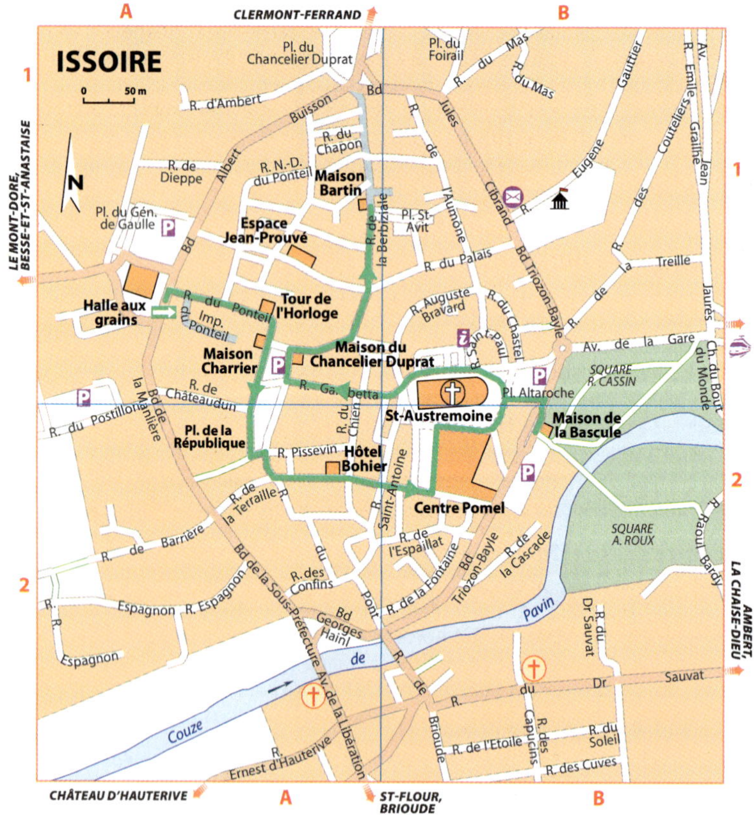

LA RÉFORME PROTESTANTE
En 1540, beaucoup d'Issoiriens deviennent protestants, sous l'influence d'un ancien moine jacobin allemand converti à la foi luthérienne. La ville devient peu à peu une **petite Genève,** où coulera le sang de martyrs de la foi nouvelle. En 1547, Jean Bruguière, receveur du cens (redevance que le possesseur d'une terre payait au seigneur), est ainsi brûlé vif comme hérétique. Mais seuls quelques Auvergnats émigreront vers la Suisse.

qui s'élève à 23 m de hauteur, et le chœur entouré de son déambulatoire. Dans le croisillon droit, deux beaux chapiteaux retiennent l'attention : la Luxure et l'Annonciation. Faites le tour du chœur, dont l'intérêt réside en particulier dans les **chapiteaux★** historiés, remarquables, illustrant le cycle de Pâques. Ils sont sans doute l'œuvre de sculpteurs venus du Languedoc. Du fond de la chapelle axiale, belle perspective sur le vaisseau central. Dans le croisillon gauche, deux autres chapiteaux attirent le regard : un homme portant un mouton, épuisé, tire la langue, et un démon traîne deux damnés par les cheveux.
Crypte★ – C'est l'une des plus belles d'Auvergne. Les colonnes trapues qui soutiennent les voûtes donnent une impression de puissance que souligne l'absence de toute ornementation. Au centre, gracieuse statue de la Vierge, Notre-Dame du Précieux Sang, une œuvre d'Henri Charlier (1941). La châsse en émaux de Limoges du 13e s. fut achetée pour y placer les reliques de saint Austremoine. Sur ses faces, visite des Saintes Femmes au Tombeau et apparition du Christ à Marie-Madeleine.
Chevet★★ – Composé d'arkose blonde, il se dresse sur une large esplanade. C'est la partie la plus parfaite de l'édifice, l'exemple accompli de l'art roman auvergnat par l'harmonie des proportions, la pureté des lignes et la richesse de la décoration. Celle-ci est constituée de mosaïques (étoiles et triangles), visibles aussi sur les façades des chapelles rayonnantes (losanges, fleurs, étoiles, damiers, etc.) : la variété des couleurs de la pierre contribue à la beauté de ce décor, unique. Remarquez le **cycle du zodiaque** en moyen relief au-dessus des fenêtres rayonnantes. Il est composé non pas de douze, mais de treize signes, le 13 e étant un griffon, dont les historiens doutent qu'il ait été placé là à l'origine…
Tournez le dos au chevet de l'abbatiale et traversez le boulevard.

Maison de la Bascule
À l'entrée du square René-Cassin, la **maison de la Bascule** était autrefois réservée au poids public. Elle abrite le musée de la Pierre philosophale qui présente une collection de plus de 1 200 échantillons minéralogiques (*17 square René-Cassin - ✆ 06 83 02 58 58 - www.lapierrephilosophale-mineraux.com - visite guidée sur demande préalable (30mn) juil.-août : tlj sf dim.-lun. 10h-12h, 15h-19h ; avr.-juin et sept.-oct. : merc. 15h-19h, sam. 10h-12h, 15h-19h ; reste de l'année : sam. 10h-12h, 15h-19h - 2 € (-12 ans gratuit).*).
Revenez place de la République.
Prenez à droite la rue de la Berbiziale, et remarquez à l'angle la tour rectangulaire en encorbellement de la **maison du chancelier Duprat** (15e s.).
Continuez jusqu'à croiser la rue du Palais, tournez à gauche.

Espace Jean-Prouvé
19 r. du Palais - ✆ 04 73 55 33 53 - juil.-août : 10h-12h30, 14h-18h ; juin et sept. : 14h-18h, sam. 10h-12h30, 14h-18h ; reste de l'année : se rens. - fermé lun. - gratuit.

C'est à l'occasion d'une donation importante de l'artiste coréen Kim En Joong que l'espace Jean-Prouvé voit le jour en 2014. Situé dans l'ancien tribunal (et ancien couvent de bénédictines, il est aujourd'hui dédié à l'art contemporain.
Reprenez la rue de la Berbiziale.
Poursuivez jusqu'à la place St-Avit, sur laquelle vous pouvez observer la **maison Bartin** (18e s.), avec ses balcons en fer forgé.

À voir aussi

Parc et jardins du château d'Hauterive Hors plan

Au sud-ouest du centre historique. Av. Ernest-d'Hauterive - ✆ 06 68 29 20 85 - http://route-chateaux-auvergne.org/fiche-chateau/41 - 1er août-20 sept. : 13h-19h - fermé mar. - possibilité de visite guidée sur demande - 5 € (-10 ans gratuit).
À l'emplacement d'un domaine dépendant de l'abbaye d'Issoire, ce château du 17e s. a conservé ses jardins dont les tracés sont quasiment identiques à ceux d'origine. Entre parterres, jardin de buis, rosiers anciens, potager à la française, les allées et contre-allées mènent de bosquets en cabinets de verdure. Très belle **vue** sur Issoire et la Couze Pavin.

Jardin des Senteurs d'Orbeil Carte de microrégion D1

À 4 km au nord-est d'Issoire. Domaine de Vort - 63500 Orbeil - ✆ 04 73 55 01 17 - www.coteaux-allier.fr - avr.-oct. : 9h-18h - visite guidée possible - gratuit.
Au creux des rochers surplombant l'Allier, ce jardin prend des allures et des odeurs différentes au gré des saisons. Le parcours pédagogique permet d'apprendre à reconnaître les plantes médicinales et aromatiques, les plantes sauvages et d'ornement.

Circuits conseillés

LES ABORDS DU LIVRADOIS

Circuit de 45 km, tracé en vert sur la carte p. 158 - comptez 2h environ.
Quittez Issoire par le sud-est en empruntant la D 996.

★ Château de Parentignat D2

7 pl. du Château - ✆ 04 73 89 51 10 - www.parentignat.com - visite guidée (45mn) juil.-août : 10h30-12h30, 14h-18h ; reste de l'année : se rens. - 10 € (-18 ans 6 €) - gratuit parc seul.
Bâti à la fin du règne de Louis XIV, remanié au tournant du 18e s., ce château est la propriété de la famille de Lastic depuis 1707. La rigueur de la cour d'honneur, qui a retrouvé ses parterres de gazon, contraste avec le **parc à l'anglaise**, surplombé d'une terrasse bordée d'orangers et de rosiers.
Surnommé le « petit Versailles auvergnat », le château abrite une **collection★** d'objets d'art exceptionnelle. Un important mobilier et des tableaux de Nicolas de Largillière, de Mme Vigée-Lebrun, un portrait du Grand Dauphin par Rigaud, de Louis XV par Carle Van Loo ornent les salons. La **bibliothèque** conserve de magnifiques reliures enserrant des éditions originales.
Continuez en direction de Sauxillanges sur la D 996. Tournez à droite sur la D 709 pour rejoindre Usson.

★ Butte d'Usson D2

Ce roc basaltique a porté un formidable château en forme de tiare, à trois rangs de remparts, dont il ne reste pratiquement rien. Construite par le duc de

USSON, PRISON ROYALE

Marguerite de Valois, la **reine Margot**, popularisée par Alexandre Dumas, est la sœur de Charles IX. Leur mère, Catherine de Médicis, la marie au roi de Navarre, futur Henri IV. Dumas écrit : « En donnant Margot à [son] cousin Henri, il la donne à tous les huguenots du royaume. » Une allusion peu discrète aux galanteries de la jeune reine. Réfugiée à Carlat, puis au château d'Ybois (au nord-est d'Issoire) avec son amant Gabriel d'Aubiac, elle est ensuite assignée à Usson, sous la garde du marquis de Canilhac, qu'elle séduit par vengeance. Vingt ans durant, la reine Margot mène à Usson une vie de galanteries, d'études et de dévotion. Le roi, par la gêne où il la tient, veut obtenir d'elle la dissolution de leur mariage. Elle n'y consent qu'à la mort de la favorite Gabrielle d'Estrées, ne voulant pas voir à sa place, écrit-elle à Sully, « une telle décriée bagasse » (*St-Saturnin, p. 149*).

Berry, la forteresse passait pour imprenable. L'inscription de sa porte : « Garde le traître et la dent ! » suggérait d'ailleurs que seule la trahison ou la famine pouvait en venir à bout. Mais l'édifice a disparu, détruit en 1634 sur ordre de Richelieu, ne laissant que le souvenir de Marguerite de Valois.

Point de vue – D'une table d'orientation située sur la D 709, au nord de la butte, une belle vue se dégage sur la plaine d'Issoire et sur la chaîne des Puys à l'arrière-plan. À l'extrême droite, on distingue le puy de la Vache et le Puy de Dôme, reconnaissable à sa tour de télévision.

Puy d'Usson – Du village, pittoresque et pentu, gagnez, par un sentier facile, le sommet à 634 m d'altitude (surmonté d'une chapelle portant une statue de la Vierge de 7 m de haut), d'où se dégage un beau **panorama★** sur la région. Au cours de la montée se découvre, dans une ancienne carrière, une très belle rangée d'**orgues basaltiques**. Vous pouvez aussi parcourir un **sentier sur le thème de la reine Margot**, dit de la Salamandre *(1h AR)*, en suivant des tables de lecture. Un autre circuit fait le tour du sommet *(1h AR)*.

Revenez sur la D 996.

3

Sauxillanges D1

Ce ravissant village fut le siège d'un important monastère, fondé en 927 et rattaché à l'ordre de Cluny. Il compta jusqu'à 60 moines. Il reste de nombreux vestiges du prieuré : la chapelle St-Jean-l'Évangéliste, le dortoir des moines attenant à un cloître restauré *(privé)*, l'hôtellerie et la chapelle du Prieur.

Maison du Patrimoine – *Pl. de la Liberté - ✆ 04 73 96 85 10 - http://musee-sauxillanges.com - 22 juin-20 sept. : 14h30-18h30 - possibilité de visite guidée sur demande (30mn) - 3 € (-12 ans gratuit).* Elle occupe la chapelle du prieur (15e s.). Les voûtes gothiques sont ornées d'intéressantes clés pendantes portant les armes de différents prieurs. Ce lieu d'exposition présente également l'historique du monastère et du bourg.

Église – Édifiée au 11e s., remaniée au 15e s., elle abrite une Descente de Croix (fresque du 15e s.) et une statue de Notre-Dame-du-Bois du 15e s.

Vous pouvez suivre la D 214 pour rejoindre Bansat, ou prendre le chemin des écoliers en empruntant la D 144 jusqu'à **St-Étienne-sur-Usson**. C'est dans l'école de ce village que Nicolas Philibert a tourné en 2001 son documentaire *Être et avoir,* suivant au jour le jour une classe unique.

À Bansat, tournez à droite sur la D 24 ; rejoignez St-Martin-des-Plains et Mailhat.

Église de Mailhat D2

9h-19h - entrée libre. Ce petit édifice roman (fin 12e s.) édifié par les moines de Sauxillanges sur un sanctuaire gallo-romain a un charme fou, avec son clocher carré et son abside à cinq pans décorée d'arcatures et de modillons. Vous serez surpris par le décor de son **portail★**. Des **chapiteaux** y représentent la Luxure (femme allaitant deux serpents) et l'Avarice (homme aux longs bras serrant contre lui sa bourse).

La D 123 mène à Orsonnette, puis à Nonette.

★ Nonette D2

Bâti sur un promontoire volcanique qui domine la vallée de l'Allier, Nonette est un ancien village vigneron. Il conserve une église intéressante et les vestiges d'un des plus anciens châteaux féodaux d'Auvergne. La dynastie des seigneurs de Nonette se distingue par quelques figures redoutables : Astorg, dit « le Taureau rouge », nom évocateur ; Amblard, « le Mal-Hiverné », qui, pas même l'hiver, ne consent à rester tranquille. C'est de l'enlèvement d'une jeune religieuse par Amblard que Nonette tirerait son nom…

Église – Elle est en partie romane, en partie gothique, et dépendait à l'origine d'un prieuré de bénédictins. Sous le clocher, remarquez le portail roman sculpté et, à l'intérieur de l'église, dans la première chapelle de gauche, un superbe buste du Christ, exécuté à la fin du 14e s., et appelé le « Beau Dieu ».

Château – *45mn AR. On y accède par une montée très raide.* Facile à défendre en raison de sa position, cette forteresse féodale rappelle le souvenir de ces époques troubles où les seigneurs se transformaient en pillards. Il ne reste que quelques vestiges du château, reconstruit au 14e s. pour le duc Jean de Berry, et que Richelieu fit abattre. De la croix plantée au sommet, très beau **panorama★** *(table d'orientation)* sur la vallée de l'Allier, les monts Dore, les monts Dôme, le Livradois, la Margeride et le Cézallier. Un chemin permet de faire le tour de la butte.

★ AU PAYS DU DAUPHINÉ D'AUVERGNE

Circuit de 60 km, tracé en rouge sur la carte p. 159 et p. ci-contre – comptez une demi-journée.

À la fin du 12e s., les terres situées entre le Cézallier et le val d'Allier au niveau d'Issoire formèrent le **Dauphiné d'Auvergne**, dont les seigneurs et leur brillante cour s'établirent successivement à Champeix, Vodable et Mercœur. Aujourd'hui, l'ensemble du pays d'Issoire-val d'Allier sud bénéficie du label Pays d'art et d'histoire.

Quittez Issoire par l'ouest en empruntant la D 996, direction Champeix.

Grottes artificielles de Perrier

Garez-vous près de l'église, puis empruntez le chemin des Grottes.

1h30 AR (prévoir de bonnes chaussures, http://grottesperrier.free.fr). Creusées par l'homme dans des matériaux volcaniques, certaines d'entre elles ont servi d'habitations troglodytiques jusqu'à la fin du 19e s. ; elles furent aussi utilisées durant la Seconde Guerre mondiale. Le village troglodytique des Roches compte encore environ 300 grottes. Ce site bénéficie d'une **vue★** remarquable sur la tour féodale, le village et la vallée de la Couze Pavin.

À la sortie de Perrier, prenez à gauche la D 26 sur 2 km, puis encore à gauche la D 23.

Tourzel-Ronzières

De petites maisons de vignerons témoignent encore du passé vinicole, ressource principale du village aux 18e et 19e s. L'église **Notre-Dame de Ronzières,** préromane, se dresse sur un plateau basaltique. Remaniée à la fin du 12e s., elle est dotée d'un portail du 15e s. À l'intérieur, on peut admirer, dans la chapelle de gauche, préservée par une grille du 19e s., une **Vierge en majesté** romane en bois polychrome, qui fait l'objet d'un pèlerinage encore actif.

Dans le cimetière, au bord du plateau, deux tables d'orientation : vue étendue sur le puy d'Ysson, la Couze Pavin, le plateau de Perrier et la plaine du Lembron. Vous distinguerez aisément les deux formes volcaniques qui caractérisent le Dauphiné d'Auvergne. Les **necks,** ou culots, sont d'anciennes cheminées volcaniques que l'érosion a mises en évidence après dégagement des parties plus fragiles du volcan (comme le piton qui domine Vodable et le puy d'Ysson). Les **tables** correspondent à d'anciennes coulées de lave protégeant les roches sous-jacentes (comme celles du plateau de Perrier).

Poursuivez sur la D 124 jusqu'à Vodable et empruntez sur la gauche la D 32 pour arriver à Solignat.

★ Puy d'Ysson

Du sommet, très beau **panorama** sur les monts Dore, les puys de la Comté, la Limagne d'Issoire, les monts du Livradois, le Cézallier. De ce site, on peut également observer la position des villages parcourus précédemment.

Redescendez sur Solignat, puis revenez sur Vodable en suivant la D 32.

★ Église de Colamine-sous-Vodable

☎ 04 73 71 45 65 - www.colamine-sous-vodable.com - de mi-juil. à fin août : 15h-18h30 ; de déb. juin à mi-juil. : dim. et j. fériés 15h-18h30 - fermé lun.

Entourée de son cimetière, elle se dresse sur le rebord d'une combe. Cet édifice possède un joli chœur roman (fin 11e s.), restauré, et surtout un bel ensemble de statues en bois polychrome, dont une remarquable **Vierge**★ en majesté du 12e s. aux traits fins empreints de gravité. La Vierge gothique ne manque pas de grâce non plus. Une association s'attache à organiser différents concerts et conférences pour donner vie à cet édifice.

Reprenez la D 32 sur 4 km en direction de Dauzat-sur-Vodable, puis empruntez à gauche la D 48.

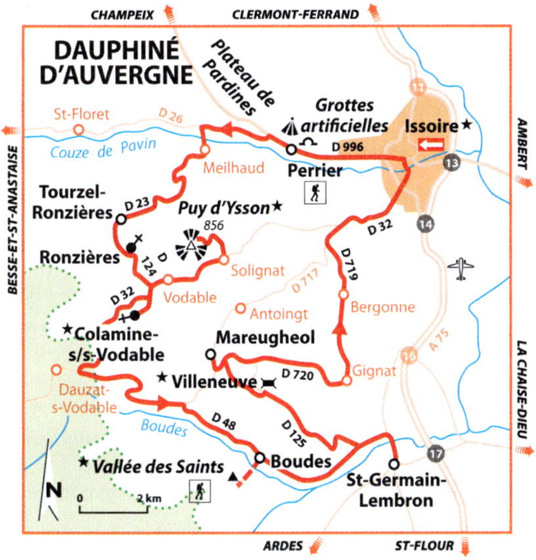

Boudes

Protégé par un ensemble de collines, ce village est le seul de la région qui échappa au phylloxéra. Bénéficiant d'un sol fertile, ses coteaux de vigne donnent un vin de qualité, apprécié des connaisseurs. Une promenade dans le village vous permettra de voir de beaux pigeonniers, intégrés aux propriétés.
Quittez Boudes par le sud en franchissant le Couzilloux, puis prenez à droite le chemin longeant le cimetière.

★ Vallée des Saints

Laissez votre voiture à l'entrée de l'accès. Prévoyez des chaussures de marche. Attention, l'itinéraire peut être modifié en cas de précipitations.
2h AR. Un parcours aménagé permet de découvrir ce petit « Colorado » où se dressent des pyramides de teinte rouge et ocre, hautes de 10 à 30 m et sculptées par l'érosion. Ces étranges silhouettes, évoquant de gigantesques statues, ont valu son nom à la vallée. Les argiles rouges, chargées d'oxyde de fer, résultent de l'altération du gneiss sous le climat tropical chaud et humide qui régnait ici au début de l'ère tertiaire.
Revenez à Boudes; à l'église, tournez à droite pour rejoindre la D 48.

St-Germain-Lembron

Située au cœur d'une région agricole, cette petite ville, jadis fortifiée, conserve des maisons du 18e s. aux toits en bicorne (rappelant un chapeau de gendarme) et soulignées de génoises, très répandues dans le Lembron. Remarquez certains murs ravivés par l'emploi de galets de rivière, et les imposantes fontaines publiques.
Revenez sur la D 48 en direction de Boudes; roulez sur 1 km, puis prenez sur la droite la D 125.
La route s'élève en direction de Chalus (château), où de belles perspectives s'ouvrent sur les necks et les tables qui dominent la Limagne.
Autour de l'église du 15e s., ruelles bordées de maisons anciennes et lavoirs.

★ Château de Villeneuve-Lembron

Pl. du Château - ✆ 04 73 96 41 64 - visite guidée (1h) de mi-mai à mi-sept. : 10h-12h, 14h-18h30; reste de l'année : tlj sf lun. 10h-12h, 14h-17h30 - fermé 1er janv., 1er Mai, 1er et 11 Nov., 25 déc. - 6 € (-18 ans gratuit) - gratuit 1er dim. du mois (oct.-mai). Ce château fut érigé en seigneurie au bénéfice de la famille d'Aureille. L'un de ses représentants, le fin diplomate Rigault, servit Louis XI, Charles VIII, Louis XII puis François Ier, et participa aux côtés de Charles VIII aux campagnes d'Italie. Il entreprit, à la fin du 15e s., la construction du château à côté de l'ancienne demeure familiale. Le bâtiment, de plan carré, est cantonné de quatre tours et ceinturé de douves sèches décoratives. Au cours de la visite des salles intérieures, découvrez de beaux plafonds à chevrons, d'intéressantes boiseries, des tableaux et des meubles de valeur.
La **galerie** de la cour est célèbre pour ses savoureuses **peintures★** du 15e s. (ravivées). Outre un portrait de Rigault, on observe le « *Dit de la Chicheface* » et le « *Dit de la Bigorne* ». Chicheface, monstre décharné à tête de louve, au bord de l'inanition, se nourrit de femmes soumises à leur mari; en revanche, la Bigorne, ventrue, guettée par l'indigestion, se repaît des époux qui l'implorent de les dévorer pour échapper à la tyrannie de leur femme.
En sortant du château, admirez les **écuries** dont le vaste plafond en berceau est peint de fresques de la fin du 16e s.
Poursuivez sur la D 125, puis prenez à gauche la D 720.

Mareugheol
C'est l'exemple caractéristique d'un village fortifié construit au Moyen Âge par les villageois pour assurer leur défense. D'étroites ruelles bordées de vieilles maisons en pierre s'inscrivent à l'intérieur d'une enceinte rectangulaire (la Maison des forts à La Sauvetat recense ce type de constructions, p. 125).
Reprenez la D 720 jusqu'à Gignat, puis tournez à gauche pour emprunter la D 719 puis la D 32 et retournez à Issoire.

NOS ADRESSES À ISSOIRE

HÉBERGEMENT

PREMIER PRIX

Ace Hôtel – Hors plan - *R. du Dr-Bienfait - 04 73 55 75 57 - www.ace-hotel-issoire.fr - fermé 23h-5h - - 54 ch. 56/80 € - 6.90 €.* Dans un bâtiment moderne, en proche périphérie de la ville, cet hôtel dispose de chambres tout confort, équipées de mobilier contemporain. Une adresse économique mais accueillante.

BUDGET MOYEN

Hôtel Le Pariou – Hors plan - *18 av. Kennedy - à 150 m au nord du centre historique - 04 73 55 90 37 - www.hotel-pariou.com - - fermé 22 déc.-7 jan., dim.-lun. (restaurant). - 54 ch. 56/115 € - 11 € - fermé sam. midi-lun. - menu 15/44 €.* Bâtisse des années 1950 abritant des chambres rénovées ; chambres plus spacieuses (familiales) dans l'aile récente. Piscine.

À proximité

Chambres d'hôte Château de la Vernède – *63500 St-Rémy-de-Chargnat - 8,5 km au sud-est d'Issoire - 04 73 71 07 03 - www.chateauvernedeauvergne.com - - 5 ch. 80/120 €.* Dans l'ancien relais de chasse de la reine Margot, des chambres garnies de meubles chinés et agrémentées de fleurs fraîches. Billard, pêche à la truite.

Chambres d'hôte La Vigie – *3 r. de la Muscadière - 63320 Chadeleuf - 12 km au nord-ouest d'Issoire - 04 73 96 90 87 - 06 86 82 12 27 - http://lavigie-chadeleuf.com - - 2 ch. et 1 suite 80/150 € - table d'hôte 15/25 €.* Cette demeure pleine de charme (18e -19e s.) est tenue par un couple de voyageurs, amateurs de livres et mélomanes, Véronique et Denis. Les chambres sont aménagées à l'étage. Ravissant salon, avec canapé face à la cheminée et grande bibliothèque. Jardin arboré à l'arrière, piscine d'eau salée pour les beaux jours. Table d'hôte bio soignée.

La Cour Carrée – *17 av. du Tramot - 63500 Perrier - 4,5 km à l'ouest d'Issoire - 04 73 55 15 55 - www.cour-carree.com - - 3 ch. 99 € - 13 € - dîner pour les résidents 34/36/40 €.* Cette ancienne maison de vigneron (1830) abrite des chambres élégantes et confortables où dominent le bois et la pierre. Savoureuse cuisine de marché concoctée pour les résidents.

RESTAURATION

PREMIER PRIX

À proximité

Auberge du Moulin de Civadoux – *Rte de St-Genès-la-Tourette - 63490 St-Quentin-sur-Sauxillanges - à 16 km l'est d'Issoire*

3

par Sauxillanges - ✆ 04 73 96 81 94 - www.civadoux.fr - wifi - sur réserv. uniquement - 10/22 € - hébergements sur réserv. (chambres et chalets). ☕ Charmante auberge de campagne où tout est fait maison. La carte est 100 % auvergnate. Décor sympathique. Quelques chambres dans des chalets au bord d'un torrent.

POUR SE FAIRE PLAISIR

À proximité

La Bergerie – *Sarpoil - 63490 St-Jean-en-Val - 11,5 km à l'est d'Issoire - ✆ 04 73 71 02 54 - www.labergeriedesarpoil.com - P ♿ - fermé lun. soir-merc. - formule déj. 27 € - menu 42/90 €.* Dès l'entrée, la vision des cuisines et de la rôtissoire vous mettra l'eau à la bouche. Salle de restaurant classique (cheminée allumée l'hiver), salle voutée et patio pour déguster des plats actuels.

Le Boudes la Vigne – *Pl. de la Mairie - 63340 Boudes - 15 km au sud-ouest d'Issoire - ✆ 04 73 96 55 66 - http://leboudeslavigne.franceserv.com - ♿ wifi - fermé dim. soir-mar. - formule déj. 17 € - menu 17/60 € - 6 ch. 55/110 € - ☕ 8 €.* Maison bâtie sur d'anciennes fortifications. Cuisine au goût du jour servie dans une salle rénovée, aux tons pastel et murs en pierre. Terrasse en été.

ACHATS

La Couronne d'Arthur – *8 r. du Ponteil - près de la Tour de l'horloge - ✆ 04 73 54 24 10 - 6h30-13h, 15h-19h, dim. 6h30-12h30 - fermé lun.* Pour les gourmands : dans cette boulangerie pâtisserie artisanale, Christophe Gignac propose le Suprême d'Issoire, une spécialité locale, véritable institution. Il s'agit d'un biscuit à pâte croustillante, meringué-macaroné et fourré avec une crème praliné légère.

Aux Spécialités – *256 rte de Perrier - D 996 - ✆ 04 73 55 28 18 - 2h-19h, dim. 2h-13h - fermé lun.* Patrick Védrine élabore ses pains spéciaux selon des méthodes artisanales. Les pâtisseries sont aussi succulentes.

Marché d'Issoire – *sam. 8h-13h.* Place de la République, rue de la Berbiziale et place du Foirail le samedi matin.

ACTIVITÉS

Aéroclub Pierre-Herbaud – *63500 Issoire-le-Broc - sud-est d'Issoire - ✆ 04 73 89 16 62 - http://aeroclub-issoire.fr - secrétariat : 14h30-18h30 - fermé dim.-lun.* Le centre de vol à voile de cet aérodrome attire de nombreux vélivoles.

Loisirs – Les familles trouveront à Issoire un centre aqualudique, une base de loisirs et de quoi pratiquer l'équitation, l'escalade ou le canoë-kayak. Rens. à l'office de tourisme.

AGENDA

Terres-Romanes d'Auvergne - Festival d'art roman d'Issoire – *✆ 04 73 89 25 57/56 04 - www.terres-romanes-auvergne.com - dern. sem. de juil.* Expositions, conférences, ateliers d'artisans, spectacles, concerts organisés par l'association Terres Romanes d'Auvergne.

Festival international d'Issoire – *✆ 04 73 89 92 85 - http://festival-issoire.fr - 1 sem. en juil.* Folklore, musiques traditionnelles, danse et musique du monde.

Saint-Nectaire

★

716 St-Nectériens – Puy-de-Dôme (63)

Bien connu des gastronomes pour son fromage de caractère, auréolé d'une Appellation d'origine protégée, ce village situé sur la route du Sancy présente deux visages insolites : Saint-Nectaire-le-Bas est une station thermale, s'étirant sur 2 km dans la vallée, et Saint-Nectaire-le-Haut, le noyau historique, dominé par une magnifique église, joyau de l'architecture romane auvergnate.

NOS ADRESSES PAGE 174
Hébergement, restauration, achats, activités, etc.

S'INFORMER

Office de tourisme – *Les Grands-Thermes - 63710 St-Nectaire - 04 73 88 50 86 - www.sancy.com - juil.-août : 9h-12h30, 13h30-18h30, dim. 9h30-12h30, 14h-18h ; mai-juin et sept. : 9h-12h, 14h-18h, dim. 14h-18h ; avr. : 9h-12h, 14h-18h, w.-end 14h-18h ; vac. de fév. et vac. de Noël : tlj sf dim. 9h-12h, 14h-18h, jeu.-sam. 14h-18h ; reste de l'année : se rens. - fermé 1er janv., 11 Nov., 25 déc.*

SE REPÉRER

Carte de microrégion C1 p. 159 – *carte Michelin Départements 326 E9.* St-Nectaire, à 25 km à l'ouest d'Issoire, est situé sur la D 996.

À NE PAS MANQUER

La visite de la magnifique église de St-Nectaire, avec sa centaine de chapiteaux historiés et son trésor.

ORGANISER SON TEMPS

Comptez une à deux journées pour visiter la ville et randonner aux alentours.

AVEC LES ENFANTS

Le site de Farges et la rencontre de Félize. Ne ratez pas l'heure de la traite à la ferme : elle est suivie de la fabrication du fromage ! Les grottes et les fontaines pétrifiantes de la station.

3

Se promener

ST-NECTAIRE-LE-HAUT

★★ Église St-Nectaire

St-Nectaire-le-Haut - 06 75 47 57 36 - avr.-oct. : 9h-19h ; reste de l'année : 10h-17h - possibilité de visite guidée sur demande (1h30) juil.-août : lun.-mar. et jeu.-vend. 15h (participation libre).

Cet édifice, construit vers 1150 (art roman auvergnat), occupe le superbe site du mont Cornadore, en bordure des monts Dore et de la vallée de la Couze Chambon. Les moines de La Chaise-Dieu en furent les premiers desservants. Les dégâts que l'église subit pendant la Révolution nécessitèrent une réfection très importante (clocher, tours, façade ouest) en 1875. Elle s'apparente aux autres édifices majeurs du roman auvergnat : Notre-Dame-du-Port à Clermont-Ferrand, St-Austremoine d'Issoire, Notre-Dame d'Orcival, St-Saturnin. La longue et minutieuse restauration dont elle a fait l'objet s'est achevée en 2009, lui redonnant toute sa splendeur.

Extérieur – La façade ouest, très simple, s'orne d'une humble porte en plein cintre. Le **chevet**, d'une magnifique ordonnance, porte une sobre décoration : délicate frise de mosaïques figurant des rosaces, arcatures aveugles aux fines colonnettes, petits murs-pignons sur lesquels viennent prendre appui les toits des chapelles.

Intérieur – Il est remarquable par l'harmonieuse unité de son style. Précédée d'un **narthex** à la robuste arcature à trois baies décorant l'étage, la nef voûtée en berceau est flanquée de bas-côtés étroits à voûtes d'arêtes, surmontés de tribunes. Le chœur surélevé, avec ses six élégantes colonnes pourvues de chapiteaux, et son déambulatoire sur lequel s'ouvrent trois chapelles rayonnantes, est très homogène. Les 103 magnifiques **chapiteaux★★** de la nef et du chœur témoignent de la vivacité d'imagination et du sens de la composition de l'artiste ; ils s'ornent de scènes de l'Ancien et du Nouveau Testament, de l'Apocalypse, des miracles de saint Nectaire, et des thèmes du bestiaire, traités avec charme et fantaisie. Le badigeon couleur beurre fait ressortir à merveille leur polychromie.

★★ **Trésor** – Pillé pendant la Révolution, il possède encore de très belles œuvres : **buste de saint Baudime★★**, en cuivre doré (12e s.) ; Vierge du mont Cornadore (12e s.), en bois marouflé polychrome ; bras-reliquaire (15e s.) de saint Nectaire en argent repoussé ; deux plats de reliure d'orfèvrerie, décorés d'émaux de Limoges (12e s.).

Pour bénéficier d'un beau coup d'œil sur l'église St-Nectaire, gagnez le chemin de la Parre ou montez sur la place du Marchidial. Les plus courageux pourront monter au sommet des puys d'Éraigne ou de Châteauneuf.

Grottes du mont Cornadore

Villa Le Colombier - ✆ 04 73 88 57 97 - http://grottes-du-cornadore.com - visite guidée (35mn) 11h30, 14h30, 15h30, 16h30 et 17h30 - fermé 1er janv., 25 déc. - 6,50 € (-12 ans 5 €).

Les Romains y édifièrent des thermes. La visite permet de découvrir l'origine de l'eau thermale, ses utilisations médicales et ses propriétés pétrifiantes. Vous passerez du *tepidarium* au *caldarium*, où deux baignoires sont encore visibles, et découvrirez la piscine et les cuves de bains.

Maison du fromage

Villa Le Colombier - ✆ 04 73 88 57 96 - http://maison-du-fromage.com - visite guidée (40mn) de déb. fév. aux vac. de la Toussaint et vac. de Noël : horaires, se rens. - 5,90 € (-12 ans 4,90 €).

Une vidéo explique l'origine du st-nectaire fermier, sa fabrication, son affinage. Cave témoin et dégustation en fin de visite.

LA STATION

La ville thermale, qui aligne ses boutiques, ses hôtels et son casino le long de la D 996, possède plus de 40 sources. Leurs eaux jaillissent dans la vallée du Courançon à des températures allant de 8 à 56 °C. St-Nectaire fait figure de site pilote en matière de « thermoludisme » en ouvrant en 2002 son centre **Thermadore**.

Fontaines pétrifiantes

Face à l'établissement thermal - 1 av. du Dr-Roux - Villa Les Sources - ✆ 04 73 88 50 80 - www.fontaines-petrifiantes.fr - de mi-mai à mi-sept. : 9h30-12h, 14h-19h ; reste de l'année : se rens. - fermé de mi-nov. à mi-déc., 1er janv., 25 déc. - 6 € (-16 ans 3 €) - possibilité de visite guidée (45mn) juin-sept.

En jaillissant à plus de 50 °C de failles volcaniques, l'eau produit des phénomènes de pétrification, assez fréquents dans la région. En 1821, **Jean Serre** créa un artisanat directement lié au passé volcanique : l'incrustation sur moulage. Il se caractérisait par l'exploitation de sources chaudes particulièrement riches en carbonate de calcium, pour fabriquer des bas-reliefs en calcaire. Par la suite, sept générations ont développé et amélioré cette technique de pétrification pour en faire un véritable métier d'art. En suivant le parcours de ces eaux, vous découvrirez cet artisanat insolite à travers la grotte où jaillissent les sources chaudes, la galerie d'épuration où elles sont filtrées, l'atelier de moulage, la chute d'eau de 14 m de hauteur et la galerie d'exposition, qui présente des créations artisanales.

Dolmen

Composé d'une belle table de granit, reposant sur quatre supports, il est situé dans la partie haute du parc thermal. La *cella* attenante, fouillée en 1875, a permis de mettre au jour des vestiges funéraires de l'époque néolithique.

À proximité Carte de microrégion

Farges C1

À 3 km au nord-est de St-Nectaire-le-Haut par la D 150 en direction d'Olloix.

Les Mystères de Farges – *3 r. du 10-Août-1944 - 04 73 88 52 25 - www.st-nectaire.com - - juil.-août : 10h-17h30 ; mai-juin, sept. et vac. scol. (sf juil.-août) : 10h-12h, 14h-17h ; reste de l'année : sur demande - fermé 1er janv., 25 déc. - 6,60 € (-15 ans 4,60 €) - visite guidée et en scénovision (50mn, dégustation de fromage comprise) - prévoir un vêtement chaud (10-12 °C dans les grottes).*

Le hameau de Farges abrite d'anciennes habitations datant du Moyen Âge, creusées dans du tuf blanc. Elles servent de cadre à trois spectacles : le Temps des Guerriers, qui dévoile l'histoire du site *(son et lumière)* ; le Secret de l'abbé Dubois, qui relate les péripéties des reliques de saint Nectaire pendant la Révolution *(lanterne magique)* ; et le trésor de Viginet, où Félize vous contera le passé de St-Nectaire *(projection en stéréoscopie)*.

Jeux de piste – *04 73 88 52 25 - www.st-nectaire.com - juil.-août : 10h-17h30 ; mai-juin et sept. : 10h-12h, 14h-17h ; reste de l'année : sur demande préalable - Pour partir à la découverte du village, de son histoire et de la nature (1h-1h30). Les livrets sont en vente à l'accueil des Mystères de Farges.*

Randonnées

Puy de Châteauneuf C1

30mn AR. Montée assez dure. Empruntez la rue montante devant l'église St-Nectaire. Prenez ensuite à gauche un sentier rocailleux.

Il conduit au sommet du puy (alt. 934 m) : **vue** sur les monts Dore. Le flanc de la montagne est creusé de neuf grottes, qui furent probablement habitées, comme celles de Jonas (*Besse-et-St-Anastaise p. 180*), dès la préhistoire, puis ensuite utilisées au Moyen Âge.

Puy d'Éraigne C1

30mn AR au départ de St-Nectaire-le-Bas. Sentier rocailleux, très pénible, qui se détache à gauche de la route de Sapchat (D 150).

Du sommet (alt. 895 m), belle **vue** sur les monts Dore.

Cascade de Saillant C1 (*p. 186*)

À Saillant, 2 km à l'est de St-Nectaire-le-Bas.

3

NOS ADRESSES À SAINT-NECTAIRE

HÉBERGEMENT

PREMIER PRIX

À proximité

Chambres d'hôte Guilhot Élisabeth - Le Vert Sailles – *Sailles - 04 73 88 50 69 - http://vertsailles.fr - - 3 ch. 55 €.* Une adresse simple et paisible, située dans un lieu-dit offrant une vue magnifique sur l'église de St-Nectaire et le massif du Sancy. Les chambres (dont une familiale) sont logées dans un bâtiment annexe à la maison des propriétaires. Salle des petits-déjeuners voûtée dotée d'une belle cheminée.

BUDGET MOYEN

Hôtel Mercure-Les Bains romains St-Nectaire – *R. principale - 04 73 88 57 00 - www.hotel-bains-romains.com - - 71 ch. 70/125 € - 8/15,60 € - 19/32 €.* Installé dans les anciens thermes (1850), l'hôtel propose des chambres rénovées et modernisées. Celles en hauteur, avec vue sur le parc à l'arrière, ne déçoivent pas. Piscines intérieure et extérieure. Spa (250 m²).

POUR SE FAIRE PLAISIR

À proximité

Chambres d'hôte Le Chastel Montaigu – *63320 Montaigut-le-Blanc - Le Château - 10 km à l'est de St-Nectaire par D 996 - 04 73 96 28 49 - 06 81 61 52 26 - www.lechastelmontaigu.com - - fermé oct.-mars - 4 ch. 145/160 €, sur réserv.* Cassez votre tirelire sans hésiter pour un séjour (sur réservation, deux nuits minimum) dans ce château fort du Moyen Âge. Vue exceptionnelle sur la vallée et le village médiéval. Dans le donjon, restauré, belles chambres confortables et superbement aménagées.

RESTAURATION

PREMIER PRIX

À proximité

Auberge de l'Âne – *Les Arnats - 04 73 88 50 39 - www.auberge-de-lane.com - - fermé 2 sem. en janv., mar.-merc. sf. juil.-août - menu 16/28 € (enf. 6 €).* Nichée dans un hameau sur les hauteurs de St-Nectaire, cette auberge de pays sert depuis quarante ans une cuisine bien auvergnate dans une salle toute simple, avec nappes en toile cirée et serviettes en papier. Bon rapport qualité-prix.

BUDGET MOYEN

La Grange d'Alphonse – *63710 Farges - 06 32 69 95 59 - www.st-nectaire.com - - fermé de mi-nov. à mi-fév., lun.-mar. sf juil.-août et vac.scol. (se rens.) - menu 19/29 €.* En 2005, la famille Bellonte a créé un café-auberge dans un bâtiment au toit de chaume et cadre campagnard. On y déguste une cuisine authentique à base de produits frais et régionaux, la spécialité maison « la phonsounette » (pommes de terre au saint-nectaire fondu), et le saint-nectaire produit à la ferme.

ACHATS

Les Délices de Fannette – *29 av. du Dr -Roux - 04 73 73 49 96 - www.lesdelicesdefannette.fr - juil.-août : 10h30-18h ; reste de l'année : fermé sam. matin et dim. 10h30-17h (14h30 vend.) - fermé 20 juin-5 juil.* Fabrication traditionnelle de confitures, gelées de fruits, de fleurs, pâtes de fruits et autres gourmandises. Exposition permanente sur le sucre. Atelier

« Pâtes de fruits » pour les petits sur RV (2,50 €/pers.).

Galoches & Sabots Auvergnats - M. et Ch. Schmidlin – *Sapchat - St-Nectaire - ✆ 04 73 88 68 61 - 9h-18h30 - fermé dim.* Fabrication artisanale de galoches. Visite pédagogique sur le travail du sabotier sur RV.

La Musette – *Rte Principale - 63710 St-Nectaire-le-Bas - ✆ 04 73 88 53 96 - ✆ 06 87 30 07 96 - www.lesbaladins-lamusette.com - 8h30-19h30, 8h-20h en été.* Confitures, salaisons, liqueurs, vins, fromages, tripoux et autres spécialités régionales de cette boutique ont fait l'objet de sélections attentives auprès d'artisans auvergnats. Un diaporama présente la région et ses produits.

À proximité

Ferme Bellonte - GAEC de Farges – *3 r. du 10-Août-1944 - 63710 Farges - ✆ 04 73 88 52 25 - www.st-nectaire.com - boutique : ttlj. 6h45-9h30, 16h-19h.* Cette famille, producteurs de saint-nectaire, vous accueille avec passion dans sa ferme. Traite des vaches, différentes étapes de fabrication et caves d'affinage en tuf volcanique : ce fromage onctueux n'aura plus de secret pour vous. Les Mystères de Farges, petit musée et animation en scénovision, vous permettent de découvrir la vie traditionnelle. Restauration possible sur place (voir rubrique « Restauration »).

ACTIVITÉS

Thermadore – *Av. du Dr-Roux - ✆ 04 73 78 83 47 - www.thermadore.fr - vac. scol. : 14h30-19h30, dim. 9h30-12h30 et 14h30-19h30 - fermé mar. et jeu. hors vac. scol - aquadétente : 11 € (enf : 8,50 €), soin à partir de 20 €.* Ce centre s'articule autour de 2 secteurs : l'espace aquadétente, doté de piscines, Jacuzzi, hammam et sauna, ainsi qu'une partie forme et beauté, proposant des soins d'hydrothérapie, avec produits bio et eau de source.

AGENDA

St-Nectaire en Majesté – 1er w.-end de juin, la gastronomie est à l'honneur : concours primé du fromage st-nectaire, marché des Sites remarquables du goût et de produits régionaux, animations de rue.

Fête du pain - *Hameau de Saillant - ✆ 04 73 88 50 86 - 1er dim. d'août.* Le matin, assistez à la cuisson du pain au four du village. Marché d'artisanat, exposition de matériel agricole ancien et animation dansante l'après-midi.

Outils passions - *✆ 04 73 88 50 86 - 3e w.-end d'août.* Rassemblement européen de marchands d'outils anciens et d'art populaire.

Château de Murol

★★

Puy-de-Dôme (63)

Dressée sur une table basaltique, cette impressionnante forteresse médiévale, muse des artistes de l'école de Murol, surplombe les alentours et le village, et s'aperçoit de très loin. À proximité, le lac Chambon est un lieu idéal pour pratiquer les sports nautiques. Ceux qui préfèrent la randonnée partiront à la découverte du massif du Sancy, tout proche.

NOS ADRESSES PAGE 179
Hébergement, restauration, achats, activités, etc.

S'INFORMER

Office du tourisme de Murol - Lac Chambon – *R. de Jassaguet - 63790 Murol - ☎ 04 73 88 62 62 - www.sancy.com - juil.-août: 9h-18h30, dim. et j. fériés 9h30-12h30, 14h-18h; juin et sept.: tlj sf dim. 9h-12h, 14h-18h; mai: 9h-12h, 14h-18h, dim. et j. fériés 9h-12h; avr. 9h-12h, 14h-18h, w.-end 9h-12h; vac. de fév. et vac. de Noël: tlj sf dim. 9h-12h, 14h-18h, jeu.-sam. 14h-18h; reste de l'année: se rens. - fermé 1er janv., 11 Nov., 25 déc. - 2e bureau Plage du Lac-Chambon - 63790 Chambon-sur-Lac - ☎ 04 73 78 65 10 - 7 juil.-24 août: 10h-13h, 14h-18h30.*

SE REPÉRER

Carte de microrégion C1 p. 159 – *carte Michelin Départements 326 E9.*

Murol se trouve à 6 km de St-Nectaire, 10 km de Besse et 19 km du Mont-Dore. L'arrivée par le col de la Croix-St-Robert ménage une superbe vue d'ensemble sur le château et le lac Chambon.

À NE PAS MANQUER

Le magnifique panorama du haut de la tour de Chautignat.

ORGANISER SON TEMPS

Prévoyez une journée à Murol pour profiter du château et des balades offertes dans la vallée de la Couze Chambon. Le marché de Murol a lieu le mercredi matin.

AVEC LES ENFANTS

La visite animée du château de Murol que les Paladins du Sancy font revivre de façon très dynamique.

Se promener

★★ Château

Rte du Château - ☎ 04 73 88 82 50 - http://murolchateau.com - juil.-août: 10h-20h; avr.-juin et sept.: 10h-19h; fév.-mars et de déb. oct. à mi-nov.: 10h-18h; vac de Noël: 10h-17h; reste de l'année: 14h-17h - fermé 8-31 janv., 14 Juil. - possibilité de visite guidée (1h) - 9 € (-17 ans 4,50 €) - en été: découverte du château aux flambeaux avec Guillaume-de-Murol (14,50 €, -17 ans 9 €), spectacle équestre médiéval (18 €, -17 ans 11 €).

Depuis quelques années, le château de Murol a bénéficié d'importants aménagements. Afin de le faire revivre comme au Moyen Âge, des **visites animées★** y sont organisées en été par les Paladins du Sancy, comme si vous étiez à la cour de Guillaume de Murol en 1418. Ce château évoque le souvenir des rudes seigneurs de Chambe et de Murol, mais aussi toute une assemblée

Château de Murol, puy de Sancy dans le massif des monts Dore.
F. Cormon / hemis.fr

de peintres, qui appréciaient les bords de la Couze au 20ᵉ s. et qui se réunirent sous le nom d'école de Murol.

On accède à l'enceinte extérieure par le sud, et on la franchit par une porte fortifiée. La tour de Murol, à éperon, est ensuite laissée à droite. Dans la cour basse se dresse le **pavillon Renaissance** ; par les ouvertures, jolie **vue** sur la tour du Capitaine. Au nord s'élève le château central, sur un socle basaltique épais de 15 m. À côté du donjon se trouvent les **chapelles** du 13ᵉ s. et du 15ᵉ s. La visite débute à gauche de la tour de Murol, en longeant le grenier, le potager et la basse-cour. Une rampe d'accès conduit à la porte nord, surmontée de hourds, puis le grand degré mène à une élégante **porte**, décorée des armoiries des Murol et de Gaspard d'Estaing (puissante famille du Rouergue qui l'agrandit au 15ᵉ s.). Dans la cour intérieure, remarquez la galerie que surmontait la salle des Chevaliers (logis) à laquelle succède la salle des gardes. Empruntez l'étroit escalier à vis de la tour de Chautignat pour arriver à la plate-forme d'où se dégage un très beau **panorama★** sur Murol, la vallée de la Couze, le lac Chambon, les monts Dore, le Tartaret et, au loin, sur le Livradois. Le chemin de ronde mène à la **tour de la Châtelaine**, avec sa porte du 16ᵉ s. Vous accédez ensuite aux cuisines, à la boulangerie et ses **dépendances**.

À la sortie du château, redescendez au bourg par un sentier aménagé. Traversez la route pour passer la porte qui donne dans le parc municipal.

Parc municipal du Prélong

Autrefois propriété privée (sa maison abrite à présent le musée des Peintres de l'école de Murol), il s'ouvre sur une belle collection d'azalées, de rhododendrons et de magnolias. Le jardin à la française, avec ses allées de buis qui mènent à la roseraie, contraste avec le parc à l'anglaise. À l'entrée, une chaumière abrite le **Musée archéologique** où sont exposés de petits objets gallo-romains trouvés sur la commune. *Rte de St-Nectaire - parc du Prélong - ✆ 04 73 88 60 67 - juil.-août : 14h-18h - fermé j. fériés - gratuit.*

Le lac Chambon en hiver.
B. Jaubert / Getty Images

Musée des Peintres de l'école de Murol

Parc du Prélong - ✆ 04 73 88 60 06 - juin-oct. : 10h-12h, 14h30-18h30 ; reste de l'année : tlj sf mar.-merc. 10h-12h, 14h30-18h30 - fermé de déb. nov. à mi-déc., 1er janv., 1er Mai, 14 Juil., 25 déc. - 4 € (-18 ans 3 €).

Le village fut, au début du 20e s., un lieu d'inspiration pour une cinquantaine de **peintres paysagistes**, proches des impressionnistes ou des fauves, réunis autour de l'abbé Boudal, passionné de peinture, et de leur chef de file, le peintre Victor Charreton. Près de 130 toiles issues de cette école sont exposées.

À proximité Carte de microrégion

★ Puy de Bessolles C1

*2 km au sud par la D 5 (**Besse-et-St-Anastaise, p. 180**).*

★ Lac Chambon B1

1,5 km à l'ouest par la D 996.

L'existence de ce lac aux rives boisées est due au volcan du Tartaret, l'un des plus récents d'Auvergne, qui surgit au milieu de la vallée de la Couze et en arrêta les eaux. Vaste (60 ha) mais peu profond (4 à 6 m), il occupe, à 877 m d'altitude, un joli site parsemé d'îlots. Ses rives sont très découpées, sauf au nord où la D 996 le longe et au sud-est où une grande plage a été aménagée. Des pontons en bois ont été installés pour rendre le tour du lac plus accessible.

1h AR, on longe une partie du lac en suivant le sentier qui débute après la plage.

La Dent du Marais (ou Saut de la Pucelle) – Cette aiguille rocheuse de près de 100 m de haut, vestige de l'ancien volcan de la Dent du Marais, se dresse au nord du lac. On conte qu'une jeune bergère, importunée par les assiduités d'un seigneur, se jeta du haut de la falaise en invoquant la bonne Vierge de Vassivière et, miraculeusement, atterrit sans dommage. L'imprudente eut le tort de se vanter de cet exploit à des incrédules. Pour les convaincre, elle voulut recommencer, mais cette fois, s'écrasa au sol…

1h30 AR. De la D 5 qui part en direction de Clermont, après avoir dépassé le château, un sentier de randonnée mène à la **Dent du Marais**. Cette promenade procure des vues exceptionnelles. Vous pouvez aussi suivre la petite randonnée Chamina balisée en bleu, qui part du parking du lac et permet de combiner en 2h une partie du tour du lac et la Dent du Marais.

Église de Chambon

Cet édifice du 12e s., enlisé en partie par suite des crues de la Couze, est orné, au-dessus du porche d'entrée, d'un linteau représentant le martyre de saint Étienne. Sur la place se dresse une croix nimbée du 15e s.

Un ancien baptistère – Dans le cimetière, dont le chemin s'amorce à gauche sur la route de Murol, à 200 m de Chambon, s'élève une chapelle funéraire décorée extérieurement de motifs polychromes. On peut voir, à l'intérieur, de curieux chapiteaux.

NOS ADRESSES À MUROL ET ALENTOURS

HÉBERGEMENT/RESTAURATION

PREMIER PRIX

Hôtel Le Grillon – *Lac Chambon - 04 73 88 60 66 - www.hotel-grillon.com - 20 ch. 55/75 € - 10 € - 15/43 €*. Sur un axe fréquenté, cet immeuble des années 1950 propose des chambres coquettes et colorées. Jardin et aire de jeux. Plats traditionnels et régionaux. Terrasse tournée vers le lac et accueil chaleureux.

Hôtel Beau Site – *Lac Chambon - 04 73 88 61 29 - www.beau-site.com - ouv. des vac. de fév. au 1er nov. - 16 ch. 60/80 € - 10 € - 20/30 €*. Établissement familial aménagé dans deux bâtiments fleuris en surplomb du lac. Chambres claires. Terrasse et salles à manger ouvertes sur le rivage. Cuisine régionale.

BUDGET MOYEN

Chambres d'hôte Le Pavillon Bleu – *Rte du Chambon - lac Chambon - 04 73 88 89 52 - 06 71 05 98 71 - http://pavillonbleuchrisyl.pagesperso-orange.fr - 3 ch. à partir de 80 €*. Cette maison blanche bâtie sur une rive du lac abrite de confortables chambres lambrissées ; deux d'entre elles ont un balcon tourné vers les flots. Petits-déjeuners copieux servis dans un salon verdoyant agrémenté d'aquariums. Parc ombragé avec barbecue.

ACTIVITÉS

En hiver, balades à raquettes et ski de randonnée, accompagnées ou libres, vous mèneront dans les paysages enneigés du lac Chambon et du château de Murol. De Beaune-le-Froid *(4 km au nord-ouest de Murol)* partent 35 km de pistes de ski de fond de difficultés progressives.

Besse-et-Saint-Anastaise

★

1 502 Bessards – Puy-de-Dôme (63)

Au pays des mille et une sources, la « capitale des montagnes » affiche de belles maisons en pierre grise volcanique aux toits d'ardoises ou de lauzes. Durant la saison estivale, une foule se presse devant les étals des marchés de pays, remplissant les cabas de charcuterie fine et de bons fromages.

NOS ADRESSES PAGE 186
Hébergement, restauration, achats, activités, etc.

S'INFORMER

Office de tourisme – *13 r. Notre-Dame - 63610 Besse - ☎ 04 73 79 52 84 - www.sancy.com - juil.-août : 9h-19h, dim. et j. fériés 9h30-12h30, 14h-18h ; vac. de fév. : 9h-12h30, 13h30-18h ; reste de l'année : se rens.*

Bureau de tourisme – *Rd-Pt des Pistes - 63610 Super-Besse - ☎ 04 73 79 60 29 - www.sancy.com - vac. scol. : 9h-18h ; reste de l'année : 9h-12h, 14h-18h, w.-end et j. fériés se rens.*

SE REPÉRER

Carte de microrégion C2 p. 159 – *carte Michelin Départements 326 E9.*

Vous aborderez cette ancienne ville fortifiée par la D 36 en arrivant du Mont-Dore, ou par la D 978 si vous venez de Clermont-Ferrand. Les pentes du puy de Pertuyzat offrent une jolie vue d'ensemble sur le site de Besse.

À NE PAS MANQUER

La découverte à pied de la ville. Une balade le long des rives du lac Pavin, et le panorama sur les monts Dôme, du sommet du puy de Montchal. Le village très pittoresque de St-Floret. Le site spectaculaire du Marchidial, à Champeix.

ORGANISER SON TEMPS

Comptez environ une journée pour découvrir les Couzes Chambon et Pavin au départ de Besse.

AVEC LES ENFANTS

En saison, luge d'été ou glisse sur l'herbe à Super-Besse *(Pass Loisirs, renseignez-vous à l'office de tourisme).*

Se promener

Au Moyen Âge, Besse était un important carrefour commercial. On venait à ses marchés et ses foires échanger les fromages de montagne ou les peaux contre des céréales, des fruits ou du vin produits dans les vallées. Au 13e s., les bourgeois de Besse rachetèrent la charte communale. La ville se modernisa et les styles d'architecture se diversifièrent, grâce notamment à la bienveillance de Catherine de Médicis.

Prenez le temps de déambuler le long des ruelles bordées de vieux logis à tourelles en encorbellement. Les maisons et fontaines Renaissance témoignent d'un long attachement à la royauté. Quelques vestiges du rempart, construit à la demande des habitants pour se protéger des Anglais lors de la guerre de Cent Ans, sont encore visibles ici et là.

Besse devait être jadis un lieu parsemé de bouleaux, car son nom viendrait de *betta*, désignant cette essence d'arbre. Jusqu'en 1973, on lui associa le nom de

Fromagerie dans le centre historique.
Ch. Handl/imageBROKER/age fotostock

Chandèze, un hameau des environs, transformé en Chandesse avec le temps, d'où le nom de **Besse-en-Chandesse** que connaissent bien les Auvergnats. Depuis le rattachement d'un village situé aux confins du Cézallier, Besse-en-Chandesse est devenu, en 1973, Besse-et-St-Anastaise.

★ Église St-André

Pl. de l'Église - ✆ 04 73 79 50 40 - 9h-18h.

Bâtie sur une coulée de lave, elle domine la place environnante. C'est un édifice composite, en partie roman (fin 12e s.), avec un chœur gothique datant de 1555 (restauré au 19e s.) et des chapelles latérales des 17e et 18e s.

L'intérieur est assez sombre, avec des bas-côtés étroits. Les **chapiteaux**, de qualité, sont décorés de feuillages ou historiés (repas et mort du Mauvais Riche, crucifiement de saint André, curieuse scène de sacrifice, dresseurs de singe…). Remarquez les **stalles** du 16e s. dans le chœur (belles miséricordes) et, derrière le maître-autel, la statue vénérée de **Notre-Dame de Vassivière**.

★ Rue des Boucheries

Très pittoresque avec ses maisons bâties en lave sombre. Vous vous arrêterez devant la **maison dite de la reine Margot**, du 15e s. Selon une légende locale, Marguerite de Valois aurait séjourné dans cette ravissante maison, dont la porte gothique donne accès à un bel escalier à vis. L'édifice abrite aujourd'hui le musée du Ski.

Musée du Ski – *11 r. de la Boucherie - ✆ 04 73 79 57 30 - www.sancy.com - visite guidée juil.-août et vac. scol. : 9h-12h, 14h-18h ; reste de l'année : sur demande préalable - 4,50 € (-15 ans gratuit).* Sont exposés, grâce à la passion du propriétaire qui parcourt l'Europe à la recherche de pièces anciennes, des paires de skis de provenances diverses, un bobsleigh de 1925, des patins à glace de 1910… Des photographies anciennes montrent des dames encombrées de leur longue robe, fièrement campées sur leurs skis.

3

★ Porte de ville

Cette porte médiévale fut remaniée au 16e s. Elle est protégée par une barbacane bien préservée.

Château du Bailli

En contournant le chevet de l'église, vous pouvez gagner l'ancien chemin de ronde, dont le point fort était le château du Bayle ou Bailli, représentant le seigneur et investi de missions de justice.

À proximité Carte p. 158-159 et du massif du Sancy p. 192

★ Super-Besse B2

7 km à l'ouest de Besse par la D 978, puis la D 149.

Station d'altitude de Besse nichée à 1 350 m, Super-Besse, fréquentée l'été pour son cadre reposant, s'est d'abord développée comme station de sports d'hiver.

Domaine skiable – *04 73 79 60 03 - www.sancy.com - de déb. déc. à mi-avr. : 9h-17h ; des vac. de Noël à fin mars : nocturne 17h-20h45, hors vac. scol. merc. et sam. 17h-20h45 - 32,50 € (-12 ans 22,80 €) - le forfait acheté à la station permet (selon l'ouverture des liaisons) l'accès au domaine skiable du Mont-Dore.*

Créée en 1961 au pied du puy de la Perdrix (alt. 1 850 m), la station expose ses **43 km de pistes** au sud. Elle est équipée de 15 téléskis, de 5 télésièges et d'une télécabine qui desservent quelque **27 pistes de ski alpin** (5 vertes, 9 bleues, 9 rouges, 4 noires). Enneigement artificiel possible grâce à 240 canons. Le **ski de fond** se pratique au sud de Super-Besse, où une piste descend vers le lac Pavin. Ce secteur largement boisé est pourvu de **105 km de pistes** serpentant entre les lacs gelés. D'autres styles de glisse sont proposés : ski tracté par un cerf-volant, snowpark, luge, *tubbing*…

Puy Ferrand B2

6mn en téléphérique, puis 45mn à pied AR au départ de Super-Besse.

Le nouveau téléphérique de la Perdrix, le « funitel », part du cirque de la Biche et dessert le sommet du puy de la Perdrix. De là on gagne, en suivant la crête, le sommet du puy Ferrand ; **vues★★** sur les monts Dore, les lacs, la vallée de Chaudefour.

★★ Lac Pavin B2

À 4 km au sud-ouest de Besse, par la D 149, à sens unique, s'embranchant sur la D 978, ou par la route des Fraux qui relie Besse au Pavin par la montagne couverte de pâturages.

Les eaux du lac Pavin, profond de 92 m, occupent un vaste cratère dont la violente éruption émit des projections jusqu'à St-Flour, à 35 km de là… On racontait jadis que l'ancienne ville de Besse avait été engloutie dans le lac par punition divine, et qu'y jeter un caillou déchaînait d'effroyables orages. C'est pourquoi le lac porte le nom de Pavin (le mot latin *pavens* signifie épouvantable). Le parking des Fraux offre une **vue★** sur cette superbe étendue d'eau, alimentée par des nappes souterraines et peuplée d'ombles chevaliers et de truites atteignant parfois un poids prodigieux. On peut y pêcher et canoter à loisir.

Un **sentier** facile *(environ 45mn à pied)* permet de faire le tour du lac. C'est d'ici que s'effectue la montée au puy de Montchal.

★★ Puy de Montchal B2

Accès : soit par le sud du lac Pavin, soit par l'extrémité du chemin des Fraux. 1h30 à pied AR. Du sommet (alt. 1 411 m) se découvre un magnifique

panorama★★ sur le massif du Mont-Dore, les monts Dôme, les vallées des Couzes et la Comté, les monts du Livradois et le Forez. Au premier plan, le puy et le lac de Montcineyre, puis le Cézallier.

Chapelle de Vassivière B2

8 km à l'ouest par la D 978, en direction de La Tour-d'Auvergne. 3 km après avoir passé le carrefour séparant le lac Pavin de Super-Besse, prenez une petite route à droite. Cette chapelle de pèlerinage (16e s.) s'élève dans un beau site pastoral. Elle abrite pendant l'été la statue de Notre-Dame de Vassivière. La Vierge noire, soutenue par les « porteurs de Notre-Dame », quitte l'église St-André de Besse le 2 juillet, fête de la Montade, pour y redescendre le dimanche suivant le 21 septembre, fête de la Dévalade.

Lac de Montcineyre B2

8 km au sud-ouest par la D 36. Longez le lac de Bourdouze puis, après 1 km, prenez un chemin (1 km) sur la droite. Ce lac doit son existence au barrage d'une vallée par le puy boisé de Montcineyre, dont il porte le nom. Leur forme de croissant et de fer à cheval, qui semblent parfaitement s'emboîter, donne l'étonnante impression que ce volcan veille, impassible, sur les eaux du lac. En suivant la rive, au pied du volcan, on découvre une belle **vue** sur le massif du Sancy (*p. 188*).

Circuit conseillé Carte du circuit p. 184

D'UNE COUZE À L'AUTRE

Circuit de 65 km tracé en violet sur la carte p. 159 et p. 184 – comptez une journée. Au départ de Besse, prenez la D 633, une ravissante petite route de crête qui ménage des points de vue intéressants sur la vallée de la Couze Pavin et les gorges de Courgoul. Elle devient la D 619 en redescendant par Trossagne.
Prenez à droite la petite route qui arrive au-dessus des grottes de Jonas.

Site troglodyte de Jonas

04 73 96 31 69 - www.grottedejonas.fr - juil.-août : 10h-19h ; juin : 13h30-18h, dim. 10h30-18h ; sept. : tlj sf sam. 13h30-18h, dim. 10h30-18h ; reste de l'année : se rens. - fermé 13 nov.-13 déc. - 6,80 € (-12 ans 5,20 €) - 2 € audioguide.
Les plus rudimentaires de ces grottes artificielles, taillées dans le tuf (conglomérat de cendres) volcanique d'une falaise, furent peut-être habitées par les hommes de la préhistoire ; elles furent occupées jusqu'au Moyen Âge. Une chapelle, dont les voûtes conservent des **fresques** datées de 1100, et une véritable forteresse y furent aménagées. La tour renferme un escalier à vis d'environ 80 marches, taillé à même le tuf volcanique et conduisant à quatre étages d'appartements et une soixantaine de salles ! Remarquez, à droite en montant, l'évier avec une rigole d'évacuation des eaux usées, puis une salle pour une bombarde avec l'emplacement réservé aux projectiles, la boulangerie et son four à pain.
Revenez au Cheix pour reprendre la D 978 puis, à droite, la D 621.

Cheminée de fée de Cotteuges

15mn AR. Avant d'arriver au hameau, prenez à droite le sentier des Bedeaux.
Un chemin mène à travers bois à cette étonnante formation géologique qui se dresse dans une excavation. Le phénomène de la cheminée de fée de Cotteuges se présente sous la forme d'une colonne argileuse, coiffée d'un bloc de roche dure et que l'érosion pluviale a façonnée.

3

Poursuivez sur la D 621.
Après Cotteuges, la route traverse une cheire (coulée de lave) caractéristique. Plus loin, elle est dominée à gauche par de beaux rochers abrupts. La rivière a entaillé le socle granitique, donnant un aspect tourmenté aux rochers où s'accrochent les pins.

Saurier

Cet ancien bourg fortifié possède une maison de louvetier, reconnaissable aux sculptures figurant sur le tympan de la porte.
En franchissant la Couze, jetez un coup d'œil à gauche sur le vieux pont médiéval, avec, en son milieu, un petit oratoire à la Vierge. La vallée se resserre de nouveau ; des rochers basaltiques se dressent sur les versants.
Prenez la D 26 en direction d'Issoire.

★ St-Floret

Visitez en premier lieu le plateau du Chastel, site primitif probable de ce village qui remonte au néolithique.
Église du Chastel – ✆ *04 73 71 10 39 - www.saint-floret.fr - avr.-sept. : lun.-vend. 10h30-18h, w.-end 14h-18h ; reste de l'année : demander la clé à la mairie - gratuit - possibilité de visite guidée sur demande (2h) 3 € (-12 ans gratuit).* Édifiée sur un promontoire considéré dès l'origine comme sacré, elle domine la Couze Pavin. À côté se trouvent les restes d'une nécropole mérovingienne (tombes creusées dans le roc et ossuaire). Dans la chapelle nord, jolie **peinture murale** du début du 15e s. : saint Jean Baptiste présente Jean de Bellenave, seigneur de St-Floret, et sa famille, à la Vierge et à l'Enfant.
L'église est entourée des vestiges d'un **cimetière** qui remonte aux Mérovingiens et a été utilisé durant tout le Moyen Âge : des sépultures, creusées à même le roc, ont été mises au jour lors de fouilles.
Le **pont** du 15e s. qui enjambe la Couze Pavin porte en son milieu un oratoire abritant une Vierge romane polychrome.

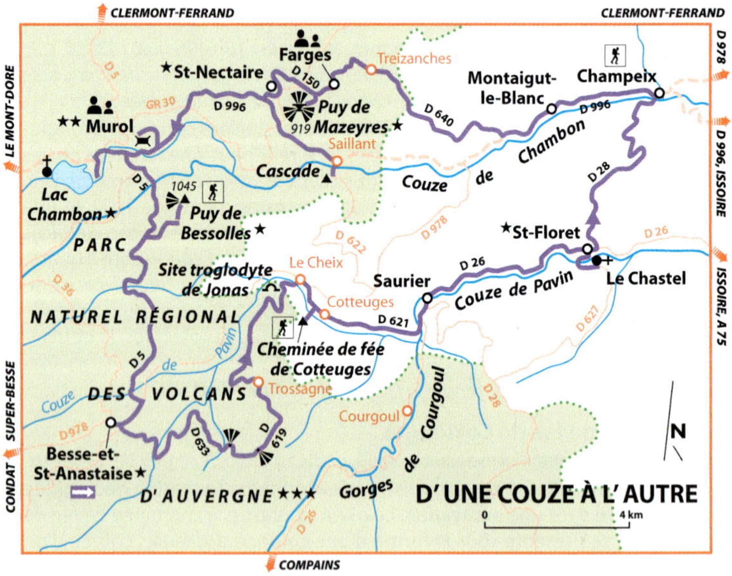

St-Floret, vue sur le village.
G. Labriet / Photononstop

Château –*R. des Remparts - ✆ 04 73 71 10 39 - www.saint-floret.fr - visite guidée (1h) juil.-août : 10h30-12h30, 14h-18h ; avr.-juin et sept.-oct. : 14h30-18h ; reste de l'année : se rens. - fermé jeu. - 2,50 € (-12 ans 2 €) - 5 € billet combiné avec la visite du site archéologique du Chastel et de sa chapelle.* Cet édifice, bâti au 13e s. (donjon), fut remanié un siècle plus tard. Les murs de la salle inférieure sont ornés de grandes **peintures murales★** du 14e s., qui retracent des épisodes d'un roman de chevalerie *(Tristan)* ; au-dessus, autre belle salle voûtée d'ogives.
Après l'église, prenez à gauche la D 28 qui mène à Champeix.

3

Champeix

Ce charmant village, où abondent vergers et jardinets, est bâti entre des coteaux autrefois plantés de vignes. Avec ses toits de tuile, il a l'aspect d'une cité méridionale. Sur la rive droite de la Couze Chambon, un à-pic de rocher, couronné par les ruines d'un château féodal *(voir plus loin)*, domine l'église Ste-Croix. Cet édifice possède une abside romane ; à la porte du flanc gauche, un linteau représente les symboles de la sainte Trinité. À l'intérieur, statue de saint Verny, patron des vignerons.

Site du Marchidial – *Chemin d'accès piéton près du pont ; accès voiture : prenez la D 28 vers St-Floret sur 1 km, puis tournez à droite en direction du collège. ✆ 04 73 96 73 39 - visite libre de l'extérieur - possibilité de visite guidée sur demande (30mn) - gratuit.* Situé sur la partie haute de Champeix, le quartier du Marchidial doit son nom aux marchés et foires qui, au Moyen Âge, s'installèrent sur le plateau. À l'est, une ruelle mène aux vestiges de l'ancienne forteresse médiévale d'où l'on jouit d'une jolie vue. Au 13e s., c'était l'une des principales résidences des dauphins d'Auvergne. Le site se développe autour de la **chapelle St-Jean** (12e s.), qui abrite d'anciennes fresques. Un escalier à vis mène à une plate-forme permettant d'apprécier un beau panorama. Les terrasses sont aménagées par les habitants de Champeix, qui veillent à la préservation de leur patrimoine. À voir, les jardins perchés de l'ancien château, riches d'essences variées, et celui des sœurs de St-Joseph, véritable jardin de congrégation.
Quittez Champeix par l'ouest en empruntant la D 996, direction St-Nectaire.

Montaigut-le-Blanc

Ce village est dominé par un château restauré *(chambres d'hôte)*. Son aspect méridional, ses toits plats à tuiles creuses, les vignes en terrasses, les arbres fruitiers au fond de la vallée annoncent déjà la Limagne.

Poursuivez sur la D 996 sur 1,5 km. Prenez à droite la D 640. Peu après Treizanches, prenez à gauche la D 150.

Farges *(p. 173)*

Continuez sur la D 150, puis prenez à gauche.

★ Puy de Mazeyres

Du sommet (alt. 919 m), une table d'orientation permet d'apprécier le très beau **panorama** sur les monts Dore.

Revenez sur la D 150.

★★ Église de St-Nectaire *(p. 171)*

De St-Nectaire-le-Bas, prenez la D 996 en direction de Champeix jusqu'à Saillant.

Cascade de Saillant

Dans le village, la rivière franchit en cascade une coulée de basalte ; jolie **vue** sur le parcours de la D 622. La cascade de Saillant n'est pas très haute (7 m), mais assez ample. Elle est spectaculaire à la suite d'un orage ou à la fonte des neiges.

Revenez à St-Nectaire et poursuivez sur la D 996 en direction du Mont-Dore.

★★ Château de Murol *(p. 176)*

Quittez Murol par la D 996 puis, au carrefour avec la D 5, prenez à gauche.

La route longe les flancs du Tartaret. Sur la gauche, dans une petite carrière, on peut observer les cendres volcaniques (cinérites) constituant le cône.

★ Lac Chambon *(p. 178)*

Revenez à Murol et prenez sur la droite la D 5 en direction de Besse. Après 2 km, prenez sur la gauche la D 619 puis, après 100 m, tournez à gauche.

★ Puy de Bessolles

Suivez le chemin balisé « Plateau de Bessolles-panorama ». 45mn AR pour le panorama, 2h pour le circuit de découverte faisant le tour du plateau (suivre le balisage jaune).

Ce sommet (alt. 1 045 m) constitue l'un des meilleurs belvédères de la région des Couzes sur les monts Dore et le lac Chambon.

Revenez à Besse-et-St-Anastaise par la D 5.

NOS ADRESSES À BESSE-ET-SAINT-ANASTAISE

HÉBERGEMENT

Bon à savoir – Les amateurs de ski se retrouvent à Super-Besse où l'hébergement se fait majoritairement dans les résidences hôtelières de la station.

BUDGET MOYEN

Hôtel La Gazelle – *1 chemin d'Olpilière - ✆ 04 73 79 50 26 - www.lagazelle.fr - P - fermé de mi-avr. à déb. mai et de mi-nov. à mi-déc. - 36 ch. 87/106 € - ✕.* Fort de sa position dominante, cet hôtel offre une belle vue sur Besse la médiévale. Chambres au style montagnard. Petits-déjeuners servis sous la véranda. Plats traditionnels à déguster dans une salle à manger sobrement décorée d'où la vue est superbe.

Hôtel Les Mouflons – *Le Berthelage - ✆ 04 73 79 56 93 - www.hotel-mouflons-besse.com - P - fermé avr. et 15 nov.-15 déc. - 49 ch. 50/85 € - ☕ 10 € - ✕ 25 €.* Imposant bâtiment des années 1970 aux allures de chalet. Préférez l'une des chambres rénovées ; les autres sont un peu désuètes. Spacieux restaurant où l'on sert une cuisine régionale.

À proximité

Écogîte de Bessoles-les-Bois – *63320 St-Diery - Bessoles (accès par la D 621, tourner à Cotteuges) - ✆ 04 73 96 30 37 - www.ecogite-auvergne.fr - P - 1 gîte (7 pers.) 600/1 080 € la sem. pour 2 pers.* Au bout d'une impasse, cette vaste maison, édifiée à partir d'une ancienne bergerie, fonctionne grâce à la cheminée à foyer fermé et aux panneaux solaires installés sur le toit. Elle comprend trois chambres à l'étage, un grand salon et un jardin privatif qui s'ouvre sur la vallée de Pradelle. Idéal pour les amoureux de randonnée.

RESTAURATION

PREMIER PRIX

Le Bessoi – *1 pl. de la Gayme - ✆ 04 73 79 56 63 - fermé dim. soir et jeu. ; tlj midi et soir pdt vac. scol - menu 19,90 €, à la carte 10/25 €.* En centre-ville, pour des crêpes, des spécialités auvergnates, des tartines, des salades. Bon café gourmand. Terrasse.

ACHATS

Marché des produits du terroir – *Mairie - ✆ 04 73 79 52 84 - lun. 9h-12h30.* Le lundi, de 9h à 13h, dans les rues et sur les places de la cité médiévale de Besse.

À proximité

Fromagerie Guillaume – *39 rte des Moulins - 63320 Montaigut-le-Blanc - ✆ 04 73 96 73 10 - 8h30-12h30, 14h-19h, lun. 8h30-12h30, 14h-18h - fermé dim.* Cette fromagerie affine sa production dans d'étonnantes caves creusées dans le tuf. Outre les spécialités connues – saint-nectaire, fourme d'Ambert, bleu d'Auvergne et cantal –, vous découvrirez d'autres savoureux produits comme le pavin, un fromage de vache à la pâte onctueuse, ou le gaperon à l'ail.

ACTIVITÉS

Randonnées – *www.sancy.com - s'adresser à l'OT de Super-Besse au ✆ 04 73 79 60 29 ou au bureau des guides et accompagnateurs au ✆ 06 08 03 51 11.* 670 km de chemins balisés sillonnent le massif du Sancy. Besse et Super-Besse sont les points de départ de très jolies randonnées en montagne, en forêt ou autour des lacs. Des randonnées à thème sont organisées pour partir à la découverte de la faune et la flore, du volcanisme.

Jeu de piste de Tibou – *✆ 04 73 79 52 84.* L'office de tourisme propose un jeu de piste sous forme d'énigmes, permettant une découverte ludique de Besse. Avec à la clé, une carte de détective honorifique !

Espace VTT – *Super-Besse - ✆ 04 73 79 60 29 - ouv. de mi-juin à début sept. - forfait 15,50 € pour 4h. (7.80 € enf.), 22 € la j. (11 € enf.), aller simple 6.70 €.* ✆ Espace sécurisé pour le VTT aménagé au cœur du domaine alpin. Bike park, kid park, pistes, franchissements, rampes de saut et virages relevés.

3

Massif du Sancy

★★★

Puy-de-Dôme (63)

Point culminant du Massif Central, le Sancy, surgi il y a 900 000 ans, est la plus jeune et la moins érodée des cimes volcaniques des monts Dore. À la fin du printemps, les ultimes plaques de neige finissent de disparaître, laissant place au lis martagon, à la grande gentiane et à l'anémone soufrée. Avec sa faune préservée, ses cascades d'eau vive et ses lacs immobiles et profonds, cette montagne majestueuse, berceau de la Dordogne, est un enchantement.

NOS ADRESSES PAGE 195
Hébergement, restauration, achats, activités, etc.

S'INFORMER

Office du tourisme du Mont-Dore – *Av. de la Libération - 63240 Le Mont-Dore - ✆ 04 73 65 20 21 - www.sancy.com - juil.-août : 9h-18h30 ; nov. : tlj sf dim. et j. fériés 9h-12h, 14h-18h ; reste de l'année : 9h-12h, 14h-18h.*

SE REPÉRER

Carte de microrégion B2 p. 158 – *carte Michelin Départements 326 D9.* De Clermont, la D 2089 puis la D 983 permettent d'accéder au nord du massif par le col de la Ventouse ou le col de Guéry. À l'est, la D 996 vient d'Issoire et mène au Mont-Dore par le col de la Croix-Morand. La D 978 par Besse, puis la D 203 par La Tour-d'Auvergne font le tour du massif par le sud-ouest.

À NE PAS MANQUER

Un téléphérique conduit presque jusqu'au sommet du puy de Sancy d'où, par temps clair, le panorama est extraordinaire.

ORGANISER SON TEMPS

Deux jours ne seront pas de trop !

AVEC LES ENFANTS

Pique-nique au bord des lacs, et visite de la Maison de la Réserve de la vallée de Chaudefour.

Massif du Sancy.
Razvan/iStock

Circuits conseillés Carte de microrégion

★★★ PUY DE SANCY B1-2

Circuit tracé en gris sur la carte p. 192.
7 juil.-2 sept. : 9h-18h ; avr.-juin et 3-30 sept. : 9h-12h, 13h30-17h ; reste de l'année : se rens. en fonction de l'ouverture de la station - Du Mont-Dore, gagnez le haut de la station de sports d'hiver (3 km) pour accéder au téléphérique (04 73 65 02 23, adulte, 7,50 € aller simple, 9,90 € AR, -17 ans 6,80 € aller simple, 9 € AR). Après 4mn de montée, comptez 45mn AR de marche jusqu'au sommet.

Sommet des monts Dore, le puy de Sancy (alt. 1 885 m) est le point culminant de la France centrale. Les pelouses subalpines du sommet du Sancy constituent un milieu d'une grande fragilité, la rigueur du climat rendant leur reconstitution difficile. Une fréquentation estivale piétonne trop importante peut être cause de dégradation. Attention à respecter les zones récemment plantées.

★★★ Panorama

Attention aux vents, emportez… un coupe-vent ! De la vaste plate-forme du sommet, recouverte d'herbes moussues, le regard se perd dans l'immensité des monts, jusqu'aux Alpes du Dauphiné, par temps très clair. Plus près, vous découvrez au nord-est la chaîne des Puys, au sud le massif du Cantal, aux premiers plans les monts Dore *(table d'orientation)*.

★★★ VERSANT NORD

Itinéraire de 36 km aller-retour tracé en rouge foncé sur la carte p. 158 et p. 192 - comptez une demi-journée.

★ Le Mont-Dore (p. 196)

Quittez Le Mont-Dore par le nord en empruntant la D 983. Après 3 km, prenez sur la droite la D 996.

Col de la Croix-Morand

À 1 401 m d'altitude, ce col avait autrefois mauvaise réputation : « Le col de la Croix-Morand veut son homme tous les ans », affirmait un dicton local. Il fait aujourd'hui le bonheur des ramasseurs de myrtilles ; les cyclistes le connaissent bien : il a d'ailleurs vu passer le Tour de France à six reprises et, enfant du pays, Jean-Louis Murat en a fait une chanson, qui donne son nom à l'un de ses albums. Le col de la Croix-Morand est aussi appelé col de Diane,

LE FEU ET LA GLACE

Trois grands volcans – Le puissant système volcanique, dont les restes constituent les monts Dore, est né durant le pliocène. Il couvrait, à son apogée, une surface trois fois plus grande que celle du Vésuve, et présentait trois grands cônes juxtaposés (le Sancy, la Banne d'Ordanche, l'Aiguiller) dont les cratères s'ouvraient à près de 2 500 m d'altitude. Le puy de Sancy, actuellement le sommet le plus élevé du massif avec ses 1 885 m, est un culot de trachyte dont la gaine a été dégagée par l'érosion.

L'action des glaciers – La grande vague de froid qui s'étendit sur l'Europe au cours du pléistocène recouvrit les monts Dore d'une calotte de glace épaisse de plus de 100 m. Cette masse creusa les cirques et les profondes vallées, créa ces escarpements d'où tombent les cascades, mit en relief des aiguilles et d'énormes rochers, les parties les plus résistantes du massif.

Les derniers soubresauts – Décapitée et démantelée par les glaciers, puis par le puissant ruissellement qui accompagna leur fusion, la partie centrale du massif présentait, quand apparurent les premiers hommes, à peu près le même aspect qu'aujourd'hui. C'est alors qu'une nouvelle poussée volcanique se produisit sur ses bords. Des volcans secondaires surgirent, barrant les vallées de leurs cônes ou de leurs coulées, creusant des cratères d'explosion et donnant naissance à plusieurs lacs. Ce furent les dernières convulsions qu'eurent à subir les monts Dore.

bien que celui-ci soit à l'écart de la route (Diane est le nom d'un ruisseau venu de Chaudefour).

Revenez à la D 983 (attention : en hiver, cette route est parfois obstruée par la neige) et prenez à droite.

Après un parcours en forêt, puis dans une vallée aux versants couverts d'éboulis basaltiques, la route atteint le lac de Guéry (vue sur le massif du Sancy).

★ Lac de Guéry

À 9 km au nord du Mont-Dore.

À 1 244 m d'altitude, ce lac d'origine volcanique, dont la profondeur maximale est de 17 m, fut sans doute créé par une coulée de basalte, venue du sud-est, qui forma un barrage. Les pâturages, percés de roches noires, et les sapins qui l'entourent lui composent un cadre assez sévère. Au printemps, le lac est éclairé par de longs épilobes en épi, qui en marquent le pourtour.

La pêche blanche – Le lac de Guéry fait l'objet d'un rendez-vous peu commun, digne des pays nordiques. Moment attendu par les pêcheurs de toute la France, mais aussi de l'étranger : l'ouverture, en mars, de la **pêche sous la glace** ! Cette technique de pêche, à la façon des Inuits, est quelque peu originale et unique en France, puisqu'en principe elle est interdite. Chacun creuse son trou dans la glace à l'aide d'une vrille, puis lance sa ligne eschée d'un lombric, d'une teigne ou d'un petit vif…

Boucle de 1h30 en saison. Garez-vous sur le parking du col de Guéry. Vous pouvez faire une boucle plus large (4h) et rejoindre la Banne d'Ordanche.

Vers le sud se dessinent les crêtes du Sancy. La route domine le cirque boisé du Chausse.

★ Roches Tuilière et Sanadoire

Du col de Guéry, on découvre une très belle **vue★★** sur le cirque profond et boisé du Chausse, d'où jaillissent deux grands monolithes, les roches Tuilière et Sanadoire, qui encadrent la vallée sèche de Fontsalade.

DES RHINOCÉROS EN AUVERGNE
Entre les périodes d'activité volcanique, la vie renaissait dans la région des Dore. Des empreintes et des ossements, retrouvés dans les cendres, prouvent que des lauriers, des bambous et d'autres espèces végétales, reléguées aujourd'hui dans des régions plus chaudes, s'élevaient sur les flancs des volcans, tandis que des rhinocéros, des éléphants et des carnassiers tels que les machairodontes (tigres à dents de sabre) peuplaient le pays.

À gauche, la **roche Tuilière★**, sur laquelle apparaissent des colonnes prismatiques de trachyte disposées en gerbes, représente la cheminée d'un volcan ruiné. À droite, la **roche Sanadoire★** est un reste du dôme phonolitique ; elle porta jusqu'au 15e s. un château quasi imprenable, qui servit de refuge aux mercenaires, appelés routiers (ils appartenaient à une « route », c'est-à-dire à une troupe) terrorisant la contrée pendant la guerre de Cent Ans. Le large vallon qui les sépare fut creusé par un glacier.
Près de la bifurcation de la D 27 et de la D 983, un sentier, se détachant de la D 983, conduit à un **promontoire rocheux** d'où l'on peut, en se tournant vers la roche Sanadoire, éveiller le surprenant écho de la phonolite.
Poursuivez sur la D 983.

★ Lac Servière
C'est un lac de cratère, aux parois peu accusées, sauf au sud où elles entaillent le puy de Combe-Perret. Sa superficie est de 15 ha et sa profondeur de 26 m. Son miroir rond et tranquille est bordé de pins, de sapins et, à l'est, où ses eaux affleurent la lèvre du cratère, de pâturages. Le site a beaucoup de caractère, notamment en hiver lorsqu'il est recouvert d'un manteau neigeux.
Vous pouvez faire le tour du lac en suivant le sentier qui passe près des chalets et qui suit les rives.
Faites demi-tour et prenez à gauche la D 27.

3

★★ TOUR DU SANCY

Circuit de 85 km tracé en vert clair sur la carte p. 158 et p. 192 – Comptez une journée.
Cet itinéraire fait le tour du massif, ce qui permet de l'entrevoir sous tous les angles, notamment dans les parties sud et ouest, moins connues.

★ Le Mont-Dore (*p. 196*)
Attention, certaines routes étant souvent enneigées de novembre à avril, cet itinéraire peut être entrepris également au départ de La Bourboule (p. 202).
Quittez Le Mont-Dore par l'est, puis prenez à gauche la D 36.

Col de la Croix-St-Robert
Du col (1 426 m), superbe **panorama★★** à l'ouest sur le plateau de Millevaches, à l'est sur le lac Chambon, le plateau et le château de Murol et, à l'horizon, les monts du Forez et du Livradois.
La descente du col vers Besse-et-St-Anastaise s'effectue à travers le **plateau de Durbise** et ses immenses pâturages. *Poursuivez sur la D 36 et laissez votre voiture sur le parking près de la Maison de la Réserve naturelle de la vallée de Chaudefour.*

★★ Vallée de Chaudefour
La spectaculaire vallée de Chaudefour fut creusée dans le granit et la lave par les glaciers quaternaires qui ont couvert les monts Dore et par une couze qui

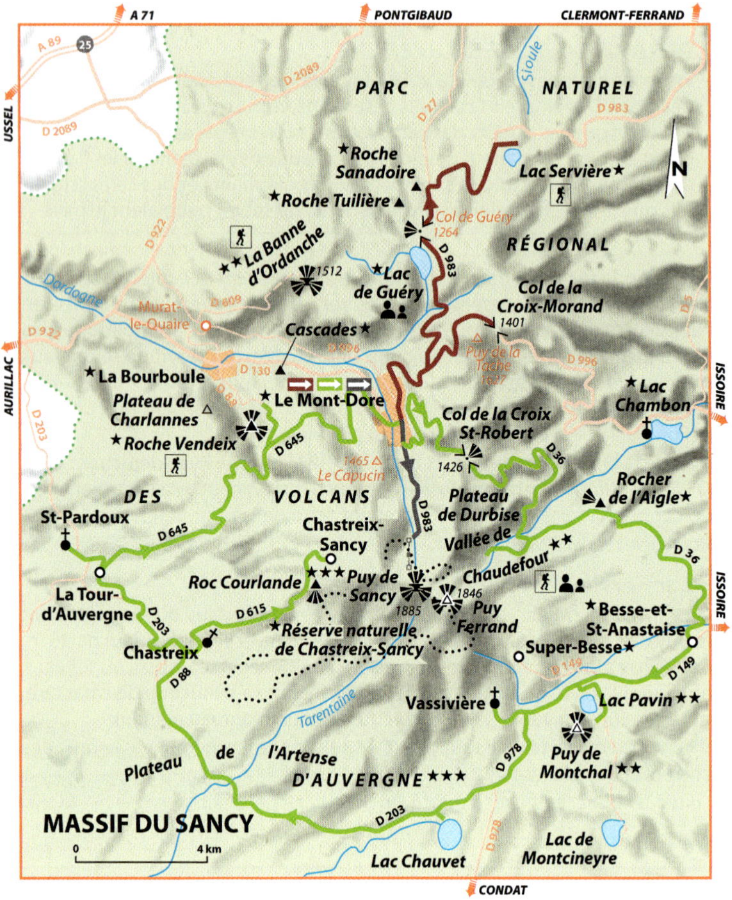

leur a succédé. Ses pentes élevées et ses sommets sont entamés par des ravins dénudés ou hérissés de roches que l'érosion a dégagées et sculptées en profils étranges. L'ensemble du site présente un intérêt scientifique : tourbières nombreuses, faune et flore rares. Les passionnés de géologie y découvriront d'intéressants échantillons de roches volcaniques et les amateurs d'alpinisme se réjouiront des nombreuses voies d'escalade. Une station thermale avait commencé à s'implanter au début du 20e s., et l'on parlait même de faire venir le train jusqu'à Chaudefour. Mais la guerre de 1914-1918 vint briser ce projet. Les gens du pays continuent toutefois à venir se servir à la source Ste-Anne, agréable et légère, et souveraine, dit-on, pour les maladies respiratoires.

Point de vue – Un petit pont enjambant la Couze laisse découvrir, en contrebas, une source ferrugineuse. À l'entrée du site, jolie vue sur le fond de la vallée qui forme un cirque majestueux. En se plaçant face au puy Ferrand (*Besse-et-St-Anastaise*), des versants duquel se détachent, à gauche, le roc de la Perdrix et, en face, la pyramide aiguë de l'Aiguille, vous apercevrez *(à gauche)* le saut de la Biche, fine cascade tombant dans une anfractuosité rocheuse. À droite du puy Ferrand s'élèvent la Crête de Coq et la Dent de la Rancune, puis le regard glisse sur une arche naturelle, le Portail ou Roche Percée.

Maison de la Réserve naturelle de la Vallée de Chaudefour – *Parc naturel régional des Volcans-d'Auvergne - 63790 Chambon-sur-Lac - ✆ 04 73 88 68 80 - juil.-août pour les individuels visite-découverte flore, faune et paysages tous les jeudis (durée 8h), adulte 10 € (- 12 ans gratuit), sur réserv. préalable ; attention : enf. de moins de 7 ans non acceptés (400 m de dénivelé).*
Expositions et films présentent l'ensemble du patrimoine naturel de la vallée de Chaudefour. Des balades découverte (faune, flore et volcanisme), accompagnées d'un guide, sont régulièrement proposées.
Plusieurs randonnées partent de la Maison de la Réserve *(indications à l'entrée)*. Avec l'afflux de visiteurs, de nombreux chemins de traverse ont créé des ravines, fragilisant le site. Respectez les parcours balisés.
Poursuivez sur la D 36.

★ Rocher de l'Aigle

Très jolie vue sur la vallée de Chaudefour et le massif des monts Dore.
Continuez sur la D 36.

★ Besse-et-St-Anastaise

(p. 180). Quittez Besse par le sud-ouest par la D 149.

★★ Lac Pavin

(p. 182). Revenez vers la D 978 et prenez à gauche, puis à droite.

Chapelle de Vassivière

(p. 183)
Faites demi-tour et prenez la D 978, à droite, en direction de La Tour-d'Auvergne. Au croisement, prenez à droite la D 203.

Lac Chauvet

Le chemin d'accès traverse une prairie, puis se dirige vers une maison à la lisière d'un bois. Ce lac est dû à une série d'explosions volcaniques qui engendrèrent un effondrement du sol. Comme le lac Pavin, il remplit un cratère d'explosion (ou maar). D'une profondeur de 63 m, il était autrefois enfermé par le Bois noir et le bois de Maubert. Des entailles ont été pratiquées, dégageant les rives de ce joli lac.
Revenez vers la D 203 et prenez à gauche. Après 12 km, prenez à droite la D 88.

Chastreix

Le petit bourg, où est installée la Maison de la Réserve de Chastreix-Sancy, possède une belle église composée d'une nef unique. Remarquez le porche du 14e s. Dans la nef, à gauche, retable du 18e s.
★ **Réserve naturelle de Chastreix-Sancy** – *Maison de la Réserve - 63680 Chastreix-Sancy - ✆ 04 73 21 41 74 - www.parcdesvolcans.fr/reserves-naturelles - ♿ - juil.-août : 9h30-12h, 14h-18h ; reste de l'année : 9h30-12h, sam. 9h30-11h - fermé dim. et j. fériés - sorties régulièrement organisées - chiens interdits sf tenus en laisse sur le GR30.* S'étendant sur 1 895 ha, classée Réserve naturelle nationale depuis 2007, Chastreix-Sancy, dont l'altitude varie entre 1 100 et 1 885 m possède un patrimoine naturel exceptionnel : crêtes aux végétations subalpines, tourbières, cours d'eau, prairies et landes montagnardes, forêts. 1 060 espèces végétales et 640 espèces animales se partagent son territoire. Parmi les missions de la réserve, figurent la gestion de la fréquentation, la restauration des chemins et l'amélioration des connaissances écologiques.
Au départ de la Maison de la Réserve, il existe 3 sentiers de découverte, de 3 à 10,5 km.
Quittez Chastreix par le nord en empruntant la D 615.

3

Parc naturel régional des Volcans d'Auvergne, massif du Sancy.
H. Lenain / hemis.fr

Roc Courlande

Du parking, à droite, **vue★** étendue sur le plateau de l'Artense, au premier plan, dominé par les monts du Cantal, et la vallée de la Dordogne à droite.
Poursuivez sur la D 615.

Chastreix-Sancy

Au cœur de la réserve naturelle du même nom, créée en 2007, une petite station de sports d'hiver familiale, idéale pour la pratique du ski de fond.
Faites demi-tour et revenez sur la D 203.

La Tour-d'Auvergne

Bâtie au milieu d'une nature verdoyante, agrémentée d'un plan d'eau et sillonnée de ruisseaux tombant en cascade, cette petite ville au passé prestigieux constitue un agréable lieu de villégiature. En limite de l'Artense et tout près de Tauves (*p. 208*), elle s'élève à 990 m d'altitude sur un plateau basaltique qui se termine en colonnes prismatiques régulières, visibles près de l'église. Le **champ de foire**, établi à la surface de ces prismes, semble fait de pavés géants. Les **seigneurs de La Tour d'Auvergne**, connus dès le 12e s., devinrent comtes d'Auvergne en 1389. De cette famille descendirent les vicomtes de Turenne, les ducs de Bouillon, les barons de Murat, et aussi la reine Margot et sa mère, Catherine de Médicis.
Quittez La Tour-d'Auvergne par le nord-ouest en empruntant la D 203.

Église de St-Pardoux

Intéressant édifice gothique qui a conservé des pentures de portes du 13e s. et un très beau retable en bois doré.
Revenez vers La Tour-d'Auvergne et prenez, au nord-est, la D 645.

★ Roche Vendeix (*p. 205*)

Les visiteurs désirant rejoindre La Bourboule (*p. 202*) continuent à suivre la D 88 après la roche Vendeix ; ceux qui reviennent au Mont-Dore prennent à droite la D 645 qui, au cours de la descente, offre de belles vues sur la station.

NOS ADRESSES DANS LE MASSIF DU SANCY

RESTAURATION

PREMIER PRIX

Buron du Col – *Col de la Croix-Morand - 63790 Chambon-sur-Lac - ✆ 04 73 22 14 25 - www.buronducol.fr - P ♿ - fermé merc. hors vac. scol. - 12h-20h - menu truffade 15,80 €, carte 11,90/16,90 € - également gîte d'étape (12 couchages + 1 chambre indiv.) - réserv. conseillée.* Christophe et Laurence, originaires de Dordogne, sont tombés amoureux du Sancy. Dans leur buron (1 401 m d'altitude), ils proposent dans un décor montagnard une copieuse cuisine de terroir, comme l'« assiette du randonneur » ou la truffade maison. Terrasse.

BUDGET MOYEN

Le Buron de Chaudefour – *Vallée de Chaudefour - D 36 (face au parking de la réserve) - 63790 Chambon-sur-Lac - ✆ 04 73 88 63 67 - www.buron-chaudefour.fr - P ♿ Wi-Fi - fermé mi-nov. à mi-déc. - menu 19,90/31,90 € (enf. 10,50 €).* Une des tables favorites des familles locales pour les repas du w.-end. Truffade accompagnée d'une salade de noix, tripoux, grandes tartines au déjeuner, mais aussi cuisses de grenouilles et raclette à l'ancienne, à déguster sous le regard bienveillant du puy Ferrand. Réservation conseillée.

ACTIVITÉS

Bureau montagne Auvergne-Sancy-Volcans – *63790 Murol - ✆ 06 41 66 90 80 - www.bureaumontagne.com - des guides passionnés proposent des randonnées accompagnées. Parc VTT, initiation à l'escalade et au tir à l'arc.*

Randonnées, descente VTT, VTT cross-country – *63240 Le Mont-Dore - ✆ 04 73 65 20 21 - www.sancy.com - mai-oct. suivant la météo, rens. à l'office du tourisme.* Pour vivre de grandes sensations en altitude, les télécabines de La Bourboule, le téléphérique du Mont-Dore, le funiculaire du Capucin et le télésiège de la plaine des moutons à Super-Besse permettent de transporter vos vélos. L'ensemble du territoire du Sancy possède un espace labellisé FFC : suivi du fléchage VTT obligatoire.

AGENDA

Horizons Arts-Nature en Sancy – *www.horizons-sancy.com - de mi-juin à fin sept.* Chaque année, une dizaine d'artistes choisissent un site du massif pour la création d'une œuvre monumentale et éphémère inédite. Œuvres en accès libre au cours de balades (carte auprès des offices de tourisme).

Sancy Snow Jazz – *1 sem. en fév. - www.sancy-snowjazz.com.* Concerts au Mont-Dore, à La Bourboule, Besse, Murol, etc.

Meeting musical des monts Dore – *Juil.-août - www.rencontres-musicales-des-monts-dore.fr.* Plus de 40 concerts de musique classique dans plusieurs villes du Sancy.

Volcanic Blues Festival – *4 j. fin sept. au Mont-Dore - www.volcanic-blues.com.*

Le Mont-Dore

★

1 384 Montdoriens – Puy-de-Dôme (63)

Ravissante cité à l'architecture Belle Époque, Le Mont-Dore, avec son funiculaire classé et ses demeures coquettes, se déploie sur les bords de la Dordogne naissante, au pied d'un majestueux cirque de montagnes dominé par le puy de Sancy. Station thermale et de sports d'hiver, la ville ravira les amoureux de plein air et de nature préservée.

NOS ADRESSES PAGE 200
Hébergement, restauration, achats, activités, etc.

S'INFORMER

Office de tourisme – *Av. de la Libération - 63240 Le Mont-Dore - ✆ 04 73 65 20 21 - www.sancy.com - juil.-août : 9h-18h30 ; nov. : tlj sf dim. et j. fériés 9h-12h, 14h-18h ; reste de l'année : 9h-12h, 14h-18h.*

SE REPÉRER

Carte de microrégion B1 p. 158 - carte des randonnées p. 199 – *carte Michelin Départements 326 D9.* Le Mont-Dore se trouve à 45 km au sud-ouest de Clermont-Ferrand, par la D 2089, puis la D 983 à gauche, après le col de la Ventouse. Par l'A 89, prenez la sortie n° 25 et suivez le fléchage sur 18 km. La plus belle voie d'accès est celle du col de la Croix-Morand par la D 996.

À NE PAS MANQUER

La montée à bord du funiculaire classé Monument historique qui vous mènera lentement à travers une jolie forêt jusqu'au Salon du Capucin.

ORGANISER SON TEMPS

La saison thermale s'étend de fin avril à mi-octobre.

AVEC LES ENFANTS

En été, pique-nique dans la forêt du Queureuilh, au bord d'une cascade. En hiver, descentes sur les pistes de luge qui leur sont réservées.

Séjourner

La ville thermale

Les eaux étaient déjà exploitées par les Gaulois ; en témoignent des piscines dont on a retrouvé les vestiges sous les thermes romains. Sous Louis XIV, la station trouva sa clientèle, mais ne devint en vogue qu'au 19e s., grâce aux travaux du docteur Bertrand et au séjour de la turbulente duchesse de Berry, en 1821.

Ces eaux, les plus siliceuses de France, chargées de gaz et d'acide carboniques, émergent de filons de lave, à l'intérieur de l'établissement thermal ; leurs températures varient de 38 à 44 °C.

Établissement thermal – *1 pl. du Panthéon - ✆ 04 73 65 05 10 - www.chainethermale.fr - visite guidée sur demande préalable (45mn) historique et architecturale de mi-avr. à fin oct. : 14h et 15h - fermé w.-end et j. fériés - 4 €.*

Il a été construit de 1817 à 1823, agrandi et modernisé depuis. Sa décoration intérieure comporte de multiples références à l'art byzantin, à l'architecture romaine ainsi qu'à l'art roman auvergnat. Les aménagements les plus

Station du Mont-Dore en hiver.
B. Mollaret / Photononstop

remarquables sont le **hall des Sources** et la **salle des Gaz thermaux** *(au rez-de-chaussée)*, la **galerie de la Source César★** *(ABC d'architecture p. 576)* et la **salle des Pas perdus★** dont les voûtes d'arêtes comportent des fresques *(au premier étage)*. Remarquez, en passant, la faible hauteur des marches d'escalier, calculée pour ménager les curistes souffrant d'asthme.

Station de sports d'hiver

À 1 325 m d'altitude, Le Mont-Dore est l'une des plus anciennes stations de sports d'hiver de France (1907). La station déploie ses pistes de ski alpin sur le flanc nord du Sancy (alt. 1 885 m), bien exposé. Située à 4 km au sud de la ville thermale, elle bénéficie des nombreuses infrastructures mises en place pour les curistes. On y pratique le **ski alpin** (y compris *snowboard*, *freestyle* sur la piste snowpark et ski de couloir), le **ski de fond**, la randonnée à **raquettes** et l'**escalade** sur cascade glacée. Enneigement artificiel possible. En saison, des navettes gratuites relient la ville à la station.

Téléphérique - En 1936, Le Mont-Dore fut l'une des premières stations à s'équiper d'un **téléphérique.** Aujourd'hui, deux cabines relient les pistes à un surplomb situé à 1 780 m, sous le sommet du Sancy. *✆ 04 73 65 02 23 - www.sancy.com - juil.-août : 9h-18h ; reste de l'année : 9h-12h, 13h30-17h - fermé de déb. oct. à mi-déc. - 9,90 € (-17 ans 6,80 €) - dép. ttes les 15mn.*

Domaine skiable – *Le forfait du Mont-Dore permet de skier également à Super-Besse (p. 182)*. 13 téléskis et 3 télésièges permettent l'accès aux **33 pistes** (42 km). Les amateurs de ski de fond trouveront, à la base du Capucin *(4 km à l'ouest du Mont-Dore)*, le point de départ de **25 km** de pistes balisées. Un tracé de 9 km permet la liaison avec les 250 km de pistes de l'espace nordique Sancy.

Même sans neige, des activités de glisse sont proposées. Une piste de luge est par exemple ouverte à la période estivale. *✆ 04 73 65 06 29 - juil.-août : 10h-12h, 14h-19h ; mai-juin et sept. : w.-end et j. fériés 14h-18h, sem. sur demande préalable - 3 €/1 descente, 12 €/5 descentes, 45 €/25 descentes.*

Le Mont-Dore, funiculaire du Capucin inauguré en 1898.
H. Lenain / hemis.fr

Randonnées Carte des randonnées

AUTOUR DU MONT-DORE

Plusieurs promenades furent créées pour les curistes. Des artistes de l'époque financèrent les travaux en donnant des concerts, tels le baryton auvergnat **Melchissédec** et la diva **Marie-Roze** dont des chemins portent le nom.

Chemin de Melchi-Roze

Environ 1h. Sentier sans dénivelé dominant la ville, très agréable en fin d'après-midi ou par temps frais.

★ Chemin des Artistes

Environ 1h en empruntant le sentier descendant vers les courts de tennis. Sous-bois ménageant de jolies échappées sur la station. On peut également rejoindre ce chemin en empruntant le funiculaire du Capucin (*ci-après*). De la gare supérieure, deux promenades rejoignent le site : le chemin des Mille-Gouttes (au nord) ou le chemin des Médecins (au sud).

★ Funiculaire du Capucin

R. René-Cassin - ☏ 04 73 65 01 25 - juil.-août : 10h-12h10, 14h-18h40 ; mai-juin et sept. : tlj sf lun.-mar. 10h-12h10, 14h-17h40 - 6,20 € (-11 ans 4,70 €) AR.

Conservé aux couleurs de la Belle Époque, ce pittoresque centenaire a retrouvé ses teintes d'origine et possède deux magnifiques voitures en bois. Inauguré en 1898, il fonctionnait à l'électricité (usine sur la Dordogne), alors que la ville du Mont-Dore ne bénéficiait pas encore de la nouvelle énergie. Il parcourt les 480 m d'un trajet escarpé *(200 m de dénivelé)* à la vitesse d'un mètre par seconde, en laissant échapper de singuliers craquements. La gare supérieure abrite la salle des machines où s'enchevêtrent d'impressionnants engrenages en buis, des roues crantées, des courroies de cuir, etc.

Salon du Capucin

10mn par le funiculaire, puis 8mn de marche. Alt. 1 286 m.

Cette agréable clairière, très fréquentée pendant la saison, est le point de départ de nombreux sentiers balisés ; l'hiver, elle accueille le ski de fond.

★ Pic du Capucin

1h à partir du Salon du Capucin. Un sentier, en partie en sous-bois, serpente jusqu'au sommet (alt. 1 465 m) d'où se dégage une belle **vue** sur le massif du Sancy. Ce pic doit son nom à sa forme arrondie précédée d'une aiguille rocheuse, laissant deviner la silhouette d'un moine encapuchonné en train de prier les mains jointes.

VERS LE COL DE LA CROIX-MORAND

Les cascades

Environ 1h de marche. 3 km au nord-est par les hameaux du Queureuilh et de Prends-toi-Garde.

La plus belle des trois cascades (le Rossignolet, le Queureuilh, le Saut du Loup) est celle du **Queureuilh**★, qui tombe d'une falaise basaltique haute de 30 m. La forêt du Queureuilh est dite **sectionnale**, et de nombreuses parcelles dans le Massif Central sont régies de la même façon. Propriété de l'ensemble des habitants d'un village, ce statut forestier est le descendant d'un droit de jouissance féodal, concédé aux villageois par le seigneur de la contrée. Il leur permettait ainsi de se chauffer ou d'utiliser le bois pour réaliser leurs outils agricoles et matériaux de construction. Aujourd'hui encore, les habitants restent très attachés à ce privilège.

Puy de la Tache

1h30 AR à partir du parking du col de la Croix-Morand. (5 km à l'est par la D 996). La route s'élève en lacet jusqu'au **col de la Croix-Morand** (*p. 189*), où le paysage devient rude et dénudé. De là, on peut accéder à pied jusqu'au sommet du puy de la Tache (1 627 m) en suivant la ligne de l'ancien télésiège. Un immense **panorama**★★ se dégage du sommet : au sud, la ligne des crêtes dominée par le puy de Sancy ; au nord, le Puy de Dôme, reconnaissable à son mât de télévision. Dans la vallée, remarquez au sud-est le lac Chambon, au nord-ouest le lac de Guéry.

Une **voie romaine** partant d'*Augustonemetum* (Clermont-Ferrand), en direction de Bort-les-Orgues et d'Aurillac, passait par le col de la **Croix-Morand** ; elle est conservée sur plusieurs kilomètres sous les herbages, au pied du **puy de l'Angle**. Au-delà du Mont-Dore, on en retrouve quelques traces vers La Bourboule.

VERS LE SANCY

★ Grande Cascade

Environ 2h depuis les thermes. Attention, chemin d'accès parfois glissant. 3,5 km au sud-est par la D 36. Cette belle chute tombe d'une hauteur de 30 m. Au pied de la cascade, une passerelle permet d'atteindre un escalier qui grimpe vers le plateau de Durbise.

★★★ Puy de Sancy (*p. 189*)

Station à 4 km par la D 983. Ascension en téléphérique (4mn), puis environ 20mn de marche jusqu'au sommet.

NOS ADRESSES AU MONT-DORE

HÉBERGEMENT

PREMIER PRIX

Hôtel Les Charmettes – *30 av. G.-Clemenceau - par D 983 - 04 73 65 05 49 - www.hotelleschamettes.com - - 19 ch. 56/67 € - 7/9 €.* L'hôtel est situé dans la direction du puy de Sancy. Une clientèle fidèle de randonneurs retrouve ici des petites chambres simples.

Hôtel du Parc – *11 r. Meynadier - 04 73 65 02 92 - www.hotelduparc-montdore.com - - ouv. 2 mai-10 oct. et 21 déc.-25 mars - 59 ch. 76 € - 9 € -* . Immeuble centenaire au centre de la station. Chambres pratiques et bien rénovées. Dans la salle à manger, jolies moulures, haut plafond et parquet restauré.

BUDGET MOYEN

À proximité

Chambres d'hôte La Closerie de Manou – *Le Genestoux - 04 73 65 26 81 - 06 08 54 50 16 - www.lacloseriedemanou.com - - fermé nov.-mars - 5 ch. 90 €* . Dans la verdure, cette maison auvergnate du 18e s. est une merveille. Chambres (trois climatisées) confortables et décorées avec soin, mais sans excès. Accueil délicieux, petits-déjeuners succulents. Jardin, terrasse, local pour motos et VTT.

RESTAURATION

BUDGET MOYEN

Le Bougnat – *23 av. G.-Clemenceau - 04 73 65 28 19 - - fermé 10 nov.-15 déc. - fermé* *lun. soir, mar.-merc., sauf vac. été et hiver - 26/34 € (enf. 10,50 €).* ♿ Dans ce vieux buron restauré, le décor a été fidèlement restitué. Vous serez accueilli dans l'étable avant de monter dans l'ancienne pièce à vivre. Pour déguster une vraie cuisine auvergnate, bien sûr.

À proximité

Le Pitsounet – *Le Genestoux - à 2 km du centre, sur la D. 996 - ✆ 04 73 65 00 67 - www.lepitsounet.com - 🅿 - fermé dim. soir et lun., ouvert ttlj. pendant vac. scol. - formule 16,50 € - à la carte 18.50/37 €.* Appréciée de la clientèle, cette spacieuse auberge de campagne propose une cuisine régionale simple et soignée. Service discret et avenant.

BUDGET MOYEN

Le 1050 – *3 r. Favart - ✆ 04 73 65 05 97 - www.lerussie.com - 🅿 - 33 ch. 61/85 € - ☕ 10,50 € - à la carte (hiver) 6/23 €; (été) menu 25/38 €.* Le restaurant de l'Hôtel de Russie propose une cuisine à l'image du décor : chaleureuse, généreuse, montagnarde. Adjacent au 1050, Le Bistrot est un bar à vin dans un style 1900.

ACHATS

Taillerie du Sancy – *La Fontaine pétrifiante, sur la D 996, dir. Murat-le-Quaire - ✆ 04 73 65 24 03 - ✆ 06 72 77 70 93 - www.tailleriedusancy.com - 10h-19h.* Visite guidée d'un atelier autour des techniques de taille des minéraux et des fossiles. Espace d'exposition et boutique.

ACTIVITÉS

Jeu de piste – *✆ 04 73 65 20 21. Un jeu de piste sous forme d'énigmes propose aux détectives en herbe une découverte ludique du Mont-Dore.*

Thermes du Mont-Dore – *1 pl. du Panthéon - ✆ 04 73 65 05 10 - www.chainethermale.fr - ouv. avr.-nov. : visite 14h et 15h, lun.-vend. sf j. fériés 8h30-10h30, 13h30-17h30, sam. 9h-10h - 3,50 € (-10 ans gratuit).* Indications : asthme, allergies et voies respiratoires, ORL, rhumatologie.

Golf-Club du Mont-Dore – *Rte de la Tour-d'Auvergne - ✆ 04 73 65 00 79 - www.golfdumontdore.fr - 8h30-19h30 - fermé de mi-nov. à déb. avr. - green fee 25/35 €.* 9 trous homologués, un parcours de 2 162 m, un practice de 10 postes, et une magnifique vue sur le Sancy. Stages d'initiation et de perfectionnement en été.

Les Écuries de la Dordogne – *Rte du Sancy, chemin des Montagnes - Le Mont-Dore - ✆ 04 73 65 03 82 - www.ecuries-mont-dore.com - tte l'année 9h30-18h - tarif se rens.* Ce centre équestre, ouvert toute l'année, propose aussi du ski joëring, un combiné original de glisse à ski et d'attelage de chevaux. Attention, vous devez avoir votre propre équipement de ski pour vous initier à ce sport.

AGENDA

Agenda du massif du Sancy *(p. 195).*

La Bourboule

★

1 786 Bourbouliens – Puy-de-Dôme (63)

L'architecture des villas, des thermes, du casino, des ponts sur la Dordogne dégage un charme particulier et ramène le visiteur à une époque prestigieuse, quand la station accueillait une clientèle mondaine dès la fin du 19e s. Très animée durant l'été, La Bourboule accueille aussi les promeneurs, séduits par les petites randonnées en sous-bois ou les étendues herbeuses du puy Gros ou de la Banne d'Ordanche.

NOS ADRESSES PAGE 206
Hébergement, restauration, achats, activités, etc.

S'INFORMER

Office de tourisme – *15 pl. de la République - 63150 La Bourboule - ✆ 04 73 65 57 71 - www.sancy.com - juil.-août : 9h-18h30, dim. 9h-12h30, 14h-18h ; reste de l'année : 9h-12h, 14h-18h, dim. 10h-12h, 14h-17h - fermé dim. de nov., 1er et 11 Nov., 25 déc.*

SE REPÉRER

Carte de microrégion B1 p. 158 – *carte Michelin Départements 326 D9.* La Bourboule se trouve à 57 km à l'ouest d'Issoire par la D 996. Si vous venez de Tulle par l'A 89, prenez la sortie St-Julien-Puy-Lavèze (à 13,5 km au nord de La Bourboule), et suivez la D 992 puis la D 996 jusqu'à destination.

À NE PAS MANQUER

Le musée des arts verriers à La Bourboule. Le splendide panorama sur la vallée de la Dordogne depuis la table d'orientation de la Banne d'Ordanche.

ORGANISER SON TEMPS

Comptez deux jours pour découvrir la station et ses environs.

AVEC LES ENFANTS

Le parc Fenestre, le scénomusée La Toinette et Julien, l'un des plus beaux de la région, à Murat-le-Quaire. Concerts, spectacles, festivals, animations sportives s'enchaînent du printemps à l'automne.

Se promener

Circuit urbain

Un tour de la ville thermale, très fleurie, permet d'apprécier l'architecture des anciens hôtels, du casino, et de comprendre comment elle s'est développée, au pied de la roche des Fées *(voir plus loin)*. À proximité de l'église, pastiche roman assez réussi du 19e s., vous pourrez admirer au passage la célèbre **maison Rozier**, ancienne pâtisserie, reconnaissable à sa façade couverte de mosaïques à la gloire de l'eau et à son balcon d'opérette *(bd Georges-Clemenceau)* ; les majestueux **Grands Thermes** ; l'hôtel de ville, ancien casino des Thermes dit « des Cariatides » ; l'ancienne mairie, devenue chocolaterie sous le nom de la Marquise de Sévigné ; et, enfin, le **casino**, monument classé, entièrement restauré. Ne manquez pas aussi les deux lavoirs, visibles l'un, place de Quaire, l'autre, rue du Portugal.

Les petites rues qui partent du quai de l'Hôtel-de-Ville mènent au parc Fenestre.

La Bourboule, vue générale de la ville depuis la Roche des Fées.
Ch. Guy / hemis.fr

★ Parc Fenestre

Situé en plein centre-ville, ce très beau parc (1874) s'étend sur 12 ha. Boisé en partie de **séquoias**, c'est un charmant lieu de promenade *(à pied, ou en petit train d'avr. à sept.)* et de délassement. Les enfants y sont les rois : aires de jeux, toboggan à trois pistes, manèges, parcours d'orientation…

Musée des arts verriers

71 r. du Château - 06 82 15 49 88 - juil. août : tlj 15h-19h - visite guidée (1h30) 5 € (-18 ans, gratuit). Cette très belle collection privée, riche de 250 œuvres d'art en verre, réalisées par de grands verriers contemporains tels Agostinho, Zuber, Bégou, Pierini, Zoritchak ou Novaro, est à découvrir : les pièces sont soufflées à la canne, moulées ou encore thermoformées. Certaines proviennent de célèbres cristalleries – Baccarat, Saint-Louis, Lalique, Daum. L'art verrier à son sommet.

Roche des Fées

1h à pied AR. Chemin d'accès à partir de la place G.-Lacoste. Prenez l'escalier à droite de la résidence Univers, puis, au 1er croisement, tournez à gauche. La Dordogne, qui prend sa source à 12 km en amont de La Bourboule, traverse la station, enjambée au passage par douze ponts. Pour une jolie **vue** sur la ville et la vallée de la haute Dordogne, montez au sommet de ce rocher de granit qui domine le quartier thermal d'une cinquantaine de mètres.

À proximité Carte de microrégion B1

VERS LA BANNE D'ORDANCHE

Murat-le-Quaire

À 3 km au nord de La Bourboule. Quittez La Bourboule en empruntant la D 88. L'entrée de ce village aux toits de lauzes est signalée par un éperon rocheux sur lequel se dressait autrefois un château : au sommet, un belvédère offre une **vue** agréable sur la vallée de la haute Dordogne.

LA BOURBOULE ET LE THERMALISME

Le nom tout en rondeur de La Bourboule rend hommage à **Borvo**, dieu celte des Sources bouillonnantes. Le premier établissement de bains date de 1821. Les baignoires sont en pierre, on ne change pas l'eau entre chaque malade et les douches fonctionnent à l'aide d'une pompe qu'actionne un paysan. Les 8 cabines individuelles sont fermées par de simples rideaux de serge. En 1854, le chimiste Thénard découvre de l'arsenic dans les eaux de La Bourboule, lançant la mode de la petite station. Aujourd'hui, les sources sont gérées par la Société thermale de La Bourboule et la Compagnie des eaux minérales.

Première station pédiatrique française – La clientèle thermale de La Bourboule est constituée pour 70 % d'enfants. Des « maisons d'enfants » les hébergent durant les trois semaines de séjour.

Deux sources et trois espaces de soins – Deux sources sont exploitées à La Bourboule : chaude (58 °C) à Choussy-Perrière, froide (16 °C) à Fenestre. Ces eaux sont employées pour soigner les maladies des voies respiratoires et les dermatoses. Trois établissements dispensent les soins : la résidence Choussy, les thermes Choussy et les **Grands Thermes**. Ces derniers sont très représentatifs de l'architecture thermale telle qu'elle s'est développée à la Belle Époque. *76 bd Georges-Clemenceau - ✆ 04 73 81 21 00 - www.grandsthermes-bourboule.com - ♿ - visite guidée (1h) juil.-sept. : mar. et jeu. 16h ; de mi-avr. à fin juin : jeu. 16h - fermé jeu. de l'Ascension - 2 €.*

De l'église, prenez la D 609 en direction de la Banne d'Ordanche.

La maison de La Toinette et la grange de Julien – *Le Bourg - ✆ 04 73 81 12 28 - www.toinette.com - visite guidée (45mn) juil.-août : 10h-12h, 14h-19h ; vac. scol. (hors juil.-août) : 10h-12h, 14h-18h ; reste de l'année : 14h-18h - fermé lun., du 11 nov. aux déb. des vac. de Noël - 6,90 € (enfant 4,40 €) - 8,50 € billet combiné avec la grange de Julien - sites aménagés pour déficients visuels avec audioguidage.*

Grâce à une mise en scène efficace, bien secondée par des effets technologiques, petits et grands découvrent, en une heure, un siècle de la mémoire collective d'un village niché au cœur du Sancy. Près de la mairie, la **maison de Toinette** ranime le 19e s., où la vie se calquait sur le rythme des saisons. Au fil de la narration, bruits et odeurs se mêlent pour étayer de joyeuses ou poignantes anecdotes. Descendez ensuite vers le belvédère, et pénétrez dans la **grange de Julien**, où vous partagerez les états d'âme d'un jeune descendant de la Toinette, de retour au pays. Vous assisterez aux travaux de rénovation de la grange et réfléchirez sur les perspectives du monde rural.

★★ La Banne d'Ordanche

À 3 km env. de Murat-le-Quaire. Suivez la D 609 en laissant sur votre gauche un plan d'eau, puis poursuivez la montée en lacet qui offre de jolies vues, jusqu'au parking.

But idéal de promenade en été et lieu de rendez-vous incontournable des amateurs d'aéromodélisme.

1h à pied AR. Suivez le sentier, assez raide en fin de parcours, qui mène au pied de la Banne ; accès au sommet par des escaliers. Du parking, un sentier mène parmi les hauts pâturages à une table d'orientation. Du haut de ses 1 512 m, ce piton de basalte embrasse un vaste **panorama★★** sur la vallée de la Dordogne et les montagnes qui l'encaissent, sur le Sancy, le puy de l'Angle, les monts Dôme et le Limousin.

LA BOURBOULE

La Banne d'Ordanche (1 512 m), berger et moutons sur les monts du Cantal.
H. Lenain / hemis.fr

★ ROCHE VENDEIX

À 4 km de La Bourboule. Quittez La Bourboule par la D 88, direction La Tour-d'Auvergne. 3,5 km après avoir longé le parc Fenestre, tournez à droite. Laissez votre voiture à Vendeix-Haut.

30mn à pied AR. La roche Vendeix, dont les flancs abrupts laissent voir les prismes basaltiques, constituait un emplacement de choix pour une **forteresse**. Celle qui servit de repaire à Aimerigot Marcheix n'a laissé que quelques traces. Du sommet (alt. 1 131 m), beau panorama sur La Bourboule et les monts Dore.

Les tribulations d'un truand – Aimerigot, ou encore Mérigot, était issu d'une bonne famille du Limousin. Engagé dans les troupes anglaises, il combat sous la bannière du Prince Noir, vainqueur de Jean le Bon à la bataille de Poitiers (1356), puis se met à la tête d'une troupe d'aventuriers. Pendant dix ans, il prend des châteaux qu'il revend à bon prix, rançonne les habitants, brûle le pays. Il avise le château de la roche Vendeix, l'enlève, le fortifie – tous les mécontents le rejoignent – et, de nouveau, reprend sa vie de pillages et d'expéditions. Mais en 1390, les troupes du roi de France, Charles VI, s'emparent du château : Aimerigot est conduit à Paris, mis au pilori, décapité place des Halles, puis écartelé, et chacune des parties du corps attachée sur un poteau aux maîtresses portes de Paris.

PLATEAU DE CHARLANNES

À 7 km de La Bourboule. Quittez la ville par la D 129, direction La Tour-d'Auvergne, puis prenez à gauche la D 610.

D'une altitude de 1 250 m, ce site est très fréquenté par les curistes pour son air vivifiant et ses paysages reposants. Il offre de beaux sous-bois et des vues étendues sur les monts Dore et les monts du Cantal. Ce plateau attire, l'hiver, les inconditionnels de ski de fond. En vous promenant sur le plateau, peut-être apercevrez-vous une **borne seigneuriale**, dont les armoiries ont été bûchées. On reconnaît celles des seigneurs de Murat-le-Quaire, dont la puissance s'exerçait jusqu'à Rochefort et Granges…

NOS ADRESSES À LA BOURBOULE

HÉBERGEMENT

PREMIER PRIX

Aviation Hôtel – *R. de Metz - ✆ 04 73 81 32 32 - www.hotel-aviation.net - P 5 €/nuit - ♒ - fermé 1er oct.-20 déc. - 41 ch. 63/75 € - ☕ 8,90 €.* Cette maison du début du 20e s., à quelques pas du parc Fenestre, abrite des chambres fonctionnelles. Pour les loisirs : piscine, fitness, salle de jeux, billard…

BUDGET MOYEN

Hôtel Le Charlet – *94 bd L. Choussy - ✆ 04 73 81 33 00 - www.lecharlet.fr - P - fermé 2 nov.-19 déc. - 36 ch. 72/97 € - ☕ 11 € (6 € enf. -12 ans) - ✕ menu 20/29,50 €.* Dans un quartier assez calme, hôtel aux petites chambres propres en parfait état. Équipements de détente et de sport très complets. Au restaurant : mobilier bistrot, plantes vertes et claustras. Carte traditionnelle et régionale.

Hôtel Le Parc des Fées – *107 quai Mar.-Fayolle - ✆ 04 73 81 01 77 - www.parcdesfees.com - P ♿ - fermé 4 nov.-26 déc. - 25/35 € - 42 ch. 75/95 € - ☕ 12 €.* La moitié des chambres de cette bâtisse centenaire donne sur la Dordogne. Ampleur, décor actuel et confort sont au rendez-vous. Salle de jeux pour enfants. Chaleureux restaurant traditionnel où dominent les tons pastel et les miroirs. Espace bien-être (sur réservation).

RESTAURATION

BUDGET MOYEN

Au Val Doré – *129 r. de Belgique - ✆ 04 73 81 06 14 - www.hotel-val-dore.com - P 7 €/nuit - - menu 21 € (enf. 12 €) - 32 ch. 64/71 € - ☕ 7,80 €.* Adresse familiale à deux pas de la gare. Chambres rajeunies, sobrement agencées. Minipiscine couverte et chauffée, Jacuzzi et salon de jeux. Apéritifs servis au salon et recettes simples à déguster dans une spacieuse salle à manger ensoleillée et fleurie.

À proximité

PREMIER PRIX

La CaBanne – *Rte de la Banne-d'Ordanche - 63150 Murat-le-Quaire - ✆ 04 73 81 19 25 - www.la-cabanne.com - P - ouvert sam. et dim. sur réserv., tlj pdt les vac. scol. - formule déj. 15,50/17,70 € - à la carte 4,50/14,50 € - 6 ch. 66 € - ☕ 8 €.* Ce gîte-auberge de montagne doit son nom à la Banne d'Ordanche, au pied de laquelle il se situe. En plus des chambres, il abrite une salle à manger où l'on pourra déguster une truffade au coin du feu, ainsi qu'une grande salle de jeux. Une halte sympathique, été comme hiver.

EN SOIRÉE

Casino de La Bourboule – *Quai Fayolle - ✆ 04 73 65 54 45 - www.casino-labourboule.com - 14h-0h (01h30 vend.-sam.).*

Le Comptoir Cyrano – *37 bd G.-Clemenceau - ✆ 04 73 81 02 25 - http://lecomptoircyrano.pagesperso-orange.fr - fermé le soir hors sais. sf vend.-sam. - 13,90/32 €.* Une agréable ambiance rétro flotte à l'intérieur de ce grand café, dans l'esprit des Années folles : lustres en fer forgé et en verre peint, banquettes de velours rouge, parquet Versailles, tapis persans… Vaste terrasse face aux thermes et salle plus contemporaine à l'étage, avec murs clairs et tableaux modernes.

ACHATS

Le Cellier muratois – *R. des Jonquilles - 63150 Murat-le-Quaire - ✆ 04 73 65 97 76 - www.lecelliermuratois-63.fr - 10h-12h, 14h30-19h, fermé lun. matin et non stop les w.end - vac. scol. février et été : tlj. 10h-19h (19h30 en été).* Exposition et vente de produits fermiers. Salon de thé et petite restauration.

ACTIVITÉS

Loisirs-Détente – *✆ 04 73 65 57 71 - www.sancy.com.* La Bourboule, site labellisé FFC (organisation d'activités pour enfants), propose des circuits VTT balisés sur le plateau de Charlannes. Ceux qui préfèrent la marche ont un large choix avec 730 km d'itinéraires fléchés dans le massif du Sancy. En hiver, le plateau de Charlannes devient un agréable domaine de ski nordique. Également sorties à raquettes, marche nordique et ski.

Parc Fenestre – *Av. Agis-Ledru - ✆ 04 73 65 57 71 - www.parcfenestre.com - accès au parc tte l'année, attraction en saison à partir de 14h30 - 2.50 € l'attraction.* Aires de jeux, toboggans, manèges, parcours d'orientation, centre de loisirs, halte-garderie… Certaines activités sont payantes. Renseignements à l'office de tourisme.

Cures, bien-être – Trois établissements proposent, outre des cures thermales, des soins et/ou forfaits remise en forme *(lire encadré p. 204 et www.sancy.com).*

La chèvrerie des Monts-Dore – *Les Vergnes - 63150 Murat-le-Quaire - ✆ 06 81 52 60 16 - http://chevreriedesmontsdore.com - juil.-août : 16h et 18h ; vac. scol. (sf juil.-août) : 16h - fermé w.-end et j. fériés - 4,50 € (-17 ans 4 €).* Ferme pédagogique autour de la chèvre. Initiation à la traite et à l'entretien des chèvres. Dégustation de fromages.

Pôle aqualudique Sancy'O – *208 bd des Vernières - ✆ 04 73 21 16 24 - www.piscine-labourboule.fr - Horaires variables en fonction des périodes - 5.50 € (4.50 € enf.).* Aquagym, piscine, remise en forme, jeux aquatiques.

AGENDA

Concerts et spectacles en plein air ont lieu en juillet-août : festival Sancy Outdoor *(www.sancyoutdoor.com)*, festival Au Bout de la Rue, festival Graff'Altitude… Rens. sur place.

Plein la bobine – *www.pleinlabobine.com - ✆ 04 73 65 51 46 - fin mai-déb. juin.* Festival international de cinéma jeunes publics. Films inédits et programmation adaptée à chaque âge.

Agenda du massif du Sancy *(p. 195).*

Tauves

795 Tauvois – Puy-de-Dôme (63)

Entre le massif du Sancy et le plateau d'Artense, le pays de Tauves est attachant, avec ses longues pâtures émaillées de tourbières et ses maisons aux toits d'ardoises ou de lauzes. Installé au bord de la Mortagne, un affluent de la Dordogne, le bourg de Tauves est naturellement tourné vers les gorges d'Avèze. Celles-ci dominent, d'un à-pic assez impressionnant, la Dordogne qui prend sa source tout près, au pied du Sancy.

NOS ADRESSES PAGE 210
Hébergement, restauration, achats, activités, etc.

S'INFORMER

Office du tourisme Sancy-Artense – *Pl. de la Mairie - 63680 La Tour-d'Auvergne - 04 73 21 79 78 - www.tourisme-sancy-artense.com - juil.-août : 9h-12h30, 13h30-17h, dim. 9h-12h30 ; reste de l'année : tlj sf j. fériés 9h-12h30, 13h30-17h, w.-end 9h-12h30.*

SE REPÉRER

Carte de microrégion A1 p. 158 – *carte Michelin Départements 326 C9.*

Tauves se trouve à 13 km à l'ouest de La Bourboule par la D 922, et à 8 km de La Tour-d'Auvergne par la D 29.

À NE PAS MANQUER

Les superbes gorges d'Avèze.

AVEC LES ENFANTS

Le musée de l'École rurale, à Messeix ; les maquettes de Minérail.

Se promener

Église Notre-Dame

Cet édifice roman trapu, fortifié au 14e s. et renforcé par d'épais contreforts, présente un clocher-porche muni de mâchicoulis, et s'orne de corbeaux sculptés que l'on découvre en faisant le tour de l'église.

Intérieur – Les quatre premières travées de la nef sont voûtées en berceau brisé, la cinquième et le chœur en ogives. Quelques intéressants chapiteaux à feuillages ou historiés polychromes, plusieurs retables baroques et une pietà du 17e s. composent la décoration. Les églises de cette région Sancy-Artense possèdent souvent de beaux retables en bois doré, qui concilient l'exubérance du baroque et la rigueur de l'architecture médiévale. Cloche du 16e s., classée, décorée des armoiries d'un baron de Charlus et de Granges, qui l'avait offerte en 1515.

À proximité Carte de microrégion

Menhir de la pierre des Quatre-Curés

En partant de Tauves en direction de La Bourboule, garez-vous sur la droite (au petit panneau) le long de la D 922, après le croisement avec la D 611. Ensuite, 15mn à pied AR.

La commune de Tauves est riche en vestiges mégalithiques, mais le plus impressionnant est sans conteste le menhir de la plaine des Landais, beau

Singles et les gorges du Chavanon.
Ch. Guy / hemis.fr

monolithe en basalte de 2 m de hauteur, qui devait servir de borne territoriale. Son nom rappelle qu'il était en limite de quatre paroisses, et qu'il a servi d'asile à quatre prêtres réfractaires à l'époque révolutionnaire.

Circuit conseillé

★ LES GORGES D'AVÈZE Carte de microrégion

Circuit de 60 km tracé en bleu sur la carte p. 158 – comptez environ 3h. Quittez Tauves par l'ouest en empruntant la D 922 puis la D 29.

Singles A1

L'église, en partie médiévale, est située en surplomb de la Burande (beau point de vue sur les gorges de la Dordogne). C'était un village de mineurs. Un itinéraire balisé au départ de Singles permet d'approcher les vestiges d'anciennes mines. Des mines d'or ont été exploitées à **Pontvieux**, dans les gorges de la Burande, au sud de Tauves. Des stages d'orpaillage où vous apprendrez à manier la batée sont organisés en été dans les eaux de la Burande (*carnet d'adresses*).

Revenez à La Guinguette (paradis des pêcheurs), et continuez vers le nord sur la D 73, jusqu'à Messeix.

Messeix A1

Jadis réputée pour ses houillères, cette petite ville conserve une église romane, remaniée à l'époque gothique ; joli portail du 13e s.

Musée de l'École rurale d'Auvergne 1930 – *30 r. Louis-Aragon - ✆ 04 73 21 45 06 - www.musecole1930messeix.fr - ♿ - visite guidée (1h30) mars-sept. et vac. de la Toussaint : 14h-18h - fermé 1er Mai - 6,90 € (-12 ans 4,50 €).* Asseyez-vous sur les bancs de cette ancienne école rurale, après avoir chaussé galoches ou sabots et revêtu la blouse grise réglementaire ! Après quelques exercices d'écriture, vous découvrirez dans le petit musée attenant les objets qui ont fait le quotidien de tant d'élèves.

Quittez Messeix au nord-est par la D 73C jusqu'au lieu-dit Les Gannes.

★ **Minérail** A1 - *Aux Gannes, à environ 1,5 km de Messeix. 2 allée des Sorbiers - Les Gannes - ✆ 04 73 21 45 63 - www.minerail.fr - ♿ - visite guidée sur demande préalable (1h30) avr.-sept. : 14h-18h - fermé mar., 1er Mai - 6,50 € (-12 ans 4 €).* Ces anciennes mines d'anthracite ont été actives pendant 150 ans ; 930 mineurs y travaillaient encore dans les années 1930. La visite commence par une courte séquence vidéo et la jolie maquette panoramique ferroviaire (35 m²) de l'Auvergne, imaginée par l'ancien cordonnier du village. L'ensemble de l'installation minière est ensuite présenté à l'aide d'une maquette animée. Vous verrez les douches, la « salle des pendus » et le chevalement de l'ancien puits St-Louis, avec ses machines.
Suivez la D 987 en direction de Tauves.

★ Gorges d'Avèze A1

Tracée en corniche, la route offre de réjouissantes vues sur les gorges que la Dordogne a creusées dans la roche granitique, et dont les parois abruptes sont couvertes de bois (belle atmosphère de forêt).

Avèze A1

Dans l'**église**, mobilier intéressant (retables, statues de saint Roch et de saint Blaise). Panorama sur les gorges.

NOS ADRESSES À TAUVES

HÉBERGEMENT/RESTAURATION

PREMIER PRIX

À proximité

Chambres d'hôte

Les Escladines – *Escladines - 2,5 km de Tauves par petite rte communale - ✆ 04 73 21 13 02 - www.escladines.fr - tte l'annee - 5 ch. 60/63 € - repas 23 €.* Logé dans une exploitation agricole en activité (une centaine de bêtes), ce corps de ferme de 1890 abrite une vaste pièce au charme rustique et, à l'étage, 5 chambres simples mais confortables. Table d'hôte, familiale et locale, sur réservation. Produits de la ferme.

ACHATS

Laiterie de Tauves – *À la sortie de Tauves vers La Bourboule, sur la D 922 - ✆ 04 73 21 11 74 - www.societe-fromagere-du-livradois.fr - 9h-12h - vente de mi-juil. à fin août : mar., jeu.-sam. ; reste de l'année : mar., jeu. et sam.* Le saint-nectaire laitier est salé, pressé, lavé, séché et affiné selon le même processus que le saint-nectaire fermier.

ACTIVITÉS

Pêche – Les gorges d'Avèze offrent aux passionnés de pêche à la truite des parcours halieutiques de qualité. Pêche à la mouche, au toc ou au poisson-manié.

Stage d'orpaillage – *Mi-juil.-fin août, lun.-vend. apr.-midi, sur réserv. auprès des bureaux d'accueil de l'office de tourisme de La Tour d'Auvergne, Orcival, Tauves ou St-Sauves d'Auvergne - 9 € (7-17 ans 6 €), famille (2 adultes, 2 enf.) 25 €.*

Bort-les-Orgues et Sumène Artense

★

2 745 Bortois – Corrèze (19)

Située dans la vallée de la Dordogne, la petite ville de Bort est dominée par ses célèbres orgues volcaniques. En amont, la retenue du barrage forme un cadre idéal pour pratiquer la pêche et les sports nautiques. De Bort, vous partirez à la découverte de la Sumène Artense, de ses lacs aux rives verdoyantes et de ses églises à clocher-peigne.

NOS ADRESSES PAGE 216
Hébergement, restauration, achats, activités, etc.

S'INFORMER

Office du tourisme du pays de Bort-Artense – *Pl. Marmontel - 19110 Bort-les-Orgues - ✆ 05 55 96 02 49 - www.bort-artense.com - juil.-août : 9h30-12h30, 14h-19h ; mai-juin et sept. : 9h30-12h, 14h-18h ; reste de l'année : se rens. - fermé dim., certains j. fériés.*

Office du tourisme de Sumène Artense – *6 pl. de l'Église - 15270 Champs-sur-Tarentaine - ✆ 04 71 78 76 33 - www.tourisme-sumene-artense.com - 7 juil.-2 sept. : 9h30-12h30, 14h30-18h30, dim. et j. fériés 9h-12h30 ; vac. scol. (hors juil.-août) : tlj sf w.-end 9h30-12h30, 14h-17h, j. fériés 9h30-12h30 ; reste de l'année : tlj sf w.-end 9h30-12h30 - fermé 25 déc.-2 janv., 11 Nov.*

SE REPÉRER

Carte de microrégion A2 p. 158 – *carte Michelin Départements 330 Q3.*

Bort-les-Orgues occupe les rives de la Dordogne, à 26 km au sud de Tauves.

À NE PAS MANQUER

Du haut du plateau des Orgues, la vue sur la vallée de la Dordogne, la Sumène Artense, le Cantal et les monts Dore ; le musée de la Tannerie et du Cuir ; le château de Val ; les tympans historiés de l'église de Lanobre ; le château d'Auzers.

ORGANISER SON TEMPS

Découvrez Bort-les-Orgues en une journée ; l'office de tourisme propose une visite des principaux sites.

AVEC LES ENFANTS

Une croisière sur la Dordogne, en bateau panoramique ou en gabare. Les orgues de Bort. En Sumène Artense, baignade au lac de Lastioulles.

Se promener

Site frontalier entre les territoires arverne et lémovice, Bort-les-Orgues se développa au Moyen Âge, et reçut de Charles VII le droit de s'entourer d'une enceinte dont il subsiste quelques vestiges.

Église

Elle date des 12e et 15e s. Dans son cadre architectural très sobre, quelques œuvres d'art sont bien mises en valeur : une statue de sainte Anne tenant dans ses bras la Vierge et l'Enfant (15e s.), de beaux vitraux modernes, un Christ en bronze du sculpteur Chavignier… À l'extérieur, près du chevet, subsistent des traces de fortifications. À côté se dresse l'ancien prieuré du 17e s.

Bon à savoir – L'association « Au bord des Orgues » propose une visite guidée gratuite *(1h)* de l'orgue à tuyaux de l'église *(sur réserv. au 05 55 96 81 85 - http://auborddesorgues.e-monsite.com - 9h-12h, 15h-18h, dim. 15h-18h - fermé fêtes religieuses).*

★ Musée de la Tannerie et du Cuir

965 av. de la Gare - 05 55 96 85 59 - http://musee-du-cuir.com - - visite guidée (45mn) juin-sept. : 10h-12h, 14h-19h ; fév.-mai et oct. : tlj sf lun. 10h-12h, 14h-19h ; reste de l'année : vac. scol. 10h-12h, 14h-19h - fermé 1er janv., 25 déc. - 4 € (-18 ans 2,50 €) - Atelier pédagogique (4 €/enf.).

Au sein des anciennes Tanneries Bortoises, qui ont fermé leurs portes en 1991, vous verrez, en visitant la salle des machines, les étapes qui mènent de la peau brute au cuir fini. Projection qui retrace l'histoire des tanneries de Bort et décrit le métier de tanneur tel qu'il est pratiqué aujourd'hui.

★ Barrage de Bort

De la route de crête du barrage, qui s'étire sur 390 m, on découvre, côté amont, le lac de retenue et, côté aval, l'usine principale et l'évacuateur de crues. Par sa masse considérable et ses 120 m de haut, le barrage de Bort (*ABC d'architecture p. 577*), mis en eau en 1952, est la pièce maîtresse de l'aménagement hydroélectrique de la Dordogne. Sa retenue de 477 millions de m^3 est longue de 18 km. Plusieurs bases nautiques ont été aménagées le long du lac de barrage : bases de Val, de la Siauve et de Beaulieu (Cantal), de Singles (Puy-de-Dôme), d'Aubazine et d'Outre-Val (Corrèze).

Espace EDF du barrage – *05 34 39 88 70 - juil.-août : 10h-12h30, 14h-19h ; reste de l'année : se rens. - gratuit - photos et sac à dos interdits.* Au pied du barrage, entre le hameau des Granges et le musée de la Tannerie et du Cuir, cet espace pédagogique et ludique fait découvrir, à l'aide d'une maquette animée et d'un film, les différents moyens de production d'électricité et leur fonctionnement. C'est aussi un espace de sensibilisation à la protection de l'environnement.

À proximité Carte de microrégion

★ LES ORGUES DE BORT A2

4 km au sud. Quittez Bort par la D 127, en forte montée, à la sortie de la ville (à l'ouest), près du cimetière.

Dans la montée, beau **panorama** à gauche sur la vallée de la Rhue (Cantal).

Après les dernières maisons de Chantery, suivez les écriteaux « Les orgues », qui conduisent à un vaste parking en sous-bois, près du relais de télédiffusion.

Ces impressionnantes colonnes de phonolite (roche volcanique qui résonne quand on la frappe) dominent la ville. Hautes de 80 à 100 m, elles se succèdent sur une longueur d'environ 2 km. Du **plateau des Orgues** (769 m), gagnez à pied la table d'orientation et un second point de vue, dit « des Orgues », sur la droite. Le regard embrasse un immense **panorama**★★ sur la vallée de la Dordogne, la Sumène Artense, le Cantal et les monts Dore.

★ SUMÈNE ARTENSE A2 et carte p. 214

Située dans le haut Cantal, la Sumène Artense, qui allie une nature généreuse et un riche patrimoine, concentre un nombre incroyable de rochers, comme s'il en était tombé du ciel pendant des millénaires ! Lacs et gorges encaissées, forêts et châteaux, villages de charme aux églises romanes à clocher-peigne enchanteront les visiteurs.

Le château de Val.
L. Lourdel / Photononstop

Église de Lanobre

À 6 km au nord de Bort-les-Orgues par la D 922.

Édifiée au 12e s., elle est caractéristique du style roman auvergnat. On y pénètre à l'ouest par un beau portail du 13e s.

Intérieur – Plus on avance vers le sanctuaire, plus les motifs religieux qui ornent les chapiteaux gagnent en détails et en expressivité. Dans la première travée, vous remarquerez des animaux rieurs et effrontés, un aigle enserrant un lièvre et un dragon attaqué par un guerrier. Dans la croisée, admirez un **singe cordé** (aux allures d'homme-singe) et un porteur d'âne. On retrouve ici le thème du « châtiment de l'avare » (que l'on reconnaît à la bourse autour de son cou), fréquemment évoqué dans les églises romanes auvergnates. Enfin, comme un signe d'avertissement, serpents et autres créatures accompagnent le visiteur jusqu'au chapiteau de saint Michel aux prises avec le diable ; cette scène est reprise sur le tympan des églises d'Autun en Bourgogne et de Conques en Aveyron.

★ Château de Val

À 2,5 km à l'ouest de Lanobre.

04 71 40 30 20 - www.chateau-de-val.com - juil.-août : 10h-12h30, 14h-19h ; avr.-juin et de déb. sept. à mi-oct. : tlj sf mar. 10h-12h, 14h-18h ; vac. de fév. et vac. de Toussaint : tlj sf mar. 14h-18h - visite guidée sur demande (1h) - 6,50 € (-12 ans 3,50 €).

Doté d'élégantes tours coiffées en poivrière, le château de Val (15e s.) occupe, depuis la mise en eau de la retenue de Bort, un **site★★** de toute beauté. Planté sur son îlot rocheux, il ne communique avec la terre ferme que par une digue étroite lorsque le lac est complètement rempli. L'intérieur abrite de beaux escaliers et deux magnifiques cheminées Renaissance. Le premier étage accueille chaque année des œuvres de peintres contemporains. Vous pourrez accéder au chemin de ronde et à la charpente d'une tour. De nombreuses photos de Val au début du 20e s. et de la construction du barrage sont exposées dans la **chapelle St-Blaise**, donnant sur la cour d'honneur. Dans une salle des communs, une vidéo d'images de synthèse explique l'historique du

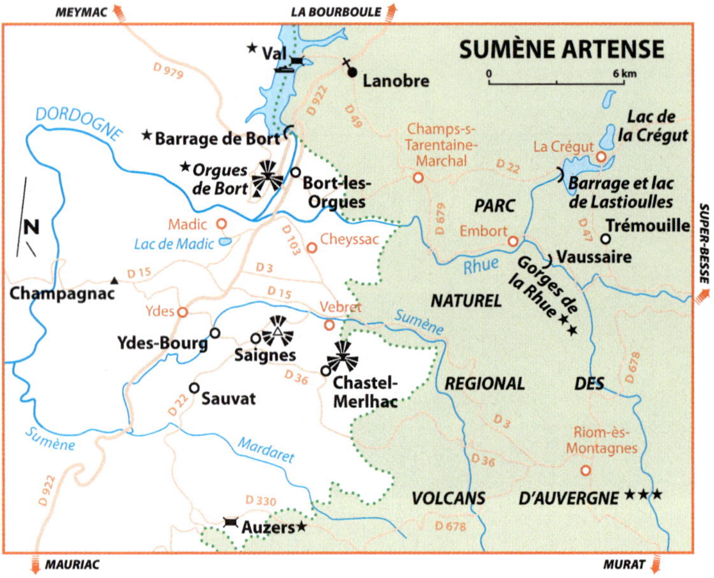

château. À la période estivale, le château s'illumine dès la tombée du jour, et semble alors tout droit sorti d'un conte de fées.

Au pied du château – Plage *(baignade surveillée en saison)*, base nautique, départs de promenades en **vedette**.

Barrage et lac de Lastioulles

À 16 km à l'est de Bort-les-Orgues par la D 22.

Cet **ouvrage-voûte** fait partie de l'aménagement de la haute Tarentaine. Suivez la rive nord de la retenue, où une **base de loisirs** *(planches à voile, dériveurs, pédalos, baignade – le lac de Lastioulles est le seul Pavillon Bleu du Cantal –, aires de pique-nique)* occupe un site vaste et paisible propice à la détente. La D 30 quitte ce plan d'eau pour longer, sur la gauche, un petit lac naturel : le **lac de la Crégut**. Ces deux lacs sont le paradis des pêcheurs.

Faites une halte au minuscule village de **Trémouille** *(7 km au sud-est)*, qui possède l'une des églises à clocher-peigne les plus originales de Sumène Artense *(clé à la mairie tlj sf dim.-lun. 9h-15h30, sam. 10h-12h.)*.

Barrage de Vaussaire

À 18 km à l'est de Bort-les-Orgues. Près d'Embort. Grâce à l'aménagement de la haute Tarentaine, dont l'usine d'Auzerette turbine les eaux (100 millions de kWh/an) en amont, ce barrage peut détourner annuellement 757 millions de m^3 d'eau, qu'un tunnel de 13,5 km conduit dans la retenue du barrage.

En amont d'Embort, la **Rhue** coule dans de magnifiques **gorges★★** aux versants boisés, qui s'élargissent au confluent des deux Rhues, près de l'usine hydroélectrique de Coindre.

Saignes

À 10 km au sud de Bort-les-Orgues. Cette agréable petite villégiature estivale perchée au-dessus de la vallée de la Sumène conserve de belles **maisons** du 15e s. Dans l'église, observez l'importance de l'arc triomphal, caractéristique de la haute Auvergne, qui marque l'entrée du chœur. Le rocher qui domine le bourg porte quelques vestiges de l'ancien château et la petite

chapelle Notre-Dame (12e s.). De son sommet, très belle vue sur la vallée et sur Bort-les-Orgues.

Ydes-Bourg

À 2 km à l'ouest de Saignes. Ce petit village s'élève au bord de la Sumène.

Église – Cet édifice, dédié à saint Georges, est du style roman de la haute Auvergne (12e s.). Remarquez le **chevet** très bien conservé et ses **modillons** figurant des animaux ou des visages expressifs. Les chapiteaux sont ornés de décors végétaux ou de scènes historiées : Samson terrassant un lion et David étouffant un lion et un ours de ses mains. La porte sud est décorée d'un Saint Georges terrassant le dragon qu'une jeune fille tient par des chaînes. Le **porche ouest**, surmonté d'un clocher à peigne, en est la partie la plus intéressante. Ses sculptures représentent un zodiaque (aujourd'hui incomplet). Sur la paroi gauche du porche : une belle Annonciation, l'archange Gabriel portant le message divin à Marie ; à droite : Daniel dans la fosse aux lions et le prophète Habacuc qu'un ange emporte en le saisissant par les cheveux. La sacristie abrite le **trésor**.

Musée de la Mine à Champagnac

À 10 km à l'ouest de Saignes. Rte de Veyrières - 04 71 69 61 55 - www.champagnac.fr - - juil.-août : 14h-17h30 ; reste de l'année : sur demande préalable - fermé w.-end et j. fériés - visite guidée sur demande (50mn) - 4 € (-15 ans 2 €).

La mine de Champagnac, dont la concession fut achetée en 1842 par des investisseurs, renfermait le filon de charbon le plus important de la région. et important. Ce musée présente son histoire jusqu'à l'arrêt de son activité en 1959. Photographies anciennes, maquettes du carreau de la mine (10 m^2), outils et accessoires, ainsi qu'une vidéo, retracent la vie des mineurs.

Chastel-Merlhac

À 4 km au sud-est de Saignes. La forme circulaire de ce site lui donne un air de citadelle de basalte. Au **belvédère** *(aire de pique-nique et table d'orientation)*, un panneau explique la formation de ce paléolac. C'est une coulée de lave qui a rempli une cuvette et que l'érosion a démantelée. Dans le bourg, l'église romane, en partie reconstruite à l'époque gothique, renferme une cuve baptismale sculptée.

3

Sauvat

À 4 km au sud-ouest de Saignes. En partie romane, l'**église St-Martin** a conservé dans l'abside un ensemble de fresques du 15e s. représentant le Tétramorphe : le Christ pantocrator est entouré des symboles des quatre évangélistes.

★ Château d'Auzers

04 71 78 62 59 - www.chateau-auzers.com - visite guidée (1h) juil.-août : 14h-18h30 ; vac. de Pâques, juin, sept. et vac. de la Toussaint : tlj sf mar.-merc. et sam. 15h-18h30 ; reste de l'année : sur demande préalable - 8 € (-14 ans 3 €).

Au centre du bourg du même nom, cette majestueuse maison forte est la propriété de la même famille depuis 650 ans. Recouverte d'une toiture de lauzes, elle présente un corps de logis encadré de trois hautes tours en poivrière. Elle a conservé son chemin de ronde et ses échauguettes. À l'intérieur, remarquez, au rez-de-chaussée, l'appareil de pierre blanche et de basalte bleu des murs, l'élégante **cheminée** du Grand Salon, les **peintures murales** (16e s.) qui ornaient l'ancien oratoire, dédié à saint Jacques de Compostelle, de la tour ouest ; au 1er étage, les **plafonds à la française**. Beau mobilier auvergnat, Renaissance,18e s. et Empire, offert par Napoléon à Jean-Louis d'Auzers. Collection de soldats de plomb du début du 20e s.

De la terrasse qui borde la façade sud, **vue** dégagée sur les vastes prairies précédant la vallée encaissée du Marilhoux et sur les monts du Cantal.

NOS ADRESSES À BORT-LES-ORGUES ET DANS LA SUMÈNE ARTENSE

HÉBERGEMENT

PREMIER PRIX

Auberge du Lac – *72 r. Chabannes - 15210 Madic - 04 71 40 84 39 - P - 5 ch. 70/85 € - 8 €.* À l'écart de la grande route, cette charmante auberge propose des chambres tout confort (3 familiales dotées de mezzanines aménagées avec goût). Une cuisine traditionnelle de bons produits vient compléter l'accueil convivial des patrons, installés depuis plus de vingt ans.

Chambres d'hôte Les Roches d'Artense – *Les Roches – Jallendrieux - 15270 Champs-sur-Tarentaine-Marchal - 04 71 40 57 62 - 06 75 68 60 07 - www.lesrochesdartense.com - 3 ch. 55/112 € - table d'hôte sur réserv.* Dans un cadre idyllique, où la vue porte au nord sur le Puy de Dôme et sur le Sancy, Véronique et Jérôme ont eu un coup de cœur pour cette ancienne ferme, où ils accueillent leurs hôtes avec une gentillesse rare. Madame bricole, chine, jardine, et fait visiter le domaine. Monsieur, champion d'Europe de pêche à la mouche (il tient le centre de pêche au lac de Lastioulles), est un fin cuisinier. Dans les chambres, la pierre et le bois se marient avec bonheur. Nombreuses randonnées à partir des Roches d'Artense.

BUDGET MOYEN

Chambres d'hôte Autre temps – *Le Jagounet - 15270 Champs-sur-Tarentaine-Marchal - 04 71 78 78 78 - www.chambres-dhotes-auvergne.com - P - 2 nuits min. - 3 ch. 89/119 €.* Au cœur d'une nature préservée, Pierre-Éric a restauré une ancienne ferme pour accueillir avec bienveillance les voyageurs. Les chambres, élégantes et tout confort, situées à l'étage offrent une vue apaisante avec un accès direct à la grande terrasse/solarium. Au rez-de-chaussée se trouve un espace bien être (jacuzzi et sauna).

Chambres d'hôte La Monssendie – *15240 Le Monteil - 04 71 40 50 87 - www.chambresdhotescantalauvergne.com - - gite en plusieurs parties qui peuvent être indépendantes, 1200/2100 €/sem.* Dans un hameau au milieu d'une campagne bucolique et verdoyante, la maison d'hôtes propose 3 chambres au rez-de-chaussée et de 2 suites au premier étage. Chacune a sa personnalisée avec un savant mélange de bois et de pierre. La terrasse où vous prendrez votre petit-déjeuner offre une jolie vue sur les montagnes et la nature environnante.

RESTAURATION

PREMIER PRIX

Relais Valcastel (face château de Val) – *Plage de Val - Les Fontilles - 15270 Lanobre - 04 71 40 34 14 - www.relais-valcastel.com - tlj 10h-23h30.* On ne saurait rêver meilleur emplacement. Installée au bord du lac de Bort-les-Orgues, la terrasse du Valcastel donne directement sur la silhouette élégante du château de Val. Idéal pour prendre un verre.

POUR SE FAIRE PLAISIR

La Grange aux fleurs – *Sarran - 15270 Champs-sur-Tarentaine-Marchal - A 6 km de Champs-sur-Tarentaine, sur la route qui mène à Condat - 04 71 78 77 98 - www.lagrangeauxfleurs-sarran.com - menu 16/56 €.* Dans un cadre de style auvergnat (belle grange rénovée), chaleureux et convivial, on apprécie une cuisine savoureuse et copieuse. Le rapport qualité-prix est à la hauteur de cette table. Réserver, l'adresse est connue…

ACHATS

Atelier du Vannier Thomas Louineau – *Vendes - 15240 Bassignac - ✆ 04 71 69 46 85 - ♿ - merc.-sam. 9h-12h, 14h-18h.* Osiériculteur, vannier et créateur, cet artiste/artisan partage sa passion dans son atelier. Il transforme aussi bien l'osier qu'il cultive que les ronces ou autres fibres et branches trouvées alentour. De la vannerie classique, aux créations très originales, ses réalisations séduisent un large public. Une belle rencontre !

ACTIVITÉS

Vedettes d'excursion – *Embarcadère Château-de-Val - ✆ 05 55 46 21 67 - http://vedettes-panoramiques.fr - remontée des gorges de la Dordogne (1h15) juil.-août : 15h et 16h30 ; de mi-avr. à fin juin et sept. : se rens. - Cap sur le barrage (1h) 14 Juil.-23 août : 17h ; 1er avr.-13 juil. et 24 août-30 sept. : se rens. - 11 € (-14 ans 7 €).*

Val Aventure (château de Val) – *15270 Lanobre - Relais du château de Val - ✆ 04 71 40 34 14 - www.valaventure.com - juil.-août : 10h-17h, w.-end 13h-16h ; jan.-avr. et sept.oct. : sur réserv., mai-juin : ouvert w.end et semaine sur réserv. - 19/27 € (enf. + de 1m30 : 13 €).* Profitez du cadre et de la vue sur le château de Val avant de vous lancer dans ce parcours aventure comprenant 100 ateliers disséminés dans les 3 ha d'espace boisé. Tyrolienne de 1 km aller-retour au-dessus des eaux du barrage de Bort.

Pêche – La région de **Bort-les-Orgues** offre aux pêcheurs des eaux d'excellente qualité où ils pourront pêcher brochets, sandres, perches, carpes.
Ils apprécieront particulièrement le barrage de Bort (1 200 ha - prof. max. 127 m) ; le barrage de Marèges (400 ha - prof. max. 90 m) ; Ballastière de la Plantade (7 ha - prof. max. 6 m). Procurez-vous le dépliant dédié auprès de l'office de tourisme.
En **Sumène Artense** : 250 ha d'eau réparties sur 6 lacs et étangs, classés en 1re et 2e catégorie, vous permettront d'assouvir votre passion. Le **centre de pêche de Lastioulles** est dirigé par Jérôme Gaillard, moniteur guide de pêche *(✆ 04 71 40 27 68 - www.centredepechedelastioulles.com).*

Site d'initiation à l'escalade – Nombreuses voies extérieures et intérieures aménagées sur la face sud du plateau des orgues de Bort : impressionnantes colonnes de phonolite, hautes de 70 à 80 m. *S'adresser à l'OT de Bort-les-Orgues ou à la section du Club alpin du haut Cantal - ✆ 04 71 78 14 63.*

Piste verte de Sumène Artense – *Points d'eau et tables de pique-nique à disposition - Pôle location de vélos à la gare d'Ydes (rens. à l'office de tourisme de Sumène Artense) : juil.-août 10h-12h30, 14h-18h.* Aménagée sur une ancienne voie ferrée, cette piste verte relie Bassignac à Cheyssac en passant par Ydes, la gare de Saignes et le hameau de Fleurac. À vélo, rollers, trottinette ou à pied, chacun peut déambuler à sa guise.

3

Allanche et monts du Cézallier

★★

Puy-de-Dôme (63), Cantal (15)

Porte d'entrée du Cézallier, Allanche possède une rude beauté. Le village séduira les visiteurs qui prendront le temps d'observer les vestiges d'un patrimoine évoquant son histoire millénaire. En sillonnant les routes, on se laisse gagner par le charme étrange qui se dégage des vastes pâturages du Cézallier, où les volcans ne comportent ni cônes ni cratères. Les bords du plateau s'abaissent lentement avant d'être entaillés par des vallées encaissées. Au printemps, les tapis de narcisses et de jonquilles cèdent la place à un désert vert, piqueté de burons et de rares villages. L'été, des centaines de bêtes viennent à l'estive, avec la « rouge » (vache salers) à leur tête. Le Cézallier plaira aux amoureux de grands horizons, et aux amateurs de ski de fond.

NOS ADRESSES PAGE 224
Hébergement, restauration, achats, activités, etc.

S'INFORMER

Office du tourisme intercommunal du Cézallier – *La Gare - 15160 Allanche - ✆ 04 71 20 48 43 - www.tourismecezallier.com - juil.-août : 9h30-12h30, 14h-18h, dim. 10h-12h ; reste de l'année : tlj sf dim. et j. fériés 10h-12h30, 14h-17h, sam. 10h-12h30 - Visites nocturnes aux lampions proposées en été, visites guidées sur demande en juil.-août.*

SE REPÉRER

Carte de microrégion B3 p. 158 – *carte Michelin Départements 326 E/G 10/11 et 330 F/G 2/4.*

À NE PAS MANQUER

Les belles maisons d'Allanche ; au signal du Luguet, le panorama sur les monts Dore, le Cantal et la Margeride ; la découverte d'un des plus beaux lacs de la région : le lac d'En-Haut de La Godivelle ; et pour les amateurs, la Maison des fromages d'Égliseneuve-d'Entraigues.

ORGANISER SON TEMPS

En pénétrant au cœur du Cézallier, les villages font place aux hameaux, et les commerces se font rare. Organisez-vous en conséquence. Pensez aussi à faire le plein d'essence !

AVEC LES ENFANTS

Une sortie accompagnée dans la Réserve naturelle des Sagnes de La Godivelle, à la découverte de la flore et de la faune des tourbières. Vélorail du Cézallier.

Se promener

Niché au bord de la rivière à 1 000 m d'altitude, **Allanche** est un bourg réputé pour ses foires aux bestiaux, dont l'origine remonte au Moyen Âge, et ses manifestations annuelles (*Agenda)* Le **centre** a conservé des vestiges des remparts, des linteaux de portes et des maisons de caractère, couleur de lave, aux toits de lauzes. L'**église** romane du 11e s., fortifiée, renferme des stalles Renaissance, une peinture sur bois de l'école flamande et une émouvante pietà en pierre. Dans la Grand'Rue, la mairie occupe des bâtiments du **château**

de Dienne de Cheyladet, du 18e s. Très active, l'association des Amis du Vieil Allanche *(http://lesamisduvieilallanche.fr)* a fait apposer sur les murs de certaines maisons du village des **plaques en lave émaillée** évoquant l'histoire des lieux. On aura compris qu'Allanche est à parcourir à pied, en levant les yeux…

Circuit conseillé

★★ LES HAUTS PÂTURAGES DU CÉZALLIER Carte de microrégion BC1-2

Circuit de 110 km tracé en violet sur la carte ci-dessous - environ 5h.
Ces hauts plateaux offrent un paysage étonnant de montagnes d'herbe se succédant à l'infini. L'homme et la nature cohabitent ici en parfaite harmonie.

Les cascades

Quittez Allanche par la D 39, au nord. À Pradiers, prenez à droite en direction d'Anzat-le-Luguet.
À partir de la D 39, pour accéder à la **cascade de la Terrisse**, passez La Jarrige et poursuivez jusqu'à La Terrisse. La Sianne se jette d'une hauteur de 20 m sur une coulée de basalte, le long de très belles orgues. Cette cascade, dont l'accès a été sommairement aménagé par la mairie et l'association Cézallier-Vallée de la Sianne (*cezalliersianne.asso.fr*), est méconnue. C'est pourtant l'une des plus belles du Cantal. Avec un peu de chance, vous apercevrez un drôle de pêcheur : le héron cendré. Le long du sentier qui y mène, pousse une espèce protégée, le lys martagon.
Revenez sur la D 39, prenez en direction d'Anzat-le-Luguet sur la D 23.
À la limite du Cantal et du Puy-de-Dôme, la **cascade de la Vazèze** est visible à droite depuis la route, avant le hameau de Vins-Haut.
Poursuivez la D 23 sur environ 5 km.
La **cascade d'Apcher**, avant le hameau du même nom, précède un beau point de vue, un peu plus loin, toujours sur la même route.
À Anzat-le-Luguet, quittez la D 23 pour prendre, à gauche, la D 721 vers Parrot.

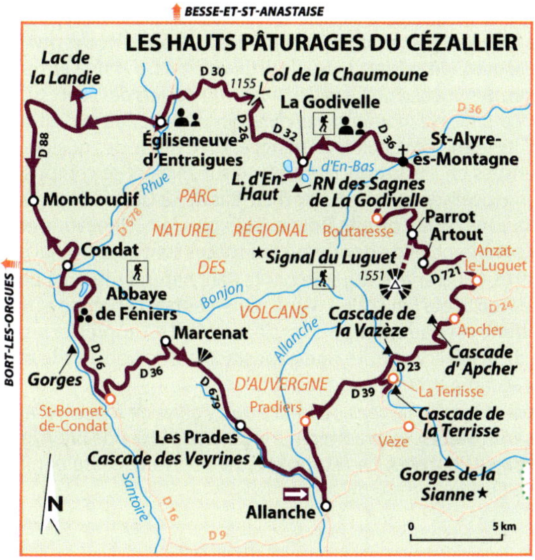

Parrot

Trait d'union entre le mont Dore et les monts du Cantal, Parrot (1 300-1 500 m) est une agréable petite station de ski de fond dans un paysage superbe. À quelques kilomètres, le village d'**Artout** s'inscrit dans un beau cirque, régulier, modelé par les glaciers.

★ Signal du Luguet

1h30 AR, au départ de Parrot en montant à travers les herbages. Balisage difficile à suivre; carte recommandée.

Ce volcan, qui fut sans doute le plus important du massif, culmine à 1 551 m, ce qui en fait le point le plus élevé du Cézallier. Couronné de résineux, il se détache à peine de l'horizon des plateaux, offrant un **panorama★** sur les monts Dore, le Cantal et la Margeride. Au milieu des gentianes, on distingue les vestiges d'une cheminée volcanique phonolithique.

Poursuivez sur la D 721. À Boutaresse, prenez à droite la D 724.

St-Alyre-ès-Montagne

Sur une hauteur, à l'écart du village, l'**église** romane bien exposée au sud fait face à un beau paysage dominé par la montagne de Gamet. Elle se signale par les énigmatiques sculptures de son tympan et par les billettes (moulures décoratives en forme de boudin) de son chevet. *Quittez St-Alyre par l'ouest en empruntant la D 36. Après 3 km, prenez sur la gauche la D 32.*

La Godivelle

Perdu dans les herbages, ce village du Cézallier se distingue par ses puissantes maisons de granit, son **église St-Blaise** (12e s.) et sa **fontaine**, la plus grande du département : une trentaine de bêtes peuvent y boire ! Autre particularité : le village se trouve pris entre un lac de cratère, le **lac d'En-Haut** (alt. 1 *225* m), et un étang privé (le lac d'En-Bas), dont les eaux vaseuses attirent de nombreux oiseaux migrateurs. Si le temps le permet, ne manquez pas le coucher de soleil sur le lac d'En-Haut : sous des lumières rasantes, sa forme circulaire prend un aspect lunaire.

Maison de la Réserve naturelle des Sagnes de La Godivelle *– Pl. de l'Église - 04 73 71 78 12 - www.parcdesvolcans.fr - exposition et boutique juil.-août : 14h-18h - fermé j. fériés - balade nature et culture (à la découverte des mystères de La Godivelle, 2h) mar. 10h - visite guidée de la tourbière de la Plaine Jacquot jeu. 10h (à la rencontre des oiseaux du Cézallier), sam. 10h (secrets des fleurs sauvages des tourbières et prairies de montagne) et dim. 15h.* À 1 200 m d'altitude, cette réserve naturelle au nom gaulois de marécage fait partie des quelque 377 tourbières recensées en Auvergne. Elle s'étend sur 24 ha et se compose de deux parties : l'une localisée autour du lac d'En-Bas de La Godivelle, et l'autre, plus petite, sur la zone de la **Coualle Basse**, 1 km plus loin. Une faune et une flore uniques y cohabitent, et de nombreuses espèces sont aujourd'hui protégées. Créée en 1975, la réserve est gérée par le Parc naturel régional des Volcans d'Auvergne ; son accès fait l'objet d'une réglementation précise et un code de bonne conduite est à adopter pour en découvrir et en apprécier les richesses. La Maison de la Réserve abrite une exposition consacrée au site et organise des sorties accompagnées sur le terrain.

Randonnée – *4h AR, rens. sur place ou à l'office de tourisme.* Après avoir traversé les **tourbières**, vous admirerez le **point de vue★** de Brion, puis rejoindrez Jassy par les **estives**. Le retour vers La Godivelle passe par les **lacs** de St-Alyre et d'En-Bas.

Parc naturel régional des volcans d'Auvergne, le Cézallier.
F. Cormon / hemis.fr

Quittez La Godivelle par le nord en empruntant la D 32. Après 3 km, prenez sur la droite la D 26.

Col de la Chaumoune

Alt. 1 155 m. On découvre, près du col, des plantations de résineux.
Prenez à gauche la D 30, puis encore à gauche (6 km plus loin) la D 978.

Égliseneuve-d'Entraigues

Cette petite station estivale (alt. 952 m) possède une **église** romane dotée de chapiteaux intéressants et d'un retable en bois sculpté. En hiver, c'est aussi un point de départ pour de nombreux skieurs de fond.
Quittez Égliseneuve-d'Entraigues vers l'ouest par la D 30.

Lac de la Landie

Perché à 1 036 m d'altitude, ce lac naturel offre un cadre reposant de pâturages et de bois. La nature qui l'entoure vous donnera peut-être envie de saisir vos pinceaux. L'endroit attire particulièrement les pêcheurs, qui attrapent notamment des poissons de « grand sport » (de type saumon et omble), introduits dans les eaux du lac en 1991.
Poursuivez par la D 30 puis la D 88.

Montboudif

L'ancien président de la République Georges Pompidou (1969-1974) a vu le jour en 1911 dans ce petit village de montagne, dans une famille d'instituteurs et d'agriculteurs.
Musée Georges-Pompidou – *À côté de l'église. Le Bourg - ✆ 04 71 78 68 68 - ♿ - de mi-juin à mi-sept. : 10h30-12h, 14h-18h30 ; de déb. avr. à mi-juin et de mi-sept. à fin oct. : w.-end et j. fériés 14h-18h - fermé 1er janv., 1er et 11 Nov., 25 déc. - 4 € (-12 ans 2,30 €).* Situé en face de sa maison natale, ce musée retrace, à travers des objets personnels et des photographies d'Henry Passemard, la vie publique et politique du président. Un documentaire *(25mn)* complète la visite.
Quittez Montboudif vers Condat par la D 62.

Ruines de l'abbaye de Féniers dite du Val-Honnête et la chapelle.
H. Lenain / hemis.fr

Condat

Cette station estivale se niche à 700 m d'altitude sur la rive droite de la Rhue. Elle possède quelques solides maisons construites à la fin du 19e s. par les marchands qui sillonnaient l'ouest de la France pour vendre des toiles confectionnées sur place.

À l'ouest du village, la **forêt domaniale de Maubert** et Gaulis est une belle futaie jardinée, où règne le sapin, mais aussi les hêtres, des tilleuls et quelques chênes. Sapins et hêtres atteignent des hauteurs remarquables.

Quittez Condat par le sud en empruntant la D 679 en direction d'Allanche.

La route longe un plan d'eau, reconstitution récente du lac que les moines avaient créé au 12e s.

Abbaye de Féniers

3h AR au départ du col du Perthus. Laissez la voiture dans le hameau de Féniers et gagnez les ruines par le GR 4, puis la D 16. Accès possible en voiture depuis Condat en suivant la D 16.

Cette abbaye cistercienne, fondée à la fin du 12e s., fut rebâtie en 1686 et supprimée à la Révolution. De l'édifice, en partie détruit par un incendie en 1872, subsistent quelques vestiges des bâtiments abbatiaux, du cloître et de l'église. Un petit oratoire, adossé aux ruines, abrite une statue de la Vierge (15e s.).

Prenez la D 16.

La route vers St-Bonnet-de-Condat descend au fond de la vallée de la Santoire et pénètre dans de pittoresques **gorges** boisées.

À St-Bonnet-de-Condat, prenez à gauche la D 36.

Marcenat

Dans le bourg, vous remarquerez des maisons construites par les marchands de toile qui firent fortune en pratiquant ce commerce itinérant au 19e s. Outre sa belle église du 15e s., dotée d'un clocher du 19e s., la commune abrite le **monastère orthodoxe Znaménié**, à La Traverse. Séduites par la beauté du site, les moniales entreprirent en 1988 la restauration d'une ancienne ferme afin de la convertir en monastère. Dépendant du patriarcat de Moscou, il fut consacré en 1996. Son église, construite selon le modèle de celle du mont Athos, se distingue par sa coupole de cuivre.

Après Marcenat, empruntez la D 679 qui traverse un grand plateau désert, offrant de belles **vues** à gauche sur le Cézallier. On peut être surpris de voir, dans ces solitudes, les rails d'une voie de chemin de fer : c'est là que passaient les trains menant les bestiaux aux grandes foires d'Allanche et de Brion.

Les Prades

Du sommet des **orgues basaltiques**, vue agréable sur Landeyrat et la haute vallée d'Allanche qui échancre la planèze.

Cascade des Veyrines

Des Prades, poursuivez sur la D 679.

Après quelques kilomètres, vous découvrirez la **cascade des Veyrines** *(à droite, au niv. de la D 21)*, fréquentée l'été pour sa fraîcheur et son cadre agréable.

Continuez sur la D 679 pour revenir à Allanche.

NOS ADRESSES À ALLANCHE ET DANS LES MONTS DU CÉZALLIER

HÉBERGEMENT

PREMIER PRIX

Auberge de la Baraque d'Aubiat – *La Baraque - 63420 Mazoires - 04 73 71 74 33 - www.auberge-la-baraque-d-aubiat.com - P - 9 ch. 48/75 € - 7.50 € - 16/26 €.* Outre les 9 chambres et le gîte (pour 15 pers.) aménagé dans une ancienne ferme, cette entreprise familiale comprend une salle de restaurant pleine de caractère. Un mobilier digne des vieux burons trouve sa place entre poutres et pierres apparentes.

Chambres d'hôte La Barajade – *Recoules - 15170 Joursac - 04 71 20 86 18 - P - 5 ch. 75 € - table d'hôte chaque soir. - 25 €.* Cette ferme bloc du Cézallier a été l'une des premières aménagées par un architecte, dans les années 1980, pour accueillir « chez l'habitant ». Marie-Lyne a gardé tout le charme de cette maison typique auvergnate : boiseries, lits en alcôves, grandes tables de ferme pour servir les petits déjeuners et les diners… Elle a ajouté une touche de modernité avec l'installation d'un espace sauna intérieur et d'un bain nordique à l'extérieur, avec vue imprenable sur l'est du massif cantalien ! Halte idéale pour les amoureux du patrimoine et des vieilles pierres.

Les Sorbiers - Chambres d'hôte Véronique Phélut – *Le Veysset - 15190 Condat - 3 km au nord de Condat par D 62 - 04 71 78 62 96 - www.les-sorbiers.net - P - fermé 1er nov.-Pâques - 4 ch. 57 €.* Une adresse pour les amoureux de la nature et les randonneurs. Cette maison vous ouvre ses chambres simples et confortables pour un séjour paisible. Coin cuisine.

HÉBERGEMENT ET RESTAURATION

BUDGET MOYEN

Hôtel Restaurant Le relais des remparts – *5 av. du Pr.-René-Rollier - 15160 Allanche - 04 71 20 98 00 - www.lerelaisdesremparts.com - 5 ch. 70/90 € - 8 € - .* Après avoir passé des années en Nouvelle-Calédonie, Isabelle et José ont posé leurs bagages à Allanche, pour la plus grande joie de leurs clients. Affables et accueillants, ils ont repris en 2016 cet hôtel-restaurant, idéalement situé au cœur du village. Chambres impeccables, où chaque détail compte, cuisine traditionnelle et régionale, servie en généreuses portions.

Ferme des Prades – *Les prades - 15160 Landeyrat - 04 71 20 48 17 - 06 88 30 79 67 - www.fermedesprades.com - 5 ch. 75/95 €, table d'hôte 25 €, wagon de l'Estive 110 € spa compris.* Imaginez une puissante bâtisse sur un plateau où le regard porte au loin – nous sommes à 1 100 m d'altitude ! –, un endroit où vécut l'abbé de Pradt, l'aumônier de Napoléon. Un parc d'1 ha où abondent les hêtres et les frênes, ainsi qu'une roseraie. Françoise et Philippe, natifs du Cézallier, proposent cinq chambres aux noms de fleurs et l'une des meilleures tables d'hôte de la région. Certains plats sont cuits dans le four à pain du 15e s. ! Ceux qui préfèrent l'insolite opteront pour le wagon de l'Estive, qui a transporté des marchandises pendant des décennies… Une adresse à retenir.

ACTIVITÉS

Centre équestre de Zanières – *63420 Apchat - ☏ 04 73 71 84 30 - ☏ 06 50 34 69 04 - www.cezallier-cheval.fr - tte l'année : 8h-20h - 17 €/h.* Cheval, ou poney pour les plus jeunes.

Randonnées – Le Cézallier se prête aussi bien à des balades à la journée (40 randonnées à pied et VTT possibles) qu'à des randonnées plus longues (le tour du Cézallier peut se faire en 4, 5, 7 ou 9 jours dans les estives). *www.ffrandonnee.fr ou www.chamina.com.*

Vélorail du Cézallier – *15160 Landeyrat - Gares de Landeyrat et Allanche - Accueil au café de la gare de Landeyrat - ☏ 04 71 20 91 77 - réserv. obligatoire - ouv. (selon météo) juil.-août : tlj ; mai-juin et sept. : w.-end - forfait famille 25/49 €.* Moyen de locomotion utilisé autrefois par les ouvriers pour entretenir et surveiller les voies de chemin de fer, la draisine constitue aujourd'hui un moyen de transport insolite pour parcourir les plateaux du Cézallier.

AGENDA

Fête de l'Estive – *Allanche - ☏ 04 71 20 48 43 - www.tourismecezallier.com - fin mai.* Le bourg accueille jusqu'à 30 000 personnes.

Foire à la brocante – *Allanche - ☏ 04 71 20 48 43 - www.tourismecezallier.com - 1er w.-end d'août.* La plus importante d'Auvergne.

One Country one Film - *Apchat - www.onecountryonefilm.com - 3 j. fin juil.* Festival de cinéma.

Les Foulées du Cézallier - *Marcenat - ☏ 04 71 78 82 11 - www.tourismecezallier.com - 15 août.* Semi-marathon régional, marche, rando VTT, fête, vide-grenier, etc.

Sortie brame du cerf – *2 derniers sam. de sept. et 1er d'oct.* Rens. à l'office du tourisme d'Allanche - *☏ 04 71 20 48 43.*

Marché de potiers – *Allanche - ☏ 04 71 20 48 43 - un w.-end mi-juil.* 35 potiers venus du Cantal et du reste de la France.

Ardes

516 Ardoisiens – Puy-de-Dôme (63)

L'ancienne capitale du duché de Mercœur, située à la lisière des plaines dorées du Lembron, est la gardienne du Cézallier du côté du Puy de Dôme. En amont, les hauts plateaux, avec leurs paysages vierges et sauvages, parsemés de burons, forment les terres d'estive par excellence. Elle abrite désormais l'un des zoos les plus intéressants d'Auvergne.

NOS ADRESSES PAGE 229
Hébergement, restauration, achats, activités, etc.

S'INFORMER

Syndicat d'initiative Ardes-Cézallier – *68 Grande-Rue - 63420 Ardes-sur-Couze - ✆ 04 73 71 86 96 - de mi-juin à mi-sept. : 10h-12h, 15h-19h, jeu. 15h-19h ; reste de l'année : 10h-12h, 15h-18h, jeu. 15h-18h - fermé dim. et j. fériés.*

SE REPÉRER

Carte de microrégion C2 p. 159 – *carte Michelin Départements 326 F10.*
L'accès classique à Ardes, également appelée Ardes-sur-Couze, se fait par la D 214 et la D 215 à partir de St-Germain-Lembron. Les gorges de l'Alagnon et le val d'Allier ne sont pas loin : on est pourtant déjà dans un bourg de montagne.

À NE PAS MANQUER

Les paysages de la vallée de Rentières et ceux du plateau de La Chavade. Les foires de Brion *(mai-oct.)*, exceptionnels moments de convivialité.

AVEC LES ENFANTS

Passer l'après-midi en plein air au parc animalier d'Auvergne.

Se promener

Comme son nom l'indique (*ard* signifiant hauteur), cette charmante bourgade est juchée sur un promontoire rocheux, au débouché des gorges de Rentières. La rivière, la Couze d'Ardes, marque un coude et repart en direction de l'Allier. Des **passages** entre les maisons permettaient de communiquer entre la ville haute et les bords de la Couze, où fut construite l'église St-Dizaint, à l'emplacement d'un ancien prieuré.

Église St-Dizaint

visite sur demande au ✆ 04 73 71 86 96. Elle date du 15e s. Devant l'église, une belle **croix** (15e s.) arbore, sur l'une de ses faces, une Vierge allaitant (sujet rarement traité) et, sur l'autre, les symboles des quatre évangélistes. À l'intérieur, le maître-autel (17e s.) en bois doré est à voir pour ses huit petits groupes représentant la Passion. Près du chœur, un curieux bas-relief en bois sculpté figure la chasse de saint Hubert. Face à la chaire, pietà en pierre du 16e s. et, dans la chapelle, au fond de l'église, lutrin du 15e s.

À proximité Carte de microrégion

★ Parc animalier d'Auvergne C2

Au sud d'Ardes par la D 23. Rte d'Anzat - Le Luguet - ✆ 04 73 71 82 86 - www.parcanimalierdauvergne.fr - ♿ - 7 juil.-31 août : 9h30-19h30 ; 7 avr.-6 juil. : 10h-18h ;

Randonnée sur le plateau de La Chavade.
F. Guiziou / hemis.fr

sept. : 11h-17h, w.-end 10h-18h ; reste de l'année : se rens. - possibilité de visite guidée sur demande (3h) - 19 € (-10 ans 15 €) - aires de jeux et nombreuses animations pour les familles.

Ce parc de 25 ha, entre un zoo classique et une réserve (70 espèces d'animaux : singes capucins, zèbres, hippopotames, lions, bouquetins, etc.), se visite en suivant un parcours ombragé. C'est le seul zoo d'Europe spécialisé sur la faune des sommets du monde. Une expérience riche et ludique.

3

Circuit conseillé Carte de microrégion

★★ VALLÉES SAUVAGES DU CÉZALLIER

Circuit de 55 km tracé en marron clair sur la carte p. 228 – comptez environ 2h30. Quittez Ardes par l'ouest en empruntant la D 36.

Plusieurs rivières, nées dans les monts Dore ou le Cézallier, se jettent dans l'Allier et portent le nom de Couze. Dans la partie montagneuse, ce sont des torrents aux eaux claires, se déversant dans des gorges profondes auxquelles succèdent les vallées, avec vignes en terrasses et cultures de plaine.

Pour les amoureux des Couzes, cet itinéraire est relié à celui des Couzes Pavin et Chambon (*p. 183*) par les **gorges de Courgoul**, creusées par la Couze de Valbeleix (11 km, entre Saurier et Valbeleix).

★ Vallée de Rentières

La vallée de la Couze d'Ardes, petit affluent de l'Allier, porte le nom de Rentières, entre Ardes *(en aval)* et St-Alyre *(en amont)*. Creusé dans les plateaux du Cézallier, c'est un étroit sillon dont les versants disparaissent sous les plateaux de verdure. De curieux rochers volcaniques surmontent le versant nord, tandis que d'étranges blocs basaltiques, en gerbes verticales, hérissent la vallée.

Face au village de Rentières se dressent les ruines du **château de Mercœur**.

Poursuivez sur la D 36.

St-Alyre-ès-Montagne (*p. 220*)

À la sortie du village, continuez sur la D 36.

Brion

Ce village, situé sur le GR 30, est dominé par de très belles **orgues basaltiques**. *Continuez sur la D 36.*

Compains

C'est près de ce village que la Couze de Valbeleix prend sa source, alimentée vraisemblablement par les eaux du lac de Montcineyre (*p. 183*). L'**église** est dotée d'une nef romane (12e s.) et d'un chœur gothique (13e s.) surmonté d'un long clocher blanc, très effilé.

Quittez Compains par l'est en empruntant la D 26.

La route parcourt la coulée de lave issue du puy de Montcineyre, qui s'est épanchée dans cette vallée il y a 6 000 ans. La cheire, au sol particulièrement chaotique, est couverte d'une belle hêtraie.

FOIRE AUX BESTIAUX DE BRION

Ces foires font partie des traditions auvergnates, encore très ancrées dans cette région rurale. Elles existent depuis l'an 1600 et se déroulent de début mai à fin octobre. Limousines, salers, montbéliardes… se donnent rendez-vous ici. Les négociations sont rapides et se soldent par un « tope-là ! » de la main, en parole donnée. Brion retrouve alors vie, les burons s'ouvrent et se transforment pour l'occasion en restaurants animés où buronniers, bouchers, éleveurs… et touristes se retrouvent le temps d'un verre ou d'un repas partagé.

Valbeleix

Une croix du 15e s. est érigée dans le cimetière. La vallée de la Couze de Valbeleix, sculptée par les glaciers, offre un profil en auge (ou en U) presque parfait. La butte arrondie qui domine le village et barre la vallée est un intéressant exemple de **verrou glaciaire**.

Après l'église de Valbeleix, prenez à droite la D 127 sur 2 km, puis à gauche la D 641 en direction de La Chavade.

★ Plateau de La Chavade

Pour parvenir à ce plateau, la route s'élève au cœur d'une hêtraie.

La roche Nité 1h AR. Superbe **vue★★** sur les massifs volcaniques du Cézallier et des monts Dore, dont les coulées de lave furent découpées, il y a 10 000 ans, par de gigantesques langues glaciaires qui marquent encore aujourd'hui le paysage.

Revenez sur la D 127 et prenez à gauche vers La Mayrand. Après Genelière, prenez à droite la D 23 qui ramène à Ardes.

NOS ADRESSES À ARDES

RESTAURATION

PREMIER PRIX

Le Beffroi – *R. du Vallat - ✆ 04 73 71 85 76 - ✆ 06 67 65 80 38 - www.lebeffroiardes.fr - fermé sam. hors sais. sf j. fériés - 13/34 €.* Ayez l'œil en traversant le village car la devanture de ce « Beffroi » est discrète. Cuisine du terroir à déguster dans deux salles à manger dont les grandes baies vitrées donnent sur le jardin. Réservation recommandée.

À proximité

Bistrot l'Ecir et l'Angélique – *Brion-Haut - 63610 Compains - ✆ 04 73 71 20 92 - ✆ 06 86 97 82 47 - P ♿ - ouvert tlj le midi vend.-lun., le vend. et lun. soir sur réserv.* Cette charmante ferme rénovée éveillera vos papilles avec sa cuisine du terroir. En plus des menus, des formules sont servies à toute heure pour les petites faims. Accueil exquis.

ACTIVITÉS

Parcours de pêche – *Société cantonale de pêche - à droite av. l'église puis apr. le stade le long de la Couze - ✆ 04 73 68 18 10 - ♿ - ouv. pdt les périodes de pêche (mars-sept., se rens. par tél).* Ce circuit de 280 m présente 15 postes et 7 pontons.

Aurillac, Châtaigneraie et monts du Cantal 4

Carte Michelin Départements 330 - Cantal (15)

Tournemire, le château d'Anjony.
F. Cormon / hemis.fr

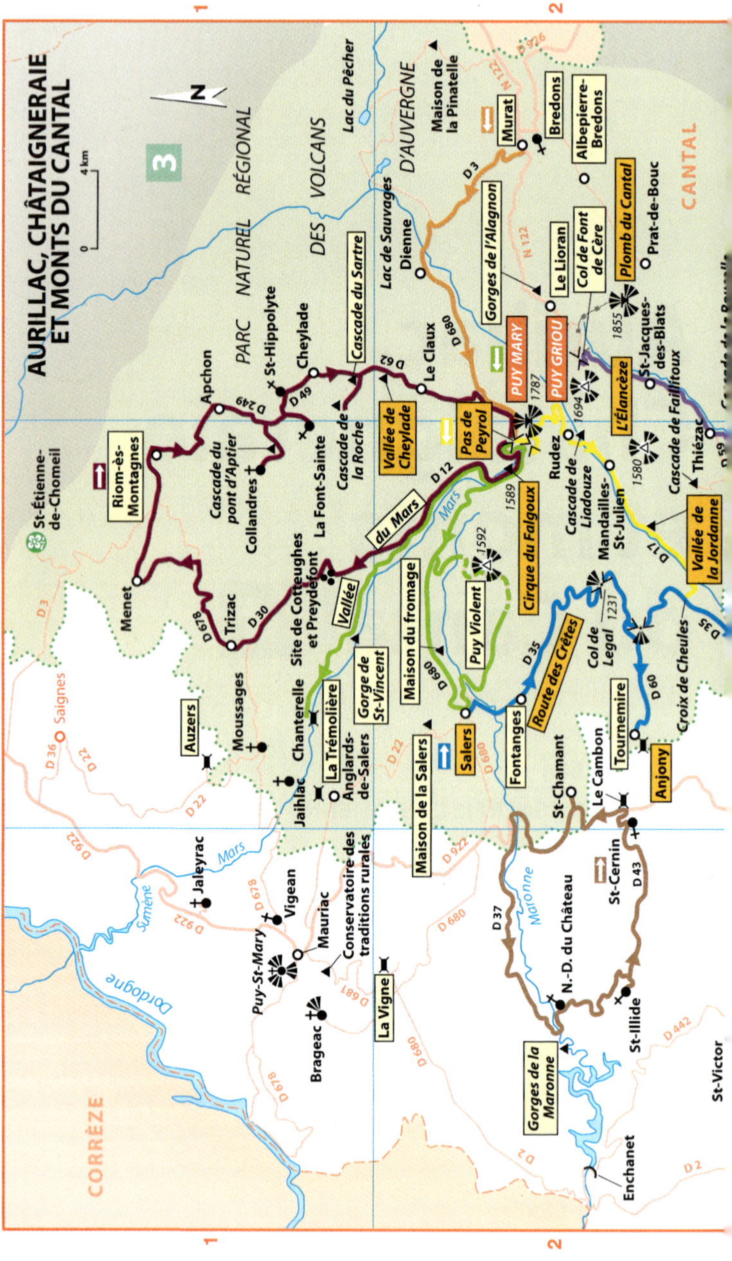
AURILLAC, CHÂTAIGNERAIE ET MONTS DU CANTAL
3
0
4 km
N
PARC NATUREL RÉGIONAL DES VOLCANS D'AUVERGNE
CORRÈZE
CANTAL
Riom-ès-Montagnes
St-Étienne-de-Chomeil
Menet
Trizac
Apchon
Cascade du pont d'Aptier
Collandres
St-Hippolyte
Cheylade
Cascade du Sartre
La Font-Sainte
Cascade de la Roche
Vallée de Cheylade
Le Claux
Lac de Sauvages
Dienne
Lac du Pêcher
Maison de la Pinatelle
Murat
Bredons
Albepierre-Bredons
Gorges de l'Alagnon
Le Lioran
Col de Font de Cère
Plomb du Cantal
Prat-de-Bouc
PUY MARY
PUY GRIOU
Pas de Peyrol
L'Élancèze
St-Jacques-des-Blats
Cascade de Faillitoux
Thiézac
Rudez
Cascade de Liadouze
Mandailles-St-Julien
Vallée de la Jordanne
Cirque du Falgoux
Puy Violent
Vallée du Mars
Site de Cotteughes et Preydefont
Maison du fromage
Col de Legal
Route des Crêtes
Croix de Cheules
Tournemire
Anjony
Fontanges
Salers
Gorge de St-Vincent
La Trémolière
Anglards-de-Salers
Chanterelle
Moussages
Jaihlac
Auzers
Saignes
Maison de la Salers
St-Chamant
Le Cambon
St-Cernin
N.-D. du Château
St-Illide
Gorges de la Maronne
St-Victor
Enchanet
Jaleyrac
Vigean
Mauriac
Puy-St-Mary
Conservatoire des traditions rurales
Brageac
La Vigne
Dordogne
Sumène
Mars
Maronne
1787
1694
1855
1580
1589
1592
1231
D 3
D 36
D 22
D 922
D 678
D 680
D 681
D 30
D 249
D 49
D 62
D 12
D 17
D 35
D 60
D 37
D 43
D 442
D 2
D 926
N 122
A
B
C
1
2

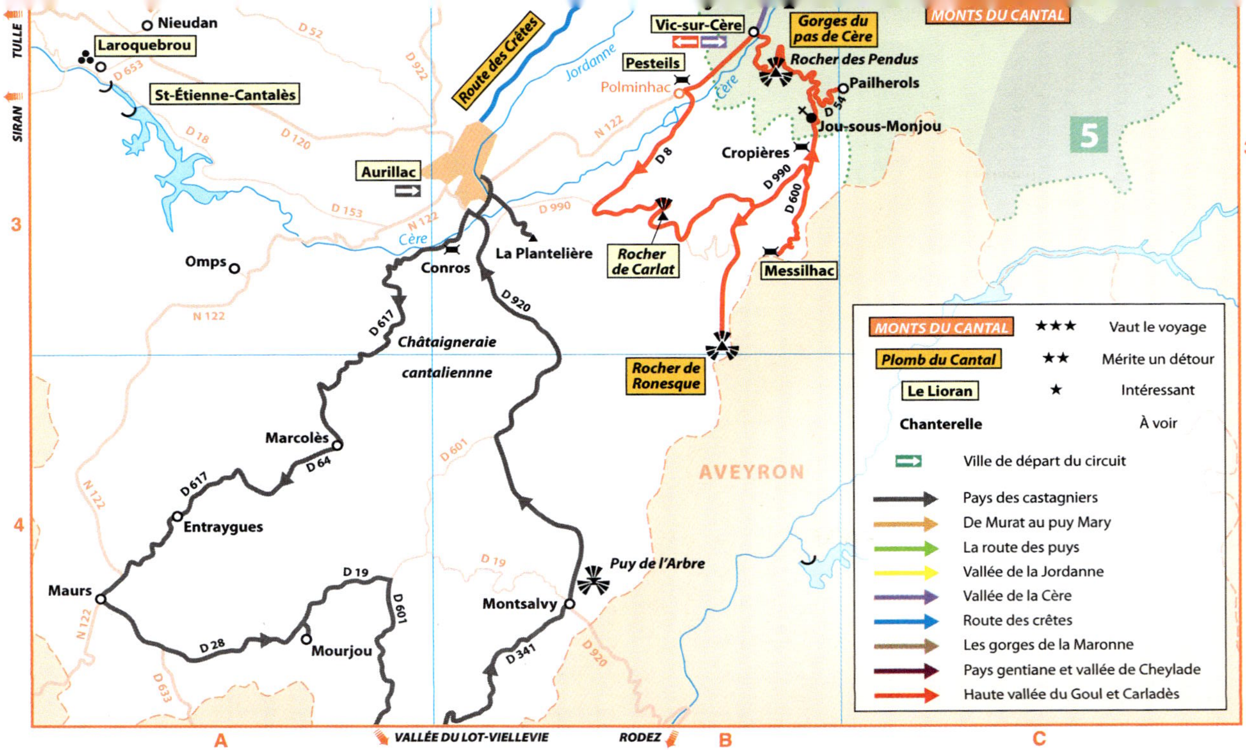

MONTS DU CANTAL
Nieudan
Laroquebrou
St-Étienne-Cantalès
TULLE
SIRAN
Aurillac
Route des Crêtes
Jordanne
Vic-sur-Cère
Pesteils
Polminhac
Gorges du pas de Cère
Rocher des Pendus
Pailherols
Jou-sous-Monjou
Cropières
Rocher de Carlat
Messilhac
Rocher de Ronesque
La Plantelière
Conros
Omps
Châtaigneraie cantalienne
Marcolès
Entraygues
Maurs
Mourjou
Montsalvy
Puy de l'Arbre
AVEYRON
VALLÉE DU LOT-VIELLEVIE
RODEZ
Cère
D 52
D 653
D 18
D 120
D 922
D 153
N 122
D 990
D 8
D 54
D 600
D 920
D 617
D 64
D 601
D 19
D 28
D 633
D 341
5
A
B
C
3
4
MONTS DU CANTAL ★★★ Vaut le voyage
Plomb du Cantal ★★ Mérite un détour
Le Lioran ★ Intéressant
Chanterelle À voir
Ville de départ du circuit
Pays des castagniers
De Murat au puy Mary
La route des puys
Vallée de la Jordanne
Vallée de la Cère
Route des crêtes
Les gorges de la Maronne
Pays gentiane et vallée de Cheylade
Haute vallée du Goul et Carladès

Aurillac

★

25 875 Aurillacois – Cantal (15)

Édifiée sur les bords de la Jordanne, sous le regard du puy Courny, la capitale de la haute Auvergne est connue pour son festival international de théâtre de rue, qui enflamme la cité au mois d'août. La ville, réputée aussi pour ses parapluies, active en toute saison, invite le passant à la flânerie, avec ses ruelles tortueuses et ses maisons à colombages dans le quartier médiéval. Les nombreuses boutiques de produits de bouche côtoient des vitrines très design.

NOS ADRESSES PAGE 240
Hébergement, restauration, achats, activités, etc.

S'INFORMER

Office de tourisme – *7 r. des Carmes - 15000 Aurillac - ✆ 04 71 48 46 58 - www.iaurillac.com - 9 juil.-26 août : 9h-12h30, 13h30-19h, dim. 11h-15h ; reste de l'année : tlj sf dim. 9h30-12h, 13h30-17h30 - fermé certains j. fériés.*

SE REPÉRER

Carte de microrégion AB3 p. 233 - plan de ville p. 237 – *carte Michelin Départements 330 C5.*

SE GARER

Plusieurs parkings en centre-ville : place du Square, place de la Paix, cours Monthyon et place de l'Hôtel-de-Ville.

À NE PAS MANQUER

Une balade à pied dans les rues du vieil Aurillac ; le musée d'Art et d'Archéologie ; le château St-Étienne et son muséum des Volcans.

AVEC LES ENFANTS

Le muséum des Volcans et le musée d'Art et d'Archéologie (parcours spécifique à leur intention), le centre aquatique. Voir aussi la rubrique « Enfants » de *La Châtaigneraie Cantalienne (p. 243).*

Se promener Plan de ville

D'origine gallo-romaine, Aurillac prospère à la fin du 9e s. autour de l'abbaye fondée par saint Géraud, comte auvergnat – si célèbre que son prénom est encore actuellement porté par les habitants. Une ville close de forme circulaire se constitue, à l'abri derrière ses remparts. Au 16e s., Aurillac, très commerçante, voit la naissance d'une cour de justice, le Présidial. Mais les guerres de Religion vont durablement ensanglanter la capitale de la haute Auvergne, où la prospérité ne reviendra que sous Colbert. Au 18e s., l'enceinte médiévale est détruite, et l'espace public réorganisé. Des hôtels particuliers s'élèvent dans la ville. Aujourd'hui, elle concentre ses activités sur les industries laitières et pharmaceutiques, la filière bois et la fabrication de parapluies, qui s'affichent en couleurs dans les vitrines.

Aurillac se compose de quartiers bien distincts : le centre, la ville ancienne au nord-est, le château St-Étienne qui abrite le musée des Volcans au nord, le quartier des Carmes, ancien enclos monastique, au sud, où se trouve le musée d'Art et d'Archéologie ; enfin, les bords de la Jordanne à l'ouest.

La Jordane à Aurillac.
B. Jaubert / Getty Images

CENTRE-VILLE B1-2

Place du square Arsène-Vermenouze

C'était l'ancienne place du Foirail au Moyen Âge. Le square, qui porte le nom d'un célèbre poète aurillacois (1850-1910), a été dessiné en 1875 par Jean-Charles Alphand, architecte-paysager des parcs Monceau et Montsouris à Paris.

Le **palais de justice**, qui borde le square au nord, date de 1872. Face à lui, le **monument aux morts** (1927) exprime une tendance peu habituelle concernant ce type d'ouvrage : un hommage au pacifisme.

Église Notre-Dame-aux-Neiges

Rue des Carmes. Cette ancienne chapelle d'un couvent de cordeliers date du 14e s. Elle fut restaurée au 17e s. La sacristie, de style gothique, occupe l'ancienne **salle capitulaire**. Elle communique avec une élégante chapelle du 15e s. La sacristie abrite une Vierge noire très vénérée, du 17e s.

LE VIEIL AURILLAC

Rejoignez la rue Vermenouze.

Au n° 20, remarquez l'**hôtel Capel** et sa belle porte ogivale et, au n°35, le linteau de la porte provenant de la demeure de François Meynard, président du Présidial.

La rue Vernemouze débouche place d'Aurinques.

Dans la nuit du 6 septembre 1569, les huguenots font sauter la porte de la ville et s'élancent dans les rues : les bourgeois, réveillés en sursaut, ne peuvent résister. Les principaux monuments sont incendiés. En 1581, les protestants reviennent, mais ils sont repoussés grâce à l'intervention miraculeuse de la Sainte Vierge. C'est en souvenir de cet événement que les habitants élevèrent, en 1616, la **chapelle votive Notre-Dame d'Aurinques** A2 dans une tour du mur de la ville, et la complétèrent par une chapelle haute au 19e s.

LE PREMIER PAPE FRANÇAIS

L'abbaye de **saint Géraud**, comte auvergnat (ce prénom typiquement local est encore aujourd'hui très répandu), a donné à la chrétienté le premier pape français : **Gerbert** (v. 938-1003). Petit pâtre des environs d'Aurillac, il est remarqué par des moines de St-Géraud, où il poursuit ses études. Il part alors pour l'Espagne, fréquente les universités arabes, apprend la médecine et les mathématiques. C'est lui qui aurait introduit l'usage des chiffres arabes dans le monde occidental. Son savoir universel le rend si célèbre que l'empereur Otton le choisit comme précepteur de son fils ; il est à l'origine de la renaissance ottonienne. Théologien pétri de culture classique, il devient pape en 999 sous le nom de **Sylvestre II**. Surnommé le « pape de l'an mil », il imposera à la féodalité la « trêve de Dieu ».

Suivez la rue de la Coste.
Sur la droite, dans la rue de Noailles, on remarque au n° 7 une **cour Renaissance** *(portail fermé, accès par le cours de Noailles).*
Revenez à la rue de la Coste, prolongée par la rue du Consulat.

Maison consulaire B1

Cette construction de la Renaissance a été restaurée et transformée en salle d'exposition. Attardez-vous devant les sculptures de la porte : blason de la ville, coquilles évoquant St-Jacques de Compostelle, fleurs de lys données par Charles VII.
Au n° 4, remarquez la très belle tour d'escalier, puis rejoignez la place Gerbert.

Place St-Géraud B1

Face au portail de l'église, une **façade romane** à arcades et colonnettes appartenait sans doute à un hospice du 12e s. sur la route des pèlerins de Compostelle. Remarquez l'ancienne halle au blé, devenue la **Bourse du Travail**. À côté de l'église, sur la gauche, maison des Chanoines du 15e s. Au milieu de la place, **cuve** monolithique en serpentine verte du 12e s.
Contournez l'église par le flanc nord pour rejoindre le chevet. Là s'étendait une **nécropole** dont il subsiste quelques sarcophages.

Église St-Géraud B1

Cette ancienne abbatiale témoigne d'une évolution architecturale complexe. Fondée à la fin du 9e s. par le comte Géraud, elle est consacrée en 1095 par le pape Urbain II. Elle venait d'être remaniée (1530-1536) quand les protestants, maîtres de la ville, la ruinèrent complètement (1569). Charles de Noailles, évêque de St-Flour et abbé d'Aurillac, la fit relever pendant la première moitié du 17e s. Les restaurations (1965 à 1972) ont mis au jour d'intéressants vestiges romans, dont deux chapiteaux qui servent aujourd'hui de bénitiers.
À l'intérieur, les piliers, qui montent d'un seul jet jusqu'aux voûtes à liernes et tiercerons, donnent équilibre et unité à la **nef**. Au fond, dans un enfeu, se cache une pietà du 18e s. Bel orgue du 18e s.
La **chapelle St-Géraud** contient deux dalles sculptées romanes dont l'une s'orne d'animaux adossés, des chapiteaux à palmettes et à entrelacs ; une sculpture préromane, soutenant un reliquaire, représente Samson. La statue de saint Géraud est en bois doré du 18e s. Dans le **transept sud**, on remarque, sur le mur du fond, un élément important de la décoration de l'édifice du 11e s. : une triple arcature avec un arc en mitre au centre. La **chapelle Notre-Dame-du-Cœur** possède des voûtes du 15e s. Dans le chœur, notez un maître-autel à baldaquin, en marbre polychrome, datant de 1762.
Prenez la rue de La Fontaine, qui débouche rue du Buis.

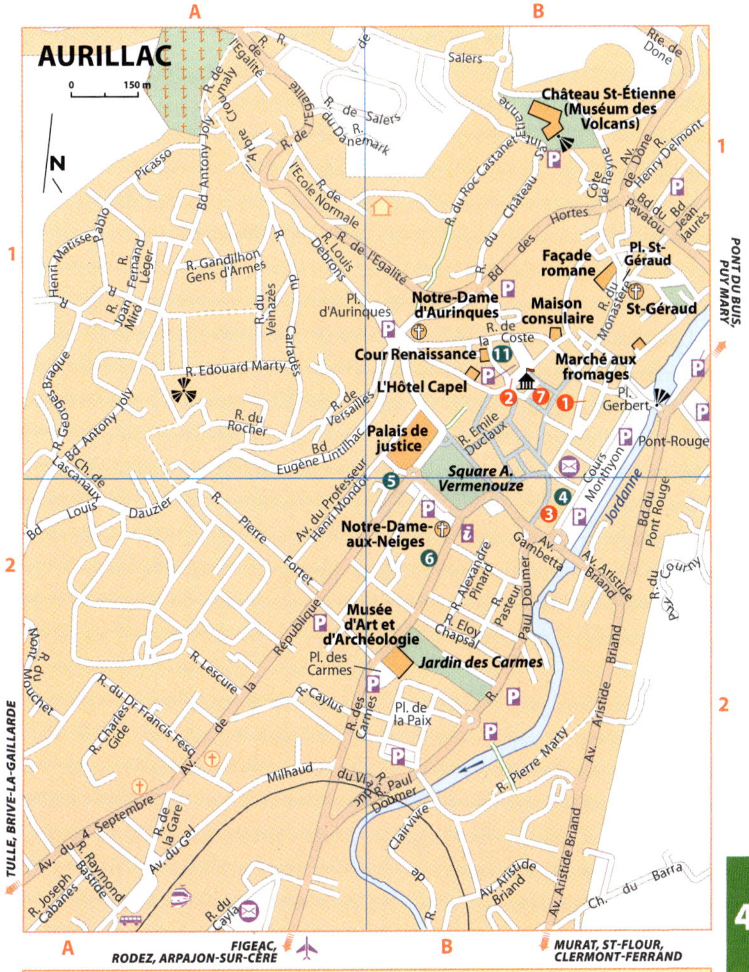

SE LOGER		SE RESTAURER	
Chambres d'hôte La Chapellenie	11	Le Champ des Vignes	3
Grand Hôtel de Bordeaux	5	Quatre Saisons	1
Grand Hôtel St-Pierre	4	La Table des matières	7
Hôtel des Carmes	6	Tables Zé Comptoir	2

Marché aux fromages

7 rue du Buis. Construit en 1890, il a été restauré un siècle plus tard. C'est le dernier bâtiment édifié à cet usage à subsister en Europe. Il évoque l'importance de cette industrie dans le Cantal.

Le **pont du Buis** (14e s.) est le plus ancien de la ville.

Point de vue sur la Jordanne B2

Au bord de la rivière, vous pourrez contempler les maisons anciennes à balcons de bois. Sur la place se dresse la statue du **pape Gerbert** par David d'Angers. Elle fait face, pour la postérité, à celle de Delzons, général d'Empire, né à Aurillac en 1775.

LA CAPITALE DU PARAPLUIE

Du cuivre, que battaient les Aurillacois depuis le Moyen Âge, de la toile de coton, apportée par les marchands ambulants, du bois de hêtre, dont les forêts alentour sont pleines : le parapluie est né. Le premier atelier est créé en 1857. En 1900, le Cantal présente ses parapluies à l'Exposition universelle de Paris. En 1928, 250 ouvriers et 500 ouvrières à domicile en fabriquent plus d'un million. Aujourd'hui, il reste deux entreprises qui réalisent 50 % de la production française, soit environ 500 000 parapluies par an. Le label L'Aurillac est garant d'un savoir-faire ancestral, qui s'affiche dans deux boutiques du centre-ville.

COMPRENDRE LES VOLCANS

Château St-Étienne B1

Du château habité par les parents de saint Géraud, avant de devenir la résidence du seigneur abbé, ne subsiste aujourd'hui qu'un **donjon** du 13e s.; les 11e et 13e s. virent se multiplier dans le Cantal des tours de défense de plan carré, avec entrée au premier étage, comme ce donjon. Le reste des bâtiments, incendiés, furent remplacés par un château de style néogothique construit par l'architecte Juste Lisch en 1898. De la terrasse supérieure, aménagée en parc, **panorama** sur la vallée de la Jordanne, les monts du Cantal, la ville et le bassin d'Aurillac. Le château abrite le Centre permanent d'initiatives pour l'environnement (CPIE) de haute Auvergne et un musée.

★ Muséum des Volcans

Château St-Étienne - ✆ 04 71 48 07 00 - musees.aurillac.fr - juil.-août : 11h-18h, dim. 14h-18h ; vac. scol. (hors juil.-août) : tlj sf w.end. 14h-18h ; reste de l'année : le 1er dim. du mois 10h-12h, 14h-18h, les mer. 14h-18h sur rendez-vous - fermé 1er janv. - 5 € (-18 ans gratuit) - billet donnant accès au musée d'Art et d'Archéologie - gratuit 1er dim. du mois.

Un double escalier, enserrant une oriflamme de 13 m de haut, donne accès à quatre vastes salles : « Une planète agitée… la Terre », « Le Cantal sur une terre qui change », « Des volcans et des hommes », « Le Cantal, volcan aménagé ». À l'aide de maquettes interactives, de bornes multimédias et de films, les phénomènes volcaniques de notre planète sont clairement expliqués.

QUARTIER DES CARMES

Au sud de la ville ancienne, le quartier des Carmes, avec son grand parc ombragé, est un havre de paix et de douceur.

Jardin des Carmes B2

Ancien enclos monastique, cet agréable espace vert donne accès au centre culturel Pierre-Mendès-France *(au sud)* et à des salles d'exposition *(au nord)*.

★ Musée d'Art et d'Archéologie B2

Centre Pierre-Mendès-France - 37 r. des Carmes - ✆ 04 71 45 46 10 - musees.aurillac.fr - ♿ - juil.-août : 11h-18h, dim. 14h-18h ; vac. scol. (hors juil.-août) : tlj sf w.end. 14h-18h ; reste de l'année : le 1er dim. du mois 10h-12h, 14h-18h, les mer. 14h-18h sur rendez-vous.

Cet intéressant musée est aménagé dans l'ancien couvent des visitandines (17e s.) qui, après la Révolution, fut transformé en haras national, avant

Le château St-Étienne et l'église St-Géraud.
L. Olivier / Photononstop

d'être réhabilité en centre culturel. La visite commence dès le hall, avec une présentation de **parapluies**, une des grandes spécialités d'Aurillac, fabriqués ici depuis le milieu du 19e s.

Archéologie cantalienne – *1er étage*. Reconstitution d'un intérieur cantalien de 1900, très évocateur avec sa cheminée, le cantou, seule source de chaleur de la maison, les coffres à sel, denrée précieuse, et la souillarde, lieu des travaux humides.

Elle se déroule selon un cheminement chronologique depuis la préhistoire jusqu'à l'époque médiévale. Parmi les collections provenant des fouilles pratiquées dans la région, observez la remarquable série de bifaces du paléolithique, l'outillage mésolithique et néolithique (notamment hache polie à double tranchant et silex). Pour l'époque gallo-romaine : matériel des fouilles du temple d'Aron à Aurillac, fanum héritier des lieux de culte gaulois, **ciste funéraire** du 1er s. avec son urne de verre en parfait état. Les fouilles mérovingiennes de l'ilôt St-Gérard (2013-2014) sont également évoquées. De la période médiévale date tout le mobilier de l'habitat de Chastel-sur-Murat, occupé en continu du néolithique à la Renaissance.

Collections d'art – *2e étage*. Pour la **peinture** : écoles française, hollandaise et italienne du 17e s., peintres français de la seconde moitié du 18e s. (Nattier, Joseph Vernet, Verhulst), peintres officiels du 19e s. (Cabanel, Richard, Couture), peintres contemporains (Boutet de Monvel, Lebourg, Lebasque). Pour la **sculpture** : *Napoléon* par Chaudet, *Victor Hugo* par Rodin (plâtre), *Rodin* par Camille Claudel (bronze), *Paysan des Abruzzes* par Landowski (bronze).

Photographie – *Rdc et 2e étage*. Deux salles exposent par roulement les œuvres contemporaines issues du fonds photographique du musée, constitué entre autres par les clichés d'**Albert Monier** (1915-1998) et de **Léger Parry**, photographe installé en 1885 à Aurillac. Chacun témoigne à sa manière, au travers de portraits, paysages ou scènes de la vie, de l'histoire de la région.

Écuries – *Jardins des Carmes - ✆ 04 71 45 46 10 - http://aurillac.fr/musees - ♿ - 20-31 mai et juil.-oct. : 14h-18h - fermé dim.-lun. et j. fériés - possibilité de visite*

guidée sur demande (1h) - gratuit. Ancienne annexe du haras, ce bâtiment (1819) constitue un bel espace consacré à des expositions temporaires d'art contemporain et de photographie.
Av. de Julien - www.ifce.fr - ♿ - 9h-12h, 14h-17h - pour découvrir les installations du Haras national d'Aurillac (situé av. de Julien, à la sortie de la ville), se rens. au ✆ 04 71 46 87 07.

NOS ADRESSES À AURILLAC

HÉBERGEMENT

BUDGET MOYEN

6 Hôtel des Carmes – B2 - *20 r. des Carmes - ✆ 04 71 48 01 69 - www.hoteldescarmes.fr - P 5 €/nuit - ♿ - 23 ch. 94 € - ☕ 11 € (enf. 5 €) - ✕ formule déj. 17 €, à la carte 16/21 €.* En plein centre, face à l'office de tourisme, voici une adresse parfaite pour visiter la ville. Situées sur une petite cour intérieure, les chambres, qui se déclinent dans des tons noir, beige et blanc, sont vastes et bien agencées. On prend le petit-déjeuner dans la salle du bar-brasserie. La salle à manger est éclairée d'une grande verrière. Service jeune et dynamique.

POUR SE FAIRE PLAISIR

4 Grand Hôtel St Pierre – B2 - *16 Cours Monthyon - ✆ 04 71 48 00 24 - www.qualys-aurillac.com - 47 ch. 75/95 € - ☕ 12 € - ✕ piscine intérieure, sauna, rest.* Une belle maison que cet hôtel Saint-Pierre, institution aurillacoise s'il en est, qui donne sur la Jordanne ! Chambres vastes et impeccables, service ad hoc. À la Brasserie d'Aurillac, vous vous régalerez de plats régionaux dans un splendide décor de boiseries classé monument historique. Un des must de la ville.

5 Grand Hôtel de Bordeaux – B2 - *2 av. de la République - ✆ 04 71 48 01 84 - www.hotel-de-bordeaux.fr - P garage privé 10 €/nuit - ♿ - fermé dernière sem. de déc. - 36 ch. 69/175 € - ☕ 12 €.* Des chambres décorées avec classe, où le grège voisine avec le gris perle et le blanc, des tons que l'on retrouve dans la salle du petit déjeuner, une terrasse pour musarder quand le soleil pointe son nez, que demander de plus ? L'accueil, courtois et de bon ton, est à la hauteur du raffinement des lieux.

UNE FOLIE

11 Chambres d'hôte La Chapellenie – B1 - *8 r. de Noailles - ✆ 06 80 24 23 33 - www.un-jour-en-auvergne.com - P - mai-oct. - 4 ch. 150 € ☕, suite 200 € ☕.* Ce vénérable édifice niché au cœur d'Aurillac (14e s.) a été restauré de façon originale par Isabelle : les murs, les plafonds et les sols, uniquement décapés, ont conservé une incroyable patine, tout comme le mobilier ancien, fruit d'une récupération inspirée. Bel escalier en colimaçon. Sauna dans le jardin intérieur.

À proximité

PREMIER PRIX

Hôtel Les Provinciales – Hors plan - *5 av. Jean-Jaurès - 15130 Arpajon-sur-Cère - ✆ 04 71 64 29 50 - www.hotel-provinciales.com - P 4 € - ♿ - 20 ch. 49/82 € - ☕ 8,50 € - ✕ 9,10/18 €.* Bordant une placette, bâtisse aux façades entièrement revêtues d'ardoises. Chambres calmes, garnies d'un mobilier coloré. Espace restaurant Félix Café.

RESTAURATION

PREMIER PRIX

3 Le Champ des Vignes – B2 - *13 r. Baldeyrou - ✆ 04 71 48 07 81 - ✆ 06 36 47 31 73 - ♿ - fermé dim.-lun. - 12h-14h/19h-22h - formule déj. 12,50 €, menu 19.50/29 €.* Dans une ruelle du centre d'Aurillac, ce petit resto intimiste propose d'excellents plats et desserts à base de produits frais et de saison. La formule du midi est intéressante et l'ardoise du soir permet d'y trouver son bonheur. Enfin, pour les amateurs de vin, sélection originale de cépages et productions étrangères.

2 Table(s) Zé Komptoir – B1 - *10 pl. Hôtel de ville - ✆ 04 71 48 78 13 - http://tables-comptoir-aurillac.com - formule déj. 11,40/14,90 € - formule 22 €, menu 27,90 €.* Face à l'hôtel de ville, ce resto-brasserie est l'endroit idéal pour ceux qui souhaitent déjeuner rapidement avec une cuisine traditionnelle et variée. Formule du jour très abordable, bonnes viandes locales.

BUDGET MOYEN

7 La Table des matières – B1 - *5 r. de l'Hôtel-de-Ville - ✆ 04 71 48 25 50 - ♿ 📶 - fermé dim.-lun., merc. soir et jeu. soir - formule déj. 14,50 € - menu 23/46 €.* Bien connue des habitants, cette petite adresse tenue par Florian et Sophie propose une savoureuse cuisine de marché, où les produits du terroir sont apprêtés avec touche d'influence italienne et asiatique. Excellente formule déjeuner. Réservation recommandée.

POUR SE FAIRE PLAISIR

1 Les Quatre Saisons – B1 - *10 r. Champeil - ✆ 04 71 64 85 38 - http://quatresaisons.onlc.fr - fermé dim. soir, lun., et mar. midi - formule déj. en sem. 18,50/23,50 €, menus 34/60 €.* Didier Guibert ne travaille que des produits locaux dont il est sûr de l'absolue fraîcheur. Il faut dire qu'il connaît les meilleures adresses. Dans ces Quatre Saisons, le bœuf salers est bien entendu à l'honneur.

ACHATS

Crèmerie Leroux – *15 r. E. Duclaux - ✆ 04 71 48 28 89 - 9h-12h, 14h30-19h - fermé lun.* Une jolie boutique à l'ancienne où on fait le plein des bons fromages d'Auvergnes au lait de vache ou de chèvre et même de bufflonnes de production locales. On y trouvera également des salaisons du pays (jambons, saucisses sèches etc.), des conserves artisanales, des biscuits et une sélection de vins d'Auvergne ou liqueurs artisanales.

Distillerie Louis-Couderc – *14 r. Victor-Hugo - ✆ 04 71 48 01 50 - www.distillerie-couderc.com - fermé dim.-lun. - 9h30-12h, 14h30-19h.* Cette distillerie fondée en 1908 propose de nombreux produits régionaux à base de gentiane, crème de châtaigne et fruits rouges, dont l'apéritif « volcan ». Plusieurs créations maison ont été primées lors du concours international des eaux-de-vie et liqueurs de Metz. Les buticulamicrophilistes (collectionneurs de mignonnettes) pourront compléter leur collection.

Fromageries Morin – *19 bis bd du Pavatou - pls points de vente à Aurillac, consulter le site Internet - ✆ 04 71 43 50 51 - http://fromageries-morin.fr.* La famille Morin aurait pu donner son nom à un fromage. Le plus réputé chez eux reste le Saint-Nectaire par la maîtrise parfaite de son affinage réalisé tout près. Vous trouverez également tous les fromages d'Auvergne, AOP ou pas, sélectionnés directement auprès de producteurs. Quelques plats cuisinés en sus (aligot, tarte à l'encalat…) vous permettront d'emporter « un morceau » de la gastronomie cantalienne.

Les Étains d'Auvergne – *Rte de Toulouse - ✆ 04 71 63 66 80 - 9h-19h - fermé dim.* Issu d'une famille qui perpétue le travail de l'étain depuis quatre générations, l'artisan créateur Daniel Vollet travaille selon les traditions des potiers d'étain de la haute Auvergne. Grand choix d'objets à la finition impeccable : écuelles, soupières, aiguières…

Parapluies Piganiol – *28 r. des Forgerons - ✆ 04 71 43 05 51 - www.piganiol.fr - 10h-19h (ouv. à 9h le sam.), fermé dim.-lun.* Fabricant depuis 1884 à Aurillac, Piganiol perpétue un savoir-faire séculaire qui lui a valu d'obtenir en 2012 le label d'Entreprise du patrimoine vivant. Il propose un éventail de parapluies très colorés dont l'Aurillac (modèle typique de la région), jouant avec les couleurs et les motifs. Le très beau parapluie de berger est aussi à découvrir. Aujourd'hui, la maison innove dans le parapluie de luxe, qui séduit les amateurs du monde entier, et en fabrique même pour les maisons de couture !

ACTIVITÉS

Centre aquatique – *R. du Dr-Beraud - La Ponétie - Aurillac - ✆ 04 71 48 26 80 - http://centreaquatique.caba.fr - fermé 2 sem. en juin et 2 sem. en déc. - 5 € (-17 ans 4,25 €) - nombreuses animations, se rens.* Bassins ludiques, pentagliss ; rivière, geysers, cascades, etc.

AGENDA

Festival international de théâtre de rue – *3e sem. d'août - ✆ 04 71 43 43 70 - www.aurillac.net.* 500 compagnies de théâtre enflamment les rues de la ville pendant 4 jours.

Festival 10e Art – *juin - www.10emeart-festival.com.* Des fresques murales gigantesques pour du street art.

La Châtaigneraie cantalienne

Cantal (15)

Avec ses paysages de campagne riante et ses villages médiévaux intacts, la Châtaigneraie cantalienne dégage un petit air méridional : ce pays de bois et de pâtures vivait autrefois des récoltes de l'arbre à pain. Tourné vers le sud-ouest, le vaste plateau traversé de mille vallons file en pente douce en direction du Midi : ses petites routes champêtres offrent de beaux panoramas, à l'écart des sentiers touristiques.

NOS ADRESSES PAGE 248
Hébergement, restauration, achats, activités, etc.

S'INFORMER

Office du tourisme de la Châtaigneraie cantalienne – *28 av. du 15-Septembre-1945 - 15290 Le Rouget-Pers - ✆ 04 71 46 94 82 - www.chataigneraie-cantal.com - juil.-août : 9h30-12h30, 14h-18h30, dim. et j. fériés 9h30-12h30 ; reste de l'année : 9h-12h, 14h-17h, dim. et j. férié 9h-12h - fermé 1er janv., 1er Mai, 1er et 11 Nov., 25 déc.*

SE REPÉRER

Carte de microrégion AB3-4 p. 233 – La Châtaigneraie cantalienne se situe dans le sud-ouest du Cantal. Trois axes principaux la traversent : la D 120 en direction de Tulle, la N 122 en direction de Figeac-Cahors et la D 920 en direction de Rodez ou Millau.

À NE PAS MANQUER

Une balade à pied dans les rues des quatre cités médiévales : Marcolès, Maurs, Montsalvy et Laroquebrou.

AVEC LES ENFANTS

Le lac de St-Étienne-Cantalès, la Plantelière d'Arpajon-sur-Cère, le château de Conros, la Maison de la châtaigne de Mourjou et le château fort de Vieillevie.

4

Découvrir Carte de microrégion

ENTRE DEUX LACS, AU NORD DE LA CHÂTAIGNERAIE

Barrage-lac d'Enchanet A2

À 39 km au nord-est d'Aurillac par la D 120.

Long ruban sinueux de 17 km et de 410 ha, il est alimenté par les eaux montagneuses de la **Maronne**. Son barrage voûté, haut de 69 m, a été édifié en 1950 pour la production d'électricité. Les pentes boisées d'épicéas qui le bordent lui donnent la fière allure d'un lac de montagne. Ce lac aux pentes boisées d'épicéas abrite une grande héronnière d'Europe.

★ Laroquebrou A3

À 25 km au sud du barrage d'Enchanet par la D 2.

Office de tourisme – R. de la Trémolière - 15150 Laroquebrou - ✆ 04 71 46 94 82 - www.chataigneraie-cantal.com - juil.-août : 9h30-12h30, 14h-18h30, dim. 9h30-12h30 ; reste de l'année : mar.-merc. et vend.-sam. 9h-12h, 14h-17h - visite commentée tte l'année sur demande (1h30) - juil.-août : visite nocturne aux lampions merc. 21h, 4 € (-12 ans gratuit).

Cette charmante cité médiévale est située à l'entrée des gorges de la Cère, dominée par un roc isolé portant une statue de la Vierge et les vestiges d'un **château**. Celui-ci, ancienne résidence des seigneurs de Montal, est précédé d'une terrasse d'où la **vue** sur les toits de tuiles rouges est fort belle. *℘ 04 71 46 00 48 - www.laroquebrou.fr - exposition de mi-juil. à fin août : 10h-12h30, 15h30-19h - possibilité de visite guidée sur demande (30mn) - 2,50 € (-16 ans gratuit) - mai : exposition des artistes roquais - entrée libre.*

Château – Sa construction est évoquée dans la charte de franchise de 1281. Il fut un temps propriété de la famille de Montal, l'une des plus anciennes du Cantal. Sur les sept tours d'origine, quatre sont encore visibles. Un souterrain, aujourd'hui muré, aurait permis aux habitants de communiquer avec le village.

Le GR 652 conduit à Laval-de-Cère, à 30 km, pour une découverte des **gorges de la Cère**, au cœur d'un univers minéral exceptionnel (pour randonneurs confirmés). Il suit le tracé de la **Via Arverna**, itinéraire secondaire du chemin de St-Jacques, qui mène de Blesle-Massiac à Laroquebrou en 178 km *(rens. http://rando.cantal.fr).*

Siran A3

À 7 km à l'ouest de Laroquebrou par la D202.

Musée de l'Accordéon et des Instruments de musique populaire – *Le Bourg - ℘ 04 71 46 08 68 - juil.-août : tlj sf lun. et j. fériés 14h30-18h ; juin et sept. : w.-end 14h30-17h - possibilité de visite guidée - 4,50 € (-12 ans gratuit).* Les frères Cazes ont constitué une collection exceptionnelle d'accordéons, vielles et cabrettes. À voir aussi : des instruments rares (surprenantes boîtes à musique, ancêtres des *jukebox*).

Repassez par Laroquebrou et suivez la D 653 puis la D 52 vers le nord.

Nieudan A3

À 5 km à l'est de Laroquebrou.

Remarquable **vue** sur les monts du Cantal depuis le promontoire qui abrite la chapelle N-D du Puy Rachat du 18e s. (accès piéton).

Reprenez la D52.

St-Victor A3

À 3 km au nord-est de Nieudan.

Le site, sauvage et préservé, se mérite : au terme du chemin de croix se dresse sur un éperon rocheux l'église dédiée à saint Victor. Depuis 2015, deux moines bénédictins ont fondé un ermitage au pied de l'église, où ils assurent « un accompagnement spirituel ».

★ Barrage et lac de St-Étienne-Cantalès A3

À 23 km à l'ouest d'Aurillac (4,5 km au sud-est de Laroquebrou).

Visites gratuites de la centrale hydroélectrique de St-Étienne-Cantalès, de déb. juin à déb. sept. : vend. apr.-midi, sur inscription uniquement (office du tourisme de la Châtaigneraie - ℘ 04 71 46 94 82).

Long de 13 km, le plus grand lac artificiel d'Auvergne recouvre l'ancienne **vallée de la Cère** sur 563 ha. Son barrage poids-voûte, haut de 69 m, est une centrale hydroélectrique construite en 1945. Jet-ski, beach-volley, *farniente* ou baignade surveillée, passerelle himalayenne de 124 m de long reliant les plages d'Espinet et Rénac…, de quoi ravir toute la famille !

Circuit conseillé Carte de microrégion

PAYS DES CASTAGNIERS AB3-4

Circuit de 100 km tracé en gris sur la carte p. 233 – comptez environ une journée.
Cette boucle permet une approche intéressante du pays des castagniers, avec ses longs plateaux coupés de vallées verdoyantes, déjà méridionales, et son habitat de caractère, très particulier.
Au sud d'Aurillac, entrez dans Arpajon-sur-Cère.

La Plantelière B3

Sur la D 6 à 2 km d'Arpajon-sur-Cère - La Pépinière - rte de Labrousse - ✆ 04 71 43 27 72 - www.caba.fr - 9h-21h - gratuit.
Dans cet arboretum, pas d'alignement d'arbres signalés par leur nom latin. Un sentier agréable vous conduira vers différents jardins dont celui du Diable, la mare, l'espace des érables, des chênes…
Revenez à Arpajon-sur-Cère, et prenez à gauche la D 58, qui conduit à Conros.

Château de Conros B3

Allée du Château - Conros - 15130 Arpajon-sur-Cère - ✆ 04 71 63 50 27 - www.chateau-conros.com - visite guidée (50mn) 1er juil.-10 sept. : 14h-18h - fermé sam. - 6 € (-12 ans 4 €).
Dressant sa silhouette imposante sur un éperon au-dessus d'une boucle de la Cère, le donjon médiéval des Astorg, seigneurs d'Aurillac, s'est transformé en une majestueuse demeure. Le château est habité par les petits-enfants de Robert d'Humières, traducteur des œuvres de Rudyard Kipling. Un parcours ludique à la découverte des épices est proposé aux enfants en suivant les énigmes du *Livre de la jungle*.
La salle des gardes conserve une belle cheminée Renaissance dont la partie supérieure est décorée de fresques du 15e s. Les combles mettent en valeur la belle charpente en chêne et l'étonnante toiture faite de lauzes. La salle basse, ancien bûcher, abrite un **musée des Arts et Traditions populaires** :

Le château de Conros.
De Agostini / C. Sappa / De Agostini Editore / age fotostock

barriques, outils pour le travail du chanvre, presse à fromage, établi de galochier. La salle haute sert de cadre à une exposition permanente : **Ode aux parfums**. Dans la chapelle, ne manquez pas le sarcophage en marbre blanc, du 5e s. La découverte du parc fleuri et du chemin de ronde planté d'essences complète agréablement la visite.

En continuant sur la D 58 au-dessus du château, rejoignez la D 617 que vous suivrez à gauche jusqu'à Roannes-St-Mary. Là, prenez la D 58 puis la D 32 jusqu'à Omps.

Omps A3

Château de la Plaze – *Le Bourg - ✆ 04 71 43 20 93 - visite guidée (20mn) août-sept. : 11h-18h - fermé lun.-mar. et j. fériés - 2 € (-12 ans gratuit).*

Situé à l'emplacement d'un ancien château-forteresse du 16e s., l'édifice actuel, de style classique, date de 1783. Le jardin possède d'originales terrasses à l'italienne, uniques dans la région.

Prenez la direction de St-Mamet-la-Salvetat, puis la D20, la D 617 et la D 66 jusqu'à Marcolès.

Marcolès A4

✆ 04 71 46 94 82 - www.chataigneraie-cantal.com - juil.-août : lun. 14h30 - possibilité de visite guidée (1h30) - gratuit.

Cette cité médiévale restaurée avec goût se niche au cœur de la Châtaigneraie. De singulières ruelles, les « carrièrons », partent de la rue Longue que ferme un élégant **porche** du 15e s. Vous pourrez visiter Marcolès en suivant les différents panneaux d'informations historiques. Voyez notamment l'**église St-Martin**, pour la richesse de la statuaire et du mobilier.

À l'ouest du village, la D 64 mène vers le site des **rochers de Faulat** *(1,5 km)* où, sur une butte plantée de chênes, s'élèvent des mégalithes curieusement disposés.

La D 617 mène à Maurs (22 km au sud).

Maurs A4

Office de tourisme - *Pl. de l'Europe - 15600 Maurs - ✆ 04 71 46 94 82 - juil.-août : 9h-12h30, 14h-18h30, dim. 9h-12h30 ; reste de l'année : mar. et jeu.-sam. 9h-12h, 14h-17h - possibilité de visite guidée juil.-août : merc. 10h30 (2 €, -12 ans gratuit).*

Maurs, dite « la Jolie », est aussi surnommée « la Nice du Cantal ». On se sent déjà aux confins du Midi, car c'est ici que débute la « Riviera cantalienne ». À la fin du Moyen Âge, Maurs était l'une des six « bonnes villes » de haute Auvergne ainsi que le siège d'une prévôté. Une **abbaye bénédictine**, fondée au 10e s., donna sans doute naissance au bourg, qui a conservé son plan circulaire d'ancienne place forte.

Église – *Accès libre.* Du 14e s., à nef unique comme les églises méridionales, elle est précédée d'un portail sculpté (14e-15e s.). La chapelle de droite abrite l'une des plus remarquables pièces d'orfèvrerie du Cantal : le **buste-reliquaire★** de saint Césaire, en bois revêtu d'argent et de cuivre doré (12e s.). Dans le chœur, vous noterez un ensemble de quinze stalles du 15e s., surmontées par onze **statues★** en bois du 15e s. entourant l'autel. À droite de la croix, celle de saint Jean est particulièrement expressive ; remarquez son regard en direction du Christ ; à gauche de la croix, saint Benoît tient la crosse dans sa main droite et la règle de l'ordre dans sa main gauche.

Chaque premier jeudi de mai, Maurs accueille l'une des plus importantes **foires aux chevaux lourds** de France. D'autres foires chevalines ont lieu en mars, avril et octobre.

Prenez la D 663 (vers Decazeville), puis à gauche la D 28 (vers Mourjou).

Mourjou A4

Dès votre arrivée à la **Maison de la châtaigne**, Colette Castanier, personnage fictif des lieux, vous accueille pour vous faire découvrir toute l'histoire de la châtaigne et de son utilisation. Une visite très instructive, qui permet de découvrir aussi les souterrains médiévaux de cet ancien corps de ferme. *Le Bourg - ✆ 04 71 49 98 00 - www.maisondelachataigne.com - juil.-août : 13h30-18h30 ; avr.-juin et 1er sept.-11 Nov. : tlj sf lun. 14h-18h ; reste de l'année : se rens. - fermé janv. - visite guidée sur demande (1h30) - 5 € (-12 ans 2 €). Boutique.*

Prenez la D 28 vers Calvinet, puis la D 19, la D 601 et la D 141 sur une vingtaine de km.

Vallée du Lot A4

Laissez-vous happer par la plus méridionale des rivières cantaliennes, le Lot. À 200 m d'altitude, elle offre sur 14 km un autre visage de la Châtaigneraie, un vaste panorama sur la vallée et l'Aveyron.

Vieillevie A4

Château fort – *✆ 06 20 52 39 21 - www.chateau-vieillevie.com - visite guidée (45mn) horaires et animations, se rens. - 8 € (-17 ans 4 €) - juil.-août : mar.-jeu. 21h30 visite théâtralisée à la bougie en nocturne (10 €, -17 ans 5 €).* Comme suspendu au-dessus du village, sur les bords du Lot, l'édifice domine de ses hautes tours la vallée du Lot. Les origines de cette forteresse défensive remontent à l'an mil : chemins de ronde, archères, hourde de défense. Au-dessus des salles basses creusées dans le roc, qui seraient les témoins d'un ancien prieuré du haut Moyen Âge, les vastes salles, éclairées à la Renaissance par des baies à meneaux finement sculptées, ont conservé des cheminées monumentales du 13e s., parmi les plus anciennes de France.

Prenez la D 341 en direction de Montsalvy sur 13 km.

Montsalvy B4

Office de tourisme - r. du Tour-de-Ville - ✆ 04 71 46 94 82 - www.chataigneraie-cantal.com - visite commentée (1h30) juil.-août : visite mar. 15h ; reste de l'année : sur demande préalable.

Cette ancienne petite cité fortifiée du plateau de la Châtaigneraie a conservé, de ses remparts, plusieurs portes de ville.

Église Notre-Dame-de-l'Assomption – Les piliers de la nef sont romans, tandis que les voûtes sont gothiques (15e s.). Seul le **chevet**, avec sa chapelle axiale et ses deux absidioles, est entièrement d'époque romane. Derrière la chaire, remarquez un très beau **crucifix roman** en bois polychrome.

Près de l'église, on peut voir d'autres **vestiges de l'abbaye** : le cloître, la salle capitulaire et l'ancien réfectoire (14e s.), restauré.

Quittez Montsalvy par le nord en suivant la D 920 vers Aurillac. Après 1 km, au rond-point, prenez à droite un chemin goudronné (croisement parfois difficile) qui mène au sommet.

Puy de l'Arbre B4

En 1790, les astronomes Jean-Baptiste Delambre et Pierre Méchain sont chargés de déterminer la valeur exacte du mètre, lequel se généralisera peu à peu aux dépens de la toise. Au départ de Rodez, ils gagnent Dunkerque et Barcelone afin de mesurer l'arc méridien entre les deux villes. L'expédition passe par le puy de l'Arbre, qui, depuis, est resté dans les annales du système métrique.

Table d'orientation au sommet (alt. 830 m) et beau panorama sur le massif du Cantal, le Carladès et le Barrez, l'Aubrac, les Causses, la Châtaigneraie et le bassin d'Aurillac. Par temps clair, il serait même possible d'apercevoir le clocher de la cathédrale de Rodez pointer à l'horizon.

Revenez à Aurillac par la D 920.

NOS ADRESSES DANS LA CHÂTAIGNERAIE

HÉBERGEMENT

PREMIER PRIX

Camping Village Vacances La Gineste – *La Gineste - 15150 Arnac - 16 km au nord de Laroquebrou - ✆ 04 71 62 91 90 - www.village-vacances-cantal.com - 10 €/j - accueil lun.-sam. 8h-18h - 40 chalets, 40 mobile homes, pour 2,4 et 6 pers. - nombreux tarif, se rens.* Au bout d'une route, ce terrain bénéficie d'une situation exceptionnelle, sur une presqu'île au bord du lac d'Enchanet. On peut pratiquer tous les sports d'eau et l'équitation. Emplacements en terrasse le long du lac.

Chambres d'hôte À la Clairière – *La Veissière - 15220 Marcolès - à moins de 2 km du bourg médiéval de Marcolès - ✆ 09 50 30 08 03 - ✆ 06 80 37 62 06 - www.alaclairiere.com - 3 ch. 55/85 € ☕ - table d'hôte 20/30 €.* A deux pas du village médiéval de Marcolès, cette grande maison en pierre datée de 1781, offre une immersion en Châtaigneraie. Ici, l'accent italien chante les louanges du Cantal et de cette nouvelle vie choisie par cette famille milanaise au plus près de la nature. Un repas à l'italienne avant de rejoindre les chambres confortables « avec vue » et accès direct dans le jardin finiront de vous séduire. Vous pouvez également tester « le nid » tout confort aménagé dans le sécadou (ancien séchoir à châtaigne).

BUDGET MOYEN

Hôtel Beauséjour – *Rte de Maurs - 15340 Calvinet - ✆ 04 71 49 91 68 - 6 ch., 2 suites 65/100 € - ☕ 11 €.* Louis Bernard Puech, chef étoilé pendant vingt ans, propose des chambres très confortables dans ce petit village de la Châtaigneraie cantalienne. Pour la table, c'est désormais sur réservation, en formule « table d'hôte », que vous pourrez savourer sa cuisine soignée aux accents de terroir. « L'artisan cuisinier » partage ainsi en toute simplicité et selon ses envies, son savoir-faire.

POUR SE FAIRE PLAISIR

Les Maisons de Concasty – *15600 Boisset - D 64 - ✆ 04 71 62 21 16 - http://https://maisons-concasty.fr - P ♿ - fermé déc.-mars - 12 ch. 142/156 € - ☕ 17 € - ✕ sur réserv. le soir et dim. midi.* Cette belle demeure du 18e s., à laquelle on accède par un chemin entouré de pierre sèche, semble flotter dans un paysage très vallonné. Les chambres s'ouvrent sur un décor boisé et fleuri. Hammam, Jacuzzi, piscine et billard. Excellente table d'hôte concoctée par Martine, la maîtresse de maison.

Auberge de la Tour – *Pl. de la Fontaine - 15220 Marcolès - ✆ 04 71 46 99 15 - www.aubergedela-tour.com/fr - ♿ - 5 ch. 75/160 € - ☕ 12 € - ✕ (fermé mar.-merc.) formule déj. 25 € - 53/83 €.* Dans le village, cette auberge réaménagée avec goût est l'occasion de découvrir une cuisine audacieuse à base de produits frais de la région. Toute l'inventivité et la rigueur d'un grand chef figurent dans les menus gastronomiques d'un excellent rapport qualité-prix. Les chambres ont toutes été rénovées et deux suites très spacieuses à l'arrière du bâtiment permettent de profiter du calme d'un jardinet.

RESTAURATION

BUDGET MOYEN

Restaurant Le Capellain – *15150 Lacapelle-Viescamp -*

✆ 04 71 46 31 57 - www.hoteldulac-cantal.com/index.php/fr/restaurant - formule 24/26 €, menu 33/38 € - hôtel du Lac : 23 ch. 60/90 € - ☕ 11 €. Une grande salle claire qui donne sur les frondaisons des arbres et le lac de Saint-Etienne Cantalès en contrebas, un service rapide et impeccable assuré par Monique, qui ponctue chacune de ses apparitions d'un « avec plaisir ! », une cuisine élaborée avec les produits du cru par Arnold, mêlant avec dextérité saveurs salées et sucrées, autant de qualités réunies pour faire du Capellain une adresse où il conviendra de s'arrêter. Et pourquoi ne pas prolonger le séjour à l'hôtel du Lac tout en se délassant dans la piscine ? Avant de partir, faites provision de fritons concoctés par Arnold, idéal pour l'apéritif !

L'Auberge Fleurie – *Pl. du Barry - 15120 Montsalvy - ✆ 04 71 49 20 02 - ✆ 06 88 40 46 96 - www.auberge-fleurie.com - fermé dim. soir et lun. sf juil.-août - 7 ch.50/70 € - ☕ 8/9 € - formule midi 16 € - menu 26,50/48 €. ☕* Le charme de l'ancien rencontre avec bonheur l'élégance du contemporain. Goûteuse cuisine du terroir actualisée. Superbe cave. Jolies chambres de style colonial, très calmes, et bon petit-déjeuner.

La Terrasse – *15120 Vieillevie - ✆ 04 71 49 94 00 - www.hotel-terrasse.com - ♿ (rest.) - de déb. avr. à mi-nov. - fermé dim. soir (sauf juil. aout) et lun. - formule 19.50 €, menu 27.50/46.50 € - 10 ch. 61.50/83.50 € - ☕ 10 €.* Établissement géré par la même famille depuis 1870. Agréable terrasse, aménagée en surplomb de la piscine et du Lot. Court de tennis. Bonne carte régionale.

ACTIVITÉS

ASV'OLT - Base canoë nature – *Le port - 15120 Vieillevie - ✆ 04 71 49 95 81 - www.asvolt.com - départs le matin, toute la j. en juil.-aout - 20/32 € par pers.* Au sud-est d'Entraygues, sur les eaux du Lot. Descente en rafting ou canoë encadrée par des professionnels si besoin.

Centre équestre et poney-club du Pays de Maurs – *Domaine de Calsacy - Maurs - ✆ 04 71 62 31 07 - www.centre-equestre-maurs.com.* Pour cavalier débutant ou confirmé.

Karting de Pers – *15290 Pers - ✆ 04 71 62 26 26 - www.cantalkarting.fr - tte l'année sur réserv. - 9h-12h, 14h-19h.* Location de karts (mini karts dès 8 ans sur RV) en extérieur sur le magnifique circuit du Lissartel.

Pédalorail des lacs – *Gare - 15150 Nieudan - ✆ 04 71 62 10 00 - ✆ 06 33 53 77 44 - www.pedalorail.com - juil.-août : 10h-18h - 25 €/4 ou 5 pers.* Sorte de voiture à pédales pour circuler en famille sur l'ancienne voie ferrée.

Randonnée – *✆ 04 71 46 94 82 - www.chataigneraie-cantal.com.* Paysages vallonnés, habitat traditionnel, flore et faune… Tout est réuni pour passer d'agréables moments en pleine nature. Circuits entre 2,7 km et 22 km - *Topoguide 12,70 € (25 circuits classés).*

Les monts du Cantal

★★★

Cantal (15)

Avec leurs longues vallées glacières rayonnant en étoile, leurs célèbres planèzes formées par les coulées de lave et leurs sommets majestueux, les monts du Cantal formaient à l'origine un seul et même volcan, le plus vaste d'Europe. Ruinés par des millénaires d'érosion, ils dévoilent des puys aux formes variées : le puy Griou a l'allure d'un pic ; le Plomb du Cantal, le point culminant, a la forme d'un énorme poing ; et le plus célèbre d'entre eux, le puy Mary, présente la forme quasi parfaite d'une pyramide.

NOS ADRESSES PAGE 256
Hébergement, restauration, achats, activités, etc.

S'INFORMER

Les trois grandes maisons de site du puy Mary ont une triple vocation : touristique, muséographique, commerciale. Produits du terroir proposés dans les boutiques.

Maison de site du Pas de Peyrol – *Le Pas-de-Peyrol - 15400 Le Claux - www.puymary.fr - juil.-août : 9h-19h ; mai-juin et sept. : 9h-18h ; oct.-nov. : 10h-17h - ✆ 06 08 03 35 10/06 74 11 09 38 ou 04 71 47 04 14.* Au pied du puy Mary, cette maison parfaitement intégrée au paysage propose un espace muséographique et un spectacle audiovisuel, Les Mystères du plus grand volcan d'Europe. Animateurs à disposition pour fournir toutes les informations sur les volcans du Cantal.

Maison de site de Mandailles-St-Julien – *Le Bourg - 15590 Mandailles-St-Julien - ✆ 04 71 47 94 42 - 10h-17h - entrée libre.* Située face à la vallée de la Jordanne, une imposante bâtisse de pierre abrite une exposition permanente sur la faune, la flore et les paysages du Cantal, suivie d'un vidéo-reportage *(20mn).*

Maison de site de Dienne – *Rte du Puy-Mary - 15300 Dienne - ✆ 04 71 20 27 58 - http://puymary.fr - juin-sept. : 10h-12h30, 14h-17h30 ; reste de l'année : se rens. - entrée libre.* Ancienne ferme-bloc traditionnelle caractéristique de l'architecture cantalienne. On y découvre *Les Pierres du Pays d'ici*, le parcours d'un jeune musicien à la recherche d'une pierre de volcan qui chante. Les pierres volcaniques sont détaillées dans toute leur variété.

Deux autres **maisons de site**, au **Falgoux** (vallée du Mars, *✆ 04 71 40 86 78*) et au **Claux** (vallée de la Petite Rhue, *✆ 04 71 40 28 56),* abritent en été des expositions temporaires artistiques *(www.puymary.com).*

Office du tourisme du pays de Salers – *voir p. 258.* **Office du tourisme de Murat** – *voir p. 281.* **Office du tourisme de Riom-ès-Montagnes** – *voir p. 274.*

SE REPÉRER

Carte de microrégion C2-3 p. 232-233 – *carte Michelin Départements 330 D/E3/5.* En venant de Clermont, on abordera le Cantal aussi bien par la D 922, en provenance du pays de Bort-Artense que par St-Flour et l'A 75. Par le sud, l'arrivée se fera par Entraygues et la vallée du Lot, en remontant la D 920 jusqu'à Aurillac, point de base idéal pour rayonner sur tout le massif. Il n'est pas aisé de circuler de l'une à l'autre des vallées,

Pas de Peyrol, le peloton du Tour de France.
Razvan / iStock

et il faut obligatoirement passer par les cols (le Pertus, le pas de Peyrol, Bruel, Redondet…).

À NE PAS MANQUER
Toutes les déclinaisons du nom « salers » : la spectaculaire ville de Salers, ou encore la fameuse salers, vache rousse que l'on aperçoit paître en plein air, et la fourme de Salers.

AVEC LES ENFANTS
Le parcours des gorges de la Jordanne avec ponts, berges flottantes et tyrolienne.

Circuits conseillés Carte de microrégion

★★ DE MURAT AU PUY MARY BC2

4

Circuit de 20 km, au départ de Murat, tracé en orange sur la carte p. 253 – comptez 6h environ. Attention, la D 680, route du pas de Peyrol, est fermée à la circulation de nov. à mai. Une navette découverte au départ de Mandailles, du Claux, du Falgoux et de Dienne permet d'accéder au Pas de Peyrol de mi-juil. à la dernière sem. d'août (1,50 AR).

Cet itinéraire, qui emprunte la vallée de l'Impradine, permet d'atteindre le puy Mary en passant par le pas de Peyrol.

★ Murat (*p. 281*) C2

Quittez Murat au nord-ouest par la D 3.

Au cours de la montée, en quittant Murat, le **Plomb du Cantal**, le **puy de Peyre-Arse** et le **puy Griou**, reconnaissable à son cône de phonolithe, se révèlent sur la gauche, puis la route passe au pied du **rocher de Chastel** que surmonte une chapelle du 13e s.

À la descente du **col d'Entremont**, on découvre au loin les monts Dore tandis qu'à gauche apparaît le **puy Mary**.

Dienne C2

Le village, niché dans la vallée en auge de l'Impradine-Santoire, fait face au rocher de Laqueuille. Sa vaste **église romane** dédiée à saint Cyr et sainte

Julitte, surmontée d'un clocher à peigne, fut élevée à la fin du 12e s. par les moines de l'abbaye d'Aubazines (Corrèze). À l'intérieur, remarquable Christ en bois polychrome du 13e s., Nativité d'époque Louis XVI, et bénitier en pierre sculptée du 16e s. Le **moulin de Drills**, édifié en 1646, a été entièrement restauré.

En montant vers le pas de Peyrol, la D 680 s'accroche en corniche au flanc abrupt du puy Mary et offre des **vues★★** splendides sur les vallées de l'Impradine et de la Petite Rhue, les monts Dore et le Cézallier. Aucune autre route d'Auvergne ne procure de vues aussi saisissantes.

★★ Pas de Peyrol B2

Interdiction de circulation des camping-cars au pas de Peyrol de mi-juil. à la dernière sem. d'août de 10h à 18h (possibilité d'accéder en navette, voir en début de circuit). À ces mêmes dates, le parking du pas de Peyrol est payant de 10h à 18h (4 €).

À 1 589 m d'altitude, se rejoignent ici les trois vallées glaciaires de l'Impradine, du Falgoux et de la Rhue ; c'est ici aussi que se trouve le col routier le plus élevé du Massif Central, un étrange nœud de routes qui semblent tracées en plein ciel. C'est par ce col qu'on accède au puy Mary. En avant se détache le cirque boisé du Falgoux, dominé par le roc d'Hozière.

★★★ Puy Mary BC2

En hiver, mais aussi au printemps, la présence de neige et de congères entraîne parfois la fermeture des accès au puy Mary. Renseignez-vous auprès du conseil général du Cantal (☏ 04 71 48 44 44) avant de prendre la route. Notez aussi qu'en raison de l'étroitesse des routes et de leur sinuosité, la circulation des autocars, camions et camping-cars se fait dans un sens unique.

C'est l'un des quatorze Grands Sites de France attribué par le ministère de l'Environnement – l'Auvergne en compte deux, le second étant le Puy de Dôme.

Montée rude ; 1h à pied AR au départ du pas de Peyrol ; ne pas s'écarter du sentier balisé. Ce puy doit son nom à Marius, disciple de saint Austremoine, évangéliste du Cantal. Sa forme pyramidale dite en « horn », étonnante et reconnaissable entre toutes, est née de l'action des glaciers qui ont provoqué une forte érosion au quaternaire. Empruntez le sentier qui suit l'arête nord-ouest du puy jusqu'au sommet, à 1 787 m d'altitude où vous attend une table d'orientation : par temps clair, vous pourrez même apercevoir le mont Blanc. Au premier plan, le gigantesque éventail de **vallées glaciaires**

rayonnantes, séparées par de puissantes lignes de crête dont l'altitude s'abaisse dans les lointains : au nord du Plomb du Cantal se creusent l'Alagnon, plus à gauche l'Impradine et la Santoire, la Petite Rhue, les vallées du Mars, de la Maronne, de la Doire, puis, au sud, celle de la Jordanne et enfin celle de la Cère.
Ce site naturel le plus visité d'Auvergne compte 350 km de randonnées. Il accueille en moyenne 500 000 visiteurs entre mai et octobre.

★★ LA ROUTE DES PUYS B1-2C2

Circuit de 60 km, au départ du puy Mary, tracé en vert clair sur la carte p. 232 et ci-dessous – comptez 6h environ. Attention, la D 680, route du pas de Peyrol, peut être obstruée par la neige de nov. à juin.

Cet itinéraire, qui emprunte les vallées du Mars et de la Maronne, domine un véritable océan de puys.

À la descente du pas de Peyrol, la route offre des vues splendides sur la vallée du Mars.

★★ Cirque du Falgoux B2

La vallée du Mars y prend naissance et se creuse au pied du puy Mary. Ce cirque glaciaire est occupé par la plus grande forêt du département, composée de sapins pectinés et en exploitation.

Prenez la D 12 au nord-ouest.

★ Vallée du Mars B1-2

La route suit constamment la vallée, et on remarque l'opposition très nette entre le versant à l'ombre, boisé mais sans habitations, et le versant ensoleillé, tapissé de prés et d'arbres, constellé de maisons.

Dans la **gorge de St-Vincent★**, la vallée se rétrécit et, dans un virage, seuls la route et le torrent trouvent place. Sur la droite se dressent de hautes falaises où apparaissent quelques orgues basaltiques.

Dans le petit village de St-Vincent-de-Salers se trouve une **église romane** du 12e s. qui renferme une châsse de la même période. À l'extérieur de l'édifice, vous remarquerez d'étranges modillons à caractère érotique. Un peu plus loin, le vieux pont Henri-IV enjambe le Mars, et le château de la Borie, d'époque médiévale, continue de veiller sur St-Vincent.

À la sortie des gorges se dresse, sur la gauche, le **château de Chanterelle** *(propriété privée, ne se visite pas)*, restauré, demeure fortifiée du 17e s., couronnée d'un chemin de ronde et coiffée de lauzes.

LA VIA ARVERNA, CHEMIN DE COMPOSTELLE À DÉCOUVRIR

Reliant Clermont-Ferrand à Cahors, la Via Arverna, longue de 506 km, traverse le Cantal sur un tiers du parcours. Le randonneur passe par Murat, monte au rocher du bec de l'Aigle, où il jouit d'une vue imprenable sur le Plomb du Cantal, contourne le spectaculaire puy Griou et son cône de phonolithe, avant de gagner Vic-sur-Cère puis Aurillac… Cette variante du chemin de Compostelle, d'un dénivelé maximal de 1 100 m, est la plus haute en altitude. Elle est née après les années 2000 sous l'impulsion de l'association Chamina, pour répondre à la saturation de la voie classique qui part du Puy-en-Velay, empruntée par des milliers de pèlerins.

La vallée de la Jordanne.
F. Guiziou / hemis.fr

Revenez à la D 680 (ou gagnez Salers par la D 212 vers Anglards, puis la D 22).

Au **col de Néronne**, la route change de versant et domine en corniche la vallée de la Maronne, creusée largement par les anciens glaciers. D'ici partent des sentiers de randonnée qui se transforment l'hiver en pistes pour raquettes.

★ Puy Violent B2

Vous pouvez faire, au départ de St-Paul-de-Salers, un petit tour à pied sur les pentes du puy Violent. Allez jusqu'à Vielmur et tournez à gauche. Suivez une petite route pastorale qui amène au-delà de la croix des Vachers.

Le puy Violent domine une ancienne coulée de basalte qui a formé la planèze dite de Mauriac, à l'extrémité de laquelle se situe Salers. Ce puy doit probablement son nom aux bêlements des moutons, nombreux sur ces pâtures, qui lui ont valu la dénomination première de **puy Bêlant**, devenu par déformation « Violent ». La promenade jusqu'au sommet *(2h30 AR)* vous permettra de bénéficier d'un remarquable **panorama**, notamment sur la vallée de la Maronne.

En empruntant, à partir du col de Néronne, la D 680 jusqu'à Récusset, petit village du bout du monde en surplomb de la vallée de la Maronne, vous pouvez suivre deux sentiers d'interprétation, le Petit Pâtre et le sentier du Pré dansant. Le cirque de Récusset est le plus important de la région pour la richesse de sa faune et de sa flore.

4

★★ VALLÉE DE LA JORDANNE Carte de microrégion B2

Circuit de 30 km, du pas de Peyrol à la croix de Cheules, tracé en jaune sur la carte p. 253 – comptez environ 3h.

Quittez le pas de Peyrol (p. 252) par la D 17 au sud.

La route en corniche domine le superbe cirque du Falgoux où le Mars prend naissance. Après le col de Redondet, la D 17 offre une vue sur le Plomb du Cantal et le puy Griou, puis descend dans la vallée de la Jordanne.

Rudez

Village en *barriade* typique : les maisons, accrochées à flanc de montagne pour ne pas empiéter sur les pâturages, sont collées les unes aux autres.

★★ Vallée de la Jordanne

La beauté de cette vallée tient dans ses villages accrochés à la montagne et les perspectives qu'elle dégage sur des sommets d'allure plutôt alpine.

Cascade de Liadouze

15mn AR. Après Rudez, quittez la D 17 pour prendre à gauche un chemin en descente vers la Jordanne (laissez la voiture au pont). Ne traversez pas la rivière, mais suivez sa rive droite sur une centaine de mètres. La cascade de Liadouze jaillit d'un seuil rocheux dans une gorge étroite.

Mandailles-St-Julien

Point de départ de nombreuses randonnées. Les versants de la bucolique vallée de Mandailles sont très verts, revêtus de prairies, de rideaux d'arbres et surplombées par des crêtes du volcan. Mandailles-St-Julien est aussi une station trail : l'espace trail autour du puy Mary couvre plus de 200 km *(https://tracedetrail.fr/fr/puymary).*

Poursuivez sur la D 17 jusqu'à St-Cirgues-de-Jordanne, passez le village et, continuant vers Lascelle, repérez à droite le panneau indiquant l'accès au sentier de découverte des gorges de la Jordanne. Parking.

Sentier de découverte des gorges de la Jordanne

Gétine - 15590 St-Cirgues-de-Jordanne - 04 71 47 93 95 - www.gorgesdelajordanne.fr - juil.-août : 9h30-19h30 ; juin : 14h-18h, w.-end et j. fériés 9h30-19h30 ; sept. : 14h-18h, w.-end 10h-18h ; reste de l'année : se rens. - 3,50 € (-14 ans 1,50 €) - parcours frissons : se rens. au 06 09 35 21 67. Creusées dans des brèches volcaniques atteignant 60 m de profondeur, ces gorges verdoyantes et sauvages ont été rendues accessibles par l'aménagement d'un sentier pédagogique *(4 km AR)* respectueux du site, qui révèle les secrets de la faune et de la flore : passerelles, pontons et berges de bois se fondent à merveille dans le décor. Les plus téméraires s'essaieront au parcours frisson, avec **tyrolienne, varappe et rappel.**

Revenez vers St-Cirgues, prenez à gauche la D 59 et franchissez la Jordanne.

Croix de Cheules

De ce carrefour commence la route des Crêtes (*p. 263*).

NOS ADRESSES DANS LES MONTS DU CANTAL

HÉBERGEMENT

PREMIER PRIX

Hôtel du Lac des Graves – *Jaulhac - 15590 Lascelle - 04 71 47 94 06 - 06 88 59 22 22 - www.lacdesgraves.com - P - fermé de mi-nov. à mi-déc. (sauf pour grp.) - 23 ch. 62/72 € - 9 € - formule déj. 15 €, menu 26/37 €.* Vaste parc aménagé au bord d'un lac de 10 ha fréquenté par les pêcheurs. Vous logerez dans des roulottes ou chalets en bois les pieds dans l'eau ; quelques chambres familiales. La salle à manger et sa terrasse panoramique s'ouvrent sur la belle nature environnante.

BUDGET MOYEN

Chambres d'hôte Les 4 saisons – *Chemin de Larmandie - 15590 Mandailles-St-Julien - 04 71 47 93 81 - www.gite-vertazur.com - P - 4 ch. 67 €/1 nuit, 62 € à partir de 2 nuits - fermé de mi-nov. à mi-déc. et dernière sem. des vac. d'hiver. - Table d'hôte de mi-déc. à mi-mai 20 €.* Originaires des Alpes, Barbara et Bruno, des hôtes très chaleureux, se sont installés dans cette maison riante et pleine de charme en 2017. Ils ont redécoré les 4 chambres selon le principe des… 4 saisons, et ont développé le gîte d'étape (jusqu'à 15 personnes). Une halte sympathique à souhait.

RESTAURATION

PREMIER PRIX

Auberge du Puech Verny – *Puech Verny - 15590 St-Cirgues-de-Jordanne - ✆ 04 71 47 90 72 - www.puech-verny.com - 15/20 €.* Une ferme auberge des plus traditionnelles avec la garantie de goûter aux authentiques spécialités auvergnates. Il se dit que l'on y mange le meilleur chou farci de tout le Cantal ! Et c'est peu dire, car de l'agneau de la ferme ou la viande locale accompagnés d'une truffade succulente, au plateau de fromage ou encore aux nombreux desserts tous maisons et meilleurs les uns les autres, il faut nécessairement prévoir un jeûne la veille ou une longue rando douce après ce festin !

Hôtel-restaurant Aux Genêts d'or – *Le Mas - 15590 Mandailles-St-Julien - ✆ 04 71 47 94 65 - www.hotelauxgenetsdor.com - fermé nov.-mi-déc. - formule déj. sem. 14,50 €, 20/25 € - ch. 8 ch. 60/65 € - ☕ 9 €.* Cet hôtel-restaurant, qui fait également épicerie-boulangerie, est le rendez-vous des habitants comme des voyageurs de passage. Situé au fond d'une petite impasse, il propose des chambres confortables et rénovées. À table, on se régale d'une cuisine familiale et généreuse qui privilégie les spécialités auvergnates : viande salers, truffade ou pounti. Le week-end, le chef prépare un menu gastronomique. En dessert, il faut goûter le millefeuille de la Guiguite, célèbre dans tout le Cantal !

ACTIVITÉS

Bon à savoir – Une large palette d'activités toutes très proches de la nature s'offre à vous : randonnées (pédestres, équestres, VTT), activités nautiques (voile, canoë, kayak), aériennes (deltaplane, parapente) et pêche.

Parapente Puy Mary – *Le Bourg - 15400 Le Claux - ✆ 04 71 78 95 21 - www.parapente-puy-mary.com - mai-sept. : à partir de 9h - baptême à partir de 80 €, stage 555 €.* Cette école de parapente professionnelle organise des stages tous niveaux de 5 j., et des baptêmes de l'air en vol biplace. Articles de vol libre et de montagne en vente dans l'espace boutique.

Ecole de parapente Thang Ka – *Drils - 15300 Dienne - ✆ 06 62 18 82 60 - www.thang-ka.com - mai-sept. - baptême de l'air 80 €, nombreux stages 120/590 €.* Centre de sports et de loisirs aériens ; baptêmes de l'air en biplace parapente ou ULM.

Bureau des accompagnateurs en montagne du puy Mary – *✆ 06 74 11 09 38 - www.bureau-puymary.com.* Suivez le guide : si la vie de la montagne, la faune, la flore… vous intéressent, n'hésitez pas à partir avec des accompagnateurs en montagne pour une randonnée pédestre ou une descente en VTT.

Parcours frisson – *15 r. de Val - 15000 Aurillac - Murmur Nature - ✆ 06 09 35 21 67 - www.murmurnature.com - réserv. obligatoire - à partir de 9 €/h - modalités sur rens.* Franchissement de la rivière par des ponts de singe et des tyroliennes, descente en rappel, dans un cadre magnifique. Initiations et nombreux stages proposés tout l'été : escalade, sports en eaux vives, via ferrata.

Salers

★★

335 Sagraniers – Cantal (15)

Perché sur sa planèze, Salers est l'un des villages les plus attirants de haute Auvergne. Ancien bailliage royal, il conserve de son passé militaire et judiciaire un rare ensemble de remparts et d'hôtels Renaissance, groupés sur un piton qui domine majestueusement le confluent de l'Aspre et de la Maronne. Après la dégustation de la rituelle truffade ou d'une cuisine contemporaine concoctée par de jeunes chefs, les gourmands pourront savourer les carrés de Salers, fameux sablés dont les Sagraniers gardent jalousement la recette.

NOS ADRESSES PAGE 267
Hébergement, restauration, achats, activités, etc.

S'INFORMER

Office du tourisme du pays de Salers – *Pl. Tyssandier-d'Escous - 15140 Salers - 04 71 40 58 08 - www.salers-tourisme.fr - juil.-août : 9h30-19h ; juin et sept. : 9h30-12h, 14h-18h ; reste de l'année : 9h30-12h, 14h-17h30 - fermé dim. (hors vac. scol.), 1er janv., 25 déc.*

Bureau de Pleaux – *Pl. Georges-Pompidou - 15700 Pleaux - juil.-août : 10h-12h, 14h-18h ; de mi- à fin juin, de déb. à mi-sept. et vac. scol. (sf juil.-août) : tlj sf dim.-lun. 10h-12h, 14h-17h - fermé 1er janv., 25 déc.*

Bureau de Tournemire – *Le Bourg - 15310 Tournemire - 04 71 40 58 08 - www.salers-tourisme.fr - juil.-août : tlj sf sam. 10h30-12h, 13h45-18h45 ; vac. de Pâques, juin et de déb. à mi-sept. : tlj sf dim. 14h-18h.*

Visites guidées – *04 71 40 58 08 - www.salers-tourisme.fr - juil.-août : 10h30 et 15h ; juin et sept. : 15h - 4 € (-18 ans 2,50 €).*

SE REPÉRER

Carte de microrégion B2 p. 232 – *carte Michelin Départements 330 C4.*

Salers se trouve à 20 km au sud-est de Mauriac et à 45 km d'Aurillac par la D 922, puis la D 680, qui offre la plus belle arrivée sur la ville.

À NE PAS MANQUER

Un tour complet du village de jour, puis de nuit, à l'éclairage très réussi. La vue depuis l'esplanade de Barrouze. La Maison du fromage, de la vache et de la gentiane. Découvrez aussi Tournemire, le château d'Anjony et le décor sauvage des gorges de la Maronne, sans oublier les riches tapisseries d'Aubusson et le verger de Déduit au château de la Trémolière.

ORGANISER SON TEMPS

Un à deux jours pour profiter de la ville et de son terroir (plutôt hors saison pour éviter la foule estivale).

AVEC LES ENFANTS

La Maison de la Salers, la Maison du fromage, de la vache et de la gentiane salers, le verger de Déduit, le château d'Anjony.

Se promener Plan de ville

Le double caractère des constructions de Salers s'explique par l'histoire de la ville. Tout d'abord ouverte, elle subit les assauts des Anglais et des routiers (mercenaires), et sent le besoin de s'entourer de remparts. Ils la protègent des

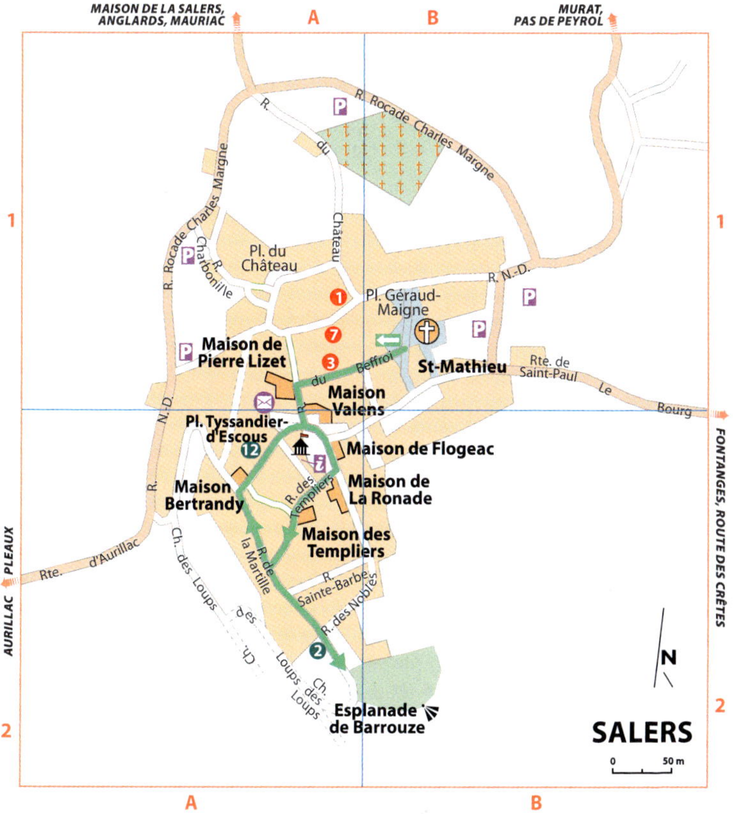

SE LOGER
Hôtel Les Remparts........................ 2
Hôtel Saluces.............................. 12

SE RESTAURER
Le Bailliage.............................. 1
La Diligence.............................. 3
L'évasion................................. 7

attaques des huguenots et des ligueurs pendant les guerres de Religion. Au 16e s., quand Salers devient chef-lieu du **bailliage des Hautes-Montagnes d'Auvergne**, les familles de la bourgeoisie, dont étaient issus les juges, font élever d'imposants logis à tourelles.

★ Église St-Mathieu

Pl. Géraud-Maigne - ✆ 04 71 40 58 08 - possibilité de visite guidée (1h15) dans le cadre de la visite du village. Un porche du 12e s., orné de sculptures évoquant la faune et la flore, subsiste encore de l'édifice roman qui précéda la construction actuelle, commencée à la fin du 15e s. Le clocher, foudroyé, a été rebâti au 19e s. Remarquez, au portail, les cordons à billettes et les sculptures de la voussure supérieure. À l'intérieur, à droite, **Mise au Tombeau★** donnée à l'église par le prêtre Géraud Vitalis en 1495. Dans cette œuvre en pierre polychrome, inspirée de l'art bourguignon, chaque personnage occupe une place exceptionnelle : Joseph d'Arimathie et Nicodème aux extrémités, la Vierge de douleur au centre, entourée de Jean et des saintes femmes. De chaque côté du chœur, orné de belles stalles en bois du 15e s. provenant de l'église de St-Chamant, tableaux de l'école de Ribera, et quatre tapisseries d'Aubusson du 17e s. Au fond de l'église, une cinquième tapisserie représente la Déploration de la Vierge.

Sortez de l'église par le porche ouest. Dans le jardin attenant, on peut admirer la vue imprenable sur les monts alentour. Laissant à gauche une fontaine, prenez la rue du Beffroi, en montée.

Passez sous la tour de l'Horloge ou porte du Beffroi, flanquée d'une tourelle ronde à mâchicoulis. Aussitôt après la porte, à droite, remarquez la maison de **Pierre Lizet** (1482-1554, premier président au parlement de Paris), avec une fenêtre gothique et un portail Renaissance.

Place Tyssandier-d'Escous

Ses anciens logis de lave sombre aux lignes nettes et sobres, flanqués de tourelles en encorbellement, rondes ou polygonales, coiffées de toits en poivrière ou à pans, constituent un véritable décor de théâtre, agrémenté d'une fontaine. Sur la place, un monument a été élevé à Tyssandier d'Escous qui, au 19e s., améliora la race bovine du pays et la rendit célèbre sous le nom de « race salers ».

Maison Valens (dite du Bailliage)

✆ 04 71 40 58 08 - visite guidée (30mn) juil.-août : horaires, se rens. - 2 €.

Cette vaste maison Renaissance, flanquée de deux tourelles, se dresse à l'angle de la rue du Beffroi. Elle rappelle les hautes fonctions de Salers qui fut jadis le siège du bailliage des Hautes-Montagnes d'Auvergne. À l'intérieur, plusieurs salles se visitent, dont une au premier étage abritant une belle cheminée Renaissance. Dans la cour intérieure, une puissante tour octogonale avec échauguette est accolée au logis.

Maison de Flogeac

En face de l'office de tourisme. Elle possède une haute tourelle à pans coupés et jouxte la demeure où naquit et mourut Tyssandier d'Escous.

Maison de La Ronade

À l'angle de la rue des Nobles. Ne se visite pas. Une tour de cinq étages commande la partie 14e s. de cette belle maison.

Maison des Templiers - musée de Salers

R. des Templiers - ✆ 04 71 40 75 97 - http://museesalers.over-blog.com - juil.-août : 10h-12h30, 14h-18h30, sam. 14h-18h30 ; de mi-avr. à fin juin et de déb. sept. à mi-oct. : 10h-12h, 14h-17h30 - fermé vend. - 5 € (-18 ans gratuit) - visite guidée (1h) 11h, 15h et 17h.

UN FROMAGE 100 % FERMIER

Le **salers** est un fromage fermier au lait de vache cru et entier, dont la production se limite à la période de la mise en herbage, qui s'étend du 15 avril au 15 novembre sur une zone géographique restreinte, s'étendant essentiellement sur le département du Cantal (137 communes). Le salers se fabrique deux fois par jour, après chaque traite. Le lait est obligatoirement versé dans un récipient en bois appelé la « gerle ». Ces spécificités font de Salers l'un des **Sites remarquables du goût** (*p. 584*), sélectionnés par le Conseil national des arts culinaires. Lors du week-end du 1er Mai, le Salon de printemps réunit à Salers tous les sites du goût français, occasion exceptionnelle de découvrir les produits des terroirs de France.

Salers.
E. Planchard / hemis.fr

Du 15e s., elle fut la demeure d'Israël de Mossier (1685-1745), chevalier de Malte. Elle abrite un musée aux collections hétéroclites, dont la présentation nécessiterait des réaménagements (reconstitution d'intérieurs, fabrication du fromage, pharmacie de 1890, objets et vêtements religieux…).
Laissant une rue vers la porte de la Martille, prenez à gauche l'avenue de Barrouze.

Esplanade de Barrouze

Elle offre une très belle **vue**★ sur les vallées de la Maronne, du Rat et de l'Aspre, et sur le massif du puy Violent.
Revenez sur vos pas et prenez à droite la rue de la Martille.

Maison Bertrandy

À l'intersection de l'avenue de Barrouze et de la rue de la Martille. Elle possède une tour ronde et une jolie porte.
Revenez à la Grande-Place, d'où la rue du Beffroi ramène à la place Géraud-Maigne.

4

À proximité Carte de microrégion

Chapelle Notre-Dame-de-Lorette B2

Cette chapelle s'élève à la sortie de Salers, sur la route du pas de Peyrol. Pour se protéger des épidémies et des mauvaises récoltes, on y vénère, depuis le 14e s., une gracieuse statue qui trône sur l'autel de l'église de Salers, et remplace une Vierge noire brûlée en 1793 sur l'esplanade de Barrouze.

★ Maison de la Salers B2

À 3 km de Salers, en direction de Mauriac (D 22). Domaine du Fau - 04 71 40 54 00 - www.maisondelasalers.fr - ♿ - juil.-août : 9h-19h ; de mi-fév. à fin juin, 1er sept.-la Toussaint et vac. de Noël : 10h-12h, 14h-18h - fermé 1er janv., 25 déc. - 7 € (8-18 ans 4,50 €) - espace pique-nique, boutique.

Cette ancienne étable du 17e s. abrite un centre dédié à la plus célèbre des vaches du Cantal, la salers. Située à côté de la salle de vente aux enchères, la maison présente, à l'aide d'écrans tactiles, de films HD et de vidéos d'archives, les caractéristiques de cette vache rustique qui s'adapte aux climats les plus difficiles. Exportée dans le monde entier, elle représente près de la moitié du cheptel bovin du Cantal. Petite salle de projection, maquette du pays de Salers indiquant les routes des estives et espace dégustation.

Un chemin pédestre relie la Maison de la Salers au village de Salers.

★ Maison du fromage, de la vache et de la gentiane salers B2

À 4 km de Salers. Rte du Puy-Mary - 06 78 98 04 50 - www.buronsdesalers.fr - visite guidée (1h30) mai-oct. : 10h-19h - 5 € (-8 ans gratuit) - restauration sur place.

Dans un buron restauré, accroché à flanc de montagne, des passionnés vous racontent, à l'appui d'une belle **collection d'outils,** pour certains uniques, l'histoire de la vache salers, le quotidien des buronniers et la fabrication du fromage salers. Un second buron présente l'histoire de la **Salers**, apéritif à base de racines de gentiane, de sa création à nos jours. Depuis 1885, la famille Labounoux distille cette boisson et en fait la promotion. La visite guidée est complétée par un vidéorama ainsi qu'une dégustation de fromage et de liqueur.

Anglards-de-Salers B1

À 10 km au nord, par la D 22.

Église – Cet édifice roman coiffé d'un clocher octogonal est d'un style assez pur, avec sa voûte en berceau brisé et sa coupole sur pendentifs.

★ **Château de la Trémolière** – *Le Bourg - 04 71 40 05 72 - juil.-août : 10h30-12h30, 14h-19h, lun. 14h-19h ; juin : 14h-19h ; sept. : 14h-18h - visite guidée sur demande - 5 € (-8 ans 3,50 €) - chaque été, exposition d'art contemporain réalisée en collaboration avec une galerie d'art clermontoise.* Ce charmant manoir de la fin du 15e s., bâti en basalte, appartenait à la famille de Montclar, l'une des plus puissantes de haute Auvergne. Rehaussé de boiseries peintes un peu naïves du 18e s., il présente une remarquable collection de dix **tapisseries d'Aubusson★** du 16e s., *Le Bestiaire fantastique*, retrouvé en 1907 dans le grenier du presbytère et restauré par les ateliers parisiens des Gobelins. Il s'agit de la première période connue des tapisseries d'Aubusson, les mille-fleurs. On y reconnaît vingt-trois nuances de couleurs. Griffons, licornes, dragons évoluent dans une végétation envahissante sur les deux tiers des tapisseries, le dernier tiers représentant des paysages de ville. Chaque été, une exposition d'un créateur de renom et un salon de peintres amateurs complètent cette visite passionnante.

Le **verger de Déduit**, inspiré du *Roman de la Rose* (Guillaume de Lorris, 1230), est agencé derrière le château, selon le plan idéal du jardin du Paradis : quatre lignes se croisent au centre d'un jardin clos. La promenade dans ce jardin prend des allures et des odeurs différentes au fil des saisons, au gré du potager, de la roseraie, de la prairie, du cloître, du bosquet et de la fontaine.

Chapelle de Jailhac B1

À 20 km au nord de Salers. Arrêtez-vous sur la place du village.

Traversez le pré ; un sentier très pentu mène à la chapelle *(15mn AR)*. Beau point de vue sur la vallée du Mars. C'est près de la fontaine, sur la colline qui porte maintenant la chapelle, que la statue de **Notre-Dame-de-Claviers** aurait été trouvée par un pâtre au 19e s. Comme d'autres Vierges transhumantes, elle reste généralement en l'église de Moussages, mais retourne sur sa colline le jour de la fête de la Nativité.

Attention, rude montée pour le retour. Revenez sur la D 678 et prenez à droite.

Moussages B1

À 3 km au nord de Jailhac. Sur une place ornée d'une vieille fontaine et de maisons anciennes se dresse l'église dont le chevet roman présente des modillons sculptés. À l'intérieur, une **Vierge★** romane en majesté, Notre-Dame-de-Claviers, et un Christ en bois. *✆ 04 71 40 07 68 - 9h-17h - gratuit.*

Circuits conseillés Carte de microrégion

★★ ROUTE DES CRÊTES B2-3

Circuit de 60 km, qui se poursuit jusqu'à Aurillac, tracé en bleu sur la carte p. 232-233 et celle des monts du Cantal p. 252-253 – comptez environ 4h.

Cet itinéraire se combine bien avec celui de la vallée de la Jordanne *(p. 255)*, dont il constitue une suite naturelle, dans les **vallées de l'Aspre** et **de la Doire**.

Attention, la route du col de Legal peut être obstruée par la neige de déc. à avr.

Quittez Salers à l'est par la D 35.

La route descend en corniche dans la vallée de la Maronne, puis franchit la rivière et s'engage dans la vallée de l'Aspre. Les traces laissées par les anciens glaciers, qui ont creusé les vallées de l'Aspre et de la Maronne, sont très apparentes : sur les versants, bosselés par les restes des moraines, de gros blocs, entraînés par la glace, gisent épars dans les prés. Par endroits, des maisons s'intercalent entre les rocs.

★ Fontanges B2

Ce nom ne vous rappelle rien ? C'est celui de cette si jolie marquise qui sut s'attirer les faveurs du Roi-Soleil. Elle était cantalienne, native de Cropières, un château de la commune de Raulhac *(Vic-sur-Cère p. 296)*. Paisible, verdoyant, Fontanges est l'un des plus charmants villages du Cantal, avec ses maisons typiques aux toits couverts de lauzes.

À l'entrée, sur la droite, la **chapelle monolithe St-Michel** est creusée dans une masse volcanique. Du rocher qui supporte la statue de la Vierge, la vue englobe le village (le site est accessible par un escalier taillé dans la roche).

Le château, aujourd'hui disparu, appartenait à la famille de Fontanges. L'**église gothique St-Vincent** (15e s.) conserve de l'époque romane son clocher, carré à la base, octogonal dans sa partie supérieure, percé de huit baies en plein cintre.

De la vallée de l'Aspre, la route passe dans celle de la Bertrande, qu'elle traverse, puis dans celle de la Doire.

Poursuivez sur la D 35 qui longe l'Aspre. La route, sinueuse, est pittoresque à souhait.

Col de Legal B2

Alt. 1 231 m. On aperçoit au loin les plateaux du Limousin. La route descend vers le col de Bruel et offre une jolie vue sur la vallée de la Doire, puis contourne plusieurs vallons.

Au col de Bruel, prenez à droite la D 60 en direction de Tournemire.

AU MOYEN ÂGE

Cinq châteaux défendaient ce plateau dominant la vallée de la Doire : **Fortanier**, le plus ancien ; la **tour de Chaliers** ; **Bezaudun**, qui vit naître Raymond Vidal, le poète troubadour ; et enfin **Tournemire**, château des plus anciens seigneurs des lieux, qui se dressait presque nez à nez avec celui d'**Anjony**. La rivalité sanglante qui opposa durant des siècles les d'Anjony aux Tournemire – duels, procès, vendettas, , etc. – ne prit fin qu'en 1643, au terme d'un double mariage unissant les descendants des deux familles.

★ Tournemire B2

Les ruelles sont étroites et la circulation quasi impossible. Garez-vous à l'entrée du bourg, sur le parking. Au cœur des monts du Cantal, Tournemire s'étire le long d'une arête rocheuse qui domine la vallée de la Doire. Avec ses maisons en lave couvertes d'ardoises ou de lauzes, ses petites places fleuries, il figure parmi les plus beaux villages de France. Deux familles s'affrontèrent ici : les Tournemire, ruinés par les croisades, durent, au 15e s., céder la place aux Anjony, des bourgeois enrichis par le commerce des peaux. Au 17e s., un mariage unit les deux familles, mettant fin aux conflits.

Le **lavoir** est alimenté par un ruisseau qui traverse le village. L'**église** a conservé, dans un reliquaire, un fragment de la couronne d'épines du Christ, rapporté de Jérusalem par Rigold de Tournemire. De style roman, pourvue d'un chœur gothique, elle est en tuf volcanique polychrome et fut, un temps, la chapelle des seigneurs de Tournemire, dont l'écusson s'affiche en clé de voûte. Elle abrite également un somptueux autel baroque du 18e s., don de la famille d'Anjony. Dans le chœur à gauche, une porte a été murée : c'était la porte des Morts. Les chapiteaux sont ornés de bœufs de Salers. Remarquez en sortant le heurtoir en bronze de la porte d'entrée, en forme de main baguée.

★★ Château d'Anjony B2

04 71 47 61 67 - www.anjony.com - visite guidée (45mn) juil.-août : 11h, 11h30, 14h-18h30 ; mai-juin et sept. : 14h-18h ; reste de l'année : 14h-17h - fermé de mi-nov. à mi-fév. - 8 € (6-12 ans 4 €).

Avec ses 40 m de hauteur, ce château de basalte rougeâtre est l'un des plus remarquables de la haute Auvergne (*ABC d'architecture p. 575*). Il fut édifié au 15e s. par **Louis II d'Anjony**, compagnon de Jeanne d'Arc, à côté des tours de Tournemire dont sa famille partageait la seigneurie depuis 1351. Le château, constitué d'un donjon cantonné de quatre tours d'angle, ne comprend, dans le donjon, qu'une grande salle par étage. Au 18e s., une aile de dimensions modestes fut ajoutée et aménagée au goût de l'époque. Au sous-sol, le cellier voûté en demi-berceau constitue une puissante salle basse.

L'intérieur contient un remarquable **mobilier** : vaste cheminée (portant la devise *Fides hic semper* « La foi ici et toujours »), tapisseries des Flandres et d'Aubusson, lit à baldaquin, le fauteuil « à système » permettant de s'y étendre. La **chapelle★**, aménagée dans la tour sud-est et toujours utilisée, est décorée de fresques du 16e s. Elle renferme la statue de Notre-Dame d'Anjony, petite Vierge noire à l'Enfant, en bois doré polychrome du 16e s. Au deuxième étage, la salle des Preux est égayée de **fresques★** montrant Michel d'Anjony et sa femme Germaine de Foix, grandeur nature, en costumes de la fin du 16e s. et les neuf Preux. La **salle d'audience**, qui conserve toutes les archives relatives à l'histoire de la seigneurie, abrite deux grandes **tapisseries**, dont une verdure des Flandres. Par les meurtrières du chemin de ronde, la **vue** porte sur la vallée de la Doire ; du sommet de la dernière tour, elle s'étend sur l'ensemble du château et les environs.

Faites demi-tour et prenez à droite la D 35.

À partir de la croix de Cheules, la D 35, dénommée **route des Crêtes★★**, court sur sa longue arête qui sépare les vallées de l'Authre et de la Jordanne. Ce trajet procure alternativement, sur l'une et sur l'autre, de fort jolis coups d'œil.

Après avoir fait 6 km, prenez à droite la D 58 et continuez jusqu'à Marmanhac.

Château de Sédaiges B3

04 71 47 30 01 - www.chateausedaiges.com - visite guidée (45mn) juil.-août : 14h30, 15h45 et 17h - fermé 14 Juil. - 7 € (-12 ans 5 €).

La découverte du **parc de Sédaiges** (prononcez « Sédages »), agrémenté d'un étang ombragé, précède celle du château. Conçu par l'ONF, un circuit pédagogique conduit d'arbre en arbre à la découverte des spécimens les plus exceptionnels. Le **château**, de style troubadour, appartient à la même famille depuis le 12e s. Reconstruit au 15e s., il a été transformé aux 18e et 19e s. À l'étage, cinq **tapisseries des Flandres** du 18e s. bénéficient d'un dispositif son et lumière. Les salons et la salle à manger reflètent le quotidien de l'aristocratie au 19e s. L'une des tours abrite un atelier de dinanderie (travail du cuivre ou du laiton). On visite la cuisine, la lingerie, la chambre du cocher… À voir aussi, une collection de jouets anciens et une étonnante exposition de poupées mannequins.
Revenez sur la route des Crêtes (D 35) et redescendez sur la plaine d'Aurillac.
Au cours de la descente vers Aurillac, la vue s'étend sur la plaine au bord de laquelle repose la ville, tandis qu'une superbe perspective s'offre à gauche sur la vallée de la Jordanne.

★ LES GORGES DE LA MARONNE AB2

Circuit de 55 km, au départ de St-Cernin (à 23 km au sud-ouest de Salers), tracé en marron sur la carte de microrégion p. 232-233 et sur la carte ci-dessous – comptez environ 2h.

St-Cernin

23 km au sud-ouest de Salers. Ce joli bourg de la **Xaintrie cantalienne** constitue un bon point d'ancrage pour découvrir les monts du Cantal. À l'extrémité du promontoire de Tournemire, la superbe forteresse d'Anjony domine la vallée de la Doire de ses quatre tours élancées. Un peu plus loin se dessinent les gorges sauvages de la Maronne.

Église St-Louis – Élevée au 12e s., remaniée au 15e s., elle est dominée par un clocher à peigne. De très belles **boiseries★** occupent les deux côtés du chœur ; étrangères au style des artistes auvergnats, elles proviennent du chapitre de St-Chamant. **Quatorze stalles** portent des miséricordes encadrées par quatre grands panneaux. Près de la chaire, remarquez un beau **lutrin** d'époque Louis XIV et, au chevet, d'intéressants **corbeaux** sculptés dans le basalte.
Quittez St-Cernin par le nord et rejoignez la D 922. Prenez la direction de Mauriac, puis la première route à droite.

Château du Cambon

✆ 04 71 48 34 63 - http://chateauducambon.simdif.com - visite guidée (45mn) juil.-août : 14h30-18h30 ; juin et sept. : sur demande préalable - 6 € (-13 ans 1,50 €). Ancienne place forte édifiée au 16e s. dont il subsiste quelques éléments comme sa terrasse de défense et les murailles, elle fut transformée au 18e s. en demeure de plaisance. Le propriétaire, passionné, vous fera découvrir la chapelle, les chambres, les salons et les jardins. Riche mobilier 18e s. Restauré l'année de la naissance de Marie-Antoinette (1755), le château expose de nombreux objets liés à la reine et à ses proches.

Revenez sur la D 922, direction Mauriac, puis prenez à droite la D 42.

St-Chamant

Au 15e s., une collégiale y fut élevée, mais les bâtiments conventuels furent vendus à la Révolution et l'église démolie au 19e s. ; seul le mobilier fut sauvé. **Église** – *✆ 04 71 69 22 20 - de mi-juin à fin oct. : 10h-18h.* Dans le chœur, huit salles s'ornent de **panneaux★** peints, en forme de dais ; figures de saints, scènes religieuses ; accoudoirs et miséricordes sculptés complètent ce décor. **Château** – *✆ 04 71 69 26 85 - http://saintchamant.fr - visite guidée (45mn) juil.-août : 14h30-18h30 - 5 € (-16 ans gratuit) - billet donnant accès aux jardins.* Élevé sur un promontoire dominant la vallée de la Bertrande, le château présente un bâtiment du 17e s. dans lequel s'insère un donjon carré du 15e s. L'intérieur abrite une superbe série de **tapisseries★** bien conservées : tapisseries des Flandres du 16e s. dans le Petit Salon ; tapisseries d'Aubusson du 17e s. dans le Grand Salon, la salle à manger et la salle de billard. Beau retable en bois doré (18e s.) représentant la Sainte Famille dans la chapelle.

Quittez St-Chamant par l'ouest en empruntant la D 42. Reprenez la D 922 vers Mauriac. Tournez à droite dans la D 37.

St-Martin-Valmeroux

Cette petite localité de la vallée de la Maronne, célèbre pour sa ganterie, conserve une remarquable halle aux grains, une église gothique, une fontaine ancienne et les vestiges du château de Crèvecœur. Le village est le siège de l'usine Isotoner *(2 journées vente début déc. - ✆ (mairie) 04 71 69 20 32).*

Quittez St-Martin par l'ouest en empruntant la D 37.

La route de Loupiac, très sinueuse, domine la vallée de la Maronne aux versants couverts de prés et de bois. Après Loupiac apparaissent les ruines du **château de Branzac** *(ne se visite pas). Poursuivez sur la D 37.*

En face de la dernière maison du bourg de St-Christophe-les-Gorges, sur la route de St-Martin-Cantalès, empruntez le sentier *(45mn AR),* traversez la voie ferrée et gagnez la chapelle Notre-Dame-du-Château.

Chapelle Notre-Dame-du-Château

La chapelle Notre-Dame-du-Château occupe un **site★** composé par un double méandre creusé par la Maronne, dessinant un « S » parfait. Dans son enclos, avec son clocher à peigne et son toit de lauzes, elle compose une vision très gracieuse. *Quittez St-Christophe-les-Gorges par le sud en empruntant la D 6.*

★Gorges de la Maronne

La vallée s'enfonce dans un site sauvage par un rétrécissement dont les pentes sont recouvertes de feuillus.

Poursuivez sur la D 6, dans les gorges de la Bertrande.

Église de St-Illide

Agrandi au 15e s., cet édifice roman renferme dix stalles provenant de St-Chamant, comme celles de St-Cernin, et dont on remarquera les miséricordes. Beau lutrin.

Quittez St-Illide par l'est. La D 43 ramène à St-Cernin.

NOS ADRESSES À SALERS

HÉBERGEMENT

PREMIER PRIX

À proximité de Salers

Hôtel Les Voyageurs – *Le Bourg - 15380 Le Falgoux - 13 km à l'est de Salers - ☏ 04 71 69 51 59 - http://cantal-hotels.com - ♿ (rest.) - 11 ch. 58 € - ☕ 8,20 € - ✕ 16.90/33 €.* Auberge dans la pure tradition auvergnate : cantou (grande cheminée bordée de bancs) dans le bar et accueil serviable. Chambres refaites, sobrement rustiques et bien tenues. Au restaurant, recettes régionales et jolie vue sur les paysages des monts du Cantal.

À proximité de St-Cernin

Auberge de Tournemire – Hors plan - *Le Bourg - 15310 Tournemire - 6,5 km à l'est de St-Cernin - ☏ 04 71 47 61 28 - ☏ 06 42 84 23 24 - www.aubergedetournemire.com - P - hors sais. sur réserv. - 7 ch. 65/85 € - ☕ 8 € - ✕ 12/18 €.* Magnifique vue depuis la terrasse de ce petit hôtel. Coquettes chambres de poche, Spa, plats traditionnels et régionaux.

BUDGET MOYEN

(12) **Hôtel Saluces** – A2 - *R. de La Martille - ☏ 04 71 40 70 82 - www.hotel-salers.fr - fermé 12 nov.-20 déc. et 2 janv.-5 fév. - 8 ch. 85/100 € - ☕ 13 €.* Ancienne demeure du marquis de Lurs-Saluces, gouverneur de Salers, cette maison du 16e s. est au centre du village. Les murs épais garantissent un calme absolu. Les chambres, souvent immenses, décorées avec un goût très sûr, laissent apparaître les matériaux d'origine. Jeanne et Daniel réservent le meilleur accueil à leurs clients. Un agréable bar au rez-de-chaussée s'agrémente d'une cour arborée à l'arrière, idéale pour profiter du petit-déjeuner aux beaux jours.

(2) **Hôtel les Remparts** – A2 - *R. de Barrouze - ☏ 04 71 40 70 33 - www.salers-hotel-remparts.com - 15 ch. 80/108 € - ☕ 11 € - ✕ 21/31 €.* Idéalement situé sur la place de Barrouze, l'Hôtel des Remparts surplombe la vallée et offre un panorama époustouflant sur les Monts du Cantal. Les plats typiques comme la truffade et le lioggat sont très appréciés par les voyageurs particulièrement lorsqu'ils sont dégustés sur la terrasse, en été, au son des cloches des vaches salers.

À proximité de Salers

Domaine de la Chaux de Revel – Hors plan - *15140 St-Martin-Valmeroux (à 1,5 km de Salers par la D 680) - ☏ 04 71 40 68 10 - www.domainedelachauxderevel.com - ♿ - 5 roulottes 91,50/102,50 €, fermé 15 nov.-15 mars - 3 ch. 71,50/82,50 € ☕, fermé 15 nov.-15 déc.* Ce couple de Savoyards propose des roulottes en bois tout confort, avec vue imprenable sur les vallées alentour. Piscine chauffée d'avril à novembre et sauna. La fondue aux fromages d'Auvergne est à tomber. Immersion garantie en pays de Salers !

Hôtel Le Gerfaut – Hors plan - *Rte de Puy-Mary - 1 km au nord-est par D 680 - ☏ 04 71 40 75 75 - www.salers-hotel-gerfaut.com - P ♿ - ouv. de déb. avr. à mi-nov. - 23 ch. 68/92 € - ☕ 11,50 €. - ✕ 15/30 €.* Sur les hauteurs du bourg, hôtel moderne et fonctionnel où vous dormirez paisiblement. Les chambres, dotées de balcons ou de terrasses, donnent sur la vallée.

Chambres d'hôte Les Ombrages – Hors plan - *27 r. d'Empeyssine - 15700 Pleaux - 27 km à l'ouest de Salers - ☏ 04 71 40 47 66 - www.les-ombrages-cantal.com - 💳̸ P 6 €/j. - 📶 - fermé 1er janv.-31 mars - 4 ch. 60/70 € ☕ et 1 gîte*

4

320 €/3 j. - table d'hôte 30 €. Dans cette maison de maître au centre du village, les chambres portent chacune un nom d'oiseau. Un petit bassin habille le parc situé à l'arrière. Délicieuse table d'hôte régionale.

Chambres d'hôte Aux 4 cheminées – Hors plan - *Rte de Salers - 15700 Ally - ✆ 04 71 68 73 52 - ✆ 06 88 21 01 00 - www.aux4cheminees.fr - 6 ch. 68/128 €* ☕. Dans cette ancienne maison du 19e s. siècle entièrement rénovée, les meubles anciens et les parquets cirés gardent l'authenticité d'antan. Dans le jardin clos de murs de pierres sèches, vous profiterez pleinement de la nature et des paysages du Cantal…

RESTAURATION

PREMIER PRIX

③ **La Diligence** – A1 - *R. du Beffroi - ✆ 04 71 40 75 39 - www.ladiligence-salers.com - ♿ - fermé de la Toussaint à Pâques - fermé le jeu. hors juill.-aout - menu 18,80/36.50 €.* Ne vous fiez pas à l'aspect récent de la maison, ici la table chante le terroir. Des crêpes certes mais aussi truffade, tripoux, pounti, potée auvergnate et surtout la viande de Salers pour contenter les convives les plus affamés. Le tout arrosé de vins du coin. Ambiance conviviale sur les grandes tables de ferme.

⑦ **Restaurant L'évasion** – A1 - *11 r. Notre-Dame - ✆ 04 71 40 74 56 - ouv. avr.-nov. - fermé jeu. en juil.-aout et merc. hors saison - formule déj. 14,90 €, menu 26 €.* Privilégiant les circuits courts et les produits locaux, les deux jeunes chefs proposent une cuisine généreuse et élaborée, avec une carte qui change tous les trois mois. Leur aligot maison est une pure merveille, la viande est de la salers, bien entendu, et la charcuterie vient de la ferme Al Païs toute proche. Une adresse à ne manquer sous aucun prétexte.

BUDGET MOYEN

① **Le Bailliage** – A1 - *R. Notre-Dame - ✆ 04 71 40 71 95 - www.salers-hotel-bailliage.com - P ♿ - fermé 15 nov.-6 fév. et lun. midi - 12h30-14h/19h30-21h - menu 27/57 € - 20 ch. 75/172 € ☕ 13 €.* Chaleureuse salle de restaurant et jolie terrasse pour déguster une appétissante cuisine auvergnate. Grandes chambres avec vue sur le jardin ou la campagne.

Auberge de l'Aspre – Hors plan - *Le Bourg - 15140 Fontanges - 6 km au sud de Salers par D 35 - ✆ 04 71 40 75 76 - www.auberge-aspre.fr - fermé dim. soir et lun. - 21/39 € - 8 ch. 65/115 €.* Accueil sympathique dans cette ancienne maison du pays, et jardin agréable… Un transat sur la pelouse ou un verre à la terrasse sous le parasol : voilà de quoi vous réjouir. Chambres au décor contemporain. Cheminée dans la salle à manger.

ACHATS

Bon à savoir – Spécialité de la cité, les carrés de Salers sont de délicieux biscuits, dont la recette est tenue secrète, en vente dans quatre établissements de la ville : pâtisserie Servans et boulangerie Robert, rue Notre-Dame ; pâtisserie Le Médiéval et boutique de M. Vergne, rue du Beffroi.

La Cave de Salers – *Les Prés de Faure - ✆ 04 71 69 10 48 - http://cavedesalers.com - juil.-août : 9h-19h ; hors été : tlj sf dim. 9h-12h, 14h30-18h.* En sortant de chez ce maître-affineur, vous saurez tout du salers, de sa production, de l'origine de sa fabrication, et du temps d'affinage nécessaire pour obtenir le meilleur produit possible.

De Mauriac au château de La Vigne

★

3 671 Mauriacois – Cantal (15)

Capitale du nord Cantal, Mauriac s'est implantée sur les hauts plateaux basaltiques entaillés par les vallées de l'Auze et de la Dordogne, classée Réserve mondiale de biosphère par l'Unesco. Elle est réputée pour ses foires et marchés, ainsi que pour sa basilique romane et les vestiges d'un important monastère. À quelques kilomètres, le château de La Vigne recèle un véritable joyau, découvert en 2014 lors de travaux de restauration.

NOS ADRESSES PAGE 272
Hébergement, restauration, achats, activités, etc.

Office de tourisme – *1 r. Chappe-d'Auteroche - 15200 Mauriac - ✆ 04 71 68 19 87 - www.tourisme.paysdemauriac.fr - de mi-juin à mi-sept. : 9h30-12h15, 14h-19h, dim. et j. fériés 9h30-12h ; reste de l'année : tlj sf dim.-lun. et j. fériés 9h30-12h, 14h-18h30.*

SE REPÉRER

Carte de microrégion A1 p. 232 – *carte Michelin Départements 330 B3.*
À 19 km de Salers, Mauriac se trouve sur la D 922 qui descend de Bort-les-Orgues à Aurillac.

À NE PAS MANQUER

À Mauriac, la cuve baptismale de la basilique Notre-Dame-des-Miracles et l'ambiance du marché hebdomadaire le samedi matin.
Le *studiolo* du château de La Vigne.

AVEC LES ENFANTS

Le Conservatoire des traditions rurales, la collection de voitures miniatures et de poupées au château de la Vigne, la Maison de la paille et du grain, le lac Val-St-Jean aux multiples activités.

Se promener

Mauriac occupe un site basaltique qui remonte à la préhistoire. Fondé sous les Mérovingiens, le monastère St-Pierre devient un lieu de pèlerinage, concurrencé au Moyen Âge par la basilique Notre-Dame-des-Miracles, due à la volonté de l'évêque de Clermont. Au 16e s., un des premiers collèges de Jésuites de France voit le jour à Mauriac. Deux siècles plus tard, la route royale fait de la ville une étape sur l'axe nord-sud reliant Aurillac à Clermont, qui contourne les monts du Cantal. C'est aujourd'hui un gros marché régional aux bestiaux.

★ Basilique Notre-Dame-des-Miracles

(Pl. Georges-Pompidou - ✆ 04 71 68 19 87 - www.tourisme-paysdemauriac.fr - sais. : 9h-19h ; reste de l'année : 9h-18h - possibilité de visite guidée sur demande (45mn) - 3 € (-17 ans 1 €) - 4,80 € billet combiné avec le monastère St-Pierre et la visite de la vieille-ville. C'est le principal monument de l'art roman de la haute Auvergne. Réalisé en pierres volcaniques de différents tons au 12e s., il a été

plusieurs fois remanié au fil des siècles. À voir ses **modillons sculptés**, où s'exerce la verve gaillarde du sculpteur roman.

Extérieur – À droite du portail méridional, remarquez la **lanterne des morts** du 13e s. provenant du cimetière qui séparait alors l'église Notre-Dame et le monastère St-Pierre. Le **portail de la façade ouest** est le plus bel exemple de sculpture romane de la haute Auvergne ; le **tympan** représente l'Ascension, et l'archivolte les signes du zodiaque.

Intérieur – Parmi les objets mobiliers, remarquez les stalles du chœur avec, au fond, la **statue de Notre-Dame-des-Miracles**, Vierge de pèlerinage en noyer. À droite, dans le transept, rare **Vierge à l'oiseau** du 16e s. Dans le bas-côté droit se trouve une superbe **cuve baptismale★** romane polychrome, sculptée dans le trachyte et décorée de 14 arcatures. À proximité, il reste au mur un exemplaire des « fers sarrasins » auxquels se rattache une légende naïve sur la **Vierge des Miracles** : au 11e s., deux Auvergnats, qui venaient d'être faits prisonniers en Espagne par les Arabes, invoquèrent avec tant de ferveur la **Vierge des Miracles** qu'on les retrouva le lendemain matin, chargés de leurs fers et endormis, devant l'église de Mauriac qui s'élevait sur l'emplacement de la basilique actuelle.

Autour de la place Georges-Pompidou, à gauche de l'église, s'élèvent quelques **maisons anciennes** dont une, au n° 6, à baies romanes géminées et une, à l'angle, flanquée d'une tourelle.

Monastère St-Pierre

Pl. Georges-Pompidou - ✆ 04 71 68 19 87 - visite guidée (45mn) juil.-août : 10h-12h, 14h30-17h30, dim. et j. fériés 14h30-17h30 ; de mi- à fin juin et de déb. à mi-sept. : tlj sf mar. et j. fériés 10h-12h, 14h-18h, dim. 14h-18h - 3 € (-17 ans 1 €) - hors saison, visite possible en réservant à l'avance auprès de l'office de tourisme - 4,80 € billet combiné avec la basilique N.-D.-des-Miracles et la visite de la vieille-ville.

Ce monastère, fondé au 6e s., puis reconstruit au 9e s., dépendait jadis de St-Pierre-le-Vif de Sens. Enserré dans des maisons que la municipalité acquiert peu à peu, il a ainsi retrouvé une partie de son plan d'origine : il était deux fois plus vaste que l'église Notre-Dame des Miracles ! Il abrite des vestiges gallo-romains, une partie des **fondations** de l'église carolingienne (début 9e s.), la **salle capitulaire** du 11e s. (colonnes en marbre) et une partie du **cloître** (14e-15e s.) dont elle est séparée par une arcature à colonnes géminées. Les pierres qui avaient servi à la construction de l'église, démantelée au 19e s., ont été réemployées dans divers bâtiments alentour, dont la mairie. Des expositions temporaires sont organisées dans le musée *(2 rue Émile-Delalo)*, installé dans les dépendances du monastère.

Suivez la rue du Collège.

Hôtel d'Orcet

Rue du Collège. Actuelle sous-préfecture. Cet édifice (16e-18e s.) a conservé le **tympan sculpté** (12e s.) qui ornait la porte du réfectoire du monastère. Le thème en est Samson terrassant le lion. De l'autre côté de la rue s'ouvre le **portail monumental** de l'ancien collège des Jésuites (1563), devenu collège royal au 18e s.

À proximité Carte de microrégion

Puy St-Mary A1

30mn AR au départ du centre-ville. En voiture, quittez Mauriac par le nord-ouest en empruntant la D 678. À la sortie, prenez à droite, puis face au portail de l'ancien couvent des Vaysses, prenez à gauche et garez-vous au pied de la colline.

Montez vers la chapelle élevée au sommet de la colline verdoyante, ancienne bouche volcanique appelée puy St-Mary. De là, le regard se perd sur les planèzes entaillées par les vallées de l'Auze et de la Dordogne, avec le massif du Sancy et les monts du Cantal en toile de fond.

Église du Vigean A1

Au nord de Mauriac par la D 922 puis à droite la D 678.

Ce petit édifice du 12e s., dédié à saint Laurent, possède un **clocher-peigne** à quatre cloches, ce qui est très rare, et de superbes peintures murales d'époque médiévale.

Église de Jaleyrac A1

Au nord de Mauriac; accès par la D 922, puis la D 138.

Elle abrite des fresques remarquables du 13e s. représentant le Tétramorphe (le Christ entouré des symboles des quatre évangélistes), saint Georges et le dragon, saint Martin et le pauvre.

Conservatoire des traditions rurales A1

Au sud de Mauriac par la D 681, entre Mauriac et Ally. Rte de Pleaux - ✆ 04 71 68 04 84 - de mi-juin à mi-sept. : 14h-18h; de déb. mai à mi-juin et de mi-sept. à fin oct. : sur demande préalable - fermé w.-end et j. fériés - possibilité de visite guidée (2h40) - 3 € (-18 ans gratuit) - gratuit Fête du battage (fin sept.).

Installé dans une ancienne ferme cantalienne des années 1950, cet espace est consacré aux traditions rurales. Visite des pièces à vivre, du grenier et de la grange où sont présentés les outils nécessaires aux travaux des champs; une exposition sur les métiers disparus est visible dans l'étable.

★ Château de La Vigne A2

10 km au sud par la D 681. La Vigne - ✆ 04 71 69 00 20 - visite guidée (45mn) juil.-août : 11h-12h, 14h-19h, dim. 11h-12h - 6 € (-12 ans 3 €) - 9 € billet combiné avec les Chemins de Ronde avec expositions.

Bâti au 15e s. par les seigneurs de Scorailles, ce château situé à 720 m d'altitude se compose d'un corps de logis flanqué de deux tours rondes coiffées d'un toit en poivrière, et d'une tour carrée formant donjon, à laquelle a été accolé, au 18e s., un second corps de logis. Un chemin de ronde sur mâchicoulis couronne l'ensemble. Par l'escalier à vis, en tuf volcanique, du donjon, on accède à ce qu'on croyait être jusqu'alors la salle de Justice. Les travaux de restauration réalisés en 2014 ont permis d'établir qu'il s'agissait en réalité d'un **studiolo★**, exceptionnel par la qualité de son décor. Petite pièce ne possédant qu'une fenêtre, ce cabinet de curiosités, protégé par de puissantes portes, était aménagé à l'extrémité d'une tour, difficile d'accès. La restauration a révélé, sur 45 m², des **peintures murales** (fin du 15e- début 16e s.), d'inspiration Renaissance italienne. La voûte montre un riche décor à l'antique, avec des personnages tirés des récits des *Métamorphoses d'Ovide*. La frise présente des scènes de chasse très vivantes évoquant de nombreuses espèces animales et botaniques, le thème principal étant la fameuse scène de la **conversion de saint Hubert**, patron des chasseurs.

Les différents étages révèlent des pièces joliment meublées. La **salle à manger** du 18e s. abrite 250 pièces de porcelaine de Minton (1850) et un buffet en chêne de 5 m de haut. Dans le **salon**, deux tapisseries d'Aubusson de 1650 évoquent des scènes de la mythologie. Dans la **chapelle**, la voûte d'ogives conserve des peintures murales représentant des anges portant les instruments de la Passion. Du jardin, **vue** imprenable sur la planèze et Salers, le plateau de Trizac et les anciennes vallées glaciaires.

Au sommet du château, le propriétaire, passionné, expose une **collection de plus de 4000 voitures miniatures**, du modèle de tourisme au poids lourd en passant par l'utilitaire, le coupé, les véhicules des services publics, etc. À voir aussi, une **collection de poupées** du monde entier.

Maison de la paille et du grain A2

À Escorailles, 1 km au sud du château de La Vigne - Le Bourg - ✆ 04 71 69 00 33 - juin-sept. : mar. et jeu.-vend. 14h-17h - fermé j. fériés - possibilité de visite guidée (50mn) - 3 € (-10 ans gratuit). Journées thématiques en juil.-août.

Dans cette grange au toit de chaume d'origine, une collection d'outils et un film *(25mn)* présentent les étapes de la culture céréalière jusqu'à la fabrication du pain et les diverses utilisations de la paille.

Dans le village, chapelle du château du 11e s., devenue l'église, et four banal. Poussez jusqu'à **Brageac** *(5 km par la D 137)*, pour voir le site impressionnant d'une petite église romane dominant d'un à-pic la vallée de l'Auze.

NOS ADRESSES À MAURIAC

HÉBERGEMENT

PREMIER PRIX

Auv'Hôtel – *4 r. du 11-Novembre - ✆ 04 71 68 19 10 - www.auv-hotel.fr - P - 10 ch. et 1 suite 60/150 € - ☕ 9 €.* Située à côté de la basilique romane N.-D.-des-Miracles, cette petite adresse sympathique propose des chambres fonctionnelles au mobilier rustique. Spa et sauna.

Chambres d'hôte Ferme de Lasbordes – *Lasbordes - 15200 Le Vigean - 2,5 km au nord-est de Mauriac - ✆ 04 71 40 01 59 - www.ferme-de-lasbordes.com - ⊠ P - fermé de nov. à Pâques - 5 ch. 60 € ☕ - ✕ 20 €.* Maison entourée de verdure, située dans un lieu-dit, au calme. Les chambres, très bien tenues, sont toutes différentes, meublées dans un esprit rustique ou contemporain. Le propriétaire propose des séjours à thème : ramassage des morilles en avril et des cèpes en septembre, stages de vannerie hors saison. Réservez !

BUDGET MOYEN

L'Ecu de France – *6 av. Charles Perié - ✆ 04 71 68 00 75 - www.ecudefrance-mauriac.com - 17 ch. 65-75 € - ☕ 10 € - ✕ menu midi sem. 13 €, menu 18/26 €, menu végétarien 15 €.* Cet hôtel-restaurant fait la part belle aux spécialités régionales et draine aussi bien une clientèle d'habitués que de passage. Les chambres, aux tons clairs, ont été refaites récemment.

À proximité

Chambres d'hôte La Fournio – *Escladines - 15700 Chaussenac - ✆ 04 71 69 02 68 - ✆ 06 81 34 91 70 - www.lafournio.fr - 3 ch. 80/100 € ☕ - table d'hôte (sf août) sur réserv. 23 €.* Cette maison de famille restaurée avec goût et passion propose des chambres d'hôtes à la décoration très raffinée : meubles anciens, parquets cirés à l'ancienne, charpente valorisée, peintures à la chaux, linge brodé, ou objets chinés parmi lesquels chacun retrouvera sa « madeleine de Proust ». Albert Marc, passionné de fleurs, plantes et autres espèces végétales a su créer une harmonie parfaite entre un jardin naturel et une vue imprenable sur les Monts du Cantal. Et le délice suprême ? Déguster les biscuits, tartes ou gâteaux du maître des lieux.

ACHATS

Marchés de pays – *15200 Le Vigean - ✆ 04 71 68 04 37.* Le vend. soir à 18h30 en juil.-août. Dégustation et vente de produits du terroir.

Rencontres gourmandes – *15200 Arches - ✆ 04 71 69 70 64 - juil.-août : merc. en soirée.*

ACTIVITÉS

Golf Val Saint-Jean – *✆ 04 71 68 23 59 - www.golfvalsaintjean.org - horaires variables pendant la saison, 8h-20h en juil.-aout - practice : 2 € le seau - Green fee : 22 €.* Ouvert toute l'année, le golf de Val Saint Jean, homologué 9 trous, propose un parcours vallonné, bocagé et arboré, ouvert sur la nature environnante.

Val-St-Jean – *✆ 04 71 67 31 13 - www.cantalcamping.fr - ttlj. en été : 11h-19h (fermé lun. matin).* Autour de ce plan d'eau de 9 ha est proposé un large panel d'activités : baignade, centre aquarécréatif, pédalo, canoë-kayak, location de VTT, parc aventure, golf… Gîtes et camping.

La Maison des rapaces – *Le Bourg - ✆ 04 71 68 19 87 - www.tourisme-paysdemauriac.fr - visite guidée sur demande préalable (3h) juil.-août : horaires, se rens. - 6 € (-16 ans 3 €) - billet donnant accès au sentier ornithologique guidé par un animateur nature.* À quelle distance un rapace peut-il repérer sa proie ? Comment différencier un milan royal d'un milan noir ? Vous aurez ici toutes les réponses à ces questions. Accompagné d'un spécialiste, vous découvrirez, en lisière des gorges de la Dordogne, les oiseaux dans leur milieu naturel. Prévoir de bonnes chaussures de marche.

AGENDA

Culture en pays de Mauriac – *✆ 04 71 67 35 81 - www.mediatheque.paysdemauriac.fr.* La médiathèque propose une programmation de qualité : expositions, conférences, rencontres avec des écrivains. Programme des animations disponible sur le site de l'office du tourisme du pays de Mauriac *(www.tourisme.paysdemauriac.fr).*

Nuits celtiques à Mauriac – *Rens. à l'office du tourisme du pays de Mauriac - ✆ 04 71 68 19 87 -* autour de la mi-août pdt 2 jours. Des musiciens confirmés dans le domaine de la musique celtique se produisent dans la ville.

Médiévale de Miremont – *15200 Chalvignac - ✆ 04 71 68 19 87 - juil. - 2 € (-18 ans gratuit).* Combats de chevaliers, démonstrations de tir à l'arc et d'arbalète, etc.

Riom-ès-Montagnes

★

2 591 Riomois – Cantal (15)

Cette station de moyenne montagne (alt. 850 m), à l'ouest du Parc naturel régional des Volcans d'Auvergne, se situe entre les gorges de la Rhue et les monts du Cantal. C'est le point de départ idéal de balades au Pays gentiane, dans de superbes paysages de collines, de plateaux et de vallées, tandis qu'au loin se profilent les premiers volcans…

NOS ADRESSES PAGE 279
Hébergement, restauration, achats, activités, etc.

S'INFORMER

Office du tourisme du Pays gentiane – *1 av. Fernand-Brun - 15400 Riom-ès-Montagnes - ✆ 04 71 78 07 37 - www.tourisme-gentiane.com - juil.-août : 9h-19h, dim. et j. fériés 10h-13h, 14h-18h ; juin et de déb. à mi-sept. : 9h-12h30, 13h30-18h, dim. 9h-13h ; reste de l'année : se rens.*

SE REPÉRER

Carte de microrégion B1 p. 232 - carte p. 276 – *carte Michelin Départements 330 E2.* Riom-ès-Montagnes se trouve à 24 km de Bort-les-Orgues par la D 922 puis la D 3, et à 38 km de Murat par la D 3.

À NE PAS MANQUER

La très belle vallée de Cheylade et ses cascades ; les pittoresques églises romanes, toutes avec une spécificité, qui jalonnent ce territoire ; la découverte des terres d'estive à bord du train touristique Riom-ès-Montagnes/Lugarde.

AVEC LES ENFANTS

Le train touristique, Le Claux.

Se promener

Renommée depuis toujours pour ses foires à bestiaux, Riom-ès-Montagnes poursuit une activité agricole avec l'élevage de la vache salers et une importante industrie fromagère, assurant la moitié de la production de bleu d'Auvergne. On y produit également de la gentiane.

★ Église St-Georges

Elle ne conserve de l'édifice primitif (11e s.) que le chœur, l'abside, la coupole et le transept. La nef est du 12e s., le clocher gothique. À l'intérieur, les **chapiteaux historiés du chœur** illustrent de nombreuses scènes guerrières. Remarquez celui qui, à gauche, relate une scène de l'histoire locale : la lutte des chevaliers auvergnats contre les Sarrasins (ceux-ci portant des boucliers ronds) ; en face, le Jugement de Salomon.

Espace Avèze - Maison de la Gentiane

5 r. de la Gentiane - ✆ 04 71 78 03 04 - http://aveze.com - ♿ - de mi-juin à mi-sept. : 10h-12h, 15h-19h ; reste de l'année : sur demande préalable - possibilité de

Le château d'Apchon.
Ch. Guy/hemis.fr

visite guidée sur demande (1h) - gratuit - dégustation offerte. Depuis 1929, cette entreprise fabrique un apéritif au goût amer, à base de gentiane, cette grande fleur jaune des pâturages du Cantal et du Cézallier. Un hall d'exposition, avec vue sur la salle d'embouteillage, présente la gentiane et sa transformation en apéritif. L'Avèze est l'une des rares boissons à base de racines de gentiane fraîche obtenue par macération (9 mois) dans un mélange d'eau et d'alcool. Cet apéritif bénéficie de la Marque « Valeurs Parc naturel régional ». Fort de son succès grandissant, il est toujours fabriqué avec les méthodes artisanales de ses débuts.

Train touristique Riom-ès-Montagnes/Lugarde
Pl. de la Gare - ✆ 04 71 78 07 37 - www.gentiane-express.com - de mi-juil. à fin août : 10h et 15h, w.-end 15h ; de déb. avr. à mi-juil. et sept.-oct. : jeu. et dim. 15h ; reste de l'année : sur demande préalable - 16 € (-12 ans 9 €) - durée 3h - réserv. recommandée - trains thématiques avec animations, se rens.
Embarquez à bord de ce train touristique, à la découverte des terres d'estive, royaume de la vache salers. Entre Artense et Cézallier, l'itinéraire va de Bort-les-Orgues à Lugarde en passant par Riom-ès-Montagnes et le viaduc de Barajol. Voyage commenté, rythmé par des pauses détente et photos.

À proximité Carte de microrégion

St-Étienne-de-Chomeil B1

À 14 km au nord-ouest par la D 3, puis la D 205. Prenez à droite avant l'église romane.

Sentier botanique – *3,5 km en boucle, comptez 1h.* Cette agréable promenade en sous-bois vous permettra de découvrir la flore dans son environnement naturel.

Circuit conseillé Carte de microrégion

★★ PAYS GENTIANE ET VALLÉE DE CHEYLADE BC1-2

Circuit de 90 km tracé en violet sur la carte p. 276 et sur la carte ci-dessus – comptez environ une journée.

Prévoyez des pièces de 1 € pour éclairer les petites églises de la vallée de Cheylade.

Quittez Riom-ès-Montagnes par le sud en empruntant la D 3, puis à gauche la D 49 vers Apchon.

Après 4 km, un beau panorama se dégage à gauche sur les monts Dore et les hauts plateaux du Cézallier. On découvre ensuite les ruines du château d'Apchon et une partie des monts du Cantal. Il faut pénétrer dans chaque église pour apprécier la richesse insoupçonnée du patrimoine religieux de la région.

Apchon

Ce bourg, blotti entre deux masses volcaniques, compte de robustes maisons de pierres basaltiques. Sur la petite place agrémentée d'une fontaine se dresse l'**église** précédée d'un clocher-porche. L'intérieur abrite cinq **retables**★ dont un, immense, en bois doré du 17e s., figure parmi les plus précieux du Cantal. Les comtes d'Apchon contrôlaient un grand territoire dans le nord du Cantal, englobant notamment les planèzes de Trizac et du Limon.

De la rue de la Porte-du-Barre part le sentier qui mène à une table d'orientation d'où se révèle un beau **panorama** sur les plateaux alentour. Attention, l'accès aux ruines du **château** (15e s.) n'est pas sécurisé.

Sortez d'Apchon par le sud (D 249). Prenez à gauche la D 63, puis la D 263.

Collandres

L'**église** romane de ce minuscule village est édifiée sur un ancien poste de vigie qui surveillait la vallée de la Véronne. Son allure massive est typique. Passé le clocher-porche, vous verrez à l'intérieur un retable de l'atelier d'Apchon.
Faites demi-tour et sortez de Collandres par le sud (D 263).

Cascade du pont d'Aptier

Vous pourrez pique-niquer dans ce cadre sauvage en regardant la chute de la Véronne.
Après le pont, prenez à gauche la D 249.

Chapelle de la Font-Sainte

Lieu de pèlerinage, cette ravissante chapelle du 19e s. s'élève au milieu des pâturages, à 1 230 m d'altitude. La petite Vierge des bergers, Vierge transhumante, reste tout l'été sur les pâtures, puis redescend passer l'automne et l'hiver dans l'église de St-Hippolyte. À droite de l'église, remarquez la croix en pierre ; allez jusqu'à la fontaine où s'écoule une eau pure et fraîche aux vertus miraculeuses.
Faites demi-tour et tournez à droite en direction de St-Hippolyte.
À **St-Hippolyte** *(arrêtez-vous à l'église décorée de modillons sculptés de figures)*, la D 49, que vous prendrez à droite vers Cheylade, descend vers la Rhue de Cheylade et la franchit. Le puy Mary apparaît à droite d'une longue arête partant du puy de Peyre-Arse.

Cheylade

Ce bourg, qui domine la Rhue, est apprécié des amateurs de pêche à la truite. C'est aussi un point de départ de randonnées pédestres.
Outre le « sentier botanique » et le « sentier des Ombrages », le **chemin des Quiroux** *(8h AR)* plaira aux bons marcheurs : il rejoint Dienne en traversant le plateau du Limon et de la Santoire.
Ancienne prieurale St-Léger – Cette église romane du 11e s., qui a subi de nombreux remaniements, conserve dans le chœur – la partie la plus ancienne – quelques chapiteaux sculptés (sirènes, feuilles d'acanthe, entrelacs). La nef et les bas-côtés ont été couverts au 17e s. par une remarquable **voûte★** dont les 1 428 caissons en chêne sont peints d'anges, de fleurs, de chimères, de griffons, d'armoiries et d'animaux d'expression naïve.
Vous remarquerez un **bénitier** du 15e s. ; au fond, derrière une porte en bois sculpté représentant le baptême du Christ, **fonts baptismaux** du 15e s. ; dans le chœur, une croix de chemin en pierre ; derrière le maître-autel, un **Christ en bois** du 14e s. et à gauche du chœur, à l'entrée de la chapelle du Sacré-Cœur, un écusson aux armes de la famille d'Estaing dont l'un des membres s'illustra à la bataille de Bouvines (1214), et une statue en bois de saint Léger (15e s.).
À 2,5 km au sud de Cheylade, prenez à droite la D 62. Laissez votre voiture près d'un pont. Continuez 100 m plus loin sur la droite.

★ Cascade du Sartre

Elle est formée par la Rhue qui tombe d'une trentaine de mètres de hauteur. Poursuivez sur la D 262 et, après un nouveau pont, prenez à droite un chemin qui ménage une jolie vue sur la **cascade de la Roche**, formée par un affluent de la Rhue qui descend en cascatelles sur les rochers.
Faites demi-tour et poursuivez sur la D 62.

Le Claux

Un royaume pour les amateurs d'activités de plein air : ski de fond (75 km de pistes, domaine labellisé « France Ski de Fond ») ou raquettes en hiver.

Maison de la Montagne - ✆ 04 71 78 93 88 - www.leclaux-puymary.com - juil.-août : 9h-12h, 14h30-19h, dim. et j. fériés 10h-12h, 15h-17h ; reste de l'année : tlj sf w.-end 9h-12h, 14h-17h30 - fermé 1er janv., 11 Nov., 25 déc.

Après Le Claux, la vue devient superbe sur le puy Mary et la vallée de Cheylade dont le fond est couvert de forêts. Bientôt, la route, qui s'élève en lacet, pénètre dans les bois, atteint les hauts pâturages, franchit le col de Serre et débouche sur la vallée de l'Impradine, creusée en « auge » par les anciens glaciers, où se pavanent les marmottes en printemps.

Prenez à droite la D 680.

Au cours de la montée finale vers le pas de Peyrol, la route franchit le col d'Eylac, s'accroche en corniche au flanc du puy Mary, et offre des **vues★** splendides sur les vallées de l'Impradine et de la Rhue de Cheylade, les monts Dore et du Cézallier.

★★ Pas de Peyrol *(p. 252)*

La route suit les hautes vallées de l'Impradine et de la Santoire.

★★★ Puy Mary *(p. 252)*

Reprenez la D 680.

★★ Cirque du Falgoux *(p. 254)*

Continuez sur la D 680.

Prenez à droite la D 12 (direction Le Falgoux), puis encore à droite la D 30. Après le col d'Aulac, à l'entrée du bois de Marilhou, tournez à gauche.

Site de Cotteughes et Freydefont

Les vestiges d'une trentaine de **cases en pierres sèches**, abandonnées au Moyen Âge, témoignent de la vocation ancienne de ce pays à l'élevage bovin. Classées aux Monuments historiques depuis 1924, elles se trouvent dans le bois communal de Marilhou. Semi-enterrées et bordées d'un talus, elles servaient d'habitation et pour certaines d'étable. Le sentier de découverte des cases Cotteughes, aménagé dans le bois sur 12 km, vous permet de parcourir l'Espace naturel sensible du bois de Marilhou.

Revenez sur la D 30 que vous suivez vers le nord en direction de Trizac.

Trizac

Ce gros bourg est connu pour ses foires aux bestiaux, ainsi que pour ses carrés et ses croquants, fameux.

Église – Cet édifice roman est muni d'un clocher-porche du 13e s. À l'intérieur, on remarque les chapiteaux du chœur, la Vierge assise (12e-13e s.) et des retables baroques. Les **vitraux** du transept et du chœur ont été librement reconstitués par deux maîtres verriers, à partir d'éléments d'anciens vitraux de la fin du 15e s.

Prenez la D 678 en direction de Riom-ès-Montagnes. Tournez à gauche dans la D 205.

La route traverse la planèze, étendue d'herbage piqueté de genêts à balais, et offre un point de vue sur le plateau de l'Artense.

Menet

La descente ménage une vue sur ce village fleuri qui se distingue par ses magnifiques maisons de pierre blanche, des 17e et 18e s., bordant la rue principale. L'église (12e s.), également en pierre de taille (trachyte qui sert à présent aux sculpteurs), présente une tour-lanterne, rarissime en haute Auvergne de beaux chapiteaux sculptés et des peintures du 17e s. Sa coupole en tuf de Broc lui confère une acoustique incomparable. Le village est réputé pour son

chemin de pierres sculptées, long de 3 km. Depuis 1992, des artistes sculpteurs rendent hommage aux pierres de Menet lors d'un symposium annuel qui a lieu début juillet. Le lac naturel (pêche) constituera une belle halte pour vous détendre.

Quittez Menet par l'est. La D 36, qui traverse un bois, ramène à Riom-ès-Montagnes.

NOS ADRESSES À RIOM-ÈS-MONTAGNES

ANIMATION

L'office du tourisme du Pays gentiane organise des animations : Les Douze facettes du Pays gentiane. Entre balades et arrachage de la gentiane, vous pourrez ainsi découvrir plusieurs communes de la région. Sur réserv.

HÉBERGEMENT

BUDGET MOYEN

À proximité

Domaine de Veirières – *15380 St-Vincent-de-Salers - accès par la D 680 puis la D 30, dir. Col d'Aulac - 04 71 78 66 29 - 06 31 56 57 33 - www.veirieres-evasion.com - P - fermé déc.-mars - 8 ch. 78 € - 6.50 € - 14/25 €.* Isolé en plein cœur du planèze de Trizac, à 1100 m d'altitude, ce domaine situé autour d'un lac est un site de pêche réputé : rénové, le vieux buron propose trois chambres mansardées. Les pêcheurs peuvent se restaurer sur place.

RESTAURATION

PREMIER PRIX

Café Déco Archi Place des Jolies Choses – *14 r. du Cap.-Alphonse-Marche - 09 81 24 19 38 - www.architecte-decoration.fr - - fermé dim.-lun. - 10h-18h30 - 2/3.50 € boisson, formules gourmandes 4.20/5 €.* Une riche idée que ce nom évocateur pour un café très girly en plein centre de Riom ! La gent féminine ne s'y trompe pas : les dames sont nombreuses à profiter de la véranda ou du petit jardin. On traverse d'abord une boutique, remplie d'objets très tentants… Tartes sucrées, salées à l'occasion, scones, beignets ou madeleines, qu'on accompagne de glaces, d'une boisson chaude ou froide : cette Place des jolies choses possède bien des atouts.

BUDGET MOYEN

À proximité

L'Auberge Le Cheylet – *25 rte du Champ-de-Foire - 15400 Apchon - 04 71 68 15 51 - menu du jour sem. 13 €, 20/27 € - ch. 7 ch. 47/55 € 10 €.* Depuis 2018, Laura et Florent sont les nouveaux maîtres d'œuvre de cette coquette auberge de pays située au pied des ruines du château. Ils n'y proposent que des produits de saison, et Florent s'est même équipé d'un fumoir pour les truites et les volailles… Excellent rapport qualité-prix. Sept grandes chambres attendent les voyageurs désireux de faire une halte.

Le Garage – *2 rte de Mauriac - 15400 Trizac - 04 71 78 60 79 - P - ouvert lun.-vend. le midi, le soir sur réserv. pour les grp. (12 pers. min.), ouvert ttlj. juill.-aout (réserv. conseillé) - formule midi sem. 12.50 € (hors café et vin), à la carte 17/30 €.* Tout en haut du village, imaginez un garage familial transformé en restaurant, où tout, ou presque, a été conservé : les immenses volumes, bien entendu, les verrières, mais aussi les établis, les palans, etc. Dans cet espace insolite, fait de bois, de brique et d'acier, Dominique concocte une cuisine régionale à base des produits locaux : truffade, pounti, pompe (galette de sarrazin au lard), charcuterie de montagne. En été, le Garage fait aussi salon de thé.

ACHATS

Biscuiterie Raynal – *3 r. du Lavoir - 15400 Trizac - ✆ 04 71 78 60 55 - 8h-12h15, 14h30-19h (18h en hiver) - fermé lun.* Il ne faut pas quitter le charmant bourg de Trizac sans avoir fait provision de croquants et de carrés d'Auvergne pur beurre. On est presque guidé vers cette petite boutique par les senteurs qui s'en dégagent ! Petite boutique, mais grande renommée, puisque les biscuits Raynal se dégustent jusque chez le glacier Berthillon à Paris…Ils bénéficient en outre de la marque « Valeurs Parc naturel régional ».

ACTIVITÉS

Pêche - L'office du tourisme du Pays gentiane propose un accueil personnalisé pour les pêcheurs. Des documents, des fiches de sites et le *Guide du pêcheur* sont à votre disposition, ainsi que les conseils d'un guide de pêche, diplômé d'État, présent dans les locaux.

Randonnées – *Un topoguide fournit tous les renseignements sur les excursions. S'adresser à l'office de tourisme.*

Cantal Cheval – *La Caire, rte de Marchastel - 15400 Riom-ès-Montagnes - La Caire - ✆ 04 71 78 20 62 - http://cantalcheval.cantalpassion.com - tlj sur réserv. - demi journée 60 €, journée complète 120 € - promenades à cheval et randonnées.* Patrick Vechambre possède un élevage de chevaux dans ce lieu-dit et propose des randonnées équestres, ainsi que des promenades accompagnées. Une manière insolite de parcourir le Cantal et de découvrir des contrées inaccessibles par la route. Formules à l'heure ou à la journée.

Natures Cantal (Bernard Mommalier) – *15 av. de Mauriac - ✆ 04 71 78 14 35 - www.natures-cantal.fr - ouv. tte l'année sur réserv. - tarifs sur rens.* Bernard Mommalier organise des randonnées avec des ânes (été) et des sorties à raquettes (hiver). Il sait dénicher des sentiers sauvages et ses promenades tournent autour du thème de la connaissance du milieu naturel (faune, flore, etc.). Formules sur un ou plusieurs jours.

AGENDA

Fête de la gentiane – *2e ou 3e w.-end de juil.*

Fête du bleu d'Auvergne – *3e w.-end d'août.*

Murat

★

1 951 Muratais – Cantal (15)

Nichée à 980 m d'altitude, Murat la médiévale étage ses maisons grises aux toits de lauzes sur les flancs de la neck volcanique de Bonnevie, couronnée par une Vierge à l'Enfant blanche. Cette agréable petite cité commerçante est gardée par les rochers de Chastel au nord-ouest et de Bredons au sud-est, tous deux surmontés d'une chapelle et d'une église romanes. Murat constitue une base de départ idéale pour les excursions dans les monts du Cantal et la vallée de l'Alagnon. Elle est en outre située sur la Via Arverna, voie secondaire qui mène à St-Jacques-de-Compostelle.

NOS ADRESSES PAGE 284
Hébergement, restauration, achats, activités, etc.

S'INFORMER

Maison du tourisme du pays de Murat et du Parc des Volcans d'Auvergne – *Pl. de l'Hôtel-de-Ville - 15300 Murat - ✆ 04 71 20 09 47 - www.hautesterrestourisme.fr - juil.-août : 9h-18h30, dim. 10h-12h, 14h-18h ; vac. scol. (hors juil.-août) : 9h30-12h30, 14h-18h, dim. 9h30-12h30 ; reste de l'année : tlj sf dim. 9h30-12h30, 14h-18h - fermé j. fériés - location d'audioguides qui, au fil des balades, content la cité médiévale et les richesses du patrimoine roman du pays de Murat.*

SE REPÉRER

Carte de microrégion C2 p. 232 – *carte Michelin Départements 330 F4.*
Murat se trouve dans la vallée de l'Alagnon, à 25 km de St-Flour par la D 926, et à mi-chemin entre Massiac et Vic-sur-Cère, sur la route d'Aurillac (N 122).

SE GARER

Place de l'Hôtel-de-Ville.

À NE PAS MANQUER

La visite de la cité médiévale de Murat, à la lueur des flambeaux, et l'émouvante église de Bredons en juil.-août.

AVEC LES ENFANTS

La Maison de la faune à Murat, les animaux de ferme et la dégustation de fromages à la grange de la Haute-Vallée, la Maison de la Pinatelle à Chalinargues.

Se promener

Pour une visite plus approfondie de la cité médiévale munissez-vous d'un dépliant disponible auprès de l'office de tourisme. En été, la découverte nocturne de Murat, à la lueur des flambeaux, prend une tout autre dimension…

Église Notre-Dame-des-Oliviers

De la fin de l'époque gothique, elle offre une façade moderne. Dans la chapelle du bas-côté gauche, remarquez un tableau de l'école espagnole évoquant le pélerinage de saint Dominique à St-Jacques-de-Compostelle et le miracle du pendu dépendu datant du 17e s. Dans le chœur se trouve Notre Dame des Oliviers, Vierge noire (réplique, l'authentique ayant été volée en 1983), fêtée tous les ans.

Rocher de Bonnevie

Surmonté par la statue de Notre-Dame-de-la-Haute-Auvergne, ses flancs présentent de curieuses colonnades de basalte, remarquables par leur régularité et la longueur de leurs prismes. Jadis s'y élevait le château des Vicomtes de Murat, forteresse réputée imprenable, rasée sur ordre de Richelieu : il fallut six mois de travail et six quintaux de poudre pour en venir à bout ! Depuis le sommet, **vue** sur les toits de Murat et sur les monts du Cantal.

Maison du médecin du Roy

Demeure historique de Murat qui fut la maison de Guillaume et Jean de Travers, médecins royaux, cette bâtisse du 16e s., magnifiquement restaurée, conserve des fresques intérieures remarquables. Le propriétaire, antiquaire d'art, en ouvre les portes pour des expositions *(en juil.-août)* ou lors des Journées du patrimoine.

Halle

C'est un bel exemple repeint d'architecture métallique du 19e s. rappelant les pavillons Baltard. Elle abrite le marché tous les vendredis.

Ancien bailliage

Du 16e s., il s'ouvre dans la rue de l'Argenterie (ancien quartier des tailleurs d'améthyste) par un portail orné de moulures en accolade.

Maison Hurgon

Cette élégante construction de style Renaissance montre un bel appareillage de pierre en trachyte ainsi qu'une échauguette en encorbellement et une en saillie.

Maison dite consulaire

La façade en pierre, de la fin du 15e s., présente deux étages percés d'étroites fenêtres surmontées d'une accolade. Au-dessus de la porte, composée en grande partie de panneaux à plis de serviette, on remarque deux anges sculptés et trois médaillons représentant les membres de la famille Chabanons, d'anciens propriétaires qui ont donnés sept consuls à la ville.

Maison de la faune

R. Porte-de-la-Garde - ✆ 04 71 20 03 80 - http://murat.fr - mai-sept. et vac. scol. : horaires, se rens. - fermé 1er Mai - possibilité de visite guidée sur demande (1h) - 4,80 € (-15 ans 3 €).

Dans un ancien hôtel particulier, dont la tourelle date de la fin du 15e s., onze salles présentent une collection de 800 coléoptères et de papillons, d'oiseaux et de 800 mammifères naturalisés du territoire apparaissant dans leurs milieux reconstitués.

★ Mémorial des déportés de Murat

Pl. de l'Hôtel-de-Ville - ✆ 04 71 20 09 47 - www.hautesterrestourisme.fr - ♿ - visite guidée sur demande préalable (1h) horaires, se rens. - 4 € - gratuit J. de la déportation (avr.).

Cent vingt Muratais furent déportés à titre de représailles le 24 juin 1944 suite à l'assassinat du colonel SS Hugo Geissler. C'est leur histoire que l'on découvre avec beaucoup d'émotion dans cet espace équipé d'un son et lumières, de fresques murales saisissantes et d'une salle de projection qui immerge le visiteur au cœur de la tourmente.

LES DIATOMÉES
Dans le creux de la vallée, de puissantes cheminées expulsent la vapeur d'eau de façon souvent spectaculaire. Elles appartiennent à l'usine du groupe World Minerals France, qui traite quotidiennement quelque 200 tonnes de diatomite, terre siliceuse extraite du gisement de **Foufouilloux** *(à 4 km de Murat)*, et composée de milliards d'algues microscopiques fossilisées. Réputée pour ses vertus isolantes, d'aide à la filtration alimentaire et de charge dans certains mélanges industriels, cette terre est indispensable à la pharmacie et à la chimie.

Réseau de chaleur bois

✆ 04 71 20 09 47 - visite guidée sur demande préalable (45mn) à l'office de tourisme - fermé w.-end - 1,50 €.
Le pays de Murat s'engage pour l'écologie et le développement durable. Cet espace d'accueil et d'information, aménagé au cœur de la chaufferie bois, propose une découverte ludique du fonctionnement de ce réseau tout en démontrant son intérêt économique, social et environnemental.

À proximité Carte de microrégion

Grange de la Haute-Vallée C2

À 900 m au sud-est de Murat, sur la D 926 en direction de St-Flour.
Pignou - ✆ 06 07 50 65 61 - www.bleucantal.fr - visite guidée sur demande préalable (1h30) à l'office de tourisme juil.-août et vac. scol. - 4 € (-18 ans 2 €).
Solidement ancrée au bord de la départementale, cette chaleureuse ferme fromagère ouvre les portes de sa grange, de sa salle de traite et de son étable. La visite s'achève par une dégustation ; en magasin : salers, cantal, bleu, tomme fraîche…

Maison de la Pinatelle C2

Chalinargues, 11 km au nord-est.
Chalinargues - ✆ 04 71 20 03 52 - www.maisondelapinatelle.com - ♿ - 16 juil.-19 août : 10h-19h, mar. 10h-22h ; vac. de fév., 9 avr.-13 juil., 20 août-12 oct. et vac. de Noël : tlj sf w.-end 10h-17h - possibilité de visite guidée - 7 € (-18 ans 5 €) - Vidéos sur grand écran, maquettes, expositions et ambiances sonores vous invitent à la découverte du Cantal. Programme de sorties pédagogiques.
Installée dans une ferme-bloc, la maison de la Pinatelle propose une remarquable **scénographie★**, mettant en lumière la main de l'homme sur le paysage, et les divers matériaux travaillés.
Non loin de là, vous pourrez aller vous promener dans la **forêt de la Pinatelle**. À proximité, deux espaces naturels sensibles (ENS) sont aménagés en sentiers thématiques : le **lac du Pêcher** *(thème : vaches et paysages, 1h30 ou 45mn)* ou les **tourbières de Brujaleine** *(thème : tourbières et faune flore, au départ de Chastel-sur-Murat - 2h).*

★ Église de Bredons C2

Au sud-est de Murat, sur la D 926.
✆ 04 71 20 02 80 - juil.-août : 10h-12h, 15h-19h ; reste de l'année : sur demande préalable à la mairie - fermé lun. - possibilité de visite guidée (1h) - 2 € (-10 ans gratuit).
C'est par la route de St-Flour que vous découvrirez le mieux l'émouvant site du rocher de Bredons. Du prieuré bénédictin, seule subsiste la petite église fortifiée du 11e s., le reste de l'édifice ayant été détruit durant la Révolution.

4

Le portail du flanc sud est décoré de billettes. À l'intérieur se trouve une belle série de retables en bois doré, dont celui du maître-autel, impressionnant par ses dimensions.

★ Bredons C2

À 5 km au sud-ouest par la D 39.
Ce hameau du petit village d'Albepierre-Bredons, qui concentre un habitat traditionnel, est bâti sur une colline volcanique dominant la vallée de l'Alagnon. Sur les façades, on peut apercevoir des vestiges de statues provenant de l'ancien prieuré, qui ont été réemployées. Des maisons souterraines furent autrefois aménagées dans les grottes qui s'ouvrent dans le rocher. Au loin se détache la statue de Notre-Dame-de-la-Haute-Auvergne, sur le rocher de Bonnevie.

Prat-de-Bouc C2

À 10 km au sud-ouest de Murat par la D 39.
Situé à 1 392 m d'altitude, Prat-de-Bouc, vaste domaine nordique surplombé par le plomb du Cantal, est la deuxième porte d'entrée de la **station du Lioran** (*p. 287*), avec laquelle les skieurs peuvent faire la jonction. En hiver, on peut pratiquer à Prat-de-Bouc toutes les activités nordiques : ski de fond, promenades avec chiens de traîneaux, raquettes. La belle saison réserve aussi de multiples activités : balades sur le cirque de Chamalières, observation de la faune et de la flore, randos balisées – départ du GR 400 – qui relient le col de Prat-de-Bouc au plomb du Cantal.
On peut rejoindre la vallée de Brezons (p. 311) par le col de la Griffoul, à 8 km au sud de Prat-de-Bouc par la D 39.

★ Gorges de l'Alagnon C2

À l'ouest de Murat par la N 222.
Après le **pont de Pierre-Taillade**, par lequel la N 122 franchit un petit torrent qui ruisselle en éventail, le versant gauche se déboise et la vallée s'élargit. Quelques kilomètres après Laveissière, la route passe au pied du beau **château d'Anterroches** (15e s., restauré), puis les rochers basaltiques qui dominent Murat apparaissent : à droite, **Bredons**, avec son église ; à gauche, Bonnevie, surmonté d'une statue de la Vierge.

NOS ADRESSES À MURAT

HÉBERGEMENT

PREMIER PRIX

À proximité

Auberge d'Aijean – *La Gandilhon - 15300 Lavigerie - D 680 - 04 71 20 83 43 - www.auberge-puy-mary.com - P - fermé nov.-déc. - 7 ch. 70 € - 9 € - 30 €.* Impossible de la manquer : c'est la dernière maison sur la route avant le puy Mary. Tenue par Véronique et Bruno, des enfants du pays, cette ancienne ferme familiale servait autrefois de grande et d'étable. Pendant que Bruno est à la cuisine, Véronique détaille à ses hôtes les plats qu'ils dégusteront au dîner. On peut se délasser dans le solarium face au puy de Peyre-Arse (1 806 m), profiter du hammam et de la douche hydro en toute liberté. Une belle adresse au pied des montagnes.

Chambres d'hôte Alta Terra – *Le Pradel - 15300 Lavigerie - sur la D 680 - 04 71 20 83 03 - www.altaterra-cantal.com - P - 4 ch. 70/90 € - dîner 20 €.* Alta Terra joue la carte du développement durable : matériaux écologiques, produits bio et locaux à la table d'hôtes, gestion durable des énergies et des déchets. Les quatre chambres sont très confortables, et complétées d'un sauna, d'un hammam et d'un bain nordique. Le couple cantalou-suisse vous convaincra que l'écologie rime avec confort, chaleur et bonheur !

BUDGET MOYEN

L'Escale de Camille – *22 r. de Lavergne - ✆ 04 71 60 91 74 - ✆ 06 10 34 15 96 - www.lescaledecamille.fr - 4 ch. 100/120 € - ✕ table d'hôte 30 €.* Monique vous accueille dans une maison du 17e s. rénovée au cœur de la cité médiévale. Bien équipées, les chambres mêlent charme et authenticité. Les repas sont servis près de la cheminée. Installé dans le jardin japonais, un espace bien-être, spa et sauna, est à la disposition des hôtes. Depuis le sauna, vue exceptionnelle sur les montagnes, le rocher de Bonnevie et le ciel étoilé.

RESTAURATION

PREMIER PRIX

Auberge d'un instant – *14 pl. du Planol - ✆ 04 71 73 17 09 - ✆ 06 80 32 32 09 - formule 11,90 €, plat du j. 10 €, menu 13,90 €.* Petite auberge typique et conviviale, en plein cœur de Murat. Cuisine maison élaborée avec des produits frais. Formules déjeuner et pizzas artisanales, sur place ou à emporter.

Tendances et saveurs – *23 r. du Hector-Peschaud - ✆ 04 71 23 94 78 - ✆ 06 71 49 48 72 - P ♿ - midi : mar.-jeu et sam.-dim., soir : vend.-sam., vac. scol. : midi et soir - menu 25 €, carte 11/23 €.* Ce restaurant traditionnel empli d'habitués sert des spécialités auvergnates, viande de salers, pounti, chou farci et truffade maison. En dessert, essayez le cornet de Murat, délicieux. Ambiance chaleureuse et bon enfant.

À proximité

L'épicerie de Dienne – *4 rte du Puy-Mary - 15300 Dienne - ✆ 04 71 20 59 84 - www.lepiceriededienne.com - menu 19/21 €.* Ambiance Bistro dans ce petit village au pied du puy Mary. Le café est ouvert à partir de 7h30 et à midi on est servi jusqu'à 15h. Tombé amoureux du pays, Chris nous fait partager ses talents de cuisinier. Un coin épicerie jouxte le restaurant : sélection de produits bio et locaux, des légumes de saison et vins ou bières locales.

BUDGET MOYEN

À proximité

Le Jarrousset – *Rte de Clermont-Ferrand - 4 km par N 122 - ✆ 04 71 20 10 69 - www.restaurant-le-jarrousset.com - P ♿ - fermé janv., dim. soir, mar. soir, merc. soir et lun. (que le lun. en juil.-août) - menu déj. 15 € - menu 29/75 €, menu carte 47 €.* Cette coquette auberge propose une goûteuse cuisine actuelle privilégiant les produits régionaux. Une salle agrémentée de toiles, une autre plus intime ouverte sur la campagne.

Buron du col de Prat-de-Bouc – *Col de Prat-de-Bouc - ✆ 04 71 73 30 84 - www.pratdebouc.fr - de déb. déc. à déb. avr. et de déb. mai à déb. oct., tlj vend.-sam.-soir, tlj en juil.-août - menu 23/25 €, salades et plats 10,50/18 €.* Dans ce sympathique bar-restaurant, juché à 1 392 m, au pied du Plomb du Cantal et sur le GR 400, on vous servira de la viande salers, de la truffade ou de l'aligot, ou encore une pachade (épaisse crêpe, fourrée, ici, à la myrtille) ; toutes réjouissances à ne manquer sous aucun prétexte!

ACHATS

Epicerie Caldèra – *3 r. Vigier - ☏ 04 71 20 21 84 - www.cantal-caldera.com - ♿ - 9h-12h, 14h30-19h - fermé dim. après-midi et le lun. hors juill.-août.* Françoise est guide de terroir. Elle achète directement chez les producteurs ses produits frais, les confitures et autres spécialités. Sa boutique est un hymne à l'Auvergne (produits de terroir, charcuteries, fromages).

Pantel – *Pl. de l'Hôtel-de-Ville - ☏ 04 71 20 04 48 - 8h-19h (18h le sam.), fermé le dim.* Cette vitrine aligne ses savoureuses spécialités comme les croquants d'Auvergne (sablés au beurre), la fouace sucrée, le puy mary (génoise chocolat, crème aux marrons, chantilly, copeaux de chocolat), à côté du renommé cornet de Murat. Pantel bénéficie de la marque Parc des volcans d'Auvergne.

L'Age de Bronze – *28 r. Porte St-Esprit - ☏ 04 71 20 14 82 - http://agedebronze.fr - mar.-sam. 10h-12h30, 14h-19h.* Magnifique devanture que celle de cette « boutique-musée », où l'on peut dénicher antiquités, brocante et couteaux de toutes sortes. Passionné de coutellerie, le maître des lieux a dessiné « son » couteau, le Murat, inspiré de la ligne des couteaux pliants du 18e s. Pratique, il se glisse facilement dans la poche.

Le Cellier de la marmotte – *15 pl. Marchande - ☏ 06 87 43 89 86 - www.cellier-marmotte.fr - vac. scol. mar.-sam. 10h-12h, 15h-19h; hors saison 10h-12h, 15h-18h sauf mer. et dim.* Dans sa petite boutique artisanale du centre-ville, Hélène vous fait découvrir ses productions maison. Ici le bœuf salers se déguste en rillettes, terrines, saucisses sèches, avec de la gentiane, du bleu d'auvergne, de la châtaigne, etc.

À proximité

Poterie La Boissonière – *La Boissonnière - 15300 Chavagnac - ☏ 04 71 20 03 41 - www.poterie-boissonniere.com - vac. scol. : ttlj. 9h-19h, hors vac. scol. se rens. par tél.* La belle Géraldine façonne des sculptures aussi facétieuses qu'elle : des bols ornés de poules, ou de têtes de vaches, des porcelaines-fleurs, des bijoux colorés, de drôles d'oiseaux dans de drôles de cages… Elle peint également de très beaux portraits de femmes. Noël, lui, tord la matière pour réaliser des vases somptueux, en porcelaine et en grès, dont les coloris émaillés évoquent la nature sous toutes ses formes.

ACTIVITÉS

À proximité

Village Equi-Nature – *Rte de la Boissonnière - 15170 Chalinargues - ☏ 06 70 53 71 67 - www.cheval-randonnee.com - randonnées à la sem. de juin à sept., 720/1300 €. ☏* Au cœur de la forêt de la Pinatelle, ce centre équestre propose un encadrement sur mesure pour chevaucher les grands espaces du Cantal. Vous pouvez également partir en excursion plusieurs jours et en hiver pratiquer le ski joëring.

AGENDA

Festival des Métiers d'art – *w.-end du 15 août.* Une quarantaine d'artisans professionnels.

Fête du Cornet – *3e dim. de sept.* Rassemble près de 15 000 personnes. Cornets salés et sucrés à déguster.

Le Lioran

★

Cantal (15)

À plus de 1 000 m d'altitude, la station du Lioran est encerclée par les belles sapinières recouvrant les versants de la vallée de l'Alagnon. À la belle saison, les randonnées au sommet du puy Griou ou du Plomb du Cantal, au milieu des herbages, rafraîchissent et dépaysent. L'hiver, ses pistes de ski sont idéales pour des vacances en famille.

NOS ADRESSES PAGE 289
Hébergement, restauration, achats, activités, etc.

S'INFORMER

Office de tourisme – *Pl. du Téléphérique - 15300 Le Lioran - 04 71 49 50 08 - www.lelioran.com - 23 déc.-2 avr. : 9h-18h ; 7 juil.-26 août : 9h-12h30, 13h30-18h, dim. 10h-12h30, 13h30-18h ; de déb. à mi-avr. et de déb. mai à mi-juin : tlj sf w.-end 9h-12h, 14h-17h ; reste de l'année : se rens. - fermé de mi-avr. à déb. mai, certains j. fériés.*

SE REPÉRER

Carte de microrégion C2 p. 232 – *carte Michelin Départements 330 E4.* Rattaché à la commune de Laveissière, Le Lioran se trouve à 10 km à l'ouest de Murat, sur la N 122.

À NE PAS MANQUER

Tentez l'ascension des deux colosses du Lioran : le puy Griou (1 694 m) et son puissant voisin, le Plomb du Cantal (1 855 m), au-dessus de la vallée de la Cère. Profitez en hiver du domaine skiable du Lioran ou participez à des promenades à raquettes, de jour… ou de nuit !

ORGANISER SON TEMPS

Si la D 67 permet, en été, de franchir le col de Cère, mieux vaut emprunter le tunnel routier l'hiver. Creusé pour éviter le col obstrué par la neige, c'est le plus ancien de France (1839).

AVEC LES ENFANTS

En été, des animations de découverte de la montagne et de la nature sont organisées pour les 6-12 ans (Lioran Aventure). En hiver, initiation au ski pour les petits avec tapis roulants couverts. Et promenade à chiens de traîneau pour les plus grands !

4

Séjourner

Le domaine skiable est accessible par Le Lioran (nord du tunnel) ; la montée par la D 67 (sud) n'est possible que lorsque le col de Font-de-Cère est ouvert à la circulation.

Face à la haute combe herbeuse du Font d'Alagnon, cette station de sports d'hiver moderne étage ses constructions sur trois sites : **Font d'Alagnon**, **Font-de-Cère** et **Prairie des Sagnes**. Ce dernier quartier abrite les plus grosses infrastructures (hôtels, commerces, patinoire, téléphérique). En été, la station propose une large palette d'activités.

Insolite : ceux qui voyagent en train peuvent rejoindre le domaine skiable depuis le quai de la gare du Lioran par un téléski *(avec retour par une piste verte).*

Le domaine skiable
C'est le plus grand domaine skiable du Massif Central : il couvre 150 ha. La majorité des pistes sont accrochées sur les flancs nord et est du Plomb du Cantal (alt. 1 855 m).
Ski alpin – La station possède **44 pistes** (10 vertes, 14 bleues, 15 rouges, 5 noires). Un *snowpark*, un *boardercross*, un stade de slalom, deux pistes de luge et un déval'luge complètent l'équipement. Afin de garantir l'enneigement, la station est équipée de 240 enneigeurs.
Activités nordiques – Le Lioran offre 15 km de pistes de **ski de fond** et de **raquettes** *(au départ de Font d'Alagnon)*. Au col de Prat-de-Bouc *(p. 284)*, 50 km de pistes de fond tracées et balisées.

À proximité Carte de microrégion

Maison du buronnier C2

2,5 km au nord-est du Lioran. Prenez la N 122 en direction de Murat ; après 500 m, tournez à droite avant le pont du Rau-de-la-Croix, puis empruntez une petite route qui longe la voie ferrée (à droite) et les gorges de l'Alagnon (à gauche). 06 68 93 04 17 - http://maisonduburonnier.wordpress.com - juil.-août : 10h-12h, 14h-18h ; mai-juin et sept.-oct. : sur demande préalable - possibilité de visite guidée (1h) - 4 € (-12 ans 3,50 €).

Cet ancien buron aménagé présente la vie du vacher en période d'estive, ainsi que celle du bouteiller et du pâtre, qui se consacraient aux soins des bêtes et à la fabrication du cantal. La visite se termine par une dégustation.

Randonnées Carte de microrégion p. 232-233

PROMENADES VERS LES SOMMETS

★★ Plomb du Cantal C2

15mn de téléphérique au départ du domaine skiable du Lioran. Puis 15mn de marche (sentier balisé et escalier) pour accéder au sommet. 14 Juil.-26 août : 9h-18h30 ; 16 juin-13 juil. et 27 août-9 sept. : 9h-12h25, 13h30-17h25 ; 5-13 mai et 19-21 mai : 10h-12h15, 13h30-17h15 ; 17 déc.-2 avr. : 9h-17h - en période estivale, le téléphérique fonctionne de mi-juin à déb. sept.

Les puys ou *peuchs* sont nombreux dans le Cantal. Mais de « plomb », il n'y en a qu'un ! Il tirerait son nom du latin *pomum*, pomme, pommeau. Les Cantaliens d'aujourd'hui l'appellent le « poing ». C'est le point culminant (alt. 1 855 m) du massif du Cantal. Du sommet, le **panorama★★** est immense *(table d'orientation)*. On découvre vers l'ouest, par-delà la vallée de la Cère, le puy Griou, le puy de Peyre-Arse, le puy Mary, le Violent, le Chavaroche ; au nord, les monts Dore qui s'abaissent à droite vers le Cézallier ; à l'est et au sud-est, la planèze de St-Flour et la Margeride ; au sud et au sud-ouest, le Carladès, la Châtaigneraie et le Rouergue, au loin. Des sentiers tracés à partir du sommet permettent de gagner le **puy Gros** (vue sur la vallée de la Cère à hauteur de Thiézac), le puy du Rocher (vue sur le cirque de Chamalière) ou, par le col de la Tombe-du-Père, le site de Prat-de-Bouc.

★★★ Puy Griou C2

4h à pied AR au départ du col du Font-de-Cère. À droite de l'auberge Le Buron de Font-de-Cère, remontez la piste, l'itinéraire est balisé en vert.

Le pointement de phonolite du puy Griou est composé d'une roche volcanique dont la structure originelle, en grands prismes, a été débitée en dalles plates sous l'action du gel. Quand on tape sur la pierre, elle « chante ».

Le sentier monte vers les Hautes-Chaumes du col de Rombière, d'où s'offre une belle **vue★** sur la vallée de la Jordanne et les grands puys du Cantal. Prendre à gauche; bientôt apparaît le profil pur du Griou. La montée finale se fait à travers des éboulis d'andésites et les basaltes phonolitiques.
Du sommet (alt. 1 694 m), remarquable **panorama★★★** sur le puy Mary, le puy de Peyre-Arse, qui barrent l'horizon au nord, et le Plomb du Cantal; vers le sud, de part et d'autre de la ligne de crêtes de l'Élancèze, se creusent les vallées de la Cère et de la Jordanne (appelée aussi de Mandailles).

NOS ADRESSES AU LIORAN

HÉBERGEMENT

Bon à savoir – Les résidences hôtelières et les villages de vacances représentent la quasi-totalité des hébergements sur le site. Locations au w.-end ou à la semaine, avec demi-pension ou pension complète. Également présent, un hôtel, Le Rocher du Cerf, ouvert toute l'année.

Gîte-Hôtel Bellevue – *1 r. du 19-Mars-1962 - 15300 Laveissière - ☎ 04 71 20 01 22 - www.montagnebellevue.com - 16 ch. 53,50 € - ☕ 8 € - panier-repas 10 €. Randonnées organisées en toutes saisons.* Ambiance pension de famille pour cet hôtel situé à 5mn de la station de ski du Lioran et 10mn de Murat. Paradis des randonneurs pour la cuisine goûteuse et copieuse inspirée du jardin ou de la montagne. Une adresse où l'on a envie de revenir!

RESTAURATION

BUDGET MOYEN

Le Bufadou – *12 rte du Rocher du Cerf - 15300 Le Lioran - ☎ 06 66 67 68 69 - wifi - ouv. déc.-avr. tlj midi et soir (sur réserv. le soir), juil.-août ts les soirs - table d'hôte 26 € - ch. 2 ch. d'hôte (96/144 € suite 4 pers.) et gîte d'étape (6 ch.-dortoirs).* Au pied du plomb du Cantal, une adresse bien connue des habitués et des aventuriers, skieurs ou randonneurs, qui apprécient la terrasse en été et la cheminée l'hiver… Un endroit convivial où l'on sert de la cuisine généreuse à base de spécialités auvergnates accompagnées d'un bon vin.

La Chazotte – *Font d'Alagnon - 15300 Le Lioran - ☎ 04 71 49 52 11 - www.restaurant-chazotte.com - ouv. w-end mai-juin et sept., mer.-dim. juil.-août; midi et soir 15 déc.-31 mars - carte estivale 30/35 €, menus 39/43 € - hiver, formule du skieur 14,80 €, menus 21/42 €.* Restauration traditionnelle auvergnate dans un cadre chaleureux tout en bois. Les propriétaires, qui sont aussi éleveurs, proposent de la viande bovine bio. Au menu également, la truffade. L'été, cuisine bistronomique à base de produits locaux.

ACTIVITÉS

Hiver – Ski alpin, ski de fond, *snowpark*, promenades à raquettes ou en traîneau, luge.

Été – Parc aventure, patinoire et chemins de randonnée.

/ **Lioran Aventure** – *Prairie des Sagnes - Super-Lioran - ☎ 06 74 97 40 94 - www.lioran-aventure.com - juil.-août : tlj à partir 13h30, réserv. conseillée - 22 €.* Ce parcours aventure traverse une belle forêt (2 ha) située à 1 250 m d'altitude, au pied des pistes de Super-Lioran. Huit itinéraires selon les âges pour évoluer d'arbre en arbre (selon les âges, à partir de 3 ans).

Vic-sur-Cère

★

1 985 Vicois – Cantal (15)

Cette petite ville de la vallée de la Cère a conservé de belles demeures de caractère autour de son église. Elle s'inscrit au cœur d'un pays de plateaux et de ravins appelé le Carladès. Vous aurez plaisir à découvrir ses pittoresques maisons aux toits de lauzes, entourées de jardins et de vergers, à vous promener dans ses vallées profondes et à explorer les gorges vertigineuses du pas de Cère.

NOS ADRESSES PAGE 296
Hébergement, restauration, achats, activités, etc.

S'INFORMER

Office du tourisme du Carladès – *Av. André-Mercier - 15800 Vic-sur-Cère - ✆ 04 71 47 50 68 - www.carlades.fr - juil.-août : 9h30-12h30, 13h30-18h30, dim. et j. fériés 10h-12h30, 14h30-17h ; de mi-sept. au w.-end de Pâques : tlj sf dim. 9h30-12h30, 14h-18h ; reste de l'année : se rens. - fermé certains j. fériés.* Bornes interactives extérieures, proposant randos avec application ; à l'intérieur, table tactile de randonnées. L'été, balades contées dans la ville.

SE REPÉRER

Carte de microrégion B3 p. 233 – *carte Michelin Départements 330 D5.* Vic-sur-Cère se trouve sur la N 122, entre Aurillac et Murat.

À NE PAS MANQUER

Balade familiale dans les gorges du pas de Cère ; les tables basaltiques du Carladès, telles celles de Carlat ou de Ronesque ; le panorama sur la vallée de la Cère et les grands sommets du Cantal, du haut du rocher des Pendus.

ORGANISER SON TEMPS

Comptez une journée pour l'itinéraire du Carladès à travers la haute vallée du Goul.

AVEC LES ENFANTS

Le P'tit Kiosque de la Cère à Vic-sur-Cère, cascade du Trou de la Conche, visites costumées du château de Pesteils, château de Messilhac.

Se promener

Au centre de la cité, de gracieuses demeures à tourelles témoignent du passé opulent de l'ancien bailliage du Carladès.

Partez de la place de l'Hôtel-de-Ville, pour une promenade de 20 à 30mn.

Au n° 4 passage du Chevalier-des-Huttes, remarquez la maison à tourelles de la famille Pagès des Huttes.

Tournez à gauche vers la place de Monaco.

Maison des Princes de Monaco

Cette maison du 15e s. possède une tourelle d'escalier du 16e s., surmontée d'une poivrière et percée d'une fenêtre à meneaux. La porte est surmontée d'un bas-relief, très mutilé, représentant l'Annonciation. Les princes de Monaco avaient reçu le **Carladès** des mains de Louis XIII, avec Vic-sur-Cère, son chef-lieu. Ils le conservèrent jusqu'à la Révolution. Il leur fut rétrocédé à la fin du 19e s.

Panorama depuis le rocher des Pendus au col de Curebourse (voir p. 296).
M. Goydier/OT de Carladès

Continuez tout droit, rue Coffinhal.

Maison Dejou

Au n° 5, vous pourrez admirer un petit hôtel particulier de la fin du 17e s., avec fronton semi-circulaire.
Revenez sur vos pas et remarquez à droite, rue du Moine-de-Montaudon, la tour sur façade de l'école St-Antoine.
Remontez jusqu'à la place de l'Église, et passez derrière le chevet pour gagner le chemin de la Cascade.

Église St-Pierre

Cet édifice, en partie roman, a été très remanié. Remarquez la gracieuse abside et les curieux modillons de la façade sud (56 au total, dont certains du 11e s.). L'intérieur se distingue par ses clés de voûte des 13e et 15e s., ses statues en bois doré du 17e s. (saint Roch et sainte Agnès) et sa pietà abritée dans une niche du transept nord.
À partir de l'église, empruntez la rue du Cap del Lioc.

Site du Castel Viel

En 15mn, on atteind le site du Castel Viel. Cette ancienne motte féodale, où plane encore l'ombre de Pierre le Troubadour, surplombe ces petites maisons qui bordent l'Iraliot.
Redescendez jusqu'à l'église.
Sur la place, l'**ancien bailliage**, en face de l'église, est devenu maison particulière. L'établissement d'un bailliage à Vic remonte à l'époque des guerres de Religion. Escortant un convoi de vivres pour les huguenots, le **capitaine Merle** (1548-1590) laissa traîner quelques tonneaux, escomptant que les catholiques se jetteraient dessus au lieu de les poursuivre. Merle vit juste; il revint à la charge et extermina ses adversaires avinés…
Montez jusqu'au **calvaire** par la rue du Dr-Civiale. De la chapelle, beau panorama sur les toits de Vic.

SOUS LA COUPE DES VICOMTES

Au 12e s., les turbulents vicomtes de Carlat devinrent comtes de Rodez. Sous Louis XI, le seigneur de Carlat, **Jacques d'Armagnac**, entre plusieurs fois en rébellion. Deux fois pardonné par le roi, il est capturé à Carlat après un siège de dix-huit mois, enfermé à la Bastille dans une de ces cages de fer qu'affectionne Louis XI, jugé par une commission qui le fait torturer pour le faire parler « clair », et décapité aux halles de Paris. Ses enfants connaîtront également un sort épouvantable. En 1568, Carlat passe aux protestants. La **reine Margot** y vivra treize mois avant son séjour à Usson (*Issoire* et *St-Saturnin*). La forteresse ayant par la suite servi plusieurs fois de refuge à des princes révoltés, Henri IV la fit raser en 1604. La brèche qui coupe en deux le rocher fut, dit-on, pratiquée artificiellement pour isoler la partie ouest qui supportait le château.

La source et le kiosque des buveurs

Parc de la Source. Ferrugineuse, bicarbonatée, fraîche et gazeuse, la source d'eau minérale de Vic-sur-Cère est connue depuis l'Antiquité. Des vestiges de canalisations et de céramiques romaines, ainsi que des monnaies, ont été retrouvés au 19e s. à proximité du petit établissement thermal, ce qui atteste de l'ancienneté de cette eau. Tonique, elle stimule l'appétit, améliore le fonctionnement du foie et des reins et est appréciée pour ses vertus digestives. À boire sans modération !

Randonnées

Cascade du Trou de la Conche et rocher de Maisonne

1h45 AR. Prenez derrière l'église la rue conduisant à une passerelle sur l'Iraliot. Le torrent franchi, gravissez un chemin en forte montée.

En haut du raidillon, le chemin bifurque : le sentier de gauche mène à la cascade du Trou de la Conche, dans un joli site ; celui de droite conduit au sommet du rocher de Maisonne, surmonté d'une croix d'où se dégage une belle vue sur Vic et sa vallée.

Grotte des Anglais

2h45. Sur la place de l'Église, prendre la rue Cap del Lioc puis le sentier en direction du Castel Viel, et suivre les indications. Fort dénivelé ; pour marcheurs confirmés. La grotte des Anglais est un site naturel constitué de cavités creusées dans la paroi rocheuse, au dessus de Vic-sur-Cère. Elles servaient d'abris aux protestants durant les guerres de Religion.

Circuits conseillés

LA VALLÉE DE LA CÈRE Carte de microrégion B2-3C2

Circuit de 18 km, au départ de Vic-sur-Cère et à destination du col de Cère, tracé en violet sur la carte p. 253 – Comptez environ 2h (sans les promenades).

★★ Gorges du pas de Cère

Accès libre tte l'année, sous réserve du niveau de l'eau et des conditions météorologiques. Le site du pas de Cère est situé sur la commune de Thiézac en contrebas de la N 22. Rens. à l'office de tourisme de Vic-sur-Cère (✆ 04 71 47 50 68 - www.carlades.fr - livret découverte disponible à l'office ou téléchargeable). Aire du pas

de Cère, point info et produits du terroir les w-end prolongés de mai, de mi-juin à mi-sept., 9h30-18h.
Espace naturel sensible, ces gorges emblématiques ont été formées il y a plus de 20000 ans, formant un verrou naturel. Un spectacle unique avec des parois hautes de plus de 30 m, au fond desquelles coule la Cère. La communauté de communes poursuit ses efforts de valorisation et de protection de ce site pour le rendre accessible à tous.
Mystère du Grand Hôtel (balade historique et ludique). *Depuis Vic-sur-Cère, gagnez le parking de Salvanhac. 45mn AR.* Circuit sans dénivelé permettant de gagner le pas de Cère depuis le camping.

Cascade de la Roucolle

500 m après le départ du sentier du Pas de Cère, à droite, un sentier conduit, en 2mn, à un belvédère. De cet endroit se dégage une belle **vue** sur la cascade de la Roucolle et les gorges de la Cère.
Les mystérieuses gorges de la Cère (circuit de découverte géologique et naturelle) – *1h30 à pied AR, retour avec dénivelé.* Le sentier d'accès part de la N 122, à 3 km en amont de Vic-sur-Cère, aire du pas de Cère et de Thiézac. Il traverse une petite prairie, puis descend à travers bois vers la Cère. La rivière coule entre de hautes parois rocheuses très resserrées.

Thiézac

Située dans un élargissement de la vallée de la Cère entre Aurillac et Murat, Thiézac est une charmante station estivale bien ensoleillée.
Église St-Martin – Cet édifice gothique abrite une statue en bois peint du Christ assis au calvaire (15e s.). Dans le chœur, séparé de la nef par un arc triomphal, beau retable en bois doré, du 17e s., représentant la Crucifixion. Dans la deuxième chapelle, à gauche, on peut voir deux fragments d'un devant d'autel, en dentelle, offert par Anne d'Autriche. Celle-ci, désolée d'être sans enfant au bout de vingt-deux ans de mariage, accomplissait tous les pèlerinages suivis par les femmes stériles. Elle vint à Thiézac faire une neuvaine… et sa persévérance fut récompensée par la naissance du futur Louis XIV.
Chapelle Notre-Dame-de-Consolation – *Au nord de Thiézac.* Sur une butte ombragée de vieux tilleuls et creusée d'une grotte dite « des Ermites », la chapelle, d'un aspect très rustique, domine le village. L'intérieur se signale par les quarante-cinq tableaux ou médaillons encadrés de rinceaux, de feuillages et de têtes d'anges, peints sur bois au 17e s., qui ornent toute la voûte. Lors du pèlerinage, la statue miraculeuse est descendue à l'église.
Cascade de Faillitoux – *Quittez Thiézac par la route de Vic-sur-Cère, et, aussitôt après le cimetière, prenez à droite la D 59.* Trois kilomètres plus loin, la route traverse le village de Lasmolineries et offre une belle vue sur la cascade de Faillitoux tombant d'un rebord de basalte. Avec ses 1 040 m d'altitude, c'est l'une des plus hautes du département. Sa chute d'eau de 41 m franchit une coulée de lave qui a formé des orgues basaltiques.
Revenez sur Thiézac, prenez à droite une petite route qui passe par Lagoutte et mène jusqu'à Nierevèze.

Chaumière de Granièr

À Niervèze - ✆ 06 52 18 73 48 - visite guidée juil.-août : jeu. et dim. 15h-17h ; reste de l'année : sur demande préalable - 3 € (-12 ans gratuit).
Sous le puy Gros, à 1 050 m d'altitude, cette **ferme-bloc** (pièce à vivre, étable et grange sous le même toit) du 19e s., à toit de chaume, a été restaurée selon les techniques traditionnelles. Objets, outils, photos témoignent d'un siècle de vie quotidienne.

Dans le hameau, la fontaine, le four banal et le métier à ferrer les bœufs sont à découvrir avant d'emprunter un chemin qui vous mènera jusqu'à un moulin restauré (remise en eau certains jours en été).
Revenez à Thiézac par le même chemin, et regagnez la N 122.

St-Jacques-des-Blats

Ce village est un excellent point de départ d'excursions pédestres. Les sentiers de grande randonnée GR 4 et 400, mais aussi des sentiers de petite randonnée (PR) s'y rattachant parcourent les vallées autour du puy Griou et du Plomb du Cantal. La **Via Arverna** (*p. 254*) le traverse.

★ Col de Font de Cère

La D 67, qui permet d'éviter le tunnel routier du Lioran, franchit la ligne de partage des eaux entre le bassin de la Dordogne vers lequel coule la Cère, et celui de la Loire qu'alimente l'Alagnon. Elle offre de beaux points de vue sur le Plomb du Cantal. Peu avant le col, observez sur la gauche, en arrière, la belle pyramide du puy Griou.
Au large sillon lumineux de la Cère succède la vallée resserrée de l'Alagnon, assombrie de sapinières.

HAUTE VALLÉE DU GOUL ET CARLADÈS B3

Circuit de 86 km, tracé en rouge sur la carte p. 233 – comptez une journée. Quittez Vic-sur-Cère par le sud-ouest en empruntant la N 122.
Les villages traversés présentent des maisons aux toits à quatre pans, très caractéristiques. La route suit la **vallée de la Cère**, verdoyante et très évasée.

★ Château de Pesteils B3

04 71 47 40 03 - www.chateau-pesteils-cantal.com - 1er juil.-25 août : 10h-19h ; mai-juin et 26 août-30 sept. : 14h-18h - 9 € (-12 ans 5,50 €).
Cette belle demeure féodale, bâtie sur un promontoire rocheux surplombant le bourg de Polminhac et la rive droite de la Cère, était l'une des places fortes destinées à défendre la vallée. Elle prit le nom de Pesteils à la suite d'une alliance contractée au 16e s. avec la famille de Montamat. Des scènes du film *L'Éternel Retour* (1943), de Jean Cocteau, ont été tournées sur le domaine, habité par la même famille depuis sept siècles. Des visites costumées et contées y sont proposées durant l'été. La visite de l'**intérieur** est parsemée de reconstitutions à l'aide de personnages de cire (ces derniers, réalisés par le musée Grévin, proviennent de l'ancien musée de cire d'Aurillac). Elle commence par le hall, orné d'une tapisserie flamande du 17e s., se poursuit par la salle des gardes, l'une des plus anciennes du château – en témoigne l'épaisseur des murs – et le Grand Salon, abondamment orné de tapisseries, de tableaux et de beaux meubles. Deux chambres, au premier étage, que l'on gagne par un bel escalier à double volée, offrent au regard des plafonds peints au 17e s. Ne manquez pas la cuisine 1900, magnifiquement meublée et restaurée : nombreux objets de dinanderie et de ferblanterie, qui évoquent la diversité des mets qui étaient préparés. Dans la souillarde, riche collection de pots à toilette et de porte-savons. Relié au deuxième étage du corps de logis par un petit pont de pierre, le **donjon** carré (13e s.) abrite des fresques du 15e s. représentant l'une un maître et son élève, l'autre quatre héros antiques. Cette imposante structure de 40 m de haut est couronnée par un chemin de ronde à mâchicoulis. Il domine les terrasses, dont le tracé épouse celui des anciens remparts. Par temps clair, on découvre, du chemin de ronde, le Plomb du Cantal.
Descendez vers le sud par la D 8, puis à Vézac, prenez à gauche, la D 990.

★ Rocher de Carlat B3

✆ 04 71 43 65 08 - www.rocherdecarlat.fr - ouv. mai-sept. vis. libre (5 €, 6-12 ans 3 €) ou accompagnée (7 €, 6-12 ans 4 €) - j. et horaires sur le site. Le kiosque d'accueil est situé au pied de l'escalier de la Reine.

La région de Carlat fut recouverte de basalte par des coulées issues des volcans du Cantal. L'érosion a fragmenté cette cuirasse, épargnant quelques tables basaltiques, comme celles de Carlat ou de Ronesque, qui dressent, au sommet de versants abrupts, leurs rebords verticaux. Sur le rocher de Carlat s'élevait jadis un château immense, interdisant la haute Auvergne à tout envahisseur venant de Guyenne et d'Espagne. Le rocher de Carlat appartient à la famille royale de Monaco depuis 1643. Cette place forte réputée inexpugnable se visite aujourd'hui sous forme virtuelle : une reconstitution en 3D permet au visiteur de plonger dans chaque partie de l'ancien édifice, avec à chaque fois l'évocation d'un personnage et d'une thématique…

Poursuivez sur la D 990 et prenez à droite la D 59 jusqu'à Cros-de-Ronesque (« Cros », en occitan, signifie creux). Tournez ensuite à droite sur la D 459.

★★ Rocher de Ronesque B3

Ce rocher basaltique domine toute la contrée. Il s'est formé, à l'exemple du rocher de Carlat, à l'emplacement d'une ancienne pénéplaine recouverte par le volcanisme, puis profondément entaillée par de grandes vallées. Le pittoresque hameau de Ronesque est typique du Cantal, avec ses maisons aux toits recouverts de lauzes. Jadis s'élevait à Ronesque un château fort, donné en 1167 à Alphonse II, roi d'Aragon, par Hugues, comte de Rodez. Alphonse voulait établir un royaume s'étendant de la Catalogne à l'Aquitaine, et dont Ronesque et Carlat auraient été les postes avancés. Le château devint ensuite la propriété de la famille Rastinhac de Messilhac.

Montée au rocher – *On peut monter en voiture jusqu'à la petite chapelle (ouv. les après-midi en été). Tables d'orientation (côté nord, à l'opposé de la chapelle).* De là, on découvre l'immense plateau et un magnifique **panorama★★** : au nord-ouest, on aperçoit le rocher de Carlat, au nord les monts du Cantal, au sud-est les monts de l'Aubrac. En bas à droite se dresse le château de Messilhac, dominant la vallée du Goul.

Revenez sur la D 990. Après 5 km, tournez à droite dans la D 600.

★ Château de Messilhac B3

✆ 04 71 49 57 86 - http://chateau-messilhac.com - visite guidée de mi-juin à fin août : 15h, 16h, 17h - 7 € (-16 ans 5 €).

Au bout d'un chemin non revêtu, cet ancien château féodal du 11e s., remanié au 16e s., se dresse fièrement, dans un cadre vallonné et boisé, au flanc d'une colline dominant le Goul. La **façade Renaissance★**, qu'encadrent deux tours carrées à mâchicoulis, coiffées de toits pointus, présente trois étages de fenêtres à croisillons. La porte et les deux fenêtres qui la surmontent forment un bel ensemble décoratif. Au-dessus du linteau, buste de Jean de Montamat, le bâtisseur de cette façade. À l'intérieur, l'escalier central à mur-noyau est l'un des éléments majeurs de la visite. Chacun de ses paliers est couvert de voûtes d'ogives à tiercerons retombant sur des culots sculptés dont l'un figure l'ange du Bien et l'ange du Mal. L'immense salon du 1er étage possède un magnifique pavage du 14e s. et une cheminée monumentale. La salle des gardes, qui relie les deux tours, est couverte d'une belle charpente en châtaignier du 16e s. Au château de Messilhac, fut tourné en 2009 *La princesse de Montpensier*, film de Bertrand Tavernier.

Faites demi-tour sur la D 600 (direction Raulhac), puis continuez tout droit sur la D 59.
Remarquez au passage le **château de Cropières** *(ne se visite pas)*, un bel exemple de manoir cantalien. Cette demeure à balustres fut le berceau de famille de la duchesse de Fontanges, Marie-Angélique de Scorailles, favorite de Louis XIV, morte en 1681 à l'âge de 20 ans.

Église de Jou-sous-Monjou B3

Joyau roman de haute Auvergne, exceptionnel par la richesse de son **décor sculpté★**, des chapiteaux et des modillons, doté d'un mur-clocher à peigne et d'un porche soutenu par une fine colonne. Exemple assez rare, le portail n'est pas en façade, mais situé au sud, sur le côté de l'édifice. À l'intérieur, bel arc triomphal séparant la nef du chœur, avec colonnettes adossées aux pié-droits et triple rang de voussures. Remarquez aussi un chapiteau représentant le sacrifice d'Abraham ; à côté, Diable nu et furieux.
Poursuivez sur la D 59 vers le nord et tourner à droite sur la D54.

Pailherols

À l'entrée du bourg, dans un petit jardin clos, une installation, *Le vestiaire du berger*, marque le point de départ symbolique d'une montée aux estives. L'œuvre de l'artiste contemporaine Camille Henrot, intitulée *Ma Montagne*, qui rend hommage aux buronniers du Cantal, se déploie ensuite le long d'un chemin de randonnée où se dressent une quarantaine de sculptures inspirées de la claie, barrière mobile utilisée par les vachers pour parquer leur troupeau. Leurs formes, qui évoquent les trigrammes du Yi-King (pratique de divination chinoise), se fondent dans le paysage de ce haut plateau.
Revenez sur vos pas sur la D54 et prenez la direction de Vic-sur-Cère.

Rocher des Pendus B3

Au col de Curebourse (997 m), laissez votre voiture et prenez à gauche, face à l'hostellerie St-Clément, un chemin qui monte vers le sommet en longeant l'arête.
45mn AR. Du haut du rocher, très beau **panorama★★** sur la vallée de la Cère, les grands sommets du Cantal, le Carladès, la Châtaigneraie, le bassin d'Aurillac.
Revenez à Vic-sur-Cère par la D 54B

NOS ADRESSES À VIC-SUR-CÈRE

HÉBERGEMENT/ RESTAURATION

PREMIER PRIX

À proximité

Maison d'hôte La Maison de Jeanne – *R. des balcons - 15800 Thiézac - ✆ 04 71 47 04 82 - ✆ 06 89 23 27 57 - www.lamaisondejeanne.net - 4 ch. 70 € - table d'hôte 15 €.* Idéalement située, cette belle maison de maître propose des chambres spacieuses et décorées avec goût dans un esprit de famille. A la table d'hôtes, légumes du jardin et plaisir de la maîtresse de maison se retrouvent dans l'assiette. Enfin, Hugues, adepte du trail et de la randonnée vous concoctera un itinéraire sur mesure avec les plus beaux panoramas.

BUDGET MOYEN

Hôtel Le Beauséjour – *4 av. André-Mercier - ✆ 04 70 47 50 27 - ✆ 06 83 48 06 96 - www.beausejour-vic.fr - de mi-mai à mi-oct. - 46 ch. 77/165 € - 11,50 € - menus 15/34 €.* Cette vénérable maison, largement modernisée, propose de grandes chambres impeccables, ouvertes sur la nature, un service attentionné comme on n'en fait plus, et une cuisine de très bonne tenue. Les clients fidèles sont au rendez-vous, et on les comprend.

À proximité

Hôtel Les Demeures des Montagnes – *Le Bourg - 15800 Pailherols - 14 km au sud-est de Vic-sur-Cère - ✆ 04 71 47 57 01 - www.auberge-des-montagnes.com - P - fermé 10 oct.-20 déc. sf pdt les vac. de la Toussaint - 24 ch. 75/112 € - 11/13 € - 30/35 €.* Adresse d'exception par la qualité de l'accueil, du service et de la table et le « rapport qualité prix ». L'établissement familial est composé de trois maisons : l'Auberge des Montagnes, l'édifice historique comprenant le restaurant, le chalet de Jean à l'arrière et le Clos des Gentianes, situé un peu plus loin, plus cosy et face à un étang. Vaste espace de détente, avec piscine intérieure, sauna, hammam et Spa. Cuisine de terroir copieuse et soignée.

Hostellerie St-Clément – *Col de Curebourse - 15800 St-Clément - 7 km à l'est de Vic-sur-Cère - ✆ 04 71 47 51 71 - www.hotelstclementcantal.com - P - hors sais. : fermé dim. soir et lun., fermé de mi-nov. à mi-mars - 23 ch. 68/78 € - 9 € - 28/96 €.* Longue façade agrémentée de balcons en bois dominant la vallée, à 1000 m d'altitude. Les chambres, grandes et claires, donnent sur le parc. Au restaurant, vue panoramique sur les plateaux et ravins du Carladès et goûteuse cuisine traditionnelle. Mention spéciale pour les desserts !

Rumeur – *13 Grand'Rue - 12600 Mur-de-Barrez - ✆ 06 44 37 61 26 - menu du jour 16 €, 25/35 € - fermé mar.-merc.* Ce restaurant est installé dans un beau village médiéval de l'Aveyron, près de Messilhac. Vous pourrez dîner dans une cave voûtée du 14e s. ou dans le jardin aux beaux jours. Julien ne travaille que les produits locaux et fait lui-même les pâtisseries. Espace boutique, accessoires et déco en sus. Un lieu très sympathique.

POUR SE FAIRE PLAISIR

À proximité

Maison d'hôte La Roussière – *15800 St-Clément - 14 km de Vic-sur-Cère par la D 54 - ✆ 04 71 49 67 34 - www.laroussiere.fr - P - 4 ch. 85/95 € dont 2 suites 105/165 € - dîner (sf mar.-merc. et dim.) 30 € bc.* Ultime maison de la route desservant la haute vallée du Goul, cette ferme a été restaurée avec goût : entrée et escalier d'origine, cloisons en bois (insonorisées) suivant la tradition… Cuisine traditionnelle. Nombreuses randonnées possibles.

ACTIVITÉS

Le P'tit Kiosque de la Cère – *Av. André-Mercier (entrée par le snack de la piscine) - 15800 Vic-sur-Cère - ✆ 06 87 50 89 12 - http://ptitkiosque.fr - ouv. mi juin-fin août tlj 10h-23h - 7 € - location de chopper ou de rosalie 6/10 €.* Ce mini-parc de loisirs est destiné à toute la famille. Mini-golf (parcours de 17 trous pour découvrir les sites touristiques du Cantal en miniature), structures gonflables, trampoline, circuit mini-kart.

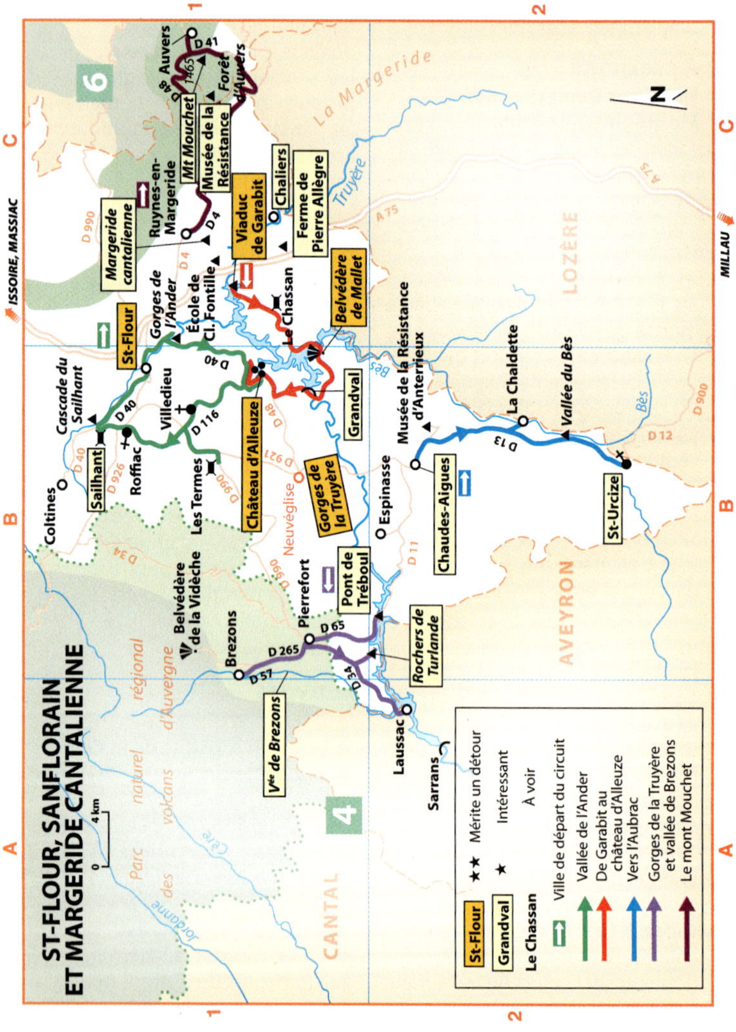
ST-FLOUR, SANFLORAIN ET MARGERIDE CANTALIENNE
0
4 km
St-Flour
Grandval
Le Chassan
Ville de départ du circuit
★★ Mérite un détour
★ Intéressant
À voir
Vallée de l'Ander
De Garabit au château d'Alleuze
Vers l'Aubrac
Gorges de la Truyère et vallée de Brezons
Le mont Mouchet
ISSOIRE, MASSIAC
MILLAU
CANTAL
AVEYRON
LOZÈRE
Parc naturel régional des volcans d'Auvergne
Jordanne
Cère
La Margeride
Truyère
Bès
Coltines
Sailhant
Cascade du Sailhant
Roffiac
Villedieu
Les Termes
Gorges de l'Ander
École de Cl. Fontille
Margeride cantalienne
Ruynes-en-Margeride
Mt Mouchet
Musée de la Résistance
Auvers
Forêt d'Auvers
1465
Viaduc de Garabit
Chaliers
Ferme de Pierre Allègre
Belvédère de Mallet
Château d'Alleuze
Gorges de la Truyère
Neuvéglise
Espinasse
Musée de la Résistance d'Anterrieux
La Chaldette
Vallée du Bès
Chaudes-Aigues
St-Urcize
Pont de Tréboul
Pierrefort
Belvédère de la Vidèche
Brezons
Vée de Brezons
Rochers de Turlande
Laussac
Sarrans
D 990
D 4
D 40
D 116
D 926
D 921
D 48
D 41
D 13
D 12
D 900
D 11
D 34
D 265
D 57
D 65
D 3A
A 75

Saint-Flour et Margeride cantalienne 5

Carte Michelin Départements 330 - Cantal (15)

Saint-Flour

★★

6 630 Sanflorains – Cantal (15)

Perché à l'extrémité de la planèze qui porte son nom, Saint-Flour occupe une table basaltique aux grandes orgues, dominant la vallée de l'Ander. La cité dresse vers le ciel les tours carrées de sa cathédrale, qui veillait autrefois sur la voie menant du Languedoc à l'ancien royaume de France. Cette ville consulaire et épiscopale animée possède beaucoup de charme. Entre la Margeride, les gorges de la Truyère et la planèze qui s'étend jusqu'au Plomb du Cantal, ce « Pays d'art et d'histoire » possède un riche patrimoine culturel.

NOS ADRESSES PAGE 305
Hébergement, restauration, achats, activités, etc.

S'INFORMER

Office de tourisme – *17 bis pl. d'Armes - 15100 St-Flour - ☏ 04 71 60 22 50 - www.pays-saint-flour.fr - juil.-août : 9h-19h, dim. et j. fériés 10h-12h30, 14h30-18h ; mai-juin et jusqu'à mi-sept. : 9h-12h30, 14h-18h30, sam. 9h-12h30, 13h30-18h30, dim. et j. fériés 10h-12h30, 14h30-17h30 ; reste de l'année : tlj sf dim. et j. fériés 9h-12h, 14h-18h, sam. 9h30-12h30 (sam. ttes zones vac. scol. : 9h-12h, 14h- 17h) - fermé 1er janv., 1er et 11 Nov., 25 déc.*

Visites guidées - *www.pays-saint-flour.fr. Du w.-end de Pâques à mi-sept. l'office du tourisme propose des visites du centre historique, de la cathédrale et des remparts. L'été, visites contées nocturnes. Audioguides (gratuit).*

Bureau de tourisme (ville basse) Maison de pays – *35 pl. de la Liberté - ☏ 04 71 60 22 50 - www.pays-saint-flour.fr - ♿ - juil.-août : 10h-12h, 15h-18h ; juin et de déb. à mi-sept. : 14h-18h, sam. 9h-12h - fermé dim.*

SE REPÉRER

Carte de microrégion B1 p. 298 – *carte Michelin Départements 330 G4.*

SE GARER

Dans la ville haute, grand parking, de part et d'autre de l'allée Georges-Pompidou. Plus proche du centre, le parking situé sur le parvis de la cathédrale, place d'Armes.

À NE PAS MANQUER

La cathédrale et son étrange Christ noir ; la ville haute, dont les musées dévoilent l'histoire du pays.

ORGANISER SON TEMPS

Comptez environ 1h30 pour une visite guidée du vieux St-Flour, et une journée pour découvrir la ville et ses environs.

AVEC LES ENFANTS

L'office de tourisme propose des livrets-jeux très bien faits sur la ville et ses monuments. Le musée de l'Agriculture à Coltines et la belle cascade du Sailhant.

Se promener Plan de ville p. 302

★ Cathédrale St-Pierre

Pl. d'Armes - ☏ 04 71 60 22 50 - ♿ - avr.-oct. : 8h-19h ; reste de l'année : 9h-18h - possibilité de visite guidée sur demande (1h30).

Reconstruite à partir de 1396 en remplacement du prieuré de St-Flour, fondé par un abbé de Cluny, la basilique est achevée au milieu du 15e s. De style gothique, l'édifice, en pierre de lave de Liozargues, rappelle la vocation de

Saint-Flour.
Ch. Guy / hemis.fr

forteresse de la ville. À l'intérieur, nef et bas-côtés frappent par leur sobriété. La cathédrale possède une riche collection de tableaux, à découvrir au fil des chapelles. Admirez, sous la tribune d'orgue, une **peinture murale** du 15e s. qui représente **le purgatoire et l'enfer ;** face à la chaire, le grand **Christ★** en bois (12e s.), appelé aussi le « Beau Dieu noir » ; dans la chapelle St-Jean-Baptiste, une **pietà** du 15e s. ; dans la chapelle absidiale, la **châsse** en bronze doré contenant les reliques (1897) de saint Flour (Florus), évêque au Ve s. À voir aussi, les vitraux de Viollet-le-Duc, et le mobilier contemporain du maître-orfèvre Goudji : autel, ambon cathèdre, sièges des servants et objets liturgiques.

Tour Sud – *vis. guidées juil.-août vend. 10h30.* Haute de 35 m, elle abritait le palais épiscopal. Dans la première salle, sur le manteau de la cheminée, figurent les deux évêques qui ont participé à la construction de la cathédrale. Les peintures murales représentent la Bête de l'Apocalypse. Dans la seconde salle, scène de joute à cheval et graffitis sur les murs (la tour a servi de prison).

Terrasse des Roches

Derrière le chevet de la cathédrale, cette terrasse située sur les anciens remparts offre un beau **point de vue** sur la ville basse, la vallée de l'Ander et les monts de la Margeride.

LE BEAU DIEU NOIR

En cœur de noyer, le Christ en Croix de la cathédrale St-Pierre, dit le « Beau Dieu noir », possède les mêmes caractéristiques stylistiques que les grands Christ romans du Cantal (Montsalvy, Valuéjols, Vebret), de la Haute-Loire (Arlet, Auzon, Lavaudieu, Lavoûte-Chilhac, Lavoûte-sur-Loire) et même de l'Aveyron (Thérondels, Salle-la-Source). Après avoir fait l'objet de nombreuses controverses portant sur leur datation, il est désormais établi que toutes ces statues à taille humaine ont été réalisées dans la seconde moitié du 12e s. par un atelier auvergnat. À l'origine polychromes, comme les Vierges noires, elles ont été noircies au 19e s., pratique courante à l'époque.

★ Musée d'art et d'histoire Alfred-Douët

17 pl. d'Armes - ✆ 04 71 60 44 99 - www.musee-douet.com - ♿ - juil.-sept. : 10h30-18h30 sf j. fériés ; avr.-juin et oct. : merc.-sam. 14h-18h sf j. férié ; reste de l'année : jeu.-vend. 14h-17h - fermé 24 déc.-2 janv. - visite guidée sur demande (45mn) - 4 € (-18 ans gratuit) - 6,50 € billet combiné avec le musée de la Haute-Auvergne - gratuit 1er dim. du mois.

Extérieur – Cette ancienne maison consulaire est constituée de trois maisons. La cour présente la physionomie des cours de St-Flour : étage de galerie et puits. La tourelle d'escalier est du 15e s., la façade, inspirée du château de Chambord, du 16e s.

Musée – Dans le cadre charmant d'un cabinet de curiosités, on découvre l'éclectique collection d'Alfred Douët (1875-1952), notaire de formation et éleveur de chevaux. Dans le vestibule, **armoire Majorelle Art nouveau★** et collection d'armes et d'armures anciennes (dont une épée à deux mains du 16e s.). Dans la bibliothèque, *Encyclopédie* de Diderot et d'Alembert. Dans la salle des Gardes, à la cheminée monumentale, et dans la salle des Consuls, collection de tapisseries et beau mobilier Renaissance. Dans la chambre Louis XVI, aux boiseries peintes, mobilier 18e s. À voir aussi : émaux limousins, verreries, étains et cuivres. La visite s'achève par un petit oratoire ; pietà et Christ aux liens, du 15e s.

★ Musée de la Haute-Auvergne

1 pl. d'Armes - ✆ 04 71 60 22 32 - www.saint-flour.net - juil.-sept. : 10h30-18h30 ; avr.-juin, oct. et vac. scol. (hors juil.-août) : merc.-sam. 14h-18h ; reste de l'année : se rens. - fermé j. fériés - 4 € (-2 ans gratuit) - 6,50 € billet combiné avec le musée d'art et d'histoire Alfred-Douët - gratuit 1er dim. du mois.

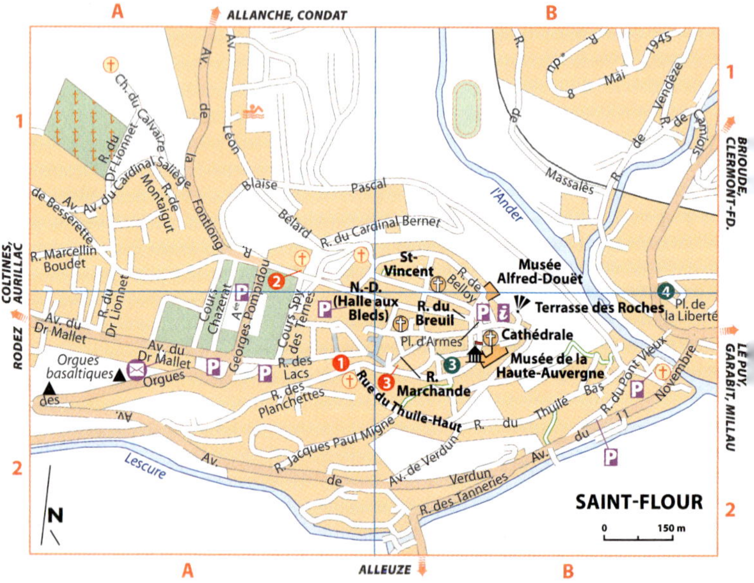

SE LOGER
Chambres d'hôte La Maison d'Adélaïde 3
Hôtel-Restaurant de l'Ander 4

SE RESTAURER
Chez Geneviève 1
Le Cantalou 2
La Folie des sens 3

Installé dans l'ancien palais épiscopal, reconstruit au 17e s., il comprend une **section archéologique**, aménagée dans ce qui étaient les cuisines (cheminées monumentales) et le cellier de l'évêque. Les riches collections proviennent surtout des fouilles du tumulus de Mons, à St-Georges et de la nécropole de Laurie, près de Massiac. À voir aussi : un beau **jambart★** en bronze à six anneaux réunis par une tige d'assemblage. Une des salles présente un buron du Cantal avec son four voûté de pierre.
Dans la salle capitulaire, seul vestige roman du prieuré, sont exposés le **trésor★** de la cathédrale (ornement du roi en soie lyonnaise brodée de fils d'or) et des portraits d'évêques. Dans l'ancienne chapelle privée de l'évêque, au splendide plafond peint classé, statue reliquaire de saint Pierre du 12e s., en bois polychrome, provenant du prieuré de Bredons *(Murat, p. 281)*, une statue de saint Flour du 14e s., neuf panneaux du 16e s. en bois sculpté et un bel ensemble de statues mariales des 12e au 18e s.
Les autres salles sont consacrées au mobilier et à l'art populaire de haute Auvergne du 19e s. et du début du 20e s. : instruments de musique, chapeaux et coiffes, bois sculptés régionaux, mobilier cantalien.

Dans la ville haute

De la place d'Armes, bordée d'arcades et de façades anciennes, gagnez la rue Sorel où se trouve l'**église St-Vincent**, ancien couvent dominicain *(ouv. lors d'expositions artistiques, se rens.)*.
Empruntez à gauche la rue des Jacobins, puis la rue de la Collégiale, qui tire son nom d'une église du 14e s., la **collégiale Notre-Dame (ou halle aux Bleds)**, un bel exemple d'édifice de style gothique flamboyant. Elle fut édifiée à l'emplacement d'une église romane dédiée à sainte Foy, étape sur la route des pèlerins de St-Jacques-de-Compostelle. Son plan, plus modeste, rappelle celui de l'abbatiale St-Robert à La Chaise-Dieu *(p. 440)*. À la Révolution, l'église fut transformée en halle aux grains, et ses chapelles mises en bail. Sa restauration lui a redonné toute sa splendeur, son unité et sa disposition d'origine (restitution de son dallage en pierre, et de ses voûtes en bois). Les vitraux contemporains, la rose et le portail en bronze sont de Marino di Teana. La halle aux Bleds abrite un marché l'hiver, des concerts, spectacles et expositions l'été.
La **rue Marchande** possède quelques vieilles maisons remarquables : au n° 31, la maison du Gouverneur, hôtel du 15e s. dont on voit la façade et la cour ; au n° 15, l'hôtel Brisson avec une cour du 16e s., aux fenêtres originales séparées par des colonnes à torsades.
Autres rues intéressantes : **rue du Breuil** *(maison du 15e s. au n° 8)* et **rue du Thuile-Haut**. Celle-ci rejoint la porte du Thuile qui, au Moyen Âge, était protégée par une double herse et une porte en bois (thuile vient du latin *tegulum*, égout).

À proximité Carte de microrégion p. 298

Coltines B1

De St-Flour, prenez la D 926 direction Murat, puis à droite la D 14.
★ **Musée de l'Agriculture auvergnate** – *Le Bourg - 04 71 73 27 30 - www.coltines.com - - juil.-août : 9h30-12h, 14h-18h30 ; reste de l'année : 10h-12h, 14h-17h, dim. 14h-17h - fermé 1er janv., 25 déc. - possibilité de visite guidée (1h15) - 6 € (-10 ans 3,50 €).* Comment reconnaître l'orge du blé, la vache salers de la limousine ? Rendez-vous dans ce musée, installé dans une maison du 17e s. Une mise en scène vivante et interactive invite à découvrir l'agriculture auvergnate au fil des saisons, telle qu'elle se pratiquait du début du 20e s. aux années 1950.

Une promenade dans le village de Coltines, sur la planèze de St-Flour, vous permettra de voir en situation les maisons-blocs, typiques de la région, le lavoir, les fours à pain et les fontaines où s'abreuvaient les animaux.

Circuit conseillé Carte de microrégion p. 298

VALLÉE DE L'ANDER BC1

Circuit de 44 km, tracé en vert sur la carte p. 298 – comptez environ 4h. Quittez St-Flour par l'est en empruntant la D 990. Prenez sur la droite la D 250.

Gorges de l'Ander C1

La route longe la rivière qui coule entre des versants rocheux ou boisés. Le chemin se termine dans un méandre pittoresque, au lieu-dit Le Bout-du-Monde.
Faites demi-tour. Reprenez la D 250 sur la gauche, puis encore à gauche pour emprunter une petite route en direction de Grizols. Après le hameau, prenez à gauche sur la D 40.

★★ Site du château d'Alleuze B1 (p. 310)

Quittez Alleuze par le nord en empruntant la D 116.

Église de Villedieu B1

L'église Notre-Dame-de-la-Nativité, mi-romane, mi-gothique, présente une jolie porte munie d'un **heurtoir** en fer forgé. Dans le chœur, remarquez le beau maître-autel, les stalles et le lutrin, finement sculptés.
Poursuivez sur la D 116. Au croisement, prenez la D 921 sur la gauche.

Château des Ternes B1

04 71 73 00 60 - www.les-ternes.fr - visite guidée (45mn) de mi-juil. à mi-août (expositions temporaires) : 14h-19h - fermé w.-end - 4 € (-12 ans gratuit) - Livret-jeux enf. à disposition.
Ce château de l'époque féodale, détruit pendant la guerre de Cent Ans, fut reconstruit au 15e s., puis remanié au 19e s. À partir de 1909, Alfred Douët s'est efforcé de rendre à l'édifice son aspect primitif. À découvrir : tour d'angle, chemin de ronde, mâchicoulis, escalier en forme de spirale.
Reprenez la D 921 vers le nord, puis la D 926 en direction de Murat.

Église de Roffiac B1

Cette église du 12e s., romane pour l'essentiel (la sacristie et la tour d'escalier font exception), est dédiée à saint Gal et présente un bel exemple de clocher à peigne percé de quatre baies. On peut aussi découvrir onze **chapiteaux** aux thèmes divers, dont la Luxure et Michel terrassant le dragon.
La sobriété de la façade ne laisse rien transparaître de la richesse du décor intérieur, aux fresques et chapiteaux peints. L'édifice est composé d'une nef voûtée en berceau et d'un chevet pentagonal. Remarquez les chapiteaux des griffons au calice, des sirènes, de Samson chevauchant un lion… Du château du 13e s., dont elle était la chapelle, il ne reste que la tour d'escalier.
Quittez Roffiac par le nord en empruntant la D 404, puis la D 340. Laissez votre voiture sur le parking du château du Sailhant.

★ Château du Sailhant B1

06 89 72 08 60 - www.sailhant.com - visite guidée (50mn) juin-sept. : 10h-12h, 14h-18h ; avr.-mai et oct. : 14h-18h - tlj en juil.-août, fermé lun. en sept. et mar. en avr.-juin - pendant vac. scol. se rens. - 10 € (-12 ans 5 €) - billet donnant accès à la visite des jardins 11h15-17h15.

Ce château médiéval se repère de loin sur un éperon barré de plus de 30 m de haut. Son histoire commence au 11e s. et se poursuit au 14e s. Pour se protéger des pillards, il se dote alors d'une tour et d'un mur défensif avec un système de pont-levis. En 1880, Mary Raynaud, fondateur à Paris de la Banque d'État, achète le château et le fait transformer en une bâtisse imposante, édifiant des tours et faisant surélever celles qui existaient déjà. En 1997, le Sailhant est racheté par l'architecte-designer américain Joseph Pell Lombardi qui entreprend une longue campagne de restauration. Entièrement et luxueusement meublé, le château est ouvert à la visite depuis 2016 : le parcours inclut la chapelle, la salle à manger, la grande salle seigneuriale, la chambre seigneuriale, la bibliothèque et la cuisine. Une visite documentée, à ne pas manquer.

Cascade du Sailhant B1

15mn AR. Le sentier d'accès à cette cascade, qui porte également le nom de cascade du Babory, longe de spectaculaires rochers volcaniques qui supportent le château du Sailhant. La cascade tombe dans un hémicycle de hautes falaises; dans le creux repose un petit lac.

Quittez Le Sailhant par le sud sur la D 40. La D 679 ramène à St-Flour.

NOS ADRESSES À SAINT-FLOUR

HÉBERGEMENT

BUDGET MOYEN

Grand Hôtel de L'Étape – Hors plan - *18 av. de la République - D 909 - 04 71 60 13 03 - www.hotel-etape.com - - 22 ch. 77/89 € - 11,80 € - formule déj. en sem. 15,70 €, menu 29,80/47,50 €.* Depuis trois générations, le Grand Hôtel de l'Etape défend vaillamment sa partie. Les chambres sont vastes et impeccables. Pour la vue, préférez celles sur la montagne. Au restaurant, vous dégusterez de généreux plats régionaux : tarte feuilletée au cantal, tripoux, entrecôte au bleu, pavé de bœuf grillé. Service très attentionné.

4 **Hôtel-restaurant de l'Ander** – B1-2 - *6 av. du Cdt-Delorme - D 909, en « ville basse » - 04 71 60 21 63 - www.hotel-ander.com - 20 ch. 59/89 € - 9,90 € - menu 22/50 €.* Les plats sont travaillés, le raffinement et l'inventivité sont à l'honneur au restaurant de l'Ander, qui fait souvent le plein. Son menu phare, « Le Terroir repensé », donne l'eau à la bouche et on apprécie ses combinaisons réussies. Rénovées dans des tons clairs, les chambres ont des douches à l'italienne.

POUR SE FAIRE PLAISIR

3 **Chambres d'hôte La Maison d'Adélaïde** – B2 - *12 r. de la Rollandie - 04 71 73 96 50 - www.maisonadelaide.com - 4 ch. 100/135 €.* Situé dans la ville haute, côté cathédrale, cet hôtel particulier du 19e s., ancienne demeure cossue d'un marchand de tissus sanflorain, propose des chambres personnalisées, oscillant entre charme bourgeois et lignes contemporaines. Belles boiseries dans la salle à manger. Jardin privé en contrebas, à quelques mètres de la maison.

RESTAURATION

PREMIER PRIX

2 **Le Cantalou** – A1 - *3 Cours Spy-des-Ternes - 04 71 20 94 75 - 06 52 64 09 16 - www.loucantalou.fr - ouvert ttlj. - carte 6/24 €, plat du jour 9.50 €.* Situé à l'entrée du centre historique dans un cadre moderne et

chaleureux, cet établissement tenu par Laurent Berthome vous fait découvrir des saveurs d'ici et d'ailleurs, avec une carte renouvelée à intervalles réguliers. En terrasse aux beaux jours, laissez-vous tenter par des planches de charcuteries ou de fromages, accompagnées d'une gamme originale de vins, ou de son célèbre burger accompagné de frites maison.

BUDGET MOYEN

3 **La Folie des sens** – B2 - *36 r. de la Rollandie - 04 71 60 42 21 - www.folie-des-sens.fr - fermé merc. – menu « Sens » 24,50 €, menu « Folie » 33,50/36,50 €.* Cette Folie des sens ne désemplit pas… Le foie gras de canard poêlé aux escargots de Bourgogne persillés est l'une des spécialités. Mais Marie et Christophe ont bien d'autres cordes à leur arc, comme la cuisine japonaise : le nom des menus est à lui seul une invitation au bonheur, dans un décor très réussi, aux couleurs douces.

1 **Chez Geneviève** – A2 - *25 r. des Lacs - 04 71 60 17 97 - www.restaurant-saint-flour.com - tlj en juil.-août ; hiver : fermé dim.-lun. et merc. soir - menu 26.50 € et carte.* Chez Geneviève, on joue souvent à guichets fermés. Les raisons du succès de ce petit restaurant, situé dans la ville haute : une ambiance conviviale et une généreuse cuisine du terroir, inventive, utilisant les produits frais.

PETITE PAUSE

Le Manoir des Saveurs – *54 av. du Lioran - D 926 (zone commerciale de Montplain) - 04 71 60 15 43 - www.manoir-des-saveurs.com - P - 6h-19h - fermé dim.* À l'ouest de la ville. Large sélection de pains cuits au four à bois (aux olives, au miel et noisettes…) et salon de thé, où sont régulièrement proposées des démonstrations de pâtisserie-chocolaterie. Le macaron est l'une des spécialités de la maison.

ACHATS

Crèmerie des Lacs – *53 r. des Lacs - 04 71 60 08 20 - 9h-12h30, 14h30-19h, dim. et j. fériés : 9h-12h30, fermé lun.* Vous trouverez ici un grand choix de fromages d'Auvergne AOP provenant directement du producteur, mais aussi des produits cantaliens, lentille blonde de St-Flour, pois de la Planèze, jus de pommes et cidre de la haute Auvergne, confitures, et un accueil souriant !

Les Fromageries Occitanes – *2 r. Léopold-Chastang - 04 71 60 53 28 - www.les-fromageries-occitanes.fr - 9h30-12h, 14h-18h, sam. 9h30-12h - fermé dim.* Leader des fromages d'Auvergne sous AOP, les fromageries occitanes perpétuent les traditions fromagères d'Auvergne et des Pyrénées sous les marques Cantorel et Capitoul.

AGENDA

Hautes Terres – *3 j. fin juin - www.festivalhautesterres.fr.* Concerts (artistes internationaux), expositions, marché des saveurs et de l'artisanat des montagnes.

Chemin d'art – *De mi-juil. à mi-sept. - www.chemindart.fr.* Biennale d'art contemporain les années paires.

Festa del Païs – *Déb. août - www.saintflour.net.* Grande fête annuelle du monde rural et de l'agriculture de montagne : démonstration de traite, chasse et pêche, battage à l'ancienne, marché bio, etc.

Les gorges de la Truyère et le viaduc de Garabit construit par Gustave Eiffel.
A. Chicurel/hemis.fr

Gorges de la Truyère

De Garabit à la vallée de Brezons

★★

Cantal (15)

La Truyère a creusé, dans les plateaux de la haute Auvergne, des gorges étroites, profondes, sinueuses et sauvages. Elles figurent parmi les plus belles curiosités naturelles de la France centrale. Des barrages, créés pour l'industrie de la houille blanche, les ont transformées en lac, modifiant leur aspect sans nuire à leur beauté. La découverte du viaduc de Garabit et du château d'Alleuze vous fera forte impression. À l'ouest, la spectaculaire vallée de Brezons offre des paysages à couper le souffle.

NOS ADRESSES PAGE 313
Hébergement, restauration, achats, activités, etc.

S'INFORMER

Bureau du tourisme de Pierrefort – *29 av. Georges-Pompidou - 15230 Pierrefort - ☎ 04 71 23 38 04 - www.pays-saint-flour.fr - 8 juil.-1er sept. : 9h-12h30, 14h-18h, dim. et j. fériés 10h-12h30 ; vac. scol. (hors juil.-août), 1er juin-7 juil. et sept. : tlj sf dim. 9h-12h30, sam. 9h-12h ; reste de l'année : tlj sf w.-end et j. fériés 9h-12h30.*

Bureau de tourisme de Neuvéglise – *Le Bourg - 15260 Neuvéglise - ☎ 04 71 23 85 43 - juil.-août : 10h-12h30, 14h30-18h, dim. et j. fériés 10h-12h30 ; reste de l'année : mar. et jeu.-sam. 9h-12h30 - fermé j. fériés.*

SAINT-FLOUR ET MARGERIDE CANTALIENNE

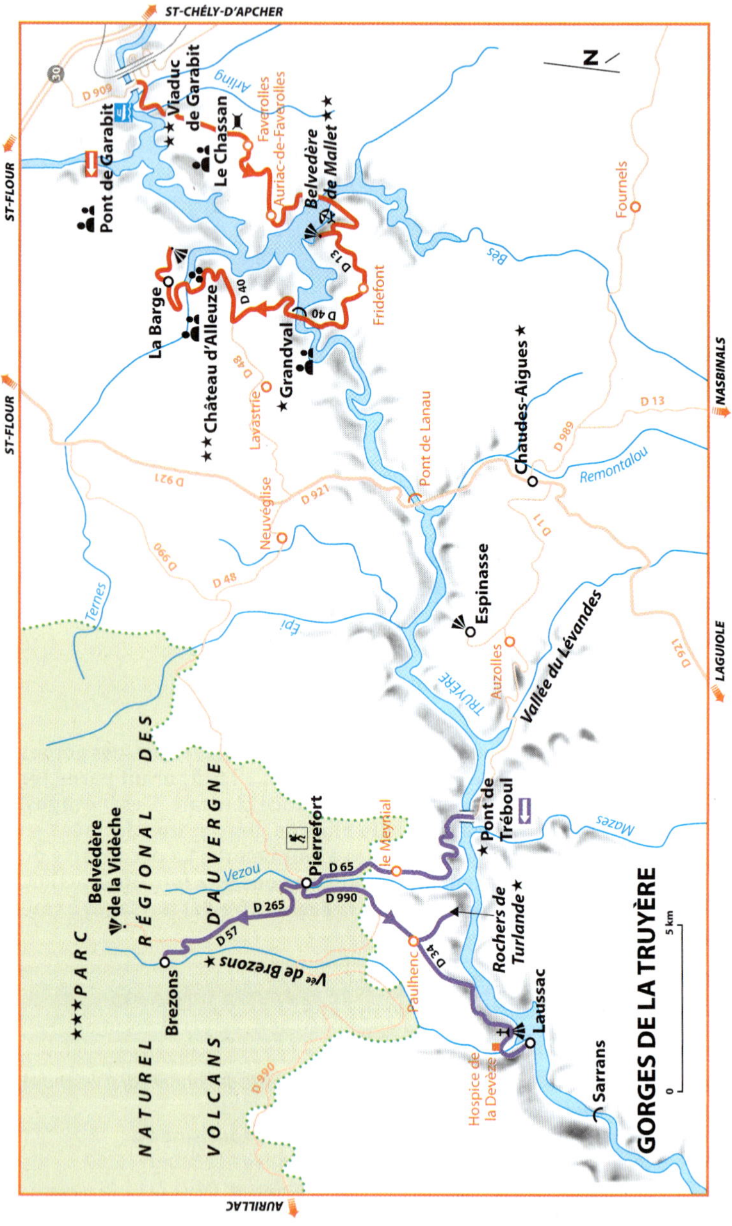

GORGES DE LA TRUYÈRE

SE REPÉRER

Carte de microrégion B1 p. 298 – *carte Michelin Départements 330 H/I 5/6.* Les gorges de la Truyère commencent au sud-est de St-Flour, juste avant le viaduc de Garabit, et se terminent à Entraygues, à la confluence avec le Lot. Aucune route ne permet de suivre longtemps la vallée, mais beaucoup la coupent et offrent de très beaux points de vue.

À NE PAS MANQUER

Les paysages depuis les belvédères de Mallet et du Vezou, le romantique site d'Alleuze et le viaduc de Garabit, qui fait l'objet d'une mise en lumière. La vallée de Brezons.

ORGANISER SON TEMPS

Une journée permet d'avoir un bon aperçu des gorges.

AVEC LES ENFANTS

Ruines féodales du château d'Alleuze ; bateau sur le lac de Garabit-Grandval et autres activités nautiques de la région *(voir « Nos adresses »)* ; cascades de la vallée de Brezons.

Circuits conseillés Carte des gorges de la Truyère

Assez faiblement peuplée et comportant peu d'infrastructures routières, la vallée étroite de la Truyère se prêtait bien à la mise en eau et à la construction de barrages-réservoirs : ses versants sont constitués de roches granitiques résistantes. Les travaux de l'usine de **Brommat** débutèrent en 1914 et furent interrompus par la Grande Guerre. Sa mise en service eut lieu en 1932. Le dernier ouvrage de la vallée, en amont du **pont de Lanau**, date de 1962 et permet l'utilisation intégrale de la différence d'altitude existant entre Garabit et Entraygues-sur-Truyère.

★★ DE GARABIT AU CHÂTEAU D'ALLEUZE BC1

Circuit de 60 km tracé en rouge sur la carte p. 308 – comptez 2h30.

★★ Viaduc de Garabit

04 71 60 22 50 - mise en lumière du site de Garabit juin-août : de la tombée de la nuit jusqu'à 1h (14 Juil. et 15 août tte la nuit) ; de mi-mars à fin mai et 1er sept.-11 Nov. : de la tombée de la nuit jusqu'à 22h (nuit de Pâques tte la nuit) ; vac. de Noël : 18h30-21h (nuit de Noël et 1er janv. tte la nuit) ; reste de l'année : vend.-dim. 18h30-21h.

Le viaduc est une œuvre élégante et audacieuse. Son plan est dû à l'ingénieur **Léon Boyer** et sa construction à **Gustave Eiffel** (*ABC d'architecture p. 577).* C'est grâce à l'expérience acquise à Garabit (1880-1884) qu'Eiffel put concevoir et réaliser à Paris sa fameuse Tour, pour l'Exposition universelle de 1889.

5

Cet ouvrage exceptionnel, repeint en rouge (sa couleur d'origine), tranche sur le vert des versants encaissés, tantôt couverts de bois, tantôt hérissés de rochers. La construction du viaduc ferroviaire permit de relier Paris à Béziers, désenclavant le Massif Central. À la nuit tombée, il s'illumine et prend une allure encore plus admirable. Depuis l'achèvement du barrage de Grandval, l'eau atteint les piles de soutien de l'ouvrage, qui domine encore de 95 m le niveau maximal de la retenue.

À la sortie sud du pont, prenez à droite vers Faverolles.

La route franchit le ravin rocheux de l'Arcomie, affluent de la Truyère, noyé aux plus hautes eaux par la retenue de Grandval. Puis, longeant le lac de barrage, elle traverse le ruisseau d'Arling et s'élève sur le plateau vers Faverolles, d'où l'on aperçoit les monts du Cantal, de la Margeride et de l'Aubrac.

Château du Chassan

✆ 04 71 23 43 91 - visite guidée (45mn) juil.-août : tlj sf sam. 14h-18h30 ; mai-juin et sept.-oct. : sur demande préalable (2 pers. mini) - 6 € (-13 ans 3 €).

Dans une région où abondent les forteresses médiévales, ce château d'agrément offre une silhouette apaisante. C'est au 18e s. que Jean-François de Ponsonnaille démolit le château féodal de Faverolles pour construire celui-ci, resté depuis propriété de la famille. Le corps de logis, dont la sobre façade s'orne d'un balcon sculpté, est flanqué de deux ailes : l'une habitée, l'autre transformée en salle d'exposition.

Dans le vestibule s'élève un très bel escalier surmonté d'une arcade en anse de panier. Au mur, une couverture de cheval du 15e s. porte les armes des Ponsonnaille : trois cloches, ou sonnailles, encadrées par deux lions et coiffées de la couronne comtale. Dans la salle à manger, vaisselier en chêne aux proportions harmonieuses. De belles tapisseries de Felletin, dont les sujets sont empruntés à la Bible, garnissent les murs du salon et de l'antichambre. À la belle saison, le château s'illumine chaque soir, pour le bonheur des visiteurs.

Quittez Faverolles vers le sud-ouest (D 13).

Après Auriac-de-Faverolles, la D 13 offre de belles échappées sur les vallées inondées de la Truyère et du Bès, à leur confluent. Après avoir franchi le Bès, la route s'élève, offrant des points de vue sur deux îlots rocheux : ces anciens pitons caractérisaient le cirque de Mallet, dont le village disparut lors de la mise en eau, en 1959.

★★ Belvédère de Mallet

Garez-vous après un virage prononcé à gauche pour apprécier une belle **vue** sur la retenue de Grandval.

À Fridefont, abandonnez la D 13 et prenez à droite la D 40, qui descend en lacet dans la vallée et passe sur la crête du barrage.

★ Barrage de Grandval

Mis en service en 1959, cet ouvrage, long de 376 m et haut de 79 m, comporte six voûtes de 50 m, dont les portes s'appuient sur d'épais contreforts. Sa construction a nécessité 190 000 m³ de béton, soit moins de la moitié du volume qu'aurait exigé celle d'un barrage-poids équivalent. La voûte centrale abrite une usine circulaire couverte d'un dôme métallique, équipée de deux groupes de 34 000 kWh chacun, et qui assure une production annuelle de 144 millions de kWh. D'une capacité de 270,6 millions de m³, la retenue s'étend sur une longueur de 28 km à l'amont du barrage et recouvre une surface de 1 100 ha.

Continuez sur la D 40, que vous suivrez à droite, au carrefour avec la D 48.

★★ Site du château d'Alleuze

En accès libre - juil.-août : visites contées en nocturne, se rens. à l'office de tourisme au ✆ 04 71 60 22 50.

Il n'est guère en Auvergne de lieu plus romantique que celui-ci. Les ruines féodales du château d'Alleuze se dressent sur une butte rocheuse et dénudée, d'où elles dominent de près de 30 m le plan d'eau formé par la retenue de Grandval. Depuis la sinueuse D 40, les vues sont saisissantes.

Pour voir le château de près, continuez sur la D 40 jusqu'au calvaire moderne qui avoisine la petite chapelle romane de St-Illide (12e-15e s.) et garez-vous près du cimetière. Le château est ensuite *accessible* à pied *(5mn)* par un sentier parfois escarpé *(ou laissez votre voiture à hauteur du monument aux morts, à La Barge, puis 20mn AR ; chemin de croix et château illuminés).*

Histoire – Bâtie au 13e s. par les connétables d'Auvergne, la forteresse, composée d'un vaste donjon flanqué de quatre tours rondes, appartenait aux évêques de Clermont quand, au cours de la guerre de Cent Ans, un aventurier au service des Anglais, **Bernard de Garlan**, s'en empara. Pendant sept ans, il sema la terreur, pillant et rançonnant les contrées voisines. Après son départ, les habitants de St-Flour incendièrent le château en 1405, qu'ils durent aussitôt reconstruire sur ordre de l'évêque. Pour l'anecdote, le site d'Alleuze est visible dans la fameuse scène de poursuite de *La Grande Vadrouille* (Gérard Oury, 1966).

Retournez à La Barge, prenez à gauche vers Lavastrie (D 48) jusqu'à l'intersection avec la D 921. À droite, celle-ci mène à St-Flour ; à gauche à Chaudes-Aigues, vers le circuit suivant.

★★ GORGES DE LA TRUYÈRE ET VALLÉE DE BREZONS

Carte des gorges de la Truyère

Circuit de 41 km tracé en violet sur la carte p. 308.

★ Pont de Tréboul B2

Ce pont suspendu (159 m entre les piles) est un remarquable ouvrage moderne. Il remplace un pont gothique construit par les Anglais au 14e s. et submergé par la retenue en même temps que le village de Tréboul. En période de basses eaux, le vieux pont gothique apparaît encore.

Franchissez la retenue sur le pont de Tréboul, prenez à gauche la D 65 vers Pierrefort. Sur la rive droite, la route continue à suivre la retenue puis, après quelques lacets, s'élève dans les bois.

Pierrefort B1

Cette petite ville conviviale est un agréable lieu de villégiature, au débouché de la vallée de Brezons, entre Sanflorain, monts d'Aubrac et gorges de la Truyère. C'est aussi le village natal de **Jean Todt**, patron des écuries automobiles de Peugeot (rallyes), puis de Ferrari, avec qui il remporta le titre mondial des constructeurs de F1 et le titre mondial des pilotes (M. Schumacher) à plusieurs reprises. Un tour dans le village s'impose, afin d'admirer les belles maisons et l'émouvante chapelle de Planchis, restaurée en 2014 *(en cas de fermeture, demander la clé au moulin Delcher)*.

Aux alentours, des promenades balisées vous mèneront vers les cascades de **Borie** à Narnhac, de **Maleval** à Oradour ou du **Capat** à Malbo.

De Pierrefort, prenez la D 265 vers Brezons.

Brezons AB1

Dans le village ne manquez pas l'église du 11e s., flanquée d'un beau clocher-peigne. Un sentier (fléché) mène au **belvédère de Vidèche**, d'où l'on jouit d'une magnifique vue sur la vallée. Observez, sur votre droite, le château de la Boyle, une forteresse quasi aveugle du 14e s., qui se détache dans le lointain.

Vous pouvez aussi découvrir les **cascades de la vallée de Brezons★** *(départ de La Dolvadenche)*, bucolique à souhait *(04 71 23 38 04 - www.pays-saint-flour.fr - 12 € (-12 ans 6 €) - 30 € billet famille (2 adultes + enf.) - nombreuses balades, de 30mn à 3h30, rens. à l'office de tourisme.)*, dont Haroun Tazieff disait qu'elle était l'« une des plus belles vallées en auge d'Europe ».

Quittez Brezons ; à l'entrée de Pierrefort, suivez la D 990, puis prenez à gauche la D 34 vers Paulhenc.

Après Pierrefort, on parcourt un plateau d'où l'on aperçoit les **monts d'Aubrac** se profilant à l'horizon.

Château d'Alleuze, lac de retenue de Grandval.
F. Cormon / hemis.fr

★ Rochers de Turlande B2

Accessible depuis le hameau de Laborie, sur la commune de Paulhenc. Ce magnifique site aux rochers très dentelés surplombant les gorges de la Truyère est orné de rose par des filons de quartz. Vue panoramique sur les gorges de la Truyère.

Revenez vers Paulhenc puis suivez la D 34 vers le sud.

Passé Paulhenc, la route revient dans la vallée de la Truyère, extrêmement boisée, et domine de haut le lac-réservoir. Tracée au flanc de la montagne, elle descend presque au niveau du lac et offre une jolie vue sur Laussac. Elle passe ensuite devant l'hospice de la Devèze (du calvaire, belle vue sur la retenue de Sarrans).

Laussac A2

Ce village de l'Aveyron est bâti sur un promontoire que l'immersion de la vallée a transformé en **presqu'île**. La baignade est autorisée et surveillée.

NOS ADRESSES PRÈS DES GORGES DE LA TRUYÈRE

HÉBERGEMENT/RESTAURATION

PREMIER PRIX

Hôtel du Midi – *5 av.G.-Pompidou - 15230 Pierrefort - ✆ 04 71 23 30 20 - www.hoteldumidi-pierrefort.com - ♿ - fermé autour de Noël - 13 ch. 67/71 € - ☕ 9 € - ✕ menu 32/45 €.* L'hôtel du Midi est l'histoire d'une aventure familiale. Installés dans des murs dont l'épaisseur et la beauté des voûtes garantissent des siècles d'existence, les Charbonnel s'appliquent à donner le meilleur d'eux-mêmes. Pendant que Gilles et Sylvie s'activent en cuisine, élaborant des plats savoureux, Marie-Noëlle veille à la bonne marche de cet établissement incontournable.

Ferme de Cantagrel – *La Terrisse - 15230 Sainte-Marie - ✆ 06 23 67 64 50 - 2 ch 75 € ☕ - 1 gîte 6 pers., 1 gîte 12 pers. - ouv. tte l'année sf 25 déc.-1er janv. - ✕ table d'hôte 18 €.* Les activités de la ferme, Angèle les connaît bien. Ses arrière-grands-parents vivaient déjà ici. Avec son frère Martin, elle a repris l'exploitation : leurs vaches laitières permettent de fabriquer du cantal au lait cru (voir « Achats »). À la Ferme de Cantagrel, on baigne dans le vert, mais aussi dans le bleu de la piscine, face à un cadre magique. Le soir, on peut profiter de la table d'hôte et faire connaissance avec Pierre-Nils, guide de pêche, qui vous indiquera les bons coins…

BUDGET MOYEN

Le Relais de la Poste – *Cordesse - 15260 Neuvéglise - D921 - ✆ 04 71 23 82 32 - www.relaisdelaposte.com - P parking ext. gratuit et garage int. 5 €/nuit - fermé de fin déc. à déb. fév. - 8 ch. et 1 suite 70/170 € - ☕ 11 € - ✕ formule bistrot midi en sem. 14 €, menu 18/50 €.* Maison de caractère aux aménagements contemporains, construit dans le respect de l'architecture traditionnelle, jardin d'agrément ombragé. Cuisine traditionnelle revisitée. Accueil attentif. Idéalement situé aux portes du Midi.

RESTAURATION

BUDGET MOYEN

Auberge du Château d'Alleuze – *La Barge - 15100 Alleuze - ✆ 04 71 60 92 61 - www.auberge-chateau-alleuze.fr - ♿ - fermé lun.-merc. hors saison et lun.-mar. en saison. - menu déj. 14,50 €, menu 27/33,50 €.* Dans ce restaurant installé sur les hauteurs d'Alleuze, le jeune chef créatif ravit nos papilles avec des produits locaux et renouvelle les saveurs du terroir cantalien.

ACHATS

Boucherie Dutrevis – *14 pl. de la Fontaine - 15230 Pierrefort - ✆ 04 71 23 33 04 - 8h-12h30, 14h-19h - fermé lun.* Le visage barré d'une impressionnante moustache, Jean-Pierre Dutrevis darde son œil bleu sur le client qui pousse la porte de sa belle boucherie à l'ancienne. L'homme n'est pas bavard, mais sa viande l'est pour lui. Goûteuse à souhait, c'est l'une des meilleures du Cantal. Faites aussi provision de saucisse sèche et de salaisons.

Fromagerie des Monts du Cantal – *Faverolles - 15230 Pierrefort - ✆ 04 71 23 37 81 - www.fromages-du-cantal.com - mar.-sam. 9h30-12h30 sf j. fériés, vac. scol. merc. et ven. 16h-18h.* C'est dans cette boutique que vous trouverez les fromages Cantal AOP, la tomme de montagne, la tome fraîche et le petit pierrefortais, produits grâce au bon lait des vaches de la Ferme de Cantagrel…

ACTIVITÉS

Promenades en bateau – *15320 Garabit - ✆ 04 71 23 49 40 - www.garabit-bateaux.com - de mi-mai à mi-oct. - déj. ou dîner au fil de l'eau avec animations (3h, à partir de 36,50 €) ou promenade dans les gorges de la Truyère (45mn, à partir de 9,50 €, 25 pers. min.).* Location de pédalos et de canoës. Au pied du viaduc de Garabit.

Base de loisirs Garabit-Mallet – *Lac de Garabit-Grandval - 15320 Faverolles - presqu'île du Cheylé - ✆ 04 71 23 46 80 - www.basedeloisirs-garabitmallet.com - de mi-avr. à déb. nov. - location de bateaux avec permis et de barques.* ✆ Base de loisirs nautiques, école de voile, stages. Activités à partir de 3 ans.

Plage de Mallet – *15110 Fridefont - ✆ 04 71 23 92 02.* Baignade surveillée juil.-août. Location de pédalos, canoës.

Base nautique de Lanau – *15260 Neuvéglise-sur-Truyère - ✆ 04 71 23 93 17 - ouv. tlj début mai à la Toussaint 10h-18h, jusqu'à 23h juil.-août.* Pour découvrir l'environnement exceptionnel des gorges de la Truyère. Activités encadrées ou en location à partir de 3 ans et pour tout public : canoës, kayaks, pédalo, grands canots canadiens, dragon boat, paddle, barque à moteur électrique, sorties en eaux vives. Sur place, café avec terrasse, cocktails, tapas, programmation de concerts. Aire de pique-nique et jeux.

La haute vallée de Brezons – *3 randonnées balisées vers 5 cascades - départ commun après le village de* **La Dolvadenche** *(8 km au nord de Brezons ; parking aménagé, 2 tables de pique-nique).*

Cascade du Saut de la Truite – *40mn AR, 600 m, balisage bleu, à partir de 3 ans.* Dans le bois de Grandval, le ruisseau fait un sacré bond… que les truites doivent effectuer dans l'autre sens !

Boucle de la Biche – *Circuit de 1h30, balisage bleu, à partir de 5 ans.* Cascades du Saut de la Truite, de Livernade, de l'Arbre de la Biche et du Traou de Longue.

Boucle de Grandval – *Circuit de 3h30, balisage jaune, à partir de 7 ans.* Accès aux cascades précédentes, ainsi qu'au cirque et à la cascade de Grandval.

Randonnées pédestres et VTT - *✆ 04 71 23 38 04 - www.pays-saint-flour.fr - circuits disponibles à l'office de tourisme. VTT : 12 circuits balisés. Des sorties encadrées par un accompagnateur diplômé sont également proposées. Pour les personnes à mobilité réduite, randonnées à joëlette sur demande préalable.*

AGENDA

Fête des Tersons Aubrac – *2 j., 2 sem. avant Pâques - à Pierrefort.* Festivités autour de la race aubrac.

Championnat européen de boules carrées – *1 j. en août - à Pierrefort.* Un concours ouvert à tous. Inscriptions sur place.

Fête de la fenaison et du battage – *Dernier w.-end de juil. à Orcières de Neuvéglise.* Découverte des gestes d'autrefois, repas auvergnat, animations.

Margeride cantalienne

★

Cantal (15)

Pays de plateaux vallonnés, la Margeride est couverte d'immenses pâtures parsemées de bois de pins, de sapins et de bouleaux. Le sol est hérissé de rochers de granit qui, sous l'action de l'érosion, sont devenus colonnades, obélisques, blocs arrondis, faisant de ce pays une terre de légende… Formé de plusieurs sites, l'écomusée de la Margeride est une vivante introduction à une région très attachante, dont le village de Chaliers, dominant les gorges de la Truyère, constitue le joyau.

NOS ADRESSES PAGE 318
Hébergement, restauration, achats, activités, etc.

S'INFORMER

Bureau du tourisme de Ruynes-en-Margeride – *Le Bourg - bâtiment administratif - 15320 Ruynes-en-Margeride - 04 71 23 43 32 - www.pays-saint-flour.fr - juil.-août : 9h-12h, 14h-18h, sam. 10h-12h, 16h-18h, dim. 10h-12h ; reste de l'année : tlj sf dim. 9h-12h, 14h-17h, merc. et sam. 9h-12h - fermé j. fériés.*

SE REPÉRER

Carte de microrégion C1 p. 298 – *carte Michelin Départements 330 H4.*
Parallèle aux monts volcaniques du Velay, le massif granitique de la Margeride s'étend entre l'Allier, à l'est, et les hauts plateaux volcaniques de l'Aubrac, à l'ouest. De ce côté de la chaîne, le Gévaudan (1 000 à 1 200 m d'altitude), sorte de couloir dominé par l'Aubrac, présente les mêmes traits que la Margeride.

À NE PAS MANQUER

L'Écomusée de la Margeride, le village de Chaliers et le musée de la Résistance du mont Mouchet dédié aux « combattants de l'ombre » qui se battirent pour la France libre.

AVEC LES ENFANTS

L'écomusée de la Margeride (ateliers régulièrement organisés), la ferme de Pierre Allègre, l'école de Clémence Fontille et Margeride Aventure.

Découvrir

5

★ L'ÉCOMUSÉE DE LA MARGERIDE (RUYNES-EN-MARGERIDE)

La partie sud de la Margeride, où se situe Marvejols, est décrite dans *Le Guide Vert Midi-Pyrénées.*

Ce centre de découverte régional *(http://ecomuseedemargeride.fr)*, dont le siège administratif se trouve à **Ruynes-en-Margeride**, se consacre à l'étude de la société rurale de la Margeride, en conserve le patrimoine naturel et culturel et permet ainsi aux visiteurs d'en connaître la vie traditionnelle. Il occupe trois sites de la Margeride cantalienne, inscrits à l'Inventaire supplémentaire des Monuments historiques.

Tour de Ruynes

À Ruynes-en-Margeride - 04 71 23 43 32 - www.ecomuseedemargeride.fr - ♿ - juil.-août : 10h-12h30, 14h30-18h30 ; juin et de déb. à mi-sept. : 14h30-18h30 - fermé sam. - possibilité de visite guidée (1h) - 4 € (-18 ans 3 €).

Dédié à la découverte des milieux naturels de la Margeride, grâce à des expositions, ce vestige de l'ancien château de Ruynes (12e s.) semble veiller sur l'évolution du **jardin de St-Martin** qui l'entoure. Soigneusement entretenu par un passionné de botanique, il évoque les différentes formes que prend la nature en Margeride : frênaie, landes, prairie, espace rocaille, roseraie, pépinière, pinède, hêtraie sapinière, tourbière, etc. Le **jardin des simples** fait revivre l'agriculture d'autrefois en présentant des variétés appartenant à la tradition locale.

★ Ferme de Pierre Allègre

À Loubaresse, 17 km au sud de Ruynes par la D 48, puis la D 909 vers le nord.
Le Bourg - ✆ 04 71 23 43 32 - visite guidée (1h) de mi-juin à mi-sept. : 14h30-18h30 - fermé sam. - 4 € (-18 ans 3 €) - 8 € pass 3 sites écomusée de Margeride (ferme, école et jardin).

Au cœur du village de Loubaresse, cette « maison du paysan » permet au visiteur de découvrir la vie d'une famille margeridienne à la fin du 19e s. On pénètre dans la salle commune qui faisait office de cuisine, salle à manger et chambre (lits clos), chauffée par le *tchantou* (cheminée) pendant les veillées d'hiver ; au fond de la pièce, on découvre la souillarde où se faisaient les travaux humides. La chambre commune et la chambrette (destinée au fils aîné et à son épouse) se trouvent au premier étage. La visite se poursuit par l'enclos, aux haies de sureau et d'aubépine, abritant le bûcher, le four à pain et le rucher, la soue à cochon et le hangar, puis le jardin potager et le verger. Vous pourrez admirer, sous le hangar, la cabane montée sur un char dont se servait le berger lors de la transhumance.
Le charmant village de **Loubaresse**, qui respire la paix, est dominé par une très belle église.

École de Clémence Fontille

À Signalauze, 5 km au sud-ouest de Ruynes par la D 13 ou 9 km au nord-ouest de Loubaresse par la D 909, puis la D 13 -Signalauze - ✆ 04 71 23 43 32 - www.ecomuseedemargeride.fr - visite guidée (1h) de mi-juin à fin août : tlj sf sam. 14h30-18h30 ; 3 premiers dim. de sept. : 14h30-17h30 - 4 € (-18 ans 3 €) - 8 € pass 3 sites écomusée de Margeride (ferme, école et jardin).

Une ancienne et émouvante salle de classe fait revivre l'enseignement primaire dans les années 1930. Le premier étage accueille des expositions autour de thèmes empruntés à l'école. Le nom de l'établissement rend hommage à l'une de ses meilleures institutrices (début du 20e s.).

★ Chaliers C1

À 7 km au sud de Ruynes par la D 4 et la D 48.
Belvédère sur la vallée de la Truyère et les monts de Margeride, le village de Chaliers, construit sur une crête tout en longueur, paraît avoir été touché par la grâce. Entièrement restauré grâce à des matériaux locaux, il a bénéficié du concours d'architectes (cabinet Simon Teyssou) qui lui a permis, en 2016, de représenter la France à la 15e Biennale d'architecture de Venise. Diverses réalisations, où la pierre volcanique et l'acier font bon ménage, se découvrent au fil de la visite. Les maîtres mots ? Sobriété et intégration dans le paysage. Un pari réussi.

Circuit conseillé

★ LE MONT MOUCHET C1 Carte de microrégion p. 298

Circuit de 50 km, tracé en violet foncé sur la carte p. 298 – comptez environ 3h.
Quittez Ruynes-en-Margeride par le sud-est en empruntant la D 4 en direction de Saugues, puis la D 48 à gauche.

La ferme de Pierre Allegre.
De Agostini / C. Sappa / De Agostini Editore / age fotostock

Un des sommets de la Margeride, le **mont Mouchet** (alt. 1 497 m), situé en bordure de la Haute-Loire et de la Lozère, devint en mai 1944 l'un des principaux centres de la Résistance dans le Massif Central, sous le commandement du colonel Gaspard. Le 2 juin, 3 000 hommes du maquis repoussèrent l'ennemi au-dessus de Paulhac. Le 10, après avoir occupé Ruynes, une forte colonne allemande pilla et incendia Clavières. Arrêtée par les maquisards, elle rebroussa chemin vers St-Flour. Le lendemain, les Allemands attaquaient de nouveau Clavières où la défense s'était organisée. Jusqu'à la nuit, les FFI tinrent tête à l'ennemi, puis se replièrent.
De la table d'orientation au sommet, la vue porte jusque vers les Alpes.

★ Musée de la Résistance

Le Mont-Mouchet - ✆ 04 71 74 11 91 - juil.-août : 10h-13h, 14h-18h ; de fin avr. à fin juin et de déb. sept. à déb. oct. : tlj sf lun. 10h-12h30, 14h-18h - 5 € (-18 ans 2 €).
À l'entrée d'une vaste clairière, situé près de la maison forestière du mont Mouchet qui servit de quartier général aux FFI d'Auvergne, le musée regroupe des documents et des photos d'époque sur la Résistance auvergnate. En 2009, pour sensibiliser la jeune génération à l'importance de l'histoire de cette époque, la muséographie a été en partie repensée en y incluant une bande dessinée racontant l'histoire de deux enfants, Lucien et Pierrot, que le destin entraîne au mont Mouchet. Une vidéo de témoignages d'anciens résistants complète la visite.
À proximité du musée, un imposant **monument national** dédié au maquis et à la Résistance a été érigé, en souvenir de ces mémorables combats.
En quittant la clairière, la route traverse la singulière **forêt d'Auvers** *(attention aux camions tractant le bois lors des périodes de coupe)*, réputée pour ses champignons et ses myrtilles *(cueillette réglementée)*. Sur la gauche, une route forestière mène vers une table d'orientation *(2 km)*.
Rejoignez la D 4 que vous prenez à gauche, puis tournez encore à gauche dans la D 41.

Auvers C1

Près de l'église, un bloc de granit supporte une monumentale statue en bronze représentant la légendaire **bête du Gévaudan** (*p. 405*) qui fut abattue non loin du village, le 19 juin 1767, par un certain Jean Chastel.

Poursuivez sur la pittoresque D 41 qui contourne le flanc est du mont Mouchet. Après 5 km, empruntez sur la gauche la D 412, puis la D 48 à droite. Vous reviendrez à Ruynes par la D 4.

NOS ADRESSES EN MARGERIDE CANTALIENNE

HÉBERGEMENT/RESTAURATION

BUDGET MOYEN

Hôtel Beau Site – *Garabit - 15320 Loubaresse - D 909 - 04 71 23 41 46 - www.beau-site-hotel.com - P 10 €/nuit - - ouv. mars-nov. - 15 ch. 88 € dont 5 suites 130 € - 9/12,50 € - formule déj. 19,60 €, menu 27,80/38,80 €.* Viaduc, lac ou jardin ? Si l'on trouve ici des chambres coquettes et confortables, reste à choisir la vue ! Tennis, piscine, aire de jeux. Au restaurant, le célèbre ouvrage de Gustave Eiffel illumine les dîners.

ACTIVITÉS

Bon à savoir – Plusieurs types d'activités sont proposées dans la région : balades à cheval ou à poney et randonnées équestres sur les plateaux de Faverolles et au-dessus du lac de Garabit.

Margeride Aventure – *La Plenne - 15320 Ruynes-en-Margeride - 06 07 35 13 53 - http://margeride-aventure.com - juil.-août : 10h-19h ; des vac. de Pâques ttes zones juqu'au 30 juin et de sept. au dernier j. des vac. de la Toussaint : 14h-17h ; reste de l'année sur RV.* En pleine nature, dans une forêt de pins, ce site offre des aventures singulières pour tous les âges. Un centre équestre (à partir de 10 ans), avec poneys et chevaux. Des parcours accrobranches, 2h d'activités pour tous les niveaux. 3 ha où on peut gambader librement et pique-niquer sur place. Un système de tyroliennes géantes (la plus grande fait 350 m de long et 45 m de haut) a été mis au point dans les bois environnants : frissons garantis !

AGENDA

Spectacle Equestre Diego N' Co – *La Plenne - 15320 Ruynes-en-Margeride - 07 86 60 11 63 - http://diego-n-co.fr - sur réserv. (places limités) - juil.-août : 20h30, horaires ponctuelles en après-midi (sur rens.) - 15 €/adultes (3-10 ans 12 €), grp. 12 € à partir de 20 pers. - buvette et restauration sur place.* Chaque année, en juillet-août, Diego n'Co présente une nouvelle création où chevaux, ânes et poneys évoluent dans des numéros de dressage, de liberté et de voltige. Disciplines équestres et prouesses acrobatiques inspirées des spectacles de cirque anciens ; véritable scène de théâtre au sein du manège… Un pur moment d'émotion et de bonheur.

La source du Par à Chaudes-Aigues.
L. Olivier / Photononstop

Chaudes-Aigues

★

891 Caldaguès – Cantal (15)

Nichée dans le ravin du Remontalou, Chaudes-Aigues, avec ses maisons aux toits de lauzes, possède les eaux les plus chaudes d'Europe (82 °C). Proche à la fois de Saint-Flour et des gorges de la Truyère, de la vallée du Bès et des monts d'Aubrac, elle bénéficie d'une situation exceptionnelle. Lieu de cure, de séjours de remise en forme et de thermoludisme, cette station déjà méridionale est un point de départ idéal pour la randonnée.

NOS ADRESSES PAGE 322
Hébergement, restauration, achats, activités, etc.

S'INFORMER

Office de tourisme – *3 pl. du Gravier - 15110 Chaudes-Aigues - 04 71 23 52 75 - www.pays-saint-flour.fr - juil.-août : 9h-12h30, 13h30-19h, dim. et j. fériés 10h-12h, 14h-17h ; juin et de déb. à mi-sept. : 9h-12h, 13h30-18h30, dim. et j. fériés 10h-12h, 14h-17h ; mai et de mi- à fin sept. : 9h-12h, 14h-18h, dim. et j. fériés 10h-12h, 14h-17h ; avr. et oct. : tlj sf dim. 9h-12h, 14h-18h ; reste de l'année : se rens.*

SE REPÉRER

Carte de microrégion B2 p. 298 – *carte Michelin Départements 330 G5.*
À 30 km au sud-ouest de St-Flour, Chaudes-Aigues est accessible par la D 921 qui va de St-Flour à Laguiole. On peut aussi venir de l'A 75 à partir de St-Chély-d'Apcher, à 29 km.

SE GARER

Trois parkings gratuits aux entrées de la ville. D'autres, en centre-ville, en zone bleue (disques distribués par les commerçants) permettent d'accéder aux commerces.

À NE PAS MANQUER

Après avoir découvert la ville et ses fameuses sources chaudes, tentez une incursion en Aubrac, en remontant la vallée du Bès.

AVEC LES ENFANTS

La source du Par et le « parcours de l'eau » de Géothermia.

LES SOURCES LES PLUS CHAUDES D'EUROPE

Les *Calidae Aquae*, ou « eaux chaudes », étaient connues des Romains pour traiter les rhumatismes, l'arthrose, les sciatiques, la goutte… Ces sources ont fait de Chaudes-Aigues non seulement une station thermale réputée, mais encore une ville pionnière dans la distribution de l'eau courante chaude dans les maisons. Plusieurs sources étaient déjà exploitées par les Romains ; 32 d'entre elles – les plus chaudes d'Europe – le sont encore aujourd'hui (27 sont privées et 5 publiques). Elles débitent quotidiennement 15 000 hl d'eau, dont la température s'échelonne de 45 à 82 °C, température atteinte à la **source du Par**, située en haut de la place intérieure du Marché. Cette source tire son nom du fait qu'on y « parait » les cochons (enlevait les soies). Plusieurs bâtiments publics sont chauffés par les eaux des sources : l'église, la piscine municipale, le lavoir, le centre thermal et thermoludique Caleden. Quarante maisons bénéficient toujours de ce procédé, aujourd'hui devenu payant…

Se promener

Géothermia

5 quartier du Par - ✆ 04 71 23 58 76 - www.chaudesaigues.com - ♿ - juil.-août : 10h-18h30 ; avr.-juin et sept.-oct. : 10h-12h, 14h-18h30 ; vac. de fév., nov. et vac. de Noël : 10h-12h, 14h-17h30 ; reste de l'année : se rens. - fermé 1er janv., 25 déc. - visite guidée - 5 € (-11 ans 2,80 €).

Situé derrière la source du Par, ce musée européen de la Géothermie et du Thermalisme dévoile les secrets du sous-sol caldaguès. Sitôt franchi le seuil, une lourde chaleur enveloppe le visiteur. Le rez-de-chaussée permet de suivre le parcours de l'eau, et rassemble des objets relatifs à sa canalisation. Au premier étage, présentation de la source du Par et une salle des « oasis des profondeurs » où l'on découvre la faune abyssale. Le deuxième étage est consacré à la localisation de l'énergie géothermique sur la planète et à des explications sur son utilisation.

Chapelle des Pénitents

Ouv. lors d'expositions temporaires, notamment mai-sept.

La confrérie des Pénitents blancs fut instituée à Chaudes-Aigues à la fin du 16e s. Ces congrégations laïques défendaient le dogme catholique, se consacrant à la prière et aux bonnes œuvres. Dans la chapelle édifiée par la confrérie, s'élève un imposant retable doré du 17e s.

Lavoir

Près de l'établissement thermal, ce lavoir fumant (début 20e s.) était des plus commodes : alimenté par la source de l'Estende, il fournissait aux lavandières une eau déjà chaude (62 °C) !

Église St-Martin-et-St-Blaise

Cet édifice datant des époques gothique et Renaissance abrite un grand retable ainsi que la Vierge du Gonfalon, venue de la chapelle des Pénitents. Admirez le bénitier en pierre du 17e s. et le chemin de Croix en lave émaillée. Dans le chœur, chauffé par le sol, il fait entre 20 et 25 °C !

★ Niches vitrées

C'est l'un des aspects les plus originaux de Chaudes-Aigues. Au fil des ruelles, que l'on parcourt avec plaisir, pour admirer le bâti et apprécier le calme, on remarque huit niches vitrées, renfermant des statues anciennes. Ce sont les statues des saints auxquels chaque quartier est consacré. Ne manquez pas celle de saint Joseph (rue Notre-Dame-d'Août), grandeur nature. La ville est placée sous la protection de Notre-Dame de la Pitié depuis 1879.

Tour du Couffour

Vestige d'une importante forteresse du 14e s., elle domine la ville au sud, avec son beau donjon circulaire, qui garde des traces de peintures murales. C'est dans ce site exceptionnel que Serge Viera, Bocuse d'or 2005, a ouvert, en 2009, un hôtel-restaurant panoramique.

À proximité Carte de microrégion p. 298

Musée de la Résistance d'Anterrieux B2

À Anterrieux, 8 km au sud-est de Chaudes-Aigues. 04 71 23 59 31 - http://musee.resistance.anterrieux.cantalpassion.com - ♿ - avr.-sept. : 14h-18h ; reste de l'année : sur demande - fermé w.-end - visite guidée (30mn) - 3,50 € (-16 ans gratuit).
Ce musée est né du désir de maintenir en vie la mémoire des combats qui eurent lieu sur le réduit de la Truyère en juin 1944. De nombreuses pièces (messages codés, tracts, photographies, armes…) ainsi que des témoignages sonores retracent cette bataille.

Circuit conseillé

VERS L'AUBRAC B2

Circuit de 25 km, tracé en bleu sur la carte p. 298 – accès par la D 989 et la D 13.
Au départ de Chaudes-Aigues, la route de jolies **vues** sur la vallée du Remontalou, puis sur les monts du Cantal. Elle remonte ensuite la **vallée du Bès**. Celle-ci s'inscrit dans un paysage granitique d'aspect assez sévère, mais reposant.

La Chaldette B2

Cette petite station thermale de Lozère, aux eaux tièdes et sulfureuses, est nichée à 1 000 m d'altitude dans la vallée du Bès. Idéale pour la détente et les promenades, elle bénéficie d'un cadre naturel exceptionnel, au beau milieu des plateaux de l'Aubrac.

★ St-Urcize B2

Blottie au pied d'un rocher coiffé de ruines féodales, cette ravissante et paisible bourgade de l'Aubrac possède encore quelques vieilles demeures intéressantes, notamment une maison Renaissance et la « maison du prieur ».

L'AUBRAC, PARC NATUREL RÉGIONAL

Depuis 2018, l'Aubrac est classé 53e parc naturel régional de France. D'une superficie de 3 000 km² environ, ce haut plateau volcanique et granitique se trouve au centre du Massif central, aux confins de deux régions (Auvergne-Rhône-Alpes et Occitanie-Pyrénées-Méditerranée). Il est bordé au nord-ouest par les monts du Cantal, à l'est par la Margeride et au sud par les plateaux calcaires des Grands Causses. Il culmine à 1 469 m, au **Signal de Mailhebiau**. C'est une splendide région d'élevage de moyenne montagne – on y croise les troupeaux de la race Aubrac -, où l'eau est omniprésente, et qui possède un riche patrimoine architectural. L'Aubrac est le royaume des randonneurs.
Pl. d'Aubrac - 12470 Aubrac - 05 65 48 19 11 - www.parc-naturel-aubrac.fr

Après avoir déambulé dans cette petite cité de caractère, vous ne manquerez pas de déguster une délicieuse **fouace** : les boulangers de St-Urcize se passent de père en fils, depuis des générations, les secrets de cette brioche onctueuse et légère qui n'a pas sa pareille, avec son délicat goût de fleur d'oranger.

★ **Église** – *Le Bourg - ✆ 04 71 23 52 75 - www.pays-saint-flour.fr - 10h-18h - possibilité de visite guidée sur demande (45mn) - gratuit.* Cet ancien prieuré, très élégant avec son clocher-peigne, est le seul monument à déambulatoire de la haute Auvergne. Le joli chevet est roman (12e s.) ; la nef date quant à elle des 13e et 14e s. À l'intérieur, une peinture représentant **saint Michel terrassant le démon** orne la chapelle du bas-côté gauche. Dans la petite chapelle, derrière l'autel, se trouve un remarquable **Christ au Tombeau**, en pierre colorée (15e s.).des plateaux de l'Aubrac.

NOS ADRESSES À CHAUDES-AIGUES

RESTAURATION

PREMIER PRIX

Moulin des Templiers – *À Maisonneuve - ✆ 04 71 73 81 80 - www.lemoulindestempliers.com - P ♿ (fseult) - wifi - fermé dim. - formule du jour 13 € - menu 19.80/29.50 € - 5 ch. 50 € - petit-déj. 6,70 €.* Aimable auberge de bord de route où l'on propose une cuisine traditionnelle fleurant bon l'Aubrac. Salle à manger sagement campagnarde et quelques chambres pratiques.

BUDGET MOYEN

Hôtel et Bistrot Sodade – *21 av. Georges-Pompidou - ✆ 04 71 60 10 23 - http://hotelsodade.com/fr/- 22/32 € - ch. 8 ch. 170/210 € - petit-déj. 18 €.* En 2018, le chef Serge Vieira a ouvert une brasserie pour compléter son offre restauration à Chaudes-Aigues. Tenue par Aurélien Gransagne – la route des deux chefs s'était croisée il y a fort longtemps –, cette adresse située dans le village se repère bien vite avec son bardage en métal, et ses matériaux modernes et chics. Dans l'assiette, rien que du frais, des viandes de grande qualité, une cuisine généreuse. L'été, on s'installe en terrasse, le long du Par. Les chambres raffinées méritent une halte.

UNE FOLIE

Restaurant Serge Vieira – *Château du Couffour - 2,5 km au sud de Chaudes-Aigues - ✆ 04 71 23 73 85 - www.sergevieira.com/fr - avr.-nov. : tlj sf mar.-merc. - 90/148 €.*

Saint-Urcize, paysage des monts d'Aubrac, vacheries de Cartayrel.
M. Cavalier / hemis.fr

La rondeur des tours d'un château fort des 14e et 16e s., alliée aux droites de verre, fer et pierre où Serge Vieira a installé son restaurant, annoncent la couleur. Ce chef talentueux (2 étoiles dans le Guide Michelin 2018) sait manier avec dextérité l'ancien et le moderne, le traditionnel et le contemporain. Le succès dépasse largement les frontières régionales.

EN SOIRÉE

Casino de Chaudes-Aigues – *29 pl. du Gravier - ✆ 04 71 23 52 43 - www.casino-chaudesaigues.com - tlj 14h-0h (jusqu'à 1h30 vend.-sam.).* Machines à sous, black Jack, hôtel-restaurant. Soirées à thème, animations musicales, thé dansant tous les dimanches dès 14h30 (entrée gratuite).

ACTIVITÉS

Centre thermal et thermoludique Caleden – *27 av. G.-Pompidou - ✆ 04 71 23 51 06 - www.caleden.com - en travaux, devrait réouvrir au printemps 2019, se rens. (habituellement ouv. de mi-fév. à fin nov. et vac. de Noël - horaires et tarifs variables selon la sais.).* 200 m² de bassin thermal dédié à la détente et au bien-être (jacuzzi, lit à bulles, cascades, geysers, jets massants, courants, hammam… ainsi qu'aux soins (rhumatologie, cures de prévention, santé des articulations, santé des seniors, fibromyalgie). Séjours et formules découverte de quelques heures.

Via ferrata – *Dans les bois du Couffour - ✆ 06 83 48 84 61 - ✆ 04 71 23 57 08 - http://camping-chaudes-aigues.fr - P - 10h-13h, 14h-19h - compter une demi-journée pour la via ferrata : accès libre, location matériel 15 €, 35 € avec accompagnateur - parcours aventure : 2h à 2h30 (10 € enf., 20 € adulte) - descente de canyon sur demi-journée 40/45 €.* Via ferrata et parcours aventure en ligne de vie continue.

Randonnée – *✆ 04 71 23 52 75 - www.pays-saint-flour.fr. Fiches descriptives de 44 circuits balisés à pied ou à VTT en vente à l'office de tourisme. "Les mercredis du Buron" juin-sept. - 12-20 €; Randonnées accompagnées avr.-mai et oct.-nov. : jeu. apr.-midi - 9 €.*

AGENDA

Cantal Ink Festival du Tatouage – *2 j. déb. juil. - www.festival-tatouage.com.* Ce jeune festival rassemble chaque année à Chaudes-Aigues de nombreux artistes tatoueurs internationaux.

Velay et Brivadois 6

Carte Michelin Départements 331 – Haute-Loire (43)

Lavoûte-sur-Loire, château de Lavoûte-Polignac qui domine la Loire.

H. Lenain / hemis.fr

VELAY ET BRIVADOIS

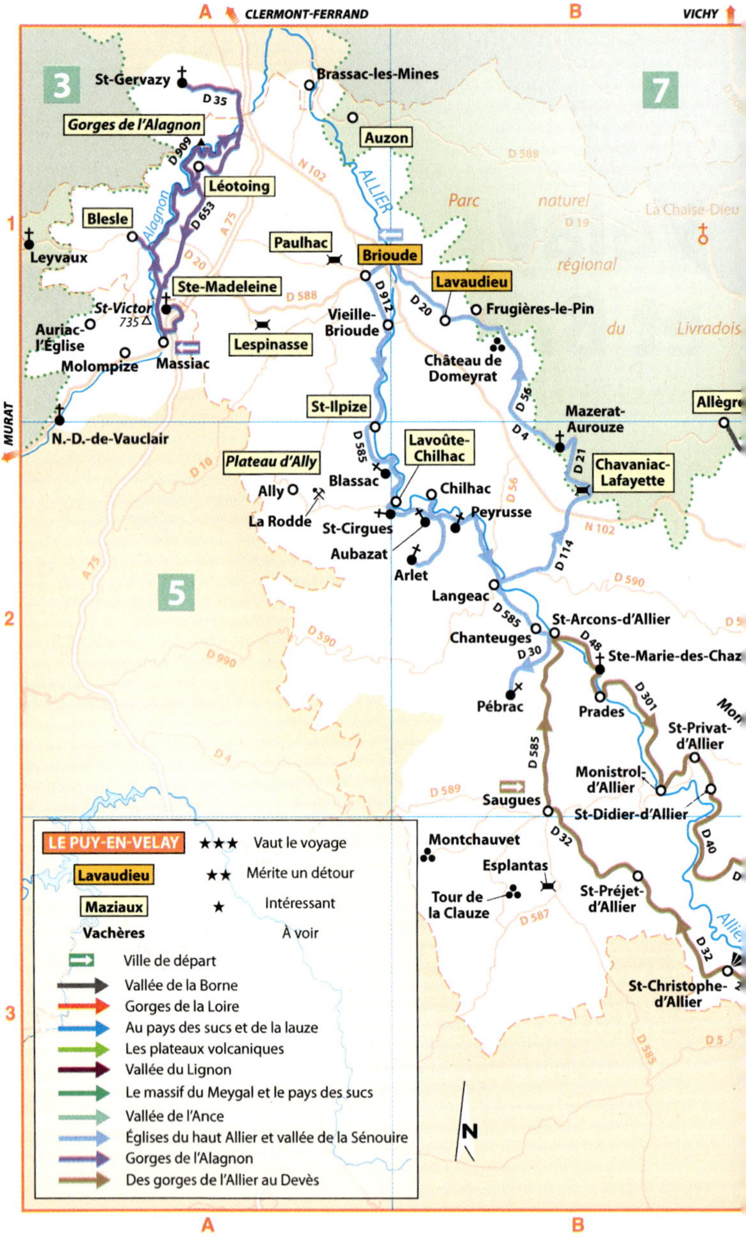

VELAY ET BRIVADOIS
0
10 km
C
D
1
2
3
Pont-Salomon
Château de Rochebaron
Valprivas
Monistrol-sur-Loire
St-Didier-en-Velay
Chalencon
Reveyrolles
Beauzac
Ste-Sigolène
Forez
Chamalières-sur-Loire
Roche-en-Régnier
Retournac
Loire
Lapte
Montfaucon-en-Velay
Montregard
Suc d'Émeral
1081
Suc de Jalore
1076
Mortesagne
Suc d'Eyme
1137
Yssingeaux
Lavalette
St-Bonnet-le-Froid
Suc de Glavenas
1048
Glavenas
St-Paulien
Lavoûte-Polignac
Lavoûte-sur-Loire
848
Tence
a Rochelambert
Chaspinhac
Suc de Chauven
Vallon de Corbeuf (Rosières)
St-Vidal
Polignac
Pic du Lizieux
1388
Forêt du Meygal
1436
Pinatelle du Zouave
Bourgeneuf
St-Voy
Le Chambon-sur-Lignon
St-Pierre-Eynac
Espaly-St-Marcel
LE PUY-EN-VELAY
Gd Testavoyre
St-Julien-Chapteuil
Maziaux
Lignon
Bouzols
Bigorre
St-Front
VALENCE
Devès
Moudeyres
Chaudeyrolles
Le Monastier-sur-Gazeille
Freycenet-la-Tour
Croix de Peccata
Lac du Bouchet
Viaduc de la Récoumène
MONT MÉZENC
1753
Les Estables
Goudet
Vachères
Croix de Boutières
Arlempdes
Gerbier de Jonc
1551
St-Haon
Ferme du Bourlatier
Chapeauroux
Lac-d'Issarlès
St-Paul-de-Tartas
Coucouron
Ste-Eulalie
Pradelles
Auberge de Peyrebeille
Lespéron
ARLES
ORANGE
D 12
D 44
D 42
D 24
D 46
D 9
D 906
D 1
D 498
N 88
D 500
D 45
D 23
D 501
D 103
D 105
D 47
D 233
D 13
D 25
D 71
D 26
N 102
D 112
D 18
D 185
D 151
D 15
D 62
D 226 A
D 49
D 589
D 275
D 38
D 535
D 36
D 31
D 240
D 122
D 328
D 16
D 54
D 298
D 108
D 536

Le Puy-en-Velay

★★★

18 909 Ponots – Haute-Loire (43)

Le Puy-en-Velay est l'un des sites les plus extraordinaires de France... Vision étrange et splendide que cette ville enserrée entre ses buttes, avec le rocher St-Michel d'Aiguilhe, surmonté d'une chapelle romane, le rocher Corneille, couronné par une Vierge monumentale, et la déroutante cathédrale Notre-Dame, presque orientale, dont la célèbre Vierge noire fait toujours l'objet d'une grande dévotion. Car, ici, prend naissance la fameuse Via Podiensis, l'un des chemins les plus fréquentés de St-Jacques-de-Compostelle. En septembre, dans les rues de la cité, les Ponots costumés renouent avec la fête du Roi de l'Oiseau, une curieuse tradition datant de la Renaissance et qui leur est très chère au cœur. Le Puy-en-Velay est aussi le royaume de la lentille, de la verveine et de la dentelle, un art perpétué par des passionnées.

NOS ADRESSES PAGE 346
Hébergement, restauration, achats, activités, etc.

S'INFORMER

Office de tourisme – *2 pl. du Clauzel - 43000 Le Puy-en-Velay - ✆ 04 71 09 38 41 - www.lepuyenvelay-tourisme.fr - juil.-août : 8h30-19h ; du w.-end de Pâques à fin juin et sept. : 8h30-12h, 13h30-18h15, sam. 9h-12h30, 13h30-17h30, dim. et j. fériés 10h-12h30, 14h30-17h ; reste de l'année : 8h30-12h, 13h30-18h, sam. 9h-12h30, 13h30-17h, dim. et j. fériés 10h-12h - fermé 1er janv., 25 déc.*

Visites guidées – *✆ 04 71 09 38 41 - www.lepuyenvelay-tourisme.fr - dép. de l'office de tourisme, visites régulières de déb. juil. à mi-sept. : 14h30 ; reste de l'année : sam. 14h30 - visite nocturne du secteur historique, se rens.*

SE REPÉRER

Carte de microrégion C2 p. 326-327 – *carte Michelin Départements 331 F3.* La ville est située sur la N 88, qui va de St-Étienne à Mende, en Lozère. Elle se trouve aussi sur les grandes voies de pèlerinage qui mènent à Compostelle, en Espagne, ou au monte Gargano, en Italie.

SE GARER

Circuler en centre-ville en plein été est difficile ; garez-vous : place Michelet ou place du Breuil au sud, place Carnot à l'ouest.

À NE PAS MANQUER

L'extraordinaire cathédrale Notre-Dame et ses alentours ; et, pour les plus sportifs, l'ascension du rocher d'Aiguilhe, pour la visite de sa ravissante chapelle ; une promenade dans la vieille ville ; le musée Crozatier.

ORGANISER SON TEMPS

Prévoyez au moins deux jours pour parcourir la ville et une journée de plus pour découvrir la constellation de châteaux qui l'entourent. En été, ne manquez pas le parcours Puy de Lumières en Velay, superbe spectacle nocturne. On peut rallier Le Puy à La Chaise Dieu, à pied ou à vélo.

AVEC LES ENFANTS

Découverte de la vieille ville à bord du petit train touristique. Les jeux au musée Crozatier. Gravir les marches du rocher Corneille. Le château St-Vidal pour les plus grands.

Le Puy-en-Velay, dominé par la chapelle Saint-Michel d'Aiguilhe, le rocher Corneille et sa statue Notre-Dame de France.
H. Lenain / hemis.fr

Se promener Plan de ville p. 334

La cité de la Vierge – La capitale vellave de l'époque romaine, *Ruessium*, a été identifiée à St-Paulien, située au nord-ouest. Le site du Puy (le puy d'Anis) semble avoir été un très ancien lieu de culte païen (restes d'un sanctuaire du 1er s. dans les fondations de la cathédrale), christianisé à partir du 3e s. Des apparitions de la Vierge, des guérisons miraculeuses auprès d'une table de dolmen appelée depuis lors « pierre des Fièvres » *(visible dans la cathédrale)* incitèrent les premiers évêques à se transporter en ces lieux et à s'y établir, sans doute à la fin du 5e s. Une basilique s'éleva, puis une cathédrale autour de laquelle se développa une ville, l'ancienne *Ruessium* étant déchue de son rang.

Au Moyen Âge, le **pèlerinage** du Puy connaît un succès d'autant plus important que la cité constitue un point de départ pour St-Jacques-de-Compostelle. Avec Chartres, c'est le plus ancien lieu de culte marial de France. Des rois, des princes, des foules d'humbles gens s'y pressent pour invoquer la mère de Dieu.

Vénérée aujourd'hui encore, la **Vierge noire** fut, selon la légende, apportée d'Orient par Louis VII ou par Saint Louis. Couronnée en 1856, elle a remplacé celle qui avait été brûlée en 1794 par Louis Guyardin, représentant de la Convention républicaine.

★★★ LA CITÉ ÉPISCOPALE

Plan p. 331.

La cité épiscopale, dont la cathédrale fut restaurée entre 1994 et 1999, domine la ville haute. Partez de la place des Tables, où s'élève la gracieuse fontaine du Choriste (15e s.), et montez vers la cathédrale par la pittoresque rue des Tables : dans les escaliers latéraux bordés de demeures anciennes, vous pourrez voir dentelliers et dentellières au travail.

LE FEU, LA PIERRE ET L'EAU…

Ce sont des phénomènes volcaniques qui ont donné au bassin du Puy sa physionomie si originale. Il doit en effet sa formation première à l'effondrement du plateau vellave, en contrecoup du plissement alpin. Puis des sédiments arrachés aux hauteurs environnantes comblèrent en partie le bassin, où la Loire s'enfonça dans une gorge. À la fin de l'ère tertiaire, une série d'éruptions volcaniques bouleversa la région; le lit de la Loire se trouva déporté à l'est. À l'ère quaternaire, l'érosion reprit son travail, laissant en saillie des récifs volcaniques plus résistants, d'origines diverses. On peut reconnaître ainsi des tables basaltiques, restes de coulées (rocher de Polignac), des cheminées de volcans (rocher St-Michel), des parties de cônes éruptifs (rocher Corneille). Les coulées, en se refroidissant, ont donné naissance à des assemblages de colonnes prismatiques comme les orgues d'Espaly.

★★★ Cathédrale Notre-Dame B2

R. des Tables - ✆ 04 71 09 79 77 - www.cathedraledupuy.org - de mi-juil. à mi-août : 7h-22h ; de mi-mars à mi-juil. et de mi-août à fin nov. : 7h-19h ; reste de l'année : en dehors des offices.

Phénomène peu courant : lorsqu'on se trouve dans la ville basse du Puy, la cathédrale est totalement invisible. Elle se dévoile dans la dernière partie de la montée. Un large escalier de 134 marches donne accès à l'étrange façade ouest, aux laves polychromes et aux parements de mosaïques. Cet extraordinaire édifice de style roman est inscrit au Patrimoine mondial de l'Unesco, dans le cadre du classement des chemins de St-Jacques-de-Compostelle. Il doit son originalité à l'influence de l'Orient. On y retrouve aussi l'influence byzantine, due aux croisés, dans les coupoles octogonales des voûtes de la nef. L'église primitive correspond au chevet actuel. Au 12e s., quand la place vint à manquer, on entreprit de poursuivre l'agrandissement vers l'ouest : mais, contrairement au reste de l'édifice qui fut fondé en partie sur le rocher, les dernières travées de la nef et le porche ouest durent alors être construits « dans le vide », en prenant appui sur de hautes arcades servant de pilotis. Les porches du For et de St-Jean furent ajoutés à la fin du 12e s.

Trajet sous la cathédrale – La cathédrale a fait l'objet d'importantes restaurations, qui ont notamment permis la remise en place du grand escalier aboutissant dans le chœur. Les degrés de l'escalier se prolongent jusqu'à la porte principale, sous les quatre travées construites au 12e s. Au niveau de la deuxième, deux portes à **vantaux★**, appelées portes de Cèdre, ferment deux chapelles latérales. Leurs sculptures (12e s.) à faible relief retracent la Nativité et des épisodes de la Passion. Dans la travée suivante, on voit deux **fresques** restaurées : *La Vierge Mère* (13e s.) à gauche, *La Transfiguration de Notre Seigneur* à droite. Franchissez la Porte dorée (ainsi appelée car jadis recouverte de cuivre ciselé), encadrée de deux colonnes de porphyre rouge. À la quatrième travée, l'escalier bifurque et vient à nouveau déboucher dans la cathédrale face au maître-autel, ce qui faisait dire qu'« on entrait à Notre-Dame-du-Puy par le nombril, et on en sortait par les oreilles » !

Empruntez la branche de droite, qui conduit à une porte située dans le bas-côté.

Intérieur – L'originalité de l'église réside dans la suite de coupoles qui couvrent la nef (celle de la croisée du transept est moderne). Remarquez la chaire **(1)** et le beau maître-autel **(2)**, qui accueille une **Vierge noire** en bois, copie assez fidèle de la statue d'origine, brûlée lors de la Révolution. Elle fut réalisée au

19e s. d'après les descriptions et dessins faits par Faujas de St-Fond, géologue et minéralogiste du 18e s. (célèbre pour ses études sur les volcans du Velay). L'originale, en cèdre, datait d'avant la fin du 10e s. Elle fut dépouillée en janvier 1794, puis oubliée aux archives jusqu'à ce que, quelques mois plus tard, à l'occasion de la Pentecôte, on vienne la chercher pour la brûler sur la place du Martouret. En se consumant, la statue dévoila une cachette secrète renfermant un parchemin, mais celui-ci partit en fumée sans que personne ait pu lire son contenu. Remarquez aussi, au fond de la nef à l'ouest **(11)**, le grand orgue baroque restauré à deux faces en noyer sculptées. Dans le bas-côté nord, un grand tableau de Jean Solvain, dit *Vœu de la peste* (1630), illustre une procession d'actions de grâces qui se déroula sur la place du For **(3)**.
Dans le bras gauche du transept, belles fresques romanes : *Les Saintes Femmes au tombeau* **(4)** et *Le Martyre de sainte Catherine d'Alexandrie* **(5)**. Sur la gauche, dans la tribune se trouve une **fresque de saint Michel**★ (fin 11e s.-début 12e s.), la plus grande peinture connue en France représentant l'archange. La fameuse **pierre des Fièvres (12)** se trouve dans la chapelle qui jouxte le porche St-Jean. Les plus belles pièces du **trésor**★ sont exposées dans la sacristie. À voir notamment : une pietà, peinture sur bois de l'école bourguignonne, une tête de Christ en cuivre doré (du 15e s.), un Christ en ivoire, une croix de bateliers du Rhône et des boiseries en noyer, du 17e s.

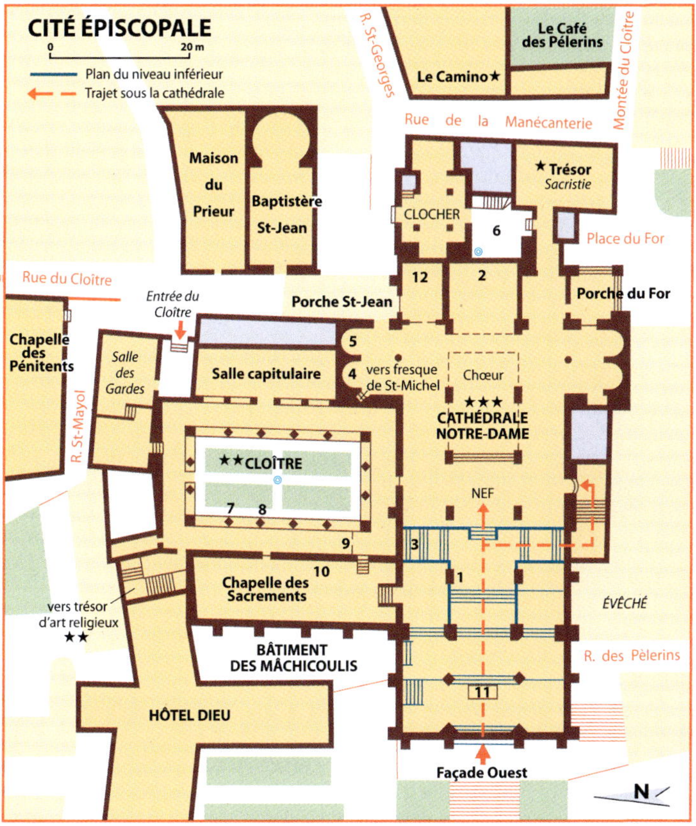

Porche du For

Il date de la fin du 12e s. et donne accès à la cathédrale par la **Porte papale**, selon l'inscription qui la surmonte. Dans l'angle intérieur, les ogives retombent sur un pilastre que soutient une main ouverte sortant de la muraille.

De la petite place du For, on a une **vue** étonnante sur la partie moderne de la ville, et on détaille bien le clocher légèrement détaché du chevet fortement restauré : c'est une construction de forme pyramidale, à sept étages.

Contournez le chevet par la rue de la Manécanterie.

Porche St-Jean

En sortant de la cathédrale, remarquez les battants, recouverts de cuir, qui arborent de belles **pentures** (appliques en fer forgé) du 12e s. Précédé d'une grande arcade surbaissée, ce porche, qui était destiné au passage des souverains, relie la cathédrale au baptistère St-Jean.

Passez sous le clocher où se trouvent les tombeaux d'abbés et de chanoines. Dans la petite cour attenante au chevet **(6)**, observez, derrière le puits roman, les bas-reliefs gallo-romains encastrés dans la base du chevet et la frise qui les couronne (scènes de chasse).

Baptistère St-Jean

Relié à la cathédrale par le porche du même nom, cet édifice des 10e et 11e s., servit de baptistère à l'ensemble des paroisses de la cité jusqu'à la Révolution. L'entrée sud est flanquée de lions en pierre, érodés. À l'intérieur, on peut voir la cuve baptismale de forme pyramidale.

★★ Cloître B2

3 r. du Cloître - ✆ 04 71 05 45 52 - www.cathedrale-puy-en-velay.fr - mi-mai-mi-sept. : 9h30-18h ; reste de l'année : tlj sf lun. 9h30-12h30, 14h-17h - fermé 1er janv., 1er Mai, 1er et 11 Nov., 25 déc. - visite guidée sur demande (45mn) - 6 € (-26 ans gratuit).

Ce très beau cloître, accolé au nord de la cathédrale, est composé de galeries d'époques différentes, la plus ancienne, au sud, étant romane. La polychromie des claveaux, des écoinçons en losanges rouges, ocre, blancs ou noirs formant des mosaïques, compose un décor dont on a souligné la parenté avec l'art islamique.

Parmi les **chapiteaux historiés**, remarquez, dans la galerie ouest, celui qui représente une dispute autour d'une crosse abbatiale **(7)**, et un autre qui figure un centaure **(8)**. Une remarquable **grille romane★ (9)** ferme la galerie ouest. De l'angle sud-ouest du cloître, on découvre la cheminée romane coiffant le logis des clergeons. Sur la galerie est s'ouvre la **salle capitulaire**, chapelle des Morts au 14e s., dont l'entrée est encadrée par des pilastres striés de cannelures à double ondulation (motif rare). Elle est ornée, sur le mur sud, d'une fresque du 13e s., représentant la Crucifixion *(éclairage à l'entrée)*. Tout autour du cloître, au-dessus des arcades, court une **corniche** délicatement ornée, illustrant avec verve le bestiaire du Moyen Âge.

★★ Trésor d'art religieux

R. du Cloître - ✆ 04 71 05 45 52 - www.cathedrale-puy-en-velay.monuments-nationaux.fr - de mi-mai à mi-sept. : 9h30-18h ; reste de l'année : tlj sf lun. 9h30-12h30, 14h-17h - fermé 1er janv., 1er Mai, 1er et 11 Nov., 25 déc. - possibilité de visite guidée (45mn) - 6 € (-26 ans gratuit).

Aménagé dans l'ancienne salle des États du Velay, au-dessus de la chapelle des Sacrements, il rassemble d'admirables œuvres d'art : chape de soie du 11e s. ; châsse en émail champlevé du 13e s. ; Vierge allaitant du 15e s., en pierre

Les chemins de Compostelle

À L'ORIGINE DE LA VIA PODIENSIS

En 951, l'évêque du Puy, Godescalc, devient l'un des premiers pèlerins français à partir pour St-Jacques-de-Compostelle. Il entraîne à sa suite une foule impressionnante ; il n'en faut pas plus pour rendre célèbre la *via Podiensis*, qui part du Puy-en-Velay. Celle-ci figure à présent comme le prolongement de l'*Oberstrasse*, « la route haute » qui relie l'Europe centrale au chemin de St-Jacques en Espagne.

LE RENOUVEAU DU PÈLERINAGE

Durant des siècles, des millions de pèlerins se sont aventurés sur ces routes sacrées mais peu sûres, avec pour seul but la contemplation du tombeau présumé de l'apôtre. Puis la modernisation des transports a peu à peu fait sombrer dans l'oubli les chemins de pèlerinage. Contre toute attente, la fin du 20e s. a vu resurgir l'ancienne tradition et, sans toutefois atteindre les milliers de « jacquets » qui arrivaient autrefois tous les jours à Compostelle, les pèlerins sont aujourd'hui de plus en plus nombreux. Se couper du quotidien, se ressourcer tout en contemplant de beaux paysages et en découvrant des joyaux architecturaux et artistiques est l'une des nombreuses raisons invoquées pour se lancer sur les chemins de St-Jacques. Face à cet afflux de pèlerins, on peut toutefois regretter les pratiques commerciales peu scrupuleuses de certains hébergeurs, restaurateurs ou propriétaires de boutiques.

UN PATRIMOINE RELIGIEUX EXCEPTIONNEL

Mettre ses pas dans ceux des pèlerins de St-Jacques est certainement la meilleure façon d'appréhender un patrimoine religieux local de tout premier plan. La Vierge noire de la cathédrale du Puy (*p. 330*), le trésor de Ste-Foy de Conques ou l'ensemble abbatial St-Pierre de Moissac sont des exemples de ce que vous réserve la *via Podiensis*. Et pour ceux qui passent par Clermont-Ferrand, allez admirer Notre-Dame-du-Port (*p. 42*) inscrite sur la liste du Patrimoine mondial au titre des chemins de St-Jacques-de-Compostelle en France.

LES CHEMINS DE ST-JACQUES EN AUVERGNE

La *via Podiensis* rejoint Conques en passant par St-Privat-d'Allier, Monistrol-d'Allier et Saugues. Devant le nombre croissant de marcheurs, il a été décidé de rétablir un itinéraire reliant les chemins traditionnels au départ de Vézelay et du Puy-en-Velay. Le point de raccordement du chemin de Vézelay est Le Veurdre, dans le nord de l'Allier, puis le nouveau chemin secondaire de St-Jacques traverse le Bourbonnais jusqu'à Clermont où se fait la connexion avec un chemin de pèlerinage existant, qui lie Clermont à Cahors sur 506 km scindés en 20 étapes (*Via Arverna p. 254*). Difficile, ce dernier pèlerinage à travers l'Auvergne et le Quercy est réservé aux bons marcheurs.

Pour plus de détails, consultez le site www.chemins-compostelle.com (infos culturelles, pratiques et logistiques) ou adressez-vous au 05 62 27 00 05 - 9h-13h, 14h-17h, lun. 14h-17h, vend. 9h-13h, 14h-16h - fermé merc. et w.-end.

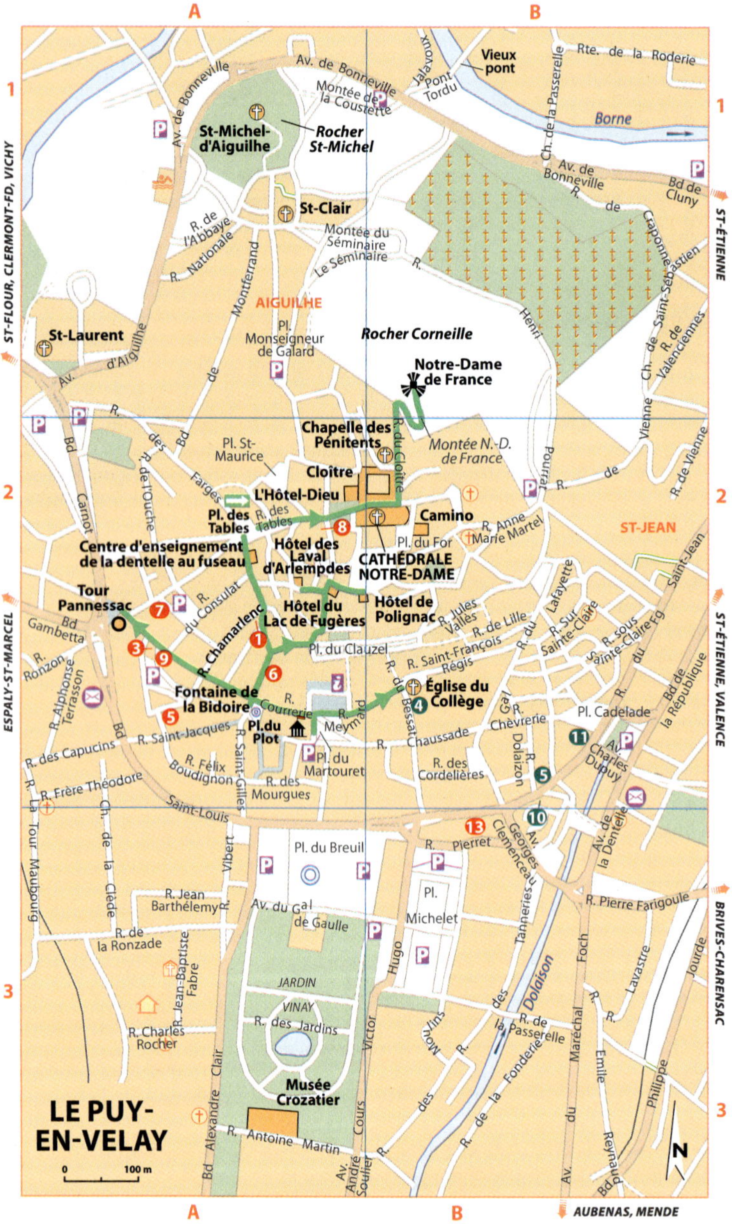

SE LOGER

- Chambres d'hôtes Epicurium 4
- Dyke Hôtel 5
- Hôtel Le Régina 10
- Ibis Styles 11

SE RESTAURER

- Bambou et Basilic 7
- Le Chamarlenc 1
- Comme á la maison 8
- L'Écu d'Or 3
- Le Majestic 13
- Le Poivrier 9
- Tournayre 6
- 7 Instant 5

polychrome; magnifique manteau brodé de la Vierge noire du 16e s.; remarquable parchemin du 15e s. (Genèse de la création du monde à la Résurrection). Parmi les tableaux se distinguent *L'Adoration des Mages*, par Claude Vignon (1640), et surtout *La Sainte Famille*, attribuée au Maître de Flémalle (fin 15e s.). L'art du sculpteur montpelliérain **Pierre Vaneau** (1653-1694) est représenté par des panneaux illustrant des thèmes mythologiques et par deux statues d'esclaves, en noyer.

Depuis 2011, la remarquable **collection de broderies liturgiques et de tableaux de dévotion brodés**, rassemblée pendant plus de trente ans par les Cougard-Fruman et donnée à l'État, est exposée dans la salle des États. Le public peut ainsi découvrir une sélection de 75 pièces remarquables, dans une scénographie de Loretta Gaïtis destinée à les mettre en valeur.

Hôtel-Dieu A2

2 r. Becdelièvre - ✆ 04 71 07 00 00 - www.hoteldieu.info - ♿ - de mi-avr. à déb. nov. : 13h30-18h30; reste de l'année : se rens. - fermé lun. - 5/7 € (-18 ans 2/4 €).

Situé en contrebas de la façade ouest de la cathédrale et du bâtiment des Mâchicoulis, il servait autrefois d'abri pour les pèlerins les plus démunis. C'est seulement sous l'Ancien Régime qu'il devint un hôpital. Classé au Patrimoine mondial de l'Unesco, il a été réhabilité par l'architecte Jean-Michel Wilmotte. Il abrite, outre l'espace de congrès et le restaurant, un extraordinaire **musée★ interactif** inauguré en 2011 : ce dernier présente de manière originale le pays du Velay (patrimoine, culture et espace naturel), à l'aide de dispositifs sonores, de jeux de lumière et de bornes interactives; au niveau inférieur, vous pourrez admirer l'ancienne **pharmacie** de l'Hôtel-Dieu (particulièrement préservée), datant du 19e s., qui comprend une tisanerie, une salle de préparation et de repos et une apothicairerie. Expositions temporaires au dernier étage, sous une verrière qui couvre l'ensemble, nommée le dôme Gaillard.

★ Camino B2

2 r. de la Manécanterie (pl. du For) - ✆ 04 71 09 06 00 - www.lecamino.org - juil.-août : 11h-19h; avr.-juin et de déb. sept. à mi-oct. : 14h-18h - 3 € (-18 ans 1,50 €).

L'**hôtel de la Manécanterie** aurait été édifié au 14e s. par l'évêque Jean de Chandorat. Il tire son nom actuel, hôtel St-Vidal, d'Antoine de la Tour de St-Vidal, grand-maître de l'artillerie de France et gouverneur du Velay, qui épousa au 16e s. l'héritière de l'évêque. Saint Vidal fit réaliser d'exceptionnels décors peints, et de nouveaux aménagements intérieurs furent effectués au 18e s. Depuis 2011, cet édifice d'exception accueille le Camino, un cheminement à la fois géographique et spirituel proposé aux visiteurs. Sens de l'hospitalité, de la fraternité, de la liberté permettent de revenir aux sources mêmes de la signification du pèlerinage. La scénographie est présentée dans des salles magnifiques où se dévoile l'architecture des lieux.

Le café des Pèlerins *(17h30-19h30)* et une boutique *(mêmes horaires que le Camino)* complètent la visite, qui peut se clore dans le jardin attenant.

Bâtiment des Mâchicoulis

Cette construction massive, abritée derrière la chapelle de l'Hôtel-Dieu, faisait partie des fortifications de la cathédrale et du palais épiscopal au 13e s.

Chapelle des Sacrements

R. St-Mayol - 7h-19h - respectez le silence durant les offices. Cette chapelle s'ouvre sur le bas-côté nord de la cathédrale. Son beau retable doré abrita, jusqu'à la Révolution, les reliques apportées à Notre-Dame du Puy. Ancienne bibliothèque de l'université St-Mayol, elle fut ornée, au 15e s., sur le mur est, de la célèbre peinture des **Arts libéraux★ (10)**. Chaque art libéral (Grammaire, Logique, Rhétorique, Musique) est représenté par une femme assise et un personnage allégorique. La précision des étoffes et des bijoux est riche d'enseignement sur les goûts de cette époque.

Chapelle des Pénitents B2

R. St-Mayol - ✆ 04 71 02 80 58 - http://penitentslepuy.free.fr - juil.-août : 14h-17h - possibilité de visite guidée sur demande (1h).

On y pénètre par une porte aux vantaux de bois sculptés dans le style Renaissance. À l'intérieur, les peintures décorant la tribune, les parois lambrissées de la nef unique, mais surtout le beau **plafond à caissons**, relatent la vie de la Vierge. Elles ont été réalisées aux 17e et 18e s. Les instruments de la Passion des pénitents blancs, confrérie fondée en 1584, sont encore portés en procession, notamment le Vendredi saint.

La rue du Cloître mène au rocher Corneille.

Rocher Corneille B1

R. du Cloître - ✆ 04 71 04 11 33 - juil.-août : 9h-19h30 ; mai-juin et sept. : 9h-19h ; reste de l'année : se rens. - fermé de mi-nov. à fin janv. (sf vac. de Noël) - 4 € (-18 ans 2 €) - 9,50 € billet combiné avec la chapelle St-Michel-d'Aiguilhe et la forteresse de Polignac.

Le rocher Corneille, ou **mont d'Anis**, est un vestige de cône appartenant sans doute au volcan dont le rocher St-Michel représente la cheminée. De la plate-forme, **vue★** panoramique sur les toits rouges de la ville et le bassin du Puy *(table d'orientation)*, ainsi que sur le rocher St-Michel au nord-ouest, derrière lequel se profile le château de Polignac *(p. 343)*.

Le rocher est surmonté d'une colossale **statue de Notre-Dame de France** (hauteur : 22,70 m, poids : 110 tonnes) ? érigée en 1860, par souscription nationale. 213 canons, prélevés sur les trophées de la prise de Sébastopol (1855), durant la guerre de Crimée, servirent à la couler. Et si la Vierge, contrairement à la représentation traditionnelle, porte l'Enfant à droite, et non près du cœur, c'est tout simplement pour qu'il puisse bénir la ville de sa main droite sans cacher le visage de Marie. On peut monter à l'intérieur de la statue, à la tête ou au niveau de la couronne.

Revenez à la place des Tables.

★ EN PARCOURANT L'ANCIENNE CITÉ

Itinéraire tracé en vert sur le plan de la ville p. 334.

La vieille ville regroupe ses hautes maisons aux toits rouges autour du rocher Corneille : prenez le temps de déambuler dans les ruelles pavées (prévoyez des chaussures confortables, les pavés étant arrondis et glissants…) car un nombre incroyable de demeures anciennes, d'époques diverses, s'offrent au regard. Les boulevards circulaires marquent le début de la ville basse moderne. Ses façades colorées lui donnent un air méridional. Au pied de la cathédrale, la **place des Tables** A2 offre un intéressant aperçu de la cité épiscopale. C'est sur des tables, qu'au Moyen Âge, les commerçants vendaient les bijoux et les objets d'art religieux fabriqués par les orfèvres et les artisans. *Prenez à gauche la rue Raphaël.*

Notables et familles bourgeoises de la ville y résidaient autrefois. Au n° 38 se trouve le **Centre d'enseignement de la dentelle au fuseau** A1. Au n° 56, remarquez un logis du 16e s. à cinq niveaux, dit **logis des Alix Selliers**.

Au bout de cette rue, prenez à gauche la rue Saulnerie, puis remontez à gauche la rue Rochetaillade aux façades romanes, notamment au n° 7.

LA VILLE DE LA DENTELLE

Au Puy et dans le Velay, comme dans la région d'Arlanc, la dentelle à la main tenait autrefois une place importante dans l'économie locale. Son origine remonte probablement au 15e s., mais c'est au 17e s., grâce à l'action d'un père jésuite, canonisé sous le nom de **saint Jean-François Régis**, qu'elle prit un essor décisif et qu'une organisation particulière se mit en place. Dans tous les villages, des femmes travaillaient à domicile pour le compte de marchands établis dans les villes voisines. Des « leveuses », apportant fils et cartons aux ouvrières, servaient d'intermédiaires avec les patrons. Ce travail d'appoint était une nécessité pour la paysannerie pauvre de la région. L'imprégnation religieuse du métier resta longtemps très forte. La transmission du savoir-faire se faisait de mère en fille, mais aussi par des femmes, appelées « béates », qui enseignaient en même temps le catéchisme, ainsi que des rudiments de calcul, de lecture et d'écriture.

À l'angle de la rue du Cardinal-Polignac s'élève l'**hôtel du Lac de Fugères** A2, du 15e s. Engagez-vous dans cette rue : au n° 8, l'**hôtel de Polignac** A2 présente une tour polygonale du 15e s. Revenez vers le croisement de la rue Rochetaillade pour rejoindre la rue Vaneau et voir au n° 3 l'**hôtel des Laval d'Arlempdes** A2 (15e s.).

Revenez sur vos pas.

La rue Chênebouterie, dans le prolongement de la rue Raphaël, présente, au n° 6, la façade d'une maison d'aromateur comportant une sculpture scatologique. Au n° 8, cour avec tourelle du 15e s. et en face, au n° 9, maison natale (16e s.) du maréchal Fayolle, héros de la Grande Guerre et dont la dépouille repose aux Invalides.

La rue débouche sur la **place du Plot** A2 (ancienne place du Pilori), point de départ de la *via Podiensis* qui mène à St-Jacques-de-Compostelle. Cette sympathique place est animée, le samedi matin, par un marché coloré qui s'étale autour de la **fontaine de la Bidoire** A2 (1246). Au 13e s., nombreux étaient les marchands du Poitou, de Provence et d'Espagne qui venaient étaler leurs armes, leurs laines, leurs cuirs et leurs joyaux. À partir de 1544, un marché de fruits et légumes se tint au Plot : une tradition qui perdure de nos jours.

Quittez la place et prenez à gauche la rue Pannessac.

Cette rue en partie piétonne est bordée d'élégantes **maisons** des 16e et 17e s., présentant des façades en encorbellement parfois flanquées d'une tour ou échauguette, comme aux nos 16 et 63.

Au n° 42, le **logis des André** ; au n° 46, le **logis des frères Michel**, du 17e s., orné au rez-de-chaussée de masques et d'écoinçons sculptés et aux étages de mascarons, de guirlandes et de cartouches, affiche l'opulence des commerçants qui habitaient ce quartier.

Au bout de la rue, la **tour Pannessac** A2, du 14e s., est le dernier vestige des dix-huit portes fortifiées, à tours jumelles, que possédait l'enceinte.

Revenez sur vos pas.

Sur la gauche, la ruelle de traverse du **Chamarlenc** A2 a conservé son caractère médiéval ; au n° 16, la façade de la **demeure des Cornards** (1680), dont le privilège était de brocarder les bourgeois de la ville, est ornée de deux têtes à cornes, l'une hilare, l'autre tirant la langue, surmontées d'inscriptions facétieuses.

Au niveau de la place du Plot, poursuivez en face.

La rue Courrerie compte, au n° 8, une intéressante façade du 16e s., de l'Hôtel des Arcis de Chazourne, suivie de celle de l'**hôtel de Marminhac**, aux baies en plein cintre dont les clefs portent des masques sculptés. Vous arrivez place du Martouret (lieu d'exécution sous la Révolution), où se dresse la façade de l'hôtel de ville.

Empruntez la rue du Collège, bordée également de maisons anciennes, pour rejoindre l'église. Ne manquez pas de vous arrêter au n° 22, devant la maison des libraires et imprimeurs Delagarde et Clet, du 17e s.

Église du Collège B2

Au tout début du 17e s., le père jésuite Martellange construisit, pour le nouveau collège de son ordre, un bâtiment du nouveau style baroque italien, le premier en France. On y admire des retables dorés, ornés de tableaux de Guy François.

Dans la ville basse Plan de la ville

★ Musée Crozatier A3

2 r. Antoine-Martin - ✆ 04 71 06 62 40 - www.lepuyenvelay.fr - ♿ - 11h-18h - fermé mar., 1er janv., 1er Mai, 25 déc. - possibilité de visite guidée sur demande (1h) - 6 €. Compter au moins 2h de visite. Faites un tour aux toilettes où des œuvres du musée ont été reproduites…

Des bornes interactives indiquent aux enfants comment faire une momie, tailler la pierre, fabriquer de l'émail, etc. Après cinq ans de travaux, le musée Crozatier, embelli et agrandi, a ouvert ses portes en 2018. Il se compose de deux parties : le bâtiment sur jardin, du 19e s., et un édifice en béton et en verre, reconstruit. Côté entrée, la façade en verre trempé porte une série de pictogrammes en acier évoquant l'éclectisme des collections. Le hall abrite l'une des pièces majeures du musée, le **carrosse de Vachères★**, berline à la française du 18e s. La nouvelle présentation, ludique, tactile et interactive, est introduite par **Charles Crozatier** (1795-1855), célèbre fondeur d'art natif du Puy, qui a donné son nom au musée. Un film retrace sa sa vie et son parcours. L'objectif du musée repensé est de lier la grande Histoire à l'histoire locale. Nombre d'œuvres ont été restaurées et les collections, redéployées. Quatre grands ensembles rythment la visite. Au rez-de-chaussée, la **galerie historique** présente des collections de la préhistoire à la Renaissance, dont deux cercueils égyptiens et leurs momies, de monumentaux bas-reliefs gallo-romains, un remarquable ensemble lapidaire médiéval, dont le célèbre **Tireur d'épine★**, fragment issu du clocher de la cathédrale.

À voir aussi, une pièce rare, le **chapiteau** double **des Cordeliers★**, l'Annonciation et la Nativité, en marbre ; les émaux de la Renaissance et les majoliques. Au 2e étage, la **galerie des Beaux-Arts**, très réussie, offre une couleur par salle selon les époques. Elle expose l'inestimable **Vierge au manteau★** (15e s.) de l'église des Carmes ; la *Sainte Famille* de Barthélemy d'Eyck (15e s.) et les deux tableaux originaux de Vercingétorix devant César qui illustrent tant de manuels scolaires. La salle du Dôme ménage une vue remarquable sur la ville haute ; son plafond est orné d'une création contemporaine de l'artiste Franck Chalendard.

Le 3e étage est consacré à la **galerie des Sciences et des Techniques**. Une riche collection de paléontologie (dont le fameux mastodonte d'Auvergne) et d'histoire naturelle répond à un ensemble exceptionnel de maquettes évoquant les innovations technologiques : machine à vapeur, prototype de la machine à coudre, praxinoscope – précurseur du cinéma d'animation actuel, inventé au Puy-en-Velay en 1876 par Émile Reynaud – et bien d'autres merveilles… Une table des manipulations est à la disposition des visiteurs.

Le Puy-en-Velay, intérieur de la chapelle Saint-Michel d'Aiguilhe du xe siècle.
R. Mattes / hemis.fr

La visite se termine par la **galerie du Velay**, au 1er étage, consacrée aux pèlerinages ancestraux ainsi qu'à la dentelle, l'un des savoir-faire locaux. Les visiteurs pourront même apprendre à faire de la dentelle, virtuellement ! Vous découvrirez les paperolles, ces reliquaires en papier que l'on fabriquait dans les monastères. L'artisanat local est bien mis en valeur : marqueterie de paille, verre de la Margeride, très spécifique, bijoux, dont la croix du Velay, ainsi que les produits locaux : lentilles, verveine, etc. Une visite instructive à souhait.

Église St-Laurent A1

Rare exemple de l'art gothique en Velay, elle date du 14e s. et faisait partie d'un couvent de Dominicains. Le portail de façade, de style flamboyant, est remarquable. À l'intérieur, la nef surprend par son ampleur.

Dans le chœur, à droite, le tombeau de Du Guesclin contient les entrailles du connétable, mort en 1380 pendant le siège de Châteauneuf-de-Randon. Des travaux effectués dans le chœur ont amené à la découverte du tombeau de l'évêque Bernard de Montaigu (13e s.).

Les pavages ont été réalisés par Daniel Dezeuze en 1988. À gauche de l'église, une chapelle du 14e s., dite **salle capitulaire**, a été dégagée.

À voir aussi

★★ La chapelle et le rocher St-Michel d'Aiguilhe A1

17 r. du Rocher - ✆ 04 71 09 50 03 - www.rochersaintmichel.fr - mai-sept. : 9h-18h30 ; de mi-mars à fin avr. et de déb. oct. à mi-nov. : 9h30-17h30 ; reste de l'année : sur demande au ✆ 06 70 61 67 45 ou contact@rochersaintmichel.fr - fermé 1er janv., 25 déc. - visite guidée (45mn) - 3,50 € (-18 ans 2 €).

À pied, la montée Gouteyron relie la ville haute au rocher d'Aiguilhe. Vous pouvez aussi parvenir au pied du rocher en voiture et vous garer à proximité. Une fois franchi le portail d'entrée, on accède au sommet par un escalier de 268 marches. Des oratoires jalonnaient jadis cette rude montée. Aujourd'hui, des paliers vous permettront de reprendre votre souffle aux tournants.

L'ascension du rocher St-Michel, une gigantesque aiguille de lave qui s'élève d'un jet à 82 m, vous mènera à la ravissante chapelle romane St-Michel d'Aiguilhe. Avec son fin clocher en forme de minaret, elle semble prolonger le doigt rocheux qu'elle couronne. Sa construction (10e s.), qui dura douze ans, est d'inspiration orientale, avec son portail trilobé, son gracieux décor d'arabesques, ses **mosaïques** de pierres noires, grises, blanches et rouges. À l'intérieur, le plan très irrégulier épouse les contours du rocher. La complexité du système de voûtes témoigne de l'art avec lequel les architectes ont su tirer parti du terrain. Les colonnettes, qui dessinent comme un déambulatoire autour d'une courte nef, sont surmontées de chapiteaux sculptés. La voûte de la petite abside est décorée de **peintures murales** du 10e s. À droite, une vitrine abrite divers objets d'art trouvés sous l'autel en 1955, dont un Christ-reliquaire en bois du 11e s. et un coffret en ivoire byzantin du 13e s. Un chemin de ronde contourne la chapelle, d'où l'on domine, à l'est, le **vieux pont** à redents (découpures en forme de dent) qui enjambe la Borne. Au pied du rocher, remarquez la très belle **chapelle St-Clair** (12e s.), au plan octogonal et au décor de losanges en mosaïques de pierre.

À proximité

Le parcours des Chibottes Hors plan de ville par A2

À Vals-près-le-Puy, à 2 km au sud du Puy. Prenez l'avenue de Vals au sud du Puy.
5,6 km, 200 m de dénivelé, 2h. Départ du sentier à la mairie de Vals. Au retour, la boucle emprunte le chemin de St-Jacques. Les chibottes sont des huttes de pierres sèches construites par des paysans avec les pierres trouvées sur leurs lopins de terre. Parfaitement étanches, les plus anciennes chibottes datent des 18e et 19e s. Elles servaient sans doute de cabanes à outils et d'abri temporaire au cultivateur venu passer la journée sur ses parcelles de vigne.

Randonnée sur la Voie Verte du Velay

À Brives-Charensac, à 4 km du Puy vers l'est par la D 15 direction St-Julien-Chapteuil - rens. : www.lepuyenvelay-tourisme.fr
L'ancienne ligne de chemin de fer Le Puy-en-Velay/Langogne a été aménagée en Voie Verte, à la sortie de la gare de Brives-Charensac (600 m). 25 km (à pied ou à VTT) plus tard, vous voici à **Costaros** (1041 m), au cœur de la vallée de la Loire, et des massifs du Mézenc et du Meygal. Au terme du parcours, vous aurez emprunté 5 tunnels (éclairés) et franchi un viaduc de 184 m.

Pinatelle du Zouave Carte de microrégion C2

À 7 km à l'ouest en direction de Langeac, par la D 590. Tournez à droite après le hameau du Zouave, puis prenez la route qui monte à droite et suivez le fléchage. Parking à l'arrivée. Site équipé d'une aire de pique-nique. Prévoyez un équipement de randonnée. Il est conseillé de ne pas s'écarter des sentiers, des arbres morts toujours sur pied pouvant tomber sous l'effet du vent.
2h AR. Aux allures de bonsaï géant, le **pin de boulange** est né d'une technique de taille qui remonte au Moyen Âge. Utilisé pour alimenter les fours de boulangers (d'où son nom), il était élevé de façon à fournir de grandes quantités de petits branchages qui, assemblés en fagots (les « garnes »), étaient revendus dans la région. Deux sentiers vous invitent à la découverte des lieux : l'un présente l'histoire de cet arbre au fût court et tortueux ; l'autre délivre quelques notions d'herboristerie.

★ Château de Bouzols Carte de microrégion C2

À Arsac-en-Velay, à 10 km au sud du Puy. Prenez la D 15 à l'ouest du Puy, puis le D 535 et la D 632.
06 76 58 23 95 - www.bouzols.fr - visite guidée (1h) juil.-août : 13h30-19h30 - fermé lun. - 6 € (-13 ans 5 €).

Juchée sur une plate-forme rocheuse de 400 m², la puissante forteresse de Bouzols se reconnaît de loin. Le donjon-citadelle, élevé au 11e s., date dans son état actuel du 15e s. Le château se dresse sur une croupe basaltique escarpée dominant la Loire (la butte trouve son origine dans des éruptions volcaniques sous-lacustres remontant à 2,5 millions d'années). Au pied de la paroi nord sont visibles d'anciennes maisons troglodytes. Bouzols possède une spécificité : une douve intérieure, taillée dans la brèche volcanique, qui séparait le donjon des fortifications du château bas transformées en bâtiment d'habitation à la Renaissance. Passé entre les mains de grandes familles féodales auvergnates, l'édifice, embelli au 17e s., subit une lente dégradation au siècle suivant. Mis aux enchères durant la Révolution, il est repris par ses anciens propriétaires à leur retour d'émigration (le marquis de Montagu-Bouzols est le beau-frère de Lafayette). En 1808, il est acquis par l'aïeul de l'actuel propriétaire et rénové à la fin du 19e s. – notamment la demeure d'agrément. Toujours habité, le château est ouvert au public depuis 2013. On visite les écuries, le parc, les terrasses, le donjon-citadelle et la chapelle Saint-Eustache (concerts durant l'été), qui conserve une grille en fer forgé (12e-13e s.) provenant de la cathédrale du Puy.

Circuits conseillés Carte de microrégion p. 326-327

VALLÉE DE LA BORNE C2

Circuit de 60 km, tracé en gris sur la carte p. 326-327 – comptez environ une demi-journée.
Quittez Le Puy par l'ouest en empruntant la D 590. Peu avant la voie ferrée, prenez à droite jusqu'au parc de stationnement René-Cassin.

Espaly-St-Marcel C2

Piton d'Espaly – *Propriété privée.* Il était jadis couronné d'un château qui, après avoir servi de résidence aux évêques du Puy (Charles VII, dauphin puis roi de France, y reçut l'hospitalité lors de ses fréquents pèlerinages), fut ruiné durant les combats de la Ligue.

Sanctuaire St-Joseph – *9 r. de l'Abbé-Fontanille - 04 71 09 16 71 - www.josephbonespoir.org - 8h-19h30 - possibilité de visite guidée sur demande (45mn) - pèlerinage 19 mars et 1er Mai.* La terrasse supérieure, aménagée au pied de la statue de saint Joseph, offre une **vue**★ sur la vieille ville du Puy-en-Velay, d'où émergent la cathédrale, le rocher Corneille et St-Michel d'Aiguilhe.

Revenez sur la D 590 et poursuivez vers l'ouest en direction de Chaspuzac. Tournez à droite dans la D 113.

★ Château de St-Vidal C2

09 81 43 68 00 - https://saintvidal.com - spectacle-déambulation « La mémoire d'un peuple », juin-sept tlj 10h-18h15, départ tous les ¼ d'heure - 14 € (8-15 ans 11 €) ; attention : certaines scènes peuvent impressionner les très jeunes enfants - spectacle nocturne certains soirs de juin, juil. et août « La forteresse imprenable », assuré par une centaine de bénévoles, 14 € (8-15 ans 12 €) - pack global 22 € (19 €).

Dominant de ses tours massives le village, groupé sur une éminence dans la vallée de la Borne, ce château du 13e s. fut le fief du baron Antoine de La Tour, gouverneur du Velay au 16e s. Il a été restauré, les jardins redessinés, une terrasse à l'italienne créée, ainsi qu'un beau miroir d'eau, dans lequel se reflète la forteresse.

Dans l'optique de relier la grande et la petite histoire, un spectacle-déambulation *(45mn)* est donné au château. De Vercingétorix à la Bête du Gévaudan, les événements marquants sont ainsi revisités par des acteurs qui accompagnent le visiteur au fil des 15 salles. Dans celle consacrée aux guerres de Religion, les tableaux s'animent (Antoine de La Tour de St-Vidal appartenait à la Ligue qui combattait Henri IV) ; dans la bibliothèque, sont diffusées des citations d'œuvres littéraires, récitées par de célèbres acteurs. La cuisine sarrazine du 16e s., très impressionnante, s'orne d'une cheminée monumentale. Le **bourg** de St-Vidal mérite qu'on s'y attarde. Pénétrez notamment dans l'église romano-gothique, liée à l'existence de la seigneurie des De La Tour, devenue autonome au 13e s. Vous y entendrez les voix de Jean Piat et de Michel Lonsdale…

Revenez sur vos pas et reprenez la D113 vers le nord en direction de Clazelle. Tournez à gauche dans la N 102, puis à droite dans la D 25. Au loin, on aperçoit le château : tournez à gauche à hauteur de Marcilhac.

★ Château de La Rochelambert C2

La Rochelambert - ✆ 04 71 00 48 99 - www.chateau-de-la-rochelambert.com - visite guidée (1h) juil.-août : 14h, 15h, 16h et 17h ; reste de l'année : 15h et 16h - fermé jeu. - 7 € (-12 ans 5 €).

Ce château, accroché dans la roche sur la rive droite de la Borne, est une très gracieuse construction nichée dans un beau **cadre★** de verdure. Du 11e s., il a été reconstruit aux 15e et 16e s. George Sand y situa les personnages de son roman *Jean de la Roche*. Les salles abritent meubles et œuvres d'art, ainsi que des souvenirs de l'écrivain.

Près du château, on peut voir des **habitats troglodytiques** *(15mn AR)* qui témoignent d'un habitat paléolithique. Ils communiquent entre eux et constituent une véritable maison souterraine à plusieurs étages. Du balcon de la salle supérieure, jolie vue sur la vallée.

Poursuivez sur la D 25. Après 2 km, tournez à gauche dans la D 13 (vers Allègre).

★ Allègre B2

Ce bourg pittoresque s'étend au pied des ruines d'un **château féodal**, en accès libre *(possibilité de vis. guidées juin-sept. sur RV au 04 71 07 77 09)*, édifié sur l'arête méridionale du volcan de Boury. Passé la porte de Monsieur, vous arrivez sur la place du Marchédial, qui a conservé l'unité architecturale du 15e s. avec les maisons fortes qui la bordent. Au milieu s'élève la **chapelle Notre-Dame-de-l'Oratoire** qui abrite une pietà polychrome du 16e s. Montez jusqu'à la Potence qui coiffe le sommet du volcan pour apprécier le panorama sur le Velay au sud et le mont Bar (1167 m) à l'est. La célèbre ethnologue Germaine Tillion, entrée au Panthéon en 2015 pour faits de Résistance, est née à Allègre en 1907.

Tourbière du Mont-Bar – *2h AR. Zone humide, terrain glissant. Départ du parking situé derrière la salle polyvalente.* Un lieu unique en France : c'est le seul volcan de type strombolien dont le cratère contienne une tourbière. Un sentier balisé permet d'y accéder et d'en faire le tour. La montée est un peu raide, mais agréablement ombragée par les sapins et épicéas. Le tour du cratère s'effectue ensuite sans difficulté, suivant les panneaux explicatifs. La tourbière se trouve sur le territoire du Parc naturel régional du Livradois-Forez *(p. 412)*.

Quittez Allègre par le sud en empruntant la D 13.

St-Paulien C2

Sous le nom de *Ruessium*, à l'époque gallo-romaine, ce village fut la capitale des Vellaves puis le siège d'un évêché jusqu'au 6e s. La chapelle des Pénitents abrite un petit musée.

Musée archéologique Michel-Pomarat – *L'été, bureau d'inf. touristique ✆ 04 71 00 50 01 - reste de l'année, mairie ✆ 04 71 00 40 88 - http://saint-paulien.*

Polignac, la forteresse médiévale.
Ch. Guy / hemis.fr

fr ou www.lepuyenvelay-tourisme.fr - ♿ - juil.-août : 10h-12h, 15h-17h ; reste de l'année : se rens. - visite guidée sur demande (1h) - 4 € (-18 ans 2 €). Un voyage dans le temps, rythmé par la voix d'un archéologue, via un audioguide, permet au visiteur de traverser les époques, de l'Antiquité au Moyen Âge. Les vestiges (amphores, pierres, bijoux) sont ainsi décryptés.

Collégiale St-Georges – *Pl. St-Georges - ✆ 04 71 00 40 88 - www.saint-paulien.fr - ♿ - juil.-août : accès libre ; reste de l'année : se rens. - possibilité de visite guidée sur demande (1h) - dépliant mis à disposition à l'église - audioguide disponible à l'office de tourisme.* Cette vaste église, construite en trois phases (11e, 12e et 13e s.), a été restaurée au début du 20e. L'**intérieur★** comporte un vaste chœur ouvert sur une nef impressionnante. L'église jouait un rôle défensif, comme en témoignent le mâchicoulis au-dessus de l'entrée ouest et le chemin de ronde qui court au-dessus de la nef. En matériaux volcaniques, la collégiale affiche un caractère austère qui ne laisse pas indifférent.

Quittez St-Paulien par le sud en suivant la D 906, puis la N 102.

★ Château de Polignac C2

Pl. Princesse-de-Polignac - ✆ 04 71 04 06 04 - www.forteressedepolignac.fr - juil.-août : 10h-19h ; avr.-juin et sept.-oct. : 10h-12h, 13h30-18h ; reste de l'année : se rens. - possibilité de visite guidée (1h30) - 5 € (-18 ans 3,50 €) - 9,50 € (-18 ans 5,50 €) Pass monuments (forteresse de Polignac + chapelle St-Michel-d'Aiguilhe + statue Noire-Dame-de-France.)

Perchée sur un dyke (cheminée volcanique), la majestueuse forteresse de Polignac est installée sur une plate-forme de 200 m de long, une falaise naturelle de 60 m de hauteur. Elle conserve, de l'Antiquité et du Moyen Âge, d'imposants vestiges de sa puissance guerrière. L'édifice, qui pouvait abriter 800 soldats, était ceint par 800 m de remparts, et son accès protégé par six portes fortifiées. François Ier, qui s'arrêta ici en 1533, avait qualifié le château de « roi des montagnes ». Jamais cette forteresse n'a été prise. Les membres les plus connus de la famille Polignac furent le cardinal

Melchior de Polignac (1661-1732), successeur de Bossuet à l'Académie française, et **Yolande de Polastron**, favorite de la reine Marie-Antoinette. Au 18e s., les propriétaires délaissèrent le château au profit d'une autre demeure, à Lavoûte-sur-Loire. Vendue comme bien national à la Révolution, la forteresse servit de carrière de pierre jusqu'à ce que le prince Jules de Polignac, ministre de Charles X, la rachète et la sauve de la ruine.
Vous découvrirez, au cours d'une passionnante visite, le chemin de ronde et la chapelle castrale autour de laquelle se trouvent des tombes aux formes taillées dans le rocher, sans doute celles des membres de la famille, enterrés ici jusqu'en 1289. Les fouilles archéologiques ont révélé la présence d'un **puits** nommé le puits de l'Oracle, et d'un second, le puits de l'Abîme ! Dans la zone artisanale étaient installés le four à pain, les cuisines, les lieux de stockage, la forge et une fabrique d'armes. Ont d'ailleurs été reconstituées des **armes du Moyen Âge**, exposées sur place, qui présentent une étonnante similitude avec les outils agricoles de l'époque. Le donjon (32 m de haut)), restauré à la fin du 19e s., révèle une magnifique **vue** panoramique sur les Cévennes, les monts du Velay, le Meygal, les vallées de la Loire et de la Borne et le mont Bar. Il fut élevé à cette hauteur pour concurrencer la puissance des évêques du Puy.
Église – C'est un bel édifice roman à porche gothique. À l'intérieur, les principaux centres d'intérêt sont la coupole du 12e s. et, dans le chœur, une **fresque** du 12e s. évoquant le Jugement dernier, le ciel et l'enfer ; au-dessus, la frise des « anges musiciens » du 15e s. Dans l'abside, dans une niche, **reliquaire de la Vraie Croix** et deux chandeliers (pièces d'orfèvrerie en argent du 18e s.). Au-dessus de la porte du bas-côté sud de l'église, un **vitrail** moderne représentant *(de droite à gauche)* trois membres célèbres de la famille Polignac : le vicomte Héracle, mort au siège d'Antioche, le cardinal Melchior de Polignac et le prince Jules de Polignac.
Revenez sur la N 102 qui ramène au Puy.

★ GORGES DE LA LOIRE C 1-2

Circuit de 54 km, du Puy à Retournac, tracé en rouge sur la carte p. 327. Comptez environ 3h. Quittez Le Puy-en-Velay au nord par la D 103.
En sortant du bassin du Puy, la Loire s'enfonce dans les gorges de Peyredeyre.
À Peyredeyre, prenez à droite la D 71.

Chaspinhac C2

La route pittoresque surplombe la vallée de la Sumène avant d'atteindre le hameau de Chaspinhac dont la modeste **église** romane, au bel appareil en pierre volcanique rouge, renferme de jolis chapiteaux sculptés.
Au départ de Chaspinhac, le sentier d'interprétation de St-Quentin permet de découvrir, à 937 m d'altitude, cet ancien village abandonné dont la réhabilitation de maisons a commencé. Le cheminement est jalonné de 12 mobiliers artistiques d'interprétation sur les paysages, l'ornithologie, la géologie et les savoir-faire d'autrefois. Chaque année, début juillet, a lieu à St-Quentin une grande fête avec spectacles, expositions, etc.
L'apparition du château de Lavoûte-Polignac marque l'entrée dans le riant bassin de l'Emblaves où la vallée s'épanouit, au pied d'un cirque dominé par des pitons de formes variées.
Reprenez la D 71 en direction de Malrevers. Là, empruntez à gauche la D 26 puis, encore à gauche, la D 7 pour aller à Lavoûte-sur-Loire.

Château de Lavoûte-Polignac C2

✆ 04 71 08 50 02 - www.lavoute-polignac.fr - visite guidée (45mn) juin-sept. : 10h-13h, 14h-19h ; avr. : 14h-18h - 8 € (-15 ans 4 €).

Déjà possession des Polignac au 13e s., il était destiné à servir de manoir de plaisance alors que Polignac était la forteresse. L'unique corps de bâtiment, restauré après la Révolution, vaut surtout pour son site perché, à l'intérieur d'une « voulte » (boucle) de la Loire. Intéressants **souvenirs★** de famille (mobilier, tableaux, tapisseries, correspondance), notamment, de Yolande de Polastron, duchesse de Polignac.

Lavoûte-sur-Loire C2

La petite **église** romane *(Pl. de l'Église - ✆ 04 71 08 50 13 - www.lavoutesur-loire.fr - ♿ - juin-sept. : 9h-18h ; reste de l'année : se rens.)*, à nef unique, abrite, au-dessus du maître-autel, un remarquable **Christ★** en bois sculpté du 13e s.

Véloroute Via Fluvia – *www.viafluvia.fr* - De Lavoûte-sur-Loire commence la véloroute aménagée sur une ancienne voie ferrée et visant à terme à relier la Loire au Rhône. Plusieurs tronçons ont déjà aménagés dont : Lavoûte-sur-Loire-Beaulieu-Rosières *(11 km)* ; Raucoules-Lapte-Grazac *(10 km)* ; Riotord-Dunières *(9 km)*.

Prenez au nord la D 103 puis à gauche la D 29.

Roche-en-Régnier C1

Vieux village perché sur la rive gauche et dominé par un chicot volcanique portant une ancienne tour de défense.

Au pied de la tour, le **panorama★** sur les monts du Velay, du Forez et les sucs d'Yssingeaux est superbe.

Au nord, la D 35 traverse la Loire juste après Roche-en-Régnier et conduit à Chamalières-sur-Loire.

Chamalières-sur-Loire C1

Sur la rive droite de la Loire, en aval du Puy-en-Velay, le bourg s'allonge en terrasses au pied du mont Gerbizon (1 064 m), face à la ligne des monts Miaune dont le dernier mamelon porte les ruines du château d'Artias. Chamalières mérite un arrêt pour son **église romane** (début du 12e s., restaurée au début du 20e s.). Elle appartenait à un ancien prieuré bénédictin assez prestigieux disputé par les plus grandes familles du Velay et du Forez. Des bâtiments conventuels ne subsistent que des vestiges. Le village est une étape sur le chemin de St-Jacques.

★ **Église prieural romane** –*Le Bourg - ✆ 04 71 03 23 14 - été : tlj 10h-18h, hors saison w.-end slt - possibilité de visite guidée.* À l'extérieur, le mur sud est décoré, en partie haute, d'une belle arcature en plein cintre se poursuivant autour de l'abside. L'intérieur comprend une nef de trois travées en berceau, flanquée de bas-côtés, à voûtes d'arêtes. L'**abside** est tout à fait remarquable par sa voûte en cul-de-four, d'une ampleur exceptionnelle. À mi-hauteur de la voûte, au-dessus des oculi, les petits orifices disposés sur trois rangs correspondent à des vases acoustiques, ou *echea*, noyés dans la maçonnerie. À droite, en entrant, se trouve une célèbre sculpture romane, à l'origine pilier monolithe de l'ancien cloître, creusé plus tard en vasque et utilisé comme bénitier. Sur le pilier gauche du transept, du côté du maître-autel, peinture murale (13e s.) de la Vierge en majesté. Au fond du bas-côté sud est conservée la porte romane primitive de l'église (12e s.).

Ancien cloître – Une porte s'ouvrant dans le bas-côté gauche donne accès aux vestiges du cloître roman, établi jadis en terrasses au-dessus de la Loire.

Empruntez la D 103 en direction de Retournac.

Retournac C1
Joliment situé, le bourg abrite une **église**, en partie romane, qui se signale extérieurement par sa construction en pierre d'une belle coloration jaune, son clocher massif et sa couverture de lauzes. À l'intérieur, remarquez la coupole sur trompes, la sobre élégance du chœur, une Vierge à l'Enfant, œuvre italienne du 16e s., l'autel moderne de Philippe Kaeppelin et des vitraux d'Henri Guérin.

★ **Musée des Manufactures de dentelles** – *14 av. de la Gare - ✆ 04 71 59 41 63 - www.ville-retournac.fr - ♿ - juil.-août : 14h-19h ; de mi-mars à fin juin et de déb. sept. à mi-déc. : 14h-18h - fermé 1er Mai - possibilité de visite guidée sur demande (1h30) - 5 € (-12 ans gratuit).* Sur les lieux mêmes de l'ancienne manufacture Experton Frère et Sœur construite en 1913, ce musée restitue avec charme l'atmosphère d'un atelier et la mémoire des dentellières grâce à une exceptionnelle collection de milliers de pièces de dentelles, de modèles, de cartons, de mobilier (dont des tables de dentellières) et d'archives. Une façon sensible et originale de pénétrer au cœur d'un artisanat d'art qui, aux 19e et 20e s., fit l'identité de la Haute-Loire en même temps que sa réputation internationale.

NOS ADRESSES AU PUY-EN-VELAY

VISITE

Train touristique – *Pl. Michelet - ✆ 04 71 02 70 70 - www.petittrains.com - juil.-août : 10h, 11h, 14h, 15h, 16h, 17h et 18h ; mai-juin et sept. : 10h, 11h, 14h, 15h, 16h et 17h - fermé 1er Mai - 8 € (-12 ans 4 €) - Visite confortable commentée (45mn) du centre historique de la ville du Puy-en-Velay et des monuments - visite nocturne « Puy de Lumières » sur réserv. juil.-août : mar. et vend. 21h30 (10 €).*

HÉBERGEMENT

PREMIER PRIX

5 **Dyke Hôtel** – B2 - *37 bd Mar.-Fayolle - ✆ 04 71 09 05 30 - www.dykehotel.fr - P garage privé 6 € - fermé 18 déc.-5 janv. - 15 ch. 59/65 € - ☕ 6,50 €.* Dans la ville veillée par ses fameux dykes basaltiques, hôtel doté de petites chambres simples. Bien que toutes insonorisées, celles côté ruelle sont plus calmes. Accueil cordial.

4 **Chambres d'hôte Epicurium** – B2 - *5 r. du Bessat - ✆ 04 43 07 27 11 - ✆ 06 24 41 56 00 - www.l-epicurium.com - 5 ch. 64/72 € ☕ - ✕ table d'hôte 10/18 €.* Cette maison d'hôte a pris place dans un ancien immeuble d'habitation où l'espace a été largement dégagé. Objets de récup', baignoires en fonte d'époque, tout comme les cheminées et les menuiseries, cuisine ouverte sur la salle à manger, confitures maison. Une adresse sympathique et bon enfant dans une des nombreuses ruelles pentues et pavées de la vieille ville…

BUDGET MOYEN

10 **Hôtel Le Régina** – B3 - *34 bd Mar.-Fayolle - ✆ 04 71 09 14 71 - www.hotelrestregina.com - 25 ch. 69/130 € - ☕ 12 € - ✕ 15,50 € (formule déj. sem.), menu 22,50/35.80 €.* Installé dans un très bel immeuble de 1905, cet hôtel de caractère possède de grandes chambres, rénovées avec goût et originalité. Cuisine savoureuse, l'une des meilleures tables du Puy, qui mêle tradition régionale et accents méditerranéens.

11 **Ibis Styles** – B2 - *47 bd Mar.-Fayolle - ✆ 04 71 09 32 36 - www.lepuy-hotels.com - P payant - ♿ - 50 ch. 85/110 €* ☕. Modernité, couleurs flashy et service très souriant sont au rendez-vous de cet établissement aux vastes chambres. Les familiales sont proposées au meilleur prix.

Hôtel Chris'Tel – Hors plan - *15 bd Alexandre-Clair - ✆ 04 71 09 95 95 - www.hotel-christel.fr - 30 ch. 73/99 € - ☕ 12,90 €. - ✕.* Installé près du musée Crozatier, l'hôtel Christel a fait peau neuve. Chambres confortables, petit-déjeuner buffet copieux et varié.

À proximité

Camping CosyCamp – Hors plan - *Les Ribes - 43800 Chamalières-sur-Loire - ✆ 04 71 03 91 12 - ✆ 06 28 06 83 04 - www.cosycamp.com - de mi-mai. à fin sept. - 10 ch. 32/145 €.* Une nouvelle manière de faire du camping : vous avez le choix entre une cabane perchée, un lodge, une tente canadienne, une roulotte, etc. Sur 4 ha, au bord de la Loire, un dépaysement assuré pour un « confort haute nature » !

PREMIER PRIX

Chambres d'hôte La Gourmantine – Hors plan - *Chemin de Ridet - 43000 Polignac - ✆ 04 71 05 94 29 - ✆ 06 33 96 06 36 - www.chambre-hotes-haute-loire.com - P - 5 ch. 65/75 € ☕ - table d'hôte 24 €.* Située au pied du château, cette ferme rénovée bénéficie du calme du village. Chambres coquettes et cuisine familiale servie dans la « salle à manger Monet ». La propriétaire, grande collectionneuse, expose ses trésors dans la « salle à manger des collections » où sont servis les petits-déjeuners (copieux et bons).

RESTAURATION

PREMIER PRIX

13 **Le Majestic** – B3 - *8 bd Mar.-Fayolle - ✆ 04 71 09 06 30 - ♿ - 10/17,50 €.* Murs de velours rouge, tables en marbre noir, chaises design, grandes baies avec stores en bambou… S'ouvrant sur deux avenues, cette brasserie branchée propose des formules du jour à petits prix. Vaste terrasse ensoleillée donnant sur la place Michelet.

1 **Le Chamarlenc** – A2 - *19 r. Raphaël - ✆ 04 71 02 17 72 - http://lechamarlenc.free.fr - ♿ - fermé dim.-lun. - plat unique déj. sem. 12,50 €, formule déj. 19 €, menu déj. 23 € - menu 19/23,50 €.* Ce petit restaurant du centre historique sert une cuisine à base de produits du terroir et de céréales bio : terrine maison, mitonnée du jour, fromages de la région, yaourts maison.

BUDGET MOYEN

5 **7 Instant** – A2 - *4 r. Julien - ✆ 04 71 02 45 62 - fermé lun. soir, mer. soir et dim. - 16/30 €.* Ambiance décontractée dans cette brasserie située en face du marché couvert. Cuisine élaborée avec des produits de saison, beau choix de viandes et de poissons.

8 **Comme à la Maison** – A2 - *7 r. Séguret - ✆ 04 71 02 94 73 - www.guillaume-fourcade.fr - fermé dim. et lun. soir. - 12h-14h/19h30-22h30 - menu déj. sem. 10/20 €, menu soir 20/50 €.* Ancien second de chez Tournayre, Guillaume Fourcade est le jeune chef de ce bistrot contemporain, niché au pied de la cathédrale. Cuisine du marché pleine d'inspiration, où les produits auvergnats sont bien présents.

7 **Bambou et Basilic** – A2 - *18 r. Grangevieille - ✆ 04 71 09 25 59 - www.bambou-basilic.*

com - fermé lun.-mar. - 24 € (menu déj. sem.), menu 30/65 €. Encore un jeune chef, Michael Ruah, qui sait faire des miracles en opérant la jonction entre tradition et modernité. Il faut essayer ce Bambou et Basilic au moins une fois…

3 **L'Écu d'Or** – A2 - *59-61 r. Pannessac - ✆ 04 71 02 19 36 - www.restaurant-lecudor.fr - fermé dim. soir et merc.-jeu. d'oct. à mai - menu 16/37,90 €.* Dans une rue piétonne de la vieille ville, ce restaurant, dans une belle salle voûtée des 14e et 16e s. décorée de grandes fresques murales, est assez pittoresque. La table est plutôt bonne et le service jeune.

9 **Le Poivrier** – A2 - *69 r. Pannessac - ✆ 04 71 02 41 30 - www.lepoivrier.fr - ♿ - fermé dim.-lun. et mar. soir - formule déj. sem. 15 € - menu 25 € (29 € le sam. soir) - à la carte 18/27 €.* Restaurant relooké dans un style design épuré, assez tendance, sans perdre en convivialité. Exposition de photographies. Spécialités de viandes de bœuf de Haute-Loire.

POUR SE FAIRE PLAISIR

6 **Tournayre** – A2 - *12 r. Chênebouterie - ✆ 04 71 09 58 94 - www.restaurant-tournayre.com - fermé lun.-mar. - menus 30/58 €, carte 22/35 €.* Dans la vieille ville, cette ancienne chapelle du 16e s. ravira les amoureux du passé. La cuisine fait la part belle aux produits du terroir, revisités avec un art qui ne se dément pas au fil des années.

ACHATS

Au fil de la rue des Tables, artère piétonne pleine de charme, vous découvrirez essentiellement des boutiques consacrées à la dentelle. Possibilité d'admirer les dentellières au travail.

Boutique Sabarot – *15 r. Courrerie - ✆ 04 71 00 10 15 - www.sabarot.com - mar.-sam. 10h-12h30, 14h30-19h (9h le sam.), juil.-août ouv. tlj.* Installée dans une des rues piétonnes de la ville, cette boutique propose son produit phare, la célèbre lentille verte du Puy, première légumineuse AOP, mais aussi des champignons de la forêt, des céréales, etc.

Marché – *Pl. du Plot - sam. 8h-13h.* Sur cette place magnifique, embellie d'une fontaine, le marché offre le meilleur des produits fermiers (notamment le velay, un fromage au lait cru) et les fruits des cueillettes saisonnières (fruits rouges et champignons).

Espace Pagès - Maison de la Verveine du Velay – *29 pl. du Breuil - ✆ 04 71 02 46 80 - www.verveine.com - juil.-août : 10h-13h, 14h-19h ; avr.-juin et sept. : tlj sf lun. 10h-12h30, 14h30-19h ; reste de l'année : tlj sf dim.-lun. 10h-12h30, 14h30-18h.* Installé dans un ancien cinéma, cet espace est un hymne à la verveine, dont il présente toutes ses utilisations possibles, même les plus insolites.

Centre d'enseignement de la dentelle au fuseau – *44 r. Raphaël - ✆ 04 71 02 01 68 - www.ladentelledupuy.com - fermé dim. - 9h-17h30 (16h30 le sam.) - cours et formations à partir de 13 €/h.* Par saint Jean-François Régis - patron des dentellières - enfin un établissement digne de ce nom qui permette de découvrir la dentelle de façon originale. Une vidéo relate l'implantation de la dentelle. Expositions thématiques. Un centre d'enseignement permet de s'essayer à la confection au fuseau (cours à l'heure - 16,50 €).

Au Cyrano – *1 r. Crozatier - ✆ 04 71 09 04 16 - ♿ - 8h-19h, dim. 8h-13h - fermé lun.* Dentelles, photos anciennes en sous-verre : la famille Savelon, installée depuis trois générations à cette adresse, n'oublie pas d'honorer sa jolie ville. Nombreuses spécialités dans sa gamme sucrée-salée : le succès ou le cyrano (recettes inchangées depuis 1930), le pâté en croûte au veau mariné au madère, les pâtes de fruits ou les délicieux chocolats maison…

Didier Rix – *13 r. St-Gilles - ☏ 04 71 09 30 07 - ☏ 06 60 14 63 01 - www.patisserie-rix.fr - fermé lun. - 8h-19h, 8h-12h le dim.* Didier Rix, patron de cette petite boutique depuis 1999, imagine sans cesse de nouvelles recettes de gâteaux qu'il élabore dans le respect de la tradition : ganaches aux fruits, nougat, macarons, millefeuilles réputés, entremets joliment décorés, pâtisseries modernes, glaces.

À proximité

Distillerie de la Verveine du Velay-Espace Pagès – *N 88, sortie n° 2 - ZA Laprade - r. Descartes - 43700 St-Germain-Laprade - ☏ 04 71 03 04 11 - www.verveine.com - juin-sept. : lun.-sam. visite guidée (50mn) 10h30, 14h30, 15h30, 16h30 (en juil.-août, sans réser., sur demande en juin et sept.) - boutique ouv. du 15 mars à fin déc. : 10h-12h30, 14h-19h.* Les visiteurs sont conviés à la découverte de la fabrication de la célèbre verveine du Velay conçue en 1859 par J. Rumillet-Charretier. Pas moins de 32 plantes et un savoir-faire jalousement préservé sont nécessaires à son élaboration.

Salaisons de Fix-St-Geneys – *Le Bourg - 43320 Fix-St-Geneys - 25 km au nord-ouest du Puy par la N 102 - ☏ 04 71 57 02 12 - www.salaisondefix.fr - 7h30-19h30.* Des produits élaborés sur place par la maison Comte, à 1 112 m d'altitude : noix de jambon, pâtés, jésus, rosette, saucisse sèche nature ou parfumée, saucisson de porc, canard ou sanglier, cette boutique est une vraie caverne d'Ali Baba, où l'on trouve aussi du miel de montagne, des lentilles vertes du Puy ou de la verveine. À consommer sans modération !

Pisciculture des eaux de Vourzac – *Rte de Loudes, moulin de Gauthier - 43320 Sanssac-l'Église - ☏ 04 71 09 43 84 - 8h-11h30, 14h-17h30, sam. 8h-11h30 - fermé dim.* Cette pisciculture, située en pleine nature, à 700 m d'altitude, est le royaume de la truite, élevée dans des bassins alimentés par l'eau de la source. À la boutique, nombreux produits à base du salmonidé : filets fumés au bois de chêne, carpaccio, terrine…

ACTIVITES

Accrovelay – *R. Bonnassieu - ☏ 06 33 09 06 44 - www.accrovelay.com - 10/16 €.* Sur les hauteurs du Puy-en-Velay, 3 parcours dans les arbres (balade Bambino, balade aérienne et balade en tyrolienne).

AGENDA

Puy de Lumières – *De fin avr. à fin sept, ts les soirs à la tombée de la nuit - www.puydelumieres.fr.* Depuis 2017, les monuments de la ville, ainsi que ceux de Brives Charensac, s'animent et se racontent en couleurs et en musique.

Le Roi de l'Oiseau – *mi-sept. - www.roideloiseau.com.* Grande fête populaire avec défilés, bals et concerts. Les Ponots, en costume Renaissance, perpétuent une tradition qui remonte au 16e s.

Festival des Trois Chaises – *À Allègre, ven-sam.-dim. début août.* Concerts de musique classique dans les anciennes écuries du château.

Le mont Mézenc

★★★

1 791 Monastérois – Haute-Loire (43)

Formé d'un cortège de dômes et de pitons volcaniques appelés « sucs », le massif du Mézenc dessine la ligne de partage des eaux entre la Méditerranée et l'Atlantique. Il présente deux visages radicalement différents : particulièrement encaissé en direction du Rhône, il est appelé le « plateau » par les habitants du Velay ; côté auvergnat, ses vastes étendues dénudées et ventées sont propices aux estives. En chemin vers le point culminant, le mont Mézenc, vous jouirez d'un panorama à couper le souffle, laissant entrevoir, au loin, la longue chaîne des Alpes.

NOS ADRESSES PAGE 359
Hébergement, restauration, achats, activités, etc.

S'INFORMER

Office du tourisme Mézenc et de la Loire Meygal Les Estables – *Pl. du Mézenc - 43150 Les Estables - ✆ 04 71 08 31 08 - www.mezencloiremeygal.com - horaires, se rens.*

SE REPÉRER

Carte de microrégion D3 p. 327 – *carte Michelin Départements 331 G4.*

À NE PAS MANQUER

Le panorama du haut du mont Mézenc ; la façade de l'abbatiale ; le musée-école de Monastier-sur-Gazeille.

Découvrir

★★★ Mont Mézenc

Deux accès sont possibles, mais le plus fréquenté et le mieux signalé est celui de la Croix de Boutières.

Accès par la Croix de Boutières – *2,5 km au départ des Estables par la D 631. Laissez la voiture à la Croix de Boutières (alt. 1 508 m).* Le rocher qui domine le col de la Croix de Boutières, à droite, offre une belle **vue**★★ sur le suc de Sara, la montagne de Roche-Borée et les Boutières.

Massif du Mézenc.
B. Jaubert/imageBROKER/age fotostock

Prenez le GR 7 (1h15 à pied AR) qui s'élève, à gauche, vers le sommet.

★★★ **Panorama** – Si le temps le permet, le lever du soleil derrière les Alpes est un spectacle inoubliable, mais qui impose de partir des Estables de très bonne heure. Du sommet, un **paysage** immense se révèle : au nord, le Meygal et les monts du Forez ; à l'ouest, le bassin du Puy, le Velay et les monts d'Auvergne ; au sud, le lac d'Issarlès et un horizon de sucs ; à l'est, les gorges de la Saliouse et de l'Eysse creusent, vers le haut Eyrieux, le pays des Boutières aux trouées profondes entrecoupées de crêtes, de serres et de pics : des plans multiples, enchevêtrés, se dessinent jusqu'à la vallée du Rhône. Au-delà apparaissent les Alpes dont on distingue, par temps clair, les principaux sommets.

Accès par la Croix de Peccata – *3 km au départ des Estables. Laissez la voiture à la Croix de Peccata (alt. 1 570 m), puis prenez à droite le sentier (1h à pied AR).* Il s'élève sous bois, puis serpente au milieu des bruyères et des genévriers. *Obliquez à gauche vers le sommet nord (1 749 m), surmonté d'une croix.*

Par le replat intérieur séparant les deux sommets, on gagne le sommet sud (1 753 m).

Rejoignez la D 274 au nord.

Circuit conseillé Carte de microrégion CD2-3 p. 326-327

AU PAYS DES SUCS ET DE LA LAUZE

Circuit de 145 km tracé en bleu sur la carte p. 352, au départ du Monastier-sur-Gazeille. Comptez une journée.

Le Monastier-sur-Gazeille

Ce gros bourg de la Haute-Loire, très actif, doit son nom à un monastère bénédictin, le plus ancien du Velay : son origine remonte à la fin du 7e s. Le monastère connaît durant plusieurs siècles un rayonnement extraordinaire. À la fin du 12e s., le domaine abbatial compte 235 dépendances ou prieurés, notamment Chamalières-sur-Loire (*p. 345*) en Velay, Veyrines et Thines en Vivarais. Le déclin est très rapide à partir du 16e s., quand des abbés commendataires succèdent aux abbés réguliers.

Église abbatiale St-Chaffre – *Pl. du Vallat - 04 71 08 37 76 - www.mezencloiremeygal.com -accès libre - possibilité de visite guidée 3 €, abbatiale + trésor 5 €.* Le sanctuaire roman construit au 11e s. a été profondément remanié au 15e s. et les bâtiments conventuels ont été réhabilités et réaménagés. Sa **façade**★., vivement colorée, date du 11e s. L'assemblage en « pain d'épice » de ses pierres volcaniques sombres ou dorées illustre une technique décorative répandue dans l'Auvergne et le Velay romans. C'est à l'étage, au-dessus du porche, que le jeu des couleurs est le plus marqué. La corniche du grand fronton triangulaire est décorée d'une frise d'animaux, de figures grotesques et de feuillages. À l'**intérieur,** net contraste entre la nef en pierre volcanique grise et le chœur de style flamboyant, en arkose claire. La deuxième chapelle rayonnante à droite, la plus tardive, est de style Renaissance, avec son plafond à caissons agrémenté d'écussons et de médaillons. Dans le bas-côté nord, bel **orgue★** de 1518, restauré : délicatesse du décor peint et des claires-voies ornant le buffet. Dans la partie haute figurent, dans un écu, les armes de l'abbé Gaspard de Tournon ; de nombreuses restaurations datent de son abbatiat, entre 1504 et 1520.

Musée des Croyances populaires – *Le Château - ✆ 04 71 03 94 08 - ♿ - mai-sept. : 14h30-19h - fermé lun. - possibilité de visite guidée sur demande (2h15) - 5 € (-12 ans 4 €).* Il est aménagé dans les belles salles voûtées du **château abbatial** (sous-sol et rez-de-chaussée). Le bâtiment actuel, cantonné de quatre grosses tours rondes et d'une tour qui renferme un escalier à vis, fut élevé en 1525, sur les fondations d'un château du 14e s., par Charles de Sennecterre (ou St-Nectaire), dont la famille fournit des dignitaires ecclésiastiques au Velay pendant un siècle et demi (blason aux 5 fuseaux surmontés d'une crosse). Suite aux enquêtes ethnographiques menées en Haute-Loire durant des

Le massif du Mézenc

Le massif volcanique du Mézenc *(prononcez Mézin)* forme une barrière naturelle déterminant la ligne de partage des eaux entre l'Atlantique et la Méditerranée. Prolongé au nord par le Meygal, au sud-est par le Coiron, il constitue le centre d'une traînée volcanique coupant l'axe des Cévennes. Le Mézenc est flanqué à l'ouest par les monts granitiques de la Margeride, à l'est par les plateaux cristallins du Haut-Vivarais. Il culmine à 1 753 m au mont Mézenc qui a donné son nom à l'ensemble du massif.

UN PAYSAGE VOLCANIQUE

Au flanc des vallées, l'érosion a dégagé d'amples **coulées basaltiques**, particulièrement remarquables dans le cours supérieur de l'Ardèche et de ses affluents : la Volane, la Bourges, la Fontaulière et le Lignon. Ces coulées, en forme d'orgues prismatiques, ont créé des sites célèbres : cascade du Ray-Pic, chaussée de Thueyts, éperons de Pourcheyrolles, Jaujac, Antraigues.
Les **sucs** phonolithiques apparus à la fin de l'ère tertiaire forment, de part et d'autre du mont Mézenc, un cortège majestueux : au nord, le mont Signon (1 454 m) ; à l'est, la montagne de Roche-Borée et le suc de Touron (1 380 m) ; au sud-est, le suc de Sara (1 520 m), le Gerbier-de-Jonc (1 551 m), les sucs de Montivernoux (1 441 m) et de l'Areilladou (1 448 m) ; au sud, les sucs du Pal et de Bauzon ; au sud-ouest, le suc de Montfol (1 601 m) ; à l'ouest, le Rocher Tourte (1 535 m) et le mont d'Alambre (1 691 m).
Du côté du Velay, le Mézenc offre l'aspect d'un immense plateau dénudé. En été, il évoque une véritable steppe balayée par le vent, parsemée de fermes basses aux toits de chaume ou de lauzes. Le versant vivarois présente un paysage plus tourmenté, s'enfonçant brutalement en direction du Rhône. Les torrents ont mis à nu le soubassement granitique.

LA FLORE DES SOMMETS

Le haut Mézenc possède une flore qui fera la joie des botanistes. Le séneçon leucophylle n'apparaît, dans tout le Massif Central, qu'au sommet du Mézenc : c'est la fameuse « herbe du Mézenc », aux feuilles argentées et aux capitules d'un beau jaune vif. Grande violette des montagnes, anémone des Alpes, gentianes de toute sorte, trolles, arnicas, épilobes, saxifrages sont les plus répandus. Mais c'est à la floraison des narcisses, au mois de juin, que la montagne offre sa plus belle parure. Un marché traditionnel de plantes médicinales, le Festival des violettes, se tient à **Ste-Eulalie**, chaque année.

QUAND L'HIVER VIENT...

Un vaste domaine skiable, dit **domaine nordique du Mézenc**, se prête l'hiver à la pratique du ski de fond. Plus de 100 km de pistes sont réparties sur les communes de Chaudeyrolles, Freycenet-la-Cuche, Les Estables et St-Front ainsi que sur le mont d'Alambre au-dessus des Estables.

LE GÉOPARK

Des villages du massif du Mézenc ont intégré le Parc naturel des Monts d'Ardèche, classé depuis 2014 à l'Unesco au titre du label mondial Géopark, qui signale des sites d'une richesse géologique particulière ; certains sont accessibles au public : les Narces-de-Chaudeyrolles, le mont Signon, le grand suc de Breysse, les Dents du Mézenc et le mont Mézenc *(www.geopark-monts-ardeche.fr)*.

L'ÉQUIPÉE DE STEVENSON

Réputés pour leur « amour de la dive bouteille, leur liberté de langage et leurs dissensions politiques sans égales. Une vraie Pologne montagnarde » : ainsi **Robert Louis Stevenson** décrivit-il les Monastérois après son passage par le village. Durant l'automne 1878, le romancier britannique, auteur de *L'Île au trésor,* cherche à satisfaire son humeur vagabonde et à retrouver la trace du vieil esprit camisard. Il traverse à pied les Cévennes, du Monastier à Alès, couchant à la belle étoile ou dans des auberges de fortune. Son carnet de voyage, *Voyage avec un âne dans les Cévennes*, est une mine d'observations drôles et pertinentes sur la diversité des paysages et des personnages rencontrés au hasard de sa promenade. Pour porter l'invraisemblable sac de couchage qu'il s'est fait confectionner, Stevenson a fait l'acquisition d'une ânesse, baptisée **Modestine**. Le conflit entre l'obstination du romancier et l'entêtement d'une ânesse du Velay durera autant que le voyage.

années, Patrice Rey entraîne le visiteur au cœur des contes et légendes du département grâce à 200 figurines et 70 saynètes. Le plasticien évoque avec humour les superstitions locales, les boules de feu dans le ciel, l'enclouage de la poupée, le bossu malavisé du Breuil, le loup-garou de La Chaise-Dieu, autant de mythes plus universels qu'on ne le croit…

★ **École-musée du Monastier** – *4 av. Laurent-Eynac - t 04 43 07 22 23 - http://ecolemusee.free.fr - j - sais. : 10h-20h ; reste de l'année : 10h-19h - 6 € (-18 ans 4 €) - visite guidée et animée (2h) - salle de pique-nique et boutique.* Prenez le temps de visiter cet endroit atypique et délicieux qui séduira même les plus rétifs à l'enseignement… Janet et René Darne, une fois à la retraite, ont acheté l'ancienne école et l'ont entièrement remeublée comme dans les années 1930. Bureaux à abattants, encriers, poêle à bois, tableau noir, cartes de France aux murs, livres par centaines, blouses par dizaines, sabots, tout y est. Les visiteurs se transforment en écoliers, apprennent à se servir d'un boulier, font une dictée à l'encre violette, et écoutent le maître et la maîtresse, intarissables. Les bonnets d'âne sont prévus pour les mauvais élèves. Au tableau noir de l'entrée, les heureux propriétaires ont rassemblé quelques « perles » qui témoignent de l'imagination fertile des écoliers d'antan !

Trésor du Monastier – *Entrée par l'office de tourisme - ✆ 04 71 08 37 76 - juin-sept. tlj 9h30-12h30, 14h-17h, mai mêmes horaires sf dim., oct. mêmes horaires sf w-end - 3 € (-18 ans 2 €) - pass 3 musées 10 € - audioguide gracieusement mis à disposition.* Cet espace muséal présente l'histoire millénaire du Monastier grâce à des tablettes tactiles, des écrans numériques, qui font revivre l'histoire des moines bénédictins, béates, dentellières, et bâtisseurs de la Transcévenole. L'épopée de Stevenson est aussi évoquée. Nombreux objets anciens et documents d'époque. Est exposé le trésor de l'abbaye : la pièce maîtresse, le **buste-reliquaire★** de **saint Théofrède**, dit aussi **saint Chaffre**, en chêne recouvert de plaques d'argent serties de pierres précieuses, des étoffes de soie byzantines du 10e s. ayant enveloppé les reliques des saints fondateurs et des tableaux du 15e s., dont une **pietà** exceptionnelle représentant le Christ à l'intérieur de son tombeau. Expositions temporaires en saison.

À 2 km au sud de Monastier-sur-G. par la D 500, puis la D 535 vers Aubenas se trouve le viaduc de la Recoumène.

★ Viaduc de la Recoumène

Ce bel ouvrage d'art, franchissant la Gazeille à 65 m de hauteur, fut construit entre 1921 et 1925. Comportant huit arches en basalte, il était destiné à former

un jalon sur la Transcévenole, ligne de chemin de fer qui devait relier Le Puy à Nieigles-Prades (Ardèche), et qui ne fut jamais mise en service. C'est à l'heure actuelle le seul site du Velay homologué pour le **saut à l'élastique** : frissons garantis ! *(www.capliberty.com).*
Continuez par la D 38 vers Issarlès.

Château de Vachères

Ne se visite pas. Un donjon massif flanqué de tours à poivrières donne à ce château (13e s., remanié et surélevé au 18e s.), avec ses blocs de basalte noir noyés dans un mortier blanc, une fière allure médiévale.

★ Lac d'Issarlès

Pl. du 14-Juillet - 07470 Coucouron - 04 66 46 12 58 - www.coucouron-lac-dissarles.com - de mi-juil. à mi-août : 9h-12h, 14h-18h, mar. 9h-12h, 15h-19h, dim. 8h30-12h30 ; de déb. juin à mi-juil. et de mi-août à fin sept. : tlj sf dim. 9h-12h, 14h-18h, mar. 9h-12h, 15h-19h ; mai : tlj sf w.-end 9h-12h.

Tel un saphir incrusté dans un profond cratère, le joli lac d'Issarlès, en Ardèche, mêle tout l'éclat de ses eaux d'un bleu intense à sa parure volcanique ponctuée de sucs. De forme arrondie, il fait partie de l'ensemble hydroélectrique de Montpezat, ce qui provoque des variations de niveau de son plan d'eau ; il est maintenu en pleine eau pendant la période estivale ce qui attire les amateurs de baignade.

Tour du lac – À une altitude de 1 000 m, le lac occupe un cratère volcanique de 90 ha, profond de 138 m. On peut en faire le tour (environ 5 km) ; se renseigner avant car les rives sont parfois inondées en fonction de l'activité hydroélectrique.

★ **Point de vue** – *15mn à pied AR. Empruntez, à l'extrémité sud du village, le chemin montant à gauche de la plage. Suivez-le à travers les pins, jusqu'aux vestiges d'une habitation troglodytique creusée dans un affleurement rocheux.*
Un peu plus loin, un second rocher forme un excellent belvédère au-dessus du lac et de son cadre forestier. De cette plate-forme, un sentier dégringole vers la rive sablonneuse, que l'on pourra suivre au retour.
Quittez le lac d'Issarlès par la D 16 vers Le Béage où l'on prend la direction de Ste-Eulalie.

Ste-Eulalie

Le Village - 07510 Ste-Eulalie - 04 75 38 89 78 - www.ardeche-sources-loire.com - juil.-août : 9h-12h, 14h30-18h, dim. et j. fériés 8h30-12h30 ; reste de l'année : tlj sf dim. 9h-12h, 14h-17h30, merc. 9h-12h, sam. 8h30-12h30 - fermé certains j. fériés.

Commune du Gerbier-de-Jonc et donc des sources de la Loire, le village est également réputé pour ses toits de genêts qui disparaissent peu à peu du paysage. Juste à côté de l'église, on peut encore admirer une de ces anciennes maisons bien entretenues. Vers le Gerbier-de-Jonc, on peut voir également une très belle « paillisse » avec son toit de genêts, la **ferme Philip**. *04 75 38 80 00 - de mi-juil. à fin août : 15h-18h ; reste de l'année : sur demande préalable - fermé w.-end - possibilité de visite guidée sur demande - 5 € (enfant 3 €).*
Continuez sur la D 122 vers Lachamp-Raphaël jusqu'au carrefour avec la D 378.

★ Ferme de Bourlatier

D 122 - Bourlatier - 04 75 38 84 90 - www.bourlatier.fr - juil.-août : 10h30-18h ; vac. de Pâques : tlj sf lun.-mar. 14h30-17h30 ; mai-juin : tlj sf lun.-mar. 14h-17h30, w.-end 10h30-18h ; sept. : merc. 14h30-17h30, w.-end 14h-18h ; reste de l'année : se rens. - possibilité de visite guidée sur demande (45mn) - 4,40 € (-15 ans 2,20 €).

Magnifique témoin de l'architecture à toits de lauzes, cette grande ferme

Parc naturel régional des Monts d'Ardèche, massif du Mézenc, sommet du mont Gerbier-de-Jonc.
H. Lenain / hemis.fr

seigneuriale, située à 1 380 m d'altitude, a été totalement restaurée selon les règles de l'art. Sa partie la plus exceptionnelle est sa superbe charpente en forme de carène renversée qui supporte sur 900 m^2 les quelque 150 t de la toiture.

Prenez au carrefour la D 378 en direction des Estables et du Gerbier-de-Jonc.

★★ Gerbier-de-Jonc

Veillez à éviter les périodes de forte affluence touristique, le site étant très fréquenté. Le mot « Gerbier » est la latinisation de la racine indo-européenne « gar » signifiant rocher. Quant à « Jonc », c'est un dérivé du latin *jugum*, montagne. Littéralement, Gerbier-de-Jonc signifie donc le mont rocheux, et non une gerbe de joncs… Son étonnante silhouette qui se détache à 1 551 m d'altitude, sur la ligne de crête séparant les bassins de la Loire et du Rhône. Le Gerbier, qui appartient au massif du Mézenc, est constitué de roches phonolithiques. Ces roches, d'origine volcanique, sonores sous le choc, se délitent par plaques. Elles forment des éboulis instables et semblent habiller le mont d'une carapace écailleuse. Au pied du versant sud-ouest naissent plusieurs filets d'eau : les sources de la Loire.

Accès – C'est en venant de St-Martial, au nord-est, ou de Ste-Eulalie, au sud, en remontant le vallon pastoral de la Loire naissante, que la découverte du Gerbier-de-Jonc est la plus frappante.

Ascension – La montée est rude mais assez courte *(45mn AR)*.

Du sommet, le **panorama**★★ est impressionnant. Du côté nord-est, le regard plonge au-dessus de la trouée de l'Eysse, affluent de l'Eyrieux ; du fond des ravins monte le sourd grondement du torrent. Vers le sud-est, se découvre un horizon de crêtes et de sucs, entre Eyrieux et Ardèche. Le mont d'Alambre, le Mézenc et le suc de Sara bornent l'horizon au nord, le suc de Montfol à l'ouest. Reconnaissable à sa forme tabulaire, le suc de la Barre forme un premier plan tout proche au sud.

Poursuivez sur la D 378 vers Les Estables.

Très agréable parcours de crête, surtout à l'approche du rocher des Pradoux.

BÉATES DU VELAY

Les « béates » (de *beatus*, heureux) étaient des « demoiselles de l'instruction », ayant religieusement consacré leur vie à l'instruction spirituelle, scolaire et manuelle (technique de la dentelle) des enfants, mais aussi aux soins et au conseil des adultes. Elles devaient être appelées par le curé du village et les paroissiens prenaient à leur compte la construction de leur maison et leur modeste nourriture. Précieux lien social, elles furent interdites d'enseignement en 1881 (lois Jules Ferry). Ne leur restaient que la dentelle et le catéchisme, qu'elles enseignèrent longtemps… Les dernières béates ont exercé en Haute-Loire jusqu'en 1960.

Les Estables

Pl. du Mézenc - 43150 Les Estables - 04 71 08 31 08 - www.mezencloiresauvage.com - horaires, se rens.
À 1 367 m d'altitude, sur les contreforts du Mézenc, ce village montagnard est le plus élevé du Massif Central. Ski alpin sur les flancs du mont d'Alambre (1 691 m) ; également nombreuses pistes de ski de fond aux Estables.
Traversez le village dans le sens sud-nord pour prendre à droite vers le mont Mézenc par la Croix de Peccata.

★★★ Mont Mézenc *(p. 350)*

Chaudeyrolles

Au pied du massif du Mézenc, ce bourg typique conserve des maisons en pierres volcaniques coiffées de toits de lauzes. Installée dans l'une d'entre elles, la **Maison du Fin Gras du Mézenc** présente la fabrication de cette viande AOC, issue d'un élevage particulier de bœufs et de génisses, et propose des dégustations dans sa petite boutique de produits du terroir. *Le Bourg - 04 71 56 17 67 - www.aoc-fin-gras-du-mezenc.com - mai-sept. : tlj sf lun. 14h-18h30 ; reste de l'année : se rens. - 4,50 € (-16 ans 3 €).*
Continuez sur la D 274, puis tournez à gauche dans la D 500 vers Le Monastier.
L'immense plateau à pâturages prend l'aspect d'une steppe à la fin de l'été. À gauche, au flanc du Mézenc, trois témoins basaltiques évoquent des tours en ruine, d'où leur nom de « Chastelas » ; les habitants de la région les appellent **« Dents du Mézenc »** ou « Dents du Diable ». Un peu plus loin sur la gauche se dressent le rocher d'Aiglet et, en arrière, le mont d'Alambre.
Quelques kilomètres après, prenez à droite la D 36 et la D 361 vers Moudeyres.

★ Moudeyres

Ce village de carte postale, où le temps semble s'être arrêté, conserve de nombreuses chaumières typiques du plateau du Mézenc. La **ferme des frères Perrel** (18e s.) notamment, avec ses murs de basalte, son toit de chaume coiffant les bâtiments d'exploitation (le toit de la grange mesure 700 m² !) et ses lauzes couvrant l'habitation proprement dite, a conservé l'intégralité de son ameublement et de son outillage à la date où les frères Perrel en firent don à la mairie (1974). La visite guidée, fort instructive, permet de pénétrer dans les coulisses d'une vie familiale rurale déjà presque oubliée. *Chemin de Genestou - 06 27 59 14 52 - www.ecomuseefermeperrel.com - visite guidée (1h) juil.-août : 10h, 11h, 12h, 14h, 15h, 16h, 17h ; mai-juin : w.-end ttes les h. 10h-12h, 14h-18h, merc. 14h-18h ; sept. : merc. et ttes les h. w.-end 10h-12h, 14h-17h - 6 € (5-16 ans 4 €).*
Au centre du village, un clocheton signale la petite **maison de la Béate** *(voir encadré ci-dessus).*

ADIEU JOLIS CHAUMES ?

Ironie de l'histoire qui veut que la paille de seigle qui couvrait autrefois les toits des pauvres soit aujourd'hui le privilège de ses amoureux les plus riches ! Les chaumières étaient en effet courantes dans la région alors qu'il faut à présent visiter Bigorre ou Moudeyres pour les retrouver en nombre (une association défend leur survie sur le plateau du Mézenc). En effet, si la matière reste meilleur marché, c'est le prix de la main-d'œuvre qui marque la différence, d'autant qu'un toit de chaume doit être régulièrement revu, et refait entièrement tous les vingt à trente ans (contre cent environ pour l'ardoise). De plus, le chaume implique un surcoût d'assurance. La visite de l'écomusée, avec la disposition régulière des nœuds sous chaque « cloissoux » de paille, convainc pourtant de ses qualités esthétiques, de son pouvoir d'isolation, sans parler de l'odeur entêtante qui règne sous la charpente.

Prenez la D 36 vers Laussonne, puis à droite les Planchas par la D 49 et encore à droite la D 39 qui mène à Maziaux et à Bigorre.

★ Bigorre et Les Maziaux

La spécificité de ces hameaux est due à la passion d'un homme : Isidore Boyer était agriculteur et aimait les toits de chaume de son village. Il apprit donc à les entretenir et à les refaire. L'ensemble a ainsi gardé ses **chaumières** et son architecture traditionnelle. Par sa cabane de bergers, ses outils ruraux, le commentaire de la maquette du village et surtout son film (malheureusement détérioré) sur la réfection des chaumières, le charmant **écomusée** *(Bigorre - ✆ 06 99 68 88 00 - visite guidée sur demande préalable (50mn) juil.-août : 15h-19h ; de mi- à fin juin et de déb. à mi-sept. : dim. 15h-18h - 5 € (-10 ans 3,50 €).)* ressuscite la vie rurale locale.

Revenez sur la D 39 que vous prenez sur la gauche.

St-Front

Ce vieux village adossé à une butte offre une **vue★** excellente sur le versant nord-est du Mézenc et le mont d'Alambre. Remarquez, au centre du bourg, l'église de montagne avec son clocher-peigne typique (11e s.).

Prenez la D 39 vers Les Fayolles et regagnez la D 500 que l'on prend à droite vers Le Monastier-sur-Gazeille.

Freycenet-la-Tour

La tour a disparu, mais ce village vaut le coup d'œil pour son église romane avec son toit en lauzes du pays, et les rives romantiques de l'étang des Barthes – où il fait bon pique-niquer –, niché au cœur d'une grande forêt domaniale. L'espace numérique d'accueil *(pl. du Couderc, mar.-sam. 13h30-17h en saison)* retrace la mémoire du village de manière interactive (notamment appli smartphone).

NOS ADRESSES DANS LE MONT MÉZENC

HÉBERGEMENT

PREMIER PRIX

Camping La Plaine de la Loire – *Moulin du Lac - 07470 Le Lac-d'Issarlès - ✆ 06 24 49 22 79 - www.campinglaplainedelaloire.fr - - ouv. de mi-mai à mi-sept. - réserv. conseillée - 30 empl. 11 €, chalet 4 pers. 400 €/sem.* Situé au bord de la Loire, à près de 1 000 m d'altitude, ce camping satisfera les amateurs de vacances de grand air. On appréciera le lieu pour sa simplicité et sa bonne tenue.

Hôtel Le Provence – *Av. des Écoles - 43150 Le Monastier-sur-Gazeille - ✆ 04 71 03 82 37 - www.le-provence.com - P 30 €/sem. - ♿ (rest.) - 9 ch. 59/69 € - ☕ 8 € - ✕ 14/25 €.* À deux pas du centre-ville, cet hôtel-restaurant a le mérite de faire les choses de façon simple. Les chambres ont été rénovées et sont pourvues d'un sanitaire propre et bien entretenu. Côté restaurant, les menus comptent quelques spécialités régionales d'un bon rapport qualité-prix.

BUDGET MOYEN

Hôtel du Nord – *Au bourg - 07510 Ste-Eulalie - 16 km à l'est du lac d'Issarlès par D 16 et D 122 - ✆ 04 75 38 80 09 - www.hoteldunord-ardeche.com - P ♿ - fermé 12 nov.-12 mars - 15 ch. 68/75 € - ☕ 11 € - ✕ (fermé mar. soir et merc.) formule déj. 20 € - menu 26/44 €.* Cette auberge de campagne située dans un village proche du Gerbier-de-Jonc constitue une étape pratique : chambres confortables, régulièrement rénovées, et sobre salle à manger où l'on sert une cuisine familiale inspirée du terroir.

L'Auberge de Pays de l'Herminette – *Bigorre - 43550 St-Front - Les Maziaux - 5 km au nord-ouest de St-Front par D 39 et chemin à droite - ✆ 04 71 59 57 58 - http://auberge-lherminette.com - P - fermé des vac. de Noël au 20 mars - réserv. obligatoire - 6 ch. 57/64 € ☕ - repas 28 €.* Une petite hermine a trouvé refuge dans cette maison coiffée d'un toit de lauzes. Après une nuit réparatrice et un repas inspiré par la gastronomie régionale, visitez l'écomusée voisin évoquant histoire et architecture locales.

RESTAURATION

PREMIER PRIX

Auberge Les Acacias – *1 rd-pt des Acacias - 43150 Le Monastier-sur-Gazeille - ✆ 04 71 08 38 11 - www.aubergelesacacias.fr - P ♿ - fermé mi-nov.-jan. - 12h-14h30/19h30-21h30 - menu du jour 13, menu 28 € - 4 ch. 61 € - ☕ 8 €.* Ce petit hôtel-restaurant bénéficie d'un charme unique. Les chambres sont coquettement aménagées et la salle de restaurant offre un agréable décor campagnard avec ses boiseries et son mobilier rustique. Cuisine simple et bonne.

Auberge des Fermiers du Mézenc – *Au bourg - 43150 Les Estables - ✆ 04 71 08 34 30 - ♿ - fermé de début déc. à mi-déc. - 17,50/30 €.* Pour découvrir les produits du terroir, petit détour conseillé dans cette auberge dont l'authentique cuisine locale fait le bonheur des randonneurs : magret de canard, galette de pommes de terre, fromage blanc en faisselle. À côté du restaurant, vente (14h-19h) de spécialités de la montagne ardéchoise :

6

fromages, miels, confitures, tartes aux châtaignes.

BUDGET MOYEN

Le Moulinou – *Lucia-Toebes - 43150 Moudeyres - ✆ 04 71 08 30 52 - ✆ 06 19 32 45 70 - http://lemoulinou.free.fr - table d'hôte 24 € - 5 ch 75 €.* Lucia, la belle Hollandaise, a posé ses bagages il y a une vingtaine d'années dans cette immense ferme du 18e s., plantée à 1 230 m au pied du massif du Mézenc. Il a fallu deux ans de travaux pour en faire cette maison accueillante. Un lieu dépaysant à souhait, qui vaut qu'on s'y attarde, ne serait-ce que pour goûter la bière artisanale de William, fabriquée sur place (http://alambrew.com)…

Ferme de la Besse – *07510 Usclades-et-Rieutord - À Rieutord - ✆ 04 75 38 80 64 - www.aubergedelabesse.com - P - fermé 20 déc.- déb. avr. - menu midi (sem.) 22 €, menu 32/35 €.* Dans les murs d'une authentique ferme du 15e s. au beau toit de lauzes. Intérieur rustique superbement préservé, avec pierres, poutres et cheminée. Cuisine du terroir.

AGENDA

Festival du Monastier – *✆ 04 71 03 94 17 – www.festivaldumonastier.fr - 1re quinz. d'août.* Ce festival très couru fait vibrer les cuivres ! *Brass room*, apéros concerts.

Arlempdes

★

131 habitants – Haute-Loire (43)

Cet étrange piton volcanique domine les gorges de la Loire d'un à-pic de 80 m. Mais aussi exceptionnelle soit-elle, cette position n'a pas suffi à protéger la solide forteresse, même si ses ruines couronnent toujours avec fierté la remarquable « citadelle ».

NOS ADRESSES PAGE 363
Hébergement, restauration, achats, activités, etc.

SE REPÉRER
Carte de microrégion C3 p. 327 – *carte Michelin Départements 331 F4.*
Arlempdes est situé à 28 km au sud du Puy-en-Velay.

À NE PAS MANQUER
Une promenade dans Arlempdes ; l'itinéraire menant aux plateaux volcaniques.

AVEC LES ENFANTS
La visite au musée vivant du Cheval de trait de Pradelles.

Se promener

Le village

Campé au pied du château, Arlempdes (prononcez « Arlande ») conserve une porte d'enceinte fortifiée du 11e s. et une charmante **église**. Sur la placette qui la précède se dresse une belle croix à personnages du 15e s.

Château

15mn à pied AR. Empruntez, à gauche de l'église, le sentier passant sous une arche et menant à la porte d'entrée. Le Bourg - ✆ 04 71 57 17 14 - possibilité de visite guidée (45mn) juil.-août : tlj sf sam. 14h-18h ; reste de l'année sur demande - tarif, se rens.

Construit par les seigneurs de Montlaur au 13e s., il fit l'objet de plusieurs mises à sac malgré sa position « imprenable ». Le sommet de l'éperon est couronné par une petite chapelle romane en pierre volcanique rouge. Son chevet offre un **point de vue** impressionnant sur les gorges. Le mur d'enceinte nord garde son couronnement de merlons et de créneaux, face aux splendides coulées basaltiques de la rive opposée. Du pied de la tour de droite, le regard plonge sur la vallée de la Loire à l'aplomb d'une saisissante aiguille basaltique.

À proximité Carte de microrégion p. 326-327

Goudet C3

8 km au nord par la D 54 puis la D 49.

Ce charmant village, rendez-vous des pêcheurs et des baigneurs, est couvert de maisons aux toits de tuiles vernissées qui se détachent sur les orgues de basalte. Il fait face, de l'autre côté de la Loire aux eaux plutôt agitées, au **château de Beaufort**.

Circuit conseillé Carte de microrégion C3

★ LES PLATEAUX VOLCANIQUES C3

Circuit de 56 km tracé en vert anis sur la carte p. 327. Comptez 4h.
Quittez Arlempdes par la D 54 à l'est et prenez à droite la D 500.

St-Paul-de-Tartas

Village dominé par son église romane aux pierres volcaniques violacées.
Au carrefour de la D 500 et de la N 102, prenez à droite, puis à gauche vers Pradelles.

Pradelles

Office de tourisme – *Pl. des Halles - 43420 Pradelles - ✆ 04 71 00 82 65 - www.gorges-allier.com - 9h-12h30, 13h30-17h - fermé dim.* Le bourg, situé sur un promontoire, au carrefour des routes du Velay et du Vivarais, conserve un vieux quartier qui témoigne de l'importance de cette ancienne place forte. En 1588, la cité, assiégée par le capitaine Chambaud, chef des huguenots, fut délivrée grâce à l'intervention héroïque d'une simple paysanne, **Jeanne la Verdette**. Un bas-relief moderne commémore cet événement, à droite de la porte de la Verdette.

La place de la Halle, son ancien château fort, ses maisons à arceaux, ses logis Renaissance, les gros corbeaux de pierre ou de bois soutenant les toitures – certaines offrent, par contraste, un fronton à génoise – forment un ensemble intéressant. Un réseau de ruelles adjacentes descend vers la porte fortifiée de la Verdette qui donne accès à l'église, et vers celle de St-Clément au sud.

À gauche de la place de la Halle, dans le pittoresque « carrierou de l'Oustaou » pavé, on remarque plusieurs maisons aux fenêtres Renaissance ; l'une d'elles abrite en saison des expositions sur le terroir.

Musée vivant du Cheval de trait – *R. du Breuil - ✆ 04 71 00 87 87 - www.parcdes7lieux.com - ♿ - juil.-août : 10h30-19h ; vac. scol. (hors juil.-août) et j. fériés : se rens. - 12 € (-10 ans 10,50 €).* Installé dans une auberge reconstituée, il est consacré aux « chevaux lourds » qui, après une longue période d'abandon, retrouvent une place dans certaines exploitations (forêt) et dans les loisirs (attelage). Vous verrez six des neuf races reconnues par les haras nationaux : le boulonnais, le breton, le comtois, le mulassier poitevin, le percheron et le trait du Nord.

De la Croix d'Ardennes (butte volcanique de 1 133 m), au-delà du cimetière, belle vue sur la haute vallée de l'Allier.
La N 88 au sud, puis la D 108, à gauche, mènent à Lespéron.

Lespéron

L'**église** romane, mêlant le granit et la pierre volcanique, est un exemple intéressant de sanctuaire montagnard, avec son clocher-peigne, les chapiteaux sculptés de la nef et surtout sa belle abside à cinq pans.
Par la D 108 et la D 300, gagnez la N 102 pour rejoindre l'auberge de Peyrebeille.

Auberge de Peyrebeille

Cette maison reconstruite sur plan ancien, située sur la commune de Lanarce, est célèbre dans les annales criminelles. C'est ici que les époux Martin, aidés de leur domestique, ont, pendant un quart de siècle, systématiquement massacré, pour les piller, les voyageurs qui s'arrêtaient chez eux. Le futur préfet du Second Empire, Haussmann, faillit être leur victime. Les assassins furent finalement arrêtés, condamnés à mort et exécutés en 1833 dans la cour même de l'auberge. La thèse de leur culpabilité a fait l'objet de controverses. La sinistre auberge a inspiré Claude Autant-Lara qui en a fait un film en 1951, *L'Auberge rouge*, repris en 2007 par Gérard Krawczyk.
Prenez à gauche la D 16.

Le château d'Arlempdes.
L. Olivier / Photononstop

Coucouron
Le bourg, voué à l'industrie laitière et fromagère, a donné son nom à un fromage, ou plus exactement une « fourme ». Il possède une église dont on remarquera le portail roman. À l'intérieur, grand Christ en bois (16e s.).
La D 298 s'enfonce dans le vallon boisé de la Méjanne et rejoint la D 500 (direction Le Monastier). Tournez peu après dans la D 54 qui ramène à Arlempdes.

NOS ADRESSES À ARLEMPDES

HÉBERGEMENT ET RESTAURATION

PREMIER PRIX

Hôtel du Manoir – *Au bourg - ✆ 04 71 57 17 14 - www.hotel-du-manoir.com - fermé dim. soir et lun., et de mi-oct. à mi-mars - 10 ch. 49/55 € - ☕ 7,50 € - ✕ 17/28 €.* Cette massive maison en pierre située au pied du château abrite un hôtel-restaurant familial. Les chambres sont petites et proprettes ; certaines dominent les gorges de la Loire. Pour gagner la salle à manger rustique, il vous faudra passer par le bar. Cuisine traditionnelle simple.

À proximité

PREMIER PRIX

Hôtel Le Provence – *07660 Lanarce - 23 km au sud par la N 102 - ✆ 04 66 69 46 06 - ✆ 06 07 81 89 73 - www.hotel-le-provence.com - P 5 €/nuit - ♿ - fermé 15 nov.-1er mars - 16 ch. 60/73 € - ☕ 10 € - ✕ formule déj. 13/17,50 € - menu 21/39 €.* Les chambres de cette bâtisse récente longeant un axe fréquenté sont toutes insonorisées et ouvrent du côté opposé à la route. Certaines sont pourvues d'un coin salon. Des moments de détente garantis à l'espace bien être : hammam, sauna, et petite piscine avec nage à contre courant et coin jacuzzi. Cuisine gourmande et généreuse axée sur les produits du terroir, servie en salle ou sur la paisible terrasse.

Le Chambon-sur-Lignon

★

2 521 Chambonnais – Haute-Loire (43)

Situé dans la haute vallée du Lignon, sur le plateau Vivarais-Lignon, Le Chambon est une charmante station estivale dotée de nombreux équipements sportifs et entourée de verdure. Sa situation (960 m d'altitude) et son climat tonique en font une halte très agréable. Unique en Europe, Lieu de Mémoire, ouvert en 2013, rappelle que Le Chambon fut toujours une terre d'accueil, et particulièrement durant les temps tragiques de la Seconde Guerre mondiale.

NOS ADRESSES PAGE 367
Hébergement, restauration, achats, activités, etc.

S'INFORMER

Office de tourisme – *2 rte de Tence - 43400 Le Chambon-sur-Lignon - ✆ 04 71 59 71 56 - www.ot-hautlignon.com - juin-sept. : 9h-12h, 14h30-18h30 ; reste de l'année : tlj sf dim.-lun. 9h-12h, 14h30-17h30, sam. 9h-12h - fermé certains j. fériés.*

SE REPÉRER

Carte de microrégion D2 p. 327 – *carte Michelin Départements 331 H3.* Aux limites de la Haute-Loire et de l'Ardèche, Le Chambon-sur-Lignon occupe une très belle vallée entre Tence et St-Agrève, à 43 km à l'est du Puy-en-Velay.

À NE PAS MANQUER

Au Chambon, Lieu de Mémoire ; le parcours de la Mémoire dans la ville ; le panorama depuis le pic du Lizieux ; la vallée du Lignon ; un repas dans l'un des nombreux restaurants de St-Bonnet-le-Froid.

ORGANISER SON TEMPS

Comptez une journée.

La cité huguenote – L'isolement naturel du Chambon a permis à sa population, de religion protestante, de survivre aux persécutions et de se maintenir en forte majorité. En 1598, l'édit de Nantes n'accorda la liberté de culte qu'au Chambon et à St-Voy, mais sa révocation, en 1685, entraîna dans ces deux localités en particulier une résistance cachée tenace et un attachement profond à la religion réformée. Après la Révolution, le concordat de 1801 reconnut l'Église consistoriale de St-Voy.

Sur cette terre qu'on dit la plus protestante de France, l'hospitalité, la tolérance et la discrétion sont naturelles, une sorte de loi coutumière traduisant une humanité dont personne ne cherche à tirer gloire.

Le pays des Justes – De tout temps, Le Chambon a été une terre d'accueil : dès 1933, ce furent les premiers réfugiés anti-nazis allemands et autrichiens, suivis des républicains espagnols. À partir de 1942, les habitants du Chambon et des communes avoisinantes entreprirent de cacher et d'aider les persécutés : 3 500 juifs et non juifs furent accueillis, dont une majorité d'enfants, répartis dans les nombreuses pensions que compte Le Chambon. Face à un tel acte de bravoure, les Chambonnais furent déclarés « Justes parmi les nations », comme en témoigne la plaque commémorative face au portail du temple du Chambon. Deux films retracent cette période terrible : *La Colline aux mille enfants* (1994), de Jean-Louis Lorenzi, et *Les Armes de l'esprit* (1989), de Pierre

Sauvage, né lui-même au Chambon en 1944. L'office du tourisme du Chambon met à disposition le livret *Parcours de la mémoire* qui entraîne le visiteur sur ces lieux. Une visite du plateau Vivarais-Lignon est également possible avec un audioguide autour du thème « Mémoire et résistance sur le plateau ».

Se promener

★ Lieu de Mémoire

23 rte du Mazet - ✆ 04 71 56 56 65 - www.memoireduchambon.com - mai-sept. : tlj sf lun. 10h-12h30, 14h-18h ; mars-avr. et oct.-nov. : tlj sf dim.-mar. 14h-18h - 5 € (-10 ans gratuit) - visite guidée sur demande (1h) 10 juil.-11 sept. : mar. et jeu. 10h30.
Il aura fallu un comité scientifique irréprochable, la numérisation de milliers de documents, et plusieurs projets successifs pour que, en 2013, ce Lieu de Mémoire voie le jour. Dédié à l'histoire des Justes qui sauvèrent de nombreux juifs durant la Seconde Guerre mondiale, il évoque la tradition d'accueil exemplaire du Chambon et des villages alentour, marqués par le protestantisme. Les protestants étant par nature très discrets, le Lieu de Mémoire ne porte pas le nom d'une personnalité en particulier. Il est installé symboliquement dans une partie de l'école du Chambon et à mi-chemin du temple qui lui fait face. Il s'étage sur deux niveaux : un parcours historique, évoquant les diverses formes de résistances (civile, spirituelle et armée, depuis la réforme protestante jusqu'en 1945) ; une salle mémorielle au rez-de-chaussée, avec des témoignages de sauveteurs, réfugiés et résistants. À l'extérieur, le **jardin de la Mémoire** a été conçu par Louis Benech.

Temple

Il avait été rasé pendant les guerres de Religion. Dans les années 1820, il fut reconstruit par les habitants du Chambon avec des matériaux du pays. Au fronton, il porte l'inscription « Aimez-vous les uns les autres », rappelant la tradition d'accueil du village. C'est qu'en juin 1940, les pasteurs André Trocmé et Édouard Theis appelèrent à la résistance avec « les armes de l'esprit ».

À proximité Carte de microrégion D2 p. 326-327

St-Voy D2

6 km à l'est. Quittez Le Chambon-sur-Lignon au sud par la D 151, puis la D 7. À Mazet- St-Voy, prenez la 2e route à droite qui mène au hameau de St-Voy.
La petite **église** romane (11e s.) est dédiée à saint Évode, évêque du Puy vers 374. L'histoire de celle-ci est intimement liée à l'introduction de la Réforme au 16e s. Dès 1560, en effet, la population, à la suite de son curé Bonnefoy, adopta le courant novateur, mais l'église n'abrita le culte réformé qu'une quinzaine d'années. L'édifice, bâti en granit et couvert de lauzes, a le charme des églises rustiques. Le chœur aux lignes pures est percé de fenêtres dont les soubassements s'élèvent de gauche à droite suivant l'ascension du soleil.

★★ Pic du Lizieux D2

6 km à l'est. de St-Voy. Revenez à Mazet-St-Voy et suivez « Foyer de ski de fond du Lizieux ». À 1,3 km, prenez sur la gauche une route non revêtue, signalée « Pic du Lizieux ». À 600 m du chalet part, à gauche de la route, le sentier d'accès au pic (garez-vous sur le terre-plein).
Alt. 1 388 m. Table d'orientation *(30mn AR à pied)*. Le plus oriental des sucs phonolithiques du Velay domine un vaste plateau basaltique. Le **panorama** révèle au nord la vallée du Lignon, à l'est, les monts du Vivarais, au sud, la

chaîne des Boutières avec son point culminant, le mont Mézenc, à l'ouest, le massif du Meygal.
Par la petite route, poursuivez jusqu'à Montbuzat; de là, prenez à droite la route forestière vers le nord. Elle contourne une grande partie de la forêt du Lizieux et offre, à l'ouest, de belles vues sur les pâturages.
Revenez au Chambon-sur-Lignon par Le Mazet-St-Voy et la D 151.

Circuit conseillé Carte de micorégion

VALLÉE DU LIGNON D2

Circuit de 54 km tracé en bordeaux sur la carte de région p. 327. Comptez 2h30. Quittez Le Chambon-sur-Lignon au nord par la D 103.
Le Chambon tire l'origine de son nom aux terres fertiles (« champs bons ») qui s'étalent autour d'un des méandres du Lignon. Prenant sa source au pied du versant nord du mont Mézenc, cette rivière se jette dans la Loire en amont de Monistrol. Le Lignon offre un cours pittoresque, alternant les passages en gorges boisées et les vallonnements. Aux abords de Tence, en suivant la D 103, se révèlent des vues de la vallée.

Tence D2

32 Grande-Rue - 43190 Tence - 04 71 59 71 56 - www.ot-hautlignon.com - juin-août : 9h-12h, 15h-18h30, dim. et j. fériés 10h-12h; sept. : 9h-12h, 15h-18h, dim. et j. fériés 10h-12h; vac. scol. (zone A) : tlj sf dim. 9h-12h, 14h30-17h30; reste de l'année : tlj sf dim.-lun. 9h-12h. À 840 m d'altitude, le bourg de Tence, traversé par le Lignon et la Sérigoule, renommés pour leurs truites, constitue un bon centre d'excursions. Dans les ruelles en contrebas de l'église, remarquez les quelques maisons encore coiffées de lauzes, et la forme des anciennes cheminées, solidement ancrées sur les constructions pour résister au vent.
Chemin de fer touristique, Nos adresses p. 368.
Église – Dominée par la haute flèche de son clocher, l'édifice possède une nef du 17e s. Le chœur, gothique (15e s.), restauré, est la partie la plus intéressante; remarquez les retombées sculptées des croisées d'ogives représentant les symboles des évangélistes. Les stalles du 17e s. proviennent de l'ancienne chartreuse de Bonnefoy.
Musée de la Chapelle des pénitents – *Espl. des Pénitents - 04 71 59 81 99 - www.ot-hautlignon.com - juil.-août : mar.-merc. 14h; reste de l'année : horaires, se rens. à l'office de tourisme - possibilité de visite guidée sur demande (30mn) - 3 € (-14 ans gratuit).* L'édifice de 1813 abrite un musée dédié aux pénitents blancs : instruments de la Passion, ornements sacerdotaux (17e et 18e s.), cannes de procession… Admirez la chaire sculptée d'inspiration végétale (1882) et les boiseries en noyer représentant le Christ entouré des apôtres.
Musée de la Pharmarcie – *Pl. du Chatiague - 04 71 59 81 99 - http://lesamisduvieuxtence.jimdo.com - horaires, se rens. - possibilité de visite guidée sur demande (15mn) - gratuit.* Construite entre 1822 et 1874, cette pharmacie accolée au bâtiment de l'hospice a conservé ses boiseries anciennes. À voir : pots en faïence et instruments ayant servi à la préparation des remèdes.
Quittez Tence vers le nord par la D 500.

Montfaucon-en-Velay D2

La **chapelle Notre-Dame** située sur la gauche de l'hospice, sur la route d'Yssingeaux, abrite un ensemble de 12 tableaux exécutés en 1592 par le peintre flamand Grimmer (vers 1575-1619) et représentant des paraboles évangéliques dans le décor des travaux des mois. La première peinture *(à*

droite en entrant, à côté du dispositif d'éclairage) a pour thème l'arrivée de Marie et Joseph à Bethléem, en décembre, dans l'indifférence des habitants d'un petit village flamand du 16e s.; le dernier tableau (novembre), aux tonalités tristes, est centré sur l'appel des apôtres qui pêchent; les détails d'arrière-plan évoquent l'art de la miniature. Au fond du sanctuaire, Vierge couronnée et habillée, du 16e s.
Poursuivez par la D 105 et prenez à droite la D 233.

Montregard D2

Ce village est un belvédère face au Meygal et au Mézenc. De la butte la plus à l'ouest, surmontée d'une statue de saint Jean-François Régis, on découvre un **panorama★** sur le massif du Mézenc, le pic du Lizieux, les sucs dominant la dépression d'Yssingeaux et les monts du Velay.
Prenez la D 105 vers l'est jusqu'à St-Bonnet-le-Froid.

St-Bonnet-le-Froid D2

www.saintbonnetlefroid.com.
7 restaurants, 3 hôtels et 2 maisons d'hôte pour un village de 250 habitants, voilà qui n'est pas banal ! C'est que, situé à l'extrême est de la Haute-Loire à 1 200 m d'altitude, St-Bonnet a toujours été un point de passage pour les diligences entre la vallée du Rhône et le Massif Central. À St-Bonnet, les Marcon occupent le haut du pavé : à chaque enseigne dans le village, leur nom s'affiche. On ne présente plus Régis Marcon, le plus célèbre d'entre eux, chef multi-étoilé, qui sait magnifier comme personne les produits d'un terroir riche à souhait. Il faut également compter avec son fils, qui a installé sur les hauteurs de St-Bonnet un Spa accueillant, ouvert sur la nature. Avec une telle concentration de restaurateurs, St-Bonnet a bien mérité son appellation de « village gourmand ». Le visiteur n'a que l'embarras du choix ! *(Nos adresses).*
Retour à Chambon-sur-Lignon par la D 9 puis la D 226A.

NOS ADRESSES AU CHAMBON-SUR-LIGNON

HÉBERGEMENT

BUDGET MOYEN

Hôtel-restaurant Bel Horizon – *Chemin de Molle - ✆ 04 71 59 74 39 - www.belhorizon.fr - 20 ch. et 10 chalets 94/120 € - ☕ 12 € - ✕ 16/22 €.* Vous aurez le choix entre de petits chalets disséminés dans la prairie ou des chambres lumineuses, à la décoration contemporaine. En sus, centre de remise en forme (Jacuzzi, sauna, salle de sports). Cuisine du marché.

Hôtel-restaurant Clair Matin – *Les Baradons - ✆ 04 71 59 73 03 - www.hotelclairmatin.com - 25 ch. 100/140 € - ☕ 13 € - ✕ 23/30 €.* Ce vaste chalet isolé qui se dresse sous de grands arbres abrite des chambres calmes et confortables. Excellent petit-déjeuner. Cuisine raffinée, aux accents du terroir.

À proximité

BUDGET MOYEN

Hôtel Le Bois Vialotte – *Rte de la Suchère - 3 km au sud par la D 151 - ✆ 04 71 59 74 03 - www.leboisvialotte.com - P ♿ - 1er juin-1er oct. - 7 ch. 70/80 € - ☕ 10 € - ✕ (résidents seult) 17/25 €.* Les amateurs de calme apprécieront cet établissement familial à la lisière d'un bois. Les chambres, tournées vers la campagne, sont très bien tenues. Salle de restaurant au charme un peu désuet, de type « pension » ; cuisine ménagère traditionnelle.

RESTAURATION

À St-Bonnet-le-Froid

POUR SE FAIRE PLAISIR

Bistrot la Coulemelle – *hôtel Clos des Cimes - Découverte & Spa, le village - ✆ 04 71 65 63 62 - www.regismarcon.fr - fermé de janv. à mi-fév., merc. de nov. à mi-juil. et mardi -formule 28 € - menu 32/50 €.* Voici la délicieuse annexe bistrotière du restaurant de Régis Marcon. Terrine de volaille aux pépites de foie gras, filet de daurade au basilic… tout est généreux et diablement bon.

André Chatelard – *Pl. aux Champignons - ✆ 04 71 59 96 09 - www.restaurant-chatelard.com - menus 31/78 € - 4 ch. 145 €* . Ce restaurant traditionnel pratique des prix raisonnables pour une cuisine de haute qualité, où les champignons des sous-bois avoisinants, les truites du Lignon, la charcuterie d'Auvergne et le veau fermier font un excellent ménage !

ACHATS

La Maison de l'ail – *1 r. du Velay (dans la rue principale) - 43290 St-Bonnet-le-Froid - ✆ 04 71 59 93 76 - 8h30-12h30, 14h-19h, fermé lun.-merc. et ouv. tlj en juin-nov.* Ne quittez pas St-Bonnet sans avoir fait des provisions dans cette boutique qui vend certes de l'ail frais de la région, mais aussi des confitures, liqueurs, conserves de champignons, charcuterie, et des produits frais en abondance.

ACTIVITÉS

Velay Express - Chemin de fer historique – *R. de la Croix - ✆ 04 71 59 81 99 - www.velayexpress.fr - rens. aux offices du tourisme de Tence (tél. 04 81 59 81 99), Le Chambon-sur-Lignon (tél. 04 71 59 71 56) ou St-Agrève (tél. 04 75 30 15 06) - 12,50/18,50 € (-12 ans, 9,50 à 15,50 €) AR, selon nb de sections parcourues, voir détails sur le site.* La ligne comprend 4 gares (Raucoules, Tence, LeChambon-sur-Lignon et St-Agrève) et 3 sections. Une est une très belle façon de découvrir la vallée et les gorges du Lignon. On aperçoit au loin les monts du Forez, le mont Mézenc et le Gerbier-de-Jonc.

Golf – *La Pierre de Lune - 43400 Le Chambon-sur-Lignon - ✆ 04 71 59 28 10 - www.golf-chambon.com - juil.-août : 8h-19h30 ; de déb. mars. à mi-nov. : 8h-19h.* Parcours 18 trous, practice, dans un terrain boisé et vallonné.

Sources du Haut Plateau – *9 chemin des Boenes - 43290 St-Bonnet-le-Froid - ✆ 04 71 65 65 66 - www.spa-hautplateau.com - ♿ - 10h-19h (20h vend.-sam.), fermé mar.-merc., fermé janv. - accès à la source 37 € la sem., 41 € le w.-end.* Cet espace nature-santé bénéficie d'une vue imprenable sur les montagnes. Bassins, sauna, hammam, parcours. Cabinet médical, naturopathie, massages.

AGENDA

Après la neige – *1 sem. en mai - ✆ 04 71 59 71 56 - www.senonevero.fr.* Théâtre professionnel par la Cie Se Non E Vero.

Fête des champignons – *St-Bonnet le Froid - 1er w-end de nov. - ✆ 04 71 65 64 41 – www.saintbonnetlefroid.com.* Elle existe depuis le 19e s. avec son marché aux cèpes secs. RV incontournable autour du champignon et de la gastronomie.

Yssingeaux

7 122 Yssingelais – Haute-Loire (43)

Au cœur d'une région dont les paysages originaux sont hérissés de sucs volcaniques et de monts boisés, Yssingeaux, dominé par le massif du Meygal, est le point de départ de nombreuses excursions et de randonnées. La petite cité animée est aussi une halte gourmande célèbre.

NOS ADRESSES PAGE 372
Hébergement, restauration, achats, activités, etc.

S'INFORMER

Office du tourisme des Sucs aux bords de Loire – *22 pl. du Marché - 43200 Yssingeaux - ✆ 04 71 59 10 76 - www.office-de-tourisme-des-sucs-aux-bords-de-loire.fr - juil.-août : 9h-12h30, 14h-19h, lun. 14h-19h, dim. et j. fériés 10h-12h ; fév.-juin et sept.-nov. : tlj sf dim.-lun. et j. fériés 9h30-12h, 14h30-18h ; reste de l'année : tlj sf dim.-lun. et j. fériés 9h30-12h, 14h30-17h30.*

SE REPÉRER

Carte de microrégion D2 p. 327 – *carte Michelin Départements 331 G3.*
Sur la N 88, Yssingeaux est située à 28 km au nord-est du Puy-en-Velay.

À NE PAS MANQUER

La vue depuis la colline St-Roch à Yssingeaux ; le panorama du sommet suc des Ollières.

ORGANISER SON TEMPS

Comptez environ 2h pour la ville et ses environs.

Se promener

L'**hôtel de ville** est installé dans le château du 15e s., ancienne résidence d'été des évêques du Puy. Remarquez sur la façade les intéressants mâchicoulis trilobés. Les créneaux ont été rajoutés au 19e s. À l'arrière de l'édifice, voir le petit jardin d'Ebersberg. À voir aussi, la **chapelle Notre-Dame des Pénitents** *(rue des Fossés)*, surmontée d'une étrange tour de 12 m de haut qui pourrait être du 17e s., et l'**église St-Pierre** *(place Charles-de-Gaulle)*, vaste édifice néoclassique qui renferme des tableaux de maîtres du 19e s.

De la **colline St-Roch**, à 900 m d'altitude, on jouit d'un beau panorama sur les sucs alentour *(aire de pique-nique et tables d'orientation).*

À proximité

Lapte D2

11 km à l'est par la D 105 puis la D 65.

On l'appelle le **Balcon du Velay** car son clocher est le plus élevé de la Haute-Loire. La **chapelle** votive **Notre-Dame de Bon-Secours**, édifiée en 1854, est classée monument historique.

Barrage de Lavalette D2

11 km à l'est d'Yssingeaux par la D 105. Établi sur le Lignon, il offre un vaste plan d'eau dans son décor boisé. Le **lac** bénéficie du label Respirando, qui qualifie, en Haute-Loire, des lieux structurés, où l'on pratique des activités de pleine nature : baignade surveillée, pêche, activités nautiques, VTT.

Circuit conseillé Carte de microrégion

★ LE MASSIF DU MEYGAL ET LE PAYS DES SUCS CD2

Circuit de 90 km tracé en vert foncé sur la carte p. 327. Comptez environ 3h30. Quittez Yssingeaux au sud-est par la D 7, puis à 3 km prenez à droite la D 42.
La route longe sur la droite les sucs des Ollières (alt. 1 186 m) et de Bellecombe (alt. 1 182 m) et à gauche le suc d'Achon (alt. 1 151 m). Le massif du Meygal culmine au Grand Testavoyre (alt. 1 436 m), cône de roches phonolithiques aux pentes parsemées d'éboulis rocheux. Ce massif prolonge, au nord, le Mézenc (*p. 350*) dont le sépare la haute vallée du Lignon vellave.

Forêt du Meygal D2

Ce manteau forestier de près de 1 200 ha a été constitué entre 1865 et 1880. Il s'accroche en partie aux flancs du Grand Testavoyre. Deux routes forestières traversent du nord au sud cette futaie de résineux où alternent pins sylvestres, sapins, épicéas.
Après la bifurcation d'Araules, prenez à droite la D 18 en direction de Queyrières, puis à gauche la première route forestière, balisée en rouge et bleu, s'engageant dans le sous-bois. À la bifurcation suivante, empruntez la route de gauche qui longe le flanc est du Grand Testavoyre. Laissez la voiture sur l'aire de détente aménagée dans une clairière à 300 m de la maisonnette forestière.
★★ **Grand Testavoyre** – Le sentier *(30mn à pied AR)* s'élève sous bois, puis serpente parmi bruyères et myrtilles. Du sommet, le **panorama** révèle un beau paysage volcanique. Au nord, la région d'Yssingeaux et sa ceinture de sucs. À l'est, le pic du Lizieux (1 388 m) domine l'horizon. Au sud, on voit St-Front, face au Mézenc. Du sud-ouest au nord-ouest, les monts du Velay.
En redescendant du Grand Testavoyre, poursuivez la route forestière jusqu'à la sortie de la forêt.
La route ouest passe devant la **maison des Copains**, lieu rendu célèbre par le roman de Jules Romains.
La route forestière de gauche aboutit à la D 15, qui mène à St-Julien-Chapteuil.

St-Julien-Chapteuil C2

8 pl. St-Robert - 43260 St-Julien-Chapteuil - 04 71 08 77 70 - www.mezencloire-sauvage.com - juil.-août : 9h30-12h, 14h30-18h30, sam. 9h-12h, 13h30-18h30, dim. 9h-12h ; avr.-mai et sept. : tlj sf w.-end 9h30-12h, 14h30-18h30 ; reste de l'année : se rens. - fermé 1er janv., 1er Mai, 1er et 11 Nov., 25 déc.
Au centre d'un bassin verdoyant arrosé par la Sumène et hérissé de pitons volcaniques, ce pittoresque village de moyenne montagne occupe un **site★** original. À l'est, un rocher basaltique porte les vestiges du château féodal.
Église – Bien situé sur une plate-forme rocheuse, cet édifice roman a été largement remanié ; la façade et le clocher sont modernes. Remarquez dans l'abside quelques chapiteaux anciens. De la terrasse proche du chevet, jolie vue sur les pitons voisins, en particulier le **suc de Monac**, belle falaise de trachyte et le suc de Chapteuil, reconnaissable à ses orgues basaltiques.
Musée Jules-Romains – *8 pl. St-Robert - 04 71 08 77 70 - www.mezencloire-sauvage.com - juil.-août : 9h30-12h, 14h30-18h30, sam. 9h-12h, 13h30-18h30, dim. 9h-12h ; avr.-juin et sept. : tlj sf w.-end 9h30-12h, 14h30-18h30 ; reste de l'année : se rens. - fermé 1er janv., 1er Mai, 1er et 11 Nov., 25 déc. - 2,50 € (-10 ans gratuit).* Dans une salle de l'office de tourisme sont rassemblés des documents et des objets évoquant la vie et l'œuvre de Louis Farigoule, plus connu sous le nom de **Jules Romains** (1885-1972), né au hameau de la Chapuze au nord du village lors

Les sucs de Meygal près de Saint-Julien-Chapteuil.
L. Olivier / Photononstop

de vacances passées par ses parents dans la demeure maternelle. Romancier, dramaturge et essayiste, il est l'auteur de nombreux ouvrages dont *Knock ou le Triomphe de la médecine*, immortalisé par l'acteur Louis Jouvet, *Les Copains*, adapté au cinéma par Yves Robert et *Les Hommes de bonne volonté*, vaste fresque sociale couvrant la période de 1908 à 1933.
Passé la place de la Mairie, prenez la première rue à droite en direction de Moudeyres sur 2 km jusqu'à Bourgeneuf.

Bourgeneuf D2

Dans ce petit hameau, on peut encore voir une ancienne **maison de béate** *(voir encadré p. 357)* bien conservée. *Ne se visite pas.*
Revenez à St-Julien et prenez la D 26 au nord-ouest.

St-Pierre-Eynac C2

Jolie **église** rurale à clocher-peigne, portail roman et porche Renaissance.
Au cours de la montée vers Aupinhac, **vue★** à gauche, sur le bassin et Le Puy : on distingue la cathédrale, le rocher Corneille et St-Michel-d'Aiguilhe.
Poursuivez sur la D 26 vers le village de St-Étienne-Lardeyrol en franchissant la N 88.
La D 71 remonte vers le nord, en traversant un paysage jalonné de sucs. À la sortie de Malrevers, à gauche, le **suc de Chauven** (alt. 848 m).
Poursuivez jusqu'à **Rosières** pour voir une curiosité : le **ravin de Corbœuf** *(au parking de la gendarmerie, suivez le chemin de la voie ferrée – sentier de la Galoche – jusqu'à un viaduc puis emprunter le chemin fléché sur la gauche ; vous pouvez également prendre la petite route qui mène à Chastel pour admirer le ravin d'en haut)*. Ce canyon creusé de petits ravins et hérissé de fines crêtes, est appelé aussi Colorado français, en Haute-Loire. Cette étonnante formation géologique résulte des effets de l'érosion sur des dépôts sédimentaires argileux au fond du lac qui occupait le bassin de l'Emblavez…
Après Rosières, prenez à droite la D 7.
On longe successivement sur la gauche le **suc de Jalore** (alt. 1 076 m) et on distingue, en arrière-plan, le **suc d'Émeral** (alt. 1 081 m).

Engagez-vous dans la première route à droite après un cimetière vers Mortesagne. La route est dominée par le **suc d'Eyme** (alt. 1 137 m) que l'on aperçoit à gauche ; à **Mortesagne**, remarquez la maison forte du 16e s. La petite route revêtue à droite conduit au pied du **suc de Glavenas** (alt. 1 048 m). Au cours de la descente vers le village, belle **vue★** sur l'**église** perchée de **Glavenas** se détachant sur un étrange paysage.

Chapelle de Glavenas C2

Seul édifice à subsister de l'ancien château fort qui dominait la vallée, cette chapelle médiévale se dresse sur un éperon rocheux. Elle est couverte d'un beau toit de lauzes. La table d'orientation en pierre volcanique offre un magnifique panorama sur les environs.
Par la D 431 et la N 88 rejoignez Yssingeaux.

NOS ADRESSES À YSSINGEAUX

HÉBERGEMENT

BUDGET MOYEN

Hôtel Le Bourbon – *5 pl. de la Victoire - ☏ 04 71 59 06 54 - www.le-bourbon.com - ♿ Rest. - fermé 1re sem. d'avr., 3-6 juin, 20-27 oct., 25 déc.-10 janv. - 11 ch. 74/89 € - ☕ 12 € - ✕ formule déj. 15/18 € - menu 24/63 €.* Hostellerie traditionnelle aux intérieurs très chatoyants dont chaque chambre, baptisée d'un nom de fleur, offre un confort douillet. Une salle à manger calme et reposante aux couleurs feutrées.

À proximité

BUDGET MOYEN

La Ferme du Bien Être – *Bourgeneuf - 43260 St-Julien-Chapteuil - ☏ 04 71 04 90 75 - www.fermebienetre.com - 5 ch. 80/144 € ☕ - ✕ menu du j. 13.50 €, menu 26,50 €.* Elle porte bien son nom, cette ferme, avec ses chambres douillettes et sa terrasse, qui offre un panorama époustouflant sur les sucs du massif du Meygal ! Ouvert en 2016 par Bruno, qui possède une très riche cave à vin, elle est un havre de paix à 1 000 m d'altitude. La table est excellente, et les plats, cuisinés dans l'immense four à pain qui a été conservé.

RESTAURATION

PREMIER PRIX

La Ferme de Lavée – *Lavée - 43200 Yssingeaux - ☏ 04 71 59 00 00 - www.fermedelavee.com - P ♿ - fermé w-end et soir - 11,90/37 €.* Proche du centre-ville, dans une zone artisanale en développement, cette ferme réaménagée abrite désormais un restaurant. C'est dans l'ancienne grange que les repas sont servis. Cuisine du terroir et formule économique en font une adresse très courue à l'heure du déjeuner.

À proximité

BUDGET MOYEN

Auberge de Marliou – *43260 Queyrières - à 9 km au sud d'Yssingeaux par la D 152 - ☏ 04 71 57 63 00 - www.aubergedemarliou.com - P ♿ - fermé lun.-merc. - réserv. conseillée - menu 25/36 €.* À l'orée du massif du Meygal, une ferme typique coiffée de lauzes a installé sa salle de restaurant dans la grange et l'ancienne écurie qui a conservé ses stalles. Cuisine du terroir élaborée avec les produits choisis à proximité : feuilleté aux champignons, veau des monts du Velay, civet de cerf ou bœuf au bleu du pays.

Monistrol-sur-Loire

8 793 Monistroliens – Haute-Loire (43)

Avec ses ruelles médiévales bordées de maisons à génoise aux toits faiblement inclinés, Monistrol, malgré un important développement démographique, conserve un beau centre ancien, au caractère méridional. Agréable lieu de villégiature, c'est un bon point de départ pour partir en promenade le long des gorges de la Loire ou au pays des sucs qui gravitent autour d'Yssingeaux.

NOS ADRESSES PAGE 376
Hébergement, restauration, achats, activités, etc.

S'INFORMER

Office de tourisme – *14 fg Carnot - 43120 Monistrol-sur-Loire - ✆ 04 71 66 03 14 - www.lesmarchesduvelay-tourisme.fr - juil.-août : 9h-12h, 14h-18h, dim. et j. fériés 10h-12h ; reste de l'année : se rens.*

SE REPÉRER

Carte de microrégion D1 p. 327 – *carte Michelin Départements 331 H2.*

Monistrol se trouve à 31 km au sud-ouest de St-Étienne.

À NE PAS MANQUER

Le musée de la Faux à Pont-Salomon ; les paysages de la vallée de l'Ance.

ORGANISER SON TEMPS

Comptez une journée pour la ville et ses environs.

Se promener

Château des Évêques

4 allée du Château - ✆ 04 71 61 63 66 - www.tourisme-marchesduvelayrochebaron.fr - 14h-18h - fermé dim.-lun. et j. fériés - possibilité de visite guidée sur demande - gratuit.

Le climat et la situation remarquable de Monistrol ont séduit les évêques du Puy-en-Velay qui en ont fait un de leurs séjours favoris. L'endroit s'est tant transformé qu'il est devenu la seconde ville du diocèse sous le nom de Monistrol-l'Évêque. La cité s'appellera ensuite Monistrol-en-Velay, puis Monistrol-sur-Loire.

Partant de la place Néron, une promenade plantée de tilleuls monte vers les grosses tours rondes de l'ancien château des Évêques (14e-18e s.), qui abrite aujourd'hui l'office de tourisme et des expositions. Remarquez, à l'intérieur, les statues du Christ au jardin des Oliviers (16e s.) et la rampe en fer forgé (18e s.). *Contournez le château par l'allée à droite.*

De l'extrémité de la terrasse ouest, vous bénéficierez d'une jolie vue sur la vallée de la Loire, Bas-en-Basset et le plateau de St-Bonnet.

Église et noyau ancien

La nef centrale de l'**église** avec ses deux colonnes (unique exemple en Velay) et la coupole du chœur ont seuls résisté aux destructions révolutionnaires. La tour-clocher du 17e s. a retrouvé son dôme d'origine.

Empruntez, en partant de l'église, la rue du Commerce, puis la première rue à droite. Égarez-vous dans un lacis de ruelles et retrouvez-vous ici en plein Moyen Âge ou là dans le Monistrol classique du 17e s. (façades des couvents des Ursulines et des Capucins).

Le château de Rochebaron.
H. Lenain / hemis.fr

À proximité Carte de microrégion

St-Didier-en-Velay D1

11 km environ à l'est par la D 12.

Au cœur de la vallée de la Semène, ce bourg vellave a conservé sa vieille ville dont l'**église,** de style roman, joliment située sur la place du Senis (« seigneur du château »). Deux passages couverts, les « tounes », construits probablement au 18e s., ménagent une percée singulière dans les rues de St-Didier. Aux alentours de la **halle** aux grains (19e s.), qui abrite aussi un musée d'Art et Traditions populaires, observez la largeur inhabituelle des fenêtres : elle favorisait l'éclairage des métiers des passementiers (rubans), jadis installés à domicile.

Pont-Salomon D1

9 km au nord par la N 88.

Niché au cœur de la vallée de la Semène, ce village-usine, conçu selon les principes fouriéristes par **Pierre-Frédéric Dorian** (1814-1873), a vu le jour au 19e s. sous l'impulsion de l'industrie des lames de faux et faucilles. Le **musée de la Faux★** est installé dans l'une des sept usines dont deux subsistent encore. Ici, le temps semble s'être arrêté. Les murs de l'atelier sont noirs de charbon et la forge équipée de martinets hydrauliques continue à fonctionner. Témoignage émouvant de la vie ouvrière. *R. des Martinets - ✆ 04 77 35 87 07 - www.museedelafaulx.fr - visite guidée sur demande préalable au musée ou auprès de l'office du tourisme Loire-Semène au ✆ 04 77 35 42 65 - 4 € (-18 ans gratuit).*

Ste-Sigolène D1

9 km au sud-est par la D 44.

Quatre cents ans de tissage, cinquante ans de plasturgie, la reconversion industrielle de Ste-Sigolène démontre la pugnacité de ses habitants qui, pour rien au monde, n'auraient quitté ces paysages boisés. Aménagé dans un ancien atelier de fabrication d'écharpes, le **musée La Fabrique**, animé par une équipe d'anciens passementiers, témoigne de cette histoire. Sur le métier à tresse de 1920 ou sur la machine à aiguille vivante de 1983, ils perpétuent des gestes pour que le savoir-faire ne disparaisse pas. *R. des Riouzes - ✆ 04 71 75*

01 55 - www.museelafabrique43.free-h.net - ♿ - visite guidée (1h30) juil.-août : merc. et 1er dim. du mois 15h-18h ; reste de l'année : 1er dim. du mois 15h-18h - 4 € (-15 ans gratuit).
C'est en 1670 qu'**Anne-Marie Martel** (1644-1673) crée l'institution des béates. Ces jeunes filles laïques, formées par les religieuses du Puy-en-Velay, et possédant quelques rudiments de lecture et d'écriture jouent à la fois les rôles d'institutrices, de catéchistes et d'infirmières au service des villageois. Ste-Sigolène a eu la particularité de compter neuf **maisons de béates** (reconnaissables à leur clocheton sur le toit) dont celle du hameau de **Reveyrolles**. Au rez-de-chaussée, l'ancienne salle de classe abrite une statue en bois de sainte Sigolène (17e s.), ainsi qu'une Vierge noire (19e s.). À l'étage, deux pièces de vie ont été reconstituées avec un mobilier du 19e s. *Hameau de Reveyrolles - ✆ 04 71 66 66 71 - visite sur demande - entrée à discrétion.*

Château de Valprivas C1

14 km à l'ouest par la D 12, puis D 42 et D 44. Pl. du Château - ✆ 04 71 66 73 52 - fermé à la visite pour travaux jusqu'à une date indéterminée.
C'est là qu'Antoine **du Verdier**, humaniste forézien et ami des poètes de la Pléiade, rédigea sa *Bibliothèque française*. Cet ouvrage est considéré comme le premier essai de bibliographie en France. Dans la cour d'honneur, la tour ronde abrite un rare escalier à vis tout en chêne.

Circuit conseillé Carte de microrégion

VALLÉE DE L'ANCE CD1

Circuit de 46 km tracé en vert pâle sur la carte p. 327. Comptez une demi-journée. Quittez Monistrol par la D 12, et gagnez Bas-en-Basset.
À environ 300 m au-dessus de la place des Marronniers, à Bas-en-Basset, prenez le chemin s'amorçant à gauche d'un mur d'enceinte (45mn à pied AR).

Château de Rochebaron D1

✆ 04 71 61 80 44 - www.rochebaron.org - juil.-août : 11h-19h ; vac. scol. (zone A) : 14h-18h ; reste de l'année : se rens. - 6 € (-16 ans 3 €) - 10 € billet combiné avec les spectacles de rapaces et la volerie - spectacle de rapaces juil.-août : 14h45 et 16h45 ; mai-juin : merc. et w.-end 14h45 et 16h45 ; avr. et sept.-oct. : merc. et w.-end 16h. On atteint les ruines du château féodal perché sur un éperon dominant la Loire, érigé entre le 11e et le 13e s., et précédé d'une triple enceinte. Seule reste intacte une tour ronde avec ses salles voûtées, reliées par un escalier à vis. De l'extrémité du promontoire, **vue★** sur le Basset et la vallée de la Loire. Deux salles pédagogiques permettent de comprendre l'évolution architecturale des châteaux forts. Des spectacles de vols et de nourrissages de rapaces ont lieu de mai à septembre aux heures d'ouverture de Rochebaron.
Revenez au croisement de la D 12 avec la D 42 que l'on prend à droite. Tournez ensuite à droite dans la D 44 vers Tiranges.
La route suit d'abord la riante vallée de l'Ance, puis, à partir du village du Vert, s'élève en **corniche★**. Entre Chales et les Arnauds, elle ménage de belles échappées sur le bassin de la Loire, la vallée de l'Andrable et les monts du Velay.
À Tiranges, empruntez à gauche la D 24.
Au cours de la descente sur l'Ance, la tour de Chalencon apparaît sur un piton.
Poursuivez par la D 24 jusqu'au carrefour avec la D 9. Prenez 2 fois à droite (D 9 puis D 29). Traversez St-André-de-Chalencon et prenez la route qui longe le cimetière.
À 2 km, garez-vous et continuez à pied (15mn AR).

Chalencon C1

Le **coup d'œil★**, à l'arrivée sur Chalencon, est vraiment superbe : en haut du vieux village silencieux, une belle tour ronde crénelée se dresse au centre d'une enceinte carrée. À l'extrémité droite de l'éperon, la façade de l'ancienne chapelle seigneuriale s'inscrit harmonieusement dans le site. Du pied de la tour, vue sur les gorges de l'Ance que franchit le pont du Diable, qui date du 12e s. Les ruines du **château** de Chalencon occupent une position forte sur un piton rocheux, à la limite du Velay et du Forez. Chalencon était le fief d'origine d'une des plus anciennes familles du Velay, les Polignac.

Reprenez la D 24, traversez Solignac pour prendre à gauche la D 46.

Beauzac D1

Sa petite **église** (12e-17e s.) présente un portail latéral flamboyant et un élégant clocher-peigne à trois étages. Sous l'abside se trouve une crypte, fait exceptionnel dans le Velay. Romane, celle-ci présente une grande sobriété de lignes ; notez l'absence de chapelles rayonnantes. Quelques maisons du **bourg**, imbriquées dans les anciens remparts percés de deux portes, montrent, à la naissance du toit, de curieuses galeries de bois reposant sur de gros corbeaux, pièces en saillie destinées à supporter des corniches.

Retournez à Monistrol par la D 42 et la D 12.

NOS ADRESSES À MONISTROL-SUR-LOIRE

HÉBERGEMENT/RESTAURATION

PREMIER PRIX

À proximité

L'Air du Temps – *Confolent - 43590 Beauzac - 4 km à l'est de Beauzac par D 461 - ✆ 04 71 61 49 05 - www.airdutemps-restaurant.fr - ♿ (rest.) - fermé janv., vac. de Pâques et vac. de la Toussaint, dim. soir et lun. - menu 13,50/60 € - 8 ch. 55/60 € - ☕ 8,50 € - ✕ menu déj. 13.50 €, menu 25/60 €.* Cette maison des années 1920 abrite un restaurant plutôt gourmand, tenu par un ex-boulanger-pâtissier. Sa carte, généreuse, aime les saveurs régionales et décline les menus à prix sages. Agréable salle-véranda.

BUDGET MOYEN

À proximité

Hôtel-restaurant Les Feuillantines – *La Vialatte - 43620 St-Pal de Mons - ✆ 04 71 75 63 25 - www.lesfeuillantines.com - 16 ch. 71/77 € - ☕ 10 € - ✕ menus en sem. 22 €, menus 34/48 €.* Idéalement situées sur une hauteur d'où la vue porte à 360°, Les Feuillantines proposent des chambres confortables et une cuisine de qualité, mettant en valeur les produits locaux avec, toujours, une touche d'imagination.

La Table du Barret – *Bransac - 43590 Beauzac - 3 km au sud de Beauzac par D 42 - ✆ 07 86 01 08 40 - 5 ch. 75 € ☕ - ✕ dîner sur rés.* Le chef Toque d'Auvergne Sandy Caire a réorienté son ancienne activité de restauration en proposant chambres et table d'hôte dans ce paisible hameau près de la Loire, et en assurant des cours de cuisine pour les amateurs.

Brioude

★★

6 743 Brivadois – Haute-Loire (43)

Construite sur une terrasse dominant la plaine, Brioude est une cité animée et coquette du val d'Allier, aux couleurs méridionales et au riche patrimoine. Visitez d'abord la basilique St-Julien, chef-d'œuvre architectural, harmonieux mélange d'art roman et gothique aux pierres polychromes, magnifié par les vitraux contemporains du père Kim En Joong. Puis prenez le temps de flâner dans les ruelles pour admirer les façades restaurées des maisons canoniales. Dans les environs de Brioude, les églises et châteaux veillent depuis des siècles sur les rives de l'Allier.

NOS ADRESSES PAGE 389
Hébergement, restauration, achats, activités, etc.

S'INFORMER

Office de tourisme – *Pl. Grégoire-de-Tours - 43100 Brioude - ✆ 04 71 74 97 49 - www.ot-brioude.fr - juil.-août : 9h30-12h30, 14h-18h, dim. 9h30-12h30 ; mai-juin et sept. : 9h30-12h, 14h-17h30, sam. 9h30-12h ; reste de l'année : 9h30-12h, 14h-17h, lun. 14h-17h, sam. 9h30-12h - fermé dim., 1er janv., 1er Mai, 11 Nov., 25 déc.*

Visites guidées – *✆ 04 71 74 97 49 - www.ot-brioude.fr - visites de la basilique St-Julien et du centre historique en juil.-août : tlj sf dim. sur demande à l'office de tourisme. Visite découverte (1h) ou visites brèves (30mn, 1 €).*

SE REPÉRER

Carte de microrégion A1 p. 326 – *carte Michelin Départements 331 C2.*

Brioude se trouve à une vingtaine de km à l'est de Massiac.

SE GARER

Garez-vous sur le parking du centre historique *(ascenseur pour le centre-ville).*

À NE PAS MANQUER

Les fresques du 12e s. et les vitraux contemporains de la basilique St-Julien, splendide étape sur le chemin de St-Jacques-de-Compostelle.

AVEC LES ENFANTS

La Maison du saumon et de la rivière, celle des oiseaux du haut Allier ; les moulins et éoliennes du plateau d'Ally. Au val d'Allier, initiation aux sports d'eau comme le canoë-kayak ; une chasse au trésor dans Brioude *(gratuit, rens. à l'office de tourisme).*

6

Se promener

★★★ Basilique St-Julien

Pl. St-Julien - ✆ 04 71 74 97 49 - www.ot-brioude.fr - été : 9h-19h ; reste de l'année : 9h-17h30 - possibilité de visite guidée (30mn, 1h ou 1h30) juil.-août (horaires et tarifs, se rens. à l'office de tourisme. « Une immense châsse de pierre dressée au-dessus d'une tombe illustre… » Ainsi Bernard Craplet, auteur de *L'Auvergne romane* (1958), définit-il la basilique. Avec 78 m de longueur, St-Julien est la plus grande église romane d'Auvergne. Elle se rattache à l'école romane auvergnate par son chevet étagé et ses pierres de couleurs variées, qui lui confèrent tout son charme, mais en diffère par l'agencement des **portails**, surmontés de voussures lisses, sculptées ou en dents de scie, au lieu du traditionnel cordon à billettes, et l'ornementation toute bourguignonne du chevet.

La tradition rapporte qu'un tribun de légion romaine nommé Julien, originaire du Viennois et converti à la foi chrétienne, se réfugia à Brioude et y subit le martyre en l'an 304. Le tombeau vénéré de **saint Julien** valut à la ville une énorme affluence de pèlerins, particulièrement à l'époque de Grégoire de Tours.

Extérieur – L'église actuelle, entreprise par le narthex à la fin du 11e s., fut achevée en 1180 (chœur et chevet). Sa nef fut surélevée et voûtée d'ogives en 1259. La façade ouest et le clocher carré qui la surmonte ont été refaits au 19e s.

Faites le tour de la basilique, particulièrement imposante de la rue du Chapitre et de la place Grégoire-de-Tours, pour admirer le chevet et les porches latéraux.

★★ **Chevet** – Sa belle ordonnance concentrique en fait la partie la plus remarquable du monument. La haute nef absidiale, ornée d'un large bandeau de mosaïques marqueté blanc et noir, est ceinte, en partie basse, du volume du déambulatoire duquel se détachent cinq chapelles rayonnantes épaulées de contreforts. Remarquez, sous les toits de tuiles étagés, la profusion de **modillons sculptés**, figurant monstres, personnages, feuillages, copeaux. Le chevet de la basilique a connu une campagne de restauration en 2014-2015.

★ **Porches latéraux** – Voûtés d'arêtes, ils présentent un aspect original dû à leur utilisation comme chapelles au 16e s. et à la tribune qui les surmonte. Le **porche nord** conserve les restes d'un tympan en stuc du 12e s., représentant l'Ascension. Le **porche sud**, orné de beaux chapiteaux à feuillages, abrite un portail dont les vantaux ont encore leurs **heurtoirs de bronze** figurant l'un une tête de lion, l'autre une tête de singe.

Intérieur *(voir photo p. 381)* – L'ampleur du vaisseau et sa chaude coloration, due aux grès rouges des murs et des piliers, sont frappantes. Le narthex, avec ses trois tribunes ouvertes sur la nef, et les quatre premières travées de la nef elle-même en sont les éléments les plus anciens (fin du 11e s.). Leur sobriété contraste avec l'exubérance architecturale du reste de la nef et du chœur, dont les parties hautes ont été transformées, sur le mode ogival, aux 13e et 14e s.

Le remarquable **pavage★** polychrome de galets (16e s., et préroman dans la 5e travée au centre), très original, qui habille le sol de la nef, fut mis au jour suite à des travaux de restauration (1964-1981). C'est le cas aussi de la **petite crypte** (sans doute à l'emplacement du tombeau de saint Julien) sous le chœur. Des **chapiteaux★★** à feuilles d'acanthe, historiés ou illustrant des thèmes communs aux églises d'Auvergne (bestiaire classique ou fabuleux, personnages, masques, scènes infernales), abondent, haut placés sur les colonnes cantonnant chaque pilier.

Dans le cadre d'importants travaux de restauration de la basilique, 37 baies ont été dotées de **vitraux contemporains★★**, réalisés par l'artiste Kim En Joong, moine dominicain d'origine coréenne, en collaboration avec les ateliers Loire de Chartres. De couleurs vives (orange, bleu, violet, jaune), ces vitraux se

BRIOUDE LA DOUCE

Appelée dès le 4e s. *Benigna Brivas*, la ville porte en elle toute la clémence de son climat. Le premier site d'habitat fut Vieille-Brioude, avec son pont (c'est l'étymologie même de Brioude : *briva*, mot d'origine gauloise) jeté au-dessus de l'Allier. Brioude se développa par la suite plus à l'intérieur des terres, sur une terrasse alluviale de l'Allier, sans doute pour se protéger des crues.

marient harmonieusement avec les pierres naturelles, provoquant des jeux de lumière sur les murs et les piliers et conférant à la basilique une atmosphère douce, propice au recueillement.

Mobilier et décoration peinte – Le mobilier liturgique est intéressant, mais la pièce maîtresse n'en demeure pas moins les fresques et détails picturaux des 12e et 13e s., surprenants par leur diversité, leur « modernisme » et la verve des figures. En prenant à droite à l'entrée sud, on découvre successivement :

1) *Bas-côté droit* – Statue du 14e s. : Christ lépreux★ (crucifix), œuvre en bois marouflé polychrome.

2) *Bas-côté droit* – Statue du 14e s. : Vierge parturiente en bois polychrome.

3) *Bas-côté droit* – Vierge à l'oiseau en lave (14e s.).

4) *5e travée, pilier sud* – Chapiteau figurant le Christ en majesté entouré des quatre évangélistes.

5) *Premiers piliers du transept* – Consoles sculptées : têtes royales, vis-à-vis.

6) *Chœur* – Retable sculpté (17e s.) du maître-autel.

7) *Chœur, pilier nord* – Chapiteau des saintes femmes.

8) *Bas-côté gauche* – Statue du 14e s., en bois doré, de la Vierge à l'oiseau.

9) *Chapelle de la Croix* – Retable attribué à Vaneau, sculpteur du 17e s.

10) *3e travée, pilier nord* – Deux chapiteaux : groupes de soldats autour d'un blessé ou prisonnier ; anges et démons emportant des âmes.

11) *Pilier sud du narthex* – Chapiteau du Châtiment de l'usurier ; peinture d'un profil de femme à l'œil dilaté.

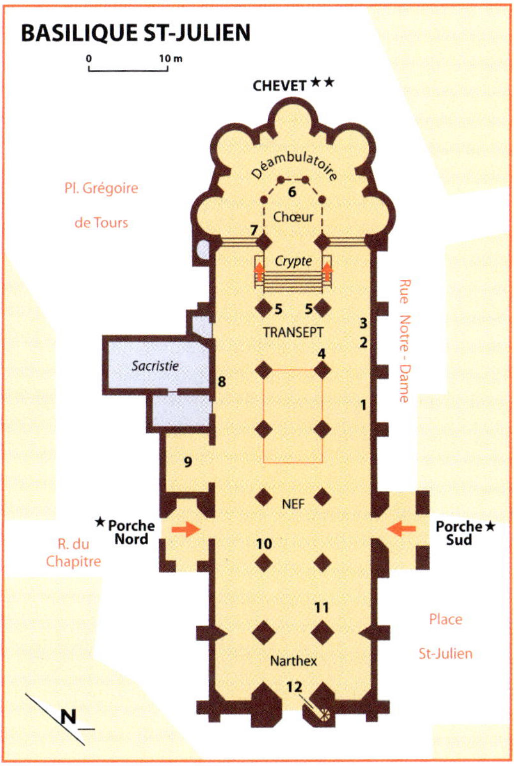

12) *Chapelle St-Michel, dans la tribune sud du narthex* – Fresques du 12e s. représentant le Christ en gloire, la Punition des mauvais anges, le Triomphe des Vertus sur les Vices ; chapiteau des ânes musiciens.

CIAP du haut Allier – *Espace Notre-Dame - pl. Grégoire-de-Tours - juil.-août : 9h30-12h30, 14h-18h, dim. 9h30-12h30 ; reste de l'année : se rens. - En sais. ✆ 04 71 50 46 40 - hors sais. ✆ 04 71 77 28 30 - entrée gratuite - visites à thèmes, balades nocturnes, visites-spectacles, expositions permanentes (4 €, enf. 2 €).*

Installé dans l'ancienne église Notre-Dame – où se trouve également l'office de tourisme –, le CIAP (Centre d'interprétation de l'architecture et du patrimoine) présente une exposition permanente et fort instructive sur les peintures murales du haut Allier. Également expositions temporaires thématiques sur le Moyen Âge. Au dernier étage, **vue** imprenable sur le chevet de la basilique.

Le Doyenné

Pl. Lafayette - t 04 71 74 51 34 - ouv. fin juil.-déb oct. lors des expositions temporaires - juil.-août : lun. 14h-19h, mar.-dim. 10h30-19h, sept.-oct. : lun. 14h-18h, mar.-dim. 10h-12h30, 14h-18h - 6 € (-18 ans 3 €).

Autrefois hôtel particulier du doyen du chapitre de Brioude, cet édifice est réputé pour son exceptionnel **plafond armorié**★ de la fin du 13e s., qui porte un décor héraldique rarissime, mêlant scènes de chasse et bestiaire fantastique. Fermé depuis plus de 20 ans, propriété de la municipalité, il a été restauré et rouvert au public en 2018. Il présente des expositions temporaires dédiées à l'art moderne et contemporain.

★ Maisons anciennes

Le réseau de rues étroites autour de la basilique est bordé de nombreuses façades remarquables : tourelles, portes sculptées, maisons à pans de bois, balcons ouvragés. Ces vieilles demeures canoniales et aristocratiques, réhabilitées, datent pour les plus anciennes du 12e s.

Au nord de la basilique : à l'angle de la rue Talairat, hôtel du 17e s. avec tourelles et porte sculptée ; rue du 4-Septembre : au no 29, hôtel de la Dentelle (*ci-dessous*) ; au no 25, boutique à arcades du 16e s. ; au no 22, une maison du 15e s. *(expositions temporaires)*, dans laquelle aurait sévi **Mandrin,** célèbre contrebandier dauphinois qui laissa de son passage à Brioude en 1754 un parfum de fraude et d'aventure.

Au sud de la basilique : place St-Julien, maison à pans de bois du 15e s. ; place du Mazel, hôtels particuliers du 17e s. et du 18e s. ; au no 21 rue de la Tour-d'Auvergne, hôtel particulier du 18e s. ; place Eugène-Gilbert, maison romane à tourelle.

Hôtel de ville

Il a été édifié sur l'emplacement de l'ancien château des chanoines-comtes de St-Julien. De l'esplanade des Remparts, la **vue** est belle sur la Limagne de Brioude et les monts du Livradois.

Hôtel de la Dentelle

29 r. du 4-Septembre - ✆ 04 71 74 80 02 - www.hoteldeladentelle.com - ♿ - juil.-août : 10h30-19h ; avr.-juin et sept.-oct. : 9h-12h, 14h-18h, dim. 14h30-18h ; reste de l'année : lun.-vend. 9h-12h, 14h-17h - visite guidée sur demande (1h) - 8 € (-16 ans 4 €) - 16 € billet combiné avec 1h d'initiation à la dentelle aux fuseaux, sur demande.

Aménagé dans l'ancienne demeure (15e s.) des chanoines comtes de Brioude, il rassemble des dentelles anciennes et contemporaines, ainsi que du matériel dentellier. Une exposition thématique temporaire est présentée chaque année. Un atelier de création et un centre d'enseignement de la dentelle occupent également les lieux.

La basilique Saint-Julien de Brioude, la nef vue depuis la tribune.

H. Lenain / hemis.fr

Maison du saumon et de la rivière

Pl. de la Résistance - ✆ 04 71 74 91 43 - www.aquariummaisondusaumon.com - ♿ - juil.-août : 10h-12h30, 14h-19h, w.-end 14h-18h ; avr.-juin et sept. : 10h-12h, 14h-18h, w.-end 14h-18h ; vac. de fév., oct. et vac. de la Toussaint : 14h-18h - 6,50 € (-12 ans 4 €) - 12 € billet combiné avec l'hôtel de la Dentelle.

Le saumon atlantique, *Salmo salar*, qui, au terme de sa remontée (800 km) dans les eaux douces, atteint les frayères du haut Allier, appartient à l'histoire de Brioude. Avant de s'informer sur l'importance de la pêche au saumon dans la vie du Brivadois d'antan, le visiteur découvre une trentaine d'espèces de la faune aquatique locale, parmi lesquelles les tacons (jeunes saumons), les ombles, les brochets, barbeaux et brèmes.

Sources et gorges de l'Allier

Application mobile (gratuite) - www.gr470-gorgesallier.com. Le GR 470 qui aux sources et aux gorges de l'Allier part de Brioude. Plus de 200 km à découvrir.

À proximité Carte de microrégion

★ Château de Paulhac A1

À 5 km au nord-ouest de Brioude par la D 20. Pl. Plot - ne se visite pas. Travaux de restauration en cours.

Cette magnifique forteresse figurait déjà dans les écrits au 10e s. Sur son promontoire, vous pourrez prendre le temps d'admirer la magnifique **vue★** sur tout le Brivadois. Flanqué de ses trois tours et de son donjon élevé en 1160, le château fut remanié aux 15e et 19e s. En 2013, le château a été incendié ; il est en cours de restauration.

★ Château de Lespinasse A1

À 11 km au sud-ouest de Brioude par la D 588. Après 10 km, tournez à gauche en direction de Lubilhac, puis prenez tout de suite à gauche. ✆ 04 71 76 82 12 - sur réserv., mi-juil.-fin août tlj sf sam. 15h-18h - 7 € (-6 ans gratuit).

Érigé sur le site d'une ancienne villa gallo-romaine, ce château médiéval toujours habité fait partie des plus anciens édifices du Brivadois. Sa tour carrée, massive, fut élevée au 12e s. Au 15e s., le mariage avantageux de Louis, fils du seigneur de Lespinasse, avec Jeanne, dauphine d'Auvergne, permit la construction des tours circulaires d'enceinte et de divers aménagements. L'endroit vous réserve bien des surprises, notamment le blason d'Auvergne, sculpté sur une belle cheminée du premier étage, ou encore la cache pour 15 personnes, dissimulée sous le plancher de l'une des chambres…

Devant le château, vous bénéficierez d'une superbe **vue** sur les monts du Livradois.

★ Plateau d'Ally A2

À 22 km au sud-ouest de Brioude. Sortez par la D 588, direction Aurillac. Après environ 1 km, prenez à gauche la D 12, puis encore à gauche la D 122, et poursuivez jusqu'à Ally. ✆ 04 71 76 77 22/06 51 54 43 69 - www.ally43.fr.

Aux confins de la Haute-Loire et du Cantal, la petite commune d'Ally se trouve en bordure d'un plateau à 1 000 m d'altitude. Sa position géographique, propice aux échanges, en fit jusqu'au siècle dernier un petit village actif où le travail agricole allait de pair avec l'artisanat et l'extraction de minerai. En 1950, Ally subit de plein fouet l'exode rural. Face à ce phénomène, l'association Action Ally 2000 s'est tournée vers le tourisme en engageant un vaste programme de réhabilitation de son patrimoine. Sa mine d'antimoine et d'argent, ses moulins à vent et son parc éolien accueillent aujourd'hui de nombreux visiteurs.

Mine de la Rodde – *Parking au bourg de Montrome (4 km au sud-est d'Ally par la D 21 vers Lavoûte-Chilhac), puis 600 m à pied - Montrome - ✆ 04 71 76 77 22 - www.ally43.fr - visite guidée (1h) juil.-août : tlj sf sam. 14h-18h ; mai-juin et sept. : dim. et j. fériés 14h-18h - 7 € (-12 ans 4 €) - visite déconseillée aux personnes à mobilité réduite ou souffrant de claustrophobie. Bottes, casque et imperméable fournis ; prévoir pantalon, baskets et pull léger.* Vous partirez sur les pas des mineurs du 19e s., guidé par un géologue. Celui-ci vous conduira dans un véritable dédale de galeries, et vous contera l'histoire de la mine et le travail de ces hommes qui exploitaient déjà, il y a plus de 2000 ans, le filon d'antimoine et de plomb argentifère.

Moulin à vent de Pargeat – *Rte de Fridières - ✆ 04 71 76 77 22 - www.ally43.fr - juil.-août : tlj sf sam. 14h-18h ; mai-juin et sept. : dim. et j. fériés 14h-18h - possibilité de visite guidée (45mn) - 4 € (-12 ans 3 €) - 7 € billet combiné avec le parc éolien d'Ally-Mercoeur.* Au 19e s., Ally comptait 10 moulins à vent pour 7 moulins à eau. Il s'agissait pour la plupart de moulins à farine, utilisés à des fins familiales et privées. Construit en 1817, le moulin de Pargeat, du nom de son dernier propriétaire, a fonctionné jusqu'en 1935. Restauré en 1971, puis en 2003, il abrite désormais un écomusée qui fait revivre, grâce à son mécanisme d'origine (en bois), le travail du meunier.

Parc éolien d'Ally-Mercœur – *Le Bourg - ✆ 04 71 76 77 22 - www.ally43.fr - juil.-août : 14h-18h ; mai-juin et sept. : dim. et j. fériés 14h-18h - 7 € billet combiné avec le moulin de Pargeat - visite guidée avec comme thème les éoliennes et le développement durable local, dép. du Moulin panoramique (4 €, -12 ans 3 €).* Point de départ de la visite, le moulin panoramique offre une vue sur le plus grand parc éolien de France. Dans la tradition des moulins à vent, le site a vu en 2005 l'installation de quelque 26 machines qui, du haut de leurs 120 m, produisent chacune 1 500 kW. Au total, cette impressionnante ferme éolienne génère, en fonction des vents, de l'énergie pour plus de 50000 personnes.

Moulin panoramique – *Parking sur place - Le Bourg - ✆ 04 71 76 77 22 - www.ally43.fr - visite guidée sur demande préalable (45mn), s'adresser au moulin panoramique) juil.-août : 14h-18h ; mai-juin et sept. : dim. et j. fériés 14h-18h - 2 € (-12 ans gratuit) - 4 € billet combiné avec le parc éolien.* Visite au cours de laquelle vous découvrirez les différentes formes d'utilisation du vent au cours des siècles.

Circuit des moulins – *Randonnée en boucle de 12,5 km ; suivez le PR 340 balisé en jaune ; les moulins sont également accessibles en voiture.* Cet agréable chemin conduit de moulin en moulin. Il permet notamment de découvrir le **moulin de la Maison-Blanche**, dit « moulin à paroles », en parfait état de fonctionnement, et le **moulin du Calvaire** *(entrée : 2 €)*, dit « moulin panoramique », doté d'une table d'orientation, de matériel d'observation, de maquettes et vidéos qui vous renseignent sur la région.

Circuit conseillé Carte de microrégion

★★ ÉGLISES DU HAUT ALLIER ET VALLÉE DE LA SÉNOUIRE AB1-2

Circuit de 110 km, tracé en bleu pâle sur la carte p. 385 – comptez une journée. Quittez Brioude par le sud-est en empruntant la N 102 en direction du Puy-en-Velay.

Vieille-Brioude A1

Ce charmant bourg très fleuri se serre sur un éperon rocheux de part et d'autre de l'avenue du Pont, ancienne voie romaine. Place de la Croix-des-Prés, le décor est planté, avec un impressionnant **pressoir à grand point** (6,10 m de long) datant de 1873. Jusqu'au siècle dernier, Vieille-Brioude fut la commune viticole la plus importante de la région. Véritable réseau de caves creusées sur plusieurs niveaux, son sous-sol et ses maisons de vignerons témoignent encore de cette activité.

Musée-jardin de la Vigne – *Pl. de l'Église - ✆ 04 71 50 90 38 - des vac. de Pâques aux vac. de la Toussaint : 9h-19h - gratuit.* À l'extrémité du bourg, l'église romane St-Vincent est entourée d'un jardin de curé (fleurs, herbes aromatiques et plantes médicinales). Sur le parcours, allant de la vigne à la cave, des panneaux explicatifs rappellent l'activité viticole de la ville. Le travail du vigneron est illustré par des instruments agraires, tandis que la cabane présente les outils. Dans la salle d'exposition : cartes postales anciennes et histoire de la vigne sur la commune de Vieille-Brioude au siècle dernier.

Dans Vieille-Brioude, prenez la pittoresque et paisible D 16 qui suit la haute vallée de l'Allier en direction de Lavoûte-Chilhac.

★ St-Ilpize A2

Agrippée à flanc d'un rocher basaltique dans un site majestueux, cette cité médiévale domine la vallée du haut Allier de 470 m. Il ne reste du château du 12e s. que sa tour carrée et sa **chapelle romane**, coiffée d'un clocher à arcades à deux baies. Derrière le rocher, au sud-est, l'église paroissiale gothique abrite des peintures murales des 15e et 16e s. À la tombée de la nuit, le site s'illumine et prend des allures féeriques !

Traversez le pont suspendu, qui date de la fin du 19e s.,vers Villeneuve-d'Allier et suivez la D 585 en direction de Blassac, puis prenez à droite la D 144.

Église de Blassac A2

Cet édifice roman du 12e s., construit sur une coulée basaltique, présente dans le chœur un bel ensemble de **peintures murales** du 14e s. On reconnaît, en particulier, le Christ en gloire, saint Michel terrassant le dragon et des scènes de la vie de la Vierge.

Regagnez la D 585.

★ Lavoûte-Chilhac B2

Pl. des Anciens-Moulins - 43380 Lavoûte-Chilhac - ✆ 04 71 77 46 57 - www.gorges-allier.com - juil.-août : tlj ; avr.-juin et sept.-oct. : mar.-merc. et vend.-sam. ; reste de l'année : mar.-vend. - horaires, se rens. - fermé 1er janv., 1er et 11 Nov., 25 déc.

Baigné par l'Allier, qui opère ici une épingle à cheveux, le spectaculaire village de Lavoûte-Chilhac est doté d'un pont du 15e s. Celui-ci permet de passer du cœur du village, construit sur une presqu'île, à l'autre rive.

L'**église** gothique, autour de laquelle se sont groupés les bâtiments d'une abbaye bénédictine du 18e s., abrite un grand Christ du 12e s. Remarquez la belle porte en bois sculpté de l'ancienne église du 11e s. Son trésor renferme la minuscule statue de **Notre-Dame-Trouvée**, vénérée dans la région.

Lavoûte-Chilhac est un point de départ pour des excursions à pied ou en canoë.

Maison des oiseaux du haut Allier – *Le Prieuré - ✆ 06 76 37 44 69 - http://panpahautallier.asso-web.com - juil.-août : 14h-18h30 ; avr.-oct. : w.-end et vac. scol. 14h30-18h - possibilité de visite guidée sur demande (20mn) - participation libre.* On y découvre les principales espèces représentées dans les gorges de l'Allier (diorama géant). Des sorties « nature » sont organisées en saison.

Reprenez la D 585. La route épouse un méandre de l'Allier d'où se dégage une jolie vue.

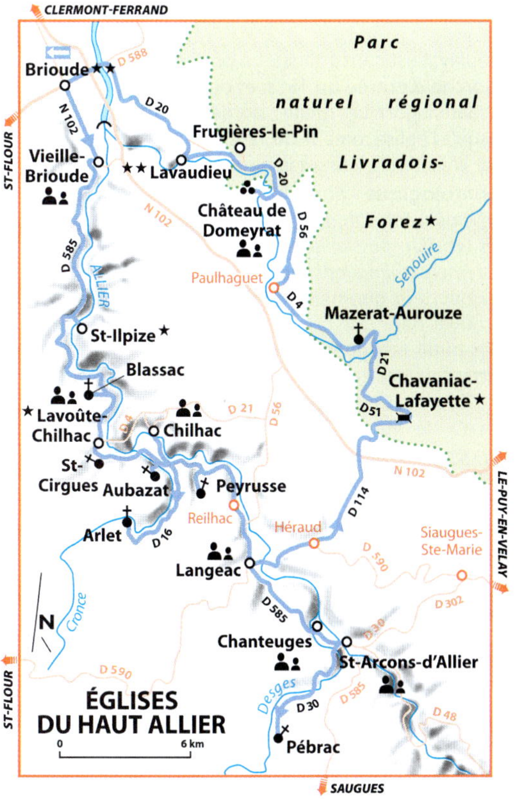

Église de St-Cirgues A2

Située à droite de la route, cette église possède un curieux clocher octogonal en pierre du 15e s. À l'intérieur, les deux travées et les ébrasements des fenêtres du chœur sont couverts de **peintures murales** intéressantes (15e s.). Observez les retombées des voûtes sur des pilastres à personnages, prenant appui sur des culots à visage humain.

Poursuivez sur la D 585 puis prenez à droite la D 45.

Église d'Aubazat B2

Elle possède un chœur roman du 12e s. Remarquez une **Mise au Tombeau** du 15e s., avec huit personnages en bois polychrome, et une pietà.

Revenez sur la D 585 et parcourez 500 m. Au carrefour, prenez à droite la D 41, puis encore à droite la D 16.

Église d'Arlet B2

Nichée au fond du vallon de la Cronce, cette petite église romane renferme un beau **Christ** du 12e s. de facture byzantine. Remarquez aussi une statue de saint Pierre du 11e s. et un **triptyque** de bois peint du 15e s. rappelant ceux de l'école rhénane.

Retournez jusqu'à la D 41, que vous emprunterez pour passer l'Allier. Avant de traverser, remarquez, sur la rive opposée, des falaises basaltiques.

Chilhac B2

Le village médiéval est construit sur un promontoire formé d'orgues basaltiques. Un porche d'entrée du 15e s. et deux tours rappellent la présence d'un ancien château fort. Les ruelles, bordées de maisons vigneronnes, vous mèneront jusqu'à l'église romane du 12e s. De son parvis, admirez le très beau panorama sur l'Allier et la vue sur le pont suspendu du 19e s.

Musée paléontologique – *Pl. de l'Église - ✆ 04 71 77 47 26 - www.museechilhac.com - juil.-août : 10h-12h, 14h-18h ; vac. de Pâques et vac. de la Toussaint : dim. et j. fériés 14h-18h - possibilité de visite guidée sur demande (1h) - 5 € (-18 ans 3 €) - juil.-août : merc. animations enf., sur demande.* Des fouilles ont permis de mettre au jour deux gisements de fossiles animaux. Des mammifères ont été ainsi retrouvés dans une coulée de lave datant de 1,9 million d'années, mais aussi des outils façonnés par l'homme. Si cette datation se confirmait, ces découvertes feraient de Chilhac l'un des plus anciens sites habités par les **hominidés** d'Europe. Certains scientifiques restent sceptiques, car aucun reste humain n'a été retrouvé.

Revenez à la D 585 que vous prendrez sur la gauche.

Église de Peyrusse B2

À l'intérieur, on peut admirer une intéressante **Vierge en majesté** et, autour du chœur, des **fresques** représentant la Dormition de la Vierge aux couleurs fanées.

Poursuivez sur la D 585 en passant par Reilhac.

Langeac B2

Située à la sortie des gorges de l'Allier, Langeac est devenue un centre touristique important et le point de départ d'un beau parcours ferroviaire jusqu'à Langogne (*p. 391*). Ouverte sur le Languedoc et le Sud méditerranéen, cette ancienne « bonne ville » fut le siège de la gabelle. Les **greniers à sel**, situés en face de l'hôpital, ont été reconstruits au 18e s.

Collégiale St-Gal – De style gothique languedocien (14e et 15e s.), elle abrite des stalles et une chaire du 16e s. Dans une chapelle à gauche du chœur, remarquez les **fonts baptismaux** du 12e s. ; dans une autre, une **Mise au Tombeau** du 15e s. et, au mur, deux **tableaux**, également du 15e s., représentant une Annonciation et une Vierge à l'Enfant. Notez aussi la grille en fer forgé du 14e s.

Musée Le Jacquemart – *Pl. de la Liberté - ✆ 06 08 32 92 12 - juil.-août : 15h-18h - fermé w.-end, lun. et j. fériés - possibilité de visite guidée sur demande (1h30) - 4 € (-12 ans 3 €) - 7 € billet combiné avec le moulin de Pargeat - possibilité de visite guidée avec comme thème les éoliennes et le développement durable local, dép. du Moulin panoramique.* Installée dans la maison du Jacquemart (16e s.), aux plafonds décorés et boiseries Renaissance, une exposition présente l'histoire géologique du haut Allier et le travail de la mine. Un atelier-musée est consacré à l'art des perles et à la **dentelle noire** à la main, tradition langeadoise. La visite se termine dans la chapelle des Enluminures, qui renferme le **livre d'heures** de Jacques de Langhac (15e s.).

Quittez Langeac par le sud et continuez sur la D 585.

Chanteuges B2

Édifié sur un promontoire basaltique, le village sépare les cours de l'Allier et de la Desges. Outre sa superbe et imposante église du 12e s., le site de Chanteuges a été retenu pour la création de la plus grande salmoniculture d'Europe.

Église de l'ancienne abbaye – Ancienne résidence d'été des abbés de La Chaise-Dieu, cette imposante église romane, faite de brèche volcanique aux teintes chaudes, est éclairée par le grand **vitrail** de la façade, œuvre de la fin du 15e s. À l'intérieur, les piliers portent de beaux **chapiteaux** sculptés *(en particulier à droite)*, dont certains sont attribués à l'atelier de Mozac. Remarquez aussi les stalles Renaissance.

À gauche de l'église, des arcades d'un petit **cloître** s'ouvrent sur la vallée de l'Allier ; au loin, on aperçoit St-Arcons. La **chapelle de l'Abbé** (fin du 15e s.) présente de fines sculptures à l'encadrement de sa porte.

De l'esplanade de l'église, jolie **vue** plongeante sur la vallée de la Desges.

Conservatoire national du saumon sauvage – *Larma - ✆ 04 71 74 05 45 - www.cnss.fr - visite guidée (1h30) 9 juil.-26 août : lun.-mar. et jeu. 15h et 17h, dim. 15h ; reste de l'année : sur demande préalable - 6 € (-16 ans 3 €).* Elle œuvre pour la sauvegarde et le repeuplement du saumon atlantique dans le bassin de l'Allier, mais aussi sur les axes de la Vienne, la Creuse, la Gartempe et Loire-Arroux. La visite vous dévoilera la vie étonnante de ce poisson-roi et le fabuleux voyage qu'il entreprend pour se reproduire dans sa rivière natale.

Prenez à droite la D 30, qui passe sous la voie ferrée.

Pébrac B2

Ce paisible village de la vallée de la Desges, dont les maisons aux toits rouges s'accrochent à flanc de coteau, conserve les vestiges d'une **abbaye** fondée au 11e s. L'église conserve de beaux chapiteaux romans sculptés ; l'un d'eux représente deux grosses têtes vomissant des serpents. Le **trésor** de Pébrac expose d'intéressants objets d'art sacré, parmi lesquels un coffret en cuivre ciselé dont les faces sont décorées de scènes de la vie quotidienne au 13e s. (troubadour, tournoi).

Revenez au carrefour pour traverser la D 585, et suivez la D 30 qui franchit l'Allier.

St-Arcons-d'Allier B2

St-Arcons est particulièrement plaisant à la belle saison, lorsque les roses trémières encadrent les ruelles pavées. Ce charmant et minuscule village au pied duquel coule l'Allier sert de cadre à un hôtel dit « éclaté », *Les Deux Abbesses*, l'hébergement se faisant dans les maisons rénovées, et la restauration dans l'ancien château du 16e s. Située dans le haut du village, l'**église** présente une nef romane très pure aux colonnes basaltiques.

Musée national de la Ferblanterie –*Le Bourg - ✆ 04 71 74 05 08 - visite guidée sur demande préalable pour les groupes uniquement.* Situé en bas du village, ce musée, unique en France et labellisé par l'État, est installé dans l'ancienne maison du passeur qui faisait franchir l'Allier avant la construction du pont en 1887. Il présente plus de 1 000 objets en fer-blanc, du 17e au 20e s., rassemblés par deux collectionneurs passionnés : calices, burettes, moules à cierges, cafetières, pichets, lanternes, moules à gâteaux, à pain d'épice, bidons de lait, etc.

Reprenez la D 585 jusqu'à Langeac, puis la D 590 et la D 114 qui se poursuit par la D 513 que vous suivez jusqu'à Chavaniac-Lafayette.

Chavaniac-Lafayette B2

Aux limites du haut Allier et du Parc naturel régional Livradois-Forez, Chavaniac, auquel on accola à la Révolution le nom du célèbre général, s'accroche aux monts du Velay. Outre le château-musée, le village abrite le **Conservatoire botanique national du Massif Central** *(9h-17h - gratuit - visites guidées juil.-août, rens. sur le site www.cbnmc.fr ou au ✆ 04 71 77 55 65.)* qui inventorie et contribue à préserver la flore et les végétations sauvages de la région. Il cultive plus de 400 plantes rares.

UN PRÉVENTORIUM RÉVOLUTIONNAIRE

En 1918, sous l'impulsion de John Moffat, le Mémorial La Fayette, installe à côté du château, un orphelinat de guerre pour mettre les enfants à l'abri, et un préventorium. Celui-ci, l'un des plus vastes de France, aura accueilli à sa fermeture, en 1966, plus de 25 000 enfants français, russes, italiens, polonais… D'une modernité incroyable pour l'époque, l'ensemble comprend : solarium, lazaret, école, collège, bâtiment médical, buanderie, bergerie, ferme-modèle, mais aussi piscine, tennis et terrain de sports. Le personnel médical est en grande partie américain, l'instituteur puis les professeurs, français. Un centre de formation permet à chaque enfant d'apprendre un métier. Les plus méritants sont pris en charge et envoyés à Paris ou même aux États-Unis suivre des études supérieures. John Moffat est enterré avec son épouse dans le parc du château.

★ Château-musée La Fayette

✆ 04 71 77 50 32 - www.chateau-lafayette.com - juil.-août : 10h-18h ; avr.-juin et de déb. sept. à mi-nov. : tlj sf mar. 10h-12h, 14h-18h - possibilité de visite guidée sur demande (1h30) - 7 € (-16 ans 5 €) - 3 € audioguide - 4 € parc seul.

La demeure où naquit, le 6 septembre 1757, Marie Joseph Gilbert Motier, **marquis de La Fayette**, occupe l'une des dernières pentes du Livradois au-dessus du val d'Allier. Ce château est une vaste construction flanquée de deux grosses tours rondes et dotée, à l'arrière, d'un donjon crénelé. Acquis en 1916 par l'association *The La Fayette Memorial Inc.*, il est entièrement consacré à La Fayette. Depuis 2009, le conseil général de la Haute-Loire est propriétaire du château.

Un peu d'histoire – À 19 ans, La Fayette, conscient de ce qui se prépare en Amérique, décide de s'engager. Un mois plus tard, on apprend à Paris la déclaration de l'indépendance. La Fayette s'enflamme pour la cause des *Insurgents* : il finance lui-même, avec son immense fortune, les dépenses de son expédition.

Château de Domeyrat.

incamerastock / Alamy / hemis.fr

Il débarque à Georgetown en 1777, se lie d'amitié avec Washington et combat à ses côtés. Il consacrera son existence à lutter pour les libertés, l'abolition de l'esclavage et le respect des droits de l'homme.

Visite audioguidée – La vie et l'œuvre du marquis de La Fayette vous sont contées au gré d'un parcours spectacle – tableaux narratifs, sonores, animés – à travers douze salles : évocation de son enfance, lettres et effets personnels, de la chambre où il naquit... Après un rappel des idées des Lumières dans la galerie des Philosophes, est dévoilée la franc-maçonnerie, à laquelle La Fayette resta fidèle. La visite se termine par la projection, dans un petit théâtre reconstitué, d'un film *(17mn)* retraçant son séjour aux Amériques.

Le **parc** est conçu comme un lien entre l'Ancien et le Nouveau Monde. Théâtre de verdure, jardins aquatiques, massifs d'azalées, roseraie et jardin secret, arboretum sont une invitation à la promenade sur 3 ha. Reconnaissable à son imposante frondaison, le **chêne de La Fayette** a trois cents ans : il a été planté par le grand-père de La Fayette.

La D 51 quitte Chavaniac à l'ouest. Au premier croisement, tournez à droite dans la D 21, puis à gauche dans la D 4.

Mazerat-Aurouze B2

Ce village possède une ravissante **église** romane, remaniée aux 15e et 16e s. : sa façade à clocher-mur et, à l'intérieur, peintures murales (14e et 17e s.) évoquant la vie des moines et des paysans. La chapelle de la Brequeuille abrite une Vierge du 15e s.

Revenez vers Brioude par la vallée de la Sénouire, en suivant la D 4 jusqu'à Paulhaguet, puis la D 56.

Château de Domeyrat B1

☏ 06 34 08 11 18 - www.chateaudomeyrat.fr - visite guidée sur demande préalable (3h) juil.-août : 14h30 et 16h30 ; mars-juin et sept.-oct. : se rens. - fermé sam. - 8 € (-5 ans gratuit).

Surplombant la Sénouire et son pont roman à cinq arches, ce château du 13e s. est un bel exemple d'architecture militaire médiéval. Démantelé en 1795, il a encore fière allure. Depuis 2016, il est géré par une association qui souhaite y entreprendre une campagne de restauration.

Poursuivez sur la D 20, puis la D 203.

★★ Lavaudieu (*p. 402*) B2

Revenez à Brioude par la D 20.

NOS ADRESSES À BRIOUDE

VISITE

Visites thématiques – *Pays d'art et d'histoire du haut Allier - 42 av. Victor-Hugo - 43300 Langeac - www.haut-allier.com. ☏ 04 71 77 28 30 - www.gorges-allier.com. Brioude, Lavaudieu, Auzon, Lavoûte-Chilhac, Langeac appartiennent au pays du haut Allier, labellisé « Pays d'art et d'histoire » par le ministère de la Culture et de la Communication. Des visites thématiques animées par des guides-conférenciers agréés sont organisées toute l'année. Pays d'art et d'histoire du haut Allier - 42 av. Victor-Hugo - 43300 Langeac - ☏ 04 71 77 28 30 - www. haut-allier.com.*

HÉBERGEMENT

PREMIER PRIX

Chambres d'hôte Ermitage St-Vincent – *Pl. de l'Église - 43100 Vieille-Brioude - ✆ 04 71 50 48 98 - ✆ 06 80 67 17 45 - www.ermitage-saintvincent.fr - P ♿ wifi - 5 ch. 70 € - repas 20 €.* Chambres spacieuses et confortables, jardin fleuri bercé par le murmure de la rivière, table d'hôte le soir (uniquement sur réserv.), accueil d'une rare gentillesse : que d'atouts pour cet ancien presbytère restauré ! Le propriétaire se met en quatre pour organiser votre séjour.

À proximité

Chambres d'hôte L'Oustal – *Au bourg - 43360 Bournoncle-St-Pierre - ✆ 04 71 76 99 83 - www.gite-l-oustal.fr - wifi - 3 ch. 55 € - repas 18 €.* Les 3 chambres sont aménagées à l'étage de l'ancienne école. La Cigale peut accueillir 4 personnes tandis que l'Abeille, la plus originale, dispose d'un pupitre d'écolier. Table d'hôte traditionnelle avec en spécialité la liogue, une épaisse saucisse.

BUDGET MOYEN

À proximité

Hôtel Artemis – *11 parc des Conchettes - rocade N - 102 à 2 km au nord-ouest - ✆ 04 71 50 45 04 - www.artemis-hotel.com - P garage fermé - 13 €/j. - ♿ wifi - fermé 20 déc.-5 janv. - 40 ch. 61/91 € - 9,50 € - ✕ formule déj. 18 € - menu 17/38 €.* Au bord de la nationale contournant Brioude, cet hôtel propose chambres, jardin, piscine et salle de séminaires. Agencements contemporains et pratiques ; bonne insonorisation. Cuisine traditionnelle dans une salle à manger actuelle.

Hôtel Rives d'Allier – *43300 Mazeyrat-d'Allier - à 25 km de Brioude par la D 56 - ✆ 04 71 77 02 11 - www.hotel-restaurant-rivesdallier.fr - P chauffée (mai-sept.) - wifi - 1er mars-mi-nov. - 22 ch. 50/62 € - 7,50 €.* Ce pied-à-terre confortable aménagé dans un village de caractère des gorges de l'Allier conviendra aux randonneurs et adeptes d'activités sportives. Salle à manger au cadre actuel rénové ; cuisine traditionnelle régionale.

POUR SE FAIRE PLAISIR

Domaine St-Roch – *Le Château - 43230 Salzuit - à 10 km de Brioude par la N 102 - ✆ 04 71 74 04 23 - www.hotel-auvergne-saintroch.com - P wifi - fermé déc.-fév. - 20 ch. 90/115 € - 12 €.* Avec sa vaste terrasse surplombant les alentours, cette ancienne demeure seigneuriale du 18e s. a été patiemment rénovée par les Promeyrat, sympathique famille d'agriculteurs. Confortables chambres parquetées, dont certaines avec cheminées et moulures. Chapelle du 12e s. attenante accessible directement par le balcon. Un superbe Spa occupe l'ancienne étable.

Hôtel La Sapinière – *Av. Paul-Chambriard - ✆ 04 71 50 87 30 - ✆ 06 86 63 38 62 - www.hotel-sapiniere-brioude.com - P ♿ wifi - fermé fév. - 11 ch. 128 € - 13 € - ✕ menu 28/48 €.* Comme un air de campagne en plein cœur de la cité. Cette construction récente s'intègre à un parc boisé. Les chambres spacieuses, toutes dotées d'une terrasse ou d'un balcon, bénéficient du soleil du matin. Piscine et Jacuzzi.

RESTAURATION

PREMIER PRIX

La Cave gourmande – *27 r. du 4-Septembre - ✆ 04 71 74 82 76 - www.lacave-gourmande.fr - ♿*

- 10h-19h - fermé dim. et merc. - plat du jour 12.50 €, formule 16,50 €, menu 20 €. Cette petite cave à vin propose une appétissante formule du jour, qui suit les produits du marché. Agréable salle intérieure jaune, tenue par une arcade en pierre volcanique. Réservation recommandée.

BUDGET MOYEN

Cardigan's – *Pl. Lafayette - 04 71 50 06 16 - www.facebook.com/Cardigans - - fermé dim.-lun. - formule déj. 17,50 € - menu 26/33 €.* Central et joyeusement animé, ce chaleureux et spacieux bar-restaurant sert une bonne cuisine de bistrot, en salle ou en terrasse.

Hôtel de la Poste et Champanne – *1 bd du Dr-Devins - 04 71 50 14 62 - 06 86 63 38 62 - www.hotel-de-la-poste-brioude.com - - fermé fév. - fermé lun. midi et dim. soir - menus 17/42 € - 16 ch. 79/108 € - 10 €.* Une adresse familiale bien connue de la région. Produits de saison, cuisine de terroir fort copieuse et accueil exquis.

ACHATS

Marché de Brioude – Sam. matin en centre-ville, animations en été.

Gilles Guinet – *10 r. du Commerce - 04 71 50 12 47 - 8h-12h30, 14h30-19h - fermé dim. apr.-midi et lun.* En 2018, la pâtisserie chocolaterie Guinet a changé de mains, même si elle conserve toujours son nom. Dominique, pâtissier de son état, et son épouse Angélique sont désormais aux commandes de la maison, qu'ils connaissent bien pour y avoir officié durant des années. Nouveauté, ils proposent à midi une petite restauration.

Cave St-Julien – *17 r. du Commerce - 04 71 74 90 18 - 8h-12h30, 14h-19h - fermé dim.-lun.* Sous un plafond voûté, des vins de toute la France s'alignent sur les rayonnages garnis de spiritueux, de champagnes et d'une cinquantaine de thés. La maison torréfie aussi du café (du Guatemala, du Mexique…) et, dans la première salle, le foie gras Godard et les confiseries du Velay côtoient l'épicerie fine.

ACTIVITÉS

Base de canoë-kayak – *Pont de Lamothe - 04 71 50 43 82 - ouv. tte l'année - à partir de 8 ans - 18/42 €.* Location de canoës-kayaks pour naviguer sur le plan d'eau de la Bageasse ou pour découvrir les gorges de l'Allier, entre Brioude et Prades. Également, stages d'initiation (plan d'eau ou rivière), parcours sportifs ou touristiques accompagnés. Moniteurs diplômés et brevetés d'État.

Train touristique des gorges de l'Allier – *04 71 77 70 17 - www.train-gorges-allier.com - fermé sept.-avr. - dép. de Langogne ou Langeac - grande traversée des gorges de l'Allier (25 €, -12 ans 15 € - AR).* Évasion garantie dans ce train qui offre le magnifique spectacle d'une nature restée sauvage, de Langeac à Langogne : en 2h, il lui faut traverser 51 tunnels et affronter des pentes et des tournants difficiles (retour sur train régulier SNCF).

AGENDA

Escales brivadoises – *http://escalesbrivadoises.fr - juin-juil.* Festival de musique classique dans la basilique de Brioude.

Biennale d'aquarelle – *www.biennale-aquarelle.com.* Les années impaires, en juin, la ville devient un immense lieu d'exposition.

Auzon

★

880 Auzonais – Haute-Loire (43)

Allongé en figure de proue sur un promontoire rocheux tombant à pic dans la vallée du ruisseau qui porte son nom, ce petit village fortifié séduit par son entrelacs de maisons, cours, jardins, terrasses. Il reste de beaux vestiges des remparts du château, qui faisaient le tour du rocher, venant renforcer les défenses naturelles. Mais le joyau est sans conteste la belle collégiale qui abrite un grand Christ roman, aux mains ouvertes sur le monde.

NOS ADRESSES PAGE 394
Hébergement, restauration, achats, activités, etc.

S'INFORMER

Office de tourisme – *Pl. Barreyre - 43390 Auzon - ✆ 04 71 76 18 11 - www.gorges-allier.com - de mi-juin à mi-sept. : 9h-12h30, 14h-18h ; reste de l'année : lun. et jeu. 14h-18h, mar. et vend. 14h-16h30, merc. 9h-12h - fermé j. fériés (sf 14 Juil., 15 Août).*

SE REPÉRER

Carte de microrégion A1 p. 326 – *carte Michelin Départements 331 C1.* Le site d'Auzon, à 12 km de Brioude, apparaît sous son meilleur aspect depuis la D 5, lorsqu'on arrive par la vallée de l'Allier.

SE GARER

Des parkings sont aménagés au pied du site.

À NE PAS MANQUER

La collégiale St-Laurent ; la galerie du musée de la Mine.

AVEC LES ENFANTS

Écomusée du pays d'Auzon. Le duo d'« amoureux » du musée Peynet.

Se promener

Collégiale St-Laurent

Pl. de la Collégiale - ✆ 04 71 76 11 42 - www.auzon.net - ♿ - juil.-août : 10h-12h, 15h-18h ; juin : mar.-vend. 15h-18h, w.-end 10h-12h, 15h-18h ; avr.-juin et sept. : w.-end 10h-12h, 14h-17h - fermé lun. - possibilité de visite guidée sur demande (1h15) - gratuit.

Après avoir parcouru les ruelles du vieux bourg, on atteint une place dégagée sur laquelle se dresse l'église fortifiée, fichée sur un rocher, à l'emplacement d'une église du 5e s. dont on a conservé la pierre d'autel et une cuve baptismale. Le portail a conservé ses pentures en fer du 12e s. ainsi que des lambeaux de cuir.

Intérieur – Voyez, dans la nef à droite, une statue de saint Pierre (fin du 15e s.), et, dans l'avant-chœur à gauche, un **Christ-reliquaire** en bois du 12e s. Face à l'entrée, une chapelle à deux étages abrite une gracieuse statue en pierre blanche de **Notre-Dame du Portail★★** (15e s.). Nombreuses statues anciennes ; curieuse tribune du 15e s.

Écomusée du pays d'Auzon

✆ 04 71 76 18 11 - visite guidée sur demande préalable (1h30) juil.-août : 15h-18h - fermé sam., 14 Juil. - 3 € (-12 ans 2 €).

Le village d'Auzon.
Ch. Guy / imageBROKER / age fotostock

Il y a près d'un siècle, les hommes de ce pays s'adonnaient aux travaux de la vigne et de la mine, les femmes aux ouvrages de passementerie. Organisé autour de ces trois thèmes, le musée, « restituant ainsi une mémoire de sueur et de sang », expose des objets (vieux métiers, art populaire, minéralogie) donnés ou prêtés par des habitants d'Auzon ou de la région.

Musée de la Vespa

Chemin du Béal - 09 54 8 70 93 - www.facebook.com/VespaMuseeAuzon - - juil.-août : merc. et sam. 14h-17h, reste de la sem. sur demande ; reste de l'année : sur demande préalable - fermé j. fériés.

Après vingt ans de collecte à travers le monde, un particulier passionné, ancien président du club de Vespas des Pays-Bas, ouvre les portes de son garage et présente une belle collection d'une trentaine de modèles restaurés, dont les plus anciens datent de 1949.

À proximité Carte de microrégion

Brassac-les-Mines A1

6 km au nord-ouest d'Auzon par la D 16.

Une ancienne voie romaine parcourt la partie du val d'Allier dans laquelle se situe Brassac. Lieu de passage, d'échanges, la ville est sur l'axe du chemin

RAYMOND PEYNET (1908-1999)

Originaire de Brassac-les-Mines par sa mère, Raymond Peynet naît à Paris de parents « bougnats ». Après avoir fait ses études aux Arts appliqués, il travaillera dans une agence de publicité, mais c'est en dessinant pour la presse parisienne qu'il développera pleinement ses talents. Quatre musées lui rendent aujourd'hui hommage : Brassac et Antibes en France, Karuizawa et Mimasaka au Japon.

qui mène à St-Jacques-de-Compostelle. Comme son nom l'indique, elle est connue pour son industrie houillère qui remonte au 15e s. Son développement est dû à l'Allier, mais surtout à l'ouverture du canal de Briare, en 1664, elle permit aux bateliers d'atteindre la Seine et aux sapinières de la région de Brassac (bateaux à fond plat construits en planches de sapins) d'alimenter le fructueux marché de Paris. La vente du vin, du bois (celui des sapinières) et du charbon allait donner naissance au fameux commerce des Auvergnats dans la capitale (*p. 553*).

Musée Peynet – *Accès au musée par l'office de tourisme - ✆ 04 73 55 18 31 - www.brassaclesmines.fr - juil.-août : sam. 10h-12h, 14h-18h, dim. 10h-12h30 ; reste de l'année : sur demande préalable - 6 € (-15 ans 3 €) - 8 € billet combiné avec le musée de la Mine.* Ce musée est dédié au célèbre illustrateur **Raymond Peynet** (1908-1999). Ses « amoureux », personnages créés en 1942, ont inspiré quelques années plus tard Georges Brassens qui écrira *Les Amoureux des bancs publics*. Vaisselle décorée par Peynet, tableaux, affiches, bijoux, poupées, cartes à jouer et lithographies. La visite se termine par un diaporama sur la vie de l'artiste.

2,5 km au nord-ouest de Brassac par la D 76 puis, à droite, la D 710.

Musée de la Mine – *Rte de la Combelle - ✆ 04 73 54 35 82 - www.brassaclesmines.fr - de mi-juin à mi-sept. : 14h-18h ; reste de l'année : sur demande préalable - possibilité de visite guidée sur demande (1h15) - 6 € (-15 ans 4 €) - 8 € billet combiné avec le musée Peynet.* L'activité minière de Brassac-les-Mines atteint son apogée en 1935, avec une production annuelle de 350 000 tonnes de charbon. Après presque cinq siècles d'exploitation et plusieurs plans de redressement, le site ferme en 1978. Un musée occupe aujourd'hui l'ancienne machinerie de l'exploitation du puits Bayard : une maquette montre la disposition du « carreau », l'activité du mineur est illustrée par des outils et une vidéo explique les différents moyens d'extraction du charbon dans le monde. Une **galerie★**, s'étendant sur 160 m, est aménagée à moins de 5 m sous terre.

L'actualité sur la mise en valeur du patrimoine industriel est accessible sur le site www.cilac.com.

NOS ADRESSES À AUZON

ACTIVITÉS

Plan d'eau de Champagnac le Vieux – *43440 Champagnac-le-Vieux - À 5 km au sud-est d'Auzon - ✆ 04 71 76 30 53.* Situé en pleine nature, ce plan d'eau se prête à diverses activités nautiques : pêche, baignade surveillée (juil.-août), aire de pique-nique, etc.

Massiac

1 727 Massiacois – Cantal (15)

Encadré par les promontoires rocheux de St-Victor et de Ste-Madeleine, ce vieux bourg garde l'entrée des gorges de l'Alagnon. Aux heures chaudes, vous pouvez aller taquiner le goujon ou le barbeau dans l'Alagnon ou les multiples ruisseaux des alentours. En grimpant sur les versants sud des coteaux, vous apercevrez quelques arpents de vigne accrochés aux « palhàs », ces terrasses de pierres sèches qui font aujourd'hui l'objet d'un programme de sauvegarde et dont le vin est à présent reconnu.

NOS ADRESSES PAGE 398
Hébergement, restauration, achats, activités, etc.

S'INFORMER

Office de tourisme – *Pl. de la Gare - 15500 Massiac - ☏ 04 71 23 07 76 - www.paysdemassiac.com - juil.-août : 9h30-12h30, 14h-18h, j. fériés 9h30-12h30 ; reste de l'année : tlj sf j. fériés 10h-12h30, 14h-17h, sam. 10h-12h30 - fermé dim.*

SE REPÉRER

Carte de microrégion A1 p. 326 – *carte Michelin Départements 331 H3.*
À 22 km au sud-ouest de Brioude, Massiac est relié à l'A 75 à deux niveaux : sortie 23 et 24.

À NE PAS MANQUER

Le musée Élise-Rieuf et sa belle sélection d'œuvres du 20e s. ;
la découverte de la vallée de l'Alagnon, du haut de la chapelle Ste-Madeleine : paysage de terrasses (les palhàs de Molompize).

ORGANISER SON TEMPS

Comptez une journée pour découvrir Massiac, puis suivre l'itinéraire des gorges de l'Alagnon.

AVEC LES ENFANTS

La Coquille de Massiac, ferme à escargots.

Se promener

De son glorieux passé, la ville a conservé quelques éléments dignes d'intérêt : l'**ancien château** de G. d'Espinchal *(l'actuelle mairie)*, une belle **maison en bois** du 17e s., une **tour ronde** en pierre provenant des anciens remparts.

Église St-André

Cet édifice abrite notamment une toile de Guy François, *L'Adoration des bergers* (17e s.), et une série de statues en bois polychrome : Vierge ouvrante (statue s'ouvrant par le milieu pour dévoiler les restes d'une représentation de l'Annonciation) de la fin du 15e s., Vierge en majesté du 16e s., sainte Madeleine du 17e s. À noter, la restauration de *La Vierge au Chapelet*, excellente copie d'un Murillo par Cornélie-Louise Revest, réalisé au 19e s.

Musée d'Art Élise-Rieuf

5 r. Albert-Chalvet - ☏ 04 71 23 03 95 - www.musee-elise-rieuf.org - ♿ - visite guidée sur demande (1h) juil.-sept. : tlj sf lun. 14h30-18h ; mai-juin : dim. et j. fériés 14h30-18h ; reste de l'année : sur demande préalable - entrée libre.

Il présente l'œuvre de cette femme peintre (1897-1990) originaire de Massiac : portraits d'Auvergne ou de Chine, façades de villes hanséatiques et italiennes, paysages de Provence ou de Scandinavie. Le musée rend également hommage à d'autres artistes pionnières appartenant à cette première école de femmes peintres : Charlotte Musson (portraits d'écrivains et d'artistes, paysages et nus) et Marguerite Jeanne Carpentier (pastels).

À proximité Carte de microrégion

Molompize A1

6,5 km au sud-ouest par la N 122.

Paysage de terrasses – *Dép. au-dessus de la mairie. Au-dessus du village de Molompize, découvrez les Palhàs, cultures en terrasses typiques du Pays de Massiac. Sentier de découverte des vignes, des plantes aromatiques… Document disponible à la mairie ou à télécharger sur www.molompize.fr.* Au-dessus du village de Molompize, à flancs de coteaux, découvrez une forme de culture typique du pays de Massiac : les cultures en terrasses, dites **« palhàs »**. Construites en pierres sèches dans les temps anciens, elles ont fait l'objet d'une restauration au début des années 2000 et sont classées Espace naturel sensible (ENS) depuis 2002. Un sentier d'interprétation, qui débute au-dessus de la mairie, présente le fonctionnement de ces terrasses et leurs cultures : vignes, plantes aromatiques… Divers produits de terroir, commercialisés en pays de Massiac, en sont issus.

Chapelle Notre-Dame-de-Vauclair A1-2 – *3 km en suivant le petit chemin en amont de Molompize.* Située sur la rive droite de l'Alagnon, cette très jolie chapelle romane du 12e s., au clocher à peigne, est l'un des huit sites qui ont fait l'objet d'une campagne de restauration dans le cadre de la mise en valeur des « grands sanctuaires romans » auvergnats. Elle abrite la copie d'une très belle **Vierge noire** du 12e s. L'original, qui fait l'objet d'un pèlerinage en septembre, se trouve dans l'église Ste-Foy, située dans le village de Molompize.

Circuit conseillé Carte des gorges

★ GORGES DE L'ALAGNON

Circuit de 70 km tracé en violet sur la carte ci-contre – comptez environ une demi-journée.

Ces gorges du cours inférieur de l'Alagnon s'étendent entre Le Babory-de-Blesle et Lempdes-sur-Allagnon (attention : en Haute-Loire, le nom de ce cours d'eau s'écrit avec deux *l*). *Pour le cours supérieur, Le Lioran, p. 287.*

Quittez Massiac par le nord en direction de Clermont. Au rond-point, prenez la petite route qui longe la sortie de l'échangeur.

★ Site de la chapelle Ste-Madeleine

Le site est également accessible à pied, depuis la vallée, par un chemin partant de Vialle-Chalet.

À la pointe sud-est du plateau de Chalet, cette petite chapelle du 11e s. est érigée au sommet d'un rocher basaltique. En pierres de basalte et tufs volcaniques (pierres rouges), elle est précédée d'un porche à auvent appelé « caqueteuse » avec des bancs de chaque côté. À l'intérieur, la voûte abrite un Christ en majesté. À ses pieds, une sphère représentant le monde. Dans les pétales figurent les 4 évangélistes : saint Marc avec le lion, saint Luc avec le taureau, saint Jean avec l'aigle et saint Mathieu avec l'ange ou l'homme. De cette altitude (708 m), la **vue** porte sur Massiac et la vallée de l'Alagnon.

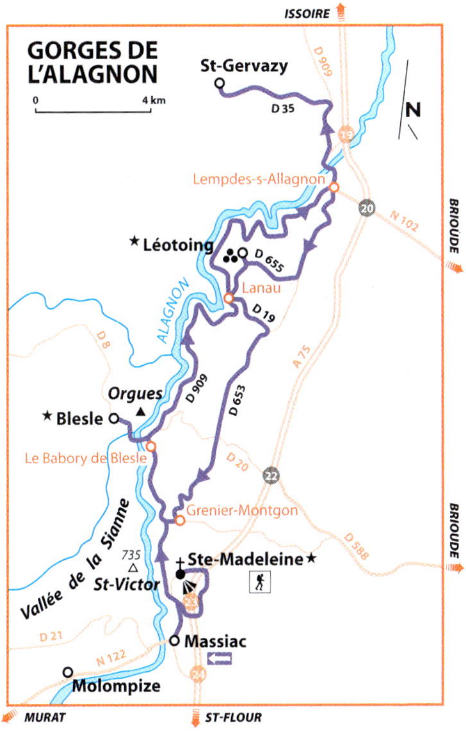

Sur la rive droite, on aperçoit un autre éperon basaltique, le **plateau de St-Victor** (alt. 735 m), qui a fait l'objet d'une campagne de fouilles archéologiques de 1972 à 1982. Occupé dès la fin du néolithique, ce plateau permettait de surveiller la vallée de l'Alagnon et le gué sur la rivière. Une église est mentionnée à l'époque carolingienne, puis un village, déserté dès la fin du 16e s.

Redescendez au rond-point et empruntez la D 909 vers le nord. Au Babory-de-Blesle, franchissez l'Alagnon en prenant, sur la gauche, la D 8.

★ **Blesle** *(p. 399)*

Revenez sur la rive droite de l'Alagnon en prenant la D 8 en sens inverse.

À 3 km du village, la vallée s'élargit. On aperçoit, perché au-dessus de la rive droite de la rivière, le **château de Léotoing**. La vallée s'étrangle ensuite et devient sauvage.

À Lempdes, sortez par le nord en empruntant la D 909 en direction de St-Germain-Lembron. Après 3 km, prenez à gauche la D 35, puis la D 141 à droite.

St-Gervazy

Le **château** sert de cadre, durant l'été, à des visites animées par les membres de l'association « La Vie de château », qui s'occupe de sa restauration.

L'église romane renferme, dans sa chapelle de droite, la copie d'une belle **Vierge en majesté** du 12e s., volée puis retrouvée miraculeusement en 2001. Dans la nef, remarquez de beaux chapiteaux romans à feuillages.

Revenez à Lempdes où vous ferez une halte pour voir le grand pont à une seule arche du 18e s. Prenez vers le sud la D 653 sur 4 km, puis à droite la D 655.

★ Léotoing

Village du Pays du Haut-Allier, labellisé "Pays d'art et d'histoire"; programme des visites au ✆ 04 71 77 28 30.

Aux abords du village se trouve la **chapelle des Lépreux**, qui abrite une maquette du site et des panneaux explicatifs sur le terroir, l'architecture et l'histoire de Léotoing. De ses abords, jolie **vue** sur les gorges de l'Alagnon, le Cézallier, la Limagne de Brioude, le Livradois, le plateau de La Chaise-Dieu et les monts du Velay *(table d'orientation)*.

Château – *Ne se visite pas. Visite virtuelle en 3D téléchargeable : www.paysdeblesle.fr.*
Église romane – Remaniée au 15e s., elle renferme les restes d'une peinture murale (Déposition de Croix) et des chapiteaux sculptés.
Une petite route plonge vers le hameau de Lanau. La descente en épingle à cheveux permet de belles échappées sur la vallée de l'Alagnon et le château de Torsiac, puis sur le château de Léotoing.
À la sortie de Lanau, empruntez sur la gauche la D 19 qui rattrape la D 653, que vous suivrez jusqu'à Grenier-Montgon. Retournez ensuite à Massiac par la D 909.

NOS ADRESSES À MASSIAC

HÉBERGEMENT

PREMIER PRIX

Hôtel La Colombière – *4 rte de Clermont-Ferrand - ✆ 04 71 23 18 50 - www.hotel-lacolombiere.com - P - fermé fév. - 30 ch. 62/64 € - 8 €.* Ce bâtiment moderne abrite des chambres bien équipées et meublées dans un esprit contemporain. Le buffet des petits-déjeuners, à base de produits régionaux, est servi par beau temps en terrasse. Établissement très bien tenu et accueil souriant.

À proximité

Chambres d'hôte Chalier Maryse et Bernard – *Nozerolles - 15500 St-Mary-le-Plain - ✆ 04 71 23 05 80 - P - fermé 15 nov.-mars - 3 ch. 52 € - sur réserv. le soir 18 €.* Les amateurs de nature seront séduits par cette ferme isolée dans la campagne, avec les champs à perte de vue. Chambres rustiques bien tenues, coin bibliothèque et jolie salle à manger où trône une superbe cheminée. Petits plats préparés avec les produits maison.

RESTAURATION

À proximité

BUDGET MOYEN

Auberge de Chalet – *À La Chapelle Ste-Madeleine - 2,5 km au nord de Massiac par rte secondaire - ✆ 04 71 23 00 67 - www.aubergedechalet.onlc.fr - P - ouv. vac. scol. et j. fériés du jeu. soir au dim. midi - fermé 15 nov.-15 fév. - 21/29 €.* Une ferme restaurée en pierre de taille à 700 m d'altitude et le tour est joué. Voilà un restaurant sympathique avec ses deux salles à manger aménagées dans les anciennes écuries et bergerie. Cuisine régionale.

ACHATS

Foires et marchés – *Pl. de la Gare - ✆ 04 71 23 07 76 - www.pays-saint-flour.fr - le mar. 8h-13h.* Marché mar. mat., foire à la cerise et aux fruits rouges le 2e dim. de juin, Foire aux pommes fin oct.

Macarons Delos – *14 r. du Dr.-Mallet et 2 pl. Antoine-Avinin - ✆ 04 71 23 10 08 - www.macaronsdelos.com - 6h45-19h, dim. 6h45-15h.* Massiac s'est fait une spécialité de ce merveilleux petit gâteau que vous pourrez déguster chez ce grand maître de fabrication.

ACTIVITÉS

La Coquille de Massiac – *R. René-Paulhan - ✆ 06 62 35 81 29 - http://lacoquilledemassiac.over-blog.com - - juil.-août : 10h-12h sauf vend. et 17h-19h (sauf merc.) ; avr.-nov. : sur demande.* Ferme à escargots certifiée agriculture biologique. Visite et dégustation. Vente de produits gastronomiques concoctés à partir d'escargots de l'élevage.

Blesle

★

628 Bleslois – Haute-Loire (43)

Maisons à pans de bois, donjon, encorbellements, portes sculptées, riches demeures anciennes… Préservée des vicissitudes de l'histoire grâce à son isolement, Blesle vous permettra de plonger dans plus de dix siècles d'histoire. Un passé qui lui vaut de posséder un ensemble remarquable de maisons de chanoinesses, ainsi qu'une église sans clocher et un clocher sans église… Les jardins et vergers environnants, la Voireuse qui traverse le village, l'un des plus beaux de France, la proximité des gorges de l'Alagnon ajoutent au charme des lieux.

NOS ADRESSES PAGE 401
Hébergement, restauration, achats, activités, etc.

S'INFORMER

Office de tourisme – *Pl. de l'Église - 43450 Blesle - ✆ 04 71 74 02 76 - www.haut-allier.com - juil.-août : mar.-sam. 10h30-12h30, 14h-18h, dim. 10h30-12h30 ; avr.-juin et sept. 11h-12h30, 14h-17h.*

SE REPÉRER

Carte de microrégion A1 p. 326 – *carte Michelin Départements 331 B2.*

Depuis l'A 75, sortie 22 au niveau d'Espalem. Si vous préférez longer les gorges de l'Alagnon : sortie 19 au nord ou sortie 24 au sud, puis rejoignez la D 909.

À NE PAS MANQUER

Le musée de la Coiffe ; les anciennes maisons des chanoinesses.

Se promener dans le vieux bourg

Blesle ne possède pas de distributeur automatique ; il faut se rendre à Massiac.

Tour du Massadou

Cette ancienne tour de guet érigée par les moniales domine le bourg. On bénéficie, de son sommet, d'une belle **vue** d'ensemble sur le village et la vallée.

★ Église St-Pierre

Il s'agit de l'ancienne abbatiale de Blesle. Si elle fut conservée comme église paroissiale sous la Terreur, on abattit néanmoins le clocher. Son portail sud rappelle celui des églises du Puy-en-Velay. Les **portes** en bois clouté du 12e s. sont intégrées dans le tambour du portail. À l'intérieur, la courte nef du 11e s. est surélevée ; c'est là que se tenaient les chanoinesses. Au croisillon gauche du long transept en partie carolingien, l'arcade supérieure de la fenêtre est ornée d'animaux fabuleux ; au-dessous, un autel de marbre aurait été donné par le pape à la fondatrice de l'abbaye en 865. Dans le chœur très vaste (fin 12e s.), les chapiteaux figurent des animaux fantastiques ou des scènes énigmatiques.

Trésor – *visite guidée horaires, se rens. au point information de Blesle au ✆ 04 71 74 02 76 ou à la mairie au ✆ 04 71 76 20 75.* Situé au fond de la nef, il expose les anciennes **stalles** du chœur, dont certaines présentent de belles miséricordes, une intéressante collection d'ornements liturgiques des 17e et 18e s., une **Vierge en majesté** du 13e s. en bois polychrome et un **Christ roman**. Derrière

ERMENGARDE, FLORENCE, MARIE, ISABELLE…

Au 9e s., **Ermengarde**, comtesse d'Auvergne et mère de Guillaume le Pieux, fonda l'abbaye bénédictine de Blesle sur le site d'une ancienne villa gallo-romaine, *villa Blasilia*. Quarante-deux abbesses d'origine noble, surnommées les **dames de Blesle**, allaient lui succéder. Riches et indépendantes, ne relevant que de l'autorité du pape, elles exercèrent un contrôle total sur le village, jusqu'à ce que les seigneurs de Mercœur s'y installent à la fin du 11e s., et ne cessent dès lors d'empiéter sur leurs droits seigneuriaux. Blesle se développa véritablement au 13e s., époque à laquelle le village se dota de fortifications. En 1335, la population augmentant, l'abbesse Marguerite de Lorlanges fit construire une seconde église, réservée à la population locale. Laboureurs, vignerons, tanneurs et tisserands, regroupés par professions, s'installèrent alors en quartiers dans des maisons à pans de bois. Attirés par le développement de Blesle, notaires, chirurgiens, procureurs d'office et avocats firent de même.

l'église se trouvent les anciennes **maisons abbatiales★** : elles portent sur la façade le nom et la vie des femmes de la noblesse qui les ont occupées sur quatre générations. Tout un pan de l'histoire de Blesle revit ici, dans cet ensemble particulièrement original.

Donjon

C'est tout ce qui subsiste du château des barons de Mercœur. Cette grosse tour carrée est renforcée de deux contreforts par face, ce qui lui valut le nom de **tour aux vingt angles**; le même procédé a été employé à Saugues pour la tour des Anglais.

Clocher St-Martin

C'est le seul vestige de l'église du 14e s. Vendue comme bien national, elle fut démolie en 1793 à l'exception de son clocher, que la municipalité sauvegarda afin d'y loger l'horloge communale.

On peut voir aussi, rue de la Vachoune, la **maison romane**, qui présente au premier étage une baie géminée; la tourelle et la porte (17e s.) de l'**ancien hospice**; les maisons des 15e et 16e s. de la **rue de Forges**.

Musée de la Coiffe

Le Vieil-Hôpital - ✆ 04 71 76 27 08 - www.tourismeblesle.fr - de mai à fin sept. : 14h-18h - 4 € (-12 ans gratuit).

Installé dans un ancien hôpital (16e s.), il abrite une remarquable collection de plus de 700 pièces, de coiffes et accessoires aux noms amusants (l'auvergnasse, le capelou, la bénaïse, le serre-malice) et de robes d'Auvergne et du Velay, telle la fameuse « robe à babarel » dont la reine Margot lança la mode au 16e s. En coton, lin, velours, tulle ou dentelle, la coiffe était une véritable carte de visite. Le ruban aux couleurs pastel était destiné aux jeunes filles; le multicolore aux femmes mariées; le violet aux veuves ou femmes plus âgées.

À proximité Carte de microrégion

Plateaux de Chadecol et de Montignat

Randonnée de 2h30 (balisée en jaune par Chamina) au départ de la place du Vallat (vers le monument aux morts). Site également accessible en voiture, en prenant la direction d'Anzat-le-Luguet, puis en faisant 900 m à pied.

Sur les plateaux de Chadecol et de Montignat se trouvent de curieuses **cabanes** de pierres sèches, qui pourraient être d'origine néolithique, ainsi qu'un grand mur de 4 à 5 m de haut et de 800 m de long, que les archéologues ont daté de 2 000 ans avant notre ère. Vous pourrez aussi faire d'agréables excursions, plus lointaines, en suivant les **gorges de l'Alagnon** (*Massiac, p. 395 et Murat p. 281*).

Leyvaux A1

De Blesle, prenez la D 81 en direction du Cheylat, puis la D 83 et la D 109 vers Leyvaux. Pour stationner, préférez le bas du village.
Cette petite route serpente dans la vallée de la Voireuse et mène à Leyvaux, charmant petit village médiéval quasiment abandonné. Remarquez sa belle **chapelle romane** (11e-12e s.), coiffée d'un clocher à peigne.

Auriac-l'Église

A 9 km au sud-ouest de Blesle par les D 20 et D 9.
L'église St-Nicolas d'Auriac date du 12e s. Les amateurs de nature iront voir, toutes proches, les gorges de la Sianne (D 9). Les amoureux de la statuaire romane feront un crochet jusqu'à **Laurie** (*D 109*), dont l'église abrite une belle Vierge en majesté.

NOS ADRESSES À BLESLE

HÉBERGEMENT

BUDGET MOYEN

À proximité

Chambres d'hôte de Margaridou – *Aubeyrat - 8 km au nord-est de Blesle par D 909 et C 5 dir. Brugeilles - 04 71 76 22 29 - 06 84 46 99 05 - www.alagnon.com - couverte - - fermé déc.-fév. - 5 ch. 85 € - table d'hôtes 20 € (repas complet).* Un pont enjambant les eaux tumultueuses de l'Alagnon conduit à cette chaleureuse ferme-auberge. Toutes les chambres sont pourvues d'une mezzanine et d'une terrasse donnant sur la rivière. À table, divins plats maison : coq au vin, pavé d'Aubrac, pounti, truffade…

RESTAURATION

BUDGET MOYEN

La Bougnate – *Le Vallat - 04 71 76 29 30 - www.labougnate.fr - - fermé fév., lun.-mar. en mars, lun.-merc. d'oct. à déc. - formule 24 € - menu 31/34 € - 12 ch. 95/125 € - 11 €.* Cette maison de pays du 18e s., nichée au cœur du village, a été entièrement rénovée. Très agréable salle à manger avec cheminée, parquet ancien et bibliothèque. Choisissez de préférence l'une des trois chambres aménagées dans la tour ronde, vestige des anciens remparts.

ACHATS

Brasserie de l'Alagnon – *La Bonale - 04 71 74 18 90 - www.brasserie-alagnon.fr - mer.-vend. 10h-12h, 15h-18h, sam. 15h-18h.* Charlie fait volontiers visiter sa brasserie qui tire son nom de la rivière. Il vous y propose la Damoiselle, une bière blonde, ambrée, brune et même tricheuse – tout un programme… –, aux saveurs de tourbe. Venez la découvrir !

AGENDA

Apéros-musique à Blesle – *www.aperos-musique-blesle.com - un w.-end vers la mi- août.* 3 j. de concerts.

Lavaudieu

★★

231 Lavadéens – Haute-Loire (43)

Il faut parvenir jusqu'à Lavaudieu afin de saisir les raisons qui ont conduit saint Robert, premier abbé de La Chaise-Dieu, à choisir ce site magnifique, au bord de la Sénouire, pour fonder une abbaye au 11e s. Le temps semble s'être arrêté dans la petite bourgade, avec ses maisons à balcons de bois et le chevet de son église qui se reflètent dans les eaux claires de la rivière en contrebas.

NOS ADRESSES PAGE CI-CONTRE
Hébergement, restauration, achats, activités, etc.

S'INFORMER

Point information – *43100 Lavaudieu - ✆ 04 71 76 46 00 - www.abbayedelavaudieu.fr - du w.-end de Pâques à la Toussaint : 10h-12h, 14h-18h - fermé mar.*

SE REPÉRER

Carte de microrégion B1 p. 326 – *carte Michelin Départements 331 C2.*

Lavaudieu, « la vallée de Dieu », se trouve à 10 km au sud-est de Brioude, par la D 16 et la D 203.

ORGANISER SON TEMPS

Profitez, en été, des concerts de musique classique organisés par l'abbaye. Pique-niquez au bord de la rivière avec l'abbaye en surplomb.

AVEC LES ENFANTS

L'ancienne maison de paysan-boulanger.

Se promener

★ Église abbatiale St-André

Son clocher octogonal roman, dont la flèche a été tronquée à la Révolution, présente deux étages de baies en plein cintre. À l'intérieur, la nef est ornée de belles **fresques★** du 14e s., d'influence italienne ; les scènes sont inspirées du cycle de la passion du Christ et des malheurs du temps (les méfaits de la redoutable peste noire). Remarquez, accrochée sur le premier pilier gauche, la **tête du Christ** du 12e s. (l'original est au Louvre), dont des morceaux furent vendus à la Révolution. Notez aussi, sur le deuxième pilier, une pietà du 14e s. en bois polychrome et, sur le dernier pilier, une statue romane. Dans le transept gauche, un tableau, à l'image d'une fresque déposée du début du 16e s., relate le martyre de sainte Ursule. Sur la droite, au-dessus de la chaire en bois, une étrange fresque représente la Mort sous les traits d'une femme en robe rouge et manteau blanc qui, les yeux bandés, lance des flèches sur les humains.

★★ Cloître

✆ 04 71 16 08 90 - http://abbayedelavaudieu.fr - visite guidée (1h) juil.-août : 10h, 10h30, 11h30, 14h, 15h, 16h, 17h et 18h ; du dim. de Pâques au 30 juin et du 1er sept. à la Toussaint : 10h, 11h, 14h, 15h30 et 17h - fermé mar. - 6 € (-12 ans 3,50 €).

Des bâtiments conventuels subsiste un beau cloître roman (restauré), le seul d'Auvergne à avoir échappé à la destruction. Celui-ci présente des colonnettes simples ou jumelées, torses, cylindriques ou polygonales dont les chapiteaux sont sculptés de feuillages et d'animaux. L'étage supérieur est en auvent sur poteaux de chêne. Dans le réfectoire, une **peinture murale** d'influence byzantine du 12e s., restaurée, occupe tout le mur du fond. On peut voir une

Vierge en majesté encadrée de deux anges et des apôtres ; au-dessus, un **Christ tétramorphe**, entouré des symboles des quatre évangélistes comme dans la vision de Jean.

Maison des Arts et Traditions populaires

04 71 76 08 90 - visite guidée (1h) du w.-end de Pâques à la Toussaint : horaires, se rens. - 6 € (-12 ans 3,50 €) - billet donnant accès au cloître de l'abbaye de Lavaudieu.
Ce musée est installé dans une **ancienne maison de paysan-boulanger** de la fin du 19e s. où l'on peut voir encore le four, le puits, le pétrin et le comptoir. La salle commune rassemble des objets de la vie domestique. L'étable conserve des outils de vieux métiers (sabotier, charpentier). À côté se trouve la **veillade**, pièce où se déroulait la veillée : l'armoire contient une intéressante collection de coiffes portées soit le jour, soit la nuit.

Croix de mission

Sur la place du village. Figurant parmi les plus hautes du département, elle fut érigée par la dernière abbesse de Lavaudieu en 1779. À noter, ses rayons en flammes et ses rinceaux aux tiges en forme de cœurs.

À proximité Carte de microrégion

Frugières-le-Pin B1

3,5 km à l'est en reprenant la D 16 puis la D 20.
Joseph Lhomenède, résistant déporté et mort à Buchenwald en 1944, fut maire de cette commune. Une association lui rend hommage à travers un musée.
Musée de la Résistance et de la Déportation – *La Gare - 04 71 76 42 15 - www.musee-resistance-auvergne.fr - juin-oct. : 10h-12h, 14h-19h ; reste de l'année : 14h-19h - visite guidée sur demande (1h) - 5 € (-12 ans 3 €).* Nombreux documents, affiches, armes et uniformes et de bouleversantes photos témoignent du sacrifice des combattants et de l'importance de la Résistance dans la région. La collection rassemblée est riche et éclaire de façon magistrale cette période tragique de l'histoire.

NOS ADRESSES À LAVAUDIEU

RESTAURATION

BUDGET MOYEN

Auberge de l'Abbaye – *04 71 76 44 44 - http://lavaudieu.free.fr - - fermé mar. soir et jeu. soir - 12h-14h/18h-21h30 - formule 13 €, menu 16/23 €.* Plaisante atmosphère rustique dans cette auberge de village aménagée dans une vieille maison en pierre. Cuisine traditionnelle bien faite, à base de produits de saison.

ACHATS

La Maison de l'Abeille – *R. Louis-Dejax - 09 64 19 38 43 - juil.-août tlj 10h30-12h30, 15h-18h30 - hors saison, se rens.* Installée au cœur du village, cette boutique fait la part belle au miel et à ses dérivés comme le pain d'épice, mais aussi aux nougats, guimauves, confitures, etc. Une belle invitation à la gourmandise.

AGENDA

Concerts de musique classique – *En l'abbaye - juil.-août - www.abbayedelavaudieu.fr.* À l'entracte, promenade illuminée aux chandelles.

Saugues

2 013 Saugains – Haute-Loire (43)

Situé entre la Margeride et le val d'Allier, qui se creuse en des gorges profondes, le pays de Saugues se distingue par ses murets de pierre, ses chemins creux et ses ruisseaux à fleur de terre. Dominé par un vieux donjon, appelé tour des Anglais, Saugues est une étape très fréquentée sur le chemin de St-Jacques-de-Compostelle. Elle est aussi connue pour ses marchés aux bestiaux, son musée, qui rappelle les méfaits de la terrible bête du Gévaudan, et pour ses processions de pénitents blancs, qui ont lieu chaque Jeudi saint depuis plusieurs siècles.

NOS ADRESSES PAGE 408
Hébergement, restauration, achats, activités, etc.

S'INFORMER

Office de tourisme – *9 cours Gervais - 43170 Saugues - ✆ 04 71 77 71 38 - www.gorges-allier.com - juil.-août : 9h-12h30, 14h-19h, dim. et j. fériés 9h-13h ; mai-juin et sept. : tlj sf dim.-lun. 9h-12h30, 13h30-17h30 ; reste de l'année : se rens. - fermé 1er janv., 25 déc.*

SE REPÉRER

Carte de microrégion B2-3 p. 326 – *carte Michelin Départements 331 D4*. À 44 km au sud-ouest du Puy-en-Velay, Saugues est au cœur d'un petit pays original, desservi par la D 585 qui va de Brioude en Margeride.

À NE PAS MANQUER

L'itinéraire des gorges de l'Allier au Devès : villages pittoresques et lac du Bouchet.

AVEC LES ENFANTS

Le musée de la Bête du Gévaudan ; la tour des Anglais ; la baignade biologique ; le lac du Bouchet.

Se promener

Musée fantastique de la Bête du Gévaudan

4 r. de la Tour - ✆ 04 71 77 64 22 - www.musee-bete-gevaudan.com - visite guidée (35mn) juil.-août : 10h-12h, 14h30-18h30 ; de mi- à fin juin et de déb. à mi-sept. : 14h30-18h30 ; reste de l'année : sur demande préalable - 5,50 € (-12 ans 3,50 €).

La fameuse bête qui dévora, au 18e s., moutons et bergères sur un vaste territoire allant de Saugues à Ruynes-en-Margeride, St-Flour et Langogne, a désormais son musée. En 22 tableaux répartis sur quatre étages, les personnages en plâtre, grandeur nature et doués de la parole, évoquent des scènes historiques, mais aussi des paysages de cette contrée.

Tour des Anglais

R. de la Tour - ✆ 04 71 77 71 30 - www.saugues.fr - juil.-août : 10h-12h, 14h30-18h30 ; de déb. à mi-sept. : 15h-17h30 - visite guidée (20mn) - 2,50 € (-12 ans 1,50 €).

On ne peut manquer de l'apercevoir, dépassant des maisons du village. Cette tour carrée, couronnée de mâchicoulis et percée de meurtrières, est un bel exemple de l'architecture du 13e s. Elle formait le centre du château des Mercœur. Elle doit son nom aux mercenaires qui avaient été enrôlés dans les troupes anglaises. Devenus des routiers et surnommés « Anglais », ils se rendirent maîtres de la ville en 1362. La tour abrite des tableaux de Lucien Gires, à l'origine de la création du musée fantastique. Du sommet, beau **panorama** sur la Margeride.

Bête du Gévaudan surveillant Saugues.
S. Sauvignier/Michelin

Église

Surmontée d'un clocher octogonal, elle abrite un mobilier remarquable : Vierge auvergnate du 12e s., pietà du 15e s., châsse de saint Bénilde. Trois belles croix de procession en orfèvrerie sont exposées dans la chapelle du trésor.

Diorama Saint Bénilde

Treize tableaux retracent la vie de Pierre Romançon (1805-1862), le frère Bénilde des Écoles chrétiennes, premier instituteur public de Saugues, canonisé en 1967. Il naquit à Thuret (*Aigueperse, p. 109*). C'est l'école où il enseigna et dont il fut directeur qui abrite le diorama.

LA BÊTE DU GÉVAUDAN

La première victime avérée de cette mystérieuse créature qui, durant trois longues années, sévit dans certaines parties du Cantal, de la Haute-Loire et de la Lozère, est une jeune fille de 14 ans dont le corps, sauvagement mutilé, est retrouvé le 30 juin 1764 dans un petit village du Vivarais. Ce crime odieux est attribué à une bête étrange, d'une férocité exceptionnelle. De nombreuses battues sont alors organisées, mais les agressions continuent et les victimes se succèdent. Devant l'ampleur de cette affaire, Louis XV dépêche sur place des dragons ainsi que son Grand Louvetier afin d'éliminer le monstre et de rétablir le calme. Mais après un certain répit, les crimes reprennent. Les témoignages de ceux et celles ayant miraculeusement survécu aux attaques de « la bête », et les circonstances des drames font l'objet de nombreuses conjectures, et nourrissent une légende naissante. En juin 1767, Jean Chastel, soupçonné quelque temps d'avoir été l'auteur de ces actes criminels, tue un animal ressemblant à un loup de grande taille à La Sogne-d'Auvers, et met ainsi fin à ces carnages qui firent, au final, plus d'une centaine de victimes, femmes, enfants, vieillards.

Baignade biologique

Av. du Gévaudan, à côté du camping municipal de la Seuge - ✆ 06 33 71 96 22 - ♿ - juil.-août : 11h-19h, baignade surveillée - 2,50 € - camping et location de chalets.
Une plage en herbe et trois bassins, au pied du village de Saugues, attendent ceux qui sont réticents au chlore. On se croirait vraiment en pleine nature !

Chemin de St-Jacques

Saugues est traversée par le GR 65, qui descend vers l'extrémité sud du département et passe par le domaine du Sauvage, dont le nom vient du latin « silva », la forêt.

À proximité Carte de microrégion

Château d'Esplantas B3

6,5 km au sud par la D 585.Esplantas - ✆ 06 50 51 56 59 - www.routes-historiques.com/fiche-route-des-chateaux-dauvergne-5.html - 10 juil.-31 août : 14h30-18h ; 1er avr.-9 juil. et sept.-nov. : sur demande préalable - possibilité de visite guidée (30mn) - 6,50 € (-18 ans 5 €).
Cet ancien site défensif fut élevé au 13e s. (comme l'atteste son donjon cylindrique massif) à la demande de l'évêque de Mende, Odilon de Mercœur, pour protéger Saugues des attaques venant du sud. Remanié au 16e s. et 18e s., son corps de logis a fait l'objet d'une rénovation permettant l'ouverture du site au public.

Site archéologique médiéval de Montchauvet B3

7 km au sud-ouest par la D 589.
Ce village déserté fut redécouvert sur les pentes du **Montchauvet** en 1965. L'année suivante débutèrent des investigations permettant le dégagement d'habitations (35 à ce jour) qui s'étagent en terrasses sur 2 ha, ainsi que la mise au jour de mobilier archéologique.

Tour de la Clauze B3

10 km au sud-ouest par la D 33, puis la D 335 à gauche vers Grèzes.
À quelque distance de Grèzes, cette tour du 13e s. surgit du rocher qui lui sert de soubassement. Elle permettait de surveiller la Margeride. C'était une véritable forteresse, dont ce donjon servait de corps central, entouré de tours d'enceinte qui se sont effondrées. Elle a joué un rôle prépondérant au moment des guerres de Religion, puis est tombée peu à peu dans l'oubli.

Le mont Mouchet★ (p. 317)

19 km à l'ouest de Saugues.

Circuit conseillé Carte de microrégion BC2-3

★★ DES GORGES DE L'ALLIER AU DEVÈS

Circuit de 105 km tracé en marron sur la carte ci-contre – comptez environ 4h.
Ce trajet assez tourmenté évolue entre des gorges encaissées et la longue échine volcanique du **Devès**, qui s'étire entre l'Allier et la haute vallée de la Loire.
Quittez Saugues par le nord en empruntant la D 585.

St-Arcons-d'Allier (p. 387)

Prenez la D 48 qui longe la rive droite de l'Allier.

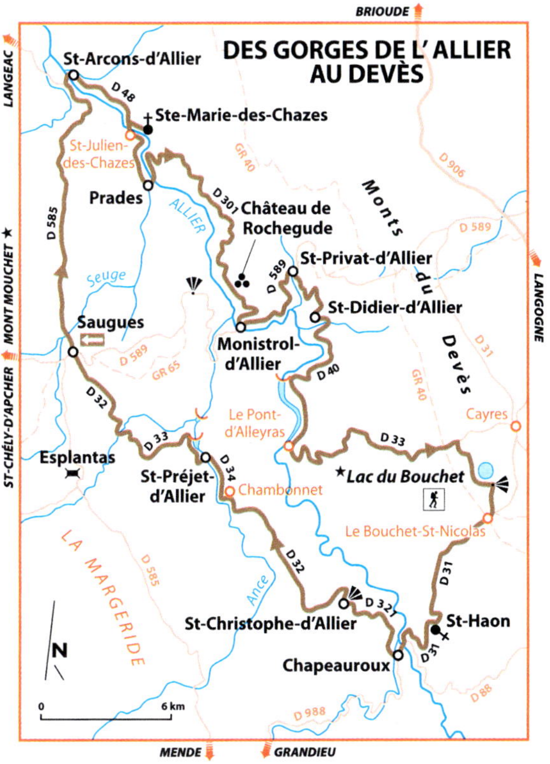

Chapelle Ste-Marie-des-Chazes

Elle est isolée au bout d'un chemin, sur la rive droite de l'Allier, au pied d'un beau rocher de basalte. Un escalier monumental de trente marches conduit à un clocher-porche refait au 19e s. et surmonté d'un lanternon conique.

Franchissez de nouveau l'Allier avant d'entrer dans St-Julien-des-Chazes et poursuivez sur la D 48.

Le village de **Prades** est construit dans un **site★** très encaissé.

Repassez l'Allier par la D 48, puis prenez à droite la D 301.

La route, tracée en moyenne corniche, offre des vues très pittoresques. Elle passe au pied du **château de Rochegude** *(voir p. 408)*.

Monistrol-d'Allier

Profondément encaissé entre des pentes de lave abruptes, ce village occupe un **site★** remarquable de la vallée. Depuis le Moyen Âge, c'est une halte sur le chemin du Puy à St-Jacques. Un pont métallique construit par l'atelier d'Eiffel fut jeté entre les deux rives en 1887-1888. Le **train touristique des Gorges de l'Allier** fait une halte à Monistrol *(http://train-gorges-allier.com)*.

Au nord, plaquée contre la falaise, la **chapelle Ste-Madeleine** *(ouv. pour la Ste-Madeleine le dim. qui suit le 22 juil.)* date de la fin du 18e ou du début du 19e s. Elle perpétue le culte de la sainte dont les origines remontent ici à l'époque médiévale.

De Monistrol-d'Allier, possibilité de rejoindre Saugues par la pittoresque D 589.

Cette route offre des **vues** saisissantes sur les gorges taillées dans le granit par l'Allier avec, sur leurs versants, d'énormes rochers basaltiques.
Quittez Monistrol par l'est en empruntant la D 589.

St-Privat-d'Allier

Village très pittoresque aux façades ocre, juché sur un éperon rocheux dominant les gorges de l'Allier. Il possède une église du 13e s. dédiée à saint Jacques et remaniée au 15e s. La **chapelle de Rochegude**, qui appartenait au château du même nom, se trouvait sur le chemin de St-Jacques.
Prenez à droite la D 40.

St-Didier-d'Allier

Un autre petit village perché sur un roc abrupt.
Poursuivez sur la D 40 jusqu'au Pont-d'Alleyras; prenez à gauche la D 33.

★ Lac du Bouchet

Un sentier sous bois permet d'en faire le tour en 45mn.
Situé à 1 205 m d'altitude, d'une superficie de 43 ha et d'une profondeur de 28 m, il occupe le fond d'un ancien cratère de forme presque circulaire. Il est entouré d'une forêt de sapins, d'épicéas et de pins. On ne connaît au lac ni rivière tributaire ni déversoir. La limpidité de ses eaux montre pourtant qu'elles se renouvellent sans cesse. Le lac bénéficie du label Respirando, qui qualifie en Haute-Loire des lieux structurés, où l'on pratique des activités de pleine nature : ici, baignade, pédalo.
En quittant le lac par la route menant au Bouchet-St-Nicolas, à la sortie de la forêt, très belle vue sur le Velay volcanique, en particulier sur les massifs du Meygal et du Mézenc.
Après Le Bouchet-St-Nicolas, continuez vers le sud, sur la D 31.

Chapeauroux

Ce hameau est situé au confluent de l'Allier et du Chapeauroux, dans un joli bassin que la voie ferrée traverse sur un viaduc courbe de vingt-huit arches. Il s'ouvre sur les grandes étendues du Devès.
À la sortie de Chapeauroux, prenez à droite la D 321.

St-Christophe-d'Allier

Situé sur un versant abrupt, ce village offre une vue étendue sur les gorges de l'Allier.
Rejoignez la D 32, puis, juste après Chambonnet et avant de franchir l'Ance, prenez à droite la D 34.

St-Préjet-d'Allier

Situé sur le rebord est de la Margeride, ce village possède deux barrages sur l'Ance : la Valette et Pouzas.
Prenez la D 33 qui longe le cimetière et continuez sur la D 32 qui ramène à Saugues.

NOS ADRESSES À SAUGUES

HÉBERGEMENT

PREMIER PRIX

Chambres d'hôte des Gabales – *Rte du Puy-en-Velay - ✆ 04 71 77 86 92 - www.lesgabales.com - P - réserv. conseillée - 5 ch. 71 €.* Une adroite rénovation a restitué l'âme de cette maison bourgeoise des années 1930 : salon-bibliothèque et salle à manger parquetés avec boiserie murale d'époque, et plaisantes chambres personnalisées.

À proximité

La Croisée des Chemins – *Le Bourg - 43150 Cayres - ☎ 04 71 09 36 69 - www.aubergelacroiseedeschemins.com - 7 ch. 60 € - ☕ 7 € - ✕ mar.-dim. (merc. déj. slt) 18/32 €.* À 2mn du lac du Bouchet, cette paisible auberge est installée dans un ancien couvent à 1 100 m d'altitude. Le chef, Franck Gaubert, a fait le tour du monde puis a posé ses bagages en Haute-Loire.

BUDGET MOYEN

Hôtel La Terrasse – *11 Cours Gervais - ☎ 04 71 77 83 10 - www.hotellaterrasse-saugues.com - 16 mars-14 nov. - 9 ch. 85 € - ☕ 12 € - ✕ formule déj. 23 € - menu 30/40 €.* Au centre du village, ancienne maison de notaire tenue par la même famille depuis 1795. Chambres fraîches et rénovées. Restaurant gastronomique.

À proximité

Chambres d'hôte Les Pierres d'Antan – *Le Mazel - 43170 Venteuges - ☎ 04 71 76 06 94 - www.lespierresdantan.fr - 3 ch. 70/104 € ☕ - Spa gratuit (mai-sept.) avec vue panoramique à couper le souffle ! - ✕ table d'hôte 28 €.* Originaires d'un village voisin, Pascale et Serge ont ouvert trois chambres d'hôte dans une ancienne ferme rénovée avec un goût exquis. Passionnés de cuisine, les heureux propriétaires de cette belle bâtisse concoctent pour leurs hôtes des plats goûtus, aux saveurs du terroir.

Chambres d'hôte Le Clos des Pierres Rouges – *Rougeac - 43580 St-Privat-d'Allier - accès par la D 589 - ☎ 04 71 00 64 78 - http://leclosdespierresrouges.fr - P ♿ - 3 ch. 90 € ☕ - dîner 29 €.* Située à l'orée du joli hameau de Rougeac, parcouru de murets de pierre sèche, cette ancienne ferme du 19e s. est une étape idéale pour les amateurs de randonnée, étant placée non loin des GR 40 et 65.

ACHATS

Marché et foire – vend. matin.

Pâtisserie Vernet – *R. de l'Hôtel-de-Ville - ☎ 04 71 77 83 33 - fermé mar. et dim. après-midi - 6h-12h30, 15h-19h30.* Connaissez-vous le carré du Gévaudan ? Il faut aller les goûter chez Michel Vernet !

ACTIVITÉS

Tonic Aventure – *Bases à Langeac, Monistrol-d'Allier - 43300 Langeac - ☎ 04 71 77 25 64 - www.tonic-aventure.fr - avr.-mi-oct. - à partir de 18/45 € pour du canoë, 40/150 € randonnées canoë.* Canoé-kayak, canyoning, rafting, hydrospeed, stand up paddle.

Tonic Rafting – *Le Bourg - 43580 Monistrol-d'Allier - ☎ 04 71 57 23 90 - www.raft-canyon.fr - descente en rafting puis en canoë, retour en train - tarif tout compris à partir de 59 €, possibilité hébergement en gîte le soir à partir de 118 €.*

AGENDA

Procession des pénitents – *Jeudi saint, à la tombée de la nuit.* Entre les pénitents blancs, munis de lanternes, s'avancent, vêtus de rouge, encacagoulés et pieds nus, les pénitents, porteurs de la croix.

PAYS DE THIERS ET LIVRADOIS-FOREZ

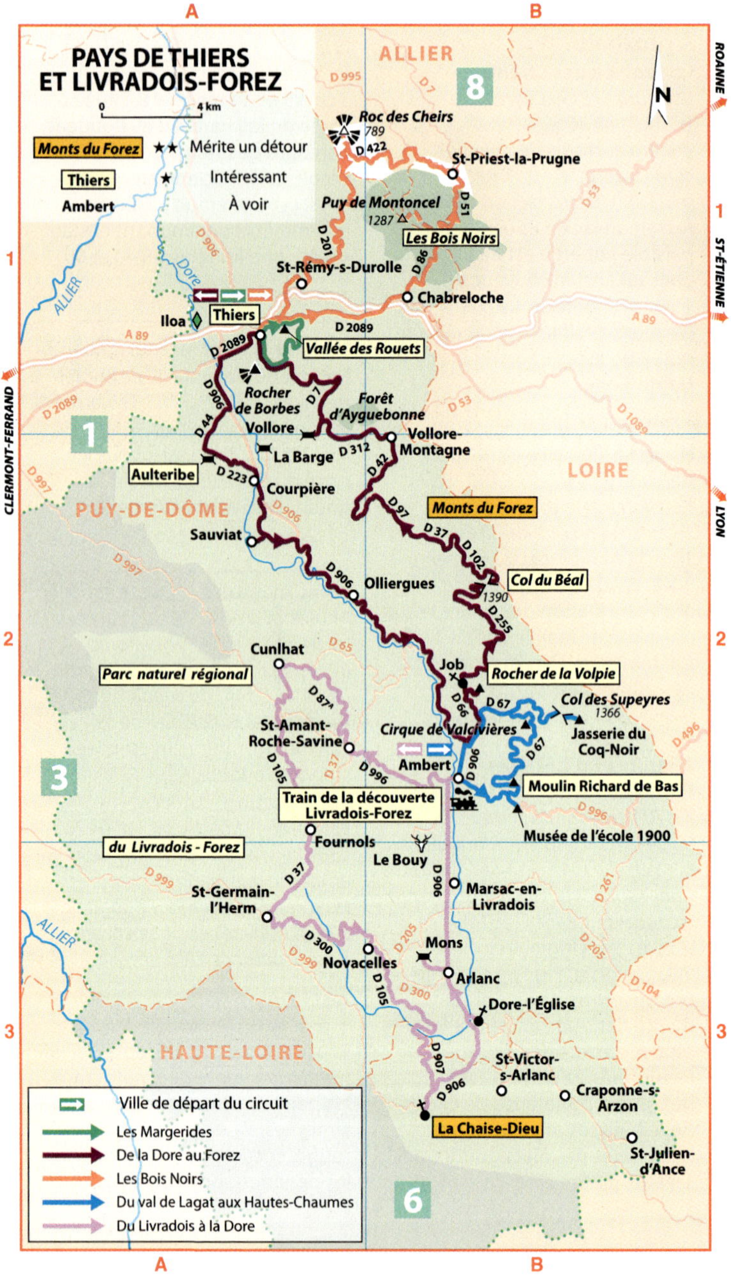

Pays de Thiers et Livradois-Forez

7

Carte Michelin Départements 326, 327 et 330 -
Puy-de-Dôme (63), Loire (42) et Haute-Loire (43)

Parc naturel régional Livradois-Forez

★

Puy-de-Dôme (63) et Haute-Loire (43)

Avec ses 288 000 ha, ce vaste Parc naturel régional protège la totalité du Livradois et les monts du Forez, mais il s'étend bien au-delà, des Bois Noirs, à la limagne des Varennes, à la Comté et les plateaux granitiques du nord Velay. Ce pays rude, d'une grande beauté, se compose notamment de la vallée de la Dore qui s'écoule entre les monts du Livradois et les Hautes-Chaumes du Forez, domaine du jas et de la fourme d'Ambert.

S'INFORMER

Maison du Parc naturel régional Livradois-Forez – *63880 St-Gervais-sous-Meymont - ✆ 04 73 95 57 57 - www.parc-livradois-forez.org - ♿ - 9h-12h30, 13h30-17h30, vend. 9h-12h30, 13h30-16h30 - fermé w.-end et j. fériés - gratuit.*

Bureaux d'information touristique de la Maison du tourisme du Livradois-Forez :
Ambert – *4 pl. de l'Hôtel-de-Ville - ✆ 04 73 82 61 90.* **Billom** – *13 r. Carnot - ✆ 04 73 68 39 85.* **Celles-sur-Durolle** – *Pont de Celles - ✆ 04 63 62 30 00.* **Courpière** – *Pl. de la Cité-Administrative - ✆ 04 73 51 20 27.* **Cunlhat** – *8 Grande-Rue - ✆ 04 73 82 57 00.* **Lezoux** – *16 r. du Mal-Leclerc - ✆ 04 73 62 29 24.* **Olliergues** – *28 av. Rhin-et-Danube - ✆ 04 73 95 56 49.* **St-Germain-l'Herm** – *Rte de la Chaise-Dieu - 63630 St-Germain-l'Herm - ✆ 04 73 72 05 95 - www.haut-livradois.fr - horaires, se rens.*

SE REPÉRER

Carte de microrégion AB1-2-3 p. 410 – carte Michelin Départements 326 H/J 8/11 et 330 I/L 1/3. Le Parc naturel régional Livradois-Forez se situe dans la partie orientale de l'Auvergne, à cheval sur les départements du Puy-de-Dôme et de la Haute-Loire. Il est sillonné d'un bout à l'autre par la D 906, qui joint Thiers au Puy-en-Velay.

À NE PAS MANQUER

Montez à bord du train de la découverte Livradois-Forez, et parcourez les paysages saisissants des gorges de la Dore (*p. 434*).

Maison du Parc naturel régional Livradois-Forez

À St-Gervais-sous-Meymont sur la D 906, juste à côté de la mairie.

Cette construction contemporaine est en bois afin de mettre en valeur l'une des ressources naturelles les plus présentes dans le parc (la forêt couvre 40 % de la superficie). La Maison du Parc met à disposition différents documents (carte Tourisme et Patrimoine, un livret de découverte du Parc, divers guides pratiques, etc.), vend des topoguides et tient l'agenda des manifestations et animations du Parc. En outre, vous pourrez visionner un film (25mn) de présentation : L'Auvergne du soleil levant, qui vous guidera à travers la région. La Maison du Parc propose des balades accompagnées « nature et patrimoine » : cueillette de champignons accompagnée par un mycologue, randonnée à la découverte des animaux, etc. L'exposition de maquettes et d'objets « Atelier encyclopédique » s'appuyant sur six pages connues d'une Encyclopédie des arts et techniques du Livradois-Forez disparue – traitant de l'utilisation de la roue et de la force hydraulique – a malheureusement été supprimée.

Portrait du parc

287 800 HA, 162 COMMUNES, 103 000 HABITANTS

Un vaste territoire naturel

Créé en 1986, le Parc naturel du Livradois-Forez est l'un des plus vastes de France. La vallée de la Dore constitue l'axe économique du territoire. C'est là que se concentrent une grande partie de la population, ainsi que les activités économiques, artisanales et commerciales. Les autres bassins versants sont à l'ouest le haut versant droit de l'Allier, et au sud-est, le bassin de la Loire (vallées de l'Auze et de l'Arzon). Les points culminants sont, dans les monts du Forez, Pierre sur Haute (1634 m), dans les monts du Livradois, signal de Mons, (1218 m), et dans les Bois Noirs, le puy de Montocel (1287 m).

Agriculture et industries locales

Couverte de forêts, prairies, bocages, étangs, le Livradois-Forez possède une très grande variété de milieux naturels. Autrefois terre de polyculture-élevage très densément peuplée, la région a vu se développer des activités en complément de l'agriculture, utilisant la force motrice de l'eau : textile, cuir, papier, petite métallurgie, coutellerie, qui constituent l'essentiel de son identité.

Des activités pour tous les goûts

Tout au long de l'année la découverte d'une flore et d'une faune très riches est assurée (oiseaux nicheurs et oiseaux migrateurs à observer au printemps ou en automne aux cols du Béal, de la Chamboite et du Baracuchet). Des **sentiers** balisés (2 000 km) et équipés de tables de lecture et de pupitres d'observation permettent d'apprécier des sites et des milieux exceptionnels. Le randonneur, le cycliste (700 km de pistes **VTT**) et le cavalier – les Hautes Chaumes du Forez font partie des lieux incontournables pour l'**équitation** – seront comblés. L'hiver, les **domaines nordiques** des crêtes du Forez proposent 200 km de pistes.

La Route des métiers

Des estives du Forez, grands espaces ouverts, aux vallées encaissées du côté de Thiers, le Livradois-Forez a été façonné par l'homme. Le Parc naturel régional Livradois-Forez invite à redécouvrir les métiers d'autrefois, en suivant châteaux, musées, artisans d'art et producteurs fermiers (moulin Richard de Bas, musée de la Coutellerie, musée de la Dentelle, Maison de la fourme d'Ambert, etc.). *www. routedesmetiers.fr.*

Saveurs du Livradois-Forez

93 producteurs et distributeurs se sont associés pour faire découvrir les Saveurs du Livradois-Forez, produits authentiques issus du Parc naturel : viande, charcuterie, fromages, légumes, fruits, confitures, etc. Engagés dans une démarche fondée sur le respect des produits, de l'environnement et des paysages, ainsi que la sauvegarde d'un savoir-faire inégalé, les membres de ce réseau ont à cœur de démontrer les qualités du territoire labellisé « Parc naturel régional ».

Sur les pas de Gaspard

Proposées par l'association « Sur les pas de Gaspard », de nombreuses animations ludiques sont proposées aux enfants à travers le parc : comment obtient-on le miel, comment fabrique-t-on un couteau, comment reconnaître un champignon comestible, comment fabriquer un hamburger à la fourme d'Ambert… 04 73 95 57 57 ou 04 73 82 28 08 - www.sur-les-pas-de-gaspard.fr.

Thiers

★

11 805 Thiernois – Puy-de-Dôme (63)

Avec ses quartiers anciens perchés à flanc de colline, Thiers surplombe la grande Limagne et regarde en direction des monts Dôme. Cette cité insolite doit sa fortune aux eaux de la Durolle. Les industries du papier, de la tannerie et des couteaux y sont pratiquées depuis le 15e s., et si les deux premières ont disparu, la dernière maintient haut la main la renommée de la cité. À Thiers, le couteau est partout! Il faut se perdre dans les ruelles pour admirer le patrimoine bâti, et descendre à pied jusqu'à la rivière, la meilleure façon d'appréhender tout le suc de cette ville attachante.

NOS ADRESSES PAGE 425
Hébergement, restauration, achats, activités, etc.

S'INFORMER

Office du tourisme de Thiers Communauté – *Hôtel du Pirou - pl. du Pirou - 63000 Thiers - ☏ 04 73 80 65 65 - www.vacances-livradois-forez.com - juil.-août : 9h30-12h30, 13h30-19h, dim. et j. fériés 10h-12h30, 13h30-18h ; mai : 9h30-12h30, 14h-17h ; juin : 9h30-12h30, 14h-18h ; reste de l'année : se rens. Demandez un plan de la vieille-ville et équipez-vous de bonnes chaussures. L'office de tourisme propose des visites guidées thématiques, un e-guide et un billet unique (en juil.-août uniquement) pour visiter les principaux sites à tarif préférentiel.*

SE REPÉRER

Carte de microrégion A1 p. 410 – *carte Michelin Départements 326 I7.* Thiers est à 37 km de Clermont-Ferrand par la D 2089 et à 34 km de Vichy par la D 906.

SE GARER

Le vieux Thiers se trouve dans la ville haute. Garez-vous sur les parkings de la place Antonin-Chastel, place St-Exupéry, rue Fernand-Forest ou rue de Lyon.

À NE PAS MANQUER

Les rues aux maisons médiévales, le panorama depuis la terrasse du Rempart, le musée de la Coutellerie et la vallée des Usines. Le patrimoine culturel et les superbes paysages du circuit « De la Dore au Forez ».

ORGANISER SON TEMPS

Comptez une journée. Vous pouvez ajouter la découverte de la papeterie du moulin Richard de Bas *(Ambert)* à celle de la coutellerie thiernoise.

AVEC LES ENFANTS

Les visites liées aux métiers de la coutellerie, une randonnée dans la vallée des Rouets ou un pique-nique dans une base de loisirs *(Activités).*

Se promener Plan de ville

Vous serez saisi par le contraste entre la ville haute, avec ses ruelles tortueuses bordées de maisons à tourelles et à colombages et ses « peddes » (passages sous les maisons), et la nouvelle ville, moderne, qui s'étend dans la plaine. Un flyer « Promenade des artisans thiernois » *(disponible à l'office de tourisme)* vous permet, dans la vieille ville, de faire le tour des boutiques, ateliers et galeries liés à la coutellerie.

★ LE VIEUX THIERS

Itinéraire tracé en vert sur le plan de la ville ci-dessous.
Au centre de la ville, une campagne de restauration a remis en valeur de vieux logis à pans de bois des 15e, 16e et 17e s. Ces maisons bordent des rues étroites et tortueuses, piétonnes pour la plupart. Thiers accueille aussi un **centre d'art contemporain**, dans le site magique du Creux de l'Enfer, au bord de la Durolle (p. 418).
Partez de la place de la Mutualité et descendez par la rue Prosper-Marilhat, qui se prolonge par la rue Terrasse.

★ Terrasse du Rempart

Elle offre un **panorama★** sur la Limagne, les monts Dore et les monts Dôme. De cette terrasse, la vue de certains couchers de soleil est magnifique. Belle table d'orientation en lave émaillée.
Poursuivez sur 50 m et descendez à droite la rue du Bourg.

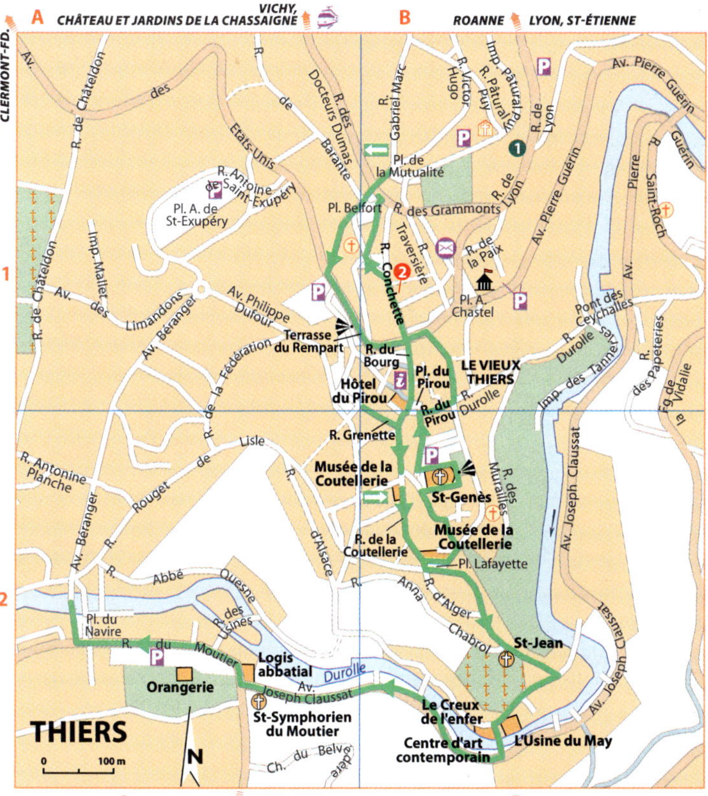

SE LOGER	SE RESTAURER
Hôtel L'Aigle d'Or 1	Le Chaudron 2

Rue du Bourg

Au n° 10, porte en pierre de Volvic du 15e s. présentant un tympan gothique flamboyant. Au n° 20, maison du 16e s. Sur la gauche, la rue Transvaal est le plus petit « pedde » (passage couvert) de Thiers.

Place du Pirou

Cette place est dominée par l'**hôtel du Pirou★**, du début du 15e s., aux pignons aigus. Construit en pierre de Ravel, avec des façades à croisillons de bois, ce beau spécimen de l'architecture civile du Moyen Âge abrite l'office de tourisme et la donation Calamy *(✆ 04 73 80 65 65 - 1,50 € (-12 ans gratuit) - à l'étage, visite sur demande préalable.)*. Cette donation, dépôt de la ville de Thiers, est constituée de mobiliers européens du 15e au 18e s. et d'un ensemble d'objets de l'Antiquité grecque, égyptienne et mésopotamienne.
Prenez à droite, en sortant de l'office de tourisme.

Rue Grenette

Au n° 8, hôtel Ossandon (16e et 17e s.).
Revenez sur vos pas et descendez la rue de la Coutellerie.

Rue de la Coutellerie

Le n° 5 s'agrémente d'une grande coquille, élément décoratif courant à la Renaissance. Aux nos 12 et 14, maisons à colombages : la première est ornée de pans de bois en forme de chaises curules, la seconde est pourvue de corbeaux de bois sculptés de curieux personnages accroupis.
Au n° 21, la **maison de l'Homme des bois** (15e s.) est décorée d'un personnage énigmatique à l'apparence simiesque. Cet homme sauvage, couvert de poils, a donné lieu à diverses interprétations, mais aucune ne paraît pleinement fondée. Les nos 23 et 58 abritent le musée de la Coutellerie.

★ Musée de la Coutellerie et ses ateliers

23 et 58 r. de la Coutellerie - ✆ 04 73 80 58 86 - www.ville-thiers.fr - juil.-août : 10h-12h30, 13h30-19h ; juin et sept. : 10h-12h, 14h-18h ; reste de l'année : tlj sf lun. 10h-12h, 14h-18h - fermé janv., 1er Mai, 25 déc. - possibilité de visite guidée (45mn) - 5,80 € (-20 ans 2,85 €) - 7 € billet combiné avec la vallée des Rouets.
La réputation du couteau de Thiers n'est plus à faire. Le processus de fabrication, transmis de génération en génération, se déroule en plusieurs étapes : la forge, la trempe, l'émouture, le façonnage et le montage de manche, la sculpture, la gravure, le polissage. Réparti sur deux sites, le musée de la Coutellerie comprend des ateliers et un musée.
Au n° 23 – La visite commence par quatre salles retraçant l'histoire des métiers de la coutellerie thiernoise : origines, métiers et techniques de production,

LA COUTELLERIE

Thiers est le plus grand centre français de coutellerie. L'origine de cette spécialisation remonte au Moyen Âge. Selon une légende, les croisés auvergnats auraient rapporté d'Orient, après la première croisade (1096-1099), le secret de la fabrication ; en fait, la métallurgie thiernoise remonte au 14e s. Le développement de la coutellerie permit à la ville d'exporter ses produits, dès le 16e s., en Espagne, aux Pays-Bas et en Lombardie. Des lames de toutes sortes furent repassées sur les meules actionnées par la Durolle. Aujourd'hui, le travail du coutelier s'est modernisé et on ne voit plus, comme le représentait une image populaire, l'émouleur allongé à plat ventre au-dessus de sa meule, son chien couché sur les jambes pour lui tenir chaud.

conditions de travail, rapports sociaux et festifs, commercialisation et publicité.
Au n° 58 – Dans l'ancienne maison des Échevins se trouve la seconde partie du musée. La visite commence au sous-sol par un montage son et lumière qui évoque l'univers assourdissant des forges. Elle se poursuit au rez-de-chaussée par la découverte des ateliers, avec démonstration d'émouture, de polissage et d'assemblage d'un couteau. Le premier étage présente les couteaux fermants, de l'eustache au couteau à secret, et les couteaux thiernois des 19e et 20e s. Admirez la donation Frédéric Albert Peter, coutelier-orfèvre à Paris. Le second étage est consacré aux couteaux droits, des nécessaires de table du 18e s. aux couteaux classiques en corne du 19e s. et aux premiers en plastique des années 1920. Une salle est consacrée aux créations contemporaines.
Des expositions temporaires liées aux domaines de la métallurgie ou de la coutellerie sont organisées régulièrement.
En quittant le musée, empruntez l'escalier sur votre gauche en direction de la place St-Genès.

Collégiale St-Genès

C'est un édifice roman très remanié. Si la façade ouest et le clocher ont été refaits, le croisillon droit possède encore une très intéressante décoration polychrome sur son pignon et de gracieuses fenêtres. L'entrée nord, qui donne place du Palais, est précédée d'un porche du 19e s. dans le mur duquel a été encastré un enfeu du 13e s., élégamment sculpté.
À l'intérieur (9h-19h), la coupole qui couvre la croisée du transept est la plus grande de toute l'Auvergne. Remarquez la peinture murale représentant le Christ pantocrator (12e s.), les boiseries (18e s.) décorant une des chapelles du collatéral nord, quelques stalles du 17e s. dans le chœur et une pietà du 16e s. À découvrir aussi, l'orgue de belle facture, du 19e s.
Au sud de l'église se trouve l'école (actuelle école de danse du conservatoire Georges-Guillot) où François Truffaut tourna son fameux film, *L'Argent de poche*, durant l'été 1975.
Prenez à droite la rue du Palais jusqu'à la place du Pirou. Prenez à droite.

Rue du Pirou

Au n° 11, la **maison des Sept Péchés capitaux** est ainsi appelée en raison de la décoration des poutres supportant le premier étage ; au n° 9, observez le logis à encorbellement. Plus loin, passez sous le Coin des Hasards (15e et 17e s.) : outre le gain de place, cet agencement permettait d'être exempté de l'impôt au sol. Au n° 1, aménagée dans l'ancienne porte Charrier, la tour de Maître Raymond est un vestige de la seconde enceinte féodale de Thiers (13e s.).
Continuez à remonter par la rue Alexandre-Dumas et la place Antonin-Chastel. Faites quelques pas à gauche, et prenez la rue Conchette, à droite.

Rue Conchette

Cet ancien faubourg aggloméré à Thiers au 15e s., lors de la construction de la troisième enceinte, était le quartier riche de la ville. La rue conserve de belles cours intérieures, propriétés des bourgeois marchands des 16e et 17e s. (maîtres cartiers, papetiers…) qui firent la renommée du commerce thiernois à travers l'Europe.
Au n° 4, dans la cour de l'hôtel de Mary, vous pouvez voir un escalier monumental en pierre de Volvic du 16e s. ; au n° 10, dans la cour de l'hôtel Brugière-Fedict (16e s.), une loggia supportée par une colonne dorique en pierre de Ravel ; au n° 18, dans la petite cour avec tourelle de l'hôtel Darrot (17e s.), du nom de marchands qui possédaient un comptoir à Lisbonne, deux jolis médaillons.

Vallée des usines, centre d'art contemporain du Creux de l'Enfer.
Ch. Guy / hemis.fr

La **Cité des Couteliers** *(1 r. Conchette)*, installée dans plusieurs maisons réunies des 15 et 16e s., est dédiée à la promotion de la coutellerie thiernoise contemporaine *(☏ 04 73 80 58 86 - juil.-août tlj 10h30-12h, 14h-18h, juin et sept. tlj 14h-18h, vac. scol. tlj sf mar. 14h-18h, hors vac. scol. les w-end 14h-18h - gratuit.)*. Elle offre un remarquable panorama de l'histoire de la coutellerie (vidéo) et des productions contemporaines. La filière coutellière thiernoise emploie de nos jours 2000 personnes. Accueil adorable.
Revenez à la place de la Mutualité.

★★ VALLÉE DES USINES

Itinéraire tracé en vert sur le plan de la ville (p. 415) - départ devant le musée de la Coutellerie. Comptez 1h. Cet itinéraire se fait à pied pour la descente, avec un retour possible par *le train touristique ou le TUT (transports urbains thiernois) pour rejoindre le centre-ville et la pl. Antonin-Chastel*. En saison, le soir, la vallée des Usines bénéficie d'une mise en lumière.
Aménagé le long de la Durolle, ce circuit invite à replonger dans l'histoire des anciennes papeteries, tanneries, ateliers d'émouture, etc. qui ont fait la renommée des savoir-faire de Thiers.
Descendez par la rue du 4-Septembre vers le Creux de l'Enfer (parcours fléché).

Église St-Jean

Cette église du 15e s. (ne se visite pas) occupe un site surplombant la Durolle. Du cimetière voisin, une belle vue se dégage sur la plaine et les monts d'Auvergne.
Un chemin la contourne et aboutit au Creux de l'Enfer.

★ Le Creux de l'Enfer – centre d'art contemporain

85 av. Joseph-Claussat - vallée des Usines - ☏ 04 73 80 26 56 - www.creuxdelenfer.net - ♿ - 13h-18h - fermé mar., 1er janv., 1er Mai, 25 déc. - gratuit - possibilité de visite commentée dernier dim. du mois (2,50 €, -18 ans gratuit).
C'est dans un environnement étonnant, là où la Durolle cascade dans la vallée des Usines, bordée de bâtiments désaffectés, qu'est installé le Creux de

l'Enfer. Aussi actif qu'original, il invite régulièrement des artistes à y séjourner pour concevoir des œuvres qui seront ensuite exposées, en symbiose avec les lieux. Un centre incontournable pour les amateurs d'art contemporain.

★ L'usine du May

83 av. Joseph-Claussat. Située juste au-dessus du Creux de l'Enfer, l'ancienne usine du May (1890), autrefois manufacture coutelière inscrite aux Monuments historiques, a conservé son architecture de l'époque. C'est aujourd'hui un café solidaire *(ouv. juil.-août mer.-dim. 13h30-18h).*

Descendez l'avenue Joseph-Claussat.

Vallée de la Durolle

Ce parcours longe la Durolle, dont les écluses successives actionnaient de nombreuses coutelleries. On comptait 140 écluses sur 3 km de parcours.

Église St-Symphorien du Moutier

Dans le quartier du Moutier *(monasterium)*, St-Symphorien, construite entre le 10e et le 12e s., était à l'origine l'église d'une abbaye fondée au 5e s. et placée sous l'autorité de Cluny à partir de 1011. À l'intérieur (9h-18h), remarquez dans la nef, restaurée, les chapiteaux du 12e s., d'un volume imposant. Les vitraux (19e s.) portent le nom des grandes familles coutelières de la ville.

Logis abbatial du Moutier

R. du Moutier - ✆ 04 73 80 27 31 - www.thiers-tourisme.fr - visite guidée (1h) juil.-août : 14h30-18h30 - fermé lun.-mar. - 6 € (-17 ans 4 €).

D'époque médiévale, remanié au 18e s., ce logis abbatial fortifié dont le dernier abbé commanditaire fut Jean Baptiste de Saint Didier, aumônier du comte d'Artois, frère de Louis XVI et futur Charles X, a été restauré. Visite guidée des salles basses, des gardes, de la cuisine et des appartements, meublés en style Louis XVI.

Dans la rue du Moutier, une ruelle vers l'îlot Navarron offre un pittoresque point de vue sur l'ancien canal usinier et sur une roue à aubes.

Orangerie

13 r. du Moutier - ✆ 04 73 80 53 53 - www.ville-thiers.fr/Orangerie - ♿ - de déb. juil. à mi-août : tlj sf w.-end 10h-12h, 13h30-17h ; reste de l'année : merc. 9h-12h, 15h-17h - entrée libre.

Dans le parc du Moutier, l'Orangerie a été aménagée en centre d'initiation et de sensibilisation à l'environnement. La grande serre est paysagée : bassin intérieur, murs végétaux et plantes exotiques s'opposent à la présentation d'un milieu désertique résultant de la pollution humaine. Expositions temporaires.

Continuez la rue du Moutier jusqu'à la place du Navire pour voir le pont du Navire (classé Monument historique).

À proximité Carte de microrégion p. 410

Château et jardins de La Chassaigne A1

À 4 km du centre. Prenez la direction de Vichy. Après le tunnel, prenez à gauche la D 94, la direction du château est indiquée.

Allée de la Première-Armée - ✆ 06 83 00 02 66 - http://perso.orange.fr/lachassaigne - visite guidée sur demande préalable (50mn) de mi-juil. à mi-août : 14h30-18h - fermé mar. - 6 € (-18 ans 3 €).

Cette ancienne propriété viticole, ruinée par le phylloxéra, a connu bien des vicissitudes, notamment lors de la Révolution (tours abaissées, blason de la porte d'entrée brisé…). Au début du 20e s., le **manoir** du 15e s. fut démantelé et laissé à l'abandon jusqu'à son rachat en 1986 par les propriétaires actuels. Un escalier à vis vous mène à la **chapelle gothique** ornée de peintures murales du 17e s. Trois pièces présentent des expositions sur les événements ou la vie du passé. Les neuf **jardins à l'anglaise** portent des noms évocateurs : le jardin des reines, le jardin exotique, le jardin d'ombre…

Circuits conseillés Carte de microrégion p. 410

★ LES MARGERIDES A1

Circuit de 15 km tracé en vert sur la carte ci-contre et p. 410 - comptez environ 3h.
Quittez Thiers par le nord-est en empruntant la D 2089 en direction de Lyon.
Du belvédère aménagé à l'embranchement de la route de St-Rémy, joli coup d'œil à droite sur les gorges de la Durolle, Thiers et la Limagne. La rive opposée est dominée par les rochers des Margerides.
Dans Château-Gaillard, prenez la première à droite. Parking à l'entrée.

★ Vallée des Rouets

Château-Gaillard - ✆ 04 73 80 58 86 - www.ville-thiers.fr - juil.-août : 12h-19h ; juin et sept. : 14h-18h - de juin à sept. visite guidée du rouet Chez Lyonnet - 4,20 € (-20 ans 2,05 €) - 7 € billet combiné avec le musée de la Coutellerie et ses ateliers - en accès libre tte l'année - site accidenté, prévoir des chaussures de marche.
C'est un des endroits les plus spectaculaires de la région. Ce site de plein air se trouve à 3 km de Thiers. Les Les différents sentiers utilisés autrefois par les émouleurs et les polisseurs ont été réaménagés et balisés. Deux parcours *(1 km et 2,5 km)* permettent de voir des vestiges de rouets (abandonnés avec l'avènement de l'électricité), de ponts et de biefs, en côtoyant les gorges de la Durolle et les beaux espaces forestiers des Margerides.
La vallée comptait 27 rouets, le **rouet Lyonnet** (1816) est le dernier à avoir fonctionné jusqu'en 1976. Son propriétaire a travaillé trente ans ici avant de réaménager les lieux pour continuer à exercer pour son plaisir (vous verrez ses machines inventées pour rendre la tâche moins pénible). Le guide ouvre les vannes et la roue tourne, entraînant avec elle la mémoire des lieux : en 1900, ce rouet abritait sept à huit postes d'émouleurs et autant de polisseurs ou polisseuses (souvent les femmes des émouleurs et les enfants) à l'étage. La visite guidée, très instructive, dévoile toutes les étapes de la fabrication des couteaux, un travail ingrat, effectué dans le bruit et la poussière, pour espérer pouvoir manger à sa faim. Mais où l'esprit d'équipe prévalait. Les métiers de la coutellerie faisaient vivre des familles entières.
Traversez Château-Gaillard et Bellevue, puis prenez à droite la D 320.
La route franchit la rivière et s'élève dans un paysage verdoyant. À la sortie de Vernières, belle vue sur la vallée de la Durolle, le bourg de St-Rémy, à flanc de montagne, et, à l'arrière-plan, les Bois Noirs.
Au carrefour, tournez à droite dans la D 102.
Au cours de sa descente sur Thiers, celle-ci décrit un virage à droite, à hauteur du rocher de Borbes qui se dresse à gauche.

Rocher de Borbes

De cet endroit, on découvre une **vue**★ très étendue sur la chaîne des Puys, le Sancy, le Livradois, et même le Cantal, par temps très clair. Du belvédère, installé à 2 km, superbe point de vue sur Thiers et la vallée de la Durolle.
Poursuivez sur la D 102 qui ramène à Thiers.

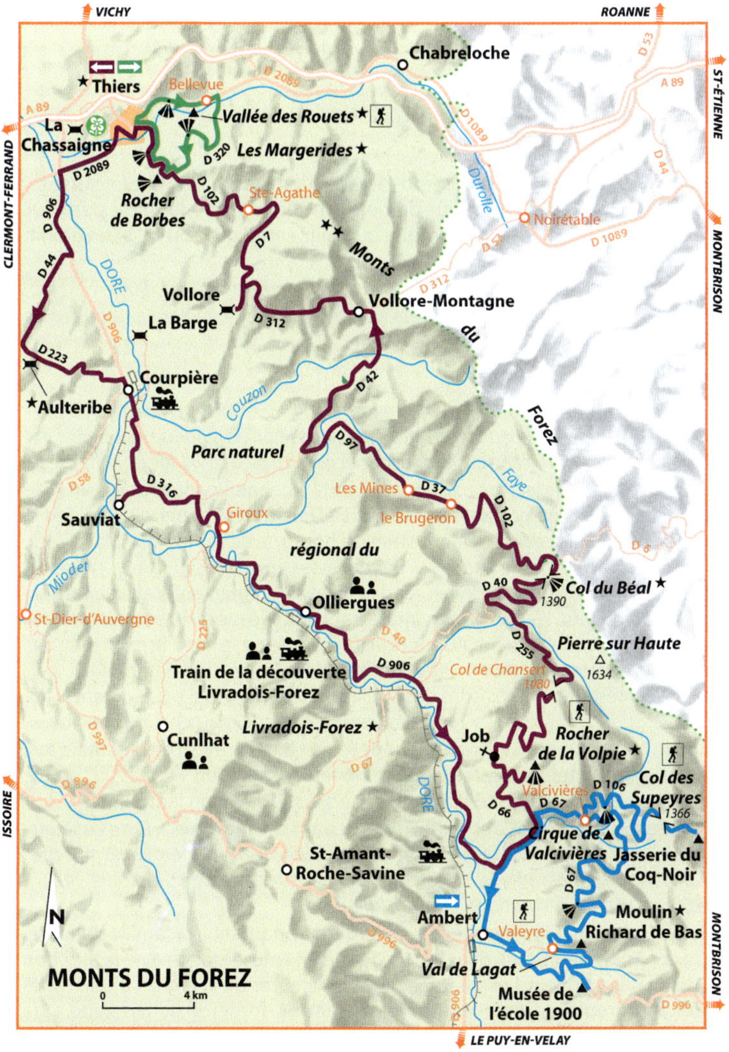

★★ DE LA DORE AU FOREZ AB1-2

Circuit de 134 km tracé en violet sur la carte ci-dessus – comptez la journée.
Les monts granitiques du Forez forment une longue échine sur environ 45 km, séparant les vallées qui se dirigent vers la Dore de celles qui vont vers la Loire. Le versant ouest, en Auvergne, est le plus abrupt et bénéficie de remarquables points de vue. La Dore passe à côté de Thiers, à Pont-de-Dore. Venue d'Ambert, elle continue sa course vers l'Allier, grossie des eaux de la Durolle.
Quittez Thiers par la D 2089, vers l'ouest, et allez jusqu'à Pont-de-Dore. Suivez la D 906 à gauche, puis la D 44 à droite, en direction d'Aulteribe.

★ Château d'Aulteribe *(p. 428)*

En quittant le château, empruntez la D 223, puis la D 906, à droite.

Courpière *(p. 427)*

À la sortie de Courpière (D 906, direction Ambert), tournez à droite dans la D 315.

Sauviat

Ce village, bien situé sur un éperon rocheux, domine un méandre encaissé de la Dore. Du belvédère, aménagé derrière l'ancienne mairie, la vue se porte sur le barrage et l'usine hydroélectrique qu'il alimente. Église du 14e s., en granit, à nef unique et massif clocher carré.

Faites demi-tour, descendez par la D 316 et reprenez à droite la D 906.

Sur votre droite, après Giroux, vous apercevez le siège du Parc naturel régional Livradois-Forez (*p. 412)*.

Olliergues

28 r. Rhin-et-Danube - 63880 Olliergues - 04 73 95 56 49 - www.olliergues.fr - horaires, se rens. - L'office du tourisme met à disposition un guide de visite, édité par le parc du Livradois-Forez, qui permet de découvrir à pied ce village au riche passé.

Sur la rive droite de la Dore par laquelle il a été façonné, le village étage ses maisons sur une colline portant un château. La Dore a en effet permis autrefois le développement artisanal et industriel du bourg, avec ses moulins, tanneries, fabriques de toiles et de papiers... Les terrasses en gradins forment un amphithéâtre naturel. De vieilles demeures des 15e et 16e s. agrémentent la rue conduisant de la mairie à l'église ; la plus intéressante, située rue du Pavé, présente des étages en encorbellement. Au cours de la visite, levez le nez à la recherche des pierres sculptées insérées ou réemployées dans les façades des maisons : certaines représentent les blasons des familles auvergnates qui possédèrent le fief d'Olliergues, comme les La Tour d'Auvergne, nom du maréchal de Turenne...

Église Notre-Dame – Ancienne chapelle du château, elle a été agrandie aux 15e et 16e s. L'intérieur renferme un tombeau en granit du 14e s. et un retable du 17e s. Le clocher (tour d'horloge en bois) est coiffé d'un lanternon.

Musée des Métiers et des Traditions du pays d'Olliergues – *R. du Château - 04 73 72 92 14 - www.olliergues.fr - visite guidée (1h15) de déb. juin à mi-sept. : 10h-19h ; avr.-mai : 14h-18h ; reste de l'année : sur demande préalable - 4,50 € (-12 ans 2,50 €) - animations jeunesse juil.-août.*

L'ancien château baronnial d'Olliergues appartient à la famille du maréchal de Turenne. Installé dans le donjon carré, le musée fait revivre la tradition artisanale régionale. Les quatre activités majeures de la région d'Olliergues sont ainsi représentées : le sabotier, le charron-forgeron, le tisserand et le fromager (fabrication artisanale de la fourme). Ne manquez pas les objets insolites, telle la scie battante du 19e s.

Pont médiéval – Situé à la sortie sud du village, il date du 15e s. et possède deux avant-becs, dont la partie supérieure servait de refuge. Côté aval, belle **vue★** sur Olliergues et la Dore bouillonnante.

Continuez sur la D 906. Peu après Cleurette, 3 km avant d'arriver à Ambert, tournez à gauche (virage assez raide) sur la D 66, puis à droite sur une petite route en direction du rocher de la Volpie.

Randonnées pédestres – *L'office du tourisme du pays d'Olliergues (28 av. Rhin-et-Danube - 04 73 95 56 49 - www.paysdolliergues.com) met à disposition des dépliants de circuits pédestres. Il propose aussi des visites accompagnées.*

Reprenez la D 906. Après Vertolaye, prenez à gauche la D 67 en direction de Job (ou la D 66, par La Forie).

★ Rocher de la Volpie

Laissez la voiture à proximité d'un groupe de maisons, et prenez le sentier (fléché) qui s'élève à travers bois.

1h AR. De cette aiguille rocheuse, la **vue★** s'étend sur les monts du Livradois avec au premier plan la plaine d'Ambert. Les personnes qui ne veulent pas faire l'ascension pourront suivre, après le bâtiment de ferme, le chemin de droite qui mène à travers prés au pied du rocher *(20mn AR)*. Le site est reposant.

Revenez à la D 66 et tournez à droite.

Église de Job

Il s'agit d'un bel édifice du 15e s. coiffé d'un important clocher carré.

Prenez la D 255 à droite.

Col de Chansert

La montée au col de Chansert (alt. 1 236 m), qui offre d'abord des vues étendues, s'achève à travers de superbes sapinières. Une agréable descente dans la vallée aux versants boisés du ruisseau de Vertolaye lui succède. Des **jasseries**, habitats d'estive aux toits recouverts de chaume (équivalent des burons de haute Auvergne) sont disséminées sur les hauts pâturages.

À La Fortiche, prenez à droite la D 66, et poursuivez jusqu'à St-Pierre-la- Bourlhonne.

Observatoire du col du Béal

Col du Béal - ✆ 04 73 95 56 49 - juil.-août : 11h-18h ; reste de l'année : se rens. - 2 € (-12 ans gratuit).

Créé pour accueillir et sensibiliser le public aux milieux naturels, ce centre de documentation (refuge-gîte et auberge) présente également la vie dans les Hautes-Chaumes.

Faites demi-tour et prenez à gauche la D 40 vers le nord-ouest.

★ Col du Béal

Du col (alt. 1 390 m), qui forme seuil entre les deux versants du Forez, on jouit d'un **panorama** étendu sur les monts d'Auvergne et du Lyonnais *(Le Guide Vert Lyon Drôme Ardèche)*. Le 15 août se déroule ici la **Fête** de la myrtille.

Quittez le col du Béal par la D 102.

La route parcourt d'immenses pâturages, qu'on a appelés, par analogie avec ceux des Vosges, les Hautes-Chaumes du Forez, et offre une très belle **vue** sur les monts du Livradois, les monts Dore, les monts Dôme et la Limagne de Clermont. Sur ces croupes dénudées, quelques pitons rocailleux se dressent au milieu de pierres éboulées. **Pierre sur Haute** est le point le plus élevé (alt. 1 634 m) des monts du Forez.

Au Brugeron, empruntez la D 37 en direction d'Olliergues, puis, au hameau des Mines, prenez sur la droite la D 97.

La route sillonne la pittoresque vallée de la Faye.

Peu après avoir franchi la Faye, prenez à droite la D 42.

Vollore-Montagne

Cette petite station d'altitude, point de départ de promenades pédestres, offre également de multiples activités de plein air.

Quittez Vollore-Montagne par l'ouest en empruntant la D 312.

La traversée de paysages boisés, la découverte de jolis sites rendent le trajet très agréable.

Château de Vollore *(p. 428)*

Quittez Vollore-Ville par le nord en empruntant la D 7 (à gauche du calvaire).

Après Ste-Agathe commence la descente sur Thiers, par la route des Margerides *(D 102)*.

★ LES BOIS NOIRS AB1

Circuit de 66 km au départ de Thiers tracé en orange sur la carte p. 410 – comptez environ 3h sans les promenades à pied.
Les Bois Noirs prolongent au nord les monts du Forez et sont séparés des monts de la Madeleine par la vallée de la Besbre. Surplombant les plaines de la Limagne et du Roannais, ils procurent des vues très étendues, notamment depuis leur point culminant, le puy de Montoncel.

Chabreloche B1

14 km à l'est de Thiers.
L'histoire du nom de ce petit centre de coutellerie, dans la vallée de la Durolle, mérite d'être contée. En route pour Thiers, **Mandrin,** le brigand au grand cœur du 18e s., s'arrêta pour déjeuner dans une auberge et demanda ce qu'il y avait au menu : « De la chabre (chèvre) et de l'oche (oie) », lui répondit l'aubergiste. « Va pour la chabre et l'oche », lui aurait répliqué Mandrin. Ainsi naquit « Chabreloche ».
Quittez le bourg par le nord en prenant la D 86.
Au début du parcours, la route, sinueuse, offre des vues superbes à droite sur les monts du Forez et la vallée supérieure de la Durolle, puis, au-delà du beau village d'Arconsat, pénètre dans les Bois Noirs.

Puy de Montoncel B1

Le puy de Montoncel constitue le point de jonction de trois départements : Puy-de-Dôme, Allier et Loire. Bien qu'au sommet les arbres masquent le panorama qui jadis s'étendait des monts de la Madeleine aux monts Dore et Dôme, l'excursion n'en reste pas moins fort agréable.
Laissez la voiture au col de la Charme, à hauteur d'un foyer de ski de fond.
2h30 AR. Suivez un chemin de terre assez large, à découvert, et, après plusieurs raidillons et l'amorce d'une descente, prenez à droite à une bifurcation et suivez le sentier jusqu'aux Quatre-Chemins. Continuez tout droit à travers sapinières, peuplements de hêtres et clairières pendant environ une demi-heure. Vous retrouvez alors le GR 3, qui, à gauche, permet d'accéder au puy de Montoncel, couronné d'une croix et d'une antenne. Revenez au col de la Charme.
Poursuivez sur la D 51.
Au-delà du col de la Charme, sur l'autre versant, la route descend à travers la forêt, puis offre, après Laurent, une jolie vue sur les vallées de la Besbre et de l'Aix, et sur la montagne de la Madeleine.

St-Priest-la-Prugne B1

Les Bois Noirs alimentent les importantes scieries de ce village, qui conserve une petite église romane. À 4,5 km au nord-ouest de St-Priest est exploitée la source minérale Charrier.
Poursuivez sur la D 495. Après le col du Beau-Louis (alt. 824 m), prenez à gauche la D 422 et poursuivez jusqu'au village de La Guillermie. De l'école, un chemin fléché conduit au roc des Cheirs.

Roc des Cheirs A1

45mn AR. Le chemin longe une coupe de bois. Du calcaire couronnant le roc, vous bénéficierez d'une belle vue sur la chaîne des Puys et la Limagne au sud-ouest, et sur les Bois Noirs au sud-est.
Quittez La Guillermie par le sud en empruntant la D 122 puis la D 201, traversez Palladuc et poursuivez la D 201 jusqu'à Thiers.

NOS ADRESSES À THIERS

VISITE

Un **petit train touristique** fait découvrir la ville en 45mn. *Juil.-août : tlj 15h, 16h, 17h et 18h, départ pl. Antonin Chastel (rens. à l'office de tourisme).*

HÉBERGEMENT-RESTAURATION

BUDGET MOYEN

1 **Hôtel L'Aigle d'Or** – B1 - *8 r. de Lyon - ☎ 04 73 80 00 50 - www.aigle-dor.com - ♿ (Rest.) - fermé les midi et dim. soir - 19 ch. 59/85 € - ☕ 8 € - ✕ 19,50/28 €.* Cet établissement fondé en 1836 abrite un confortable salon feutré et des chambres bien insonorisées. Cadre du 19e s. et meubles rustiques dans la salle de restaurant où l'on propose une cuisine traditionnelle.

À proximité

Hôtel Eliotel – Hors plan - *Rte de Maringues - 63920 Pont-de-Dore - ☎ 04 73 80 10 14 - www.eliotel.fr - P ♿ - fermé 1er-20 août et 23 déc.-8 janv. - 17 ch. 72/88 € - ☕ 9 € - ✕ formule déj. 17,50/19,50 € (en sem.) - 22,50/51 €.* Un établissement sympathique tenu par un passionné de coutellerie thiernoise. Chambres de bonne ampleur, demandez les plus récentes. Le chef, originaire d'Armorique, mitonne recettes auvergnates et spécialités bretonnes.

Domaine de Montvianeix – Hors plan - *Montvianeix - 63550 St-Victor-Montvianeix - à 16 km au nord de Thiers - ☎ 04 73 94 02 95 - ☎ 06 31 94 34 40 - www.montvianeix.com - 5 ch. 95 € - table d'hôte 35 € - gîte 595 €/sem.* Un accueil chaleureux et un cadre authentique dans cette ancienne colonie de vacances. Les chambres, personnalisées, sont meublées avec goût et décorées d'objets rapportés des lointains voyages des propriétaires. Quant à la table d'hôte, la cuisine de saison est légère et raffinée et les petits-déjeuners rappellent ceux de notre enfance.

RESTAURATION

PREMIER PRIX

2 **Le Chaudron** – B1 - *10 r. Denis-Papin - ☎ 04 73 80 09 67 - fermé janv., 1re sem. de juin, 1 sem. en oct., lun.-mar. hors sais. - 14,50/24 €.* Un décor rustique avec poutres et pierres apparentes pour accompagner une cuisine du terroir généreuse et raffinée. Bon accueil, service soigné.

À proximité

L'Auberge des 4 Chemins – Hors plan - *Rte de Clermont - 63920 Pont-de-Dore - D 2089 - ☎ 04 73 80 25 68 - www.aubergedesquatrechemins.com - P - fermé lun.-mar. (sf vac. scol.) - formule déj. 16,75/20,50 € - 24,50/53,50 €.* Postée à un carrefour, cette auberge familiale classée Toque d'Auvergne accueille les gourmets sur une petite terrasse d'été dressée dans la cour et dans deux salles à manger fraîches et fleuries. Vous y dégusterez une cuisine simple et traditionnelle, imprégnée des généreuses saveurs du terroir.

ACHATS

Bon à savoir – Le terme « coutellerie » rassemble des articles aussi variés que la ciselure, la taillanderie et la fabrication des couteaux. Une vingtaine de magasins proposent ces articles. Ils se concentrent dans le centre-ville : rue de la Coutellerie, rue

7

François-Mitterrand et place Antonin-Chastel.

Chocolaterie J.-C. Museur – *15 r. F.-Mitterrand et CC Les Molles (rue Jean-Moulin) - ✆ 04 73 80 00 89 - www.patisserie-museur.fr - P ♿ - r. Jean-Moulin : 8h-12h30, 14h-19h30 ; r. François-Mitterrand : merc.-sam. 8h30-12h15, 14h-19h, dim. 8h30-12h - fermé 1er janv. et 3 sem. en août.* Parmi les spécialités, les couteaux en chocolat, les grêlons du Sancy (chocolat au lait et mousse noisette) et les rochers des Borbes (croustillant amande et noisette) remportent un énorme succès. Les macarons aussi…

Charcuterie Bresle – *4 r. Grenette - ✆ 04 73 80 27 10 - 8h-12h30, 15h-18h45 - fermé dim.-lun.* Cet établissement (1882) travaille toujours à l'ancienne. Les spécialités : charcuteries sèches de Viscomtat, brioche aux grattons et le très prisé pâté thiernois.

À proximité

L'île aux Crayons – *29 r. du Rhin-et-Danube - 63880 Olliergues - ✆ 04 73 72 92 49 - www.ileauxcrayons.com - juil.-août : lun.-vend. (sf 15 Août) ; reste de l'année : sur réserv. - visites guidées et démonstrations 14h30 et 16h30 - 4 €.* Dans son atelier, Patrick Tourre transforme les branches d'arbres, de résineux, bouleau, tilleul, érable, noisetier, saule… en de magnifiques crayons. Ce poète du bois, adhérent à la route des métiers, commercialise également ses créations sur les marchés et foires bio de la région.

ACTIVITÉS

Iloa – *Courty - à 10 km env. au nord-ouest de Thiers - ✆ 04 73 80 92 35 - accès libre, activités avr.-oct. - baignade surveillé de juil. à août.* Parc de loisirs aménagé au bord de la Dore, dans un site verdoyant. Deux lacs, sentiers de randonnée, camping, animations, pétanque… Baignade surveillée (merc.-dim. 13h30-19h) en juillet et août.

Base de loisirs de St-Rémy-sur-Durolle – *À 10 km env. au nord-est de Thiers - www.thiers-tourisme.fr - accès libre, nombreuses activités en saison, 2 zones de baignade non surveillées et une piscine.* Agréable base de loisirs de 14 ha. Baignade, voile, canotage, piscine extérieure, minigolf, camping, chalets, etc.

AGENDA

Les Puces de Thiers – *1er dim. du mois de mai à oct.* Place Chastel.

Coutellia – *✆ 04 73 51 66 50, coutellia.over-blog.com - 2e w.-end de mai.* Festival international du couteau d'art et de tradition.

Rallye régional de la coutellerie et du tire-bouchon – *Déb. mai, vers St-Rémy-sur-Durolle - www.asadomeforez.com.* 120 voitures étaient engagées lors de la 46e édition, en 2014.

La Pamparina – *✆ 04 73 80 88 80 - www.pamparinalefestival.com - un w.-end début juil.* Festival de musiques de rue à Thiers (gratuit).

St-Éloi des Gogues – *✆ 04 73 80 65 65, dernier sam. de nov.* Si cette fête remonte à 1582, c'est depuis les années 1990 que Thiers fait revivre la fête de la St-Éloi des Gogues pour l'entrée dans l'hiver : fête du cochon, déambulation des confréries, braderie.

Courpière

4 234 Courpiérois – Puy-de-Dôme (63)

Logé à l'entrée d'une gorge formée par la Dore, au cœur du Livradois-Forez, ce bourg attachant se distingue par ses maisons de caractère et sa très belle prieurale romane. Les environs recèlent de superbes châteaux et réservent d'agréables promenades. En saison, le train de la découverte Livradois-Forez, reliant Courpière à La Chaise-Dieu, vous offrira un regard insolite sur la région.

NOS ADRESSES PAGE 429
Hébergement, restauration, achats, activités, etc.

S'INFORMER

Office de tourisme – *Pl. de la Cité-Administrative - 63120 Courpière - ✆ 04 73 51 20 27 - www.vacances-livradois-forez.com - juil.-août : 10h-12h30, 14h30-18h, mar. 9h-12h30, 14h30-18h, dim. et j. fériés 10h-12h30 ; reste de l'année : se rens. - fermé certains j. fériés - L'office de tourisme est installé dans une des plus anciennes maisons de Courpière, qui remonte au 14e s.*

SE REPÉRER

Carte de microrégion A2 p. 410 – *carte Michelin Départements 326 I8.*

La D 906, qui va de Thiers à Ambert, passe par Courpière, en suivant la vallée de la Dore. Entre Courpière et Giroux, la Dore forme une large boucle, s'écartant de la route. Vous pourrez, pour le plaisir, emprunter la petite D 315 qui descend de Sauviat et longe cette partie de la vallée.

À NE PAS MANQUER

Le circuit à pied dans Courpière ; la visite d'un ou plusieurs châteaux : Aulteribe, La Barge, Vollore…

ORGANISER SON TEMPS

Le Parc naturel régional Livradois-Forez propose des circuits de randonnée de tous niveaux *(renseignements à la Maison du Parc p. 412).*

AVEC LES ENFANTS

Entre deux visites de châteaux, détente et activités nautiques sont au programme de la base de loisirs du lac d'Aubusson-d'Auvergne.

Se promener

Courpière se divise en deux parties : côté remparts et côté ville. Ne manquez pas de vous procurer le guide de visite distribué par l'office de tourisme et édité par le parc du Livradois-Forez. Intitulé *Courpière, fille de la Dore et des collines*, il vous permettra de découvrir les deux visages de cette petite cité animée.

★ Église St-Martin

8h-18h (en dehors des offices religieux). Cette ancienne prieurale de style roman auvergnat est surmontée d'un clocher gothique. Avancez-vous sur le flanc gauche de l'église pour voir le chevet resserré entre de vieilles maisons. Dans le chœur, remarquez de curieux chapiteaux aux feuillages et des lions à deux corps. Vous noterez aussi, au fond du bas-côté droit, un saint-sépulcre du 15e s. *(éclairage au revers intérieur de l'arcade à droite)* ; dans le transept nord, un célèbre tableau daté de 1585 *(Décollation de saint Jacques le Majeur)* ; et

dans la deuxième chapelle du bas-côté gauche, une Vierge romane en bois polychrome.
Près de l'église, à côté d'une fontaine, belle **maison Renaissance** restaurée.

À proximité Carte de microrégion p. 410

★ Château d'Aulteribe A2

63120 Sermentizon - 5 km au nord-ouest par la D 223. 04 73 53 14 55 - www.chateau-aulteribe.fr - de mi-mai à mi-sept. : 10h-12h, 14h-18h30 ; reste de l'année : tlj sf lun. 10h-12h, 14h-17h30 - fermé 1er janv., 1er Mai, 1er et 11 Nov., 25 déc. - possibilité de visite guidée sur demande - 6 € (-18 ans gratuit).

Ancien fief des La Fayette, cette austère construction féodale fut acquise en 1775 par Jacques de Pierre. Au 19e s., Henriette Onslow et Joseph de Pierre la transformèrent dans le goût romantique. En 1954, le marquis Henri de Pierre légua le domaine à la Caisse nationale des monuments historiques et des sites. Transformé en pôle des métiers du bois et de l'ébénisterie d'art, il accueille aujourd'hui des ébénistes qui préparent un brevet technique supérieur « restauration et création ». Le château est entouré d'un parc paysager et d'une forêt de 80 ha, refuge pour la protection des oiseaux.
Les anciens propriétaires du château avaient amassé une riche collection de **meubles et œuvres d'art★**. Notez tout particulièrement un *Henri IV* par Pourbus, un *Richelieu* par Philippe de Champaigne, une *Mademoiselle de Fontanges* (*Pays de Salers, p. 263*) à la manière de Mignard ; des sièges et meubles Louis XV et Louis XVI ; cinq très belles tapisseries des Flandres (18e s.) réalisées d'après des cartons de Teniers ; des vases Ming… et une grande partie de la bibliothèque musicale de Georges Onslow. Le tout forme un très bel ensemble décoratif dont il serait difficile de dresser l'inventaire, tant il est riche et varié.
Sentier du Bénitier du Diable – *1h20 AR.* Au départ du château, ce sentier permet de mieux comprendre l'histoire du domaine.

Domaine du château de La Barge A2

2 km au nord par la D 58 en direction d'Escoutoux. 04 73 53 14 51 - - visite guidée (1h30) du site-jardin et de la chapelle juil.-août : 14h, 15h30 et 17h - fermé w.-end et j. fériés - 5 € (-12 ans gratuit).

Construite près d'un gué de la Dore, cette ancienne maison forte a conservé ses douves d'origine. Transformée au 16e s. en château de plaisance, elle se dota, au 18e s., d'un jardin en terrasses ordonnancé à la française, dont les allées furent redessinées suite à un usage agricole, et que ses propriétaires actuels s'attachent à mettre en valeur. La chapelle du château contient une remarquable série de **vitraux** du 16e s. Dans la maison du jardinier, vous découvrirez une exposition retraçant l'histoire des lieux. L'intérieur du château ne se visite pas.

Château de Vollore A1-2

8 km à l'est par la D 7. R. du Château - 04 73 53 71 06 - www.chateauvollore.com - - juil.-août : 15h-18h - 5 € (-18 ans 3 €) - possibilité de visite guidée sur demande (1h30, 10 €, -18 ans 7 €) - visite aux lumières juil. : merc. 22h ; août : merc. 21h30 sur réserv. à l'office de tourisme.

Perchée sur un éperon dominant les plaines de la Dore et de la Limagne, cette très ancienne place forte apparut dans l'histoire au 6e s., lorsque les Francs la ravagèrent. Le château se présente sous la forme d'un corps de bâtiment du 17e s. en granit blond, flanqué au sud d'un gros donjon du 12e s. et au nord d'un ensemble composite comprenant une tour du 14e s.

Intérieur – Il révèle des salles somptueusement décorées où abondent peintures, tapisseries, objets décoratifs et riche mobilier.
Le **Salon rouge** contient des souvenirs du général de La Fayette (ancêtre de la famille propriétaire du château) et de sa participation à la guerre d'Indépendance américaine (*p. 388*). Dans le Grand Salon, on remarque une tapisserie de Bruxelles du 16e s. ainsi qu'un ensemble de portraits d'époque Louis XIV et Louis XV, dont une jeune fille en Cérès par Mignard. La terrasse offre une jolie **vue★** sur le Livradois, le Cézallier et la chaîne des Puys.

Randonnées

www.vacances-livradois-forez.com - pour plus de rens. s'adresser à l'office du tourisme de Courpière au ✆ 04 73 51 20 27.

Sentier de Saute Ruisseau

1h30. 7 km à l'est de Courpière. Départ du lac d'Aubusson-d'Auvergne.
Cet itinéraire, jalonné de panneaux d'interprétation en lave émaillée, est une invitation à découvrir la faune (pic épeiche, grèbe huppé) et la flore aquatiques (reine des prés, iris jaune) au bord du lac d'Aubusson.

Secret de la forêt d'Ayguebonne

1h. 15 km au nord-est de Courpière (ferme de Naud).
Lui aussi jalonné de panneaux d'interprétation en lave émaillée, ce parcours attire l'attention sur la végétation forestière, le milieu naturel et les techniques sylvicoles.

NOS ADRESSES À COURPIÈRE

RESTAURATION

BUDGET MOYEN

À proximité

Les Chênes – *Rte de Courpière - 63930 Augerolles - ✆ 04 73 53 50 34 - www.restaurant-les-chenes.com - P ♿ - ouvert le midi, fermé le soir - menu du jour 15 € - menu 21/38 €.* Cette adresse a ses habitués et ce n'est pas surprenant : accueil souriant, coquette salle à manger et terrasse en bois, tables espacées et bien dressées, et cuisine traditionnelle soignée élaborée en famille depuis trois générations. À tester absolument !

ACTIVITÉS

Train de la découverte Livradois-Forez – *Pl. Jean-Berne - 63600 Ambert - Au départ de la gare d'Ambert - ✆ 04 73 82 43 88 - www.agrivap.fr/train - informations sur site internet - nombreux départs.* 85 km de voie ferrée suivant les gorges de la Dore, au cœur du Parc Livradois-Forez.

Base de loisirs du lac d'Aubusson d'Auvergne – *63120 Aubusson-d'Auvergne - À 8 km de Courpière - ✆ 04 73 53 56 02 - www.la-catiche.org - ♿ Wi-Fi - 4/11 €.* Nombreuses activités nautiques et de loisirs autour d'un plan d'eau de 28 ha : canoë-kayak, bateau, pêche, randonnée, etc.

Ambert

7 309 Ambertois – Puy-de-Dôme (63)

Au cœur du Parc naturel régional Livradois-Forez, la cité des bords de la Dore doit sa célébrité à son fromage, la fameuse fourme d'Ambert. La cité fut longtemps un grand centre papetier, comme en témoignent les 300 moulins qui l'entourent. Sauvages et dépaysantes, les Hautes-Chaumes toutes proches constituent un agréable but de promenade.

NOS ADRESSES PAGE 437
Hébergement, restauration, achats, activités, etc.

S'INFORMER

Office de tourisme – *4 pl. de l'Hôtel-de-Ville - 63600 Ambert - ☎ 04 73 82 61 90 - www.vacances-livradois-forez.com - juil.-août : 9h30-18h, dim. 10h-12h30 ; reste de l'année : se rens. - fermé certains j. fériés.*

SE REPÉRER

Carte de microrégion B2 p. 410 – carte de circuit p. 421 – *carte Michelin Départements 326 J9.* La ville s'est établie sur une rive de la Dore, d'abord sur un éperon situé à 2 km plus au nord, puis sur la terrasse alluviale.

À NE PAS MANQUER

La Maison de la fourme d'Ambert ; le marché du jeudi matin ; le train touristique Agrivap.

AVEC LES ENFANTS

La maison de la fourme et des fromages d'Auvergne ; le moulin Richard de Bas ; le musée de l'École 1900, à St-Martin-des-Olmes ; le parc zoologique des monts du Livradois d'Auvergne.

Se promener

Le 15 février 1577, le capitaine huguenot **Merle** s'empare d'Ambert. Les catholiques accourent pour reprendre la place. Merle coiffe de casques les statues enlevées aux églises de la ville et postées sur les remparts. Étonnés de voir les défenseurs d'Ambert rester impassibles sous un feu terrible et les croyant invulnérables, les assaillants finissent par se retirer…

Partez à la découverte du centre historique, qui a conservé quelques **maisons à pans de bois**, et allez ensuite faire un tour dans le jardin Chabrier.

Départ de l'office de tourisme.

Hôtel de ville

Cette ancienne halle aux grains fut construite en 1816 pour accueillir le commerce des céréales qui se déroulait, depuis la Révolution, dans la nef de l'église. Jules Romains lui a assuré la célébrité littéraire : c'est en effet autour de cette « grosse rotonde » que se retrouvent les héros des *Copains*, venus à Ambert pour y jeter le trouble par de joyeuses mystifications.

Descendez la rue de l'Enfer et, en face, la rue de Goye. Prenez à droite la rue du Chicot, puis à gauche la rue de la Grave.

★ Église St-Jean

Pl. St-Jean - ☎ 04 73 82 61 90 - ♿ - visite guidée, se rens. à l'office de tourisme.

Construite entre 1471 et 1518 en granit, elle appartient au style flamboyant, à l'exception de la partie haute de la tour et d'une chapelle qui sont de la Renaissance ; mais la dureté du granit a tempéré la fantaisie décorative du

D'ILLUSTRES HABITANTS

Ambert a brillé par la renommée de ses esprits avec, au 17e s., le mathématicien **Michel Rolle**, au 19e s., le compositeur **Emmanuel Chabrier** et le poète et érudit **Maurice Faucon**. Le début du 20e s. voit naître une pépinière d'intellectuels, au point que l'on a pu parler d'une « école d'Ambert » : l'académicien et humaniste **Pierre de Nolhac**, le géographe **Lucien Gachon**, les écrivains **Antoine Sylvère**, **Claude Dravaine** et… **Henri Pourrat**, témoin éclairé de la vie paysanne, dont la maison natale se trouve à côté de l'église.
L'essayiste et critique **Alexandre Vialatte**, dont le buste trône sur l'esplanade de la gare, décrit ainsi cette petite ville du Livradois : « Sourdement ravagée par les moussons du globe, écartelée par la rose des vents, Ambert reste maintenue fermement sur le sol par son église, joyau de l'histoire, sa Caisse d'épargne la plus riche de France et sa mairie ronde comme une fourme. »

sculpteur. La tour porte une ceinture de mâchicoulis. En entrant par le portail sud, remarquez les dates de construction inscrites sur le trumeau du porche. À l'intérieur, à la croisée du transept, **autel** en plomb doré de Philippe Kaeppelin.

Du portail sud, prenez sur la gauche la rue de la République, puis à gauche la rue du Château (au niveau de la Taverne, la rue sur la gauche mène à la Maison de la fourme et des fromages) et revenez par la rue de l'Enfer.

Maison de la fourme d'Ambert et des fromages d'Auvergne

29 r. des Chazeaux - ☎ 04 73 82 49 23 - www.maison-fourme-ambert.fr - visite guidée (50mn) 10 juil.-20 août : 10h-18h30 ; avr.-juin, sept.-oct. et vac. scol. (sf juil.-août) : tlj sf dim.-lun. 10h-12h30, 14h-18h30 - 6 € (-6 ans 5 €) - 9,50 € billet combiné avec dégustation de 3 fromages AOP avec accompagnements sucrés et une boisson - 5,90 € dégustation seule. Animations d'été en famille (fabriquez du fromage, du beurre, réserv. obligatoire, rens. sur le site).

L'une des maisons anciennes du quartier des Chazeaux, dite « de La Fayette d'Ambert » (15e s.), sert de cadre à ce musée dont la visite commentée met autant l'accent sur l'origine de la fourme d'Ambert que sur sa fabrication et son histoire. Ce célèbre fromage était fabriqué sur les monts du Forez (de 600 à 1 600 m) ; les femmes accompagnaient le troupeau de mai à septembre, tandis que les hommes travaillaient autour de la ferme pour la fenaison et redescendaient les fromages une fois par semaine. Un laboratoire retrace les étapes fondamentales de l'élaboration de la fourme (*p. suivante*). Les deux salles de l'étage, où une cuisine a été reconstituée, relatent les techniques fromagères (transport, barattage, écrémage, moulage). Visitez la cave : vous y apprendrez tous les secrets de l'affinage.

Mus'Énergie

116 r. de l'Industrie - ☎ 04 73 82 60 42 - http://mus-energie.fr - 1er avr.-11 Nov. : 14h-18h - fermé dim.-lun. - visite guidée sur demande (1h30) - 7 € (-16 ans 5 €).

Installé dans les locaux d'une ancienne scierie, ce musée de la force motrice rassemble une importante collection de machines à vapeur – l'une des plus riches de France – de la première moitié du 20e s., témoins de l'évolution des travaux agricoles. Le hall de l'énergie présente les différents modes d'énergie utilisés par l'homme pour ses besoins élémentaires : se nourrir, se chauffer… L'atelier des savoir-faire locaux présente notamment des métiers à tresser et des machines relatives à l'industrie.

★ Train touristique Agrivap

La gare, pl. Jean-Berne - ✆ 04 73 82 43 88 - www.agrivap.fr - avr.-sept. : horaires, se rens. - trains thématiques avec animations : patrimoine, Père-Noël, feu d'artifice, etc. - tarif variable selon les trajets, réserv. par téléphone ou Internet.

En saison, le train à vapeur et l'autorail panoramique relient Ambert à La Chaise-Dieu en passant par Arlanc, pour une découverte insolite du Livradois-Forez. Ils se faufilent à travers les gorges entaillées de la Dore, empruntant tunnels et viaducs, et font découvrir, au gré des étapes, les paysages caractéristiques et le patrimoine du Parc naturel régional Livradois-Forez (*p. 412*).

À proximité Carte de microrégion p. 410

★ Moulin Richard de Bas B2

5 km à l'est par la D 996, puis la D 57.

✆ 04 73 82 03 11 - www.richarddebas.fr - visite guidée (1h) 10 juil.-25 août : 9h30-19h ; 1er avr.-9 juil. et 26 août-31 oct. : 9h30-12h30, 14h-18h ; reste de l'année : tlj sf lun. 9h30-12h30, 14h-18h - fermé 1er janv., 25 déc. et les lun. de nov. à mars sf pdt les vac. scol. - 7,90 € (-18 ans 5,50 €) - atelier d'initiation à la fabrication du papier vac. scol. : tlj sf w.-end (5 €).

Dans un cadre sauvage, de vieilles maisons, surmontées d'étendoirs de pin où sèchent les feuilles de papier, rappellent l'importance industrielle du val de Lagat, qui fut pendant plusieurs siècles l'un des principaux centres papetiers français. Construit en 1326, remis en activité en 1943 par l'association La Feuille blanche, le moulin Richard de Bas est le seul qui fonctionne encore. L'intérêt de la visite réside aussi bien dans le matériau et son histoire que dans le cadre de vie des maîtres et compagnons papetiers.

La salle commune – Utilisée comme cuisine et salle à manger, elle conserve le mobilier du dernier occupant, mort en 1937. Remarquez les poêles ou *padelles* dans lesquelles était cuite la *pandale* (pomme de terre râpée), et un grugeoir, meule à sel en forme de renard couché en rond.

LA FOURME D'AMBERT

Selon la légende, les Arvernes du plateau de Gergovie mangeaient déjà de la fourme ! Une datation un peu plus précise est fournie par les sept pierres dîmales du 9e s., situées à l'entrée d'une chapelle à La Chaulme *(à 32 km au sud-est d'Ambert)*, représentant chacune un produit (dont la fourme) que devait fournir le serf pour s'acquitter de la dîme. Ce fromage, dont le terroir se situe dans les monts du Forez, se fabriquait autrefois en période d'estive, dans les fermes appelées **jasseries**.

Si ces fermes-laiteries ont aujourd'hui laissé la place à des **laiteries artisanales**, les méthodes de fabrication se transmettent toujours de génération en génération. Le lait de vache est emprésuré, caillé, découpé en cubes, longuement brassé, puis mis en moules cylindriques appelés « formes » (d'où le nom de *fourme*) avant d'être salé. Une fois égouttées et séchées, les fourmes, qui mesurent 20 cm de haut sur 13 cm de diamètre, sont retournées et piquées régulièrement pour favoriser la « pousse » du bleu typique du fromage *(Penicillium roqueforti)*. L'affinage, d'un minimum de vingt-huit jours, se poursuit en cave, laissant le temps à la croûte, rouge ou grise, de se former grâce à une fleur blanche régulièrement rabattue, et au bleu d'apparaître. La pâte affinée peut alors être dégustée. La fourme d'Ambert a rejoint, en 1972, le cercle des 5 fromages auvergnats bénéficiant d'une **AOP**.

Chambre à coucher – Cette pièce comporte trois lits encastrés, dont un entièrement clos. Le carreau de la dentellière exposé sur la table était éclairé par une *doulie*, boule de verre remplie d'eau qui augmentait la lueur de la chandelle.
Salle Tsaï-Loun – Cet espace retrace l'historique du papier depuis son invention par les Chinois en 105 apr. J.-C., et rappelle que les Arabes emportèrent le secret de sa fabrication lors de la bataille de Samarcande en 751. C'est près de six siècles plus tard, en 1326, que trois Auvergnats, qui avaient été faits prisonniers à Damas, introduisirent la précieuse invention dans la région d'Ambert. Suit alors la description des étapes de la fabrication, du défibrage au séchage en passant par l'élaboration de la pâte à papier.

Parc zoologique des monts du Livradois d'Auvergne

Champetières - ✆ 04 73 82 13 29 - juil.-août : 9h30-19h30 ; avr.-juin : 10h-18h ; sept.-oct. : 11h-17h, w.-end 10h-18h ; reste de l'année : se rens. - 19 € (-9 ans 15 €) - aire de jeux.

Il s'étend sur un domaine de 50 ha planté de belles essences (pins sylvestres, épicéas, pins douglas, séquoias) s'intégrant parfaitement dans la forêt environnante. Quelque 500 animaux de tous les continents y vivent en semi-liberté : oiseaux, singes, lions, lynx, hyènes, loups, kangourous, bisons, daims blancs, émeus, etc. Différents parcours *(de 1h à 3h)* et animations sont proposés, et vous pourrez assister tous les matins au nourrissage des animaux, ainsi qu'à un spectacle de fauves de mai à août. Une aire de jeux complète l'attraction.

Circuits conseillés Carte de microrégion

DU VAL DE LAGAT AUX HAUTES-CHAUMES B2

Circuit de 60 km, tracé en bleu sur la carte p. 421 - comptez environ une journée. Quittez Ambert par l'est en empruntant la D 996, direction Montbrison.

Musée de l'école 1900

Rte de St-Étienne - 63600 St-Martin-des-Olmes - ✆ 04 73 82 66 80 - www.ecole1900.fr - juil.-août : 10h-19h ; avr.-juin et sept.-oct. : 14h-18h - possibilité de visite guidée (1h30) - dern. visite 1h avt la fermeture - hors saison, sur RV - 5,50 € (-15 ans 3,50 €).

La communale de Jules Ferry revit dans cette école des années 1880, fermée en 1989 par manque d'effectifs. Vous verrez la classe avec ses élèves et le maître (et tout le matériel pédagogique), le préau où est présentée une collection de jouets d'époque, le réfectoire, les appartements de l'institutrice. Le musée compte en tout plus de 800 pièces (cartables, encriers, cartes…) montrant l'évolution des fournitures scolaires. Vous pourrez vous appliquer à tracer des pleins et déliés dans la salle d'écriture avant de visiter le jardin, avec potager, poulailler et rucher : l'instituteur vivait en autarcie.
Faites demi-tour et prenez la première route à droite.
Un sentier pédestre (3 km) permet aussi de rejoindre le moulin à papier Richard de Bas. Un peu raide, il descend dans la forêt de Lagat.

★ Moulin Richard de Bas *(voir p. 432)*

Au hameau de Valeyre, prenez sur la droite la D 67.

Chemin des Papetiers

Au départ de Valeyre, boucle de 2h.
Ce sentier de découverte retrace l'histoire de la papeterie, de son essor au 15e s. à son déclin au 19e s., suivant le sentier escarpé et rude qu'empruntaient les muletiers et les chiffonniers.

7

La D 67 s'élève, révélant de jolies **vues** sur la plaine d'Ambert, le plateau de La Chaise-Dieu et les monts du Livradois. Elle contourne ensuite, par d'innombrables détours, le cirque de Valcivières.

Cirque de Valcivières

Ce très beau cirque abrite sur ses pentes, sillonnées d'eaux vives, de nombreux hameaux disséminés parmi les prés irrigués et les cultures.

Prenez à droite la sinueuse D 106 qui s'élève à travers des prairies et des cultures, puis dans une forêt de hêtres, enfin sur les Hautes-Chaumes.

Avant d'arriver au col des Supeyres, beau **panorama★** sur le cirque de Valcivières, les monts du Livradois et, au loin, les monts Dore et les monts Dôme.

Col des Supeyres

Alt. 1 366 m. *Table de lecture de paysage, « la Montagne des Allebasses ».*

Situé à l'est du Parc naturel régional Livradois-Forez, le col des Supeyres offre un paysage steppique de Hautes-Chaumes mal drainées, d'une solitude prenante. On ressentira particulièrement cette impression de sauvage isolement en empruntant une amorce de route en direction de Pierre-sur-Haute, carrossable sur 1 km environ.

En hiver, **ski**, *snow-kite*, balades à raquettes ou en traîneau à chiens se pratiquent sur les 200 km de pistes tracées sur les **crêtes du Forez**. Au départ de Prabouré ou du Brugeron, des cols des Supeyres, des Pradeaux et du Béal, le domaine nordique (labellisé France Ski de Fond) s'étend sur 35 km, entre 1 000 et 1 432 m d'altitude. La location de matériel et l'achat des forfaits se font sur place. *Rens. au domaine nordique des Crêtes du Forez (✆ 04 73 95 20 61 - www.ski-cretes-du-forez.org) ou à la remontée mécanique (✆ 04 73 95 40 45).*

Le Colporteur des jasseries – *Boucle de 3h.* Au départ du col des Supeyres, ce sentier de découverte *(8,5 km)* vous permet de suivre les traces du colporteur qui, jadis, allait de jasserie en jasserie vendre ses breloques à travers les Hautes-Chaumes du Forez.

À la descente du col vers St-Anthème, la D 106 longe le groupe de **jasseries du Grand-Genévrier**, dont l'une est ouverte aux visiteurs.

Musée Jasserie du Coq-Noir – *Le Grand-Genévrier - ✆ 04 73 95 31 33 - www.coq-noir.fr - juil.-août : 12h-19h ; mai-juin et 1er sept.-6 oct. : w.-end et j. fériés (réserv. conseillée) - 4 € (-12 ans 2 €) - Balade nature (5/7 €), spectacle (7/10 €), repas foreziens, produits du terroir.* En visitant cette ancienne ferme d'estive, vous traverserez des siècles de vie en montagne. Patrimoines naturel, culturel et gastronomique des Hautes-Chaumes du Forez sont présentés ici. Animations jeune public, concerts et balades enrichissent les visites en période estivale.

Revenez au col des Supeyres et à Valcivières par la D 106, puis la D 67.

Après Valcivières, la D 67 domine un ravin sur les versants duquel pointent des rochers. Elle débouche ensuite au-dessus de la plaine d'Ambert et se déroule sur les pentes inférieures des monts du Forez.

La D 66, puis la D 906 ramènent à Ambert.

★ DU LIVRADOIS À LA DORE AB2-3

Circuit de 100 km, tracé en rose sur la carte p. 410 – comptez la journée (promenades à pied).

Quittez Ambert par l'ouest (D 996) en direction de St-Amant-Roche-Savine.

Entre Le Monestier et St-Amant, on longe le **domaine noble des Escures** *(privé)*, petit château avec tours d'angle et échauguettes, qui servit de cadre à Henri Pourrat pour quelques scènes de son roman *Gaspard des montagnes*.

La forêt de Gaspard – *30mn AR. 300 m avant St-Amant-Roche-Savine, tournez à gauche (D 39). Point de départ 700 m à droite.*
Sentier de découverte à faire en famille.

St-Amant-Roche-Savine A2

Chaque été, ce charmant village du cœur des monts du Livradois accueille de nombreux visiteurs, notamment lors du **festival La Belle Rouge** (manifestations théâtrales) *(Se rens. à la mairie au ✆ 04 73 95 70 22.).*
Avant de quitter St-Amant, passez le beau portail de l'**église** (15e et 16e s.) pour découvrir des fragments de fresques et un intéressant **mobilier classé**.
Sortez par le nord et, 1 km après St-Amant, prenez à droite la D 87, puis la D 65.

Cunlhat A2

8 Grande-Rue - 63590 Cunlhat - ✆ 04 73 82 57 00 - www.vacances-livradois-forez.com - de mi-juin à mi-sept. : 10h-12h30, 15h-18h, dim. 10h-12h30 ; reste de l'année : se rens. - fermé certains j. fériés.
Cette jolie bourgade marchande, dont le marché du mercredi est une véritable institution, a vu naître en 1925 le cinéaste Maurice Pialat. La petite place au centre du bourg où ses parents ont tenu un commerce porte depuis 2004 le nom du réalisateur du *Garçu*. Anciennement pôle de fabrication de laines rustiques, elle occupe un joli site au cœur d'un amphithéâtre boisé propice aux promenades à pied ou à VTT. Le village a conservé la **prieurale St-Martin**, église des 12e et 16e s., fondée au 10e s. par un seigneur de Montboissier, ainsi que des maisons de caractère.
Pour découvrir Cunlhat, suivez la **balade des Cinq Fontaines** *(rens. auprès de l'office de tourisme.).* Vous pourrez également visiter les quelques ateliers d'artistes qui ouvrent leurs portes.
Le sentier de l'An Mil – *✆ 04 73 82 57 00 - www.vacances-livradois-forez.com - dép. du village-vacances (2h).* Ce sentier procure de beaux moments en forêt. Balades à la découverte de l'ancienne motte castrale. Le long du chemin, on découvre la fontaine et la belle vue sur le bassin de Cunlhat et du Forez (6 km).
Sortez de Cunlhat par le sud en empruntant la D 105, en direction de St-Éloy-la-Glacière, traversez ce village et continuez jusqu'à Fournols.

Fournols A2

Cette petite station climatique estivale est serrée autour de l'église gothique d'un ancien prieuré de La Chaise-Dieu, au bord de la Dolore. Elle a gardé quelques maisons anciennes.
Ne manquez pas de franchir le majestueux porche carré de l'**église**, fortifiée au 13e s. sur les vestiges du château. À l'intérieur : une **pietà** du 16e s. dans une niche, un **chapiteau** du 11e s. classé (déposé), des statues du 18e s. en bois doré, des stalles finement sculptées.
La D 37 mène à St-Germain-l'Herm.

St-Germain-l'Herm A3

Il faut y aller l'été, au moment de son festival du haut Livradois, qui mêle en toute convivialité littérature, brocante et randonnées *(saintgermainlherm.com/stg/festival/).* Ce bourg possède une **église fortifiée** (11e et 16e s.) typique du Livradois, et des **maisons à encorbellement**.
Suivez la D 999, puis prenez à gauche la D 300. Traversez St-Bonnet-le-Chastel, autrefois dominé par l'une des plus imposantes forteresses de la région. Continuez jusqu'à Novacelles par la D 105.

Novacelles B3

Un arrêt s'impose dans ce petit village blotti au fond d'un vallon boisé où coule la Dolore. Des **fresques** du 14e s. ont été découvertes dans l'église dans les années 1960. Dans le chœur, un Christ en gloire dans sa mandorle présente le livre de vie, avec les symboles des évangélistes et les douze apôtres.

Suivez la D 105 jusqu'à St-Sauveur-la-Sagne, puis la D 38 le long des gorges de la Dore. Tournez à droite dans la D 907.

★★ La Chaise-Dieu (*p. 439*) B3

Quittez La Chaise-Dieu par le nord (D 906), puis tournez à droite dans la D 202.

Dore-l'Église B3

Au confluent de la Dore et de la Dorette, ce village possède une **église romane** du 12e s., remaniée au 15e s. Un large escalier mène à un beau **porche** à six voussures dont la dernière, polylobée, est ornée d'animaux fantastiques. Les portes ont conservé leurs **pentures** du 14e s. et leurs curieuses ferronneries à têtes humaines et d'animaux. À gauche de l'église, une **stèle gallo-romaine**.

Faites demi-tour pour tourner à droite dans la D 906.

Arlanc B3

Cette petite ville-marché, aux vieilles rues typiques, bénéficie d'une situation favorable entre les massifs du Forez et du Livradois.

Musée de la Dentelle *– 53 Route-Nationale - 04 73 95 00 03 - www.arlanc.fr - - juil.-août : 14h-18h ; mai-juin et sept. : w.-end et j. fériés 14h-18h - possibilité de visite guidée sur demande (1h) - 4 € (6-16 ans 2 €).* Il occupe les caves voûtées de la mairie. Comme dans toute l'Auvergne, la tradition dentellière à Arlanc remonte à la fin du 16e s. ; la dentelle est alors à la mode au point que son port en est réglementé. Elle a cependant connu son heure de gloire à la Belle Époque, lorsque les établissements Chabrier lancèrent la dentelle Renaissance, exécutée à l'aiguille, technique bien différente de celle de la dentelle au carreau. Ce charmant musée possède de nombreuses pièces : nappes, mouchoirs, violettes, quelques robes, broderies, dentelles religieuses et les instruments de la dentellière. Un film décrit la technique de la dentelle au fuseau et à l'aiguille ; en saison, une dentellière d'Arlanc exerce devant les visiteurs.

Jardin pour la Terre *– Terre-Neyre - 04 73 95 00 71 - http://arlanc.fr/19-jardin-pour-la-terre - - 8 juil.-31 août : 13h30-19h ; 6 mai-7 juil. et de déb. à mi-sept. : 14h-18h30 - possibilité de visite guidée (1h30) - tarif, se rens. Accès agréable par le coteau ouest de la ville, à travers des venelles, sentiers ou portes desservant des jardins en escalier.* Ce jardin de 6 ha raconte l'acclimatation des arbres et des arbustes, qui sont ici plantés dans la terre de leur continent d'origine (les pelouses figurent les océans). Un belvédère ménage une vue sur ce **planisphère**. Vous partirez ensuite à la découverte des routes empruntées par les grands explorateurs.

Reprenez la D 906 vers le nord.

Château de Mons *– À 3 km au nord-ouest d'Arlanc - www.chateau-de-mons-arlanc.com - 04 73 95 78 55 ou 06 26 31 89 30 - ouv. juil.-sept 15h-19h, vis. 15h, 16h30 et 18h - 8 € (7-17 ans 3 €).* La visite, effectuée par son propriétaire, de cet édifice médiéval reconstruit au 17e s. vous fera découvrir un bel escalier d'honneur à l'italienne, une cheminée Henri IV et surtout une remarquable collection d'estampes du 15e au 18e s., dont des vues d'optique, que l'on peut visualiser avec un zograscope. Visite des jardins, redessinés en 2018 d'après le seul tableau connu du château datant de 1690.

Marsac-en-Livradois B3

Musée de la chapelle des pénitents blancs – *Sur la place, au sud de l'église. Le Bourg - visite guidée (45mn) 7 juil.-31 août : 14h30-18h30 ; reste de l'année : sur demande auprès de la mairie au ✆ 04 73 95 60 08 - 3 € (-13 ans gratuit).*
L'ancienne chapelle des pénitents blancs abrite un musée où sont exposés des souvenirs de cette confrérie ; un commentaire sonore, accompagné de musique religieuse, retrace la vie et les rites des anciens pénitents.
Retournez à Ambert par la D 906.

NOS ADRESSES À AMBERT

INFORMATION

Ambert, une ville d'écrivains : circuit Paysages d'écrivains à suivre à l'aide d'une « modestine », e-guide de poche avec GPS, à travers les ruelles de la ville, accompagné des voix d'Alexandre Vialatte, Henri Pourrat et Jules Romains. Loc. : 5 € - *www.parc-livradois-forez.org.*

HÉBERGEMENT

PREMIER PRIX

Camping municipal Les Trois Chênes – *Rte du Puy - 1,5 km au sud d'Ambert par D 906, rte de La Chaise-Dieu, près de la Dore - ✆ 04 73 82 34 68 - www.camping-ambert.com - P ♿ wifi - mai-sept. - réserv. conseillée - 94 empl. 14,35/17,25 € - 18 chalets avec électricité 279/724 € la sem.* Même s'il est un peu proche de la route, ce terrain est un point de chute idéal pour sillonner le Parc naturel régional Livradois-Forez. Blocs sanitaires modernes et ensemble très bien tenu.

À proximité

Hôtel La Clairière – *Face à la petite église - 63980 Chambon-sur-Dolore - 8,5 km au nord-est de St-Germain-l'Herm par D 37 puis D 56 - ✆ 04 73 72 12 38 - www.hotellaclairiere.com - P ♿ (rest.) - wifi - fermé 2 janv.-10 fév., vac. de la Toussaint - 10 ch. 62/75 € - petit-déj. 8 € - ✕ formule déj. 16 € - menu 24/37 €.* Maison toute simple dans un petit village de montagne. Parc doté d'un étang, chambres rénovées, salle à manger campagnarde, terrasse.

RESTAURATION

BUDGET MOYEN

Hôtel de la Gare – *15 av. de la Gare - ✆ 04 73 82 00 27 - www.hotelambert.fr - P privé et gratuit - ♿ (rest. seul.) - wifi - fermé dim. soir-lun. - formules 15/33 €, menu terroir 26 €, menu truffade 16 € - 12 ch. 55/82 € - petit-déj. 9.50 €.* Après être passé chez Jean-Yves Bath, François Chalut et Régis Marcon, Lionel vole de ses propres ailes. Il propose des plats inventifs, d'une fraîcheur absolue (casserolette forestière de ris de veau, velouté de trompettes) et met aussi le terroir à l'honneur. On peut même manger sur la terrasse, qui donne sur un charmant jardin. Les chambres, à prix doux, ont été refaites.

Hôtel-Restaurant du Ripailleur – *Pl. de l'Église - 63220 Dore-l'Église - ✆ 04 73 72 83 20 - www.aubergeduripailleur.com - P ♿ wifi - fermé dim. soir et lun.-mar. (sf juill.-août) - 17,50/27 € - 4 ch. 65 € - petit-déj. 7 €.* Au cœur du Parc naturel régional Livradois-Forez, ce restaurant assume pleinement son identité auvergnate : salade de pieds de porc à la fourme d'Ambert, cochonnailles, salers rôtie ou coq au vin à l'ancienne sont au menu. Jolie salle à manger rustique avec pierres et poutres.

Hôtel-restaurant Les Copains – *42 bd Henri-IV - ✆ 04 73 82 01 02 - www.hotelrestaurantlescopains.com - ♿ 📶 - fermé 1 sem. vac. de Pâques, 10 sept.-10 oct., 1 sem. vac. d'hiver, dim. soir, sam. et soir férié - menu déj.15 € - 23/60 € - 10 ch. 62/74 € - ☕ 8,50 €.* Face à la rotonde célébrée par Jules Romains. Plats régionaux et fameuse fourme. Carte dans l'ensemble un peu chère.

PETITE PAUSE

Pâtisserie Romain Gaultier – *14 r. de la République - ✆ 04 73 82 01 82 - fermé merc. et dim. après midi - 8h30-12h, 14h-19h.* Ne passez pas à Ambert sans vous arrêter chez ce pâtissier-chocolatier renommé. À tester d'urgence : la galette des volcans, la tarte au citron, le vacherin glacé ou la pépite de Mandrin. Également des spécialités salées.

ACHATS

Marché – *✆ 04 73 82 61 90 - tte l'année : jeu. 8h-12h.* Un des plus importants marchés du Livradois-Forez.

ACTIVITÉS

Vélorail d'Ambert – *La gare, pl. Jean-Berne - ✆ 04 73 82 43 88 - www.agrivap.fr - déb. avr.-déb. nov. : w-end, fêtes et vac. scol. 14h30 ; juil.-août : tlj. 10h30, 14h30, 16h30.* 2 parcours au choix : découverte (1h AR, 25 € 2 à 5 pers.) ; nature (1h45 AR, 35 € 2 à 5 pers.). Une balade insolite en famille.

La Forêt de l'Aventure – *Col de la Toutee - 63590 Cunlhat - ✆ 06 72 26 62 47 - www.foretaventurecunlhat.com - juil.-août : 10h-12h, 13h-19h et balade nocturne merc. et sam. 21h (sur réserv.) ; mars-juin et sept.-nov. : 13h30-17h30 (sur réserv.), balade nocturne mai-juin : sam. 20h30 sur réserv. ; vac. d'hiver : 10h-12h, 13h30-17h30 ; reste de l'année : sur dem. - tarifs enf. 9/10 €, adulte 18/19 €.* Accrobranche aménagé dans la forêt de Cunlhat. Encadrement par des professionnels compétents.

L'Âne Rit – *Grolet - 63890 St-Amant-Roche-Savine - ✆ 04 73 72 17 26 - plusieurs balades, 15/26 €.* Ferme pédagogique avec découverte des animaux de la basse-cour et balade à dos d'âne. Visite guidée de la ferme, de son arboretum et de la tourbière. Étang de pêche.

Les Balades de Léa et Tino – *✆ 04 73 42 22 50 - www.planetepuydedome.com.* Itinéraires de petite randonnée, invitant les enfants à découvrir les paysages emblématiques du territoire. 30 fiches, téléchargeables gratuitement sur Internet ou vendues (1 € l'unité, 2 € le lot de 5) dans les offices du tourisme du Parc Livradois.

AGENDA

Fête de l'estive et des jasseries – *✆ 04 73 82 49 23 - un dim. de juin.* Au col des Supeyres pour la transhumance : marché de producteurs, repas champêtre et bal musette.

Fourmofolies – *www.ville-ambert.fr - 1er w.-end d'août.* Ateliers de dégustation et rencontres avec des producteurs, des artisans et des commerçants du terroir.

La Chaise-Dieu

★★

619 Casadéens – Haute-Loire (43)

Village perché sur un vaste plateau boisé reliant les monts du Livradois et du Forez, les maisons de La Chaise-Dieu sont regroupées autour de sa célèbre abbaye bénédictine. Si vous ne goûtez pas la plénitude de la musique sacrée, prenez le temps d'admirer l'impressionnante église et les trésors fabuleux qu'elle renferme. La restauration de cet ensemble majestueux et de ses bâtiments alentour, destinée à lui rendre toute sa signification, se poursuivra au moins jusqu'en 2020.

NOS ADRESSES PAGE 444
Hébergement, restauration, achats, activités, etc.

S'INFORMER

Office de tourisme – *Aile ouest de l'abbaye - Av. de la Gare - 43160 La Chaise-Dieu - ✆ 04 71 00 01 16 - www. lepuyenvelay-tourisme.fr - juil.-août : 10h-12h30, 14h-18h30 ; mai-juin et sept. : tlj sf lun. 10h-12h30, 14h-17h30 ; reste de l'année : se rens. - fermé 1er janv., 1er et 11 Nov., 25 déc.*

SE REPÉRER

Carte de microrégion B3 p. 410 – *carte Michelin Départements 331 E2.* La route d'accès la plus importante, la D 906, suit la vallée de la Dore de Thiers à La Chaise-Dieu. Mais la plus belle arrivée se fait par le sud-ouest, en suivant la vallée de la Sénouire par la D 4.

SE GARER

Parkings autour de l'abbatiale.

À NE PAS MANQUER

La Danse macabre, les tapisseries de La Chaise-Dieu *(retour prévu en 2019)* qui seront installées dans la chapelle du 17e s. Le festival de musique classique dans l'abbaye, fin août (attention, les réservations sont ouvertes plusieurs mois à l'avance).

AVEC LES ENFANTS

Les forêts aux alentours de La Chaise-Dieu se prêtent à toutes sortes de randonnées, à pied, à cheval ou à dos d'âne, et à la recherche de champignons.

Se promener

Un petit circuit permet de comprendre comment la ville s'est développée. La balade commence à la **fontaine** (1609), située juste devant la façade de l'abbaye. Au début de la **rue St-Esprit**, la première maison à droite porte une bretèche, d'origine militaire, une construction de pierre au toit de tuiles vernissées. Remarquez les éléments sculptés intégrés aux murs des maisons, qui sont des remplois d'édifices disparus. En bas à gauche de la rue, la maison du drapier s'orne d'une belle corniche sculptée et de hautes fenêtres.

Les **rues Fontgiraud** et **des Fossés** matérialisent le tracé des remparts édifiés au 15e s. La **tour** à l'angle des rues des Fossés et de la Côte en est le dernier vestige. Dans la **rue des Casernes**, une maison a conservé une baie géminée romane du 12e s.

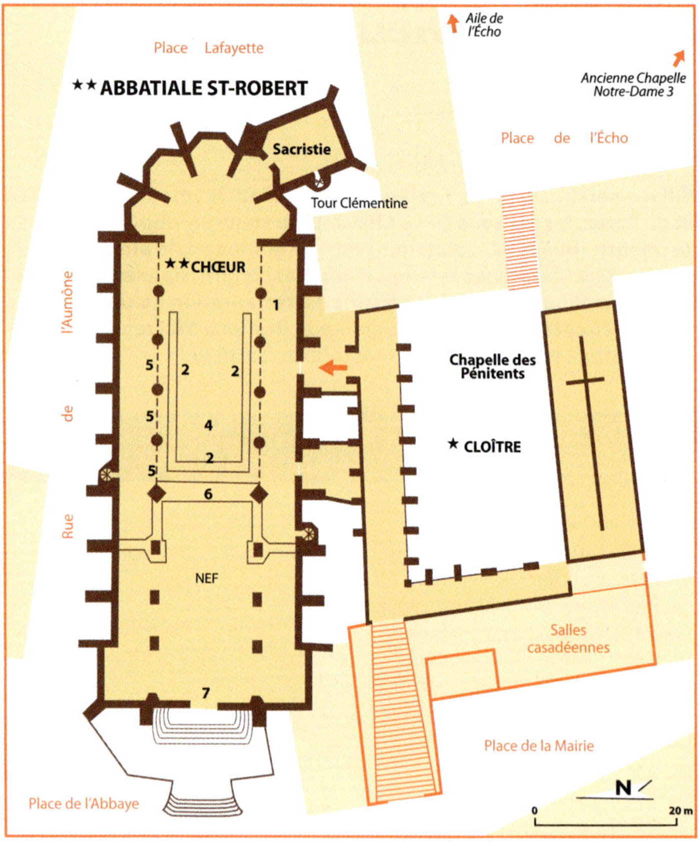

Revenir par la **rue Ste-Marie**, où une **lanterne** est le témoin du premier éclairage public à La Chaise-Dieu : la poulie de bois équipée d'une chaînette permettait de descendre la lanterne pour l'allumer et l'éteindre.

Découvrir l'abbatiale

Les origines – En 1043, **Robert de Turlande**, fils d'un seigneur de la Margeride, se retire avec quelques compagnons sur ce plateau désolé. Bientôt rejoint par des disciples de plus en plus nombreux, il fonde un monastère qu'il dote de la règle bénédictine, et pour lequel il obtient, en 1052, la protection pontificale. Le succès va croissant : 300 moines, 49 prieurés (notamment un à Lavaudieu pour les femmes) sont dénombrés à la mort de saint Robert en 1067. La multiplication des prieurés jusqu'en Italie (Frassinoro) et en Espagne (Burgos) – en tout 250 établissements –, l'affluence des donations et le rayonnement spirituel font de La Chaise-Dieu le troisième ordre monastique français du milieu du 12e s.

Protection papale – L'élection à Avignon du pape **Clément VI**, ancien novice et moine de l'abbaye, est une nouvelle chance pour celle-ci. Ce pape fait reconstruire l'église actuelle par l'architecte occitan Hugues Morel, maître-tailleur de pierre venu du Puy. Elle a été conçue comme une nécropole, où il

Chaise-Dieu, abbatiale St-Robert.
J. Arnold Images / hemis.fr

désirait être enterré : son souhait a été exaucé. Son neveu Grégoire XI, devenu pape à son tour, mène l'opération à son terme. Le vœu de ce dernier d'être lui aussi enterré dans l'abbaye resta lettre morte. Sa dépouille demeura à Rome. Les **guerres de religion** vont porter un coup immense à l'abbaye, saccagée par les huguenots, qui profanent le tombeau de Clément VI. Les moines se réfugient dans la tour Clémentine. Mais la véritable décadence vient plus tard, quand la nomination des abbés est abandonnée au roi : c'est le principe de la commende. En 1640, l'abbaye rejoint, comme près de 200 monastères en France, la congrégation de St-Maur. Avec la Révolution s'éteint la vie monastique, qui reprendra deux siècles plus tard. Avec deux dates fondamentales : 1966, naissance du **festival de musique classique**, 1984, installation dans l'abbaye de huit bénédictins de la communauté de St-Jean.

★★ Église abbatiale St-Robert

☎ 04 71 00 01 16 - www.abbaye-chaise-dieu.com - juin-sept. : 10h-12h, 14h-18h, dim. 14h-18h ; mars-mai et oct. : 9h-12h, 14h-18h, dim. 14h-18h ; reste de l'année : 9h-12h, 14h-17h, dim. 14h-17h - pas de visite pdt les offices, respectez le silence - possibilité de visite guidée (1h) - accès au choeur gratuit, accès aux tapisseries payant - accès limité durant le festival de musique de mi-août à déb. sept. - l'accès à l'abbatiale se fait par le grand escalier ou, pour les personnes à mobilité réduite, par le chevet (Cour La Fayette au n° 5) en demandant aux frères (☎ 04 71 00 05 55).

Lancée en 1344, la construction de l'église St-Robert, aux proportions impressionnantes (longueur : 76 m, largeur : 24 m, hauteur : 18 m), fut achevée en huit ans à peine, en 1352. Taillé dans le granit, l'édifice produit une impression de grandeur et de sévérité qui semble refléter la personnalité de son promoteur, Clément VI.

Façade ouest – Elle évoque l'aspect d'une construction militaire. Surmontée de deux clochers, elle se dresse sur une **place** en pente, ornée d'une fontaine du 17e s. Les grands escaliers sont le lieu de prédilection des festivaliers pour échanger leurs impressions sur les concerts qu'ils viennent d'écouter.

UNE RESTAURATION D'ENVERGURE

À un ensemble si exceptionnel, il fallait une restauration exceptionnelle. Initié dès 2007, le projet a conduit en premier lieu à inscrire en 2009, au titre des Monuments historiques, l'ensemble des bâtiments abbatiaux, puis à lancer un vaste programme de réhabilitation. L'**aile de l'Écho** constitue l'une des phases les plus importantes du chantier. Vendu à la Révolution, ce bâtiment de 110 m de long abritait des locaux d'habitation : lors de leur destruction, on a redécouvert les volumes de la chapelle mauriste Notre-Dame du Collège (40 m de long, 8 m de large et 8 m de haut) et d'une partie de ses **admirables décors peints**. C'est ici qu'en 2019 la **nef des Tapisseries** prendra place : **quatorze tapisseries★★★** d'Arras et de Bruxelles, en laine, lin et soie, commandées par l'abbé Jacques de St-Nectaire et exécutées au début du 16e s. Les sujets, tirés de l'Ancien et du Nouveau Testament et illustrant le thème du Salut, sont copiés sur la Bible des pauvres, si répandue au Moyen Âge, et accompagnés de légendes en caractères gothiques. Le parcours se termine par la **salle de l'Écho** – Deux personnes, placées dans des angles opposés et se tournant le dos, peuvent parler à voix basse et s'entendre parfaitement. Une telle disposition aurait permis, au Moyen Âge, la confession des lépreux. En 2019, sera mise en place une expérience musicale utilisant l'étonnant phénomène acoustique de cette salle (le parcours aura vocation à se prolonger ultérieurement dans le jardin). En 2020, aura lieu l'aménagement de la bibliothèque et du scriptorium. Le projet de La Chaise-Dieu prévoit aussi une mise en valeur du village. Au final, un chantier colossal, pour un résultat spectaculaire.

Chœur monastique – Dans le **bas-côté sud** se trouve un **gisant** du 14e s., découvert récemment. Il pourrait s'agir de celui d'un évêque proche des papes d'Avignon. Revenez sur vos pas pour admirer le **tombeau aux anges musiciens (1)**, à la décoration d'angelots sculptés, réalisé au 14e s. Le **sanctuaire** est la partie la plus sacrée de l'église. Derrière le **maître-autel** du 17e s., cinq chapelles rayonnent. À gauche, sur le pilier de l'une d'entre elles, admirez une **Vierge en majesté** en bois polychrome, du 14e s. Le **chœur★★** est entouré de 144 **stalles★★ (2)** en chêne, du 15e s., dont les culs-de-lampe représentent Vices et Vertus, visages et personnages. Il faut s'en approcher pour les apprécier pleinement. Au milieu du chœur se trouve le **tombeau de Clément VI (4)**, qui l'avait fait exécuter de son vivant et sculpter par Pierre Roye, Jean David et Jean de Sanholis. Il était entouré, à l'origine, de 44 statues représentant des membres de la famille du pape. Les protestants le mutilèrent, et on ne voit plus que le gisant sur une dalle de marbre noir.

La Danse macabre★★ (5) – Haute de 2 m et longue de 26 m, cette impressionnante fresque murale, laissée à l'état d'esquisse par l'artiste qui l'a réalisée, se trouve dans le bas-côté nord. Elle fut effectuée à la fin du 15e s., à la suite d'une épidémie de peste noire. Ses trois panneaux mettent les grands de ce monde en présence des morts qu'ils deviendront et qui les invitent à danser : les puissants à gauche, la bourgeoisie au milieu, les artisans à droite. Un message rappelant que même pour les riches et les puissants, la vie terreste n'est qu'un passage avant l'au-delà. Ce thème, souvent représenté au 15e s., n'a été nulle part évoqué avec autant de réalisme et de mouvement. L'œuvre inspira Arthur Honegger quand il composa, en 1938, son oratorio *La Danse des morts*, sur un livret de Paul Claudel.

Le bas-côté gauche du chœur renferme encore deux **tombeaux**. Le premier gisant, un abbé mitré, serait la sépulture de l'abbé Jean de Chandorat ; le

second, une femme aux mains jointes, serait celui de Smaragde, épouse du seigneur d'Allègre. Entre les deux, remarquez une « pierre d'exposition », d'environ 2 m de long, utilisée pour laver et exposer le corps des moines décédés.
Nef – Une impression de grandeur se dégage de la vaste nef couverte de voûtes surbaissées et flanquée de collatéraux d'égale hauteur. Un **jubé (6)** du 15e s. rompt la perspective et semble réduire la nef en hauteur. Un beau Christ (1603) le domine; au pied de la croix, la Vierge et saint Jean (15e s.). À droite du jubé le tombeau de saint Robert, simple pierre tombale du 11e s. En face, le **buffet d'orgue★ (7),** en pin de la région, est du 17e s. Il porte un très beau décor sculpté.
Sacristie – *Ne se visite pas.* Elle se trouve au rez-de-chaussée de la **tour Clémentine**, puissante construction de caractère militaire réalisée vers 1350, comme son nom l'indique, sous l'abbatiat de Clément VI. Celle-ci comprenait un four et un puits pour qu'en cas d'attaque, ses occupants soient totalement autonomes. Après des siècles de difficultés, l'abbaye sort de l'ombre au début du 20e s. Sa restauration complète aura lieu à partir de 1965, grâce au pianiste **Georges Cziffra**, qui propose la création d'un festival de musique sacrée pour financer les travaux. La restauration des grandes orgues est achevée. Depuis 1990, une dizaine d'interventions archéologiques ont permis notamment de mettre au jour un sarcophage trapézoïdal (en 1992, déposé dans le cloître), des sépultures romanes sous l'emprise du grand escalier (1994) et un gisant (en 1999, déposé dans l'abbatiale).

★ Cloître

Il fut édifié à la fin du 14e s. Les galeries menant aux cellules et aux dortoirs *(côté est)*, et au réfectoire *(côté sud)*, ont disparu sans doute suite à l'incendie de 1574.
Chapelle des Pénitents *(accès par la rue Saint-Robert)* – L'ancien réfectoire, du 15e s., est devenu chapelle des Pénitents blancs au 19e s. Ils sont représentés sur la tribune de la chapelle. Le **Chemin de Croix★** (1980) est de Robert Falcucci, peintre, illustrateur et affichiste.

À proximité Carte de microrégion p. 410

Le plateau de La Chaise-Dieu est couvert à 70 % par des forêts de résineux, lieux propices à la cueillette de champignons, mais aussi aux légendes et histoires à faire peur. **Henri Pourrat** *(p. 561)* s'en est beaucoup inspiré dans son œuvre, notamment dans *Gaspard des montagnes*.
Ces forêts sont aussi des espaces où randonnées pédestres (180 km de sentiers balisés), équestres, à dos d'âne ou à VTT se pratiquent facilement (rens. auprès de l'office de tourisme). En hiver, les bénévoles du foyer de ski aménagent quelque 80 km de pistes de **ski de fond**, balisées et accessibles à tous *(permanence et location de matériel dans l'ancienne gare)*.

Signal de St-Claude B3

1 km à l'est. Traversez la D 906. Après le passage sous la voie ferrée, tournez à droite dans le chemin (indiqué) qui, environ 600 m plus loin, atteint le sommet.
D'une altitude de 1 112 m, on découvre un beau **panorama** sur la forêt de Breuil, puis les monts du Forez, du Lyonnais, le Pilat, les Cévennes, les monts du Cantal et les monts Dore.

Sentier du Serpent d'or B3

1h30 AR. Départ à côté de la salle des fêtes de La Chaise-Dieu.
Depuis la cité casadéenne, vous descendrez à travers la forêt du Breuil, jusqu'à rejoindre la Sénouire ou « Serpent d'or ». Cette belle rivière aux éclats dorés tire

son nom de sa couleur et de ses nombreux méandres (*Brioude* et *Lavaudieu*). Vous découvrirez comment les moines exploitaient cette forêt, et quelques anecdotes et légendes sur la région.

St-Victor-sur-Arlanc B3

À 11 km au nord-est de La Chaise-Dieu.

Musée de la Radio « Les années trente » et des jeux électroniques « Les années quatre-vingt » *– Le Bourg - 04 71 03 34 25 - visite guidée (1h30) 14h30-18h - 4 € (-12 ans 2 €) - billet donnant accès à l'église St-Victor - avec dégustation de confiseries maison.* Ce musée retrace le développement de la TSF de 1925 à aujourd'hui et des jeux électroniques à partir des années 1980. Plus de 1 000 postes français et étrangers illustrent les progrès techniques et l'évolution esthétique des postes de radio.

Craponne-sur-Arzon B3

À 19 km à l'est de La Chaise-Dieu.

Qui soupçonnerait que cette petite ville plus que millénaire organise l'un des meilleurs festivals de **musique country** en Europe. Chaque année, quelque 20 000 amateurs viennent applaudir, en plein air, des formations américaines et européennes, lors d'un véritable marathon musical (plus de vingt heures de concerts) (*Agenda*).

St-Julien-d'Ance B3

À 27 km à l'est de La Chaise-Dieu.

Ce petit village abrite une église rebâtie au 16e s., dont il reste, de ses origines romanes, quelques éléments en façade.

Un peu en contrebas du village, dans un hameau, se trouve le **moulin d'Ancette**, qu'une association de bénévoles a décidé de remettre en état. *Fermeture en 2014. Ne se visite plus.*

La coulée de Bourianne – *À l'est du village, au pied de la coulée. Empruntez le sentier balisé au départ du parking aménagé en aire de pique-nique.* Appelée aussi « chaussée des Géants », cette spectaculaire coulée de lave, échappée il y a environ 6,5 millions d'années, s'est transformée, en refroidissant, en rivière de blocs de basalte. Au sommet de la coulée, une table d'orientation accompagne le **panorama** étendu sur les monts du Forez.

NOS ADRESSES À LA CHAISE-DIEU

HÉBERGEMENT

BUDGET MOYEN

Chambres d'hôte La Jacquerolle – *R. Marchédial - 04 43 07 60 54 - www.lajacquerolle.com - - 4 ch. 80/85 € - 25 € bc.* Maison en pierre de pays abritant, à l'étage, une salle à manger garnie de meubles anciens et d'une magnifique cheminée. Chambres chaleureuses et confortables. Table d'hôte sur réservation.

À proximité

Chambres d'hôtes La Maison du Lac – *Lac de Malaguet - 43270 Monlet - à 10 km au sud de La Chaise-Dieu - 04 71 00 21 48 - www.lacdemalaguet.com - P - fermé de mi-nov. à fin mars - 5 ch. 60/80 € - repas 15 € midi, 30 € le soir sur réserv.* Au bord d'un lac d'altitude (1 025 m), cette ancienne fabrique de passementerie abrite des chambres confortables et un beau jardin fleuri. Agréable salon ouvrant sur la rive, avec bibliothèque et discothèque.

RESTAURATION

POUR SE FAIRE PLAISIR

L'Écho et l'Abbaye – *Pl. de l'Écho - ✆ 04 71 00 00 45 - www.echo-et-abbaye.com - ♿ - ouvert de déb. avr. à mi nov. - fermé merc. sf juil.-août - menu déj. 22 € - menu 22/52 € - 5 ch. 55/135 € - ☕ 9 €.* Tables joliment dressées, cuisine traditionnelle, carte des vins étoffée… et clientèle VIP lors du festival de musique. Certaines chambres ont vue sur le cloître.

ACHATS

Au Moine gourmand – *Av. de la Gare - 43160 La Chaise-Dieu - ✆ 04 71 00 01 17 - 9h-19h - tlj en été, fermé lun.-mar. reste de l'année.* Il faut absolument aller faire provision des délicieuses confitures et gelées préparées chez ce Moine gourmand qui connaît à coup sûr la valeur des bonnes choses. Sa gelée de verveine, notamment, est succulente. Jean-Marc Dumas fabrique aussi de délicieux croquants et autres pâtisseries, véritable invitation à la dégustation !

ACTIVITÉS

Escape Game PSY – *Pl. de l'Abbaye (devant l'église) - ✆ 06 15 62 02 37 - http://https://symbialys.space - cessions tlj 10h30, 14h, 17h, 21h, réserv. obligatoire, 4 pers. mini, 7 maxi - fermé lun., 1er janv., 25 déc. - 33 € (12-18 ans 23 €, -12 ans 9 €).* Un monde imaginaire dans un véritable cabinet de curiosités, ou chambre des merveilles, aménagé sur 3 niveaux dans une vieille maison du bourg. Le principe ? Résoudre des énigmes, dans un déluge de sensations visuelles, tactiles, auditives, odorantes et gustatives !

Le refuge de P'tit Âne – *Lieu-dit Valentin - 43160 Berbezit - à 15 km à l'ouest de La Chaise-Dieu - ✆ 04 71 00 09 22 - http://ptitane43.wixsite.com/ptitane43 - ballade à partir de 22 €, randonnées à partir de 57 €.* Location d'ânes de bât pour randonner sans accompagnateur.

AGENDA

Festival de La Chaise-Dieu – Depuis plus de cinquante ans, 25 000 mélomanes assistent fin août à ce prestigieux festival. *Rens. : www.chaise-dieu.com.*

The Green Escape – *À Craponne-sur-Arzon, le dernier w.-end de juil. - www.festivaldecraponne.com.* L'un des meilleurs festivals de rock, folk et de musique country en Europe.

Foire aux champignons – *À La Chaise-Dieu - dernier jeudi d'oct.* Cette grande foire aux champignons secs est l'une des plus importantes de France. Parmi les animations : dégustation de l'omelette géante aux champignons en fin de journée.

Bourbonnais 8

Carte Michelin Département 326 - Allier (03)

Forêt de Tronçais, chênes sessiles remarquables Les Jumeaux.

H. Lenain / hemis.fr

BOURBONNAIS

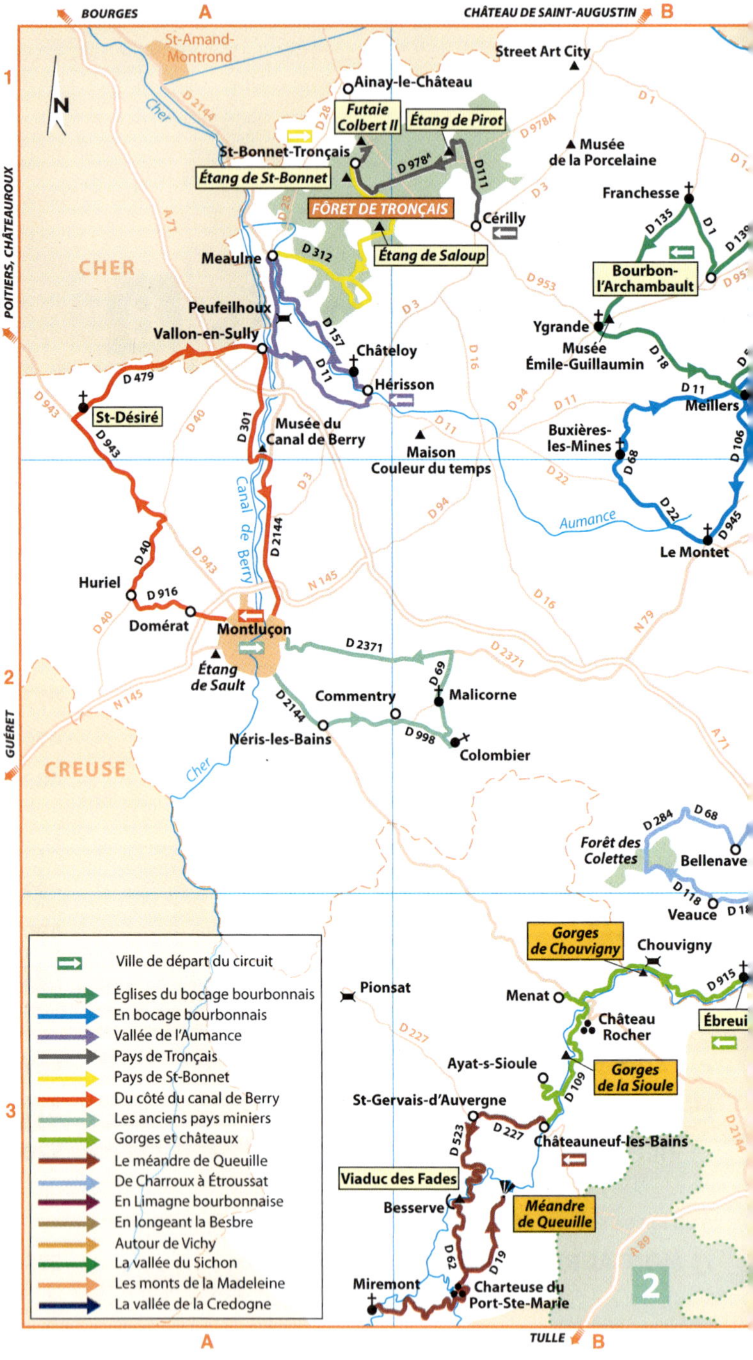

NEVERS, BOURGES
C
D
BOURBONNAIS
0
8 km
FÔRET DE TRONÇAIS
★★★ Vaut le voyage
Moulins
★★ Mérite un détour
Chareil
★ Intéressant
Huriel
À voir
NIÈVRE
Arboretum de Balaine
Le Riau
Avrilly
Augère
Agonges
St-Menoux
Moulins
Yzeure
Souvigny
Bressolles
Sept-Fons
LOIRE
Le PAL
Beauvoir
MÂCON
Châtel-de-Neuvre
ALLIER
442
Puy St-Ambroise
Jaligny
Fontariol
Verneuil-en-Bourbonnais
Saulcet
Hospice de Gayette
Château de Montaigu-le-Blin
St-Pourçain-sur-Sioule
Le Méage
NEUILLY-EN-DONJON
Chareil
Château de Billy
La Palice
Étroussat
St-Gilbert
Droiturier
Ussel-d'Allier
Seuillet
Le Breuil
Charroux
St-Étienne-de-Vicq
Jenzat
Vichy
Cusset
Châtel-Montagne
LYON, ROANNE
Paléopolis
Cognat
Puy du Roc
Site des Hurlevents
644
1031
Gannat
Biozat
Le Mayet-de-Montagne
Pierre Charbonnière
Brugheas
Busset
St-Yorre
Arronnes
Montagne bourbonnaise
PUY-DE-DÔME
Ris
Lavoine
Forêt de l'Assise
1
Vallée de la Credogne
7
CLERMONT-FERRAND

Moulins

★★

19 697 Moulinois – Allier (03)

C'est sur les bords de l'Allier que s'épanouit la capitale du Bourbonnais. On prendra plaisir à marcher le long des rives dans le quartier des anciens mariniers, et dans la cité ancienne, riche d'un remarquable patrimoine. Moulins accueille des musées originaux et uniques en France comme le Centre national du costume de scène et le musée de l'Illustration jeunesse, qui proposent chaque année de nouvelles expositions, toujours passionnantes.

NOS ADRESSES PAGE 460
Hébergement, restauration, achats, activités, etc.

S'INFORMER

Office de tourisme – *11 r. François-Péron - 03000 Moulins - ✆ 04 70 44 14 14 - www.moulins-tourisme.com - juil.-août : 9h30-12h30, 13h30-18h30, dim. 9h30-12h30, 14h-18h ; avr.-juin et de déb. sept. à mi-nov. : tlj sf dim. 9h30-12h30, 13h30-18h30, j. fériés se rens. ; reste de l'année : tlj sf dim. et j. fériés 9h30-12h30, 13h30-18h30, lun. 13h30-18h30 - l'office de tourisme édite un guide d'accueil sur la région de Moulins et Souvigny et propose un Citypass particulièrement avantageux pour visiter les sites touristiques.*

Visites guidées – *✆ 04 70 48 01 36 - www.ville-moulins.fr - visites thématiques avr.-oct. : sam. 14h30 - visites nocturnes accompagnées de concerts de mi-juil. à fin août : vend.-sam. horaires, se rens. au service du patrimoine. Possibilité de louer des audioguides à l'office de tourisme.*

SE REPÉRER

Carte de microrégion C1 p. 449 – *carte Michelin Départements 326 H3.*
Située sur l'axe nord-sud Nevers-Vichy (N 7, puis N 209), la ville occupe aussi une position stratégique sur un axe est-ouest qui va de Montluçon à Mâcon *via* Paray-le-Monial.

SE GARER

Des parkings bordent le centre-ville, cours Anatole-France et cours Jean-Jaurès. Vous en trouverez également près de la gare SNCF et près des halles. Les jours de marché en centre-ville sont le vendredi et le dimanche matin.

À NE PAS MANQUER

Le triptyque du Maître de Moulins, exposé dans la cathédrale Notre-Dame ; l'ancien château avec le donjon, le musée Anne-de-Beaujeu et la maison Mantin ; le Centre national du costume de scène.

ORGANISER SON TEMPS

Comptez deux jours pour découvrir le riche patrimoine culturel de la ville. Attention, le lundi, la plupart des musées de Moulins sont fermés (hors juil. et août). Prévoyez une journée pour le parc d'attractions Le PAL (restaurants sur place).

AVEC LES ENFANTS

Le musée de l'Illustration jeunesse (MIJ) et ses planches originales de livres de jeunesse, la maison Mantin, le centre national du costume de scène et de la scénographie, les bords d'Allier qui proposent des jeux ; à 30mn de Moulins, Le PAL, parc d'attractions et parc animalier.

La cathédrale Notre-Dame et le pont Régemorte vus des berges de l'Allier.
Ch. Guy/hemis.fr

Se promener Plan de ville, quartier de la cathédrale

Découvrez d'abord le **centre ancien, quartier de la cathédrale**, l'**ancien palais des ducs de Bourbon★★**, les maisons à pans de bois et les hôtels particuliers, en suivant l'itinéraire proposé. Puis faites une pause dans l'un des cafés de la place d'Allier, toujours animée – de préférence **Le Grand Café** où Coco Chanel aurait acquis son surnom. Traversez ensuite l'Allier pour visiter le **Centre national du costume de scène★★**. Il est installé dans de magnifiques bâtiments.

★ LE QUARTIER DE LA CATHÉDRALE

Itinéraire tracé en vert sur le plan de la ville (p. 454).

★ Cathédrale Notre-Dame

De l'ancienne halle du 17e s. (place des Vosges), on jouit d'une vue d'ensemble sur l'édifice.

L'ancienne collégiale de style gothique flamboyant, comprenant le chœur et le déambulatoire à chevet plat, fut édifiée de 1474 à 1507. Au 19e s., lorsque Moulins devint un évêché, les tours et la nef furent ajoutées pour la nouvelle cathédrale.

Elle retient essentiellement l'attention par ses œuvres d'art et ses **vitraux★★**, où l'on reconnaît les célébrités de la cour des Bourbons.

1) Vitrail de sainte Catherine ou des Ducs – Fin 15e s. Le cardinal de Bourbon à droite, Pierre II et Anne de France à gauche vénèrent sainte Catherine. En haut, vie de sainte Catherine d'Alexandrie.

2) Vitrail du Crucifiement – Fin 15e s. Le sang du Christ est recueilli par des anges. Au bas du vitrail : **Mise au Tombeau★** (16e s.).

3) Vitrail de la Vierge au trône – Fin 15e s.

4) Vitrail de l'Arbre de Jessé – 16e s.

5) Élégant escalier tournant.

6) **Vitrail de l'Église souffrante et triomphante** – Début 16e s.
7) **Vitrail de l'Église militante** – 16e s. Remise de la couronne d'épines au roi.
8) **Chapelle de la Vierge noire** – Réplique de celle du Puy-en-Velay, la Vierge noire rappelle que Moulins était une étape pour les pèlerins en route pour Le Puy-en-Velay et St-Jacques-de-Compostelle. Un bas-relief en bois polychrome illustre la mort de la Vierge.
9) **Chapelle du chapitre** – Au centre du vitrail : martyre de sainte Barbe.
10) **Peinture classique** – Représentation de deux chartreux.
11) **Annonciation** – Peinture du 18e s. disposée de part et d'autre du portail.
12) **Vitraux retraçant la vie de la Vierge**.
13) **Vitrail de sainte Marie Madeleine** – 16e s.
14) **Vitrail du Christ en Croix** – Fin 15e s.
15) **Vitrail de sainte Élisabeth de Hongrie** – Début 16e s.
La **salle du trésor** abrite surtout un grand chef-d'œuvre de la peinture sur bois de la Renaissance, le triptyque du Maître de Moulins. Elle renferme également un **Christ-reliquaire en ivoire** (**16**) du 17e s., monté sur un socle en ébène, le **triptyque d'Aubery** (**17**) et le **triptyque de Bethléem** (**18**), attribué à Joos Van Cleve, peintre flamand du 16e s., dont les sujets sont empruntés à la vie de Jésus.

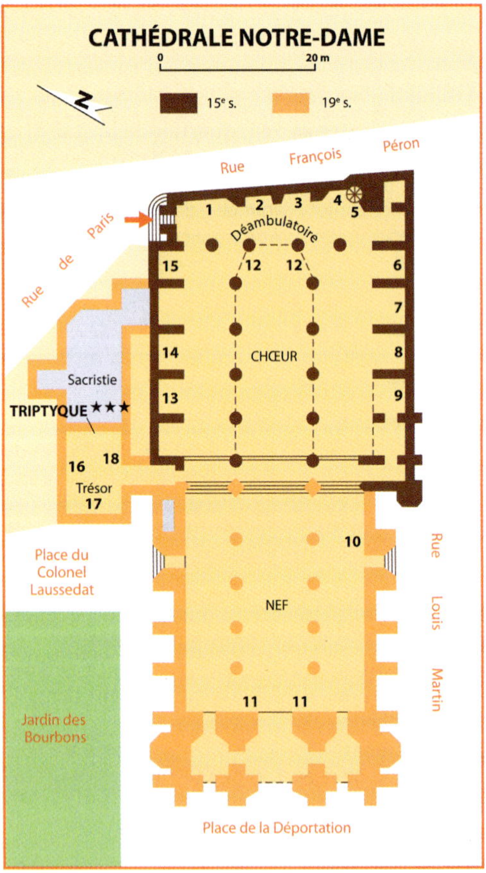

UNE ROYALE LIGNÉE

La seigneurie de **Bourbon** entre dans l'histoire au début du 10e s., mais les sires, puis ducs de Bourbon, mirent plus de trois siècles à forger un État capable de rivaliser avec ses puissants voisins : le Berry et la Bourgogne. Ils nouèrent des liens avec le royaume de France, en mettant leurs forces à son service. Archambaud IX accompagna saint Louis en Terre sainte. Une habile politique matrimoniale permit à huit Bourbons de devenir rois de France. Le 15e s. vit l'apogée du duché et le développement à Moulins d'une cour brillante où des artistes vinrent, sollicités par Charles Ier, Jean II, Pierre II et Anne de France : Jean Ockeghem, musicien flamand, le sculpteur Jacques Morel, puis Michel Colombe et ses disciples Jean de Rouen et Jean de Chartres, pour ne citer que les plus connus. Des peintres aussi : Jean Perréal, Jean Richer et, surtout, le Maître de Moulins…

★★★ **Triptyque du Maître de Moulins** – *Pl. de la Déportation - ✆ 04 70 20 89 65 - visite guidée (20mn) des vac. de Pâques aux vac. de la Toussaint : 10h-11h30, 14h-17h30, dim. 15h-17h30 ; reste de l'année : tlj sf dim. 10h-11h30, 14h-17h30 - fermé lun., certains j. fériés - 3 € (-25 ans 2 €).*

Rien ne laisse présager, dans cette salle sombre, de l'éclat et de la finesse de la peinture. Probablement achevé en 1498, il paraît se rattacher à l'école flamande par ses attitudes, à l'école florentine par le dessin des visages et des fronts. L'éclat des couleurs, la grâce des personnages en font une œuvre empreinte d'une grande fraîcheur. Il fut réalisé pour le compte de Pierre II, duc de Bourbon, et de son épouse Anne de France (Anne de Beaujeu), qui sont représentés sur les faces intérieures du triptyque. La face extérieure des volets figure, en grisaille, l'Annonciation ; les faces intérieures, la Vierge en gloire. Celle-ci, les yeux baissés sur l'Enfant Jésus, se détache sur un fond de soleil et d'arc-en-ciel qui donne à l'ensemble une grande perspective. Sa conservation presque parfaite s'explique par son histoire. D'abord oublié près de 300 ans dans le fond de la cathédrale, fermé presque en permanence, ce n'est qu'au 19e qu'il est mis en valeur sur les conseils de Prosper Mérimée. Caché au prieuré de Souvigny pendant la Seconde Guerre mondiale, il échappe aux pillages et aux destructions.
Sur l'esplanade, face à la Cathédrale

★★ ANCIEN CHÂTEAU DES DUCS DE BOURBON

Vous vous trouvez sur l'emplacement de l'ancien château des ducs de Bourbon, qui occupait jadis toute l'esplanade. Du palais ducal subsistent aujourd'hui le **donjon** et le **pavillon Renaissance**. Entre les deux, la **maison Mantin**, villa de style éclectique, construite en 1896 par Louis Mantin, sur l'ancien corps de logis du 15e s., accueille ses collections. Cet amateur d'art passionné fut à l'origine de l'installation du musée Anne-de-Beaujeu dans le pavillon royal, et de la création de la galerie qui réunit aujourd'hui les deux bâtiments.

Donjon du château des ducs de Bourbon

✆ 04 70 20 48 47 - visite guidée sur demande préalable (2h) juil.-août : 10h-12h30, 14h-18h30, dim. 14h-18h30 : de mi-avr. à fin juin et sept.-oct. : merc. 14h30, sam. 10h ; reste de l'année : se rens. - 5 € (-12 ans gratuit) - 8 € billet combiné avec le musée Anne-de-Beaujeu.

Le château médiéval des ducs de Bourbon, fut construit aux 14e et 15e s. puis agrandi à la fin du 15es. par **Anne de France**, fille aînée de Louis XI, et son époux, Pierre de Beaujeu, duc de Bourbon.

En **1755** un incendie détruisit le grand corps de logis, ajouté par Anne de France. Le château, délaissé, devint une **prison** à partir de 1775 et ce, jusqu'en 1983. Racheté par le Conseil départemental de l'Allier, des travaux de restauration et des fouilles archéologiques y ont été réalisés.

Aujourd'hui, il subsiste **la tour** (surnommée **la Mal Coiffée** en référence à sa toiture), la grande courtine, la tour des archives, l'amorce du bâtiment de la grande salle et des caves.

La visite de ces vestiges permet de découvrir plusieurs époques imbriquées dans les murs du donjon : au 2e étage, la chambre du duc du 14e s. et une poutre maîtresse de 1399; les caves et les cachots, créés pour accueillir des prisonniers politiques sous Napoléon III, les aménagements carcéraux et les graffitis des prisonniers (notamment de la Seconde Guerre mondiale lorsque la prison était allemande) sont des témoignages émouvants de la vie des détenus. On découvre la cellule des derniers condamnés à mort et le parloir encore utilisé dans les années 1980, intact. Sans aucun doute la visite la plus surprenante à Moulins.

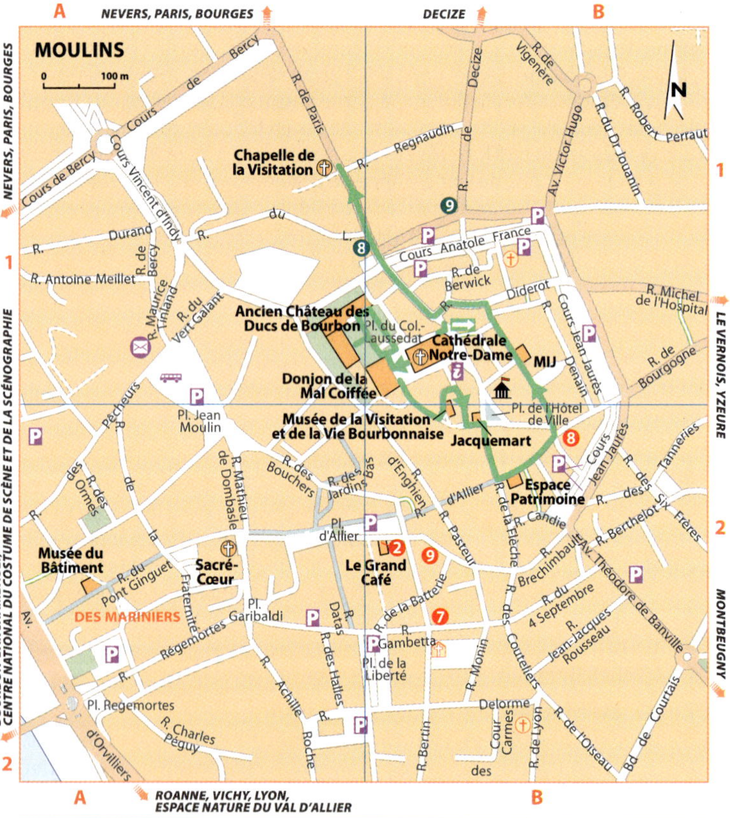

SE LOGER		SE RESTAURER			
Hôtel de Paris	8	Le bistrot de Guillaume	9	Le Trait d'Union	7
La demeure de Babette	9	Le Grand Café	2	Le 9/7	8

Maison Mantin

Pl. du Col.-Laussedat - ✆ 04 70 20 48 47 - http://musees.allier.fr - visite guidée sur demande préalable (1h15) juil.-août : 10h-12h30, 14h-18h30 ; reste de l'année : tlj sf lun. 10h-12h, 14h-18h, dim. et j. fériés 14h-18h - fermé 1er janv., 1er Mai, 25 déc. - 8 € (-16 ans gratuit).

« Je lègue [...] ma maison d'habitation de la place du Château [...]. On devra [...] y montrer aux visiteurs dans cent ans un spécimen d'habitation d'un bourgeois du 19e s. » Curieux testament que celui de Louis Mantin, mort en 1905. Complètement restaurée, sa maison est ouverte aux visiteurs depuis 2010. Faite sur mesure pour accueillir ses nombreuses collections, la maison vous immerge dans le monde de la bourgeoisie au 19e s. car tout y a été conservé « en l'état » : tentures, boiseries, mobilier, peintures, objets d'art, photographies... Vous porterez une attention particulière aux vitraux et à l'harmonie des couleurs des corridors du 1er étage. La chambre de Louis Mantin, tapissée de cuir doré, est particulièrement stupéfiante.

Pavillon dit d'Anne de Beaujeu

Le pavillon d'**Anne de Beaujeu** (1461-1522) est le seul vestige de l'agrandissement du palais ducal, commandé par cette princesse vers 1495. C'est le premier bâtiment français édifié dans le style Renaissance. La façade précédée d'une tour-porche est percée de six arcades décorées des initiales de Pierre et Anne de Beaujeu ainsi que des emblèmes des Bourbons : ceinture d'espérance, chardon et cerf volant. Ce pavillon abrite le musée Anne-de-Beaujeu.

Musée Anne-de-Beaujeu

Pl. du Col.-Laussedat - ✆ 04 70 20 48 47 - http://musees.allier.fr - juil.-août : 10h-12h30, 14h-18h30, dim. et j. fériés 14h-18h30 ; reste de l'année : tlj sf lun. 10h-12h, 14h-18h, dim. et j. fériés 14h-18h - fermé 1er janv., 1er Mai, 25 déc. - visite guidée sur demande (1h) - 5 € (-16 ans gratuit) - 8 € billet combiné avec la maison Mantin.

Ce musée particulièrement dynamique, organise tout au long de l'année des expositions temporaires, ainsi que de nombreuses activités pour tous les publics : conférences, cours d'histoire de l'art, visites thématiques et activités pour le jeune public. Il poursuit également sa politique de réaménagement pour présenter une collection permanente très diversifiée.

Au rez-de-chaussée, l'**archéologie égyptienne** est complétée par une importante collection de céramiques antiques, étrusques et grecques (collection Campana, dépôt du musée du Louvre). Aux objets gallo-romains succèdent des sculptures bourbonnaises médiévales. La **salle des retables**, peintures, sculptures et objets d'art de la fin du Moyen Âge et de la Renaissance, présente des œuvres en particulier allemandes et autrichiennes. Remarquez *L'adoration des Mages*, du maître de Francfort et surtout le *retable de St-Étienne* du Maître d'Uttenheim (Tyrol du sud, vers 1475).

Au sous-sol, les **arts décoratifs** moulinois du 18e s. sont représentés par des faïences et de luxueux couteaux et coffrets. À l'étage, le **Salon de peinture** recrée la tradition des « Salons » au 19es. avec des œuvres académiques de Gérôme, Laurens, Meissonier, Luminais...

Suite de l'itinéraire : prenez la rue de l'Ancien Palais jusqu'à la place.

La **place de l'Ancien Palais**, autrefois place centrale, est entourée de rues médiévales et de maisons à pans de bois. Au 2 rue Grenier se trouve la **maison Thierry de Clèves** (1460) ; il faut pousser la porte pour découvrir la cour intérieure et ses galeries, ainsi qu'un escalier à vis. Au 5 rue des Orfèvres, vous verrez une autre maison médiévale d'origine.

Musée de la Visitation

4 pl. de l'Ancien-Palais - ✆ 04 70 44 39 03 - www.musee-visitation.eu - 10h-12h, 14h-18h - fermé dim., 1er janv., 1er Mai, 25 déc. - possibilité de visite guidée (45mn) - 7 € (-18 ans 4 €) - billet donnant accès aux expositions temporaires.

Un ensemble de maisons des 15e et 17e s. abrite en ses murs le seul musée européen dédié à un ordre monastique, en dehors des carmels hispaniques. L'**art religieux** est à l'honneur, avec un riche ensemble, unique en France, retraçant l'histoire de l'ordre de la Visitation dont la fondatrice, sainte Jeanne de Chantal, mourut à Moulins en 1641. Les statuaires et les superbes pièces tissées et brodées par les visitandines depuis le début du 17e s. (vêtements liturgiques, etc.) sont issues d'un fonds textile riche de plus de 1 800 objets. Les collections comptent également quelque 300 pièces d'**orfèvrerie** religieuse et civile d'origines française et européenne, et un très bel ensemble d'**objets de dévotion**, réalisés dans les matériaux les plus divers. Vous découvrirez aussi la vie quotidienne des religieuses à travers des reconstitutions (scènes de repassage, de vannerie, de tissage). Le musée organise une exposition temporaire par an, présentée à l'Espace Patrimoine.

Prenez à droite la rue des Orfèvres.

★ Jacquemart

Pl. de l'Hôtel-de-Ville - ✆ 04 70 48 01 36 - visite guidée sur demande préalable (45mn) juil.-août : sam. 17h ; avr.-juin et sept.-oct. : 2e sam. du mois 17h ; J. du patrimoine : sam. 14h-18h, dim. 10h-12h, 14h-18h - 6 € (-12 ans gratuit). Le **beffroi**, surmonté d'une charpente couverte et d'un campanile abritant les cloches et les automates, était jadis le symbole des libertés communales de la ville. De nos jours, les automates de la famille Jacquemart rythment la vie de la cité. Le père Jacquemart, en uniforme de grenadier, et sa femme Jacquette sonnent les heures, tandis que les quatre enfants égrènent les quarts. Brûlé en 1655, de nouveau incendié en 1946, l'ensemble fut remonté l'année suivante.

Descendez la rue de l'Horloge et tournez rue d'Allier à gauche.

Espace Patrimoine - Hôtel Demoret

83 r. d'Allier - hôtel Demoret - ✆ 04 70 48 01 36 - 10h-12h, 14h-18h, dim. 15h-18h - entrée libre, audioguide disponible.

Des plans-reliefs montrent le développement urbain depuis le Moyen Âge, des maquettes présentent l'évolution de l'habitat. Intéressante reconstitution de Moulins au début du 16e s. À l'étage, une exposition temporaire est présentée par le musée de la Visitation (*de mai à déc. 4 €*).

Continuez rue d'Allier puis tournez à gauche rue Voltaire.

★ Musée de l'Illustration jeunesse - MIJ

26 r. Voltaire - hôtel de Mora - ✆ 04 70 35 72 58 - http://musees.allier.fr - ♿ - juil.-août : 10h-12h30, 14h-18h30, dim. et j. fériés 14h-18h30 ; reste de l'année : tlj sf lun. 10h-12h, 14h-18h, dim. et j. fériés 14h-18h - fermé 1er janv., 1er Mai, 25 déc. - possibilité de visite guidée sur demande (1h) - 5 € (-16 ans gratuit).

Achevé vers 1750 par la famille Cadier de Veauce, cet hôtel particulier est redécoré au 19e s. par un marquis espagnol en exil, Pascal Moreno de Mora. Cette construction, parfaitement restaurée, accueille depuis 2005 le seul musée entièrement dédié à l'illustration jeunesse en France. Au rez-de-chaussée, un parcours permanent permet d'aborder l'histoire de l'illustration et ses techniques de manière ludique et interactive. L'étage est dédié à des expositions temporaires, thématiques ou monographiques. Le musée propose également de nombreuses activités destinées aux adultes (stages) ou au jeune public (lectures, visites spécifiques, ateliers pratiques).

Remontez la rue Voltaire jusqu'à la rue Diderot, puis à gauche jusqu'à la rue de Paris.

★ Chapelle de la Visitation et mausolée du duc de Montmorency
35 r. de Paris - ✆ 04 70 48 01 36 - www.ville-moulins.fr - Chapelle fermée pour travaux. Réouverture prévue courant 2019. Horaires, se rens. au service du patrimoine. Œuvre d'artistes parisiens, les frères Anguier, ce mausolée achevé en 1653 leur fut commandé par l'épouse d'Henri II de Montmorency, une fois celle-ci rendue veuve par Richelieu en 1632 et reléguée à Moulins, au couvent de la Visitation (l'actuel lycée). Il fut transporté démonté, par route de Paris à Montargis, puis par voie d'eau. Le duc, vêtu d'une armure finement ciselée, et la duchesse, entourés par la Force, la Libéralité, le Courage militaire et la Foi, reposent sur un lourd sarcophage en marbre. Au fronton, les colliers des ordres de St-Michel et du St-Esprit entourent le blason des Montmorency.
Le circuit s'arrête ici. Pour vous rendre au Centre national du costume de scène, il faut traverser l'Allier. Il vaut mieux prendre un véhicule (autobus D depuis la gare).
Il faut emprunter le **pont Régemortes** pour traverser l'Allier ; il offre une belle vue sur Moulins et sur les flèches de la Cathédrale. Pendant la Seconde Guerre mondiale, ce pont délimitait la ligne de démarcation avec la zone libre.

★★ Centre national du costume de scène et de la scénographie
Quartier Villars. Traversez l'Allier par le pont Régemortes en direction de Souvigny. Parking sur la place. Rte de Montilly (quartier Villars) - ✆ 04 70 20 76 20 - www.cncs.fr - juil.-août : 10h-18h30 ; reste de l'année : 10h-18h - fermé 1er janv., 1er Mai, 25 déc. - possibilité de visite guidée (1h30) - 7 € (-12 ans gratuit) - audioguide (1 €).
Sur la rive gauche de l'Allier, ce centre unique au monde est installé dans le quartier Villars, construit à la fin du 18e s. pour abriter un régiment de cavalerie. Sauvé de la démolition en 1984 grâce au classement aux Monuments historiques de ses magnifiques escaliers en grès rose et jaune, son imposant bâtiment principal s'élève sur trois niveaux.
Au rez-de-chaussée, une exposition permanente, consacrée au danseur d'exception **Rudolf Noureev** (1938-1993), présente des costumes de scène de ses principaux rôles, ainsi que des objets personnels (tableaux, objets d'art, mobilier…) qui reconstituent son univers privé. Un beau film documentaire retrace sa vie et son parcours artistique.
Créé pour assurer la conservation et la mise en valeur des costumes et toiles de décors provenant de l'**Opéra national de Paris**, du **département des arts**

Centre national du costume de scène, exposition Barockissimo, Les Arts florissants en scène.
Ph. Blanchot / hemis.fr

du spectacle de la Bibliothèque nationale de France et de la **Comédie-Française,** le centre, en croissance permanente, abrite près de 10 000 costumes, dont les plus anciens datent de la seconde moitié du 19e s.
Du fait de la fragilité des textiles, les costumes ne peuvent être exposés que temporairement. Le CNCS organise donc des expositions temporaires en permanence. Chacune d'elles traite d'un thème ou d'un artiste en particulier, avec la présentation d'une centaine de costumes fantastiques, des dessins, des affiches et des toiles de décors (pièces de théâtre, opéras, ballets), magnifiquement mis en scène dans des espaces théâtralisés.
Déjeuner ou pause gourmande au restaurant, décoré par Christian Lacroix *(✆ 06 41 43 28 88 - 11h-18h ; fermé lun.)*

À voir aussi Plan de ville

Basilique du Sacré-Cœur

R. Blaise-Pascal - ✆ 04 70 48 01 36 - 9h-18h (en dehors des offices) - gratuit. Cette construction néogothique du 19e s. ouvre sur le quartier des mariniers. Sa façade à trois portails reprend l'esprit des édifices au 13e s., tout comme l'élévation à trois niveaux à l'intérieur. Pendant la journée, les vitraux colorent la pierre de leurs reflets.

Musée du Bâtiment

18 r. du Pont-Guinguet - ✆ 04 70 34 23 69 - http://museedubatiment.unblog.fr - 14h-18h - fermé lun.-mar., 1er janv., 25 déc. - possibilité de visite guidée sur demande - 3,50 € (-16 ans 2 €).
Des outils, des matériaux, des techniques, mais aussi des équipements et des décors aujourd'hui disparus sont présentés dans un bel immeuble du 18e s. à colombages qui accueillit les compagnons du Devoir. Expositions temporaires à thème. Une visite instructive et insolite.

À proximité Carte de microrégion p. 448-449

★★ Parc Le PAL D1

À 25mn du centre-ville, à l'est. Prenez la D 12, par Yzeure puis la N 79. Le Pal - ✆ 04 70 42 68 10 - www.lepal.com - ♿ - avr.-sept. : 10h-19h - fermé certains j., se rens. - 28 € (-10 ans 25 €) - gratuit enf. de moins de 1 m. Forte affluence les w.-end et l'été.
Créé en 1973, ce parc d'attractions et animalier est aujourd'hui le premier site touristique d'Auvergne avec plus de 500 000 visiteurs par an ! Aménagé sur 50 ha, dans un cadre forestier, Le PAL se divise en deux parties : les attractions et les animaux. Le **parc d'attractions** en propose 26, montagnes russes à sensations fortes, attractions aquatiques ou autres pour les enfants (divers manèges, tasses magiques, balade dans les airs, etc.). **L'espace animalier** accueille près de 700 animaux (éléphants, girafes, fauves, singes, cervidés, oiseaux aquatiques, perroquets, rapaces, etc.), vivant en semi-liberté dans leur milieu naturel recréé (plaine de l'Afrique…). Des spectacles y sont organisés au long de la journée. Le goûter des animaux plaira aux enfants. Le parc propose un hébergement en pleine nature, dans des **lodges africains**, en bois et en toiles, sur pilotis, face à une savane africaine reconstituée (réserver impérativement).

Yzeure C1

À 2 km à l'est de Moulins. Plus ancien que Moulins, ce bourg fut un chef-lieu de paroisse jusqu'à la guerre de Cent Ans.

Église St-Pierre – Cette église des 12e et 15e s. se signale par sa tour carrée couronnée par une balustrade, œuvre de la fin du 18e s. On remarquera les **chapiteaux** du portail principal et de la nef, de facture bourguignonne, et surtout la crypte du 11e s.

Château d'Avrilly C1

À 8,5 km au nord-ouest de Moulins. Avrilly - ✆ 06 77 50 43 63 - http://chateauavrilly.com - visite guidée (1h) des extérieurs du château et des dépendances juil.-août : 14h, 15h et 16h - fermé lun. - 5 € (-13 ans 3 €). Construit au 15e s., remanié aux 17e et 19e s., ce château est sis dans un parc de 100 ha agrémenté d'un canal, d'où se dégage une magnifique perspective. La façade orientale édifiée en 1436 et notamment son donjon témoignent de l'époque médiévale du château. Un pavillon du 17e s. enjambe les douves.

Château du Riau C1

À environ 15 km au nord de Moulins. 03460 Villeneuve-sur-Allier - ✆ 04 70 43 34 47 - www.chateau-du-riau.com - visite guidée sur demande préalable (1h) juil. et sept. : 14h30-18h30 - fermé sam. - 7 € (-18 ans 6 €).

Situé aux confins de l'Allier et de la Nièvre, le domaine du Riau est composé de plusieurs constructions du 15e au 18e s. Le bâtiment le plus remarquable est une ancienne **grange aux dîmes★** élevée en 1584, dont les écuries occupaient le sous-sol et où le grain était entreposé dans les trois salles supérieures. Du dernier étage, couvert d'une belle charpente en forme de carène renversée, on a une très jolie **vue** sur le château, les douves, la porte fortifiée et le pigeonnier.

Dans l'enceinte de la **porte fortifiée**, on visite successivement la chapelle et la salle de garde. Dans la tour carrée, un escalier du 15e s. orné d'une balustrade en bois conduit aux **chambres** (styles Louis XV, Louis XVI et Empire).

★ Arboretum de Balaine C1

À environ 15 km au nord-ouest de Moulins. Lieu-dit Balaine - 03460 Villeneuve-sur-Allier - ✆ 06 70 11 55 32 - www.arboretum-balaine.com - ♿ - nov. : 9h-12h, 14h-18h ; reste de l'année : 9h-12h, 14h-19h - fermé de déb. déc. à mi-mars - visite guidée sur demande (2h40) - 10 € (-12 ans 5 €).

Créé en 1804, ce parc botanique tracé « à l'anglaise » offre sur près de 20 ha de très nombreuses essences. Sapins du Caucase, de Grèce, d'Espagne, sapins douglas, **séquoias géants**, pins de Crimée, chênes pédonculés ou chevelus, cèdres du Liban voisinent avec les espèces locales. Le sous-bois est agrémenté d'imposants massifs de rhododendrons, d'azalées, de bambous, de cornouillers. Entre les allées, vous découvrirez des sculptures réalisées avec le bois des arbres abattus par la tempête de 1999. Dans le bâtiment d'accueil, une exposition consacrée à Aglaë Adanson, à l'origine de l'arboretum, retrace l'histoire du site ; la Fête des plantes lui est dédiée chaque année, en avril.

Châtel-de-Neuvre C2

À environ 19 km au sud de Moulins. Ce village possède une charmante petite église romane au clocher couvert en bâtière, construite sur un promontoire qui domine la vallée de l'Allier. La **vue★** sur la rivière et la campagne bourbonnaise s'étend fort loin.

NOS ADRESSES À MOULINS

VISITES

Le Citypass Moulins – *18/25/30 €/ pers. formule 1-3 j., 41/59/69 € City-pass famille.* Amorti dès la deuxième visite, il permet l'accès à tous les musées de Moulins.

Le Pass'Allen – *✆ 04 70 46 81 50 - www.allier-tourisme.com - gratuit - il permet, après la première visite payée plein tarif, de bénéficier du tarif réduit sur de nombreux autres sites. Disponible dans les offices du tourisme de l'Allier et téléchargeable sur www.allier-tourisme.com.*

HÉBERGEMENT

BUDGET MOYEN

Hôtel Le Parc – Hors plan - *31 av. Gén. Leclerc - ✆ 04 70 44 12 25 - www.hotel-moulins.com - P - fermé 1er-18 août et 22 déc.-4 janv. - 25 ch. 72/92 € - ☕ 11 € - ✕ formule déj. 20 € - 25/42 €.* À deux pas d'un parc et de la gare, établissement où toute une famille se met en quatre pour rendre votre séjour agréable. Chambres bien tenues, en partie rajeunies. Salle à manger au décor soigné où l'on sert une cuisine traditionnelle « aux petits oignons ».

9 **La demeure de Babette** – B1 - *24 r. des Potiers - ✆ 04 70 35 08 14 - ✆ 06 85 16 89 77 - www.lademeuredebabette.fr - P - fermé déc. et janv. - 5 ch. 98 € ☕.* Tout près de la Cathédrale, la demeure de Babette est une belle maison bourgeoise, avec jardin et piscine, qui popose des chambres d'hôtes comfortables. Une maison pleine de charme.

À proximité

Chambres d'hôte La Grande Poterie – Hors plan - *9 r. de la Grande-Poterie - 03000 Coulandon - à 3 km au sud-ouest de Moulins - ✆ 04 70 44 30 39 - ✆ 06 68 22 20 73 - www.lagrandepoterie.com - ⊭ P - ouvert 16 mars-29 oct. - 4 ch. 85/95 € ☕ - ✕ 30 €.* Ancienne ferme restaurée, au sein d'un parc arboré et fleuri parfaitement entretenu. Les chambres sont calmes et très agréables à vivre. La table d'hôte propose de goûteuses spécialités auvergnates.

Hotel Le Chalet – Hors plan - *28 rte du Chalet - 03000 Coulandon - à 3 km au sud-ouest de Moulins - ✆ 04 70 46 00 66 - www.hotel-lechalet.fr - 28 ch. 85/90 €.- ☕ 10, 80 €.* Pour une halte reposante, dans un hôtel labellisé « Nature et silence », entouré d'un parc et avec piscine. Le restaurant « Montégut » avec terrasse au grand air propose des produits régionaux. Menu 21 € midi semaine, 26/59 €, carte 38/57 €.

POUR SE FAIRE PLAISIR

8 **Hôtel de Paris** – A1 - *21 r. de Paris - ✆ 04 70 44 00 58 - www.hoteldeparis-moulins.com - P 8 €/nuit - ♿ - 30 ch. 118/138 € et 7 suites 168/198 € - ☕ 16 €.* À 100 m de la cathédrale, cet hôtel-restaurant créé en 1834 fait figure d'institution. Entièrement rénové en 2011, doté d'un Spa et d'une piscine, il se distingue par de très jolies chambres et une salle de réception aménagée dans une chapelle du 19e s.

RESTAURATION

BUDGET MOYEN

9 **Le bistrot de Guillaume** –B2 - *13 r. de Pont - ✆ 04 43 51 23 82 - fermé juin, dim. soir et lun. - menu 21 € (dej. sem.)/31 € -carte 42/56 €.* En plein cœur de Moulins, la petite salle claire et intimiste donne déjà le « la », et l'on s'y attable sans se faire prier. Mais le

meilleur est encore à venir : dans sa petite cuisine, le chef-patron compose des préparations à la fois fines et bien pensées, qui sont un ravissement pour les papilles.

8 **Le 9/7** – B2 - *97 r. d'Allier - ✆ 04 70 35 01 60 - ✆ 06 84 06 07 47 - www.restaurant-9-7.com - ♿ - fermé lun., sam. midi et dim. soir. - 20/36 € - formule déj. 15 €, menu déj. 18.50 € - menu soir 24.50 €, menu 28.50/38.50 €.* Service impeccable dans un cadre simple, le 9/7 propose des plats originaux accompagnés de légumes de saison bien cuisinés. Le chef, Olivier Mazuelle, a ouvert ce restaurant dans un esprit bistrot, plus simple mais aussi plus accessible que le style des grandes maisons qu'il a fréquentées auparavant.

7 **Le Trait d'Union** – B2 - *16 r. Gambetta - ✆ 04 70 34 24 61 - www.traitdunion-restaurant.fr - fermé 15-23 fév., 15-31 juil., dim.-lun. - formule déj. 21 € - menu 38/73 €.* Cadre contemporain pour une cuisine fraîche, sérieuse et bien présentée.

2 **Le Grand Café** – B2 - *49 pl. d'Allier - ✆ 04 70 44 00 05 - 8h-23h, dim. 12h-19h - plat du jour en sem. 9.90 € - menu 21.90/35.90 €.* Construit en 1899, ce café est inscrit à l'Inventaire des Monuments historiques. Une fresque grandiose à la gloire de Gambrinus, le dieu de la Bière, entoure le buveur tandis que d'immenses miroirs renvoient son image à l'infini. C'est ici que Gabrielle Chanel aurait acquis son surnom de Coco en chantant Qui qu'a vu Coco au Trocadéro du haut du balcon. Un lieu à découvrir. Spécialité : entrecôte de bœuf - salers, aubrac, charolaise ou limousine selon arrivage.

Le Clos de Bourgogne – Hors plan - *83 r. de Bourgogne - ✆ 04 70 44 03 00 - www.clos-de-bourgogne.com - ♿ - fermé 3 sem. en août, 2 sem.en déc., dim. sf le midi en saison et lun. - formule dej. 20/28 €, menus 32/80 € - 11 ch. 120/170 € ☕ 11 € - ch.* Un hôtel particulier du 18e s., installé dans un écrin de verdure, légèrement excentré du centre-ville. À la carte : des petits plats dans l'air du temps, régulièrement renouvelés en fonction des saisons. Les chambres sont spacieuses et confortables ; on y accède par un magnifique escalier d'époque. Quel charme !

ACHATS

Spécialités de la région : on les trouve dans deux boutiques *rue Datas, le long des Halles* : **Aux Fins Palais**, traiteur, vins et **Auvergne Prestige**, vins, fromages, salaisons, produits d'Auvergne (moutarde de Charroux, lentilles du Puy…) et possibilité de déguster des planches sur place. Pour un pâté aux pommes de terre, spécialité Bourbonnaise, aller à la **boucherie Moutardier**, *7 rue Régemortes (fermé dim.)*

Les Palets d'Or – *11 r. de Paris - ✆ 04 70 44 02 71 - 9h30-12h15, 14h-19h15, lun. 14h15-19h15, dim. 9h30-12h30.* Ces chocolats « aplatis », fourrés de crème et de café, ont été créés dans cette boutique en… 1898. La tradition du palet est maintenue et régulièrement renouvelée, avec des créations telles que les Ganaches de grands crus de chocolat, le Toucan ou les Folies de l'écureuil.

Bourbon-l'Archambault

★

2 556 Bourbonnais – Allier (03)

Berceau des rois de France, Bourbon a le charme un peu exotique des villes d'eau et vous y séjournerez avec plaisir, même si vous ne souffrez pas de rhumatismes, grande spécialité de cette station thermale… Dominée par les vestiges de sa forteresse médiévale, l'ancienne capitale des puissants ducs de Bourbon est une petite ville animée qui s'ouvre sur les paysages vallonnés du bocage bourbonnais.

NOS ADRESSES PAGE 466
Hébergement, restauration, achats, activités, etc.

S'INFORMER

Office du tourisme et du thermalisme de Bourbon-l'Archambault et sa région – *1 pl. de l'Hôtel-de-Ville - 03160 Bourbon-l'Archambault - ✆ 04 70 67 09 79 - www.ot-bourbon.com - juil.-août : 9h30-12h30, 14h-18h30, dim. 9h30-12h30, 14h30-18h30 ; de mi-mars à fin juin et de déb. sept. à mi-nov. : 9h30-12h30, 14h-18h30, dim. 9h30-12h30 ; reste de l'année : tlj sf dim. 9h30-12h, 14h-17h - fermé 1er janv., 25 déc. - le livret "Bourbon Rapido" propose une agréable balade de 2h, commentée et ponctuée d'anecdotes (4 €).*

SE REPÉRER

Carte de microrégion B1 p. 448 – *carte Michelin Départements 326 F3.* Venue de Moulins, à 23 km, la D 953 contourne la vieille ville par le sud avant de filer sur Montluçon.

À NE PAS MANQUER

L'église St-Georges et ses chapiteaux. Pour les amateurs d'art roman, l'itinéraire des églises du bocage bourbonnais, en particulier celle de St-Menoux.

AVEC LES ENFANTS

La visite guidée de la forteresse où ils seront chevaliers et gentes dames.

Se promener

Un itinéraire balisé, doté de bornes interprétatives, agrémente votre promenade dans les parcs et la ville.

Parcs et thermes

Le parc thermal, au milieu duquel se trouvent l'ancien **casino** et les thermes, est parcouru par les allées Montespan – la célèbre marquise séjourna régulièrement en cure à Bourbon-l'Archambault – qui permettent d'accéder au **nouveau parc**. Celui-ci offre, au nord-est, une belle **vue★** sur le promontoire où s'élevait jadis l'imposante forteresse des Bourbons.

Construit en 1885, l'**établissement thermal** bénéficie des eaux de Bourbon. Celles-ci, déjà appréciées des Romains, jaillissent à 55 °C et sont indiquées dans le traitement des rhumatismes, des paralysies et pour la rééducation fonctionnelle. À l'intérieur, ne manquez pas les **plafonds en caissons** de châtaignier et les superbes **céramiques des thermes** (classées Monument historique), réalisées par les ateliers Parvillée en 1885 - *Pl. des Thermes - ✆ 04 70 67 07 88 - www.chainethermale.fr - ♿ - visite guidée sur demande 29 mars-24 nov. : 7h-12h, 14h-19h - fermé dim. - pour les visiteurs de passage, des formules d'une demi-journée de détente (4 soins), permettent de se ressourcer agréablement.*

L'ancien casino, construit en 1889 par Charles Le Cœur, accueille aujourd'hui un centre socioculturel ainsi qu'un musée situé au rez-de-chaussée.

Musée Augustin-Bernard *–2 r. du Parc - ✆ 06 47 79 68 10 - www.bourbonlarchambault.com - ♿ - avr.-oct. : mar., jeu. et vend. : 15h-18h - possibilité de visite guidée (1h) - 4 € (-10 ans gratuit).* Les plus belles pièces du musée, dédié à l'histoire de Bourbon-l'Archambault, sont une Vierge romane en bois polychrome, *la Vierge en majesté* de Vernouillet et une collection de pots à pharmacie en faïence de Nevers des 17e et 18e s. Vous y verrez également la reconstitution d'un intérieur bourbonnais du 19e s.

Le Logis du Roy

Ne se visite pas. Place Charles-Delorme. Ce beau bâtiment du 17e s., premier établissement thermal de la station, de style Mansart, fut édifié sur ordre de Gaston d'Orléans, frère de Louis XIII. Le bâtiment comportait autrefois trois bains en sous-sol, et un logement réservé à l'intendant des eaux dans la partie supérieure.

Tour Qui Qu'en Grogne

Devant le mécontentement des habitants lorsque Louis II de Bourbon décida d'élever une tour de défense, ce dernier aurait fini par déclarer : « Contents ou pas, qui qu'en grogne, on la bâtira. » ; d'où son curieux nom. Il s'agit en fait de la tour d'angle sud-est de l'enceinte du château, surmontée d'un campanile du 18e s.

Forteresse médiévale

Parking aux abords du site. R. de la Ste-Chapelle - ✆ 04 70 67 02 30 - www.forteressebourbon.fr - juil.-août : 10h-19h, w.-end et j. fériés 14h-19h ; avr.-juin : 14h-18h ; 1er sept.-8 nov. : tlj sf w.-end 14h-18h - visite guidée sur demande (1h30) - 8 € (-14 ans 5 €) - si vous le pouvez, montez à pied en prenant l'escalier « la montée de la prison ».

De la forteresse des ducs de Bourbon, ouvrage militaire défendu par une vingtaine de tours, il ne reste, depuis sa démolition à partir de 1793, que les trois tours nord, chacune dotée de trois **salles voûtées** d'ogives. Les ducs successifs agrandirent le château jusqu'à la fin du 15e s. Deux chapelles furent construites, pour accueillir les saintes reliques offertes par Saint Louis à son fils Robert *(aujourd'hui conservées au presbytère de l'église St-Georges).* L'une des deux chapelles était la réplique de la Sainte-Chapelle de Paris.

Des animateurs en costume d'époque tenteront de vous faire découvrir le quotidien médiéval au travers de décors recréés et des usages de l'héraldique, de la calligraphie et de l'alchimie. La salle d'armes et l'officine de l'alchimie plaisent particulièrement aux enfants.

Du sommet de la tour de gauche, la **vue★** s'étend sur la ville, l'étang, le moulin banal, et le bocage. Panorama mérité après avoir gravi… 102 marches !

Maison des chanoines

✆ 04 70 67 02 30 - www.forteressebourbon.fr - visite guidée sur demande préalable (50mn) juil.-août : 14h et 17h ; 1er avr.-juin et 1er sept.-9 nov. : 14h - 6 € (-14 ans 3 €).
Située au pied de la forteresse, cette maison du 15e s. a été récemment restaurée. Elle fut occupée par des chanoines, chargés de veiller sur les reliques de la Sainte-Chapelle.

Au pied de la forteresse, un spectacle son et lumière est proposé (1h30).Début du spectacle à 22h30 en juil., 22h en août - 12 € (-16 ans 6 €)

Église St-Georges

On peut l'atteindre par la rue de la Fontaine-Jonas. À 10mn à pied environ des thermes. Élevée au 12e s. comme simple chapelle prieurale sur le site d'un ancien temple romain, l'église fut remaniée et agrandie aux 15e s. et 19e s. À l'intérieur, remarquez les beaux **chapiteaux** sculptés ou peints, dont celui des « musiciens », aux personnages munis de syrinx, viole et cor (trois instruments utilisés au Moyen Âge). La chapelle de la Ste-Vierge abrite une statue en marbre blanc, la Vierge à l'Enfant (14e s.), provenant de la sainte-chapelle de la forteresse, tout comme les saintes reliques apportés en 1287 à Bourbon par Robert de Clermont, fils de Saint Louis et aujourd'hui conservées au presbytère.

Le presbytère (à gauche en sortant de l'église. Contacter la paroisse pour la visite, sur demande) - ✆ 04 70 67 03 44) renferme un trésor recelant trois reliquaires du 19e s. L'un renferme une épine de la sainte-couronne, un autre un fragment de la Vraie Croix.

À proximité Carte de microrégion p. 448-449

Street Art City à Lurcy-Lévis B1

À 22 km au nord-ouest du centre-ville. ✆ 06 44 95 59 86 - www.street-art-city.com - ♿ - avr.-déb. nov. : tlj 11h-19h en juil.-août, sam. dim. en juin - fermé certains j., se rens. -extérieurs 12 € (-16 ans gratuit) - hôtel et extérieurs 20 € (-16 ans 10 €) - espace restauration sur place : 4 à 16 €.

En pleine campagne, dans un ancien centre de formation des PTT fermé depuis 1992, Sylvie et Gilles Inniesta ont eu l'idée de créer un espace dédié au Street Art. Ils invitent donc chaque année depuis 2016 des artistes du monde entier, qui ont, jusqu'à présent, peint 80 fresques murales. Le centre, constitué de 13 bâtiments sur 10 ha, offre 22 000 m² de superficie. Un paradis pour les amateurs d'art urbain. L'hôtel 128 propose à la visite une cinquantaine de chambres sur 2 étages, toutes décorées par un artiste différent.

Circuit conseillé Carte de microrégion

ÉGLISES DU BOCAGE BOURBONNAIS BC1

Circuit de 45 km tracé en vert sur la carte p. 448-449 – comptez environ 2h.

Vallonné, le paysage est cloisonné de haies appelées « bouchures », et parsemé de massifs forestiers, entre les prairies où paissent de belles charolaises.

Quittez Bourbon-l'Archambault par le nord en empruntant la D 1, direction Nevers.

Église de Franchesse B1

L'église St-Étienne, construite aux 12e et 13e s., est surmontée d'un beau clocher effilé, caractéristique de ceux de la région. L'intérieur se distingue par ses chapiteaux décorés d'animaux et ses fonts baptismaux du 15e s.

Quittez Franchesse par le sud-ouest en empruntant la D 135, direction Ygrande.

Musée Émile-Guillaumin B1

Les Vignes - ✆ 04 70 66 37 90 - http://musee-emile-guillaumin.planet-allier.com - mai-sept. : jeu., w.-end et j. fériés 15h-18h - 2,40 € (-12 ans gratuit).

Agriculteur et écrivain, **Émile Guillaumin** (1873-1951) sut traduire les joies et les misères des métayers bourbonnais. Ses livres, *La VIe d'un simple* et *Le Syndicat de Baugignoux*, sont des documents sur le monde rural de l'Allier au 19e s. Installé dans sa maison familiale, le musée reconstitue la vie de ce syndicaliste militant au travers de multiples témoignages et présente son œuvre littéraire et son activité de journaliste.

Quittez Les Vignes par le sud-ouest en empruntant la D 953.

Église d'Ygrande B1

Édifiée au 12e s. en grès du pays, elle possède l'un des plus beaux clochers de la région (14e s.). Celui-ci se compose d'une tour octogonale à deux étages surmontée d'une **flèche** en pierre qui s'élève à 25 m de hauteur (depuis le deuxième étage).

Quittez Ygrande par le sud-est en empruntant la D 192. À St-Aubin-le-Monial, prenez à gauche la D 492, puis à droite la D 18. Continuez jusqu'à Meillers.

Église de Meillers B1

Dédiée à saint Julien, cette église romane du 12e s. est connue pour son très beau **chapiteau** des animaux musiciens (un lion jouant de la viole et un âne de la harpe) et pour son superbe **tympan** en bâtière, sur lequel figure le Christ bénissant, dans une mandorle soutenue par deux anges. Sa notoriété provient aussi de sa **Vierge** en bois polychrome, située dans la chapelle, à gauche du chœur, sans doute l'une des plus anciennes du Bourbonnais.

Quittez Meillers en suivant la D 18 par l'ouest; après le croisement avec la D 11, prenez la D 58 à droite.

Église d'Autry-Issards C1

Cet édifice de style roman bourguignon, dont l'entrée principale est surmontée d'un linteau signé, possède de superbes chapiteaux historiés. Dans le chœur à droite, vous noterez une belle Déposition de Croix, œuvre de l'école flamande de la fin du 15e s.

Quittez Autry-Issards par le nord-est en empruntant la D 58 qui mène à St-Menoux.

★ Église de St-Menoux C1

Rampe d'accès ♿ côté ouest; stationnement près de la maison à colombages.

L'édifice actuel, qui compte parmi les belles églises du Bourbonnais, fut construit durant la seconde moitié du 12e s. à l'emplacement d'un ancien sanctuaire élevé à la mémoire d'un évêque breton du 7e s., Menulphe.

Extérieur – Le chevet s'ordonne élégamment sous la haute silhouette du clocher, flanqué de sa tourelle d'escalier. Le narthex, du 11e s., s'ouvre par un large portail en plein cintre. Il est orné de chapiteaux primitifs, et abrite un dépôt lapidaire.

Intérieur – La nef du 13e s., retouchée au 15e s., et les bas-côtés présentent de nombreuses œuvres d'art, dont une Vierge de pitié du 16e s. dans le bas-côté droit et, dans le bas-côté gauche, un autel en chêne sculpté (17e s.). Le **chœur★★**, aux proportions admirables, est fermé par des piliers à chapiteaux surmontés de sobres arcatures séparées des fenêtres hautes par un bandeau de grecques. Dans l'une des chapelles rayonnantes du **déambulatoire**, on retiendra un bas-relief représentant, dans une mandorle, un Christ bénissant entouré par les symboles des quatre évangélistes et l'Agneau pascal. Dans le déambulatoire, l'alternance des piliers et des pilastres cannelés révèle des influences bourguignonnes. Le **sarcophage**, placé derrière le maître-autel, abrite les restes de saint Menoux qui avait, dans les siècles passés, la réputation de guérir les simples d'esprit (*berdins* ou *bredins* en langage bourbonnais). D'ailleurs, une cavité dans le flanc du sarcophage permet de passer la tête afin de se faire « débrediner », d'où le nom de **débredinoire** donné à cette curiosité.

Vous pouvez rentrer directement par la D 953 à Bourbon-l'Archambault ou faire un crochet par Agonges en continuant sur la D 58.

Église Notre-Dame d'Agonges C1

Au carrefour de trois diocèses, cette église en grès ocre fut élevée à la fin du 12e s. De styles mêlés berrichon, bourguignon et auvergnat, elle présente une architecture romane de transition qui tranche avec sa voûte gothique. Une belle **frise** animalière en façade extérieure et des **chapiteaux** figuratifs (feuillages, têtes d'hommes, petits personnages, masques, etc.) à l'intérieur étonnent par leur réalisme et leur originalité.

Château de l'Augère

✆ 06 32 02 30 87 - www.chateaudelaugere.fr - ♿ - visite guidée (1h) juil.-sept. : 14h-18h ; mai-juin : w.-end 14h-18h ; reste de l'année : sur demande - fermé certains j. fériés - 7,50 € (-12 ans 3,50 €).

À Agonges, le « village aux 13 châteaux », le château de l'Augère est situé dans un beau parc de 7 ha. Cette ancienne forteresse, entourée d'eau, a conservé son donjon du 15e s. autrefois grenier à grains (pigeonniers également du 15e s.). Le reste du château, transformé au 19e s., est resté dans la même famille depuis sa construction en 1441. Un intéressant petit musée de la Vénerie a été créé dans une dépendance. *12 € (-12 ans 6 €) - son et lumière deux soirées en août : 21h.*

Traversez Agonges par la D 58. Suivez la D 54 en direction de Franchesse sur 4 km, puis tournez à gauche. La D 139 ramène à Bourbon-l'Archambault.

NOS ADRESSES À BOURBON-L'ARCHAMBAULT

HÉBERGEMENT/RESTAURATION

POUR SE FAIRE PLAISIR

Grand Hôtel Montespan Talleyrand – *Pl. des Thermes - ✆ 04 70 67 00 24 - www.hotel-montespan.com - ♿ (rest.) - 38 ch. 85/135 €, 2 suites 150/180 € - ☕ 13 € - ✕ 19.90/39.80 €.* Ces trois maisons anciennes ont hébergé Mme de Montespan, Mme de Sévigné et Talleyrand. Chambres spacieuses et personnalisées. Solarium, jardin intérieur à la française et piscine avec vue sur le château des ducs. Petit déjeuner délicieux (avec confitures maison). Au restaurant, poutres et pierres d'origine côtoient une décoration actuelle de bon goût. La cuisine y est traditionnelle et excellente. Enfin, l'accueil est chaleureux : c'est une excellente adresse. Accès direct aux thermes et possibilité de réserver des séjours incluant des soins thermaux.

EN SOIRÉE

Casino de Bourbon-l'Archambault – *ZA du Pont des Chèvres - ✆ 04 70 67 15 39 - www.casino-bourbon-larchambault.fr - P ♿ (au rest.) - 10h-12h (04h vend.-sam.).* Ouvert en 1998, le casino de Bourbon-l'Archambault offre aux amateurs de jeux : une salle de boule, une salle de grands jeux (roulette anglaise et black-jack) et une salle de machines à sous. Il se complète d'un cinéma et d'un restaurant de 100 couverts. Toute l'année, il propose des activités culturelles, artistiques et festives.

ACTIVITÉS

Thermes de Bourbon-L'Archambault – *Pl. des Thermes - ✆ 04 70 67 07 88 - www.chainethermale.fr/bourbon-l-archambault.html - P ♿ - ouv. mars-nov. : 6h30 -12h30.* Rhumatologie, gynécologie, détente, remise en forme. Pour les visiteurs de passage, des formules d'une demi-journée de détente, à partir de 55 € (4 soins et accès au bain de vapeur) permettent de se ressourcer agréablement.

Souvigny

★★

1 866 Souvignyssois – Allier (03)

Au milieu des prairies encloses du bocage bourbonnais, l'un des grands prieurés dépendant de l'abbaye de Cluny vit une véritable renaissance. Avec son fameux pilier du Zodiaque, ce superbe ensemble abbatial a fait l'objet d'une opération « Grand Site », accompagnée de travaux d'ampleur nationale. Après la visite de l'abbaye et de ses jardins, où se déroule, fin septembre, un festival de musique baroque autour de l'orgue Clicquot, promenez-vous dans les rues du village.

NOS ADRESSES PAGE 471
Hébergement, restauration, achats, activités, etc.

S'INFORMER

Office du tourisme de Moulins p. 450.

SE REPÉRER

Carte de microrégion C1 p. 449 – *carte Michelin Départements 326 g3.*

À 13 km à l'ouest de Moulins par la D 945, Souvigny est également accessible de Bourbon-l'Archambault (15 km par la D 953 vers l'est, puis D 253 à droite, à hauteur de St-Menoux).

À NE PAS MANQUER

L'église prieurale St-Pierre-et-St-Paul, qui abrite les tombeaux des Bourbons. Le célèbre pilier roman du Zodiaque, œuvre exceptionnelle du 12e s., au musée de Souvigny.

ORGANISER SON TEMPS

Comptez une journée pour voir les curiosités de la ville et découvrir le bocage bourbonnais.

AVEC LES ENFANTS

Les fêtes médiévales fin juillet-début août (troubadours, saltimbanques, chevaliers et conteurs).

Découvrir

★★ ÉGLISE PRIEURALE ST-PIERRE-ET-ST-PAUL

04 70 43 99 75 - juil.-août : 9h-20h ; avr.-juin et sept. : 9h-19h, dim. 14h-18h ; reste de l'année : se rens. - possibilité de visite guidée sur demande (1h15).

L'église St-Pierre-et-St-Paul appartenait à l'ancien prieuré bénédictin de Souvigny, dont la construction débuta en 950. Deux clochers romans, reliés depuis le 15e s. par un pignon ajouré, dominent le prieuré.

Façade ouest – La façade de l'édifice roman, dont ne subsiste que la porte gauche, est depuis le 15e s. précédée d'un avant-corps percé d'un portail et d'une large baie flamboyante. Au centre de la façade, les trois travées romanes appartenaient à l'édifice primitif, consacré en 1064. Le flanc nord permet de suivre les différentes étapes de construction de l'église : les tours, le deuxième bas-côté et le déambulatoire au 12e s., la partie supérieure de la nef et les transepts au 15e s.

Nef et bas-côtés – L'intérieur surprend par ses grandes dimensions : 87 m sur 28 m. Les doubles bas-côtés entourant la nef, de même que le double transept, soulignent l'influence de Cluny. Les premiers bas-côtés, élevés au 11e s., sont très étroits et voûtés en berceau, tandis que les seconds, postérieurs, sont voûtés d'arêtes ou d'ogives. Le badigeon jaune et blanc sur les nefs est le fruit d'une restauration récente (début des années 2000) et controversée. L'**armoire aux reliques★**, en pierre du 15e s., est fermée par quatre volets de bois ornés de peintures consacrées aux vies de saint Mayeul et saint Odilon *(ABC d'architecture p. 572)*. Saint Mayeul, abbé de Cluny, mourut à Souvigny en 994.

En 2001, les gisants du tombeau gothique des saints Mayeul et Odilon, brisés à la Révolution, furent mis au jour. Ils reposaient au fond d'un caveau sous la nef centrale de l'église. Patiemment reconstitués – l'un d'eux était brisé en 2 144 morceaux! –, ils ont été réinstallés au milieu de la grande nef.

★ **Chapelle vieille** – *À droite du carré du transept. ✆ 04 70 43 99 75 - en fonction des offices, se rens. - possibilité de visite guidée (1h15) - 5 € (-12 ans gratuit) - 7 € billet combiné avec le musée municipal de Souvigny.* Une restauration a permis la découverte en 2011, sur la voûte, de fresques d'anges musiciens en polychromie du 15e s. d'une finesse exceptionnelle.

La chapelle est fermée par une belle clôture de pierre de style flamboyant. Elle abrite le **tombeau** de Louis II de Bourbon, dit le Bon, et de sa femme, Anne d'Auvergne. Les deux gisants en marbre sont d'un grand réalisme malgré les mutilations. À noter également un bas-relief du 15e s. représentant la **Mise au Tombeau**.

★★ **Chapelle neuve** – *Dans le sanctuaire, chapelle de gauche.* De dimensions plus vastes que la chapelle vieille, elle est ceinte d'une très légère clôture. Elle renferme le tombeau de Charles Ier et de sa femme, Agnès de Bourgogne, œuvre de Jacques Morel, formé à l'art bourguignon. Les gisants, revêtus de manteaux aux plis amples, reposent sur une dalle de marbre noir.

Chapiteaux – Si tous les chapiteaux de la nef et des bas-côtés méritent d'être admirés, ne manquez surtout pas celui des **moines monnayeurs**, frappant un lingot de métal, pesant des pièces et les mettant dans un sac. Il se trouve dans le bas-côté gauche, au niveau du portail latéral et rappelle l'ancien privilège du prieuré de battre monnaie.

Sacristie – Construite au 18e s., elle possède de belles boiseries à médaillons et des peintures en trompe l'œil.

Cloître

Accès par le bas-côté droit de l'église ou les bâtiments conventuels du 17e s., à droite de l'église. ✆ 04 70 43 99 75 - 5 € (-12 ans gratuit) - 7 € billet combiné avec la visite libre du musée municipal de Souvigny - visite guidée horaires, se rens.

Il ne subsiste qu'un côté de ce cloître du 15e s. voûté d'arêtes à trois branches en raison de la disposition des piliers.

LA NÉCROPOLE DES DUCS DE BOURBON

En 916, Aymard, lieutenant du duc d'Aquitaine, cède sa terre de Souvigny aux moines de Cluny; par ce geste, il assure à l'ancienne villa carolingienne un destin hors du commun. La sainteté de **Mayeul** et d'**Odilon**, bientôt réunis dans le même tombeau, attire à Souvigny de nombreux pèlerins, et le plus ancien des prieurés de Cluny, comblé de bienfaits, connaît une extension considérable. Les sires de Bourbon, descendants d'Aymard, forgent autour de Souvigny un État qui allait devenir le duché de Bourbonnais. Aux 14e et 15e s., le monastère subit de nouvelles transformations lorsque les ducs Louis II et Charles Ier décident de faire de ce sanctuaire leur nécropole. Depuis la dernière découverte de gisants en 2001, les campagnes de fouilles se succèdent; en 2006, elles ont permis la découverte de la sépulture inviolée du « bâtard » de Bourbon, Jean de Rochefort (arrière-petit-fils de Saint Louis).

Souvigny, l'église prieurale Saint-Pierre et Saint-Paul le soir.
H. Lenain / hemis.fr

Église St-Marc

Uniquement visible dans le cadre de visites commentées, rens. au point d'information du musée. Désaffectée, elle fait face au flanc nord du prieuré St-Pierre et relève du style roman bourguignon. L'intérieur est aménagé en auditorium pour des concerts.

Musée de Souvigny

4 pl. Aristide-Briand - ✆ 04 70 43 99 75 - www.ville-souvigny.com - juil.-août : 9h-12h, 13h-18h, dim. et j. fériés 13h-18h ; reste de l'année : tlj sf mar. 9h-12h, 14h-18h, dim. et j. fériés 14h-18h - fermé de fin nov. à déb. avr., 1er Mai - visite guidée sur demande (1h15) - 4 € (-12 ans gratuit) - 7 € billet combiné avec la visite guidée de l'église prieurale.

Il occupe les anciennes granges monastiques restaurées, près du prieuré.

Grange nord – Au rez-de-chaussée se trouvent un point d'information, la boutique du musée et une aire multimédia autour de l'**orgue Clicquot**. Exposition temporaire au premier étage et présentation du pays de Souvigny au second étage (vidéo, collection archéologique, maquettes, pièces de verrerie de Souvigny) ainsi qu'un fac-similé de la **Bible de Souvigny** (conservée à la bibliothèque de Moulins).

Grange sud – *Accès par le rez-de-chaussée de la grange nord.*

On y admire le **pilier roman** (dit colonne) du **Zodiaque★★** du 12e s., œuvre exceptionnelle. Cette colonne octogonale présente sur ses faces les travaux des

SOUVIGNY EN MUSIQUE

Dans la prieurale de Souvigny se trouve un **orgue** exceptionnel à l'acoustique idéale, construit en 1783 par François-Henri Clicquot. Ayant échappé à toute transformation, il constitue un témoin rare de la facture d'orgue classique à son apogée. Le festival **Journées musicales d'automne** accueille chaque année, dans une ambiance chaleureuse, des virtuoses spécialistes de musique baroque et classique.

mois, les signes du zodiaque, les symboles de peuples étranges de la terre et les animaux fabuleux. Dans les vitrines, une magnifique **frise monumentale★ romane** du 12e s. Ancienne clôture de chœur séparant les moines des fidèles, c'est l'un des plus grands ensembles de mobilier liturgique roman connu en Europe. Sa disposition originelle a été reconstituée autour de la colonne du Zodiaque. Dans la salle suivante, des éléments architecturaux sont présentés ainsi que de la statuaire de l'ancienne église. Vous remarquerez le drapé particulièrement travaillé de la statue de saint Pierre.

Les jardins du prieuré – Autour du prieuré, des jardins de communauté ont été reconstitués. Potager, plantes médicinales et autres essences aromatiques sont agencés selon un plan à la française.

Les Ateliers du Chapeau Rouge forment une communauté d'artistes (peintres, sculpteurs, plasticiens) établis à Souvigny. Vous pourrez aller à leur rencontre dans leurs ateliers, regroupés rue du Chapeau-Rouge. *R. du Chapeau-Rouge - ✆ 06 76 55 99 48 - www.2a2b.fr - possibilité de visite guidée sur demande (1h) - visites libres, stages de découverte et d'initiation (sur demande préalable).*

Circuit conseillé Carte de microrégion

EN BOCAGE BOURBONNAIS BC1-2

Circuit de 65 km tracé en bleu sur la carte p. 448-449 – comptez environ 4h.
C'est un pays de bocage au passé minier, qui vous séduira par ses frais paysages et ses églises remarquables.
Quittez Souvigny par le sud-ouest en empruntant la D 94, direction Le Montet.
La route longe la Queune jusqu'à Châtillon. C'est dans cette vallée que débuta, à la fin du 18e s., l'exploitation de mines de charbon en Bourbonnais.
À Châtillon, tournez à droite sur la D 18.

Noyant-d'Allier C1

On découvre à Noyant une étonnante **pagode** (1982), entourée de gigantesques statues de **Bouddha**. Après la fermeture des mines de charbon en 1943, Noyant devint terre d'accueil et reçut en 1955, 200 familles de rapatriés d'Indochine dans les corons désertés. Aujourd'hui, la moitié de la population de ce village est d'origine eurasienne. Il est possible de visiter la **pagode** *(allée de la Pagode - ✆ 04 70 47 29 37 - avr.-sept. : merc.-dim. 14h-18h ; 1er nov.-15 dec. : sam. et dim. 14h-17h. Accès libre ; prière de se déchausser avant d'entrer).*

Musée de la mine de Noyant d'Allier – *31 r. de la Mine - ✆ 04 70 47 31 51 - mine-noyan.fr - juil.-août tlj sauf lun. - visite guidée obligatoire (1h30) : 14h,15h30, 17h. ; avr.-juin : dim. visite 14h30, 16h30 - 6 € (- 2 ans gratuit).* Une visite à la découverte du passé minier de Noyant : le puits central, des galeries reconstituées, des outils, des photographies.
Poursuivez sur la D 18 vers le nord.

Église de Meillers B1 (p. 465)

Quittez Meillers par le sud en empruntant la D 18, puis prenez à droite la D 106.
Les **côtes Matras** offrent une large vue sur la plaine d'Allier.
À Champs-Regneauds, reprenez la D 945 à droite vers Le Montet.

Le Montet B2

De l'**église St-Gervais-et-St-Protais** qui domine la ville et les environs, il ne reste que la nef et les bas-côtés de l'ancien édifice du 12e s. Au 14e s., cette église fut transformée en forteresse, comme en témoigne l'aspect extérieur de son mur nord. À l'intérieur, les beaux chapiteaux romans rappellent, par leur style bourguignon, ceux de St-Menoux (p. 465).

Quittez Le Montet par l'ouest en empruntant la D 22 en direction de Cosne-d'Allier. Après 9 km, prenez sur la droite la D 68.

Buxières-les-Mines B1

L'**église St-Maurice**, construite en grès du pays, présente un clocher carré à deux étages. Un cordon de billettes fait le tour de l'édifice, terminé par une abside à cinq pans. La nef aveugle est surmontée d'une voûte en berceau, les piliers s'ornent de chapiteaux décorés de crochets et de feuillages.

Pour rejoindre Souvigny, poursuivez vers le nord par la D 68, puis la D 289. Tournez à droite dans la D 11 : vous longerez les chênaies des forêts de Gros-Bois. La D 73, dans le prolongement de la D 11, vous permettra de traverser la forêt de Messarges.

NOS ADRESSES À SOUVIGNY

HÉBERGEMENT

BUDGET MOYEN

Chambres d'hôte Château du Max – *03240 Le Theil - 2,5 km à l'ouest du Theil par D 129 - ☎ 04 70 42 35 23 - http://chateaudumax.com - P ♿ - 3 ch. 105/120 € ☕ - table d'hôte 15/25 €.* Dans un environnement verdoyant, ce joli château des 13e et 15e s. abrite de ravissantes chambres au décor romantique : lits à baldaquin, meubles anciens, tissus fleuris… L'appartement situé dans la tour est doté d'une imposante cheminée.

POUR SE FAIRE PLAISIR

Chambres d'hôte Les Vieux Murs – *☎ 04 70 42 91 10 - www.lesvieuxmurs.fr - 🚭 P - 4 ch. 130/150 € ☕.* À 200 m de l'abbaye, cette belle demeure du 19e s. vous accueille dans un parc de près de 2 ha. Petite piscine, chambres élégantes et confortables, accueil charmant.

RESTAURATION

BUDGET MOYEN

Auberge des Tilleuls – *Pl. St-Éloy - ☎ 04 70 43 60 70 - fermé merc. et dim.soir - formule déj. sem. hamburger à 10,50 € et menu du j. 14 € - menu 22/49 €.* Le jeune chef breton Sylvain Beauce a repris l'auberge des Tilleuls en 2018. Sa cuisine traditionnelle est bien sûr faite maison, avec des produits de saison : la carte change donc 4 fois par an. Le menu du jour à midi est d'un excellent rapport qualité-prix. Une halte à ne pas manquer.

À proximité

Le Petit d'Asie – *38 r. de la Mine - 03210 Noyant d'Allier - à 300 m de la pagode - ☎ 04 70 47 21 31 - ☎ 06 19 27 84 40 - www.lepetitdasie.fr - Restaurant, bar, boutique, épicerie. L'ouverture varie selon les saisons : mai-août : fermé lun. en mai et juin. fermé aussi dim. soir - fermé fin déc. et janv. Le reste de l'année, consulter le site internet et réserver. Menu 15,90 €.* Caroline Guyenne est l'âme de la boutique, du bar et du restaurant qu'elle dirige avec sa famille. Avec une énergie infatigable, elle emmène les groupes visiter la pagode et tente de rapprocher deux cultures. Au restaurant, spécialités viet, thaï et chinoises. Plats à emporter, vaisselle, décoration, épicerie dans la boutique.

AGENDA

Festival de musique baroque – *Souvigny - www.souvigny-festival.com - dern. w.-end de sept.* Journées musicales d'automne à la prieurale de Souvigny.

Hérisson

633 Hérissonnais – Allier (03)

Lové dans une boucle de l'Aumance, ce joli village médiéval était jadis le rendez-vous de peintres influencés par l'école de Barbizon. Harpignies, notamment, séjourna souvent à Hérisson, et la région lui inspira quelques-unes de ses plus belles toiles.

NOS ADRESSES PAGE 475
Hébergement, restauration, achats, activités, etc.

S'INFORMER

Renseignements touristiques – *2 av. Marcellin-Simonnet - 03190 Hérisson - ✆ 04 70 06 82 23 - www.pays-de-troncais.com - juil.-août : 9h-12h, 14h-17h30, sam. 9h-12h ; mai-juin et sept. : tlj sf sam. 9h-12h, 14h-17h - fermé dim.-lun.*

SE REPÉRER

Carte de microrégion A1 p. 448 – *carte Michelin Départements 326 D3.*
À 23 km au nord de Montluçon, Hérisson se trouve à proximité de l'A 71 (sortie 9) et de la D 2144, à hauteur de Nassigny. Vous suivrez pour le plaisir la petite route longeant le cours de l'Aumance, la D 157, et bénéficierez ainsi d'un beau point de vue sur la vallée à partir de Châteloy, le lieu d'habitation primitif d'Hérisson.

À NE PAS MANQUER

La visite de la cité médiévale, dans le dédale de ses rues étroites, vous emmènera sur les traces de la cité fortifiée.

AVEC LES ENFANTS

Les maquettes animées à Vallon-en-Sully pour découvrir, de façon ludique, les traditions et le quotidien de la vie rurale.

Se promener

Un plan près de la poste marque le point de départ d'un parcours fléché.
Le bourg conserve **deux portes fortifiées** du 15ᵉ s., celle de la Rivière et celle de la Varenne, ainsi que des demeures anciennes, dont l'hôtel de Civray ou la maison « Mousse » (15ᵉ-18ᵉ s.). Les vingt-deux tours qui étaient réparties le long du mur d'enceinte ont disparu.

Musée du Terroir

Pl. Joseph-Lesage - ✆ 04 70 06 89 40 - de mi-avr. à mi-nov. : 15h-18h - fermé mar. - 1 € (-12 ans gratuit).
Il expose une collection d'archéologie locale (composée entre autres de découvertes faites sur l'oppidum de Cordes) et des objets de la vie rurale. Vous y découvrirez aussi la reconstitution d'une chambre bourbonnaise ainsi qu'une collection de tableaux des peintres de l'école de l'Aumance.

Forteresse

Espl. du Château - ✆ 04 70 06 82 23 - www.pays-de-troncais.com - accès libre tte l'année - possibilité de visite guidée sur demande (1h15).
La masse imposante de ses ruines aux belles couleurs orangées, devenues le domaine des choucas, domine la charmante petite cité médiévale. Construite du 11ᵉ au 15ᵉ s., l'ancienne place forte fut renforcée sous Louis de Bourbon au 14ᵉ s., puis démantelée en 1652.

Hérisson, maisons au bord de l'Aumance.
H. Lenain / hemis.fr

★ Point de vue

Sur la rive gauche de l'Aumance (accès par la rue du Calvaire).

De la **chapelle du Calvaire**, élevée sur une colline voisine, la vue s'étend sur toute l'agglomération, son clocher-porche, seul témoin de l'ancienne collégiale St-Sauveur (12e-17e s.), le château et la vallée de l'Aumance.

Traversez la rivière par le pont piéton *(quai de l'Aumance)* pour rejoindre le parc Louis Bignon et le sentier de promenade qui surplombe l'Aumance. Vue sur les maisons au bord de l'eau et sur les ruines de la forteresse.

Maison Couleur du Temps B1

7 km au sud-est d'Hérisson, à Venas. Le Petit-Clemagnet - 06 84 90 85 48 - avr.-juin et août-sept. : 15h-19h ; reste de l'année : sur demande préalable - possibilité de visite guidée (30mn) - gratuit - réception en costume d'époque 1er dim. de chaque sais.

Au hameau de Petit-Clémagnet se trouve une bien étrange maison. Soyez curieux, et allez rendre visite à son propriétaire qui vous commentera sa maison-tableau où intérieur et extérieur sont consacrés au temps.

Circuit conseillé Carte de microrégion

VALLÉE DE L'AUMANCE A1

Circuit de 35 km tracé en violet sur la carte p. 448 – comptez environ 1h.

La vallée est drainée par une paisible rivière qui prend sa source près du Montet, pour se jeter dans le Cher non loin de la forêt de Tronçais.

Quittez Hérisson par le nord-ouest en empruntant la D 157.

Église de Châteloy

04 70 06 82 23 - www.pays-de-troncais.com - mai-sept. : 10h-17h ; reste de l'année : sur demande auprès de la mairie d'Hérisson au 04 70 06 80 45 - fermé certains j. fériés - possibilité de visite guidée sur demande (30mn).

LE GRAND MEAULNES

L'intrigue du *Grand Meaulnes*, célèbre roman d'**Alain-Fournier**, écrit alors qu'il n'a que 27 ans, se déroule dans l'école du village d'Épineuil-le-Fleuriel (Ste-Agathe, dans le livre) où l'auteur vécut pendant sept ans et qu'il décrit parfaitement. « François Seurel, fils d'instituteurs de Ste-Agathe, voit sa tranquille vie d'adolescent bousculée par l'arrivée dans le domicile familial d'un garçon que l'on surnommera le Grand Meaulnes… ». Cette œuvre fut adaptée au cinéma en octobre 2006 par Jean-Daniel Verhaeghe.

Cet édifice du 12e s. est hardiment campé sur les rochers qui dominent la vallée. Des **fresques** du 13e au 17e s., restaurées, ornent le chœur et la nef. Remarquez ses chapiteaux ornés d'oiseaux et de feuillages. Un festival de musique y a lieu en été.

Du cimetière, jolie **vue★** sur l'élégant clocher et la vallée de l'Aumance.

Continuez sur la D 157.

Meaulne

Au confluent de l'Aumance et du Cher, ce village donna son nom au héros du roman d'Alain-Fournier, dont les tribulations se déroulent sur l'autre rive (*Épineuil-le-Fleuriel dans* Le Guide Vert Berry Limousin).

Quittez Meaulne par le sud en empruntant la D 2144, direction Montluçon.

Vallon-en-Sully

Installé au bord du canal de Berry, Vallon-en-Sully se distingue par plusieurs constructions en grès rose du pays, comme son **église** du 12e s. à la flèche de pierre haute de 40 m. À l'intérieur de celle-ci, vous remarquerez une statue de saint Blaise et un beau tabernacle en bois doré.

Musée des maquettes animées – *R. Jean-Jaurès - ✆ 04 70 06 67 48 - www.vallonensully.net - ♿ - juil.-août : tlj sf mar. 15h-19h ; avr.-juin et sept.-oct. : w.-end et j. fériés 15h-18h - possibilité de visite guidée (1h) - 4 € (-12 ans 2 €).*

Des maquettes animées, réalisées à l'échelle 1/8, font revivre les métiers et les scènes de la vie quotidienne d'antan. Elles ont valu à leur créateur le premier prix « Nature et Tradition » de la Fondation Ford France en 1987. Une salle annexe est consacrée à la reconstitution d'un atelier de forgeron.

Château de Peufeilhoux – *✆ 04 70 05 20 24 - www.chateaudepeufeilhoux.fr - visite guidée uniquement (1h30) juin-août : 14h-18h30 ; reste de l'année : se rens. - fermé sam. - 9 € (-12 ans 7 €).*

La visite commence par le musée **Merveilles de la nature** dans lequel le propriétaire actuel du château présente les riches collections réunies par ses ancêtres, grands voyageurs et chasseurs : coraux, coquillages, animaux naturalisés…

Construit à la fin du 15e s. par le seigneur de Pierrebrune, ce **château** est ouvert à la visite depuis 2013. Visite guidéede quatorze pièces, organisée le plus souvent par le propriétaire, passionné d'histoire. Bibliothèque, salon, salle à manger, chapelle et chambres sont meublés et décorés des trophées de chasse familiaux. De belles cheminées monumentales ornent les pièces. Beaux vitraux (15e s.) dans la chapelle, et cabinet de curiosités dans la tour médiévale *(hébergement possible en gîte et chambres d'hôte).*

Revenez à Hérisson par la D 11.

NOS ADRESSES À HÉRISSON

HÉBERGEMENT

À proximité

POUR SE FAIRE PLAISIR

Château de Peufeilhoux – *03190 Vallon-en-Sully - ✆ 04 70 05 20 24 - ✆ 06 61 64 16 68 - www.chateaudepeufeilhoux.fr - P - 5 ch. 120/170 € ☕ - 1 suite parentale 240 € - 1 gîte 16 pers. 1 060 €/sem.* Une chambre au château, tout un programme ! Meubles anciens, mais tout le confort y est. Le soir, le château est illuminé pour les hôtes.

RESTAURATION

À proximité

BUDGET MOYEN

Hostellerie Le Lion d'Or – *D 2144 - 03190 Estivareilles - ✆ 04 70 06 00 35 - www.hotel-leliondor.net - fermé dim. soir, lun. soir et mar. - à la carte 16/28 €, menu 28/62 € - 9 ch. 65 € - ☕ 10 €.* La simple étape que l'on imagine pour une hostellerie de campagne « classique » se transforme au Lion d'Or en un charmant repas champêtre : salle à manger de caractère avec poutres apparentes, impeccable parquet en épis, hautes fenêtres à petits carreaux, et terrasse donnant sur un parc arboré agrémenté d'un étang.

La Table de Reugny – *25 rte de Paris - 03190 Reugny - ✆ 04 70 06 70 06 - www.restaurant-reugny.com - P ♿ - fermé 2-14 janv., 18 août-9 sept., dim. soir et lun.-mar. - 12h14h-19h30-21h - 23.50/55 €.* La confortable salle à manger de cette maison offre un charmant décor de bonbonnière agrémenté de tentures et nappes aux tons pastel. L'été, elle se complète d'une terrasse dressée face au jardin fleuri. Sympathique cuisine au goût du jour mettant à l'honneur le bœuf charolais et les produits du Bourbonnais.

AGENDA

Rencontres théâtrales – Le *Fracas - CDN Montluçon/Région Auvergne - ✆ 04 70 03 86 18.* Créées en 1976, ces rencontres rassemblent chaque année, en mai, autour d'une création, auteurs, comédiens, metteurs en scène pour un moment festif de partage avec la population de Hérisson et des environs.

Festival de musique en Bourbonnais – *www.festival-musique-bourbonnais.com - de mi-juil. à mi-août.* Concerts de musique classique, au sein de la superbe église romane de Châteloy.

Forêt de Tronçais

★★★

Allier (03)

Au contact du Berry et du Bourbonnais, cette superbe étendue de plus de 10 600 ha est un peu la merveille du Bourbonnais. Vous aimerez vous promener à la recherche des gigantesques chênes tricentenaires classés, des fontaines légendaires ou encore à la rencontre de timides chevreuils ou de papillons rares. Des chemins forestiers aux clartés changeantes vous conduiront au bord d'étangs bleus, lieux de sérénité.

NOS ADRESSES PAGE 482
Hébergement, restauration, achats, activités, etc.

S'INFORMER

Office du tourisme – *Pl. du Champ-de-Foire - 03350 Cérilly - 04 70 67 55 89 - www.pays-de-troncais.com - juil.-août : 9h-12h30, 14h30-18h ; avr.-juin et sept.-oct. : 9h-12h, 14h-17h30 ; reste de l'année : 9h-12h, 14h-17h - fermé w.-end et j. fériés.*

SE REPÉRER

Carte de microrégion A-B1 p. 448 – *carte Michelin Départements 326 D3.*
La forêt de Tronçais est située à 30 km au nord de Montluçon : on y accède par la D 2144, via Meaulne. En venant de Moulins, le mieux est de passer par Cérilly et la D 953.

À NE PAS MANQUER

La nouvelle futaie Colbert II et son superbe peuplement de chênes bicentenaires ; le charmant étang de Pirot ; la fontaine Viljot et sa mystérieuse légende du village disparu.

ORGANISER SON TEMPS

Prévoyez une journée au moins pour découvrir cette magnifique forêt domaniale. L'été, l'étang de St-Bonnet permet d'agréables pauses baignade et pique-nique.

AVEC LES ENFANTS

Activités nautiques et animations à St-Bonnet-Tronçais.

Circuits conseillés

★★★ PAYS DE TRONÇAIS

Circuit de 20 km tracé en gris sur la carte p. 448-449 – comptez environ 2h.

Cérilly

Cérilly est la porte d'entrée de la forêt de Tronçais et son office de tourisme y dispose de cartes détaillées. La D 953 mène directement au « **rond Gardien** », point central de la forêt *(point info, site pique-nique)*, situé à la croisée des deux départementales qui la traversent de part en part : la D 953 et la D 978. Le rond Gardien constitue un bon point de départ pour la découverte de la forêt, de « rond en rond ».

C'est à Cérilly que l'**ONF** organise chaque année en octobre une vente aux enchères de bois (environ 55 000 m^3) : les principaux acheteurs sont des tonneliers qui apprécient la qualité du chêne pour la maturation du vin et du cognac. Cérilly est aussi la patrie de l'écrivain Charles-Louis Philippe (1874-1909) et sa maison a été transformée en musée.

Forêt de Tronçais, le rond Gardien.
H. Lenain / hemis.fr

Maison natale de Charles-Louis Philippe – *R. Charles-Louis-Philippe - ✆ 04 70 67 52 00 - juil.-août : 15h-18h ; mai-juin et sept.-oct. : w.-end et j. fériés 15h-18h ; reste de l'année : sur demande préalable - possibilité de visite guidée sur demande (1h30) - 2,50 € (-18 ans 1,50 €).* Vous y découvrirez l'univers de cet auteur de romans basés sur des souvenirs autobiographiques, et la reconstitution de l'atelier de son père, sabotier à Cérilly.

Quittez Cérilly au nord par la D 111 pour découvrir la partie orientale du massif forestier. Après le rond de Brot et la D 978^{A}, prenez la première route à gauche, la ligne de Cros-Chaud.

★ Étang de Pirot

Le rond des Pêcheurs offre une belle **vue** de ce vaste plan d'eau (78 ha).

Par la ligne des Pêcheurs, gagnez la D 978^{A} que vous prenez à droite.

Fontaine Viljot

À droite (170 m) de la route. Laissez la voiture sur l'accotement à gauche de la route. Autour de l'eau très claire de la fontaine Viljot, chênes et résineux composent un charmant décor. Plusieurs **légendes** sont attachées à ce lieu. Les **jeunes filles** qui désiraient se marier lançaient une épingle dans la fontaine. Si l'aiguille se plantait au fond, la jeune fille avait « piqué un cœur ». Il semble aujourd'hui que les pièces de monnaie aient remplacé les épingles…

On raconte encore qu'un couvent et une **église** y avaient été bâtis. Au 10e s., les religieux de Viljot firent ripaille la nuit de Noël au lieu de répondre à l'appel de saint Mayeul. À minuit, la foudre tomba sur le clocher, l'église et le couvent furent engloutis dans une grande tourbière d'où jaillit l'eau de la fontaine. La nuit de Noël, en vous penchant sur l'eau de la claire fontaine, peut-être entendrez-vous sonner les cloches de l'église ?

Au sud du rond Viljot, gagnez à pied le **Chêne carré**, dans la série du Pendu, lieu empli de légendes. Cet arbre tricentenaire culmine à 30 m et atteint une circonférence de 6,35 m à 1,30 m du sol.

La plus grande chênaie d'Europe

Après avoir été administrée par les ducs de Bourbon, la forêt de Tronçais fut confisquée en 1527 avec les autres terres du connétable, et remise à la Couronne ; elle appartient depuis à l'État et est labellisée « Forêt d'exception » depuis mai 2018.

VICISSITUDES ET RENAISSANCE

Mal surveillée, laissée à l'abandon aux 16e et 17e s., elle subit une lente dégradation. L'abattage incontrôlé des arbres avait entraîné la ruine des trois quarts de la forêt de Tronçais vers 1670. Pour répondre aux besoins présents et futurs du pays en bois de marine, Colbert en organisa rationnellement l'exploitation et entreprit de faire protéger et réensemencer la forêt royale en chênes. Ces nouvelles séries aménagées ne devaient être exploitées qu'à l'âge de 200 ans. En 1788, l'ouverture des forges à Tronçais et l'apparition consécutive d'un besoin en charbon de bois, nécessaire à la fabrication de la fonte, entraînèrent une nouvelle destruction de la forêt, qui retourna à l'état de taillis sous futaie sur les deux tiers de la surface. En 1832, des mesures conservatrices furent heureusement prises, et la forêt fut de nouveau aménagée en futaie pleine, exploitable à l'âge de 160 ans. Cet âge fut porté à 180, puis à 225 ans en 1928.

UNE FORÊT ÉVOLUTIVE

La forêt de Tronçais est partagée en **séries**, elles-mêmes divisées en **parcelles**. Son peuplement est composé pour 70 % de chênes et 20 % de hêtres et de pins sylvestres, ces derniers s'élevant à l'ouest et au centre du massif.
L'objet premier de l'exploitation de la forêt est la production de bois d'œuvre de haute qualité. Pour atteindre leur plein épanouissement, les chênes les plus prometteurs doivent, durant leur croissance, être entourés par d'autres arbres, et peu à peu dégagés par des coupes d'amélioration successives. L'équilibre de la forêt nécessite des coupes de régénération, qui permettent le remplacement des arbres arrivés à maturité, par parcelles entières. Les grumes de 50 cm de diamètre et plus sont tranchées loin de la forêt, dans des unités industrielles spécialisées. Elles sont même exportées dans les pays de l'Union européenne (essentiellement en Allemagne). Les placages ainsi produits alimentent les industries de l'ébénisterie et sont finalement dirigés vers l'étranger : Suède, États-Unis, Belgique.
Les chênes de faible diamètre ou de qualité moindre sont quant à eux transformés en bois de charpente ou bois de feu. Les chênes de 40 à 50 cm de diamètre fournissent du merrain servant à la fabrication des tonneaux. Certains arbres, les plus recherchés, sont de dimensions exceptionnelles, offrant des fûts qui dépassent parfois 20 m de haut et atteignent 1 m de diamètre à hauteur d'homme.

UN BOIS TRÈS PRÉCIEUX

Le chêne de Tronçais est particulièrement apprécié pour la maturation du **cognac** et des **bordeaux**. Son exceptionnelle qualité a d'ailleurs permis aux tonneliers charentais de fabriquer des fûts destinés au vieillissement des meilleurs cognacs. « Il n'est de bon cognac, dit-on, que vieilli en fût de Tronçais ! »

Tout près de la route, au nord (canton de Viljot), les **chênes Émile-Guillaumin** et **Charles-Louis-Philippe** honorent deux romanciers originaires de la région. *Du rond Gardien, prenez au nord-est la route forestière de Planchegrosse jusqu'à un parking.*

Rond de la Cave

30mn AR.

Aménagé en aire de pique-nique, il occupe le cœur de la forêt.

Après le **rond Gardien** *(table d'orientation)*, la route longe l'ancienne usine de Tronçais établie en bordure de l'étang du même nom.

Prenez la D 250 à droite.

★ Étang de St-Bonnet

Cet étang de 45 ha, consacré à la baignade et à la pêche, est le seul étang partiellement naturel de Tronçais. Les autres furent créés par Nicolas Rambourg au 18e s. *(voir ci-dessous)* pour les besoins des forges. L'étang de St-Bonnet accueille une base de loisirs nautiques *(ouverte en juil. et août, baignade surveillée).*

Randonnée autour du lac *(4,8 km)* possible. Sentier accessible *(2 km AR)* le long de l'étang.

★ Futaie Colbert II

Devenue « Réserve biologique Colbert », la **Futaie Colbert** est désormais interdite d'accès pour des raisons de sécurité : les arbres âgés de 320 ans en moyenne entrent en phase d'écroulement progressif.

La futaie Bufféven devenue « **Colbert II** » a pris le relais et est ouverte à la promenade avec ses magnifiques arbres bicentenaires. Des aménagements sont en cours : signalétique pour de nouvelles randonnées, abris pour pique-nique, terrains de jeu, explication sur la filière bois, les métiers, la fabrication des tonneaux etc.

Itinéraire de promenade au départ du rond du Vieux-Morat. Beau peuplement de chênes tricentenaires, dans un site vallonné et frais, au cœur d'une zone protégée. **Chêne Stebbing** – *1,5 km au départ du rond du Vieux-Morat.* Isolé au milieu des gaulis, il donne la mesure des chênes séculaires (37 m de haut, 4,5 m de circonférence). **Rond de Bufféven** – *2 km au départ du rond du Vieux-Morat.* Au sud-ouest de ce rond, la route forestière de Bufféven permet d'admirer, au prix de courtes promenades, les magnifiques chênes tricentenaires **Jacques-Chevalier**, les **Jumeaux** et la **Sentinelle**, dans la série de Richebourg. Le chêne **François- Péron** est venu rejoindre le club sélect des chênes classés.

★ PAYS DE ST-BONNET

Circuit de 30 km tracé en jaune sur la carte p. 480-481 – comptez environ 1h.

St-Bonnet-Tronçais

C'est dans ce charmant village en bordure de la forêt que **Nicolas Rambourg**, maître de forges, créa au 18e s. des forges au bois qui devinrent très rapidement le premier établissement métallurgique français. De ces ateliers sortirent les premiers câbles de fixation des pieds de la tour Eiffel. Fermées en 1932, les **forges** furent inscrites à l'Inventaire des Monuments historiques en 1952.

Le **CAP** (Centre d'activités du Patro de Tronçais) installé à St Bonnet-Tronçais, s'attache à la mise en valeur du patrimoine de la région de Tronçais et propose de nombreuses animations *(p. 482).*

★ **Étang de St-Bonnet** *(voir ci-dessus).*

Quittez St-Bonnet-Tronçais au sud par la D 250 et prenez à droite après l'usine de Tronçais. Au-delà de la maison forestière, tournez à droite au rond du Chêne-Aragon.

★ Étang de Saloup

Il est coupé en deux parties par la D 145.

Prenez la D 39 à gauche, puis la route forestière des Lurons.

D'un parking, un sentier annoncé par un panneau de sens interdit mène à la **chapelle St-Mayeul** dominant un ravin.

Faites demi-tour.

L'étroite route forestière des Vauves, prise à droite, contourne ce ravin en un parcours sinueux.

Rond de Meneser

Plusieurs agréables circuits *(comptez au minimum 30mn AR).*

Prenez à gauche la D 110 vers le Brethon, puis encore à gauche la D 312.

La route parcourt la forêt avant de gagner Meaulne et la vallée de l'Aumance (*Hérisson p. 472)*

À proximité Carte de microrégion

Ainay-le-Château A1

3 km au nord de la forêt par la D 953.

Jadis partie intégrante du Berry et de la vieille Aquitaine, Ainay était une place forte du Bourbonnais. Au 5e s., son château fort, avec ses remparts, ses douves et ses 24 tours, formait une ville close accessible par quatre portes. Si la forteresse a disparu, des vestiges de l'ancienne enceinte (tours, pans de mur) se remarquent encore tout autour de la ville, dont le centre présente de petites rues et des maisons anciennes restaurées. Dans la rue principale, voyez la porte de l'Horloge (12e s.) – l'une des entrées historiques de la ville, avec la porte Aubré, qui servait de salle de garde et de prison. Ainay-le-Château est la ville des **droguets**, de petits draps fabriqués autrefois à base de laines fines et de chanvre.

Église St-Étienne – Elle fut construite au 16e s. sur les fondations d'une église romane. Le clocher carré, renforcé par deux contreforts, est percé de baies géminées sans chapiteau. Le portail ouest, qui donne sur une placette dominant la Sologne, s'orne d'une belle Vierge à l'Enfant du 17e s. Dans la nef, coiffée d'une voûte en berceau brisé, vous remarquerez des peintures du 16e s. aux couleurs vives. Le baptistère contient une inhabituelle cuve baptismale *(au fond à droite)* en forme de berceau, rappelant l'époque où le baptême se faisait par immersion.

Musée de la Porcelaine B1

À Couleuvre, 22 km à l'est de la forêt. Traversez la forêt, puis Cérilly, et remontez vers le nord-est en empruntant la D 3 sur la gauche. R. Jules-Ferry - 04 70 66

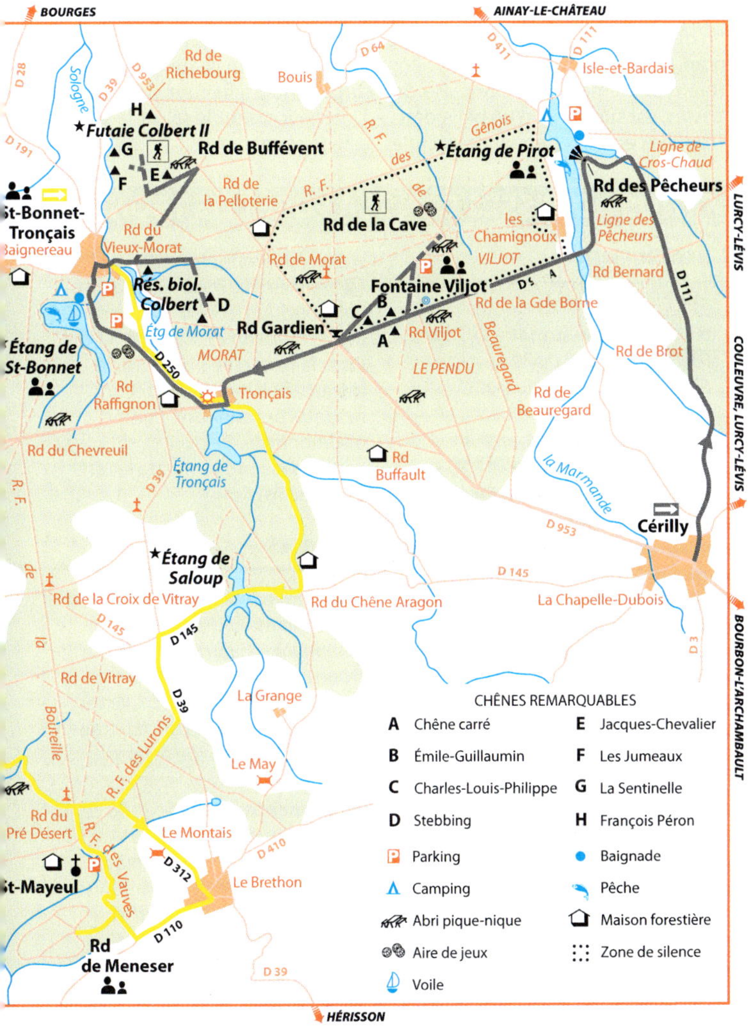

10 45 - www.couleuvre-troncais.fr - visite guidée de l'étage, visite libre du rez-de-chaussée juil.-août : tlj sf lun. 15h-18h ; mai-juin et sept. : w.-end et j. fériés 15h-18h ; reste de l'année : se rens. - 3,60 € (-12 ans gratuit). Ce musée, installé dans la maison Charles IX (où le roi aurait séjourné en décembre 1565), présente des outils de fabrication et des pièces de porcelaine anciennes richement décorées, provenant de la Manufacture de porcelaine d'art de Couleuvre, fondée en 1789.

Lurcy-Lévis, Street Art City B1 (*p. 464*)

Château de St-Augustin B1 en direction

À Château-sur-Allier, 30 km au nord-est de la forêt par la D 978^A, puis la D 13. Lieu-dit St-Augustin - 04 70 66 42 01 - www.chateau-saint-augustin.fr - ♿ - visite guidée (40mn) horaires, se rens. - 8,50 € (-12 ans 6 €) - gratuit 1er dim. du mois - visite libre des extérieurs - possibilité de pique-niquer dans le parc. Cet ancien rendez-vous de chasse du baron Cadier de Veauce fut construit à la fin du 17e s., sur le site d'une communauté monastique qui lui a donné son nom. Sous la Restauration, le pavillon fut transformé en château, à l'architecture typiquement bourbonnaise. Son corps de logis, flanqué de deux ailes basses, est surmonté d'un belvédère. À l'intérieur, visitez le salon, la salle des Trophées et les dépendances (écuries, sellerie et chapelle).

NOS ADRESSES DANS LA FORÊT DE TRONÇAIS

HÉBERGEMENT

PREMIER PRIX

Hôtel Chez Chaumat – *Pl. Péron - 03350 Cérilly - ✆ 04 70 67 52 21 - www.chezchaumat.com - ♿ (rest.) - fermé 1 sem. en juin, 1 sem. en sept., 1 sem. fin déc. - 8 ch. 55 € - ☕ 7,50 € - ✗ formule déj. 14 € (sem.) - menu 19/36 €.* Établissement familial implanté à proximité de la superbe forêt domaniale de Tronçais. Les chambres, simples, sont insonorisées. Deux salles à manger : l'une mi-rustique, mi-bistrot, l'autre lambrissée et meublée dans le style Louis XIII.

Hôtel Le Tronçais – *12 av. Nicolas-Rambourg - 03360 St-Bonnet-Tronçais par D 978 - ✆ 04 70 06 11 95 - www.letroncais.com - P ♿ (rest.) - fermé nov.-mars - 12 ch. 56/93 € - ✗ 26/40 €.* Un parc, un étang et la magnifique forêt de Tronçais à proximité. Cette demeure et son annexe possèdent des chambres d'ampleur variée, au grand calme. Côté restaurant, on s'installe dans une grande salle à manger pimpante pour déguster des plats traditionnels.

RESTAURATION

BUDGET MOYEN

L'Étoile d'Urçay – *42 rte Nationale - 03360 Urçay - ✆ 04 70 06 92 66 - www.restaurant-etoile-durcay.fr - P - fermé mar., merc., jeu. soir (sf juil.-août), lun. et dim. soir - formule déj. 13 € - menu 23.90/28.90/37 €.* Dans la traversée du bourg, ce restaurant à l'agréable décor rustique propose une cuisine traditionnelle. Ressource simple et conviviale à proximité de la forêt de Tronçais.

ACTIVITÉS

Centre d'activités du Patro de Tronçais (CAP) – *Av. Nicolas-Rambourg - 03360 St-Bonnet-Tronçais - ✆ 04 70 09 00 23 - www.patro.fr - mars-déc.* Classes vertes, centre de vacances, stage mycologique, balade à vélos électriques.

Itinérance Mushing – *✆ 06 70 19 22 53 - www.itinerancemushing.com.* Avec chiens de traineau : Cani kart et Cani rando organisés par Sylvain Cordeau, *musher* diplômé d'État. Accessible à tous.

Base de loisirs de l'étang de St-Bonnet-Tronçais – *Champ-Fossé - 03360 St-Bonnet-Tronçais - ✆ 04 70 67 50 96 - déb. juil. à fin août.*

Brame du cerf – *En sept., le matin uniquement, départ à 5h30. 8 personnes maxi - ✆ 06 70 19 22 53,* avec Sylvain Cordeau.

Montluçon

36 946 Montluçonnais – Allier (03)

Aux confins de la Marche, de la Combraille et du Bourbonnais, cette cité historique s'organisait essentiellement autour du château des ducs de Bourbon, mais ses faubourgs industriels s'étendent maintenant loin vers le nord, dans la vallée du Cher. Le patrimoine culturel et industriel de la ville, très bien mis en valeur, est agréablement rythmé par de nombreux parcs et jardins qui offrent des moments de détente et de calme. Et puis, les vallées du Cher et de la Creuse, toutes proches, sont là pour vous ouvrir leurs châteaux et leurs nombreuses églises…

NOS ADRESSES PAGE 490
Hébergement, restauration, achats, activités, etc.

S'INFORMER

Office de tourisme – *67 ter bd de Courtais - 03100 Montluçon - ✆ 04 70 05 11 44 - www.valleecoeurdefrance.fr - juil.-août : 9h30-12h30, 13h30-19h, dim. et j. fériés 9h-13h ; fév.-juin et sept.-oct. : tlj sf dim. et j. fériés 10h-12h, 14h-18h ; reste de l'année : tlj sf dim. et j. fériés 10h-12h, 13h30-17h30.*

Visites guidées – *✆ 04 70 05 66 80 - visites juil.-août : mar. 17h - www.montlucontourisme.com. L'office de tourisme propose un livret avec deux parcours à travers la cité médiévale et dans la ville du 19e s. : cité médiévale jeu. 10h, La Louvière jeu. 17h.*

SE REPÉRER

Carte de microrégion A2 p. 448 – *carte Michelin Départements 326 C4.*
La ville est très bien desservie par la route : proche de l'A 71 (sortie 10), située sur les parcours de la D 943 vers Châteauroux, de la D 2144 venue de Clermont-Ferrand et continuant vers la forêt de Tronçais et St-Amant-Montrond, et de la N 79 et l'A 71 entre Moulins et Bourges.

SE GARER

Plusieurs parkings dans le centre-ville : place Jean-Jaurès, près de la mairie ; place Édouard-Piquand, à proximité de la poste ; ou à l'ouest, dans l'avenue Marx-Dormoy.

À NE PAS MANQUER

La vue sur Montluçon et les contreforts du Massif Central, depuis l'esplanade du château des ducs de Bourbon ; le MuPop (musée des musiques populaires) ; les œuvres d'art ornant le transept de l'église St-Pierre ; et, pour les amateurs d'archéologie, les vestiges de la nécropole mérovingienne de Néris-les-Bains.

AVEC LES ENFANTS

La découverte de Montluçon en suivant des circuits conçus pour eux (une énigme à résoudre à chaque étape). Le MuPop. Le centre aqualudique du parc des sports de la Loue pour la détente.

Se promener Plan de ville p. 485

Partez de l'avenue Marx-Dormoy et dirigez-vous vers le château.

Château des ducs de Bourbon

Construit durant la guerre de Cent Ans par Louis II de Bourbon et ses successeurs, Jean Ier et Charles Ier, ce château des 15e et 16e s. possède un vaste corps de logis rectangulaire flanqué d'une tourelle et d'une grosse tour rectangulaire au sommet crénelé. Protégé par un rempart et par le mur d'enceinte de la cité, dont il reste des vestiges dans le jardin Wilson, il était destiné à défendre la ville.

Prenez à droite la rue des Serruriers, puis la rue Grande.

Cette vieille artère, à l'origine à l'intérieur des remparts, est bordée de **demeures** des 15e s. et 16e s. *(nos 42, 39 et 27).* Poursuivez jusqu'à la place et la rue Notre-Dame, bordée d'édifices des 15e et 18e s. : *ostel* Millet au no 12, *ostel* Canche au no 15. Faites quelques pas sous le **passage du Doyenné** (13e s.-début 14e s.), qui reliait la maison du Doyen, agrémentée d'une tourelle d'angle, à celle des Chanoines. Il conduit à la place de la Comédie. Le samedi matin, un marché aux fleurs anime et colore cette partie de la vieille ville.

Esplanade du château

De cet agréable lieu de promenade, la **vue★** s'étend sur toute la cité, ses zones industrielles et, au loin, sur les premiers contreforts du Massif Central, la tranquille vallée du Cher et le Berry. De ce côté, le château est dominé par la **tour de l'Horloge**, et son premier étage est agrémenté d'une galerie à colombages aux hourdis de briques rouges et noires délitées.

Église Notre-Dame

Cet édifice fut construit par Louis II de Bourbon à la fin du 14e s., à l'emplacement d'une église romane dont subsistent le mur nord, une partie du cloître et une absidiole.

L'église renferme plusieurs œuvres d'art : en entrant dans l'église à gauche, un **Christ en pierre**, attendant le supplice (fin du 15e s.) ; dans la première chapelle sur la gauche, une **pietà** du 15e s. et un saint Jean Baptiste portant l'Agneau (15e s.). Au bout du collatéral droit, un **retable** en bois sculpté et doré du 17e s. représente l'Assomption ; dans la niche supérieure, remarquez la statue en bois de Notre-Dame de Montluçon du 17e s. À droite de l'entrée latérale se trouve un beau vitrail Renaissance figurant la Vierge, sainte Anne, saint Antoine ermite et saint Antoine de Padoue.

★ MuPop (musée des Musiques populaires)

3 r. Notre-Dame - ✆ 04 70 02 19 60 - www.mupop.fr - ♿ - juin-août : 10h-19h ; reste de l'année : 10h-12h, 14h-18h - fermé lun., janv., 1er Mai, 25 déc. - 7,50 € (-18 ans 4 €).

Un bâtiment ultramoderne s'est installé en 2013 dans deux anciens hôtels particuliers du 18e s., rénovés, pour accueillir le MuPop. Ce musée présente une belle **collection d'instruments** traditionnels (3 500 au total), emblématiques de la culture populaire (vielles à roues du 17e au 19e s., cornemuses, accordéons, mais aussi guitares, percussions...), et surtout propose un **parcours musical** passionnant.

Équipé d'un casque, le visiteur découvre, sur 200 points d'écoute, l'histoire des musiques populaires en France. Des enregistrements successifs l'emmènent de la bourrée auvergnate aux « raves party ». Archives sonores et audiovisuelles (musiciens amateurs du monde rural, chants et danses régionales), affiches, photos illustrent les liens qui unissent musique et société.

Le rôle des formations musicales populaires dans le monde ouvrier du 19e s. est montré à travers les fanfares, harmonies et chorales (de Montluçon au Pas-de-Calais...). Une muséographie réussie recrée le bal musette, le dancing et le rock et s'achève par un atelier d'artistes punk rock. Une rétrospective de musique populaire richement documentée et souvent émouvante.

Regagnez la place Notre-Dame et prenez à gauche la rue de la Fontaine.

La rue Pierre-Petit conduit au **jardin du Président-Wilson**. À gauche, la rue des Cinq-Piliers mène à la pittoresque place St-Pierre.

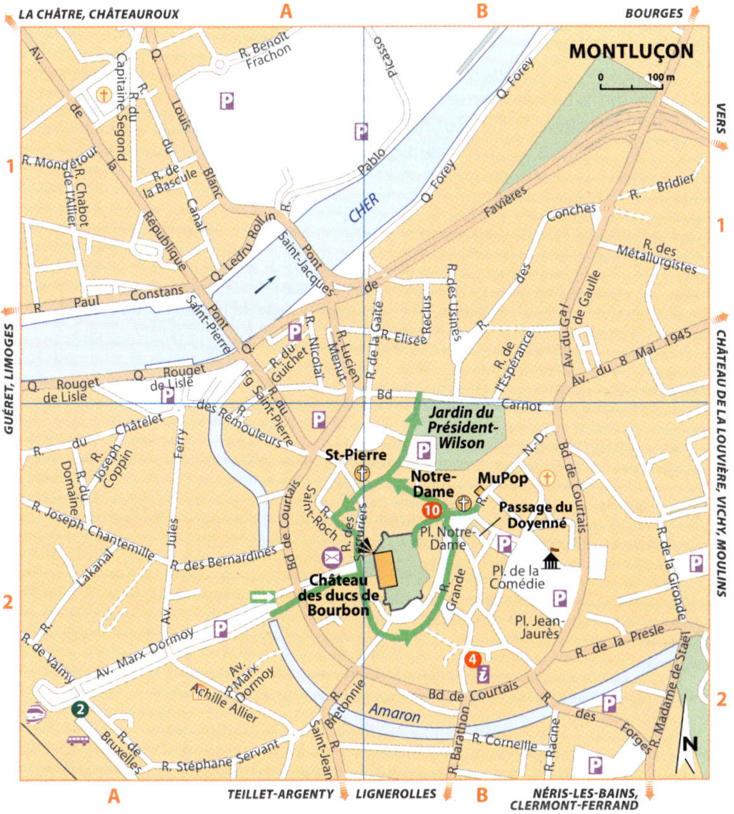

SE LOGER
Hôtel des Bourbons 2

SE RESTAURER
Le Grenier à Sel 4
La Vie en Rose 10

Église St-Pierre

Érigée aux 11e et 12e s., remaniée au 15e s. puis au 17e s., cette église est masquée par des maisons d'habitation dont certaines datent du 15e s. À l'**intérieur★**, les piliers cylindriques de la croisée du transept confèrent à l'édifice une simplicité et une noblesse qu'on ne soupçonne pas de l'extérieur. D'étroits **passages**, dits berrichons, mènent de la nef aux bras du transept. Plusieurs œuvres d'art retiennent l'attention, notamment, derrière l'autel, une croix de pierre du 14e s. et, dans le transept à droite du chœur, une **pietà** et une magnifique **Sainte Madeleine★★** de la fin du 15e s. Notez aussi une cuve baptismale et un Christ du 15e s. *(à gauche dans la nef)*, une pietà du 16e s. *(dans une chapelle à droite)*, une croix de pierre du 16e s. *(derrière le maître-autel)*.

La rue St-Roch, puis la rue des Serruriers ramènent au pied du château face à la statue de Marx Dormoy, ancien maire de Montluçon.

À proximité Carte de microrégion p. 448-449

Étang de Sault A2

3 km au sud-ouest, à Prémilhat par la N 145 et la D 240.

Réalisée au 19e s. pour alimenter le canal de Berry, cette retenue, appelée alors le réservoir des étourneaux, s'étend sur 20 ha. Le déclassement du canal, en 1955, permit à la commune, aidée de quelques habitants tirés au sort, de s'en porter acquéreur. Bien connus des pêcheurs, les abords de l'étang ont été aménagés en base de loisirs nautiques et accueillent de nombreux touristes et habitués, à la recherche d'espace et de nature.

Tour de l'étang – *3 km (1h AR) - balisage jaune.*

Garez-vous sur le parking et suivez le chemin botanique en gardant l'étang à main gauche. Continuez par la route. Au pont, poursuivez tout droit, puis franchissez le ruisseau de la Vernoële sur le pont de bois. Prenez à gauche et longez la berge. Traversez la route et continuez le tour de l'étang, côté rive droite. Passez sur la digue en prenant à gauche. Le chemin vous ramène au parking.

Circuits conseillés Carte de microrégion

DU CÔTÉ DU CANAL DE BERRY A1-2

Circuit de 65 km tracé en rouge sur la carte p. 448 – comptez environ 3h.

Cet itinéraire, qui se déroule à l'ouest et au nord de Montluçon, a l'intérêt de présenter un riche patrimoine et de revenir en longeant le canal de Berry, qui a joué un rôle de tout premier plan dans l'histoire de la ville.

Quittez Montluçon au nord-ouest par la D 916, direction Boussac.

Domérat A2

Place de l'Église, un **Bacchus sur son tonneau**, érigé sous la Révolution française, rappelle l'importance des anciens vignobles de la région.

Église – Cet édifice a gardé son chevet et son chœur romans. Il possède une intéressante **crypte** du 11e s., à trois nefs voûtées d'arêtes ; sur l'autel roman, statue en pierre de Notre-Dame-de-la-Râche du 16e s. (invoquée contre la lèpre). Remarquez aussi de nombreuses **peintures murales** dans le chœur et les chapelles orientées.

Poursuivez sur la D 916.

Huriel A2

C'est ici que se situe un épisode du roman *Les Maîtres sonneurs,* écrit par George Sand en 1853, où **Jean Huriel**, muletier et natif du bourg du même nom, est le fils de Bastien, le « grand bûcheux ».

Donjon de la Toque – *Pl. de la Toque - 04 70 28 94 91 - www.mairie-huriel.fr - juil.-août : 14h-18h ; juin et sept. : 15h-18h ; reste de l'année : se rens. - possibilité de visite guidée (1h15) - 3 € (-12 ans 2 €).*

UNE RECONVERSION RÉUSSIE

L'achèvement du canal de Berry en 1841 mettait en communication les gisements de fer du Berry et les bassins houillers de la région de Commentry. Aussi, durant tout le Second Empire, avec le développement de la sidérurgie, Montluçon connut un essor rapide : la ville devint le centre d'un important nœud ferroviaire, et ses fonctions commerciales et administratives débordèrent sur les campagnes environnantes. Au début du 20e s., l'épuisement des gisements de fer et de houille condamna les hauts fourneaux. Une crise profonde, aux dures implications sociales, toucha la ville et sa région. L'activité industrielle actuelle témoigne d'une assez grande diversité : électromécanique, pneumatique, mécanique, etc.

Montluçon, la vieille ville.
H. Lenain / hemis.fr

Édifié au 12e s., ce donjon fut baptisé « la Toque » à cause de la charpente qui le couvrait au 19e s. Il domine une tour ronde, coiffée en poivrière, vestige d'un ancien château, et abrite un musée rassemblant des souvenirs des métiers et de la vie d'autrefois. Du sommet *(105 marches ; attention, la montée exige une bonne forme physique !)*, beau panorama sur la région.

Église Notre-Dame – *✆ 04 70 28 94 92 - possibilité de visite guidée, se rens. au bureau info tourisme.* Élevée au 12e s., elle rassemble les influences berrichonne et auvergnate. Un narthex, surmonté d'une tribune à laquelle on accède de la nef par deux escaliers droits, précède la nef unique qui communique avec les croisillons par d'étroits passages. La **balustrade du chœur**, en fer forgé, date de la fin du 12e s. Les **peintures murales** qui représentent saint Martin (14e s.) et l'Annonciation (17e s.) ont été découvertes en 2003. Le **clocher octogonal** est surmonté d'une flèche à pans coupés, couverte de bardeaux de châtaignier.

Quittez Huriel par le nord et suivez la D 40 jusqu'à La Chapelaude, puis la D 943 à gauche sur 11 km. Au lieu-dit Goëlat, tournez à droite.

★ Église de St-Désiré A1

Ce remarquable édifice roman du 11e s. faisait jadis partie d'un prieuré. Le chevet est intéressant, avec ses modillons. L'intérieur frappe par la pureté de son style. La nef et les collatéraux sont voûtés en berceau, de même que le transept dont la croisée est couverte d'une coupole sur pendentifs. Le chœur allongé, surhaussé de deux marches, est flanqué d'absidioles à deux étages s'ouvrant sur le transept. Deux escaliers situés de part et d'autre du chœur, à l'étage inférieur des absidioles, mènent à la **crypte**, la partie la plus ancienne de l'église.

Suivez la D 479 au nord de St-Désiré, puis la D 301.

Vallon-en-Sully A1 *(p. 474)*

Revenez vers Montluçon par la D 301 qui longe le Cher et le canal de Berry. À Magnette, franchissez le canal.

Musée du Canal de Berry A1

Magnette - 03190 Audes - ✆ 04 70 06 63 72 - www.museecanaldeberry.fr - ♿ - juil.-août : 10h-12h, 14h-18h ; avr.-juin et sept.-oct. : 14h-18h - fermé lun., 1er janv., 25 déc. - possibilité de visite guidée sur demande (2h) - 5 € (-18 ans 3 €).

Ce musée, consacré à la construction et l'histoire du canal, offre aux visiteurs des animations muséographiques, notamment une maquette présentant le fonctionnement d'une écluse, et une péniche dont ils pourront visiter l'intérieur. Des animations ponctuelles sont proposées, telles que soirée guinguette ou chants de mariniers.

Cette promenade de 12 km au total, qui commence à St-Victor (au lieu-dit La Dure, au nord de Montluçon) et se termine à Vallon-en-Sully, peut se prendre en cours d'itinéraire à Magnette.

Prenez le chemin de halage en suivant le canal, et longez les anciennes écluses bordées de maisons typiques dont l'une, située à Rouéron, fut habitée par Charles Mitterrand, arrière-grand-père du président de la République.

Circuits de jogging et VTT.

Voie verte canal de Berry : un nouvel itinéraire cyclable de 20 km relie Montluçon à Vallon-en-Sully.

LES ANCIENS PAYS MINIERS AB2

Circuit de 45 km tracé en vert émeraude sur la carte p. 489 – comptez env. 3h. Quittez Montluçon par le sud-est en empruntant la D 2144, direction Clermont-Ferrand.

Néris-les-Bains A2

Bd des Arènes - 03310 Néris-les-Bains - ✆ 04 70 03 11 03 - www.ot-neris-les-bains.fr - juil.-août : 9h30-12h30, 14h-18h, dim. et j. fériés 10h-12h30, 15h-18h ; avr.-juin et sept.-nov. : tlj sf dim. 9h30-12h30, 14h-18h, sam. et j. fériés 10h-12h30, 15h-18h ; reste de l'année : merc.-vend. 9h30-12h, 14h-17h - fermé vac. de Noël, 1er nov.

Sur les plateaux qui dominent la vallée du Cher, cette station thermale tranquille, entourée de verdure, est connue depuis l'Antiquité. Des thermes alimentés par des aqueducs, des temples, un amphithéâtre, de nombreuses « villas », des quartiers résidentiels et artisanaux faisaient déjà d'*Aquae Nerii* un centre animé à l'époque romaine. À la Renaissance, les bains, toujours en honneur, se prenaient dans des piscines en plein air.

L'établissement thermal fut construit en 1830 autour de la source César, qui jaillit à 53 °C ; suivirent de grands hôtels, le théâtre et le casino, des parcs et une **gare** à l'architecture Art déco, transformée en salle des fêtes et classée aux Monuments historiques.

De nos jours, trois établissements regroupés sous l'appellation de **centre thermal** soignent les maladies du système nerveux, les affections rhumatismales et gynécologiques.

Église – Dominant le bourg, elle occupe l'emplacement de la basilique civile gallo-romaine qui bordait le forum et ses galeries marchandes. Restaurée au Bas-Empire, elle fut transformée au 6e s. en église chrétienne quand saint Patrocle évangélisa la région.

L'élégant **clocher** octogonal à baies géminées aveugles est surmonté d'une flèche à pans coupés recouverte de bardeaux en châtaignier. À l'intérieur, le chevet (fin 11e s.) et la nef (fin 12e s.) voûtée en berceau brisé sont très sobres.

Nécropole mérovingienne – Les sarcophages, mis au jour en 1966 aux abords de l'église, appartiennent à une vaste nécropole du haut Moyen Âge (6e-9e s.), mais ont été taillés dans des matériaux récupérés sur la ville romaine. À droite du portail du mur nord, on remarque encore un appareil cubique gallo-romain à chaînages de brique, vestige de la basilique du 4e s. Le grand mur qui traverse la nécropole appartenait au château qui s'élevait à proximité de l'église.

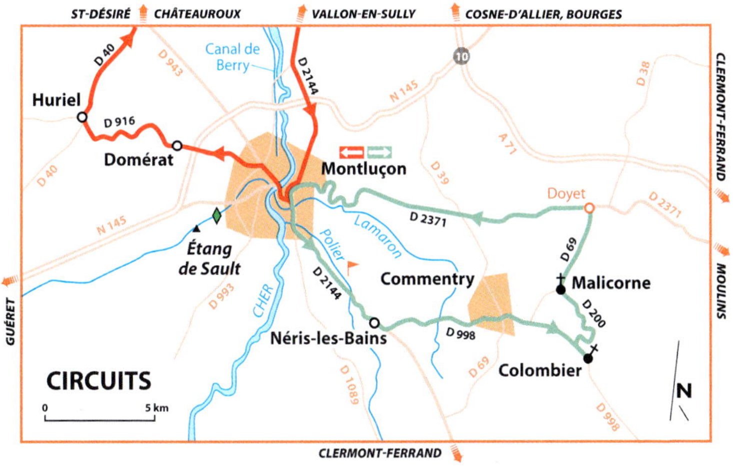

Maison du patrimoine – *R. Monthyon - ✆ 04 70 03 42 11 - www.ville-neris-les-bains.fr - ♿ - juil.-août : 14h30-18h, dim. 14h30-17h30 ; reste de l'année : tlj sf dim. 14h30-18h - fermé lun.-mar., de fin nov. à déb. avr., certains j. fériés - possibilité de visite guidée (1h) - 3,50 € (-12 ans 1,60 €).*

Non loin de l'église, dans une maison noble (15ᵉ s.), sont exposées des collections gallo-romaines de sculptures, céramiques, monnaies, bijoux, bronzes, trouvés à Néris.

Piscines antiques – Dans le parc des Chaudes, derrière la piscine moderne, trois piscines antiques (deux rectangulaires et une ronde), vestiges des thermes nord, furent mises au jour en 1925.

Arènes – Le parc des Arènes occupe l'emplacement de l'amphithéâtre dont subsistent quelques ruines.

Quittez Néris par l'est en empruntant la D 998.

Commentry B2

Jusqu'au lendemain de la Première Guerre mondiale, Commentry était au cœur d'une région minière qui s'étendait de Buxières et Noyant-d'Allier à St-Éloy. Une activité aujourd'hui abandonnée et remplacée par des industries sidérurgiques, mécaniques et chimiques.

Commentry est la ville natale de l'académicien **Émile Mâle** (1862-1954), écrivain et historien d'art spécialisé dans l'iconographie du Moyen Âge. Un **Espace du patrimoine**, à l'intérieur d'une médiathèque qui accueille des expositions temporaires, lui est consacré au centre culturel La Pléiade - *Pl. de la Butte - ✆ 04 70 64 40 60 - www.ville-commentry.fr - 9h30-12h, 14h-18h, mar. et jeu. 14h-18h - fermé dim.-lun.*

Quittez Commentry par le sud-est et poursuivez sur la D 998.

Église de Colombier B2

L'édifice surmonté d'un élégant clocher du 12ᵉ s. et le prieuré, défendu par un châtelet d'entrée, forment un ensemble harmonieux. Le patron de l'église, **saint Patrocle**, apôtre du Bourbonnais au 6ᵉ s., mourut dans ce monastère. La renommée des pèlerinages sur son tombeau explique la longueur de la nef et l'existence de bas-côtés. Les pèlerins avaient souvent coutume d'y coucher en attendant l'office du lendemain. Près de l'église se trouve une fontaine

du nom du saint protecteur. On raconte que saint Patrocle, manquant d'eau lorsqu'il construisit l'église, lança son marteau avec une telle vigueur que celui-ci fit jaillir une source en retombant à 300 m du chantier!
Quittez Colombier par le nord en empruntant la D 200.

Malicorne B2
Église – Datant du 13e s., c'est un des plus anciens édifices de la région entièrement voûté d'ogives. Le chevet est agrémenté de **modillons sculptés**. À l'intérieur, remarquez une **pietà** de bois peint du 16e ou 17e s.
Revenez à Montluçon par la D 2371.

NOS ADRESSES À MONTLUÇON

HÉBERGEMENT

BUDGET MOYEN

2 **Hôtel des Bourbons** – A2 - *47 av. Marx-Dormoy - ☎ 04 70 05 28 93 - www.hotel-des-bourbons.com - P ♿ - 42 ch. 72/79 € - ☕ 9 € - ✕ formule déj. 21 € - menu 25/42 €.* Face à la gare, bel immeuble de la fin du 19e s. abritant des chambres rénovées : mobilier fonctionnel aux lignes sagement rétro, salles de bains colorées. Carte traditionnelle servie dans un cadre moderne.

À proximité

Hôtel Mona Lisa – Hors plan - *40 r. Boisrot-Desserviers - 03310 Néris-les-Bains - ☎ 04 70 08 79 80 - http://hotel-monalisaneris.monalisa.fr - ♿ - fermé vac. de Noël - 57 ch. 65/90 € - ☕ 10,50 € - ✕ menu déj. 21 €.* La façade Belle Époque de cet établissement posté face au casino cache des chambres d'esprit actuel bien équipées et climatisées. Au restaurant, sobre mise en place et mobilier design en accord avec la cuisine du chef, au goût du jour.

RESTAURATION

PREMIER PRIX

10 **La Vie en Rose** – B2 - *7 r. de la Fontaine - ☎ 04 70 03 88 79 - www.resto-lavieenrose03.com - formule déj. 9,80 € - menu déj. 11.80 €, formule déj. 9.80 €, menu 21,90 € - fermé mer.* Spécialités bourbonnaises et cuisine traditionnelle. Nombreuses salades composées. Une halte sympathique.

BUDGET MOYEN

4 **Le Grenier à Sel** – B2 - *Pl. des Toiles - ☎ 04 70 05 53 79 - www.legrenierasel.com - P sur réserv. - ♿ (rest. seult) - fermé dim. soir- mar. midi, fermé lun. midi en juill-aout - menu 25/59 € - 8 ch. 115/155 € - ☕ 14.50 €.* Demeure de charme du 15e s. au cœur de la cité médiévale. Décoration raffinée dans l'élégante salle à manger. Profitez de la terrasse, un petit coin de paradis. Cuisine créative.

Safran d'Or – Hors plan - *12 r. pl. des Toiles - ☎ 04 70 05 09 18 - fermé sept., dim. soir, mar. soir et lun. - 12h-13h45/19h-21h30 - formule déj. 19 € - menu 28/48,80 €.* Derrière une riante devanture imitant le marbre, petit restaurant comprenant deux salles dont une voûtée (en sous-sol). Cuisine gastronomique, à base de produits frais.

ACHATS

La Ferme St-Pierre – *Pl. de la Poterie - ☎ 04 70 28 89 00 - fermé dim.-lun. - 9h30-12h30/15h-19h, merc. 10h-12h30/16h-19h.* Trois exploitants agricoles se sont réunis pour créer cette boutique qui vend exclusivement des produits de la ferme. Résultat, un très beau choix de volailles et produits dérivés : foie gras, magret, confit, lait et fromages de chèvre. Également des productions des fermes voisines (confitures, miel, charcuteries…).

EN SOIRÉE

109 Montlucon – *109 r. Ernest-Montusès - ✆ 04 70 05 88 18 - www.109montlucon.com - nombreux concerts en soirées, rens. section billetterie du site.* Cette scène dédiée aux musiques actuelles se veut un lieu d'expression et de découverte des nouveaux talents. Musiques du monde, jazz contemporain et chanson française sont à l'honneur une fois par semaine dans ce café-concert vivant et original.

ACTIVITÉS

Centre aqualudique – *Parc des sports de la Loue - 03410 St-Victor - ✆ 04 70 08 26 60 - horaires d'été : ttlj. 10h30-20h (19h30 le w-end.) - 5 €.* Lagune de jeux de 500 m² avec toboggan, sauna, hammam, Jacuzzi, bassin ludique… Bassin olympique, bassin extérieur avec pentaglisse.

Base des eaux vives du moulin de Chauvière – *03310 Lavault-Ste-Anne - À 3 km du centre de Montluçon - Lavault-Ste-Anne - ✆ 04 70 05 58 78 - merc. et sam. 14h-17h, ouvert ttlj. vac. scol. printemps-été.* Location de matériel VTT, équitation, courses d'orientation, randonnées pédestres.

Thermes de Néris les Bains – *6 pl. des Thermes - 03310 Néris-les-Bains - ✆ 04 70 03 10 39 - www.thermes-neris.com - ♿ - ouvert lun.-ven. : 8h-12h, 14h-19h.* Indications : affections psychosomatiques, neurologie, rhumatologie.

Les Nériades – *Pl. des Thermes - 03310 Néris-les-Bains - ✆ 04 70 03 11 11 - www.neriades.com - P - 10h-13h/14h30-20h (19h le mar.), 10h-21h ven.-sam. - 19/155 €.* Ce Spa thermal ultramoderne de 1000 m² propose des prestations de balnéothérapie en eau thermale, de bien-être et d'esthétique.

AGENDA

Carnaval du Bœuf Villé – *Chaque année en mars.* Carnaval unique en France. Cette tradition rurale, issue de la culture berrichonne, veut que le Carmantreau, personnage représentant l'hiver, soit jugé et brûlé pour laisser la place aux beaux jours. Les bœufs gras (symboles des réjouissances retrouvées) sont promenés dans les rues de la ville au son de la vielle avant de laisser place à une grande parade.

Gorges de la Sioule

★★

Allier (03) Puy-de-Dôme (63)

Née en lisière des monts Dôme, la Sioule, en accélérant son débit, s'enfonce dans le plateau granitique des Combrailles, dessinant ainsi de belles gorges entre Châteauneuf-les-Bains et les abords d'Ébreuil. Un important réseau de sentiers pédestres et équestres permet de découvrir les attraits de cette région, riche d'un patrimoine discret et méconnu, qui se prête aussi à la pratique de la pêche et du canoë-kayak.

NOS ADRESSES PAGE 498
Hébergement, restauration, achats, activités, etc.

S'INFORMER

Office du tourisme intercommunal Cœur de Combrailles – *R. du Gén.-Desaix - 63390 St-Gervais-d'Auvergne - ☎ 04 73 85 80 94 - www.tourisme-combrailles.fr - juil.-août : 9h30-12h30, 13h30-18h30, sam. 10h-12h30 ; mai-juin et sept. : tlj sf sam. 9h30-12h30, 14h-17h ; reste de l'année : tlj sf sam. et jeu. 9h30-12h30, 13h30-17h - fermé dim. et j. fériés.*

Maison de pays de Menat – *Rte des Gorges-de-Chouvigny - 63560 Menat - ☎ 04 73 85 80 94 - www.tourisme-combrailles.fr - juil.-août : 10h-12h30, 13h30-19h ; avr.-juin : tlj sf dim.-lun. et j. fériés 9h30-12h30, 14h-17h30 ; vac. scol. (hors juil.-août) : tlj sf dim.-lun. 9h30-12h30, 14h-17h30 - fermé 1er Mai.*

Office du tourisme d'Ébreuil – *2 r. de la Porte-Charrat - 03450 Ébreuil - ☎ 04 70 90 77 55 - www.tourisme-valdesioule.com - juil.-août : tlj sf lun. 9h30-18h30, dim. et j. fériés 9h30-12h30 ; avr.-juin et sept. : tlj sf lun.-mar. et dim. 10h-17h, sam. 9h-12h ; reste de l'année : jeu. 10h-17h - fermé certains j. fériés.*

SE REPÉRER

Carte de microrégion AB3 p. 448 – L'accès le plus classique se fait au nord-ouest de Riom, par la D 2144 (direction Montluçon), qui rejoint les gorges au Pont-de-Menat. Pour les remonter en enfilade, vous pouvez partir d'Ébreuil, accessible par l'A 71, sortie 12.

À NE PAS MANQUER

Les gorges de Chouvigny et le méandre de Queuille. Pour les amateurs d'art, les fresques et la châsse de saint Léger, dans l'église d'Ébreuil.

ORGANISER SON TEMPS

Réservez une journée à l'exploration de ces gorges.

AVEC LES ENFANTS

La visite du château de Chouvigny et le musée de la Paléontologie à Menat ; les rives du plan d'eau des Fades.

Circuits conseillés Carte de microrégion

GORGES ET CHÂTEAUX B3

Circuit de 46 km tracé en vert sur la carte p. 495 – comptez environ 3h.

★ Église d'Ébreuil

Pl. de la Liberté - ☎ 04 70 90 71 33 (Mairie) - 10h-17h - accès aux fresques de la tribune sur RV.

Méandre de Queuille formé par la Sioule.
F. Cormon / hemis.frr

Aux 10e s. et 13e s., l'**église St-Léger** appartenait à une abbaye bénédictine dont les bâtiments ont été remplacés au 18e s. par l'hôpital-hospice actuel *(à droite de la façade)* et par un palais abbatial *(derrière le chevet)* maintenant transformé en maison de retraite. La nef, couverte d'une charpente, et le transept sont de style roman ; le chœur, à chapelles rayonnantes, relève du gothique primitif. Le clocher-porche, d'une pureté de ligne remarquable, fut plaqué contre la façade du 11e s. vers 1125. Le portail est surmonté d'un tympan décoré de trois hauts-reliefs romans : le Christ bénissant entre deux apôtres ; pentures et marteaux du 12e s.

L'intérieur abrite de belles **fresques★** des 12e s. et 15e s. : celles du 12e s., décorant la tribune, représentent, entre autres, saint Austremoine, premier évêque de Clermont, le martyre de sainte Valérie et de saint Pancrace, les trois archanges Michel, Gabriel et Raphaël ; celle du 15e s., à la croisée du transept, représente saint Georges terrassant le dragon. Derrière le maître-autel, sur une colonne de pierre, repose la superbe **châsse de saint Léger★** (16e s.), en bois recouvert de cuivre argenté. Dans une chapelle de l'abside, Vierge assise du 16e s.

Quittez Ébreuil à l'ouest par la D 915.

À 4 km d'Ébreuil, la route en corniche domine la Sioule. Le versant droit, plus abrupt et sévère, laisse apparaître le granit et se couvre de bruyère. Après Péraclos, la route descend jusqu'au bord de la rivière.

Château de Chouvigny

✆ 04 70 59 81 77 - www.chouvigny.net - visite guidée (45mn) juil.-août : 14h-18h, dép. ttes les h - 5 € (-4 ans 2 €).

Bâti sur un éperon rocheux, ce château fort bourbonnais occupe un beau **site★** dans la vallée, dressant son imposante masse crénelée au-dessus des gorges de la Sioule qui coule à ses pieds. Le château a été très restauré, sur des bases médiévales. La **Grande Salle** servit à une époque de tribunal ; au-dessus de la cheminée sont représentées les armes des différents propriétaires du château. Après avoir traversé la galerie de la Chasse, on accède à la **terrasse**, d'où se découvre une belle **vue** sur les gorges, barrées à droite par le roc Armand ; viennent ensuite la tour de guet, dotée de deux archères à angle mort (permettant au tireur de se protéger) et à queue de carpe (permettant de voir jusqu'au pied du château), puis la tour du Trésor.

★★ Gorges de Chouvigny

À l'entrée des gorges, la route coupe, par une tranchée, un cap rocheux dont la partie gauche, détachée, se nomme le **roc Armand**. On peut en atteindre le sommet par un escalier taillé dans le roc. De là, belle vue, en amont, sur les gorges dont les versants boisés sont hérissés de pointes de granit, en aval, sur le château de Chouvigny.
Poursuivez par la D 915 et prenez à droite la D 2144.

Menat

Ce petit village fut jadis le siège d'un **monastère bénédictin** fondé au 6e s., et qui devint rapidement un des hauts lieux culturels de l'Auvergne. De ce monastère subsistent l'abbatiale du 12e s., les vestiges du **cloître** du 15e s., ainsi que des bâtiments abritant la mairie et le musée de Paléontologie.
Musée de Paléontologie « Le Gîte à fossiles » *– Le Bourg - ✆ 04 73 85 50 29 - juin-sept. : 10h30-12h, 14h-18h30, w.-end et j. fériés 14h-18h30 - fermé mar. - 4 € (-26 ans 2 €).*
Il est essentiellement consacré au gisement de Menat, bassin géologique de petite taille (1 000 m sur 600 m) remontant au paléocène. Il y a environ 50 millions d'années, un lac s'étendait au fond de ce bassin. Des fouilles ont mis au jour des fossiles, attestant la présence d'importants éléments de flore et de faune. Une exposition permanente, « La Marche vers l'homme », retrace l'évolution des êtres vivants.
Arboretum du bois de Brosse – *Sortez du bourg en direction de St-Éloy par la D 2144, tournez à gauche en direction de Piogat et suivez le fléchage. ✆ 04 73 85 52 53 - www.ville-menat.com - ♿ - accès libre.*
Dans cet arboretum forestier, vous apprendrez, grâce à des supports d'information, à reconnaître séquoias, ginkgos, différentes essences de pins…
Revenez sur Menat par la D 2144, traversez la Sioule et prenez à droite la D 109.
Pont de Menat – Point de départ idéal pour la pratique du canoë-kayak. Ce vieux pont en dos d'âne resta pendant très longtemps le seul point de passage sur la Sioule entre Ébreuil et Châteauneuf-les-Bains.
La route s'élève ensuite, dominant de plus en plus le lit de la rivière. Elle atteint son point culminant un peu avant sa jonction avec la D 99.
Au centre de St-Rémy-de-Blot, prenez à gauche et suivez le fléchage du château sur environ 1 km.

Château-Rocher

✆ 04 73 26 33 04 - http://chateau-rocher.fr - fermeture en 2015, se rens. pour la réouv.
À l'aplomb des ruines de Château-Rocher (13e s.), une très jolie vue sur la Sioule qui s'étend vers les rivages du Bourbonnais. La vallée de la Sioule était au Moyen Âge une importante voie de franchissement entre le Bourbonnais et l'Auvergne. Par sa position stratégique, Château-Rocher permettait d'assurer la surveillance de toute la région et en particulier le passage du pont de Menat.
Revenez sur St-Rémy-de-Blot, puis descendez sur la droite pour retrouver la D 109.

Lisseuil

La route atteint ici le fond de la vallée. L'église abrite, dans le chœur restauré, une belle **Vierge** romane en châtaignier (13e s.) qui se distingue par la douceur du modelé des visages de la mère et du fils. Vénérée dans la région, notamment

lors du pèlerinage annuel *(le dim. qui suit le 8 sept.)*, cette jolie Vierge en majesté est beaucoup moins sévère que les Vierges du 12e s. du même type.

Continuez sur la D 109 et prenez à droite la D 99 vers Ayat-sur-Sioule.

Ayat-sur-Sioule

Jolie route en lacet, la D 99 mène à ce bourg, patrie du général Desaix. Il s'est créé un lieu à sa mémoire, dans le **manoir de Veygoux**, sur la commune de Charbonnières-les-Varennes (*p. 97*).

Revenez à la rivière que vous ne traversez pas, et prenez à droite en direction de Châteauneuf-les-Bains.

Châteauneuf-les-Bains

Cette tranquille station thermale, située à 390 m d'altitude, est formée de plusieurs hameaux, et le village proprement dit, sur la rive gauche de la rivière. Des vingt-deux sources captées, trois, les plus froides, donnent une eau de table. Deux alimentent les bains dont la graduation naturelle va de 28 à 36 °C. On y soigne rhumatismes, névralgies…

Pic Alibert – Près du hameau des Grands-Bains. Un escalier permet de gravir ce pic qui est surmonté d'une statue de la Vierge de l'Espérance ; vue sur la vallée.

Presqu'île de St-Cyr – Éperon granitique boisé qu'entoure une boucle de la Sioule ; un petit chemin permet d'atteindre les ruines de l'ancienne église de Châteauneuf d'où l'on a une belle vue sur la rivière.

De là, vous pouvez poursuivre sur l'itinéraire du méandre de Queuille.

LE MÉANDRE DE QUEUILLE AB3

Circuit de 60 km tracé en rouge sur la carte p. 495 – comptez env. 3h30. Quittez Châteauneuf-les-Bains et prenez à droite la D 227.

St-Gervais-d'Auvergne

Ce village, bâti sur une colline, possède une église gothique qui a conservé de nombreuses parties romanes, dont un portail au transept et, sur le flanc droit, une échauguette avec une curieuse gargouille. Beaux tilleuls sur la terrasse de l'église.

Vous y trouverez également la **Maison des Combrailles** *(Pl. Raymond-Gauvin - 04 73 85 82 08 - www.combrailles.com - - 9h-12h30, 14h-17h30, vend. 9h-12h30, 14h-17h - fermé w.-end.).* Notez qu'au manoir de Veygoux *(p. 97)*, un espace d'exposition est consacré à la région des Combrailles.

Au début, il y avait la Combraille historique, qui mordait sur le Bourbonnais. Puis ce furent les Combrailles, un vaste territoire parcouru par la Sioule de bout en bout, donnant naissance à une identité forte, **Sioule et Combrailles**.

Prenez la D 523 au sud de St-Gervais, pour rejoindre la rivière. Une jolie alternative consiste à prendre la D 987 qui serpente au milieu des bois, puis, à St-Priest-des-Champs, la D 62 sur la gauche : votre parcours épousera alors les méandres de la Sioule, qui contourne des filons de porphyre.

★ Viaduc des Fades

Construit par l'ingénieur Virard au début du 20e s., cet ouvrage, d'une longueur totale de plus de 440 m, est l'un des plus hauts viaducs ferroviaires d'Europe. Son tablier métallique est porté par deux piles de granit espacées de 144 m et hautes de 92 m. Il domine la Sioule de 133 m.

Le **barrage de Besserve** s'élève en amont du viaduc. C'est un barrage-poids d'une largeur de crête de 8 m, qui résiste aux eaux par sa masse.

Traversez le viaduc et suivez la D 62 jusqu'aux Ancizes-Comps. Prenez à gauche la D 19 que vous quitterez à St-Georges-de-Mons pour obliquer à gauche vers Queuille.

★★ Méandre de Queuille

Laissez votre voiture à l'église de Queuille.

Passez derrière le chevet et continuez à travers un sous-bois pour atteindre l'extrémité du promontoire, aménagé en **belvédère** au dessus du méandre de Queuille. Taillé dans la roche fracturée du plateau granitique, le méandre est dessiné par la Sioule, élargie à ce niveau par un barrage. On se trouve sur la rive concave de la boucle, haute et hérissée de rocs ; en face, du côté convexe, la rivière enserre étroitement la « presqu'île » de Murat, longue échine boisée. En aval du méandre, remarquez le **barrage de Queuille**, de type barrage-poids, d'une largeur de crête de 5 m. Sa base contient une usine hydroélectrique.

Revenez aux Ancizes-Comps et tournez à gauche dans la D 61.

La route offre une magnifique descente sur la vallée de la Sioule.

Chartreuse du Port-Ste-Marie

04 73 26 68 44 - http://chartreuse-psm.fr/Chartreuse - été : horaires, se rens. ; reste de l'année : sur demande préalable - possibilité de visite guidée (1h).

Un site sauvage, au fond de la vallée, abrite les vestiges, accrochés à un rocher, de cette chartreuse, fondée en 1219 par Guillaume de Montfort. Les bâtiments comportaient une partie basse, réservée aux frères convers, utilisée par la suite comme moulin, et une partie haute, destinée aux pères. Détruite sous la Révolution, la chartreuse est restaurée par une association de sauvegarde et le

Viaduc des Fades au-dessus de la Sioule.
H. Lenain / hemis.fr

service régional d'archéologie. Des campagnes de relevés ont été entreprises sur le site de la chartreuse depuis 1994. Des fouilles ont permis de mettre en évidence au moins deux niveaux d'occupation du site cartusien, ainsi que la présence d'un atelier de taille d'objets en os et en ivoire.
La D 61 remonte sur le plateau et domine le **plan d'eau des Fades.**
Trois baignades surveillées et une base nautique.
À St-Jacques-d'Ambur, prenez à droite la D 121 qui descend dans la vallée du Sioulet.

Miremont

L'église romane au puissant clocher carré (19e s.) se dresse sur un piton dominant une boucle du Sioulet. À proximité de l'église se trouve le sarcophage d'Honor de Durfort, épouse de Sicard de Miremont, seigneur de Miremont au 8e s.

À proximité Carte de microrégion

Château de Pionsat A3

À 16 km au nord-ouest de St-Gervais-d'Auvergne par la D 227. Ne se visite pas.
Le château d'origine fut construit au 14e s., puis vendu à Jacques de Chazeron qui le décora à son goût. Ses descendants avaient un projet beaucoup plus ambitieux qu'ils mèneront de 1550 à 1610 et qu'ils n'achèveront pas.
Le château accueille des expositions artistiques temporaires et sert de décor aux Fêtes musicales qui s'y déroulent fin juillet, depuis 1980 (*Agenda, p. 605*).

NOS ADRESSES DANS LES GORGES DE LA SIOULE

HÉBERGEMENT

BUDGET MOYEN

Castel Hôtel 1904 – *R. du Castel - 63390 St-Gervais-d'Auvergne - ☏ 04 73 85 70 42 - www.castel-hotel-1904.com - P ♿ (rest.) - wifi - fermé de la Toussaint à pâques - 4 ch. et 5 ch. en chambres d'hôte 79/99 € - ☕ 11 € - ✕ La mère Castelle : 19/59 €.* La même famille tient cette demeure de charme depuis 1904. Jacuzzi et sauna. Repas simples au Comptoir à Moustaches. L'autre restaurant propose des mets traditionnels dans une salle au décor agréablement suranné.

Les Gîtes du Berger – *La Buissière - 63780 St-Georges-de-Mons - accès par la D 414 - ☏ 04 73 86 51 83 - ☏ 06 30 70 09 65 - www.auvergne-gite.net - P wifi - 5 gites 500/1300 €/4 pers./sem.* La bergerie de Bernard et Christine Colombier abrite trois gîtes (2-10 personnes) colorés, dont une confortable cabane en bois. Un paradis pour les familles : les moutons et les chèvres ne sont jamais loin, la porte du poulailler est toujours ouverte et l'espace de jeux ravira les enfants. Bain norvégien en saison.

POUR SE FAIRE PLAISIR

Chambres d'hôte Les Eydieux – *63410 St-Angel - depuis Manzat, suivre Le Cibias (D 418) - ☏ 04 73 86 91 95 - www.leseydieux.com - P - 2 suites 145 € ☕.* Aux confins d'une petite route de campagne, Marie-Claire et Cyr proposent deux vastes logis (4-5 personnes), qui occupent le poulailler et le pigeonnier d'une ancienne ferme réaménagée avec sobriété et délicatesse. Hammam et baignoire balnéo. Petit-déjeuner délicieux.

ACTIVITÉS

Sioule Loisirs – *Pont-de-Menat - 63440 St-Remy-de-Blot - ☏ 04 73 85 52 87 - www.sioule-loisirs.com - ♿ - avr.-sept. : tlj à partir de 9h30 sur réserv. pour activités - pour restauration : juil.-août : tlj sf lun. soir et mar. soir ; juin : merc. midi-dim. soir ; avr.-mai et sept. : vend. soir-dim. soir et veille de fêtes - activités 10/30 €, restauration 3/25 €.* Location de canoës et de kayaks pour descendre les gorges de la Sioule. Formules à la journée ou à la demi-journée. Snack-bar-pizzeria sur place. 14 Juil.-15 août concerts gratuits le w.-end.

Valvital - thermes de Châteauneuf les Bains – *63390 Châteauneuf-les-Bains - ☏ 04 73 86 67 49 - www.thermes-chateauneuf.com - de mi-mai à mi-oct. : tlj sf dim., sur réserv. - à partir de 7 €.* Centre de remise en forme.

Aqua Canoë – *03450 Ébreuil - ☏ 07 60 84 78 90 - www.canoe-sioule.com - ttlj. juil.-aout, sur rens. reste de l'année - à partir de 18 €.* Descente de la Sioule en canoë depuis Menat, Saint-Gal (Chouvigny) jusqu'à Ébreuil. Propose aussi la pratique du rafting.

AGENDA

Les Fêtes musicales du château de Pionsat – *Dernière sem. de juil. - ☏ 04 73 85 61 56 - www.musicalesdepionsat.com* - Festival de musique baroque, classique et contemporaine.

Gannat

5 841 Gannatois – Allier (03)

Bâtie au seuil de la région des portes occitanes, cette petite ville ancienne se trouve entre Auvergne et Bourbonnais. Elle cache un patrimoine intéressant dont le joyau, un évangéliaire médiéval orné de cabochons, de plaques d'ivoire et de bronze niellé d'or, figure parmi les chefs-d'œuvre de l'art religieux. Enfin, un passionnant parc paléontologique s'y est installé pour faire découvrir à ses visiteurs l'histoire de la vie sur terre.

NOS ADRESSES PAGE 501
Hébergement, restauration, achats, activités, etc.

S'INFORMER

Office de tourisme – *11 pl. Hennequin - 03800 Gannat - ✆ 04 70 90 17 78 - www.tourisme-bassin-gannat.com - juil.-août : 9h-18h30, dim. et j. fériés 9h-12h30 ; mai-juin et sept. : tlj sf dim. et j. fériés 9h-12h, 14h-18h, sam. 9h-12h, 14h-17h ; reste de l'année : tlj sf dim. et j. fériés 9h-12h, 14h-17h, lun. 14h-17h, sam. 9h-12h.*

SE REPÉRER

Carte de microrégion C3 p. 449 – *carte Michelin Départements 326 G6.*
La ville est desservie par la D 2009 qui la traverse. Elle se trouve à 20 km de Vichy et 42 km de Clermont-Ferrand.

À NE PAS MANQUER

Paléopolis qui propose un intéressant voyage d'étude du patrimoine paléontologique de l'Allier. Un arrêt au musée municipal, où vous pourrez admirer le célèbre évangéliaire de Gannat.

ORGANISER SON TEMPS

La visite libre de Gannat, en suivant un circuit disponible à l'office de tourisme, vous prendra environ 1h.

AVEC LES ENFANTS

Paléopolis, véritable laboratoire à ciel ouvert de l'évolution, pédagogique et ludique à la fois.

Se promener

Église Ste-Croix

Cette église a conservé, d'un premier édifice roman, quelques vestiges, notamment une partie du transept et du déambulatoire, les deux absidioles et de remarquables chapiteaux ; remarquez, à l'extérieur, celui qui représente la Nativité. Reconstruite à l'époque gothique, l'église a été souvent remaniée jusqu'au 17e s., époque à laquelle on refit le chevet et le clocher.

Château

Place forte du 12e s. démantelée en 1566, utilisé comme prison de 1833 à 1967, le château dresse ses hautes murailles du 14e s., flanquées de quatre tours d'angle, au centre de la ville. Les anciens appartements des gardiens et les cellules des détenus servent de cadre au musée municipal.

Musée municipal Yves-Machelon – *1 pl. Rantian - ✆ 04 70 90 23 78 - www.bassin-gannat.com - juil.-août : 10h30-12h, 14h-19h, dim. 14h-19h ; mai-juin et de déb. sept. à mi-oct. : 14h-18h - fermé lun. et j. fériés - 4,50 € (-15 ans gratuit).*

Environ 20 salles retracent l'histoire du pays de Gannat. Parmi les objets exposés, notez le squelette sur pied d'un **rhinocéros fossile** vieux de 23 millions d'années, découvert dans les carrières de Gannat, des grilles en fer forgé du 12e s., des parchemins du 14e au 18e s. provenant des archives de la ville. Et

UNE MERVEILLE D'ORFÈVRERIE

L'**évangéliaire de Gannat** est un grand in-quarto rédigé sur vélin, peu enluminé. C'est la reliure qui retient le plus l'attention. Le plat supérieur est orné de quatre parements émaillés circulaires, d'époque romane, de deux plaques de cuivre au décor incisé, flanquées de six gemmes rectangulaires prismatiques ou ovales, autour d'un camée antique central. Le plat inférieur comporte une plaque d'ivoire rectangulaire, contemporaine du manuscrit, figurant la Crucifixion, la résurrection des morts et les saintes femmes au tombeau, dans un cadre en lames d'argent doré.

ne manquez pas le superbe **évangéliaire★** appartenant à une célèbre série d'évangéliaires carolingiens, ou plutôt lotharingiens. Sa reliure renferme un manuscrit de la fin du 9e s., classé au titre des Monuments historiques en 1897.

Un petit **musée de la Résistance** fait revivre, au moyen de photos, coupures de presse et médailles, cette page d'histoire dans la région de Gannat. Enfin la **sellerie** du château de Veauce (*p. 504*) occupe une salle et présente un vaste choix de harnais, brides, selles, étriers, bottes, cravaches ; remarquez, au fond de la cour, des **voitures hippomobiles**.

Paléopolis, la colline aux dinosaures

Site de Chazoux - rte de Bègues, à quelques km du centre de Gannat - 04 70 90 16 00 - www.paleopolis-parc.com - - juil.-août : 10h-19h ; vac. scol. : 10h-18h ; de mi-mai à fin juin et de déb. sept. à mi-oct. : sam. et merc. 13h-18h, dim. 10h-18h ; reste de l'année : se rens. - 12,80 € (-15 ans 10,80 €) - 42 € billet combiné (2 adultes + 2 enf.).

Deux bâtiments installés sur le beau site de Chazoux vous entraînent dans la découverte du patrimoine paléontologique de l'Allier. Une exposition permanente retrace « La fascinante histoire de la vie » en 4 milliards d'années d'évolution. Vous pourrez tout apprendre sur l'apparition et le développement de la vie jusqu'à la biodiversité actuelle. La visite chronologique, bien organisée, est illustrée par des fossiles, des ossements retrouvés lors de fouilles effectuées dans l'Allier et des reconstitutions d'espèces animales (libellule géante, vélociraptor, poisson cuirassé de 5 m de long…). Une autre exposition, « Trésor des mines de France », présente une intéressante collection de minéraux, pour la plupart issus du Massif central. Paléopolis est un muséo-parc en pleine nature où l'on découvre, partage et s'amuse en famille, notamment avec les nouveaux aménagements extérieurs et les paléo-ateliers (initiation aux fouilles, moulage, peinture pariétale…) proposés aux enfants à partir de 5 ans (sur réservation).

Si le sujet vous a passionné, n'hésitez pas à vous rendre à Châtelperron (*p. 518*), où vous découvrirez la suite chronologique de cette épopée : Préhistorama y retrace l'histoire de l'homme de Néandertal.

À proximité Carte de microrégion p. 448-449

Jenzat C3

8 km au nord en empruntant la D 2009 sur 4 km en direction de Moulins, puis prenez sur la gauche la D 42.

Installé sur la rive droite de la Sioule, ce village bourbonnais bénéficie d'un site agréable. Du 19e s. à la première moitié du 20e s., Jenzat fut considéré comme la capitale européenne des **vielles à roue** que l'on fabriquait ici depuis 1795. Le musée des Musiques populaires de Montluçon (*p. 484*) en possède de très beaux exemplaires.

Château – *Ne se visite pas.* Édifice du 18e s.

★ **Église** – *Juil.-août : 8h-20h ; avr.-juin et sept.-oct. : 8h-18h ; reste de l'année : 8h-16h30 - visite libre avec document.* L'intérêt de cet édifice roman construit du 11e au 15e s. réside dans ses **peintures murales**, les plus remarquables des églises du Boubonnais, par la finesse du dessin, l'élégance des mouvements, la beauté de la composition d'ensemble *(La route des églises peintes du bourbonnais - eglisespeintesenbourbonnais.planet-allier.com).* Ces peintures à la détrempe, exécutées aux 14e et 15e s. et désignées sous le nom de fresques des « Maîtres de Jenzat », retracent des scènes de la **vie du Christ** (l'entrée à Jérusalem, le Lavement des pieds, la Cène) et de la **Passion** (Judas rend aux grands prêtres les pièces d'argent, Judas pendu, Ecce Homo, crucifixion, descente de croix, déploration, mise au tombeau, résurrection). Un autre cycle est constitué par le martyre de **sainte Catherine d'Alexandrie**. Enfin des peintures murales découvertes en 1982 montrent des rescapés de la **peste noire** qui sévit à Jenzat en 1348.

Maison du luthier – *8 r. des Luthiers - ✆ 06 80 80 35 27 - www.maison-luthier-jenzat.fr - ♿ - juil.-août : tlj sf jeu.-vend. 14h30-18h30 ; juin et sept. : w.-end 14h30-18h30 - possibilité de visite guidée (1h) - 4 € (-12 ans 2 €).*

Au cœur de l'ancien quartier des luthiers, ce musée expose plus de mille objets utilisés ou fabriqués par les luthiers de Jenzat. On découvre successivement une salle dédiée au négoce et au rhabillage des instruments de musique, un atelier des vielles et une salle d'exposition (vielles des 18e, 19e et 20e s., films vidéo sur le jeu de vielle et la facture).

Église de Biozat C3

7 km au sud-est de Gannat par la D 119.

Bel édifice roman de la Limagne, l'église St-Symphorien est caractéristique de l'**art roman auvergnat**, avec sa nef couverte en berceau, ses bas-côtés voûtés en demi-berceaux, sa coupole sur trompes et quelques chapiteaux intéressants. Remarquez aussi les fresques du 15e s., assez naïves, représentant la Vierge de douleur. *De là, on peut gagner Effiat, à 4 km au sud, et rejoindre l'itinéraire de découverte de la Limagne (Aigueperse p. 104).*

NOS ADRESSES À GANNAT

HÉBERGEMENT

PREMIER PRIX

Chambres d'hôte Le Domaine de Rouzat – *2 domaine de Rouzat - rte de St-Priest - 3 km de Gannat par D 998 ou sortie 12 par A 71 - ✆ 04 70 90 20 04 - ✆ 06 74 58 23 54 - www.chambre-hote-gannat.com - 🚭 🅿 ♿ - 4 ch. 57 € ☕ - table d'hôte (sf merc. et dim.) 23 € (-12 ans 12 €).* Les chambres de cette exploitation agricole, aménagées dans l'ancienne bergerie, bénéficient d'une décoration originale. Table d'hôte familiale, aux produits de la ferme, accompagnée de vins de la région.

AGENDA

Les Cultures du monde – *2e quinz. de juil. - ✆ 04 70 90 12 67 - www.cultures-traditions.org.* Divers groupes folkloriques (danseurs, musiciens, chanteurs) animent ce festival. Depuis 1965, l'ensemble traditionnel « La Bourrée Gannatoise » y est l'ambassadeur de la région Auvergne.

Charroux

★

367 Charlois – Allier (03)

Retranché derrière ses portes fortifiées, Charroux sait garder son mystère intact. Il offre à 413 m d'altitude un fabuleux panorama, au sud, sur la chaîne des Puys et, au nord, sur la plaine de la Limagne. Dans la ville ancienne, on se livrait jadis au négoce des poulailles, du beurre, du chanvre, des sabots, de la laine ou du gibier. Aujourd'hui, sa moutarde à l'ancienne, utilisée par les plus grands chefs, lui forge une renommée internationale. Pour profiter du charme des maisons médiévales et des rues pavées, une fois les visteurs partis, il faut y dîner, et mieux encore y passer la nuit.

NOS ADRESSES PAGE 506
Hébergement, restauration, achats, activités, etc.

S'INFORMER

Office de tourisme – *20 Grande-Rue - 03140 Charroux - ✆ 04 70 56 87 71 - www.charroux03.fr - sais. : 10h-13h, 14h-19h ; reste de l'année : 10h-12h, 14h-18h, dim.-lun. et j. fériés 14h-18h - fermé 20 déc.-5 janv., 1er et 11 Nov.*

SE REPÉRER

Carte de microrégion C2 p. 449 – *carte Michelin Départements 326 F5.*
À 15 km au nord de Gannat, on aborde Charroux par la D 42 en direction de Chantelle. De la D 35 qui va à St-Bonnet-de-Rochefort, on bénéficie d'un point de vue sur la vallée de la Sioule du côté de Jenzat.

À NE PAS MANQUER

La visite commentée de Charroux ; Le château de Chareil, l'abbaye bénédictine de Chantelle, perchée sur son promontoire escarpé ; une randonnée dans la forêt des Colettes, plus belle hêtraie naturelle d'Europe.

AVEC LES ENFANTS

La collection de voitures du musée de l'Automobile à Bellenaves.

Se promener

Église St-Jean-Baptiste

Cet édifice fortifié du 12e s. faisait partie des remparts : sur le côté droit, l'avancée avec la tour crénelée formait bastion. Le clocher couronne la croisée du transept, mais la flèche de forme pyramidale à huit pans a été tronquée, comme à Vicq.

À l'intérieur, la nef est voûtée en berceau, et les bas-côtés en ogive. Les chapiteaux sont ornés d'entrelacs ou de feuillages. Au départ des voûtes du carré du transept, vous remarquerez peut-être des chapiteaux ayant figure humaine. Selon une légende locale, il s'agirait de généreux tanneurs dont les dons ont permis de restaurer l'église.

Sortez par le bas-côté gauche.

Sur la place, **maison médiévale** à colombages et à encorbellement. Le **beffroi**, tour carrée qui servait de tour de guet, s'élève sur la gauche.

Rue de la Poulaillerie

Un vieux **puits** de pierre blanche, surmonté de belles ferronneries, agrémente cette rue pittoresque, pavée de grosses pierres.

UN PASSÉ RICHE ET MOUVEMENTÉ

Oppidum, puis citadelle, Charroux devint très tôt une cité prospère, notamment grâce à la **charte d'affranchissement** (1145) dont les habitants bénéficièrent. Au 15e s., les périodes mouvementées s'enchaînèrent. En 1422, la peste fit de terribles ravages, au point que les redevances furent suspendues. Plus tard, ayant résisté à Charles VII lors de la **guerre de la Praguerie** (1440), la ville fut pillée et l'armée royale s'y livra à tous les excès. Il faudra attendre la fin du 17e s. pour que Charroux retrouve sa sérénité. C'est de cette époque que date la maison du prince de Condé. Le beffroi, la halle ou la porte de l'Horloge sont autant de témoins du riche passé de ce très beau lieu. Florissant au 16e s., le travail de la peau a marqué les lieux, et vous découvrirez de nombreux vestiges de cette activité disparue en vous promenant dans le village, sur les traces des anciens tanneurs.

Musée de Charroux et de son canton

5 r. de la Poulaillerie - ✆ 04 70 56 87 71 - www.musee-charroux.net - juil.-août : 15h-19h ; avr.-juin et sept. : 15h-18h, dim.-lun. et j. fériés 14h-18h ; reste de l'année : tlj sf dim.-lun. 14h-17h - fermé 20 déc.-3 janv. - possibilité de visite guidée sur demande (1h) - 3 € (-16 ans gratuit) - audioguide disponible.

Il occupe une maison à la façade ornée de sculptures (têtes d'animaux, figures, pointes de diamant), et présente l'histoire du canton.

Outre des objets de l'époque romaine et des sculptures gothiques et Renaissance, le musée abrite une exposition sur les cheminées de Charroux. Dans une petite salle, reconstitution de l'**atelier** d'un célèbre luthier et facteur de vielles du 19e s., Jean-Baptiste Cailhe-Decante. Au premier étage, consacré aux 18e et 19e s., vous verrez les trois mouvements de l'horloge de la ville, aux rouages particulièrement complexes.

La **maison du prince de Condé**, ancien rendez-vous de chasse, fait suite au musée. Au premier étage, notez une belle fenêtre à meneaux.

Maison des Horloges

22 r. de l'Horloge - ✆ 04 70 56 87 39 - http://horloges.charroux.com - de mi-avr. à mi-oct. : horaires, se rens. - possibilité de visite guidée (30mn) - gratuit.

C'est un passionné d'horlogerie qui est à l'origine de ce lieu. Vous y découvrirez une superbe collection d'horloges et de mécanismes, pour la plupart en état de marche. Daniel Fonlupt ne se contente pas de les collectionner ; il les répare, les rénove et les fait revivre…

Porte d'Orient

Il s'agit d'un des bastions de la muraille d'enceinte. On peut encore voir le système de défense.

Circuit conseillé Carte de microrégion

DE CHARROUX À ÉTROUSSAT BC2

Circuit de 50 km tracé en bleu pâle sur la carte p. 448-449 – comptez environ 2h30. Quittez Charroux par le sud-ouest. Suivez la D 35 sur 2 km. Prenez ensuite à droite la D 68, qui franchit l'autoroute, puis à gauche la D 183.

Veauce B3

En entrant dans le village, jolie vue sur le chevet (12e s.) de l'**église**, aux pierres dorées. À l'intérieur, remarquez la belle ordonnance du chœur et du déambulatoire, dépourvu de chapelle rayonnante.

Château – *Ne se visite pas.* Situé dans un grand parc ombragé, il se dresse sur un promontoire rocheux dominant le cours de la Veauce. Erigé du 9e au 15e s., il fut en partie remanié à la Renaissance et au 19e s.

Quittez Veauce par le nord-ouest en empruntant la D 118, puis la D 987 que vous suivez jusqu'au carrefour avec la D 284 à la croix des Bois ; tournez alors à droite.

Forêt des Colettes B2

Elle s'étend sur 2 000 ha et présente la plus belle **hêtraie naturelle d'Europe**, de magnifiques futaies de chênes, et des plantations de résineux en altitude. La forêt est dominée par le signal de la Bosse (alt. 771 m), situé non loin du carrefour du même nom. Près de la route s'ouvrent des **carrières de kaolin**, matériau employé dans la fabrication des faïences et des porcelaines.

Après Coutansouze, prenez à gauche la D 118, puis à droite la D 68.

Bellenaves B2

Ce village possède une belle **église** romane, dont la façade s'apparente à celles de Charente. La décoration figure un Christ dans une mandorle avec deux anges, la Cène et le Lavement des pieds.

Château de Bellenaves – *☏ 04 70 58 34 20 - visite libre des jardins juil.-août : 14h-18h - fermé lun. - visite du château sur demande préalable.*

Musée de l'Automobile – *St-Bonnet-de-Tizon - Lieu-dit St-Bonnet-de-Tizon - ☏ 04 70 58 39 73 - http://museebellenaves.jimdo.com - ♿ - juil.-août : 14h-18h ; avr.-juin et sept. : tlj sf lun. 14h-18h ; oct. : dim. 14h-17h30 - fermé Vend. saint - 4 € (-18 ans 3 €).*

C'est dans un bâtiment industriel de 800 m², garni de décors et de panneaux explicatifs, qu'une quarantaine de voitures anciennes (de 1915 à 1970) de toutes marques sont présentées. Véhicules de rêve ou utilitaires, avec pour certains des options étonnantes ! Exposition renouvelée régulièrement.

Quittez Bellenaves par le nord-est en empruntant la D 987.

Chantelle C2

Cette petite ville abrite, sur un promontoire escarpé entouré par la Bouble, une abbaye de bénédictines élevée sur les vestiges d'un château et d'un monastère.

Par la Grand-Rue (D 987), gagnez la rue Anne-de-Beaujeu menant à l'entrée de l'abbaye St-Vincent.

Église conventuelle – De cet édifice de style roman auvergnat, seule se visite la nef dont les piliers conservent quelques beaux chapiteaux.

En sortant du couvent, gagnez le bord de la terrasse toute proche. De là, jolie vue sur les **gorges de la Bouble**, dominées par les maisons de Chantelle. Par les anciens fossés du **château**, vous pourrez atteindre les bords de la rivière que suit un agréable chemin ombragé *(promenade Anne de Beaujeu, 2 km AR).*

Quittez Chantelle par l'est en prenant la D 987. Après 4 km, prenez à gauche la D 36.

Fleuriel C2

Sur la route de St-Jacques de Compostelle, le petit village de Fleuriel trône en haut d'une colline qui offre une vue magnifique sur la campagne bourbonnaise. Son **église** romane des 11e et 12e s., classée aux Monuments historiques, fait partie des églises peintes du Bourbonnais. Appréciez les chapiteaux, très ouvragés, et en particulier celui qui représente saint Jacques à la fois en apôtre et en pèlerin.

UNE HISTOIRE DE FAMILLE

Les sires de Bourbon ont reconstruit au 11e s. l'ancien château fort de Chantelle. Ils en font au 14e s. une redoutable forteresse, dont une partie est transformée à la fin du 15e s. en une agréable demeure par Anne de France et son mari Pierre de Beaujeu, **duc de Bourbon**, qui se plaisent à y séjourner.

Après sa mort, survenue à Chantelle en 1522, son gendre, le très puissant **Charles de Montpensier**, connu sous le nom de connétable de Bourbon, se voit disputer par la Couronne l'immense héritage légué par sa femme. Il s'enfuit de Chantelle et met son épée au service de Charles Quint, en lutte avec la France. La destruction de Chantelle est ordonnée par François Ier.

Historial du paysan soldat C2

1 rte du Vallon - ✆ 04 70 90 22 45 - http://historialpaysansoldat.fr - juil.-août : 10h-18h ; avr.-juin et sept. : 14h30-18h ; 1er oct.-11 nov. : vend.-dim. 14h30-18h - fermé mar. - 6 € (-10 ans gratuit).

L'**Historial du paysan soldat** établi à Fleuriel, inauguré fin 2015, aborde la Grande Guerre à travers la participation du monde rural. Installé dans un ancien corps de ferme bourbonnais, le musée propose, en plus de son parcours permanent, des expositions temporaires commémoratives et thématiques sur le conflit.

Quittez Fleuriel, revenez sur la D 987 par la D 36. Tournez à gauche. Après 1 km, prenez à droite la D 115.

★ Château de Chareil C2

3 rte de Bayet - ✆ 04 70 56 94 28 - www.monuments-nationaux.fr - visite guidée (45mn) de mi-juin à mi-sept. : 10h-12h, 14h-18h ; reste de l'année : sur demande préalable - fermé lun. et sam. - 3,50 € (-18 ans gratuit) - visite adaptée aux personnes déficientes visuelles.

Ce château fort médiéval, remanié au 16e s., est devenu propriété de l'État en 1958. L'extérieur a été remis en valeur : portail remonté, terrasse aménagée, puits du 19e s. restauré. L'ensemble est d'une grande sobriété, hormis les fenêtres du corps de logis qui présentent les trois ordres antiques que l'on retrouve sur l'encadrement des portes à chaque étage.

L'intérieur est en revanche très raffiné. Claude Morin, lorsqu'il devint propriétaire du château au milieu du 16e s., restructura le bâtiment mais surtout commandita les éléments décoratifs : les deux grandes **cheminées** Renaissance et surtout les étonnantes **peintures murales**★★ qui retiennent l'attention. Les décors au plafond des escaliers sont remarquables par leur qualité d'exécution et leur dimension symbolique. Ils se composent de grotesques et de scènes mythologiques très en vogue à cette époque où circulaient des copies de gravures d'Eneo Vica (inspirées de la Domus aurea).

Le 1er étage est somptueusement décoré. Dans la tour nord-ouest, deux peintures murales retracent la **légende d'Adonis**, d'après *Les Métamorphoses* d'Ovide. La tour sud-ouest, entièrement peinte, renferme un **plafond astrologique**, avec sept médaillons en camaïeu brun, figurant les sept planètes.

Le conservatoire des anciens cépages – *✆ 04 70 45 32 73 - Visites commentées et dégustations de mai à oct.* Les cépages cultivés autrefois dans la région ont été replantés selon les anciennes méthodes sur la pente du **domaine de Chareil**.

Revenez sur la D 987 en direction de Chantelle, puis empruntez sur la gauche la D 115 jusqu'à Ussel-d'Allier.

Ussel-d'Allier C2

Sortez d'Ussel par la D 223 qui longe l'église. Un chemin non revêtu s'embranche à gauche de la route, près d'une statue de la Vierge, et conduit à une table d'orientation surélevée. De là, le regard embrasse un immense **panorama★** sur la riche campagne bourbonnaise. Au sud-est, les monts de la Madeleine et du Forez se profilent à l'horizon, au sud les monts d'Auvergne.
Revenez sur la D 223.

Église d'Étroussat C2

Cet édifice s'est enrichi d'un ensemble de quatorze **vitraux★** modernes, œuvre du maître verrier Frédéric Duran. Dans une chapelle, remarquez une inhabituelle **Vierge à l'Enfant** en bois doré du 17e s. : on voit l'Enfant Jésus armé d'une lance terrassant un dragon.
Quittez Étroussat par le sud en empruntant la D 223, puis à droite la D 35, et revenez à Charroux.

NOS ADRESSES À CHARROUX

HÉBERGEMENT

BUDGET MOYEN

Chambres d'hôte La Maison du Prince de Condé – *8 Grande r. - ✆ 04 70 56 81 36 - www.maison-conde.com - 5 ch. 90/160 € ☕ - 🍴 43 €.* Au cœur du village médiéval, chambres d'hôte aménagées dans une maison de caractère. Toutes les chambres ont été refaites et sont confortables. Table d'hôte gastronomique sur réservation, tlj sauf dim. 44 €. Des produits frais et locaux préparés par Thierry Paris, 1er prix régional de foie gras en 2016 et 2017 : une délicieuse étape !

RESTAURATION

POUR SE FAIRE PLAISIR

Ferme St Sébastien – *Chemin de Bourion - ✆ 04 70 56 88 83 - www.fermesaintsebastien.fr - P ♿ - fermé 1er sem. de juil., 16 déc.-25 janv., mar. sf juil.-août et lun. - formule déj. 18 € - 27/56 €.* Cette ferme bourbonnaise réhabilitée abrite une coquette salle à manger. Cuisine au goût du jour fleurant bon le terroir.

ACHATS

Huiles et Moutardes de Charroux – *R. de la Poulaillerie - ✆ 04 70 56 87 61 - www.huiles-et-moutardes.com - P - 14h30-18h30.* Depuis 25 ans, la famille Maenner produit avec un matériel centenaire de l'huile de noix et de noisettes. Également la fameuse moutarde de « Charroux » à l'ancienne en broyant encore les graines à la meule de pierre, du chutney de moutarde.

SNFB Chantelle – *14 r. Anne-de-Beaujeu - 03140 Chantelle - ✆ 04 70 56 62 69 - www.boutiques-theophile.com - P ♿ - 10h-11h30, 14h-17h - fermé lun. mat.* Les sœurs du monastère de Chantelle proposent tout un assortiment de savons, d'eaux de toilette, de produits cosmétiques de leur fabrication.

ACTIVITÉS

Accro Sioule – *Parc d'accrobranches au lieu-dit de La Bosse, forêt des Colettes près d'Échassières - 03330 Échassières - ✆ 04 70 90 78 12 - http://accro-sioule.fr - en été : ttlj. 10h-19h - 12/20 €.* Différents parcours aventure pour tous les niveaux.

Saint-Pourçain-sur-Sioule

★

5 090 St-Pourcinois – Allier (03)

À la rencontre des domaines d'oïl et d'oc, cette jolie bourgade des bords de la Sioule doit son nom à un moine, qui défendit l'Auvergne des ravages du roi Thierry, fils de Clovis. Ses maisons médiévales et les vestiges de fortifications témoignent aujourd'hui du glorieux passé de la cité qui accueillit jadis l'un des huit ateliers monétaires du royaume au 14e s. St-Pourçain est apprécié à la fois par les amoureux du patrimoine, les pêcheurs de truite, les randonneurs et les amateurs de bons vins de St-Pourçain, labellisés AOC depuis 2009.

NOS ADRESSES PAGE 513
Hébergement, restauration, achats, activités, etc.

S'INFORMER

Office communautaire du tourisme en Pays st-pourcinois – *29 r. Marcellin-Berthelot - 03500 St-Pourçain-sur-Sioule - ✆ 04 70 45 32 73 - www.payssaintpourcinois.com - juil.-août : 9h-19h, sam. 10h-12h30 ; reste de l'année : 10h-18h, sam. 10h-12h30 - fermé dim. et j. fériés - 2e bureau Cour des Bénédictins - juil.-août : tlj sf lun. 10h-12h30, 14h30-18h, mar. 14h30-18h ; juin et sept. : w.-end et merc. 14h-17h.*

SE REPÉRER

Carte de microrégion C2 p. 449 – *carte Michelin Départements 326 G5.* À 30 km au sud de Moulins par la D 2009 ou la N 7, St-Pourçain est placé au cœur du Bourbonnais.

À NE PAS MANQUER

L'ancienne abbatiale Ste-Croix, bâtie selon un plan particulièrement original ; le musée de la Vigne et du Terroir et sa présentation des traditions viticoles st-pourcinoises. En Limagne bourbonnaise, l'imposante forteresse de Billy.

ORGANISER SON TEMPS

Prévoyez une bonne journée pour découvrir les charmes de la ville et de ses environs.

AVEC LES ENFANTS

Le musée de la Vigne et du Terroir propose un amusant jeu de piste.

Se promener

Visite de la ville avec tablette tactile, dép. de l'office de tourisme ou du musée de la Vigne.

De la place du Maréchal-Foch, agrémentée d'une fontaine et dominée par le **beffroi** de l'ancien monastère, franchissez le passage voûté qui conduit à la cour des Bénédictins.

De là, on a une belle vue sur le clocher et l'imposante toiture de la nef de l'église Ste-Croix.

Pénétrez dans l'église, encastrée entre les maisons, par la porte donnant sur la cour des Bénédictins.

★ Église Ste-Croix

Pl. Carnot - ✆ 04 70 45 32 73 - www.payssaintpourcinois.com - 8h-19h - possibilité de visite guidée sur demande - visite libre avec document et panneau d'information.
Cette ancienne abbatiale, très vaste, édifiée du 10e au 15e s., a une particularité : le chœur, élevé tardivement, n'est pas dans l'axe de la nef, dont les arcs brisés sont surmontés d'un faux triforium. Les stalles du 15e s. sont agrémentées de miséricordes sculptées de motifs fantaisistes et humoristiques. Le bras nord du transept abrite un Ecce Homo du 16e s. Taillée dans un seul bloc de pierre, cette sculpture polychrome représente, avec réalisme et naïveté, le Christ soumis aux outrages de la cour de Pilate. Dans l'abside, les deux chapelles nord en forme d'hémicycle et percées de fenêtres en plein cintre sont romanes. Aménagée dans les cinq travées qui subsistent du cloître, la sacristie présente des chapiteaux sculptés et une pietà en pierre du 15e s.
Pour avoir une bonne vue du chevet de l'église, sortez par le portail principal et prenez à droite vers la place Clemenceau.

★ Musée de la Vigne et du Terroir

Cour des Bénédictins - ✆ 04 70 45 32 73 - www.museedelavigne.fr - juil.-août : tlj sf lun. 10h-12h30, 14h30-18h, mar. 14h30-18h ; juin et sept. : w.-end 14h-17h ; reste de l'année : sur demande préalable - possibilité de visite guidée sur demande (45mn) - 3 € (-12 ans gratuit).
Il présente avec beaucoup de soin l'histoire de l'activité agricole et viticole de la région. Un escalier à vis situé dans la tour de l'Horloge (15e s.) conduit à des salles qu'embellissent poutres et pierres. Les collections présentées rassemblent une grande quantité d'objets et montrent les différents secteurs liés à la vigne et au vin. On y voit des outils de tonnelier, des poids et mesures, une vitrine consacrée au phylloxéra, des instruments vinicoles, etc. Les deux pièces maîtresses du musée sont un **alambic hippomobile** à quatre vases datant de 1889 et un immense **pressoir** du 17e s. dont la roue verticale, actionnée par trois ou quatre hommes, permettait de presser jusqu'à 300 kg de raisin. Une évocation de l'architecture rurale de la région et de l'histoire du vignoble et de la ville de St-Pourçain complète agréablement la visite, avec une présentation des fêtes et des rituels liés à la vigne et au vin. Et dans le cadre d'un jeu de piste, les enfants iront sur les traces d'un « breuvage mystérieux ».

A proximité Carte de microrégion

Château de Fontariol

À 17 km de St Pourçain, sur la D1, au Theil - ✆ 04 70 42 33 72 - www.route-chateaux-auvergne.org - visite guidée juil.-août : 14h-18h ; juin et sept. : w.-end 14h-18h ; reste de l'année : sur demande - 6 € (-10 ans gratuit) - juil.-août : merc. 21h30 visite aux lumières, sur demande préalable.
Un château bourbonnais du 15e s. à vocation rurale, remanié aux 18e et 19e s. Il est présenté par les actuels propriétaires du château qui axent la visite sur le quotidien et les conditions de vie de la petite noblesse.

Circuit conseillé Carte de microrégion

EN LIMAGNE BOURBONNAISE CD2

Circuit de 75 km tracé en violet sur la carte p. 511 – comptez environ 3h.
Office du tourisme de Varennes-Forterre - *Pl. de l'Hôtel-de-Ville - 03150 Varennes-sur-Allier - ✆ 04 70 47 45 86 - juil.-août : 9h30-12h30, 14h-18h ; mai-juin*

Saint-Pourçain-sur-Sioule, pêcheurs sur la Sioule.
H. Lenain / hemis.fr

et sept. : tlj sf dim. 9h30-12h30, 14h-17h30, sam. 9h-13h ; reste de l'année : tlj sf dim. 10h-12h30, 14h-17h, jeu. et sam. 9h-12h.

À la grande Limagne ou Limagne de Clermont succède, vers le nord, la Limagne bourbonnaise, caractérisée par une plus grande diversité de terroirs, avec des buttes calcaires qu'escalade le vignoble de St-Pourçain.

Quittez St-Pourçain par l'ouest en empruntant la D 46 en direction de Montmarault. Peu avant le hameau de Venteuil, prenez à droite la D 1.

Église de Saulcet C2

Dédiée à saint Julien, cette église romane est coiffée d'un très haut clocher octogonal, en pierre du 14e s. Avant d'entrer, remarquez son porche de bois du 15e s., appelé « caquetoire ». À l'intérieur, vous découvrirez de délicates **fresques** murales des 12e s., 13e s. et 14e s. représentant un Christ entouré des symboles des quatre évangélistes, une Annonciation et un défilé de personnages en prière. Les chapiteaux aux personnages dans la verdure, qui se trouvent dans la travée ouest, datent du 12e s.

Quittez Saulcet par le nord-ouest en empruntant la D 415.

Verneuil-en-Bourbonnais C2

Avec ses maisons à colombages et les ruines de son vieux château, cette cité, l'une des plus anciennes du Bourbonnais, a conservé un aspect médiéval très plaisant. En été, des épouvantails, que fabriquent les Verneuillois, prennent place dans la vieille ville et viennent agréablement rythmer la visite.

Chapelle Notre-Dame-sur-l'eau – *✆ 06 13 07 13 54 - ♿ - juil.-sept. : 14h30-19h - possibilité de visite guidée sur demande - visite libre avec document et panneau d'information.*

Non loin de l'ancienne collégiale St-Pierre, cet édifice du 10e s., doté d'un clocher massif, domine le cours du Douzenan. Restauré, cet ancien sanctuaire, abandonné en 1789, possède des peintures murales du 15e s. Chaque été, il accueille une exposition d'art.

Musée du Lavage et du Repassage *–9 r. des Remparts - ✆ 04 70 35 26 25 - ♿ - mai-sept. : 14h-18h ; reste de l'année : se rens. - possibilité de visite guidée sur demande (1h) - 3 € (-18 ans 1 €).*
Il possède une impressionnante collection de fers de toutes origines, depuis la casserole chinoise jusqu'au premier fer électrique, distribué sous la marque Calor en 1917.
Quittez Verneuil par le nord-est et rejoignez la D 18 ; au croisement, prenez à droite. Après 2,5 km, traversez la D 2009, et empruntez en face la D 532. Suivez à droite la D 232, qui franchit la Sioule, puis prenez à gauche la D 46 et traversez l'Allier. À Chazeuil, prenez à droite la N 7 jusqu'à Varennes-sur-Allier ; à la sortie de la ville, empruntez sur la gauche la D 21 en direction de Jaligny.

Montoldre C2

Hospice de Gayette
Imposant ensemble où vous pourrez voir un donjon du 15e s. intégré à des bâtiments de style classique.
Quittez l'hospice par le sud et rejoignez la D 521, puis tournez à droite sur la D 268. Prenez sur la gauche la D 23 puis, à droite, la D 268. À Rongères, empruntez vers l'est la D 172.

Rongères C2

Château du Méage – *Rte de Montaigu-le-Blin - le Méage - ✆ 04 70 45 23 12 - ♿ - 10h-19h - visite libre des jardins. Une signalétique donne des informations historiques du site.* Cet élégant manoir des 15e et 18e s., flanqué de tours rondes et d'une tour carrée agrémentée d'une échauguette, se mire dans l'eau des douves.
Poursuivez sur la D 172.

Château de Montaigu-le-Blin D2

*✆ 06 07 04 51 10 - visite guidée juil.-oct. : dim. et j. fériés 16h, 10h30 sur demande - 3,50 € (-15 ans 1,50 €).*Cette bâtisse, élevée au 13e s., est l'une des forteresses construites par Philippe Auguste afin d'étendre son autorité sur le sud du royaume. La visite de la basse-cour présente l'histoire du château et les méthodes de construction. L'été, on peut également visiter les chantiers internationaux de restauration. *Prenez la D 172 vers le sud et gagnez St-Gérand-le-Puy ; traversez la N 7. Longez l'église, puis empruntez à droite la D 906 et la D 52.*

Seuillet C2

On peut admirer dans ce village une belle église romane.
Poursuivez sur la D 52 puis, à droite, sur la N 209.

LE VIGNOBLE SAINT-POURCINOIS

La tradition fait apparaître la vigne sur les coteaux ensoleillés de la Bouble et de la Sioule un peu avant le début de l'ère chrétienne. Les sols pierreux de cette région convenaient particulièrement à cette culture, qui se développa rapidement grâce à la présence romaine, puis à la demande des monastères et seigneurs locaux. À la fin du 18e s., la superficie cultivée était de 8 000 ha. Au 19e s., cultures céréalières et fourragères gagnèrent du terrain, mais en 1892 le **phylloxéra** ruina le vignoble. Réimplanté, il occupe à présent 600 ha. Vous pourrez donc apprécier les vins de la région, particulièrement le blanc sec et fruité issu des cépages tressallier (variété locale), chardonnay et sauvignon. Le vignoble st-pourcinois est classé AOC depuis 2009.

Billy C2

Office de tourisme - *5 r. du Château - 03260 Billy - ✆ 04 70 43 51 51 - www. billy-tourisme-allier.com - juil.-août : 10h-19h ; avr.-juin et sept.-oct. : 14h-18h.* C'est un village entre collines à l'est, vallée de l'Allier et plaine à l'ouest, qui, outre le charme de ses **rouettons** – passages étroits – constitue un point de départ pour des randonnées pédestres *(plan des trois circuits balisés à l'office de tourisme.)*. Son étang fera le bonheur des pêcheurs, et sa rivière celui des amateurs de canoë.

★ Château de Billy C2

R. du Château - ✆ 04 70 43 51 51 - www.billy-tourisme-allier.com - visite guidée (1h) juil.-août : 10h30-18h, dép. ttes les heures ; avr.-juin et sept.-oct. : merc.-dim. 14h-18h, dép. ttes les heures - 5,50 € (-18 ans 3,50 € et -8 ans gratuit).

Probablement située à l'emplacement d'un ancien oppidum gaulois, cette forteresse militaire du 12e s., réputée imprenable avec ses trois enceintes, était administrée par un capitaine châtelain pour le compte des seigneurs de Bourbon. Après avoir été attaquée par les protestants en 1576 (la brèche en témoigne) elle devint une simple prison royale. Un important travail de restauration a permis de consolider les ruines et de remonter les étages du donjon auquel on a désormais accès.

Dans la cour, vous verrez d'un côté les vestiges de deux cheminées (cuisine et salle de réception), et de l'autre les hourds où s'encastraient les écuries.

La **chapelle** a subi de rudimentaires aménagements pour servir d'habitation après la Révolution. En face, le corps de garde possède des vestiges de l'escalier du 15e s.

Dans le **donjon**, visitez l'habitation du capitaine avec les latrines à l'extérieur et, en dessous, la salle des gardes qui abrite une maquette du château. Vous verrez également le **silo à grain** de 7 m de profondeur, où ont été trouvées des poteries des 12e-16e s. *(exposées à l'office de tourisme)*, ainsi qu'une tour d'accolement et, sur le même modèle, mais avec un plafond abaissé et les ouvertures bouchées, le **cachot**.

Le tour des remparts offre une **vue★** intéressante sur les alentours et le bourg : la capitainerie (15e s.) dans la seconde enceinte autrefois reliée au château, le tribunal avec son beffroi *(abritant l'office de tourisme)*, la maison du collecteur d'impôts avec sa tour *(devenue gîte de France)*, l'église, située dans la deuxième partie du village, le relais de poste (17e s.) avec son clocheton, la porte de Chabotin appartenant à la première enceinte précédée de l'ancien corps de garde *(actuelle mairie)*. Voilà une invitation à aller regarder le tout de plus près !

Mairie – *L'intérieur, qui peut se visiter sur demande, abrite deux belles cheminées dont l'une, au premier étage, porte un écusson aux armes des Bourbons.*

Église – Elle est édifiée à l'emplacement d'un ancien prieuré : ce n'est donc pas elle qui a pris ses distances, mais le village qui a préféré se développer par la suite autour du château, bénéficiant de sa protection. De la première église, seule reste la **crypte romane**, et de la reconstruction au 16e s., une chapelle.

Quittez Billy par l'ouest en empruntant la D 130.

Cette route pittoresque traverse la belle chênaie de la **forêt de Marcenat**.

2 km avant Loriges, prenez une petite route sur la gauche.

Abbaye St-Gilbert C2

À St-Didier-la-Forêt.

Cette ancienne abbaye de l'ordre des Prémontrés, élevée au 12e s., porte le nom de son fondateur, le saint patron du Bourbonnais. **Saint Gilbert** accomplit des miracles, ce qui donna lieu à des pèlerinages. Après la guerre de Cent Ans, l'abbaye déclina ; vendue après la Révolution, elle fut transformée en haras et en partie réhabilitée dans les années 1960. De nouveaux travaux de restauration (assainissement des murs et décapage) ont remis en valeur cet ouvrage élégant. La **salle capitulaire**, aux belles croisées d'ogives (où a été découvert un sarcophage), et le **chauffoir** avec sa cheminée monumentale, forment un ensemble architectural intéressant.

Prenez la D 6 sur 500 m, puis empruntez à droite la D 277 qui ramène à St-Pourçain par Ambon.

NOS ADRESSES À SAINT-POURÇAIN-SUR-SIOULE

HÉBERGEMENT

PREMIER PRIX

Hôtel Le Chêne Vert – *35 bd Ledru-Rollin - ✆ 04 70 47 77 00 - www.hotelchenevert.fr - P - fermé janv. - 29 ch. 78 € - ☕ 8,50 € - ✕ 17/38 €.* Chambres contemporaines. Pimpante salle à manger et agréable terrasse. Cuisine classique et vins du pays.

RESTAURATION

PREMIER PRIX

Le Club – *39 bd Ledru-Rollin - ✆ 04 70 45 90 48 - ♿ - 7h-0h sauf le lun. - formule plat boisson 15 €, à la carte 13.50/14.50 €.* Accueil très souriant, dans une ambiance de cantine. Vous pourrez choisir entre la terrasse et la salle aux larges baies vitrées. Le Club se trouve au bord de la départementale, mais la cuisine vous fera très vite oublier ce désagrément sonore. Les plats traditionnels sont relevés par l'inventivité du chef qui propose aussi ses créations du moment.

BUDGET MOYEN

Auberge des Aubrelles – *32 r. des Béthères - ✆ 04 70 45 41 65 - P ♿ - fermé lun.-mar. et d'oct. à mars - réserv. conseillée - formule déj. 14 € - menu 28/48 €.* Avec sa terrasse au bord de la Sioule, sa carte de poissons et son patron-chanteur qui anime les soirées, ce restaurant a des airs de guinguette ! En hiver, jolie salle avec cheminée et parquet.

ACHATS

Union des Vignerons – *3 r. de la Ronde - ✆ 04 70 45 42 82 - www.vignerons-saintpourcain.com - 8h30-12h30/13h30-18h30, le dim. 9h30-12h30/14h-17h.* Cette coopérative réunit près de 90 vignerons. Son produit phare est la Ficelle, vin aux arômes de fruits rouges. Possibilité de visiter les caves des vignerons, avec dégustation.

Famille Laurent – *« Montifaud », 03500 Saulcet - ✆ 04 70 45 90 41 - famillelaurent.plugwine.com.* Une famille de vignerons indépendants, installée depuis des générations au cœur du vignoble, à Saulcet. Ses vins ont à la fois du corps et de la finesse et vous ne le trouverez pas en grande surface. « Filiation » est sa cuvée d'exception.

ACTIVITÉS

Centre équestre L'Éperon de Verneuil – *2 imp. de la Courcelle - 03500 Verneuil-en-Bourbonnais - ✆ 06 22 39 61 37 - www.eperondeverneuil.fr - fermé fin août et fin déc. - 18 €.* Balades à cheval ou à poney, stages d'initiation et de perfectionnement.

AGENDA

Festival viticole et gourmand – *✆ 04 70 45 32 73 - www.festigo.fr - 3e sem. d'août.* Visites des vignes en calèche, découverte des caves, buffet campagnard, kermesse, cavalcade, chasse au trésor…

Lapalisse

3 067 Lapalissois – Allier (03)

Sur l'ex-route du soleil, la RN 7, Lapalisse est dominé par la haute silhouette de son château. C'est un bon point de départ pour découvrir la vallée de la Besbre, remarquable par le nombre et la variété des châteaux qui la bordent. Les pêcheurs trouveront sur le cours de cette paisible rivière, ainsi que le long de ses affluents, maints endroits où appâter tanches, carpes, brochets, gardons et ablettes.

NOS ADRESSES PAGE 519
Hébergement, restauration, achats, activités, etc.

S'INFORMER

Office de tourisme – *9 pl. Charles-Bécaud - 03120 Lapalisse - ✆ 04 70 99 08 39 - www.lapalissetourisme.com - juil.-août : 10h-12h30, 14h-19h, dim. 9h-13h ; reste de l'année : tlj sf dim. et j. fériés 10h-12h, 14h-17h, lun. 14h-17h, merc. 10h-12h.*

SE REPÉRER

Carte de microrégion D2 p. 449 – *carte Michelin Départements 326 I5.*
Entre Vichy et Digoin, Lapalisse est un carrefour routier important, à l'intersection de la N 7, en provenance de Moulins et de la D 990 qui part vers Mâcon. La petite D 480, qui suit le cours de la Besbre, est plus buissonnière et procure d'agréables points de vue sur la vallée, la ville et son imposant château.

À NE PAS MANQUER

L'élégant château de La Palice ; les nombreux manoirs et châteaux du Bourbonnais, « région aux 1 000 châteaux » ; le très beau tympan de l'église de Neuilly-en-Donjon.

ORGANISER SON TEMPS

Prévoyez une demi-journée pour visiter la ville, puis partez à la découverte de la région : une trentaine de promenades s'offrent à vous.

AVEC LES ENFANTS

La découverte du Préhistorama de Châtelperron ; les figurines historiques à Droiturier ; les attractions du parc Le PAL (*p. 458*) ; le château de La Palice.

Se promener

★ Château de La Palice

✆ 04 70 99 37 58 - visite guidée (1h) avr.-nov. : 9h-12h, 14h-18h - visite libre du parc - fermé mar. - 7 € (-18 ans 4 €) - 18 € billet famille (2 adultes + enf.).

Il reste peu de choses du château féodal. L'édifice actuel entrepris en 1527 est l'œuvre de Florentins que Jacques II de Chabannes, seigneur de La Palice, avait ramenés d'Italie ; il relève de la première Renaissance. La façade est agrémentée de **damiers de briques** polychromes et de **chaînages de grès** qui soulignent les arêtes des tours et les encadrements des fenêtres selon la mode de l'époque. De la terrasse haute du château où se situe le porche d'entrée, vous bénéficierez de points de vue sur la Besbre et l'entourage immédiat du château. L'intérieur a malheureusement subi des vols à plusieurs reprises.

Le **vestibule** conduit à la salle à manger, meublée en style Renaissance italienne. Le **salon de réception**, aux murs jadis tendus de cuir de Cordoue, abrite les portraits de la famille de Chabannes. Le **Salon doré**★★ est orné

L'HISTOIRE DE LA LAPALISSADE

Celui dont la postérité a retenu le nom est **Jacques II de Chabannes, seigneur de La Palice**, né à Montaigu-le-Blin. Maréchal de France, M. de La Palice s'illustra à la conquête du Milanais et fut tué à la bataille de Pavie en 1525. Sa mort frappa l'imagination de ses soldats, qui en firent une chanson : *« M. de La Palice est mort/Mort devant Pavie. Hélas ! S'il n'était pas mort/Il ferait encore envie. »* Un scribe, transcrivant ces paroles, aurait pris la lettre *f* de « ferait » pour un *s* et changé le dernier vers en : « Il serait encore en vie », faisant d'un vaillant soldat un ridicule fantoche.

d'un magnifique plafond à caissons dorés et des deux tapisseries des Preux représentant Godefroy de Bouillon et Hector. Le **salon des Médailles** renferme les nombreuses décorations reçues par les membres de la famille. Il renferme l'**ancre en or de Nelson** qui fut remise à sa mort à son adjoint le général Parker, dont la petite-fille épousa Alfred de Chabannes. La **chapelle**, reconstruite au milieu du 15e s., fut pillée en 1793 et a subi de très importants dommages suite à la construction d'une route à proximité. Sa crypte renferme les tombeaux des Chabannes.

À proximité Carte de microrégion

Neuilly-en-Donjon D2 en direction

27 km au nord-est, par la D 994 jusqu'au donjon, puis tournez à droite sur la D 989.

L'intérêt de ce village de l'Allier réside dans le **portail roman★** de sa petite église, remarquable par la finesse de son exécution et la minutie de ses détails. Sur le tympan, consacré au thème de l'Épiphanie, vous remarquerez la Vierge Marie et l'Enfant, les Rois Mages apportant leurs offrandes, tandis que des anges sonnent de l'olifant. Sous le tympan, le **linteau** semble relier les deux **chapiteaux** : celui de gauche symbolise l'homme pécheur, celui de droite le prophète Daniel dans la fosse aux lions. Le linteau comporte deux thèmes : Adam et Ève entre l'arbre du Bien et du Mal et le Repas chez Simon (à ne pas confondre avec la Cène où Marie Madeleine, aux pieds de Jésus, n'est pas représentée).

Le Breuil D2

9 km au sud, par la D 7.

Ce village, situé sur la Besbre et le Barbenan, fut témoin des agissements du célèbre brigand Mandrin, comme en témoigne une fontaine du 18e s. qui porte son nom. Outre la **maison Regnaud**, ancienne maison des dîmes datant du Moyen Âge, on remarque au Breuil sa belle **chapelle romane** du 12e s. qui renferme, dans le chœur, un tombeau du 14e s.

Musée de la Meunerie – *04 70 55 01 68 - http://museemoulinmontciant.jimdo.com - visite guidée (1h) juil.-août : vend., w.-end et j. fériés 14h30, 15h30 et 17h ; reste de l'année : sur demande préalable - 3,50 € (-10 ans gratuit).*

Ce moulin, qui appartient à la même famile depuis le 19e s., retrace, sur trois niveaux, le quotidien du meunier. Entre machinerie, outils et pièce de vie, la visite se déroule au gré des anecdotes et des souvenirs à partager.

Droiturier D2

8 km à l'est par la D 990A, puis la D 570.

Église St-Nicolas – *04 70 55 03 30 - juin-sept. : 9h-18h ; reste de l'année : 9h-16h - possibilité de visite guidée sur demande.* Ancien prieuré bénédictin, d'où

sa taille importante, cette belle église romane abrite deux beaux **chapiteaux** situés de part et d'autre de l'entrée. Le premier représente un arbre de vie, et le second un singe cordé, thème que l'on retrouve fréquemment en Auvergne. Dans la chapelle au sud, remarquez les **peintures murales** en trompe l'œil.
Musée-exposition Figurines historiques d'art – *Le Champs-de-la-Garde - ✆ 04 70 99 03 99 - www.le-souffle-de-lhistoire.com - 15h-19h, vend. sur demande préalable - possibilité de visite guidée (1h) - 5 € (-10 ans gratuit).*

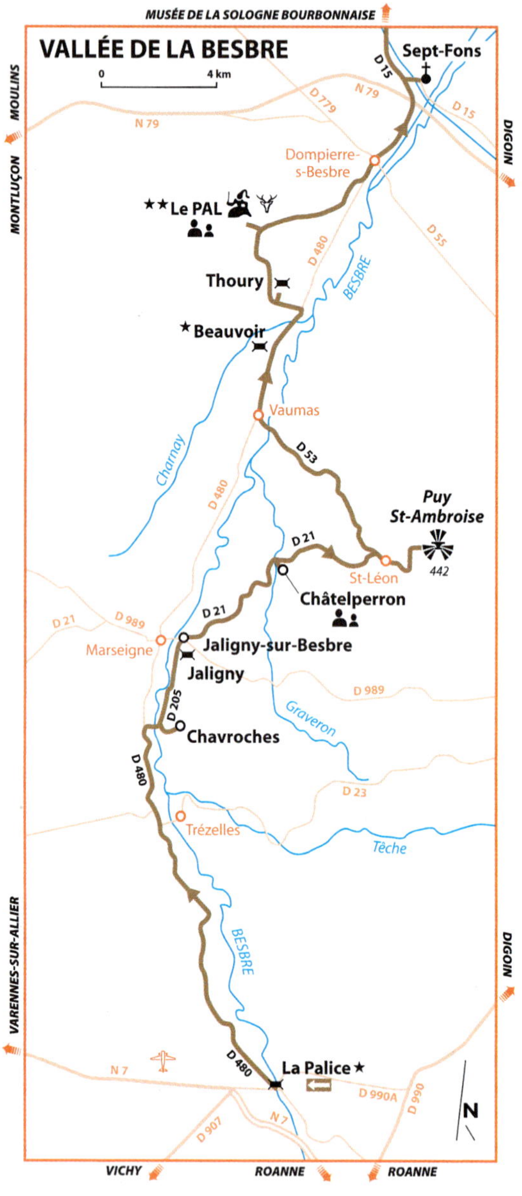

Cet atelier-espace d'exposition abrite une belle collection de figurines historiques d'art depuis les Celtes jusqu'à 1918. Une exposition, « L'art et l'histoire de nos ancêtres sur les champs de bataille », est complétée par une nouvelle salle consacrée aux croisades et à la chevalerie.

Circuit conseillé Carte de microrégion

★ EN LONGEANT LA BESBRE D1-2

Circuit de 67 km tracé en marron sur la carte p. 516 – comptez environ 4h. Quittez Lapalisse par le nord-ouest en empruntant la D 480 qui longe la rive gauche de la Besbre.

Chavroches

La montée au **château** laisse apercevoir le corps de logis du 15e s. La porte et les remparts datent des 12e et 13e s. Inscrit dans un joli site, il est visible depuis la route. Arrêtez-vous à l'**église** du 12e s., remaniée à plusieurs reprises, qui présente un clocher-mur à quatre baies.

Descendez la route en sens unique, prenez à droite et suivez la D 163, puis la D 205.

Jaligny-sur-Besbre

Ce joli bourg des bords de la Besbre est le pays d'adoption de l'écrivain **René Fallet** (auteur de *Paris au mois d'août* et de *La soupe aux choux*). Jaligny se distingue par sa foire (concours de bovins) au printemps, et son marché aux dindesr à la mi-décembre, mais c'est aussi une base nautique et un point de départ de deux circuits de randonnée à faire à pied ou à VTT *(2 circuits de 5 et 12 km ; se rens. à la mairie - ✆ 04 70 34 70 34.).*

Le **château** *(ne se visite pas)* est visible d'assez loin. Précédé d'une vaste prairie, ce bel édifice présente deux tours massives percées d'ouvertures Renaissance, encadrant un corps de logis de la même époque, surmonté d'un comble aigu. Autrefois attenante au château, l'**église** romane, dont le chœur date en partie du 11e s., a été remaniée. Elle comporte de beaux chapiteaux du 12e s.

Exposition René Fallet – *10 r. du Château - mar. et vend. 16h-18h, merc. 10h-12h, 15h-18h, jeu. 10h-12h, sam. 10h-12h, 14h-16h - gratuit -possibilité de visite guidée sur demande (5 €). Photos de sa vie publique et privée, expo. rétrochronologique, objets personnels, manuscrits, livres dédicacés. 2 bornes numériques : carnet de pêche et le livre le Braconnier de Dieu. Vidéo : interview de René Fallet 1970.*

La commune honore la mémoire de l'écrivain à travers une exposition dans l'ancienne mairie et l'attribution, chaque année, d'un prix littéraire.

La Maison Aquarium – *Chemin du Stade - ✆ 04 70 34 80 81 - www.aquarium-valdebesbre.fr - juin-août : 10h-13h, 14h-19h, lun. 11h-13h, 14h-19h, dim. 14h-19h ; reste de l'année : tlj sf sam. 14h-18h - fermé de déb. nov. à mi-fév., certains j. fériés - 5 € (-18 ans 3,50 €).*

Pour découvrir la vie aquatique de la Besbre, observer la faune et la flore (aquarium, bassin tactile, manipulations interactives).

Quittez Jaligny par le nord-est en empruntant la D 21 vers Châtelperron.

Châtelperron

Ce petit village du bout du monde est dominé par les tours rondes de son imposant **château** *(ne se visite pas)*. Dans l'**église**, ancienne chapelle castrale, sont donnés parfois des concerts durant l'été *(fermée hors concerts)*.

C'est le gisement de la **grotte des Fées**, composé d'un ensemble de trois cavités fouillées à trois reprises à partir du 19e s., qui a donné son nom à une grande civilisation préhistorique, le **châtelperronien**, qui s'est développée il y a environ 33 000 ans.

Préhistorama – *La Gare - ✆ 04 70 34 84 51 - www.03web.fr/prehistorama - ♿ - avr.-sept. : 10h-12h, 14h-18h, dim. et j. fériés 14h-18h ; reste de l'année : tlj sf lun. 14h-17h - fermé mar., 25 déc.-25 janv., 1er Mai - 4 € (-18 ans 2 €) - audioguide disponible.*
Situé dans l'ancienne gare, Préhistorama retrace le quotidien de l'homme de Neandertal au travers de vitrines scénographiées ainsi que de séquences vidéo expliquant les différentes tailles d'outils en silex. Ouvrages et CD-ROM sont en consultation dans l'espace de documentation. En été, des ateliers pour enfants sont proposés sur réservation. Si vous avez l'occasion d'aller jusqu'à Gannat (*p. 499*), vous pourrez compléter vos connaissances en visitant Paléopolis.

Continuez sur la D 21 vers St-Léon.

Puy St-Ambroise

La **vue★** s'étend sur la vallée de la **Besbre** et, au nord et à l'ouest, sur une partie de la Sologne bourbonnaise au vert bocage *(table d'orientation).*

Regagnez St-Léon et, par la D 53, la vallée de la Besbre via *Vaumas. Prenez la D 480 vers Dompierre-sur-Besbre.*

★ Château de Beauvoir

✆ 04 70 42 00 44 - www.beauvoir-bourbonnais.fr - visite guidée des intérieurs, sur demande préalable, de 9h à 19h (10h-17h en hiver) - fermé les sam. de déb. mai à mi-oct. - gratuit.

Cette ancienne place forte du 13e s. porte les traces des restaurations effectuées au 15e s. par la famille La Fin. Son plan en équerre le différencie des autres châteaux de la région et l'ancienne tour de guet est typiquement bourbonnaise. Suivez les flèches pour un parcours *(15mn)* très agréable : à gauche, le chemin longe les anciennes douves et débouche sur les jardins à la française.

Poursuivez sur la D 480, puis prenez à gauche la D 296.

Château de Thoury

Accès libre au parc uniquement.

Cette place forte des 11e, 12e et 15e s., entourée d'un parc et revêtue de grès rose, dessine sa silhouette harmonieuse dans la campagne bourbonnaise (*ABC d'architecture p. 575*). De hautes courtines relient les deux corps de logis et la porte d'entrée. Celle-ci, accessible par un pont jeté sur les douves, est munie de mâchicoulis et de deux tourelles au toit en poivrière.

★★ Parc Le PAL (*p. 458*)

Le PAL - ✆ 04 70 42 68 10 - www.lepal.com - ♿ - avr.-sept. : 10h-19h - fermé certains j., se rens. - 26 € (-10 ans 23 €) - gratuit enf. de moins de 1 m. En sortant du parc, prenez à gauche la route remontant jusqu'à la D 480. Traversez Dompierre pour rejoindre la D 55.

Abbaye de Sept-Fons

Dompierre-sur-Besbre.

Cette abbaye, dont l'église a été reconstruite en 1955, est installée dans des bâtiments du 18e s. *(ne se visite pas).* À noter que les moines fabriquent d'excellents produits diététiques ou bio, avec toute une gamme de confitures, que l'on peut acheter à l'extérieur de l'abbaye.

Prenez la D 15 jusqu'à Beaulon.

Revenez à Lapalisse par la D 15, la D 55, puis la D 480.

NOS ADRESSES À LAPALISSE

HÉBERGEMENT/RESTAURATION

BUDGET MOYEN

Hôtel restaurant Galland – *20 pl. de la République - ✆ 04 70 99 07 21 - www.hotelgalland.fr - P - fermé 3 sem. en janv. - 7 ch. 66/76 € - ☕ 11 € - ✕.* Régalez-vous de plats au goût du jour dans cette élégante salle à manger contemporaine égayée de tons pastel. Chambres confortables et bien tenues.

À proximité

Auberge de l'Olive – *Av. de la Gare - 03290 Dompierre-sur-Besbre - ✆ 04 70 34 51 87 - www.auberge-olive.fr - P ♿ - fermé 2-12 janv., 22 sept-10 oct., dim. soir de nov. à mars et vend. sf juil.-août - 17 ch. 67/77 € - ☕ 8,50 € - ✕ menu 21/56 €.* Au bord d'une avenue passante, cette auberge cache bien son jeu. Sa lumineuse salle à manger en véranda est accueillante et celle, plus rustique, sous ses poutres s'égaie de bleu. La partie hôtel a été rénovée.

AGENDA

Fête du cou de l'oie – *03640 Arfeuilles - 15 km au sud-est de Lapalisse par la D 7 jusqu'au Breuil - ✆ 04 70 55 51 48 (comité des fêtes) ou 04 70 59 38 40 (office de tourisme) - 15 août.* Fête folklorique traditionnelle autour du jeu équestre du cou de l'oie, datant du Moyen Âge. Attractions, bals, potée géante et feu d'artifice.

Embouteillage – *http://embouteillagen7lapalisse.blogspot.fr - 3 j. en oct., ts les 2 ans ; prochaine édition 2018.* Le plus gros embouteillage reconstitué sur la mythique Nationale 7, collection de véhicules anciens.

Le château de La Palice.
H. Lenain/hemis.fr

Vichy

★★

25 068 Vichyssois – Allier (03)

Les bords de l'Allier, avec ses grands parcs qui dispensent paix et fraîcheur, font l'originalité première de Vichy. Sur l'agréable promenade fluviale de 3 km, aménagée de planches, pontons, sable et aires de jeux alternent avec terrains de sport, bars et restaurants. Cette illustre station thermale, qui se tourne également aujourd'hui vers la forme et le bien-être, séduit par son architecture éclectique, la qualité de ses commerces et par le très large éventail des distractions culturelles et sportives qu'elle propose : opéra, festivals, concerts, expositions, conférences, courses hippiques.

NOS ADRESSES PAGE 531
Hébergement, restauration, achats, activités, etc.

S'INFORMER

Office de tourisme – *19 r. du Parc - 03200 Vichy - ✆ 0 825 77 10 10 - www.vichy-tourisme.com - juil.-août : 9h30-19h, dim. et j. fériés 14h30-19h ; avr.-juin et sept. : 9h-12h, 13h30-18h30, dim. 15h-18h ; reste de l'année : tlj sf dim. et j. fériés 9h30-12h, 13h30-18h - fermé 1er Mai.*

Visites – *✆ 0 825 77 10 10 - www.vichy-destinations.fr - avr.-sept.* L'office de tourisme propose différentes visites guidées à pied en été : Histoire d'eaux ; Vichy : 2 000 ans de thermalisme ; L'envers du décor : descendez dans les coulisses de l'opéra de Vichy *(période estivale)* ; Vichy, capitale de l'État français ; Second Empire ; Belle Époque, Âge d'or de Vichy ; Vichy, Art déco. Il édite aussi des brochures pour découvrir la ville, à travers les circuits Or et Azur, et ses environs : Vichy Pas à pas, Vichy Destinations.

SE REPÉRER

Carte de microrégion C3 p. 449 – *carte Michelin Départements 326 H6.* Vichy se situe à 60 km de Clermont-Ferrand et à 350 km de Paris, par l'autoroute A 71 (à 5 km de l'échangeur d'Espinasse-Vozelle). C'est l'arrivée par la Montagne bourbonnaise, par la D 62, qui procure la plus belle arrivée sur Vichy et le val d'Allier.

À NE PAS MANQUER

Les hôtels, chalets, villas et autres bâtiments caractéristiques de l'architecture thermale de Vichy, « reine des villes d'eau » ; les parcs vichyssois, havres de sérénité et de fraîcheur et surtout la promenade sur les bords de l'Allier.

AVEC LES ENFANTS

Les espaces verts du cœur de la ville. Pour les plus gourmands, le Comptoir européen de la confiserie. La visite des souterrains de Cusset.

Se promener Plan de ville

★ LE QUARTIER THERMAL

L'architecture thermale de la seconde moitié du 19e s. et du début du 20e s., période d'apogée de Vichy proclamée « reine des villes d'eaux », méritera toute votre attention.

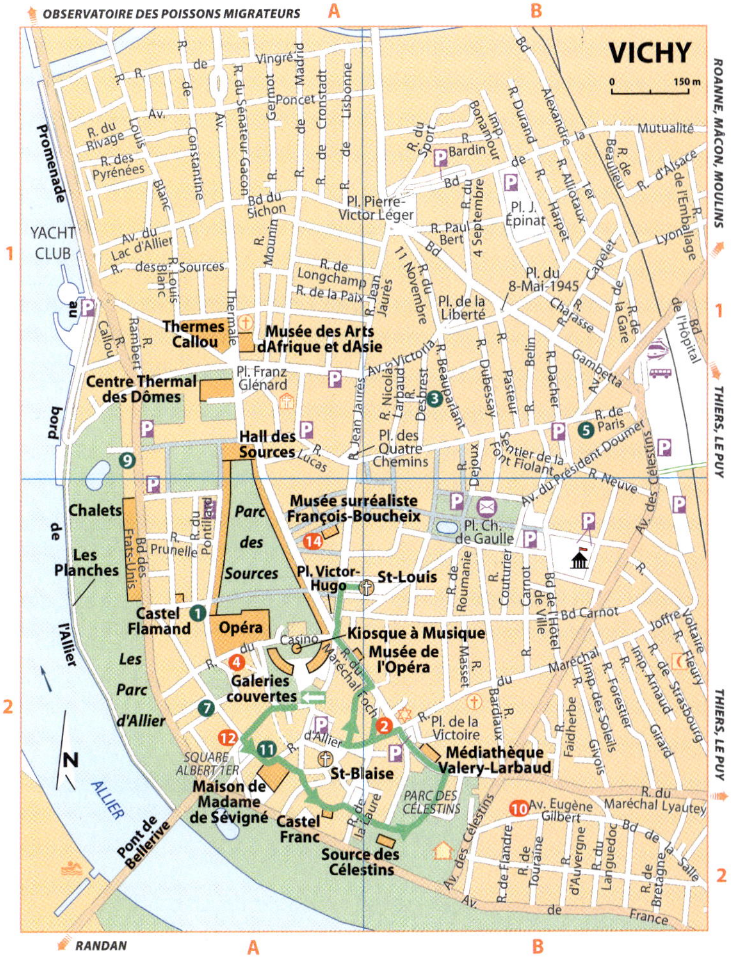

SE LOGER		
Hôtel Aletti Palace	1	
Hôtel Chambord	5	
Hôtel De Grignan	11	
Hôtel L'Arverna	3	
Hôtel Les Nations	7	
Vichy Célestins SPA Hôtel	9	

SE RESTAURER	
Brasserie du Casino et des Artistes	4
Les Caudalies	2
L'Hippocampe	12
Michelangelo.s	10

★ Parc des Sources A1-2

Aménagé sur décret de **Napoléon Ier**, le parc des Sources permit de relier entre elles plusieurs sources et fut à l'origine du quartier thermal. Ce beau parc, planté de marronniers et de platanes, est depuis lors au cœur de la vie thermale et des distractions. Le matin, c'est l'atmosphère si particulière des villes d'eaux, avec le va-et-vient des curistes et les groupes qu'ils forment autour des sources dans l'attente du « verre d'eau ». L'après-midi et les soirs de gala, c'est l'animation entretenue par les promeneurs, les consommateurs du Grand Café et les adeptes des réceptions mondaines.

Un patrimoine thermal exceptionnel

Restaurées et protégées depuis des années, les réalisations les plus remarquables forment un patrimoine insolite et d'une densité exceptionnelle. L'atmosphère mondaine de la station, son combat quotidien contre l'ennui et sa propension au défoulement doré prédisposèrent les architectes du Vichy thermal à cette recherche du jamais vu, de l'inattendu, qui les exposa aux influences divergentes de Byzance, de l'art roman auvergnat, du Quattrocento florentin, sans oublier les cottages anglais et les chalets alpestres, et assura le triomphe d'un « éclectisme baroquisant » faisant coexister dans une charmante anarchie tous les styles et toutes les époques. Ce qui justifie la participation de Vichy à la candidature transnationale des *Great spas of Europe* à l'inscription au patrimoine mondial de l'Unesco.

LES SOURCES

Les vertus curatives des eaux de Vichy étaient déjà reconnues des Romains, qui fondèrent ici une petite cité thermale, *Vicus Calidus*. Après une longue éclipse, le thermalisme revint à la mode au 17e s. Au 18e s., deux filles de Louis XV, Adélaïde et Victoire, laissèrent leur nom à une source : la **source Mesdames**. En 1799, Vichy accueillit **Letizia Bonaparte**, mère de **Napoléon**, qui créa le parc des Sources en 1812. En 1821, la **duchesse d'Angoulême** posa la première pierre de l'établissement thermal. La station atteignit son apogée dans les années 1930. Les sources minérales et thermales de Vichy sont particulièrement chargées de bicarbonate de soude et d'acide carbonique. Les principales, citées ci-après, appartiennent à l'État et sont exploitées par une Compagnie fermière fondée en 1853. Les eaux des Célestins sont expédiées en bouteilles dans le monde entier. On soigne à Vichy les affections du foie, de la vésicule et de l'estomac, le diabète, les migraines, les troubles de la nutrition et de la digestion, mais aussi les affections relevant de la rhumatologie.

Sources chaudes

Elles sont à la base du traitement (cures de boisson, douches, bains et confection de boue).

Grande Grille – *Température : 40 °C*. Une grille la protégeait jadis des bêtes assoiffées, d'où son nom. D'une profondeur d'environ 1 200 m, elle sort à gros bouillons.

Chomel – *Température : 41 °C*. Elle porte le nom du médecin intendant des Eaux qui la fit aménager en 1750.

Hôpital – *Température : 33 °C*. Elle sourd dans un pavillon en forme de rotonde, situé derrière le casino.

Sources froides

Leurs eaux sont, elles aussi, utilisées en cures de boisson. La source du **Parc**, qui jaillit dans le parc des Sources, est à 24 °C ; celle de **Lucas** (du nom du médecin inspecteur qui, au début du 19e s., acheta la source pour le compte de l'État) est à la même température ; et celle des **Célestins** est à 21,5 °C.

ÉTABLISSEMENTS THERMAUX

Le **centre thermal des Dômes** peut assurer 2 500 opérations thermales et parathermales par matinée. Les **thermes Callou** (1990) sont dotés, comme le **Vichy Célestins Thermal Spa**, des innovations techniques les plus récentes.

Hall des Sources A1

Regroupant les eaux des six sources thermales exploitées à Vichy, cette construction de verre et de métal (qui a été modernisée) symbolise, par sa fluidité et sa transparence, l'élément qui se déverse en elle.

Centre thermal des Dômes A1

De style néomauresque, avec son dôme central et ses dômes d'angle habillés de carreaux émaillés or, le nouvel établissement thermal de première classe, conçu comme le Grand Casino par Charles Le Cœur, fut inauguré en 1903. C'est alors l'un des plus vastes et des plus modernes de France. Dans le hall, peintures murales du peintre symboliste Alphonse Osbert : *Le Bain* et *La Source*.

★ Le Palais des congrès-opéra A2

L'ancien casino, voulu par Napoléon III et dû à l'architecte Badger, ouvrit ses portes en 1865. Associant sous un même toit salons, salle de spectacles (820 places) et salle de bal, il fut le premier du genre en France dans une station thermale. De 1900 à 1903, il fut réaménagé et agrandi sous la direction de l'architecte Charles Le Cœur, avec l'adjonction de déambulatoires, de salons, d'un grand hall et d'une salle de théâtre devenue **l'opéra** (1 400 places). À l'intérieur, la qualité du décor de style Art nouveau doit beaucoup au peintre Léon Rudnicki, au ferronnier Émile Robert et au maître verrier Francis Chigot. La façade principale donne sur le parc par un bel escalier. En 1995, une restauration à l'identique de l'opéra, assortie de la transformation du casino en **palais des congrès**, a rendu à l'édifice sa splendeur passée. Les rénovations ont repris depuis 2011 (escalier, galerie) et continuent de l'embellir *(musée de l'Opéra p. 526).*

Galeries couvertes A2

Ce délicat travail de ferronnerie d'inspiration Art nouveau, réalisé par Émile Robert, est venu ceinturer le parc des Sources en 1900. La balustrade du **kiosque à musique**, du même ferronnier, forme une guirlande de portées musicales où l'on peut lire les premières mesures de six chansons enfantines traditionnelles. En saison, on y donne des concerts *(tous les dim. après-midi, et des après-midi dansants ont lieu le sam.).*

Hôtels, châlets et villas A1-2

Malgré la démolition du prestigieux Queen's, Vichy a conservé l'essentiel des **palaces** qui ont contribué à sa réputation. à gauche de l'office de tourisme *(21-23 r. du Parc),* l'hôtel du Parc compte parmi les bâtiments néobaroques les plus réussis.

LA JOURNÉE D'UNE BAIGNEUSE AU GRAND SIÈCLE

Écoutons Mme de Sévigné, venue soigner des rhumatismes : « J'ai donc pris des eaux ce matin, ma très chère. Ah ! qu'elles sont mauvaises ! On va à 6h à la fontaine ; tout le monde s'y trouve ; on boit et l'on fait une fort vilaine mine, car imaginez-vous qu'elle est bouillante et d'un goût de salpêtre fort désagréable. On tourne, on va, on vient, on se promène. Enfin, on dîne. Après dîner, on va chez quelqu'un. À 5h, on va se promener dans des pays délicieux. À 7h, on soupe légèrement. On se couche à 10h. J'ai commencé aujourd'hui la douche. C'est une bonne répétition du purgatoire [...] Et l'on se met ensuite dans un lit chaud, et voilà ce qui guérit. »

Descendez la rue du Parc et tournez dans la rue Prunelle *(première à droite)* où, au n° 8, le Castel pastiche un cottage anglais. Jetez un œil dans la rue Alquié *(à droite)*, qui ressemble à une rue anglaise !

L'alignement de **chalets★** qui borde le boulevard des États-Unis *(n°s 101 à 109 bis)* fut construit à partir de 1863 pour accueillir Napoléon III et sa suite, qui prenaient régulièrement les eaux à Vichy.

L'allure mi-suisse, mi-coloniale donnée à ces ludiques architectures par leurs balcons ou lambrequins festonnés et leurs façades de brique est représentative de la mode de l'époque.

Tournez dans la rue de Belgique *(seconde à gauche)* pour voir la villa d'inspiration vénitienne, décorée des lions de St-Marc, au n° 7, et pour admirer le **Castel Flamand★** aux n°s 2-2 bis. Revenez sur vos pas pour prendre à gauche la rue Alquié, qui rejoint le boulevard de Russie. Au n° 15, le palais des Parcs (ex-Ruhl) est un autre de ces hôtels de style néobaroque.

C'est après la chute de l'Empire que les architectes déployèrent des trésors d'imagination et bâtirent des **villas** véritablement excentriques. On en contemple de remarquables : n°s 17, 19 et 21 de style néoclassique, n° 25 Castel gothique, n° 29 de style Art déco.

Dirigez-vous vers la rue du Casino, remarquez au passage dans la rue du Parc *(à gauche)* les façades de style néo-Louis XIII de l'hôtel des Ambassadeurs.

LE VIEUX VICHY AB2

Itinéraire tracé en vert sur le plan de ville. De la source de l'Hôpital, prenez l'avenue A.-Briand jusqu'au square Albert-Ier.

Remarquez le bâtiment de style Art déco, Vichy Residencia, ancien hôtel de l'Ermitage et du Pont-Neuf, construit en 1929. Plus loin, la **maison** où aurait séjourné **Mme de Sévigné** *(pavillon Sévigné)*, qui fit plusieurs saisons à Vichy, est une construction Louis XIII fortement transformée.

Empruntez la rue de la Tour *(à droite)*, puis la rue de la Porte-Verrier *(à droite)* afin de passer devant le **Castel Franc**. Cette ancienne maison de bailliage (16e s.), dont il ne reste qu'une tourelle d'escalier, suite à un remaniement au

LE GOUVERNEMENT À VICHY

Des premiers jours de juillet 1940 au 20 août 1944, Vichy fut le siège de l'État français. Bien reliée à Paris par le **Thermal Express** et des moyens de télécommunications modernes, disposant d'une importante capacité d'hébergement et située à peu de distance de la ligne de démarcation qu'on franchissait à Moulins, la ville fut choisie, plutôt que Clermont-Ferrand, Marseille ou Toulouse, comme base de repli par les pouvoirs publics signataires, au nom de la France, de l'armistice avec l'Allemagne et l'Italie. C'est au **Grand Casino-théâtre** (actuel opéra) que les Assemblées réunies votèrent, le 10 juillet 1940, l'attribution des pleins pouvoirs au **maréchal Pétain**. Ce dernier présidait habituellement le conseil des ministres au **pavillon Sévigné**, tandis que l'**hôtel du Parc** accueillait la majorité des membres du gouvernement et de la haute administration, le **Thermal** (aujourd'hui Aletti Palace) le ministère de la Guerre, et que les diplomates étrangers étaient regroupés aux **Ambassadeurs**. Le 20 août 1944, les derniers dignitaires du régime déchu demeurés sur place furent emmenés par les Allemands en repli. Six jours plus tard, salués par une marée de drapeaux tricolores, les FFI faisaient leur entrée dans la ville.

Vichy, la Rotonde du lac sur le lac Allier.
H. Lenain / hemis.fr

19e s., accueillit la mairie de 1801 à 1822. *Prenez ensuite la rue du Gal-Gallieni, puis sur votre droite la rue de la Laure, et enfin sur la gauche le boulevard Kennedy.*

Source des Célestins

Son eau coule aussi désormais dans le hall des Sources, mais l'élégant pavillon de style Louis XV qui l'abrite justifie la courte promenade à effectuer pour la visiter, d'autant qu'elle a conservé sa buvette 1900. Le parc des Célestins contient de remarquables conifères ; il reste quelques vestiges du couvent fondé au 15e s. dont la source et ce parc portent le nom.

Revenez sur vos pas. Rejoignez la rue du Maréchal-Lyautey par la rue Gallieni.

Espace musée Valery-Larbaud - médiathèque

110 r. du Mar.-Lyautey - ✆ 04 70 58 42 50 - www.ville-vichy.fr/mediatheque.htm - ♿ - 14h-18h, sam. 10h-17h - fermé dim.-lun., jeu. et j. fériés, mi-août - gratuit - possibilité de visite guidée (1h) 7 avr.-15 sept. : mar. 15h et sam. 11h.

La médiathèque municipale permet d'approcher l'univers fascinant de cet écrivain, né à Vichy en 1881. Quelque 14 000 livres, 180 manuscrits, 8 800 lettres et de nombreux documents sont présentés dans leur mobilier d'origine.

Place de la Victoire, prenez à gauche la rue Porte-St-Julien. Jetez un coup d'œil à droite dans la rue Besse (maison natale d'Albert Londres au no 2).

Église St-Blaise

Pl. d'Allier - ✆ 04 70 96 51 20 - www.vichy-tourisme.com - 8h-19h - possibilité de visite guidée (20mn). La hauteur de l'édifice surprend au détour de la rue, lorsque surgit le clocher. L'ancienne église, très remaniée, a l'intérêt de conserver une Vierge noire, Notre-Dame-des-Malades, dont seule la tête est ancienne. L'église Notre-Dame-des-Malades (architectes A. Chanet et J. Liogier, 1931), de plan basilical, qui inclut l'église St-Blaise, cache derrière de sobres façades de béton un décor Art déco, richement coloré : vitraux, **mosaïques★** et peintures signées des frères Mauméjean. La nouvelle église présente une intéressante série de **mosaïques★**, saisissantes par leurs couleurs, et de vitraux modernes.

LA PASTILLE DE VICHY

À la fin du 19e s., l'**impératrice Eugénie** découvre ces petits bonbons acidulés et en répand l'usage parmi ses dames d'honneur. Le résultat ne se fait pas attendre : en 1885, un décret impérial reconnaît l'originalité des pastilles de Vichy. Si la fabrication de cette confiserie typiquement française a évolué, bénéficiant de techniques ultramodernes, la saveur est demeurée intacte.

En sortant de l'église, prenez la rue Hubert-Colombier bordée de villas de différents styles. Tournez à gauche dans la rue du Maréchal-Foch.

Musée de l'Opéra de Vichy

16 r. du Mar.-Foch - ✆ 04 70 58 48 20 - http://operavichy-musee.com - ♿ - de déb. mai à mi-déc. : 14h-18h - fermé lun. et j. fériés - visite guidée sur demande (1h) - 5 € (-12 ans gratuit).

Ce musée dispose du très riche **fonds d'archives** de l'opéra de Vichy, qui fut soigneusement constitué jusque dans les années 1960 avant d'être délaissé, disséminé, voire détruit. Peu à peu reconstitué, il se compose de costumes et d'accessoires, d'affiches, de documentation scénographique (projets de décors, etc.), de tous les programmes de l'opéra de Vichy de 1901 à nos jours…, d'archives sonores et de quelque 10 000 photographies d'artistes, de célébrités de passage, et de scènes de la vie thermale. Le musée présente, à travers ses expositions thématiques, la richesse culturelle de cette scène de première importance qui accueillit les plus grands noms, et organise régulièrement des expositions temporaires liées au monde de l'opéra.

Rejoignez la rue Jean-Jaurès sur votre droite, jusqu'à la place St-Louis.

Église St-Louis

Cet édifice néo-roman fut construit en 1865 par l'architecte des chalets impériaux Jean Lefaure sur ordre de Napoléon III, après que le curé de l'église St-Blaise lui eut réclamé « un temple digne de Dieu ». Les neuf vitraux du chœur représentent les saints patrons de la famille impériale, parmi lesquels saint Napoléon sous les traits de Napoléon Ier et sainte Eugénie sous les traits de l'impératrice. Ils ont été réalisés par Antoine Lusson qui a également rénové ceux de la Sainte-Chapelle. Au-dessus du chœur se déroule une peinture murale d'Alphonse Osbert, de 1915, « à la gloire de Saint Louis ». L'orgue en tribune, créé par l'un des meilleurs facteurs européens, Bernard Aubertin, inauguré en 1991, a fait l'objet d'enregistrements par des organistes prestigieux, séduits par la qualité de ses 47 jeux. Les sculptures sont inspirées par l'histoire locale : saumons de l'Allier, aigles napoléoniennes et motifs végétaux.

★ PARCS ET BERGES D'ALLIER A1-2

Créés à la demande de l'empereur Napoléon III lors de ses visites à Vichy, ces beaux jardins ont été gagnés sur la rivière. De part et d'autre du **pont de Bellerive**, ils sont ornés d'arbres aux essences variées, de pièces d'eau où nagent cygnes et canards, de rocailles, de roseraies, de massifs fleuris. Une vingtaine d'hectares de verdure se succèdent sur les bords de l'Allier, du **parc Napoléon III**, jusqu'au parc des Bourins en passant par le **parc Kennedy**.

Les bords de l'Allier – La promenade sur les berges de la rive droite de l'Allier s'étend sur 3 km, le long des parcs. Des planches, une plage avec des jeux en été, des bars et des restaurants ont transformé les berges de la rivière et en ont fait un lieu de vie, pour le sport ou la flânerie. La promenade a été aménagée sur deux niveaux, à la fois pour les piétons et les cyclistes, qui cohabitent. La grande boucle, sur les deux rives, du pont de Bellerive au pont de l'Europe, fait 6,1 km. Un bac gratuit, *La Mouette II,* permet de traverser l'Allier pour accéder à l'hippodrome. Sur l'autre rive se trouvent en effet des installations sportives – piscine, tennis, golf et parc omnisports.

À voir aussi Plan de ville

★ Musée des Arts d'Afrique et d'Asie A1

16 av. Thermale - ✆ 04 70 97 76 40 - www.musee-aaa.com - ♿ - mai-oct. : 14h-18h - fermé lun. - possibilité de visite guidée sur demande (1h) - 4 € (-18 ans gratuit).

Un établissement d'hydrothérapie (1881), converti par la suite en laboratoire de contrôle des eaux de Vichy, abrite aujourd'hui les collections de l'Association de la Maison du missionnaire, riche d'un fonds de quelque 5 000 objets collectés par des missionnaires ou issus de dons de particuliers. Ces collections se consacrent aux civilisations d'Asie et d'Afrique, mais aussi d'Océanie et d'Amérique. Vous découvrirez, au rez-de-chaussée, une salle retraçant l'histoire du musée, et une autre consacrée aux instruments de musique du monde *(borne multimédia sonorisée)*. Sur ce niveau sont présentés les arts d'Asie : mobilier, **monnaies** chinoises de 720 av. J.-C. à nos jours, **cloisonnés**, porcelaines, bouddhas, etc. À l'étage, divers symboles de pouvoir (coiffes, armes), objets rituels (statuettes, amulettes, masques) et objets de la vie courante (mobilier, poterie) illustrent les arts d'Afrique.

Musée surréaliste François-Boucheix A2

7 r. Sornin - ✆ 04 70 31 49 92 - www.boucheix-musee.com - ♿ - vac. de Pâques, mai-oct. et vac. de Noël : 14h30-18h30 - fermé lun. - possibilité de visite guidée sur demande (1h15) - 5 € - film de 30mn av. la visite.

Ce musée présente les grandes périodes de la carrière, véritablement débutée en 1960, d'un artiste surréaliste auvergnat : François Boucheix. Sa rencontre avec Dalí, et les nombreux artistes qu'il côtoie, le raffermiront dans ses orientations artistiques, et plus précisément dans son attachement au mouvement des surréalistes. Peintures, sculptures, bronzes… plus de 350 pièces témoignent de son travail.

Observatoire des poissons migrateurs Hors plan, A1 en direction

Bd Franchet-d'Espey - ✆ 04 70 59 80 84 - www.saumon-sauvage.org - visite guidée sur demande préalable (1h30) de déb. avr. à mi-août : 14h30-18h - fermé jeu.-vend. - 3,50 € (-16 ans 2 €).

Installée sur le site du pont-barrage de Vichy, cette **passe migratoire** fut mise en place en 1996 pour permettre aux eaux de l'Allier, en amont de la Loire, de retrouver une population aquatique en déclin (*p. 546*). Implanté en amont de la passe, un observatoire accessible au public *(complété d'un bloc d'observation scientifique)* permet de comptabiliser et d'étudier les poissons migrateurs (saumons atlantiques, grandes aloses, lamproies marines, etc.) lors de leur passage.

Circuits conseillés Carte de microrégion

AUTOUR DE VICHY CD2-3

Circuit de 75 km tracé en orange sur la carte p. 528 – comptez environ 2h30.
Quittez Vichy par le sud-est en empruntant la D 906. Avant l'entrée d'Abrest, prenez à gauche la D 126 en direction de Cusset, puis à droite la D 270 jusqu'au Vernet.

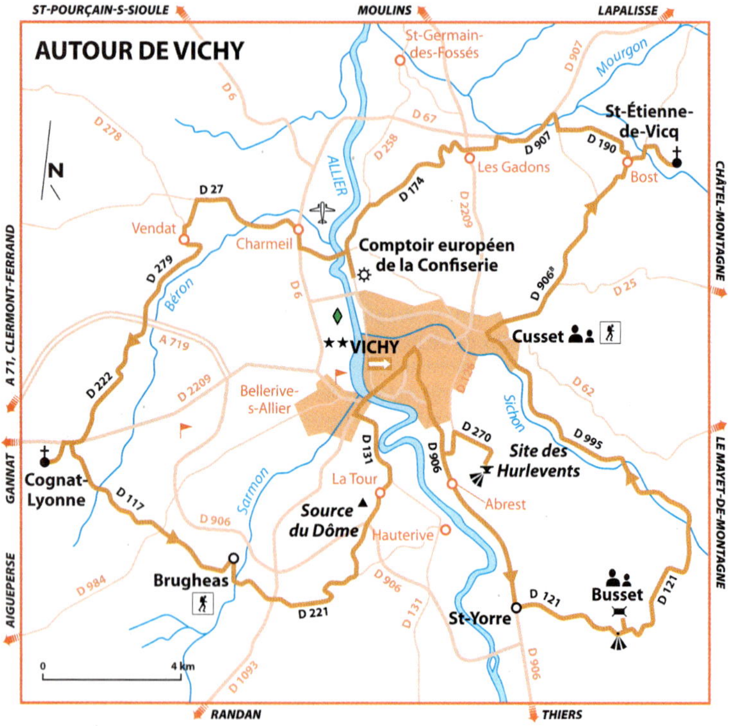

À l'entrée du village, sur la droite, une petite route mène au site des Hurlevents.

Site des Hurlevents

La **vue** s'étend sur le bassin de Vichy, la vallée de l'Allier, la Limagne, les monts Dôme et les Bois Noirs *(table d'orientation)*.

Revenez sur la D 906 et continuez vers le sud jusqu'à St-Yorre.

St-Yorre

Cette petite ville au célèbre slogan médiatique est située au centre d'un bassin hydrominéral donnant naissance à plus de cent sources, dont la plus connue est celle de Larbaud (pharmacien qui, au 19e s., s'en fit le promoteur). La verrerie et l'embouteillage des eaux minérales constituent les principales industries locales.

Quittez St-Yorre par l'est en empruntant la D 121.

Peu avant Busset, à gauche, s'offre une échappée sur le château de Busset ; à droite, jolies **vues** sur la vallée de l'Allier et le bois de Randan.

Château de Busset

Le Bourg - ✆ 04 70 59 13 97 - http://busset.com - visite guidée sur demande préalable juil.-août : 15h et 16h30 ; mars-juin et sept.-nov. : w.-end et j. fériés 15h et 16h30 - juil.-août : visite nocturne vend. 21h30 - 6 € - 9 € visite nocturne, 3 € parc seul.

Édifié sur un promontoire granitique, le château de Busset domine la vallée de l'Allier. Son histoire est liée à celle des Bourbon-Busset qui, depuis 14 générations, marquent de leur empreinte le château. Cette souche de la maison de Bourbon prit naissance en 1498 lors du mariage de Pierre de

Vichy, passage abrité dans le parc des Sources.
P. Jacques / hemis.fr

Bourbon, descendant direct de Louis IX, et de Marguerite d'Alègre, dame de Busset.
Précédée d'un pont-levis, la poterne d'entrée ouvre sur le château qui montre d'emblée une architecture fortement remaniée depuis son édification, à la fin du 13e s., par Renaud de Vichy. Busset affirme sa vocation défensive en encadrant ses deux puissants corps de logis de quatre tours. Couronnée d'un hourd en bois et coiffée d'un toit octogonal, la **tour d'Orion** mérite une attention toute particulière. Parcourez de belles galeries dont l'une a dévoilé, naguère, de fabuleuses **fresques★** du 16e s. illustrant les *Dictz Moraulx* du poète bourbonnais Henri Baude (v. 1430-1496) ; d'autres peintures murales, du 15e s., sont à découvrir dans l'oratoire *(tour de la prison)*. Les vastes pièces du château ont été remeublées après la Révolution ; seule la chambre Henri IV conserve deux meubles ayant toujours appartenu au château : un lit à baldaquin dans lequel dormit le roi de Navarre lors d'une visite faite à son cousin César de Bourbon, et un lourd bahut de chêne sculpté offert par César Borgia à sa fille Louise lors de son mariage avec Philippe de Bourbon en 1530.
La terrasse offre une magnifique **vue** sur les jardins du château *(à la française à l'ouest, à l'italienne au sud)* et, au-delà, sur la Limagne et la chaîne des Puys.
À la sortie de Busset, prenez à gauche la D 121 qui longe le cimetière, puis encore à gauche la D 995.
La D 995 passe d'une rive à l'autre du Sichon, laissant apprécier la basse vallée.

Cusset

Pl. Victor-Hugo - 03300 Cusset - ✆ 04 70 30 95 24 - www.ville-cusset.com - 9h-12h30, 13h30-17h, jeu. 13h30-17h - fermé w.-end.

C'est ici que s'opéra la paix de Cusset en 1440, réconciliation entre Charles VII et son fils, le futur Louis XI, à la suite de la révolte de la Praguerie. Le dauphin, qui était venu se mettre sous la protection du duc de Bourbon, fut contraint de s'humilier devant son père et de « lui demander pardon à genoux, criant trois fois merci ». Devenu roi, Louis XI fortifia Cusset afin de pouvoir, de cette place, contrebalancer la puissance du duc. Il y fut aidé par Jean de Doyat, son secrétaire, gouverneur d'Auvergne, né à Cusset. À la mort du roi, le duc de Bourbon, ulcéré, se vengea de Doyat en lui faisant donner publiquement le fouet, couper les oreilles et percer la langue au fer chaud pour calomnie.

Aux portes de Vichy, Cusset a troqué ses remparts contre une ceinture pacifique de larges cours plantés d'arbres récemment réaménagés. *04 70 30 95 24 - renseignements auprès de l'office de tourisme.*

Place Victor-Hugo – Elle groupe de pittoresques maisons à pignons, notamment la taverne Louis XI, qui aurait reçu, en 1440, Charles VII, le dauphin et le duc de Bourbon, et l'hôtel de la Borderie où fut signée la paix de Cusset.

Maison Barathon – La porte et l'une des fenêtres de cette demeure sont ornées de belles sculptures de la fin du 16e s.

Musée de la Tour prisonnière – *R. des Fossés-de-la-Tour-Prisonnière - 04 70 96 29 17 - www.ville-cusset.fr - juil.-août : 14h-19h ; de mi juin. à fin juin et de déb. sept au 3e dim. de sept. : tlj sf lun. 14h-19h ; de déb. mai à mi-juin : w.-end, j. fériés et ponts 14h-19h - 5 € (-18 ans 4 €) - visite guidée des souterrains (1h) 14h30, 15h30, 16h30 et 17h30.*

Au 15e s., la ville était protégée par une enceinte de pierre (ceinturée par un vaste fossé alimenté par le Sichon), flanquée de quatre portes et de cinq tours d'artillerie, dont ne subsiste que la Tour prisonnière. Vous y verrez des collections ayant trait à l'histoire de la ville, réunissant sculptures, outils de vieux métiers, armes, dessins, peintures, coiffes et costumes, plaques de rues aujourd'hui disparues. D'anciens cachots dotés de lourdes portes en bois munies de verrous rappellent que la tour servit de prison jusqu'en 1960.

Du musée part l'étonnante visite guidée des **souterrains** de Cusset. Redécouvert en 1985, ce réseau de galeries enterrées au ras du fossé, comblé au 17e s., vous entraîne au cœur des anciennes fortifications de la ville et révèle des vestiges du 15e s. admirablement bien conservés, dont les portes Doyat et St-Antoine.

Quittez Cusset par le nord-est en empruntant la D 906B.

St-Étienne-de-Vicq

Cette bourgade possède une petite église romane, intéressante par son architecture. À l'entrée du chœur, remarquez deux beaux chapiteaux historiés.

Revenez sur la D 906B, et repartez vers Cusset. À Bost, prenez sur la droite la D 190. Poursuivez sur la D 907, puis la D 174. Traversez Creuzier-le-Vieux. Prenez à gauche pour traverser la ZI Vichy-Rhue. Continuez tout droit et passez un feu, puis un rond-point, sur la gauche.

Comptoir européen de la confiserie - anciennement Pastillerie Vichy (*Nos adresses à Vichy*)

Revenez sur vos pas en direction de la ZI Vichy-Rhue. Au feu, prenez à gauche sur la D 27. À Vendat, empruntez la D 279 qui longe la voie ferrée.

Cognat-Lyonne

300 m au-delà du village, prenez à gauche un chemin conduisant vers l'église.

Cet intéressant édifice du 12e s. est bâti sur un tertre ; de là se découvre une belle **vue** sur la Limagne et les monts Dôme.

Revenez à Cognat et prenez sur la droite la D 117.

La route traverse la forêt de Montpensier (*Aigueperse p. 104*).

Vichy, Centre thermal des Dômes.
Bernd J. W. Fiedler/Prisma/age fotostock

Brugheas

Au bord du Sarmon entre les forêts de Boucharde *(à l'est)* et de Montpensier *(à l'ouest)*, ce village constitue un excellent point de départ pour aller à la découverte de ces bois.

Quittez Brugheas par le sud-est en empruntant la D 221 en direction d'Hauterive. Avant d'atteindre le lieu-dit La Tour, prenez sur la gauche un petit chemin cahoteux bordé de petits étangs et de prairies.

Source du Dôme

Abritée sous un kiosque, cette source bouillonnante, la plus chaude du bassin de Vichy (66 °C), produit des algues qui sont utilisées pour la préparation des boues minérales. En face s'élève la **source du Lys** (60,5 °C).

Le chemin se poursuit sur 700 m en traversant un petit bois, puis en longeant un paysage bucolique. En retrouvant la route goudronnée, prenez sur la gauche la D 131 qui ramène à Vichy par le pont de Bellerive.

NOS ADRESSES À VICHY

HÉBERGEMENT

PREMIER PRIX

5 **Hôtel Chambord** – B1 - *82 r. de Paris - 04 70 30 16 30 - www.hotel-chambord-vichy.com - fermé 20 déc.-30 janv. et 20-30 juil. - 27 ch. 45/74 € - 10 €.* Depuis trois générations, la même famille gère cet hôtel aux chambres fonctionnelles.

3 **L'Arverna Hôtel** – B1 - *12 r. Desbrest - 04 70 31 31 19 - www.arverna-hotels-vichy.com - P 8 € - - fermé vac. de fév. et 28 déc. - 1er janv. - 23 ch. 64/85 € - 9 €.* Un hôtel familial aux petites chambres rénovées. Petit-déjeuner dans la cour en été.

BUDGET MOYEN

7 **Hôtel Les Nations** – A2 - *13 bd de Russie - 04 70 98*

21 63 - www.lesnations.com - 🅿 pour les motos - 69 ch. 65/109 € - 12 € - menu 19.90/24 €. Situation centrale pour ce bel immeuble 1900. Cuisine traditionnelle servie dans deux salles à manger chaleureuses au décor actuel.

POUR SE FAIRE PLAISIR

11 **Hôtel De Grignan** – A2 - *7 pl. Sévigné - 04 70 32 08 11 - www.hoteldegrignan.fr - 🅿 5 €/j - ♿ - 50 ch. 69/290 €, 12 suites 151/270 € - 12,50 €.* Dans une rue calme, cet hôtel, installé dans un beau bâtiment 1930, a rénové une grande partie de ses chambres (certaines ont des baignoires balnéo). Il propose également des chambres économiques à 67 €, non rénovées, mais fonctionnelles.

À proximité

Chambres d'hôte Aux jardins des Thévenets – Hors plan - *Chemin des Thévenets - 03110 Espinasse-Vozelle - à 8 km de Vichy - 04 70 56 57 04 - www.jardins-des-thevenets.com - 🅿 - 5 ch. 98/110 € et 1 gîte 580 €/sem. - table d'hôte lun., merc., vend.-sam. 38 €.* Pour accéder aux chambres, il faut traverser le salon où objets sud-africains côtoient bibliothèques et meubles de la région. Chaque chambre reprend un thème (voyage africain, nature…). L'été, faites quelques brasses dans la piscine entourée de pierre de volvic, aménagée dans les anciens communs du 19e s.

UNE FOLIE

1 **Aletti Palace Hôtel** – A2 - *3 pl. Joseph-Aletti - 04 70 30 20 20 - www.hotel-aletti.fr - ♿ - 129 ch.125/2210 € - 15 € - formule déj. 18 € - 25/38 €.* Face à l'opéra, élégant hôtel du début du 20e s. alliant modernité et charme d'antan. Mobilier d'inspiration Art déco dans les chambres, peu à peu rajeunies. Fitness.

9 **Vichy Célestins Spa Hôtel** – A1 - *111 bd des États-Unis - 04 70 30 82 00 - www.vichy-spa-hotel.fr - 🅿 ♿ - fermé 30 janv.-2 mars - 129 ch. 152/309 € - 25 € - 42/75 €.* Cet hôtel moderne jouxte les fameux chalets qui accueillirent Napoléon III. Chambres actuelles, centre de remise en forme complet, sauna, hammam et piscine panoramique.

RESTAURATION

BUDGET MOYEN

2 **Les Caudalies** – B2 - *7/9 r. Besse - 04 70 32 13 22 - www.les-caudalies-vichy.fr - ♿ - fermé dim. soir. et lun. - formule déj. 23.50 € - menu 28/95 €.* Dans la rue natale d'Albert Londres, on déguste une cuisine traditionnelle au goût du jour dans une salle à manger redécorée. Goûtez la spécialité : le paris-brest à la nougatine.

10 **Michelangelo.s** – B2 - *44 av. Eugène-Gilbert - 04 70 32 85 15 - ♿ - fermé dim.-lun. et mar. soir (sf en été) - formule déj. 19 € - menu 26/42 €.* Dans cette maison familiale, simple et accueillante, le chef, d'origine piémontaise, prépare des recettes qui célèbrent toute l'Italie. Belle carte des vins. Coin épicerie.

4 **Brasserie du Casino et des artistes** – A2 - *4 r. du Casino - 04 70 98 23 06 - www.brasserie-du-casino.fr - fermé mar.-merc. - à la carte 20/25 €, menu 30 € (sf j. férié).* L'authentique cadre 1920 de cette brasserie est agrémenté de photos d'acteurs, chanteurs et artistes lyriques ayant fait les beaux soirs de l'opéra tout proche. Cuisine traditionnelle et produits de qualité. Tous les desserts sont faits maison. Terrasse-trottoir.

À proximité

La Colombière – Hors plan - *136 av. de Thiers - 03200 Abrest - par D 906 - ☏ 04 70 98 69 15 - www.restaurantlacolombiere03.fr - P ♿ (rest.) - fermé dim. soir-lun. - menu 26/53 € - 3 ch. 70 € - ☕ 7.50 €.* À flanc de colline, charmante villa des années 1950, son colombier et son jardin en terrasses courant jusqu'à l'Allier. Superbe panorama sur la vallée, cuisine traditionnelle.

POUR SE FAIRE PLAISIR

14 **La Table d'Antoine** – A2 - *8 r. Burnol - ☏ 04 70 98 99 71 - www.latabledantoine.com - ♿ - fermé jeu. soir de nov. à avr., dim. soir et lun. sf j. fériés - menu déj. 26,90 € - 33.90/69.90 €.* Carte dans l'air du temps à déguster dans un décor Baltard (verre et fonte) rajeuni avec bonheur.

12 **L'Hippocampe** – A2 - *3 bd de Russie - ☏ 04 70 97 68 37 - www.restaurant-hippocampe.com - ♿ - fermé mar. midi, dim. soir et lun. - formule déj. 22 € - 32/40 €.* Cadre simple et cuisines visibles depuis la salle. Les produits de la mer ont l'honneur de la carte.

PETITE PAUSE

Le Samoa – *13 bis sq. de la Source-de-l'Hôpital - ☏ 04 70 59 94 46 - ♿ - 12h-0h ; hiver : tlj sf mar. - fermé mi-déc.-fin fév.* À l'abri sous les arcades bordant le square, cette institution vichyssoise bat des records de fréquentation lors des animations du kiosque à musique.

ACHATS

Vichy est une des villes les plus riches en belles boutiques de la région et bon nombre de ses magasins sont ouverts le dimanche.

Vichy Prunelle – *34/38 r. Montaret - ☏ 04 70 98 20 02 - www.vichy-prunelle.com - 9h30-12h, 14h-19h, dim. et j. fériés 10h-12h, 15h-19h.* Cette grande confiserie à l'ancienne propose les fameuses pastilles et sucres d'orge de Vichy et des spécialités comme les Perles de la Marquise (noisette grillée enrobée de sucre vanillé ou chocolatée). Découvrez la création maison : la pâte de fruit au vin rouge de St-Pourçain et les chocolats Valery Larbaud et Albert Londres.

Comptoir européen de la confiserie – *94 allée des Ailes - ☏ 04 70 30 94 70 - www.pastille-vichy.fr - 9h-12h, 13h30-17h (15h le ven.) - fermé w.-end et j. fériés.* Vous n'ignorerez plus rien des secrets de fabrication de la légendaire et véritable pastille de Vichy.

Aux Marocains – *33 r. Georges-Clemenceau - ☏ 04 70 98 30 33 - www.auxmarocains.com - 9h15-12h15, 14h30-19h, dim. 10h30-12h30, 15h-19h, lun. 15h-19h.* Cette confiserie au décor luxueux garde le secret de la fabrication du marocain, caramel mou dans un caramel dur, recette mise au point dans les années 1920. Vous trouverez aussi des fruits confits, des sucres d'orge, des chocolats…

Fromagerie Meunier – *9 r. du Portugal - ☏ 04 70 97 62 43 - 9h-12h30, 15h-19h - fermé dim.-lun. et j. fériés.* Depuis 1830, cette maison qui ne paie pas de mine propose tous les fromages de la région.

EN SOIRÉE

L'Ascot Bar – *3 pl. Joseph-Aletti - ☏ 04 70 30 20 20 - www.hotel-aletti.fr - fermé lun.-mar. - 16h-02h (04h jeu.-vend., et 0h le dim.).* Le bar de l'Aletti Palace, cossu et feutré, invite à se détendre dans une ambiance musicale de qualité ou au bord de la piscine l'été.

Le Grand Café – *7 r. du Casino - ✆ 04 70 97 07 40 - www.casinovichygrandcafe.com - machines à sous 10h-3h ; salle de jeux à partir de 20h.* Sa situation au cœur du parc thermal, sa terrasse couverte, ses prestations (bar, restaurant et casino), en font l'établissement le plus prisé de la station.

Opéra de Vichy – *19 r. du Parc - ✆ 04 70 30 50 30 - www.ville-vichy.fr - nombreux spectacles les soirs et après-midi pendant la saison, se rens. sur site pour obtenir le programme.* L'un des temples de la vie culturelle vichyssoise, ce bel opéra de style Art nouveau a opté pour une programmation exigeante qui alterne opéra, théâtre, danse et même variétés.

ACTIVITÉS

Remise en forme (balnéothérapie, gymnastique et musculation, diététique, activités de détente, soins esthétiques) :

Vichy Célestins Thermal Spa – *111 bd des États-Unis - ✆ 04 70 30 82 00 - www.vichy-Spa-hotel.fr - soins à partir de 37 €.*

Thermes des Dômes – *132 bd des États-Unis - ✆ 04 70 97 39 59 - www.vichy-thermes-domes-hotel.fr - ttlj. 8h-19h, fermé dim. après-midi - soins à partir de 24 €.*

AGENDA

Vichy Nouvelle Vague – *Juil.-août - ✆ 04 70 98 71 94 - www.vichynouvellevague.com.* Plage et animations, beach volley, basket, badminton, trampolines, tyrolienne…

Vichy fête Napoléon III – *Dernier w.-end d'avr.* Dîner dansant et défilé de 300 personnes en costumes et calèches.

Iron Man 3 distances – *Dernier w.-end d'août - centre omnisports.*

Animations musicales en été

Podium du vendredi – *26 juin - 28 août - esplanade des Quatre-Chemins.*

Les Happy Hours du kiosque – *Juin : vend. 19h ; sept. : sam. 11h - Kiosque à musique de la Source de l'Hôpital.*

Les Dimanches du kiosque – *Juil. août : dim. 16h30.*

On danse à Vichy – *Les dim. de juil. à oct. 15h-18h sur la terrasse du Palais des congrès.*

Les Jeudis de Vichy – *Juil.-août - Parc des sources - 17h.*

Rencontres lyriques européennes – *Opéra de Vichy - ✆ 04 70 30 50 30 - sept.-oct. -* Opéras, programmation de classiques, et création chaque année autour d'un thème.

Festival Tintamarre – *Nov.* Festival organisé par le Centre culturel de Vichy *(✆ 04 70 32 15 33)* à et Musiques Vivantes *(✆ 04 70 31 15 00)* àdestination du jeune public.

Montagne bourbonnaise

★

Allier (03)

Constituée des Bois Noirs et des monts de la Madeleine, la Montagne bourbonnaise, aux pâtures en pente douce, aux bois de hêtres, de chênes ou d'épicéas, s'ouvre sur Vichy et la plaine d'Allier. Elle ne dépasse guère 1 000 m, tourne le dos à la basse Auvergne, à laquelle elle fut rattachée jusqu'en 1589, et regarde vers le pays des Bourbons. Balades et pêche aux beaux jours, ski de fond en hiver sont les principaux programmes de cet espace naturel.

NOS ADRESSES PAGE 541
Hébergement, restauration, achats, activités, etc.

S'INFORMER

Office du tourisme de la Montagne bourbonnaise – *R. Roger-Dégoulange - 03250 Le Mayet-de-Montagne - ✆ 04 70 59 38 40 - www.tourisme-montagne-bourbonnaise.com - juil.-août : 9h-12h30, 14h30-18h, dim. 9h-13h ; juin et sept. : tlj sf dim. 9h-13h, lun. et merc. 9h-12h30, 14h30-18h ; reste de l'année : tlj sf dim. 9h-13h, lun. et merc. 9h-12h30, 14h30-17h - fermé j. fériés.*

SE REPÉRER

Carte de microrégion D3 p. 449 – *carte Michelin Départements 326 F/H 5/7.* La véritable « capitale » de la Montagne bourbonnaise est Le Mayet-de-Montagne, relié au nord à Lapalisse par la D 7, à Vichy-Cusset par la D 62, à Thiers par St-Yorre et la D 906.

À NE PAS MANQUER

L'église romane de Châtel-Montagne, les ruines de Montgilbert et les mystérieuses tablettes manuscrites de Glozel.

ORGANISER SON TEMPS

Prenez un hébergement au Mayet-de-Montagne, et passez deux jours à rayonner aux alentours.

AVEC LES ENFANTS

Miniatures - Le monde du cirque et des sapeurs-pompiersà Mayet-de-Montagne, l'horloge à billes et l'écomusée du Bois à Lavoine. De nombreuses promenades au détour de cascades et de panoramas sont accessibles à tous les âges. Tentez aussi l'expérience de la « Route magique »

Circuits conseillés Carte de microrégion

LA VALLÉE DU SICHON D3

Circuit de 50 km tracé en vert sur la carte p. 538 et sur la carte de microrégion p. 449 – comptez environ 3h.

Le Mayet-de-Montagne

Maison de la Montagne bourbonnaise – *8 pl. de l'Église - ✆ 04 70 59 75 24 - de mi-juin à mi-sept. : 10h30-12h30, 14h30-18h30 ; reste de l'année : 14h30-18h30, lun. 10h30-12h30 - fermé merc., 1er janv., 25 déc. - gratuit.* Cette maison accueille des fabricants qui exposent des objets d'artisanat rural et des produits fermiers. Elle fait également office de point d'information touristique.

Miniatures - Le monde du cirque et des sapeurs-pompiers – *Sennepin - ✆ 04 70 59 74 60 - juil.-août : 14h-18h ; reste de l'année : sur demande - fermé dim., 1er janv., 25 déc. - 2,50 € - tarif libre.*

Au travers d'une collection de miniatures, de fabrication artisanale, découvrez le travail des sapeurs-pompiers (dioramas évoquant leurs interventions et la vie de la caserne) et le monde du cirque (maquettes animées des plus grands noms du cirque français et étranger).

Quittez Le Mayet-de-Montagne par l'ouest en empruntant la rue de Vichy puis la D 62 sur 500 m, puis prenez à gauche la D 176 jusqu'à Arronnes.

Arronnes

Ancien site clunisien, le bourg s'est construit autour du prieuré dont seule subsiste l'église St-Léger du 11e s. Dix points de lecture sont répartis dans le village, permettant la découverte du patrimoine local selon un cheminement chronologique.

Maison de la paysannerie – *Le Bourg - ✆ 04 70 41 80 81 - juil.-août : vend. 14h-18h, w.-end 10h-18h ; reste de l'année : se rens. - possibilité de visite guidée sur demande - gratuit.* Deux salles d'exposition sont consacrées au quotidien paysan et aux métiers de boulanger et de forgeron. Vente de produits fermiers et régionaux.

Empruntez la D 995 vers le sud-est, en direction de Ferrières-sur-Sichon.

Glozel (commune de Ferrières-sur-Sichon)

Dans le monde de l'archéologie, Glozel fut l'objet d'une polémique, ouverte en 1926, au sujet de l'authenticité du **Champ des Morts**, fouillé deux ans plus tôt par un certain Émile Fradin. Ce jeune agriculteur découvrit en effet des objets votifs et de bien mystérieuses tablettes manuscrites qui n'ont pas fini d'échauffer les esprits scientifiques.

Musée – *Glozel - ✆ 04 70 41 12 96 - www.museedeglozel.com - ♿ - horaires variables, se rens. - possibilité de visite guidée (1h) - 4 € (-10 ans gratuit).* Qui dit vrai ? À vous de vous faire une opinion en allant découvrir une partie du produit des fouilles. Celles-ci comptent quelque 2 500 ossements, céramiques et galets, gravés de signes étranges. Leur non-ancienneté avait été proclamée dès 1927 par une commission internationale. Depuis 1972, de nouvelles expertises feraient remonter les ossements humains au paléolithique supérieur (17000 à 15000 av. J.-C.). Les tablettes, qui déchaînèrent les passions autour des origines de l'écriture, remonteraient, quant à elles, à une période s'étendant de 5000 à 1000 av. J.-C. (datation par thermoluminescence).

Paysage de la Montagne bourbonnaise.
Ch. Guy / hemis.fr

Poursuivez sur la D 995 jusqu'à Cheval-Rigond, et prenez sur la gauche la petite route grimpant jusqu'au château.

Château de Montgilbert (commune de Ferrières-sur-Sichon)

Du parking, gagnez les vestiges du château. Attention : la visite libre de ces ruines demande une certaine prudence et engage la responsabilité des visiteurs. Cette imposante forteresse du 13e s., flanquée de quatre tours rondes et d'une tour carrée, est renforcée d'une enceinte extérieure. Elle fait l'objet de travaux de sauvegarde depuis plusieurs années.
La Maison de la vallée du Sichon (*Nos adresses p. 541*) abrite une petite exposition qui retrace l'histoire du château.
Revenez sur la D 995 et repartez vers Ferrières-sur-Sichon où vous tournerez à droite (D 122).

Grotte des Fées

www.ferrieres-sur-sichon.fr - horaires, se rens. - demander clé et lampes de poche auprès de la Maison de la Vallée-du-Sichon, 1 pl. de la Poste, 03250 Ferrières-sur-Sichon - 04 70 41 14 89.
Du hameau de **Forest**, un chemin, puis un sentier à droite descendent dans le vallon du Sichon où s'ouvre cette grotte ornée de concrétions et de cascatelles.
Revenez à Ferrières-sur-Sichon (où se trouve l'arboretum Paul-Barge), prenez au sud-est la D 995. Un peu plus loin, sur la droite, notez la cascade du Sichon.

Rocher St-Vincent

30mn AR. Le chemin d'accès signalé s'amorce à gauche, 1 km après le hameau de Matichard. Laissez la voiture 600 m plus loin (parc de stationnement).
Un sentier conduit au sommet (alt. 925 m), où est installée une **table d'orientation** (panorama très étendu). Le filon d'andésite témoigne de manifestations éruptives antérieures aux sommets granitiques de la région. Il porte encore les vestiges du château fort de Pyramont (11e s.).
Poursuivez sur la D 995, et tournez à droite dans la D 422 vers Lavoine.

Lavoine

Vous ne pourrez pas rater la plus grosse **horloge à billes** et à eau du monde (30 m^2), installée sur la place du village ! La force de l'eau actionne un mécanisme d'une grande précision.
Écomusée du Bois et scierie à eau – *Le Bourg - 04 70 59 35 69 - www.commune-lavoine.fr - - mai-oct. : 14h30-18h - fermé lun. - possibilité de visite guidée*

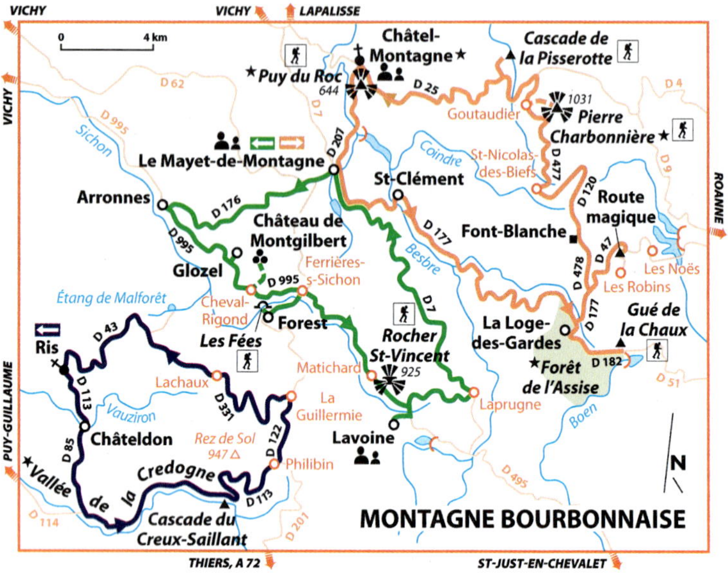

(45mn) - 3 € (enfant 1,50 €). Aux portes des Bois Noirs, cet espace présente le massif boisé et son environnement naturel. Faune, flore, mais aussi la vie du bûcheron et le devenir de la filière bois y sont abordés. La visite se termine, un peu plus loin dans le village, par une démonstration de fonctionnement d'une ancienne scierie.

Revenez sur la D 995 et prenez en face la route allant jusqu'à Laprugne. De ce village, la D 7 ramène au Mayet-de-Montagne.

★ LES MONTS DE LA MADELEINE D3

Circuit de 70 km tracé en ocre sur la carte ci-dessus – comptez environ une demi-journée.

Quittez Le Mayet-de-Montagne par le sud-est en empruntant la D 7 sur 2,5 km, puis prenez à gauche la D 120.

Comme les Bois Noirs dont la chaîne leur est parallèle, les monts de la Madeleine prolongent ceux du Forez par-delà l'ample seuil de Noirétable.

St-Clément

On fabrique encore des sabots de bois dans ce petit village sur la Besbre. Suite à la réunification de l'Allemagne, survenue le 3 octobre 1990, St-Clément fut le centre géographique des pays membres de la Communauté économique européenne d'octobre 1990 à décembre 1994.

Quittez St-Clément par le sud-est en empruntant la D 177.

La route remonte la vallée de la Besbre, très boisée, puis s'élève en offrant de belles échappées à gauche sur le vallon du Sapey, à droite sur la dépression de la Besbre fermée par les Bois Noirs.

★ Forêt de l'Assise

La route, tracée en corniche, s'enfonce dans les hautes futaies de résineux et de hêtres pour atteindre **La Loge-des-Gardes** (petite station de sports d'hiver et

de glisse, l'été) ou la maison forestière de l'Assise, au cœur du massif forestier. Des remontées mécaniques y permettent, en hiver, la pratique du ski alpin.
Suivez la D 182.

Gué de la Chaux

1h. Sur le plateau de la Verrerie, un sentier de découverte de la faune et de la flore a été aménagé dans cette immense tourbière.
Faites demi-tour et prenez à droite la D 177. Au carrefour de la Grand-Borne, prenez à droite la D 47, en direction des Noës. Peu avant les Forges, tournez à droite vers les Robins.

La « Route magique »

À environ 50 m de la bifurcation, à hauteur d'un panneau de signalisation, arrêtez la voiture dans la « descente » et voyez ce qui arrive... Au point mort, moteur coupé ou non, la voiture repart en marche arrière... Une boule de pétanque posée à même le sol « monte » la pente. Ce phénomène, illusion d'optique (?), ne trouve guère d'explications, mais attire des curieux.
Revenez au croisement avec la D 177, et prenez à droite la D 478.
La route passe à proximité de la modeste station de sports d'hiver de **Font-Blanche** et offre ensuite de belles vues sur les monts de la Madeleine, à droite.
Poursuivez sur la D 478 puis, au col de la Rivière, empruntez à gauche la D 120. À l'entrée de St-Nicolas-des-Biefs, prenez à droite la D 477.

★ Pierre Charbonnière

À Goutaudier, prenez un chemin en montée sur la droite ; suivez-le sur 500 m, puis laissez votre voiture.
1h30 AR. Le sentier monte à travers bois jusqu'à cet ensemble rocheux d'où l'on bénéficie d'une très belle **vue★** sur le bassin de Roanne à l'est, les monts de la Madeleine au sud-est, les vallées de la Besbre et du Barbenan au nord-ouest.
Poursuivez sur la D 477 jusqu'à Trapière, puis prenez à gauche la D 25.

Cascade de la Pisserotte

1h30 AR. Le Barbenan tombe, en deux rebonds, dans un très beau site.
Continuez sur la D 25.

★ Puy du Roc

Au-delà du carrefour routier de la Croix-du-Sud, aussitôt après une maison à tourelle, tournez à gauche et, 200 m plus loin, prenez à gauche un sentier qui monte vers une statue de la Vierge.
45mn AR. Un chemin de Croix aboutit au sommet (alt. 644 m), qui offre un beau **panorama★** au nord sur le Bourbonnais, à l'ouest sur les monts Dôme et les monts Dore, au sud et à l'est sur les Bois Noirs et les monts de la Madeleine.
Poursuivez sur la D 25.

Châtel-Montagne

Pl. Alphonse-Corre - 04 70 59 37 89 - www.chatel-montagne.fr - juil.-sept. : 10h-12h, 14h-18h ; reste de l'année : 14h-18h, w.-end 10h-12h, 14h-18h - fermé lun. - gratuit.
Dans le village, vous pourrez visiter la **Maison du patrimoine**, qui présente un espace consacré à l'art roman et des expositions ; elle regroupe artisanat local et produits du terroir.
★ **Église Notre-Dame** – *Pl. Alphonse-Corre - 04 70 59 37 89 - www.chatel-montagne.fr - visite guidée sur demande (1h) - en hiver ou par mauvais temps,*

l'entrée se fait par la petite porte donnant sur le choeur. Vestige d'un prieuré bénédictin dépendant de Cluny, cette église du 12e s. est un bel exemple du roman en Bourbonnais. C'est un édifice de granit, rude et bien proportionné, dont le chevet se rattache au style roman auvergnat. L'intérieur est très homogène. La **nef**, couverte d'une voûte en berceau soutenue par de robustes doubleaux, est faiblement éclairée par des fenêtres, ouvrant, entre des arcades aveugles, au-dessus du faux triforium. Dans le bas-côté gauche, **pietà** en bois polychrome du 17e s. Le chœur est entouré d'un déambulatoire sur lequel s'ouvrent quatre chapelles rayonnantes ; dans le chœur, belle **Vierge à l'Enfant**.
Quittez Châtel-Montagne par le sud-ouest en empruntant la D 207 qui ramène au Mayet-de-Montagne.

★ LA VALLÉE DE LA CREDOGNE D3

Circuit de 45 km tracé en bleu foncé sur la carte p. 538 et sur la carte de micro-région p. 449 – comptez environ 3h.

Ris

Église Ste-Croix – Cet ancien prieuré clunisien fut remanié au cours des siècles. Au 11e s., on refit le chœur et le transept et, plus tard, on éleva à l'intérieur de l'ancien édifice la curieuse **nef voûtée** dont l'étroitesse (3,45 m), la robustesse et la hauteur du berceau font l'originalité de l'église actuelle.
Huit **peintures murales** du début du 15e s. (restaurées) retiennent l'attention : dans le narthex à droite, le *Martyre de sainte Agathe* ; sur les piliers de gauche une Visitation et un abbé, et au mur de droite saint Michel terrassant le dragon.
Quittez Ris par le sud en empruntant la D 113.

Châteldon

Cette petite ville, où sourdent des eaux minérales radioactives et sulfureuses très prisées par les grands restaurants, est agréablement située au creux de coteaux. La peste de 1348 ruina la ville : couteliers et tanneurs émigrèrent alors à Thiers et à Maringues. Elle a conservé plusieurs **maisons de vignerons** à balcons de bois et de belles **maisons à colombages**. Les plus intéressantes sont, sur la place, le Vieux Logis et la maison voisine de la Prévôté. À côté s'élève la **tour de l'Horloge**, porte de ville du 14e s.
Château – *Ne se visite pas.* Bien campé sur un éperon dominant le village, il date des 13e et 15e s. et fut la propriété de famille de **Pierre Laval,** né à Châteldon.
Église – Des 12e et 15e s., elle abrite un mobilier intéressant, notamment, au fond de la nef, une Crucifixion attribuée à l'école italienne du 15e s. (panneau central vestige d'un triptyque).
Quittez Châteldon par le sud en empruntant la D 63 sur 1 km, puis la D 85. À Monpeyroux, prenez à gauche la D 114.

★ Vallée de la Credogne

À hauteur d'un rocher isolé au bord de la route, la Credogne forme la **cascade du Creux-Saillant**. Petit affluent de la Dore, la **Credogne** parcourt une jolie vallée, dont la D 114 permet de suivre la plus grande partie, avec des formations de gorges, où elle se resserre.
Empruntez sur la gauche la D 43, puis à droite la D 113. À Philibin, prenez à gauche la D 122. À La Guillermie, la route de Lachaux puis la D 43 vous ramènent à Ris.

NOS ADRESSES DANS LA MONTAGNE BOURBONNAISE

HÉBERGEMENT

PREMIER PRIX

Chambres d'hôte Les Breuils – *8 rte de St-Yorre - 03270 Mariol - 04 70 41 00 03 - http://lachambredhote-vichy.com - - 5 ch. 62 € - table d'hôte 22 € (- 12 ans 11 €).* Cette maison de maître, construite en 1720 pour sa partie la plus ancienne, abrite un beau salon aux murs ornés de fresques. Vastes et lumineuses, les 5 chambres bénéficient chacune d'une décoration soignée. Table d'hôte variant au gré des saisons.

RESTAURATION

PREMIER PRIX

Au Lac des Moines – *63 av. du lac, rte de Laprugne - 03250 Le Mayet-de-Montagne - 0,5 km ausud par D 7 - 04 70 59 70 23 - www.aulacdesmoines.com - - ouvert ttlj. du 10 mars à fin oct. - menu 25/29 €, à la carte 7/19 € - 6 ch. 59/169 € - 9 €.* Tout près d'un lac, une adresse qui honore le terroir : décor champêtre et spécialités de fritures. Terrasse d'été. Chambres proprettes.

BUDGET MOYEN

Auberge de la Source – *Le Fau - 03250 Lavoine - 04 70 59 37 49 - - fermé lun. et le soir - 17/27 €.* Reprise par un cuisinier expérimenté, cette ferme-auberge conviviale propose un menu qui change tous les jours, et quelques spécialités régionales, suivant arrivage.

ACHATS

Fromagerie artisanale de Ris – *9 r. La Boire, Ris-Gare - 63290 Puy-Guillaume - 04 73 94 13 14 - www.fromagerie-lartisanalederis.fr - 8h-19h - fermé dim. et j. fériés.* Une quinzaine de fromages sont produits et affinés sur place. Également une sélection de produits régionaux (miel, vins…).

Maison de la vallée du Sichon – *1 pl. de la Poste - 03250 Ferrières-sur-Sichon - 04 70 41 14 89 - - 14h-18h - dim. 15h-18h oct.-avr., mai-sept. (15h-19h) - fermé lun.* Objets artisanaux et produits du terroir.

ACTIVITÉS

Sarl Aventure Extrême – *La Cartonnée - 03250 Le-Mayet-de-Montagne - Le plan d'eau - 04 70 56 44 41 - 06 64 70 33 81 - www.aventure-extreme.com - tte l'année sur réserv., les w.-end en juin, ttlj. en juil.-aout - randonnées quad adulte : 65 €/j., 260 €/w.-end (tout compris).* Ce plan d'eau est réservé à la pêche et aux activités nautiques : canoë, pédalo et barque. Également 5 parcours acrobatiques dont un pour les enfants.

Station de loisirs de la Loge des Gardes – *03250 Laprugne - 04 70 56 44 44 - www.logedesgardes.com - en été de juil. à sept., 9/40 € - en hiver de mi-déc. à jan. et fév.-mars, 15 €/j. (et 15 € matériel).* Randonnée, luge d'été, cascade de tyroliennes, trottinette et kart de descente, mountainboard, ski nordique et alpin, luge, raquettes.

Foyer de ski de fond du Montoncel – *03250 Lavoine - 04 70 59 37 87 - www.montoncel-lavoine.com - hébergement possible sur place à partir de 10 pers. : 13.5 €/pers - repas sur réserv.* Été : VTT, randonnée accompagnée, initiation à la course d'orientation, tir à l'arc en forêt. Hiver : ski de fond, raquettes, luge.

COMPRENDRE L'AUVERGNE

Clermont-Ferrand, plaine de la Limagne, la cathédrale émerge de la mer de nuage.
F. Cormon / hemis.fr

Nature et paysages

Forte de ses 26 000 km², l'Auvergne est une étonnante région qui se découvre au gré de « pays » aux identités fortement ancrées. Vous serez frappé par l'incroyable richesse du patrimoine naturel : les reliefs, la faune, la flore, les lacs, les sources minérales et thermales sont autant d'éléments qui ont forgé l'Auvergne, et qui perpétuent son image de terre de contraste.

Les reliefs

PLAINES FERTILES

Elles sont séparées des plateaux les encadrant par des escarpements qui suivent des **lignes de faille**. Géologiquement, il s'agit de fossés résultant des cassures provoquées par le soulèvement alpin à l'ère tertiaire. Fertilisées par les cours d'eau qui les irriguent (Allier, Dore, Cher…), ces plaines ont des sols très riches. Au sens strict, on ne parle de **Limagne** que lorsque la plaine est traversée par l'Allier ; dans les autres cas, on parlera plutôt de **bassin** (bassin d'Ambert ou d'Aurillac).

Histoire des Limagnes

La Limagne tire son nom du latin *lac magnus*, « le lac grand », qui s'est asséché progressivement pour laisser place à des marais. On disait, au 13e s., que l'on pouvait s'y noyer ! L'érosion et les interventions humaines ont fini par faire disparaître cette zone de marécages au profit d'un sol très fertile, caractérisé par une terre grasse de couleur noire. Mais dans le langage courant, le terme « Limagne » décrit plus généralement l'enfilade des plaines allant de Langeac, au sud, au Bourbonnais, au nord, qui compose une mosaïque de vastes champs cultivés où alternent la betterave à sucre, le blé, le colza, le tournesol et le maïs. Au sud, le paysage est morcelé en plaines d'étendues modestes (Limagne d'Issoire, Limagne de Brioude) ; au nord, il s'ouvre avec la Limagne de Clermont, ou « Grande Limagne », qui s'étale sur 90 km de long, surplombée à l'ouest par la chaîne des Puys et à l'est par les monts du Forez.

PLATEAUX

Les plateaux auvergnats ont été façonnés au cours de l'histoire géologique de la région. À l'ère primaire, le centre de la France a été surélevé, et une haute chaîne de montagnes s'est édifiée avant d'être aplanie par l'érosion. Au moment du soulèvement alpin, au tertiaire, le vieux socle du Massif Central a été porté en altitude. Des plateaux, fracturés en de nombreux endroits, se sont ainsi formés.

Au nord-ouest, le paysage du **bocage bourbonnais** est sage

Armeria maritima.
ANP PHOTO / age fotostock

et mesuré. La campagne y est organisée en un bocage serré.
Du Cher à la Sioule s'étend le **plateau des Combrailles**, où s'éparpillent tantôt des bocages, tantôt des forêts de bouleaux et de sapins ponctuées de nombreux étangs.
La **Montagne bourbonnaise**, vers l'est, offre un relief plus accidenté.
Plus au sud, le **plateau de l'Artense** est entaillé de gorges parfois très profondes. L'empreinte des glaciers du quaternaire est très présente dans les paysages : les dépôts (moraines) abandonnés par ces derniers sont à l'origine du relief mouvementé.
Découpé en collines, le plateau de la **Châtaigneraie cantalienne** a des allures méridionales. La relative douceur du climat explique la présence d'arbres fruitiers variés. Le châtaignier domine dans les massifs forestiers. Entièrement boisée, la **Margeride** constitue, à 1 500 m d'altitude, un trait d'union entre le Cantal et la Haute-Loire.
Le **plateau de La Chaise-Dieu** contraste avec ceux, plus accidentés, du Livradois-Forez, appelés **monts du Forez** et **monts du Livradois** pour leurs allures de moyenne montagne. Les failles marquent nettement les paysages sévères du Forez, dépourvus de végétation et balayés par les vents. Les sommets du Forez culminent à 1 631 m ; servant de pâturages, ils sont baptisés **Hautes-Chaumes**.
Les plateaux du Livradois et du Forez butent sur la chaîne des Puys et les monts Dore auxquels ils font face.
Le **Cézallier** et l'**Aubrac** auvergnate, arides, sont deux plateaux d'origine géologique différente, formés par des coulées de lave qui ont recouvert les terrains cristallins. Le Cézallier dépasse 1 200 m, et l'Aubrac s'élève de 1 400 à 1 500 m. L'existence de ces **planèzes** est inséparable des volcans (*p. 29*) qui les encadrent et les surplombent.

MASSIFS VOLCANIQUES

La très grande majorité des volcans du Massif Central se déploie du nord-ouest du Puy-de-Dôme au sud-ouest du Cantal. Du nord au sud se succèdent les **monts Dôme** ou chaîne des Puys, les **monts Dore** et les **monts du Cantal**.
Parc naturel régional des Volcans d'Auvergne p. 26.

Une faune diversifiée

FAUNE TERRESTRE ET AILÉE

Les forêts des **plateaux** abritent de petits mammifères (fouines, belettes, hermines, lièvres, lapins, écureuils, campagnols), des sangliers ainsi que des cerfs et des chevreuils. Les oiseaux ne sont pas en reste, notamment dans le val d'Allier : rouges-gorges, rossignols, sternes, et même quelques rapaces comme le milan royal.
La **forêt** de Tronçais, dans l'Allier, est peuplée de cerfs, biches et chevreuils. Le cerf est le plus gros représentant de la faune d'Auvergne. En septembre, époque à laquelle ont lieu de violents combats entre les mâles, on peut entendre ses « brames », cris de séduction destinés à affirmer sa supériorité et à attirer les biches vivant en hardes.
Les **hauteurs volcaniques** constituent les refuges préférés des merles de roche et des pics noirs, oiseaux montagnards, ainsi que des hiboux grands ducs qui s'abritent dans les rochers. Certains papillons viennent se reproduire dans les **tourbières** où cohabitent mouches, libellules, araignées, grenouilles ou lézards vivipares sous l'œil du circaète Jean-le-Blanc, du hibou des marais ou de la bécassine.

Le mouflon corse

Introduit dans les monts du Cantal et du Sancy dans les années 1950, ce mouton sauvage habite les terrains secs et caillouteux et les forêts claires de montagne. Les mâles portent des cornes en spirale qui, à la différence de celles des cervidés, ne tombent pas. Actif du matin au crépuscule, le mouflon arpente avec agilité les versants. Les mâles sont solitaires, alors que les femelles vivent en hardes sous la direction d'une femelle âgée et expérimentée. On peut les surprendre à la jumelle sur les pentes du puy Mary ou sur les versants du Sancy.

L'aigle botté

Cet oiseau migrateur au corps élancé et au bec crochu, assez rare, arrive en France entre mars et avril, après avoir hiverné en Afrique du Nord ou au sud de l'Espagne. Il niche dans la vallée de la Sioule et les gorges profondes, et apprécie les forêts claires ponctuées de clairières et inondées de ruisseaux.

FAUNE AQUATIQUE

L'Auvergne est une région de prédilection pour les amateurs de pêche à la ligne. Sa faune aquatique est extrêmement riche : salmonidés, carnassiers, poissons blancs… Omble chevalier, saumon de fontaine, truite fario ou arc-en-ciel occupent les eaux profondes et froides des lacs Pavin, Servières ou Bouchet. Le brochet, avec sa gueule armée de 700 dents acérées, préfère des eaux riches en herbiers aquatiques, supports nécessaires à sa reproduction.
Au 19e s., le **saumon atlantique** était abondant dans les eaux de l'Allier, au point que certains contrats d'ouvriers notifiaient qu'on ne devait pas leur en servir plus de deux fois par semaine ! Aujourd'hui, le saumon, dont la pêche est suspendue, se fait rare. Sa population est passée de 30 000 adultes à moins de 1 000, à la suite de la construction, en 1941, du barrage de Poutès-Monistrol sur le haut Allier. L'extinction a pu être évitée grâce à la mise en place d'un plan de sauvegarde et d'équipements (salmoniculture de Chanteuges, passes à saumons à Vichy) facilitant sa reproduction.

La loutre

Après une quasi-disparition, cet animal, protégé depuis 1972, recolonise une grande partie de l'Auvergne. Sa présence témoigne de la bonne qualité de l'eau et de l'environnement naturel. Carnivore, elle se nourrit de poissons, de grenouilles ou d'écrevisses pêchés dans la rivière. Si sa rencontre est peu probable (elle ne se laisse pas approcher en milieu naturel), on pourra deviner sa présence en apercevant, sous de grosses racines ou sous des éboulis rocheux, son gîte, appelé aussi « catiche », qu'elle habite pendant deux mois, le temps d'élever ses petits.

Une flore à découvrir

PRAIRIES ET PÂTURES

L'Auvergne compte l'un des éventails de fleurs les plus larges d'Europe avec **4 500 espèces**, dont aspérules, anémones soufrées, arnicas, campanules, valérianes, compagnons rouges, gentianes, etc. Sont présentes plusieurs sortes de gentianes, dont la **grande gentiane** ou **gentiane jaune** qui vit sur les hauts plateaux, entre

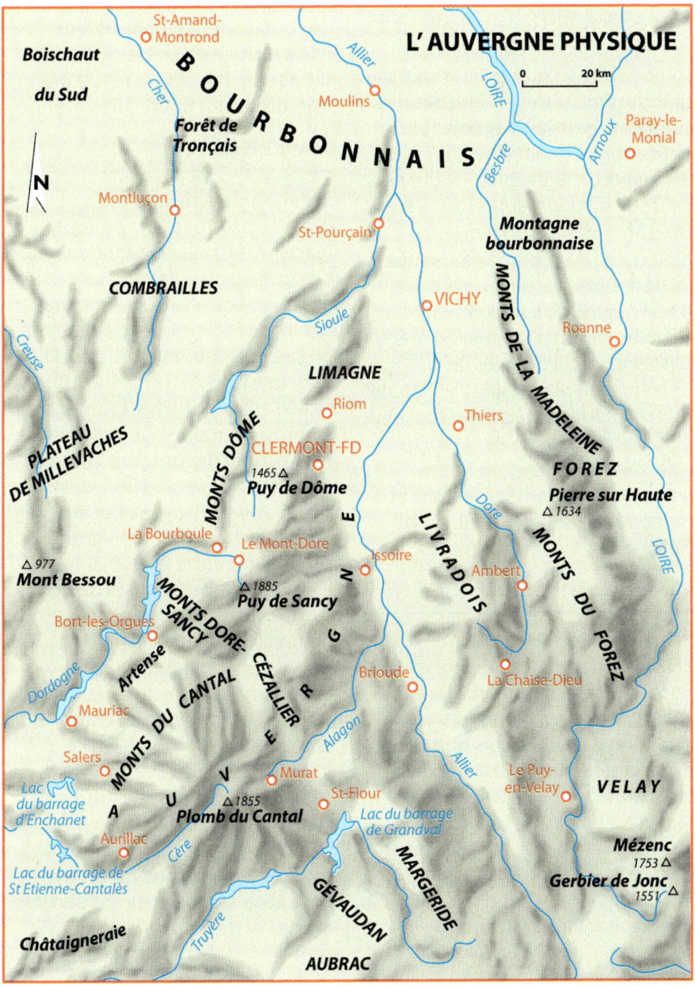

800 et 1 500 m, jusqu'à un âge avancé de 50 ans. Il lui faut attendre dix à vingt ans avant de prendre sa taille adulte et voir apparaître ses premières fleurs jaunes à la floraison bisannuelle. Ses solides racines, qui peuvent atteindre la largeur d'un bras, s'étirent à plus de deux mètres. Extirpées grâce à la « fourche du diable » par les « gentiannaires », elles sont triées, nettoyées et broyées, puis mises à macérer. On connaît la gentiane pour ses vertus médicinales (digestion, rhumatismes, etc.), ainsi que par l'alcool, à consommer avec modération, de couleur dorée et à la saveur douce-amère, qui porte son nom. Il ne faut pas confondre la grande gentiane avec ses cousines, comme la **gentiane acaule** (plus petite et reconnaissable à ses bouquets de fleurs bleues), qui ne possède pas les mêmes propriétés.

Les petites fleurs en forme d'ombrelle de la grande **astrance** lui donnent un aspect rayonnant, d'où l'origine de son nom, *aster* (« étoile » en latin comme en grec). Sa racine, cueillie la nuit de la St-Jean, était placée dans les étables pour protéger le bétail des maladies et des accidents.

L'**herbe du Mézenc**, en Haute-Loire, se niche dans les rochers et les éboulis. Ses fleurs sont jaune foncé et ses feuilles argentées.

FORÊTS ET SOUS-BOIS

Le hêtre et le chêne sont caractéristiques de l'Auvergne. Succédant aux **chênaies** quand l'altitude augmente, les **hêtraies** prolifèrent dans les Bois Noirs, le Livradois, le Forez, ainsi que dans les monts Dore où elles cèdent la place à de petites prairies en altitude. Les chênes sont présents dans les vallées profondes de la Châtaigneraie cantalienne, où ils cohabitent avec des **châtaigniers**. Ils sont en nombre dans le Bourbonnais, et en forêt de Tronçais (*p. 476*), où leurs troncs atteignent 30 à 40 cm de diamètre. L'importance du chêne est révélée par la toponymie : Chassaigne, Chassagne, Chassaing, Chastang signifient « forêt de chênes ».

Des **sapinières** sont également présentes dans les Bois Noirs, des **épicéas**, des forêts de **pins sylvestres** et de **pins de boulange** dans le Velay (la pinatelle du Zouave en est un bon exemple). Ces pins, appelés ainsi parce que leur bois alimentait les fours des boulangeries, doivent leur tronc tortueux à une technique d'élagage, et leurs allures de grand bonsaï attirent nos regards étonnés.

TOURBIÈRES

Elles occupent des cuvettes naturelles formées à la période glaciaire, surtout en altitude à cause des fortes précipitations. La matière organique qui se développe dans ces marais gorgés d'eau stagnante ne se décompose pas ou peu. Elle s'entasse jusqu'à former un minéral fossile appelé **tourbe**. L'Auvergne compte quelque 377 tourbières. Le Parc naturel régional des Volcans d'Auvergne en accueille à lui seul 133, le Puy-de-Dôme 64 et le Cantal 53. Un arrêté préfectoral protège 6 d'entre elles, mais seule la **tourbière des Sagnes de La Godivelle** est classée « Réserve naturelle ». L'acidité, le froid et le manque d'aliments nutritifs y contraignent la vie de la faune et de la flore. La plante qui s'y complait le plus est la **sphaigne**. Grâce à ses capacités de croissance et d'évolution rapides, elle forme des colonies qui occupent un tel espace qu'elles en chassent les autres espèces. La sphaigne meurt par sa base et se régénère sur ses parties mortes.

Massif du Sancy, réserve naturelle de la Vallée de Chaudefour.
H. Lenain / hemis.fr

L'Auvergne aujourd'hui

L'Auvergne que l'on connaît aujourd'hui, dynamique et ouverte, conjugue modernité, environnement et patrimoine. Les technologies de pointe adaptées jouent un rôle croissant dans l'agriculture, activité traditionnelle par excellence. L'industrie génère plus d'un emploi sur quatre. Les petits métiers, encore bien ancrés, ont bâti une tradition artisanale, pérennisée en partie grâce au tourisme. Celui-ci joue un rôle important dans le développement économique et la valorisation du patrimoine naturel et culturel de la région.

Évolution rurale

Tout en restant ancrés dans la tradition, les agriculteurs auvergnats ont fait face à l'économie de marché. Les paysans, entrés dans le circuit des échanges, ont su exporter leurs produits, améliorer leurs exploitations et se sont intégrés à la vie moderne. Chaque terroir a trouvé ainsi sa vocation : élevage dans les montagnes, céréales et vigne dans les plaines. Aujourd'hui, le nombre des agriculteurs est en constante régression, la mécanisation existe depuis longtemps et le remembrement a mis fin au morcellement caractéristique de la propriété. En beaucoup d'endroits, les paysages bocagers traditionnels, avec leurs petits chemins bordés de noyers, ont été remplacés par des champs ouverts. Les équipements modernes provoquent souvent l'abandon de la vieille ferme familiale.

CHIFFRES CLÉS

L'Auvergne s'étend sur 26 000 km^2 soit 5 % du territoire national. En 2018, sa **population** est estimée à 1,37 million d'habitants. Avec une densité de 52 habitants au km^2, elle est inférieure de plus de la moitié à celle de la France. Aujourd'hui, près de sept auvergnats sur dix vivent dans un espace **urbain** et Clermont-Ferrand se trouve au centre d'un vaste couloir d'urbanisation qui va de Vichy à Issoire. Début 2013, l'Auvergne offrait 526 000 **emplois**. Depuis 2008, l'emploi total a régressé de 0,5 % par an en moyenne, principalement sous l'effet de difficultés dans l'industrie. En 2015, le **taux de chômage** atteint 8,9 % en Auvergne, contre 10,5 % en moyenne métropolitaine. Enfin l'**âge** médian de la population *(44 ans)* est plus élevé qu'en France métropolitaine *(40 ans)*, ce qui place l'Auvergne parmi les régions les plus âgées de France. Entre 2010 et 2020, un tiers des personnes en emploi en Auvergne devrait quitter définitivement le marché du travail *(Source INSEE)*.

AGRICULTURE ET ÉLEVAGE

Le territoire auvergnat est voué à l'agriculture. Elle joue donc dans l'économie locale un rôle plus important que dans les autres régions françaises.
L'élevage, essentiellement bovin, est une véritable spécialité.
À Clermont-Ferrand se tient chaque année, en octobre, le **Sommet de l'élevage**, première manifestation de ce type en Europe et événement le plus important de la région Auvergne, véritable vitrine de l'élevage français – 95 000 visiteurs en 2018 et 1 500 exposants.
Les hauts plateaux et la montagne, qui ont donné naissance aux races salers et aubrac, élevées pour le lait et la viande, sont le domaine des éleveurs : Cantal, monts Dore, monts Dôme et Combrailles.
Dans le nord Allier, c'est l'élevage d'embouche qui prédomine.

CULTURE CÉRÉALIÈRE

Les fertiles terres noires de Limagne sont le domaine de la **grande culture céréalière**. Sur les « champs ouverts » alternent les cultures du **blé,** du **maïs** (en progression avec l'irrigation), du **soja**, du **colza** ou de la **betterave sucrière**, sans oublier la **lentille verte** du Puy sur les plateaux du Velay, la **lentille blonde** de St-Flour et le **pois** de la Planèze.
Les terres se concentrent dans les mains de **coopératives**, dont Limagrain. Fondé en 1942, ce groupe coopératif agricole installé à Chappes, près de Clermont-Ferrand, travaille pour les secteurs de l'**agro-industrie** et de la **biosanté**.

L'ESTIVE

Sur les pacages des monts Dôme et des monts Dore, on rencontre la salers, la charolaise, l'aubrac et la limousine. À la mi-mai, elles quittent l'étable et, pendant les cinq mois d'estive, vivent en plein air, dans les pâturages appelés **montagnes**, clos désormais pour éviter d'avoir recours au vacher. Aujourd'hui, ce dernier a, dans la plupart des cas, déserté le **buron** (*p. 571*) et le lait, récolté périodiquement, sert à la préparation à la ferme, ou dans les laiteries, du fromage et du beurre.
La zone sud du Sancy est de plus en plus utilisée pour l'estive des troupeaux de plaine ou étrangers à la région. De la même manière, les bœufs blancs de race charolaise restent au pré du printemps à l'automne dans le bocage bourbonnais.

DES VERGERS ET DES VIGNES

Les vergers s'étagent au-dessus de la plaine et remontent les vallées bien exposées des Couzes. Leur production est en forte régression, notamment pour les pommes, les poires et les pêches, mais les foires aux pommes et à la châtaigne demeurent appréciées. Une partie continue à alimenter les fabriques locales de fruits confits et de pâtes de fruits.

Une industrie diversifiée

Avec 15,5 % de ses actifs employés dans l'industrie, l'Auvergne est une région industrielle de tradition.
Elle se concentre autour de quatre secteurs d'activités principaux.
L'**industrie du caoutchouc** est le premier employeur de la région dans le secteur secondaire, avec de très grands groupes tel **Michelin**, dont le siège social est à Clermont-Ferrand, Dunlop à Montluçon ou Valeo à Issoire, auxquels s'ajoutent de nombreuses PME et PMI.
L'**agroalimentaire** joue la carte de la qualité (Volvic). La filière

Le Mont-Dore, les thermes, le hall des Sources.
H. Lenain / hemis.fr

des viandes occupe une place importante (Puigrenier, Limoujoux, Salaisons Polette…). Tout comme celle des eaux de source, de la culture des céréales ou la recherche, avec l'Inra. Les savoir-faire auvergnats dans la **métallurgie** et la **mécanique** sont indéniables.

L'Auvergne est également performante dans le domaine des **biotechnologies :** Rhône-Poulenc Nutrition Animale à Commentry pour la production de vitamines A et E, Arzo, spécialisé dans la recherche cardiovasculaire, MSD Chibret à Clermont pour l'ophtalmologie (larmes artificielles, collyres), ou encore Roussel-Uclaf (centre pharmaceutique du groupe Hoechst-Roussel) à Ambert.

L'Auvergne compte par ailleurs cinq **technopôles**. Mais les activités industrielles sont très inégalement réparties : si Clermont concentre un quart des emplois du secteur, l'industrie est quasi inexistante sur les plateaux ; les anciens bassins miniers de Brassac et de Commentry ont dû se reconvertir, non sans difficultés.

Thermalisme et tourisme

Avec ses dix villes d'eau, L'Auvergne est la première région thermale française. La beauté et la pureté de ses paysages rendent le tourisme vert très prometteur. Grâce à la diversité de ses eaux de source, véritable don des volcans, l'Auvergne propose une gamme appréciable de soins médicaux pour différentes affections. Bourbon-l'Archambault, Néris-les-Bains et Vichy dans l'Allier, Chaudes-Aigues dans le Cantal, La Bourboule, Châteauneuf-les-Bains, Châtel-Guyon, Le Mont-Dore, Royat et St-Nectaire dans le département du Puy-de-Dôme reçoivent chaque année des milliers de curistes.

SOURCES MINÉRALES OU THERMALES

L'appellation de **source minérale** désigne soit des sources d'eaux infiltrées, soit des sources issues des profondeurs de l'écorce terrestre, dont les eaux se sont chargées, au cours de leur trajet souterrain, de

substances ou de gaz présentant des propriétés thérapeutiques.
Le qualificatif **thermal** s'applique aux eaux dont la température est d'au moins 35 °C à leur sortie du sol. Le record de chaleur est détenu par la source thermale du Par à Chaudes-Aigues, avec 82 °C.
Les eaux minérales et thermales s'altèrent sitôt sorties de terre. Il est donc indispensable, pour en tirer un profit thérapeutique maximal, d'en user sur place, d'où l'existence des stations thermales. La composition des eaux dépend de la nature des roches traversées et des fissures d'origine volcanique qui leur ont donné naissance.

L'Auvergne sans frontières

Clermont-Ferrand rayonne au-delà des limites régionales par l'importance de ses universités et les grandes entreprises qu'elle abrite.

Une région désenclavée...

Clermont est devenue un carrefour autoroutier. La ville est à 2h de Lyon et 3h45 de Bordeaux par l'A 89, et l'A 71 la place à 4h de Paris. Partant de Clermont, l'autoroute A 75 (gratuite) franchit les hauts plateaux et les gorges du Tarn, en passant sur le viaduc de Millau (payant), véritable prouesse technique, vers Béziers et le sud de la France.

...par le très haut débit

L'Auvergne, première région de France connectée à 100 % en haut débit, a pour objectif d'être la première région française entièrement couverte par le très haut débit en 2019. La régie Auvergne Numérique porte cet important projet. Rappelons que la **4G** est arrivée à Clermont-Ferrand dès 2013.

Le rayonnement de Clermont

Avec ses 35 000 étudiants, et plus de 6 000 chercheurs, Clermont-Ferrand est un grand centre universitaire : deux universités, des IUT et IUP, de nombreuses écoles (École supérieure de chimie, École nationale des ingénieurs des travaux agricoles, École supérieure de commerce, Institut français de mécanique avancée). L'éventail du recrutement est encore plus large dans les écoles de l'enseignement supérieur, dont l'École nationale des impôts.

LES AUVERGNATS DE PARIS

Beaucoup d'Auvergnats ou de descendants de ceux qu'on appelait les Auvergnats de Paris sont dispersés dans la capitale. L'émigration, amorcée dès la fin du 18e s., s'est intensifiée à partir de 1850 avec l'arrivée du chemin de fer. « Montés à Paris » pour y tenter leur chance, les Auvergnats exerçaient jusqu'en 1880 les emplois de **bougnats** (charbonniers), porteurs d'eau, frotteurs de parquet, ferrailleurs. Grâce à leur travail acharné, ils ont gravi l'échelle sociale, et ont ouvert des cafés, des brasseries, dont certaines sont encore aujourd'hui très réputées : **Les Deux Magots**, la **Brasserie du Dôme**, **la Galoche d'Aurillac**, la **Brasserie du Plomb du Cantal**... Le métier de restaurateur est toujours à la mode à Paris : les Auvergnats vous feront déguster tripoux, aligot, pot-au-feu, potée... Organisés en véritable réseau, très solidaires, ils formaient une communauté soudée qui, chaque vendredi à partir de 1882, recevait des nouvelles du « pays » grâce à un célèbre journal, *L'Auvergnat de Paris*, qui paraît encore aujourd'hui. Près de 40 % des cafés et brasseries de Paris et des alentours sont tenus par des Auvergnats.

Le rayonnement de la ville passe aussi par la renommée d'un grand club, l'**ASM Clermont Auvergne**, et de sa célèbre équipe de rugby, régulièrement présente dans le trio de tête du Top 14, championne de France en 2010, vice-championne d'Europe en 2013 et à nouveau championne de France en 2017.

Clermont est également connue dans le monde du cinéma grâce au Festival international du court-métrage qui s'y déroule chaque année *(ci-contre)*.

ÉCHOS MUSICAUX

Le **festival de musique de La Chaise-Dieu** met à l'honneur la musique classique, plus particulièrement la musique sacrée. Il a lieu dans le cadre de l'ancienne abbaye bénédictine. Le **festival Bach en Combrailles** est organisé dans les églises de Pontaumur et des alentours. Inauguré en 2004 par Marie-Claire Alain, l'**orgue de Pontaumur** est la réplique de celui qu'utilisait le jeune Bach à Arnstadt.

Côté **rock**, Clermont est fidèle à son image : la cité auvergnate figure parmi les cinq villes les plus prolifiques en nouveaux groupes du pays. Né des cendres encore fumantes des Volcaniques de Mars, **Europavox** rassemble, quelques jours en mai, ce qui se fait de mieux sur la scène rock européenne, mêlant les talents confirmés et ceux de demain.

En été, de la place de Jaude à la place de la Victoire en passant par la cour de l'ancien lycée Blaise-Pascal (devenu, magnifiquement rénové, le conservatoire de musique), Les **Contre-Plongées** laissent la part belle à la musique, à la danse, au théâtre, voire même au cinéma. De quoi faire patienter jusqu'à l'automne qui met le **Jazz en tête** pendant toute une semaine.

FESTIVAL INTERNATIONAL DU COURT-MÉTRAGE

En 1979, des étudiants passionnés de cinéma lancent les Semaines du court-métrage à Clermont-Ferrand. Leur initiative rencontre un grand succès. À la demande du public et des professionnels, ils décident de créer, en 1981, l'association **Sauve qui peut le court-métrage**, et de transformer ces semaines en festival. Aidés par les collectivités, ils ouvrent la manifestation à la compétition un an plus tard. Parallèlement, le premier **Marché du film court** est mis en place en 1986, attirant encore plus de visiteurs. Grâce à la croissance régulière du nombre de festivaliers, il devient **Festival international du court-métrage** en 1988.

Histoire

L'Auvergne a connu une histoire humaine aussi bouleversée que son passé géologique. À toutes les époques, l'Auvergne a vu naître nombre de personnages politiques, scientifiques, industriels ou sportifs. L'Auvergne ne produit plus seulement des présidents, « des ministres, des fromages et des volcans », comme l'écrivait Alexandre Vialatte. Aujourd'hui, la région tire parti des richesses léguées par le passé.

Quelques faits historiques

À L'AUBE DE L'HISTOIRE

Av. J.-C.

L'Auvergne fut un temps identique aux régions tropicales que l'on connaît aujourd'hui, semblable à l'Afrique équatoriale, peuplée de crocodiles, de rhinocéros et d'éléphants, comme le prouvent des ossements mis au jour.

Ce temps très éloigné correspond à l'ère tertiaire. Puis vint l'âge des grandes convulsions volcaniques.

- **7500-2800** – Époque dite de la **pierre polie**. Les volcans de la chaîne des Puys s'éteignent. Des agriculteurs-éleveurs colonisent le Massif Central ; ils ont laissé une cinquantaine de dolmens (St-Nectaire, Cournols) et une vingtaine de menhirs.
- **1800-700** – **Âge du bronze**. Le Bourbonnais joue un rôle majeur (site de Gannat).
- **700-1er s. av. J.-C.** – **Âge du fer**. À partir de 300 av. J.-C., les Arvernes fondent des installations dans des sites de plaine (Aulnat) et des oppidums sur les hauteurs (Gergovie, Corent). La propriété s'organise, se morcelle et se transmet ; c'est l'époque dorée où les céramiques sigillées de Lezoux sont en pleine expansion : on en retrouve jusque sous les cendres de Pompéi.

LES ARVERNES ET LA CONQUÊTE ROMAINE

- **121** – Alors que les **Arvernes** dominaient une grande partie de la Gaule, leur chef **Bituit** tombe devant les Romains ; ils doivent désormais partager le pouvoir avec les **Éduens** et les **Séquanes**.
- **52** – **Vercingétorix**, le chef des Arvernes, prend la tête d'une armée qui résiste aux Romains. Il inflige à César une cuisante défaite à **Gergovie**, mais assiégé, quelque temps après, à **Alésia**, au pays des Mandubiens, il se livre pour sauver les siens.

Apr. J.-C.

- **1er-3e s.** – *Augustonemetum* (Clermont-Ferrand) est la capitale arverne depuis le 1er s. La *Pax romana* règne sur la Gaule.
- **471** – À la fin de l'empire d'Occident, le poète **Sidoine Apollinaire**, préfet de Rome, devient évêque de Clermont. Il organise la résistance contre les Wisigoths jusqu'en 475. Malgré son opiniâtreté, l'Auvergne leur est cédée en échange de la Provence.

- **507** – À la suite de la victoire de Clovis sur Alaric II, lors de la bataille dite « de Poitiers », l'Auvergne passe sous la **domination franque**.

L'AUVERGNE FÉODALE

- **761 et 767** – Pépin le Bref soumet les grands d'Auvergne.
- **951** – Le premier pèlerinage en direction de **St-Jacques-de-Compostelle** part du Puy-en-Velay.
- **999** – **Gerbert**, ancien moine de l'abbaye St-Géraud à Aurillac, devient le premier pape français sous le nom de **Sylvestre II**.
- **1043** – Fondation de l'abbaye de **La Chaise-Dieu** par Robert de Turlande.
- **1095** – **Urbain II** prêche à Clermont la première croisade. L'élan de foi populaire qu'il soulève canalise les énergies belliqueuses de la féodalité.
- **12e s.** – Partagés entre la vassalité au roi de France ou au duc d'Aquitaine, les grands seigneurs auvergnats ne parviennent pas à s'unir pour former un État. Le **comte d'Auvergne** gouverne la basse Auvergne à l'exception de Clermont, resté fief de l'évêque. Au nord de la ville, les seigneurs de Bourbon affirment leur puissance jusqu'aux confins du Berry. Au sud, le domaine des Mercœur déborde sur le Gévaudan et le Vivarais.
- **1210** – Philippe Auguste profite d'un conflit entre le comte Guy et l'évêque de Clermont pour étendre le domaine royal et réduire les possessions comtales à quelques terres autour de leur nouvelle capitale, **Vic-le-Comte**.
- **1241-1271** – L'Auvergne fait partie de l'apanage d'Alphonse de Poitiers, installé à Riom dans son palais ducal.
- **1262** – Isabelle d'Aragon épouse en grande pompe Philippe III le Hardi (fils de Louis IX, devenu Saint Louis après sa canonisation en 1297) en la cathédrale de Clermont.
- **1319** – Après cinq ans de crise, les seigneurs d'Auvergne négocient leur fidélité à Philippe V le Long : c'est la **charte aux Auvergnats**.

LA MONTÉE DES BOURBONS

- **1327** – La baronnie de Bourbon est érigée en duché (Bourbonnais) par **Charles IV le Bel**.
- **1355** – L'Auvergne subit la **guerre de Cent Ans**. Les bourgeois obtiennent une charte de franchise, garante des libertés de la cité, leur permettant d'entourer de murailles leur « bonne ville ». On dénombre 19 **villes franches** : 13 en basse Auvergne (Clermont et Montferrand, encore distinctes, Riom, Billom, Issoire, St-Germain-Lembron, Brioude, Auzon, Ébreuil, Aigueperse, St-Pourçain, Cusset et Langeac), 6 en haute Auvergne (St-Flour, Aurillac, Mauriac, Salers,

LANGUES D'OC ET D'OÏL

C'est au 14e s. que cette distinction, issue de celle des territoires du « parler gallo-roman », se matérialisa plus nettement et que l'on identifia la langue d'oc (occitan, formé de plusieurs dialectes, et que chantaient les troubadours), parlée dans le sud de la France, et la langue d'oïl (qui aboutit aux dialectes formant l'ancien français), utilisée dans le Nord.
Située entre les deux « domaines », l'Auvergne, et plus précisément le Bourbonnais, est traversée par cette frontière linguistique ; c'est ainsi que l'on parlait l'occitan à Vichy ou Montluçon, et la langue d'oïl à Moulins.
Aujourd'hui, après avoir été supplantés par la langue d'oïl, les dialectes occitans sont reconnus comme faisant partie d'une culture à part entière.

La reine Margot, Marguerite de Valois, vers 1572.
DR

Chaudes-Aigues et Maurs). Ces « bonnes villes » envoient des députés aux **États d'Auvergne** à Issoire.

- **1360** – L'Auvergne échoit au duc **Jean de Berry**, fils de Jean II le Bon, qui la transmettra à son gendre, le duc de Bourbon.
- **1429** – De Moulins, Jeanne d'Arc demande, par lettre, aux Riomois armes et munitions pour assiéger La Charité-sur-Loire.
- **1527** – Les sires de Bourbon se trouvent à la tête d'un grand État féodal, mais François Ier leur confisque l'Auvergne et le Bourbonnais, après la trahison du connétable de Bourbon.
- **1572** – Après la St-Barthélemy, l'Auvergne plonge dans le chaos. La ville d'**Issoire**, principal foyer du **protestantisme**, est ainsi en partie détruite en 1577.

1587 – Marguerite de Valois (fille d'Henri II et de Catherine de Médicis), épouse d'Henri IV, dite **reine Margot**, est assignée à résidence par son frère Henri III au château d'**Usson** pendant dix-huit ans. Elle y rédige ses *Mémoires*.

LE RETOUR DE L'ORDRE

- **1633** – Des intendants investis de pouvoirs étendus remplacent les anciens gouverneurs. La noblesse locale est mise au pas. Richelieu ordonne de démanteler les châteaux forts qui faisaient ombrage au pouvoir : c'est l'édit de démolition. Louis XIII célèbre le mariage forcé de Clermont et de Montferrand, qui ne se résigneront jamais vraiment à cette union.
- **1642** – La première machine à calculer, la « Pascaline » est inventée par **Blaise Pascal**, célèbre mathématicien et penseur, natif de Clermont-Ferrand.
- **1665-1666** – Du 28 septembre au 30 janvier se tient à Clermont un tribunal d'exception : **les Grands Jours d'Auvergne**. Louis XIV règle ses comptes avec les derniers féodaux, « les bandits à particule ». Dans la foulée, les magistrats prononcent des édits sur les corvées, les poids et mesures, pour remédier aux principaux abus.
- **1693-1709** – La **famine** se répand en Auvergne, anéantissant

Le château de Chavaniac-Lafayette.
L. Olivier / Photononstop

les quelques améliorations économiques entrevues sous Colbert.

- **18e s.** – Durant ce siècle, paisible, l'économie ne progresse guère. Les campagnes, hormis quelques zones « riches » comme la Limagne, doivent recourir à l'émigration. Clermont ne compte que 23 000 habitants; les transports sont archaïques, et l'amélioration du réseau routier national laisse à l'écart le Massif Central.
- **1757** – Gilbert du Motier naît au château de Chavaniac, dans la région de Brioude. Celui qui deviendra le **général de La Fayette**, « le héros des deux mondes », laissa des traces durables de son passage en Auvergne.
- **1765** – La **bête du Gévaudan** sème la terreur aux confins de l'Auvergne et du Gévaudan.
- **1790** – L'Auvergne est découpée en quatre départements : **Puy-de-Dôme**, **Cantal**, **Haute-Loire** (Velay compris) et **Allier** (essentiellement Bourbonnais).

L'AUVERGNE RÉVOLUTIONNAIRE ET IMPÉRIALE

- **1793** – La Révolution reçoit à ses débuts un assez bon accueil, à Riom notamment avec **Gilbert Romme** et **Soubrany**, mais les difficultés économiques et les levées d'hommes provoquent des révoltes paysannes. Pour enrayer ce mécontentement, le gouvernement de la Convention donne pleins pouvoirs à **Georges Couthon**, membre de Comité du salut public.
Parmi les mesures autoritaires prises pour conforter les lois gouvernementales, figure la démolition de nombreux clochers des églises auvergnates.
- **1800** – Au péril de sa vie, le jeune **général Desaix** permet à Bonaparte de gagner la bataille de Marengo, où il trouvera la mort. Né sur les bords de la Sioule, à Ayat, Desaix est élevé au manoir de Veygoux.
- **1837** – Le **duc de Morny**, demi-frère du futur Napoléon III, s'implante dans le Puy-de-Dôme où il achète la sucrerie de Bourdon. Député, président du conseil général, il s'intéresse au développement économique de l'Auvergne jusqu'à sa mort en 1865.

L'ESSOR DE L'AUVERGNE

- **1832** – **Barbier** et **Daubrée** fondent une usine à Clermont et y introduisent le travail du caoutchouc.

- **1848** – Élection à la députation d'**Eugène Rouher**, Auvergnat de souche, qui parvient, sous le Second Empire, aux plus hauts sommets de l'État et participe à l'essor de sa région.

1853 – Le premier bureau accueillant le **télégraphe électrique** est installé à Clermont.

- **1855** – Le **chemin de fer** atteint Clermont, mettant l'Auvergne à 9h36 de la capitale.
- **1882** – Le 14 Juillet, le premier numéro de *L'Auvergnat de Paris*, fondé par Louis Bonnet, est publié.
- **1884** – Achèvement de la construction du **viaduc de Garabit** par la société Gustave Eiffel & Co.
- **1889** – Ravage du **phylloxéra** dans les vignobles de Limagne.
- **1891** – Les frères **André** et **Édouard Michelin**, petits-fils de Barbier, inventent le pneu démontable pour vélo.
- **1900** – Fondation de l'Automobile-Club d'Auvergne à Royat.
- **1911** – Parti de Paris, **Eugène Renaux** pose son aéroplane au sommet du Puy de Dôme.
- **1916** – **Aulnat** vit une première mondiale aéronautique, avec la construction de la première piste d'atterrissage « en dur ».
- **1919** – Alexandre Varenne crée le quotidien *La Montagne*.
- **1931** – L'Aurillacois **Paul Doumer** devient président de la République. Il meurt assassiné à Paris l'année suivante.
- **1936** – Le Cantalien **Antonin Magne** devient champion du monde de cyclisme.
- **1940** – Après l'armistice, le **maréchal Pétain** s'installe à Vichy avec son gouvernement. Il nomme Pierre Laval vice-président du Conseil.
- **1944** – **Combats du mont Mouchet** : quelque 300 maquisards périssent en tentant de retarder la jonction des troupes allemandes du Sud avec celles de Normandie.
- **1952** – Mise en eau du **barrage** de Bort-les-Orgues.
- **1955** – Le **centre émetteur** de télévision est construit au sommet du Puy de Dôme *(voir ce nom)*.
- **1958** – Création de la **Société des Eaux de Volvic**. En 1965, la source Clairvic est classée « eau minérale naturelle ».
- **1969** – **Georges Pompidou**, né à Montboudif, député du Cantal, est élu à la présidence de la République. Il succède au général de Gaulle, dont il fut le Premier ministre.
- **1972** – Création de la région Auvergne.
- **1974** – **Valéry Giscard d'Estaing**, maire de Chamalières, devient président de la République. Il succède à Georges Pompidou, dont il était le ministre de l'Économie et des Finances.
- **1979** – Premier **Festival du court-métrage** à Clermont-Ferrand.
- **1989** – Achèvement de la **liaison Paris-Clermont** par autoroute.
- **2002** – Ouverture de **Vulcania**.
- **2006** – Le 26 mai, Édouard Michelin décède accidentellement. Après avoir remplacé le tramway par des autobus en 1956, Clermont est à nouveau sur les rails, avec le **tramway Translohr.**
- **2007** – Achèvement du dernier tronçon de l'**A 89** reliant Clermont à la ville de Bordeaux.
- **2009** – **L'Aventure Michelin** ouvre ses portes, cette exposition grand public retraçant l'histoire du groupe est née d'une idée d'Édouard Michelin.
- **2010** – L'**ASM Clermont Auvergne** devient championne de France de rugby.
- **2012** – Mise en service du **Panoramique des Dômes**, train à crémaillère pour accéder au sommet du Puy de Dôme.

- **2016** – Fusion des régions Auvergne et Rhône-Alpes.
- **2017** - L'ASM Clermont Auvergne à nouveau championne de France de rugby.
- **2018** – Inscription au patrimoine mondial de l'Unesco de la chaîne des Puys - faille de Limagne. L'Aubrac devient le 53e parc naturel régional de France.

Quelques figures

BLAISE PASCAL

Né à **Clermont-Ferrand** en 1623, ce brillant mathématicien, physicien, philosophe et écrivain signe dès l'âge de 16 ans un *Traité des sections coniques*. À 18 ans, il invente la « Pascaline », machine à compter qui additionne, multiplie, soustrait et divise de façon automatique. Trop coûteuse à fabriquer, sa géniale invention ne sera jamais commercialisée. Avec l'aide de son beau-frère Florin Périer, Pascal vérifie les théories de la pression atmosphérique sur les flancs du Puy de Dôme en 1648. Il meurt en 1662 avant d'avoir achevé une *Apologie de la religion chrétienne*, publiée sous le titre de *Pensées*.

MARQUIS DE LA FAYETTE

Né au **château de Chavaniac** (Haute-Loire) en 1757, **Gilbert du Motier, marquis de La Fayette,** entame sa carrière militaire à Paris à l'âge de 11 ans et devient sous-lieutenant d'un régiment de dragons cinq ans plus tard. Ayant eu vent de l'insurrection des colons américains, il part pour Georgetown malgré les ordres de Louis XVI. Il a à peine 20 ans lorsqu'il combat avec le grade de major général. Surnommé « le gamin », il dirige les troupes de Washington et oblige Yorktown à capituler. De retour en France, tentant de protéger la famille royale, il est arrêté et emprisonné. Son intervention en 1830 lors de la révolution de Juillet permet à Louis-Philippe de monter sur le trône. Celui qui est dénommé « le héros des deux mondes » meurt en 1834.

ANDRÉ ET ÉDOUARD MICHELIN

Voir page thématique p. 39.

COCO CHANEL

Gabrielle Chasnel naît à Saumur en 1883. Orpheline de mère à 12 ans, abandonnée par son père, elle apprend la couture à Moulins. Elle exerce le métier de « demoiselle de magasin » et se produit comme chanteuse de music-hall sous le nom de « Coco », qui lui restera. Étienne Balsan l'arrache à cette vie pour l'emmener à Paris où la coupe de ses chapeaux séduit les mondaines. Plus tard, Arthur Capel l'aide à ouvrir ses deux premières boutiques. Créatrice, modiste, styliste de grand talent, Coco entame alors une carrière internationale. « Mademoiselle », pour les intimes, meurt à Paris en 1971, laissant à la postérité son célèbre parfum *N° 5*, lancé en 1921, et ses fameux tailleurs Chanel.

VALERY LARBAUD

Dès l'adolescence, **Valery Larbaud** (1881-1957), natif de Vichy (fils du propriétaire de la source St-Yorre), parcourt l'Europe où il se passionne pour les diverses formes littéraires. Enrichi par ses voyages, il s'attache à faire découvrir aux lecteurs français des auteurs étrangers, tels Butler qu'il traduisit et James Joyce (dont il suivit la traduction d'*Ulysse*). *Ce vice impuni, la lecture* rend hommage aux écrivains anglo-saxons. Il a également publié des romans *(Fermina Márquez)*, de la poésie *(Les Poésies d'A.O. Barnabooth)* et des recueils de nouvelles *(Enfantines)*.

ALBERT LONDRES

Né en 1884 à **Vichy**, Albert Londres commence au début du 20e s. une carrière de journaliste parlementaire. Pendant la Première Guerre mondiale, il se lance dans le grand reportage en suivant le conflit en Serbie, en Grèce, en Turquie puis en France; puis, il couvre la Russie bolchévique, la Chine et l'Inde. Ses écrits, de plus en plus engagés, portent notamment sur l'esclavage, l'oppression *(Au Bagne)*, l'exploit sportif poussé à l'extrême *(Les Forçats de la route)*, les exclus *(Chez les fous)*. En 1932, Albert Londres meurt dans l'incendie du navire qui le ramenait de Chine vers la France. En sa mémoire, le Prix Albert-Londres récompense depuis 1933 les meilleurs journalistes francophones.

JULES ROMAINS

De son vrai nom **Louis Henri Jean Farigoule**, cet écrivain de talent voit le jour en 1885, à St-Julien-Chapteuil (Haute-Loire). Agrégé de philosophie, il enseigne jusqu'à la Grande Guerre durant laquelle il intègre un service de santé. À son retour, il se consacre entièrement à l'écriture. Il sera élu à l'Académie française en 1946. Son œuvre touche à la fois au théâtre, à la politique, à la poésie et au roman, avec les 27 volumes des *Hommes de bonne volonté*. Parisien d'adoption, Jules Romains portait un profond attachement à son pays natal qu'il évoquera souvent dans ses écrits. Il s'éteint à Paris le 14 août 1972.

HENRI POURRAT

Orginaire d'Ambert, où il naît en 1887 et meurt en 1959, **Henri Pourrat** a consacré l'essentiel de son œuvre à la terre auvergnate, notamment dans le cycle de *Gaspard*, son chef-d'œuvre en 4 volumes, publiés de 1922 à 1931 et réunis en 1960 sous le titre *Les Vaillances, Farces et aventures de Gaspard des montagnes*. Resté fidèle à ce terroir, il écrit *Ceux d'Auvergne*. Dans le *Trésor des contes* (13 vol.), il rassemble les fables et légendes auvergnates nées de la tradition orale. Prix Goncourt en 1941 pour *Vent de mars*, il a influencé Vialatte à ses débuts.

ALEXANDRE VIALATTE

Né en 1901, en Haute-Vienne, Alexandre Vialatte, de souche auvergnate, passe son enfance à **Ambert**. Il devient rédacteur pour *La Revue rhénane* ainsi que pour la *Nouvelle Revue française*. Il découvre alors Kafka qu'il décide de traduire ainsi que des textes de Nietzsche, Goethe, Brecht ou Thomas Mann. Après la Seconde Guerre mondiale, qui lui inspire *Le Fidèle Berger*, roman d'un soldat qui sombre dans la folie, il redevient chroniqueur et journaliste. Il écrit près de 900 chroniques dans le quotidien *La Montagne* de Clermont-Ferrand.

GEORGES POMPIDOU

Ce célèbre Cantalien voit le jour à Montboudif (Cantal) en 1911. Agrégé de lettres, diplômé de l'École libre des sciences politiques, il enseigne à Marseille, puis à Paris au lycée Henri-IV. En 1944, il entre au cabinet du général de Gaulle comme chargé de mission. Après le départ du général, il retourne aux affaires et devient directeur général de la banque Rothschild. En 1962, il succède à Michel Debré au poste de Premier ministre. Candidat à la présidence de la République, il est élu en 1969 et meurt dans l'exercice de ses fonctions en 1974.

Traditions et art de vivre

L'Auvergne est la région de production de fromages d'Appellation d'origine protégée la plus importante du pays. Le relief volcanique, la flore et la faune exceptionnelles, le savoir-faire ancestral des producteurs et des agriculteurs concourent à perpétuer une qualité authentique de tous ses produits de terroir.

La table auvergnate

LA POTÉE

Voilà le plat traditionnel par excellence. Chou, navet, porc du pays, lard, saindoux et autres viandes cuits ensemble lentement (quatre à cinq heures) sur un feu de bois, et dégageant un parfum inoubliable. Les amateurs de condiments pourront ajouter, sur le bord de leur assiette, une pointe de **moutarde à l'ancienne de Charroux** pour accompagner le tout.

DES PLATS À BASE DE VIANDE OU DE POISSON

Le gourmet pourra goûter le **coq au vin**, parfumé par un bon cru du terroir, les **tripoux** d'Aurillac, de St-Flour et de Chaudes-Aigues (pieds de mouton farcis, pliés dans des portions d'estomac de mouton), les **jambons** de Maurs, les **saucisses sèches** du Velay et du Cantal, ainsi que le **pounti** du Cantal, plutôt une spécialité de St-Flour.
Si vous préférez le poisson, optez plutôt pour une friture de goujons, une truite d'eaux vives, une anguille de la Dore ou un pavé de saumon, sans oublier l'**omble chevalier**, qui allie finesse et caractère.

DES PLATS À BASE DE POMMES DE TERRE

La **truffade** est un onctueux mélange de tomme de cantal fraîche et de pommes de terre coupées en fines rondelles et revenues à la poêle. Son cousin, l'**aligot,** que l'on déguste à Chaudes-Aigues et en Aubrac, se cuisine avec les mêmes ingrédients. Seule la cuisson des pommes de terre, en purée, en change la consistance. Il faut des bras musclés pour brasser tomme et purée jusqu'à ce que l'aligot « commence à filer ».
Le **pâté aux pommes de terre** – pâte légère rissolée au four garnie de crème fraîche et de pommes de terre – est un plat apprécié dans le Bourbonnais.

EN ACCOMPAGNEMENT...

Les forêts auvergnates regorgent de champignons aux bonnes saisons. Les **morilles** se préparent à la crème ou accompagnent l'omelette ou les volailles. Les cèpes du Livradois ou du Velay parfument agréablement les viandes et constituent de délicieux veloutés.

Les **bourriols**, galettes de sarrasin qui remplaçaient jadis le pain, s'apprécient avec une garniture salée (saucisses, cantal…) ou sucrée (confitures de myrtilles, framboises ou mûres).
Les **lentilles vertes du Puy** et les **lentilles blondes de St-Flour** constituent de délicieux accompagnements.

CINQ FROMAGES AOP

L'Auvergne produit environ 50 000 tonnes de fromages, soit le quart de la production française. Cinq spécialités sont reconnues en AOP (Appellation d'origine protégée, label européen qui remplace l'AOC) : le **st-nectaire** (pâte pressée demi-ferme), la **fourme d'Ambert**, le **bleu d'Auvergne** (pâtes persillées non pressées), le **cantal** et le **salers** (pâtes pressées). On pourra aussi apprécier la saveur d'un chambérat du Bourbonnais, d'une fourme de St-Anthème ou de Rochefort-Montagne, d'un lavort, voire d'un gaperon à l'ail de Limagne (réalisé autrefois à partir du babeurre, « gape » en patois, et bien épicé).
En Margeride et dans les monts du Cantal, autour d'Aurillac et de Salers, on goûtera les **fromages de chèvre**.

Le meilleur est pour la fin

Les familles de basse Auvergne et de la plaine d'Ambert font volontiers des **milliards** (clafoutis) aux cerises non dénoyautées (pour le goût) et des **pompes**, savoureux gâteaux hermétiquement clos et fourrés aux pommes, qui cuisent ainsi à l'étouffée. Dans le Cantal, la **fouasse** rappelle la brioche; celle de St-Urcize est délicieuse. On dégustera encore les **cornets** de Murat, tuiles fourrées de crème fraîche, la **tarte** à la tomme de Vic-sur-Cère, les **croquants** de Bort ou de Mauriac (biscuits pur beurre) ou les **carrés** de Salers.
Les **pâtes de fruits**, **fruits confits** et **confitures** de la Limagne et de Clermont sont des friandises recherchées. Les **pastilles** et les **sucres d'orge** de Vichy enchanteront les enfants sages !

LES BOISSONS

Les vins d'Auvergne

Les vins d'Auvergne sont connus depuis les Romains. Plantée sur les coteaux auvergnats, là où la population était rassemblée, la vigne constitua, pendant près de deux millénaires, la principale richesse de ces régions. Elle était souvent au Moyen Âge entre les mains de communautés de moines, comme les bénédictins de St-Alyre, à Clermont-Ferrand, qui produisaient 35 000 pots de vin par an. Les vignerons se rassemblaient en confréries et ceux du val d'Allier fondaient tous leurs espoirs en saint Verny, un curieux personnage venu d'outre-Rhin, et qui a très tôt supplanté en Auvergne le rituel saint Vincent. La statue du protecteur des vignerons représentait invariablement un hobereau, avec son « bousset » (petit tonneau) à ses pieds. En cas de mauvaise récolte ou de grêle, il était molesté ou mis en pénitence au fond de l'église du village.
La crise de la fin du 19e s., due à l'arrivée du phylloxéra, devait changer définitivement la configuration du vignoble auvergnat.
Aujourd'hui, les vignobles de St-Pourçain et des côtes d'Auvergne revivent. Les crus les plus réputés (**châteaugay**, **chanturgue** et **madargue**) sont issus du vignoble de Riom ; le **corent** ou le **blanc de Boudes** sont également en faveur. Du côté de l'Allier, on goûtera le célèbre **st-pourçain**, qui existe en rosé, en rouge et en blanc.

Les spiritueux

Vous avez le choix entre l'**apéritif de gentiane**, au goût si particulier,

Thiers, le musée de la Coutellerie, l'atelier de montage.
F. Guiziou / hemis.fr

et pour finir un petit verre de **verveine du Velay**, aux vertus digestives reconnues.

Les eaux

Parmi les plus connues, la source du Mont-Dore, ou de Volvic, l'eau aux fines bulles de Châteldon, de Châteauneuf, de Ste-Marguerite ou celles de Vichy et de St-Yorre…

LES TABLES DE LA RÉGION ÉTOILÉES EN 2018

La tradition gastronomique de l'Auvergne produit de grands chefs.
Alleyras : Le Haut Allier, 1 étoile.
Clermont-Ferrand (63) : Jean-Claude Leclerc, 1 étoile ; l'Apicius, 1 étoile ; Le Pré-Xavier Beaudiment, 2 étoiles.
Bort-l'Étang (63) : Le château de Codignat, 1 étoile.
Chamalières : Radio, 1 étoile.
Chaudes-Aigues (15) : Serge Vieira, 2 étoiles.
Issoire (63) : L'Atelier Yssoirien, Dorian Van Bronkhorst (1 étoile).
Marcolès (Cantal) : L'Auberge de la tour, Renaud Darmanin, 1 étoile.
Maringues : Le Carrousel, 1 étoile.
St-Bonnet-le-Froid : Régis et Jacques Marcon, 3 étoiles.
Sarpoil (63) : La Bergerie, 1 étoile.
Vichy : Maison Decoret, 1 étoile.

Traditions

FÊTES PROFANES

Encore aujourd'hui, certaines coutumes sont perpétuées ou remises en vigueur : les feux de la St-Jean qui illuminent les hauteurs à l'époque du solstice d'été, les fêtes champêtres (des fenaisons, du fromage, des moissons, des vendanges, etc.) qui connaissent une vogue renouvelée.

Danses et musique

L'Agence des musiques traditionnelles d'Auvergne (AMTA), basée à Riom, s'attache à préserver la mémoire musicale régionale tout en soutenant les créations musicales. La **bourrée** est devenue, à partir du 18e s., emblématique de l'Auvergne. Les pas figurent une jeune fille coquette qui tantôt fuit, tantôt rappelle un cavalier entreprenant. Il existe des variantes : bourrées de haute ou de basse Auvergne, bourbonnaise et autres adaptations locales. Les **rondes** auvergnates sont moins connues : « berlet » pour les femmes et « branle », nettement plus brutal, pour les hommes. Parmi les instruments de musique les plus usités, la **cabrette** – on utilisait une peau de chèvre pour le soufflet – produit un son aigu, monotone, proche du biniou breton, susceptible pourtant d'accents nuancés, mélancoliques et prenants. Elle est souvent remplacée par l'**accordéon diatonique**. La **vielle** accompagnait toujours la cabrette : un clavier et une roue actionnent les cordes mélodiques tendues sur une caisse de résonance. Certaines vielles, notamment celles fabriquées à Jenzat (Allier), étaient de véritables chefs-d'œuvre marquetés d'ivoire, de nacre et d'ébène, ornés d'incrustations et de jolis motifs décoratifs.

FÊTES RELIGIEUSES

L'Auvergne accorde une grande place au culte de la Vierge. On lui a dédié d'innombrables sanctuaires. Les Vierges romanes d'Auvergne comptent parmi les plus anciennes de France. Le culte marial est demeuré très vivant.

Les manifestations les plus fréquentées sont les processions de **N.-D.-du-Port** (Clermont-Ferrand) et d'**Orcival**, les pèlerinages de **Mauriac** et de **Thiézac** dans le Cantal, de **Marsat** ou de **Monton** dans le Puy-de-Dôme. Le culte peut être associé au rythme pastoral : dans les monts Dore, **Notre-Dame de Vassivière**, Vierge transhumante, est transportée de Besse à son sanctuaire d'altitude au début de l'été (c'est la montade) ; on la redescend au changement de saison (c'est la dévalade). Le même phénomène se produit à la **Font-Sainte**, dans le Cantal : la Vierge des bergers réintègre durant l'hiver l'église de Cheylade. Dans la région de Maringues, en Limagne, on vénère **Notre-Dame-des-Moissons** sur la butte de Montgacon. Les saints guérisseurs ont beaucoup pâti des progrès de la médecine, mais le **culte de saint Bénilde**, canonisé en 1967, connaît encore un certain succès à Thuret (Puy-de-Dôme).

ANCIENS MÉTIERS

Les Auvergnats exercèrent une foule de métiers auxquels on les identifia longtemps, tant leur spécialisation confinait au monopole. **La Route des métiers**, mise en place par le **Parc régional Livradois-Forez**, propose de façon très éclectique des adresses de sites culturels, d'artisans d'art et de producteurs fermiers, fidèles aux modes traditionnels.

www.routedesmetiers.fr.

Chaudronniers du Cantal

L'étain et le cuivre étaient les deux matériaux de base. Jusqu'au 19e s., la vaisselle d'étain était la plus répandue : carafes, pichets, plats, assiettes, couverts avaient souvent besoin d'être réparés, sinon d'être envoyés à la fonte. Étameurs et fondeurs ambulants se déplaçaient à domicile. Le façonnage des objets en cuivre – batteries de cuisine, fontaines, récipients dont il reste des exemplaires dans les vieilles fermes – nécessitait un martelage intense pour les amener à la forme désirée. Les chaudronniers d'Aurillac excellaient dans ce domaine, mais il leur était interdit de travailler la nuit.

Gentiannaires du Cézallier et des monts du Cantal

Les arracheurs de gentiane étaient autrefois nombreux sur les hauts plateaux cantaliens, armés de « la fourche du diable », à rechercher ces longues fleurs jaunes dont les racines servent, une fois séchées, à la préparation d'apéritifs encore très recherchés.

Couteliers thiernois

La coutellerie thiernoise est née de la rencontre d'une rivière, la Durolle, dont les eaux acides se prêtent bien à cette pratique, et d'une abondante main-d'œuvre locale. Les meules utilisent toujours la force motrice de l'eau. Ce travail pénible, en position allongée sur le ventre, dans le froid et l'humidité, la chaleur d'un chien couché sur les jambes pour tout réconfort, occupait des centaines d'ouvriers ; le montage des pièces finies était assuré par les paysans alentour. Quelques artisans couteliers de la région thiernoise ont pris la relève, avec une orientation design et une mécanique de fermeture plus innovante, très contemporaine. Mais les coûts de fabrication étrangère étant plus faibles, la production artisanale locale se fait de plus en plus rare.

Papetiers du Livradois

La papeterie n'était pas spécifiquement livradoise (les moulins papetiers de la Tiretaine étaient très actifs dès le 14e s.), mais dans le val de Lagat, à côté d'Ambert, elle a perduré jusqu'à nos jours. Le moulin Richard de Bas, musée historique du Papier, dévoile à ses visiteurs les procédés de fabrication et quelques secrets ancestraux, voués maintenant à une production de prestige.

Dentellières du Velay

Grâce à leurs doigts de fée, les dernières initiées réalisent la fabrication de dentelle au fuseau, en faisant s'entrecroiser des fils sur un « carreau », comme autrefois. Dans le Velay, au Puy-en-Velay, à Retournac et à Brioude, une Route de la dentelle évoque les us et coutumes de cet ancien métier, réservé aux femmes, qui l'exerçaient à domicile.

Potiers de Limagne

L'argile de Limagne se prête depuis l'Antiquité à la fabrication de terres cuites, cruches, saloirs, faisselles. Les fouilles archéologiques ont mis au jour de nombreux objets de la facture de Lezoux (*p. 111*), dont on a retrouvé des pièces jusque sous les décombres de Pompéi. Cette tradition perdure grâce au travail de quelques potiers installés dans cette région, mais aussi du côté de Murat.

Tailleurs de pierre de Volvic et émailleurs sur lave

Exploitée depuis l'Antiquité, la **lave de Volvic** est omniprésente dans les constructions auvergnates. Les tailleurs de pierre actuels se consacrent essentiellement à l'art funéraire, mais certains pratiquent encore la sculpture et sont sollicités pour participer à des campagnes de restauration.
L'industrie de la **lave émaillée**, également d'origine volcanique, est née à Mozac, aux portes de Riom. Depuis cent trente ans, une entreprise de cette ville fabrique des tables d'orientation pour le monde entier. Il faut en moyenne soixante heures pour réaliser une table d'un mètre de diamètre.

Maréchal-ferrant

Si le métier de **maréchal-ferrant** se raréfie, avec la disparition du cheval de trait des campagnes auvergnates, les nouvelles pratiques de loisirs équestres et les reconstitutions historiques donnent un nouveau souffle à la maréchalerie.

Fendeurs de Tronçais et scieurs de long

Les scieurs de long, qui s'activaient autrefois dans les monts du Livradois, le Cézallier, l'Artense et la Combraille, sont aujourd'hui relayés par les fendeurs de la forêt de Tronçais (*p. 476*), qui exercent à domicile le métier de « fendeur de merrain », pour le compte du scieur qui débite les grumes de chêne.

Architecture

Si la préhistoire lui a laissé quelques mégalithes, l'Auvergne rayonne surtout par la qualité et la richesse de son patrimoine bâti. Cathédrales mais surtout églises romanes, châteaux, maisons fortes, mais aussi burons ou pigeonniers embellissent les paysages. La géographie si particulière de l'Auvergne a donné naissance à des villes et villages aux architectures et aux couleurs variées, témoins de l'histoire et des traditions.

Au fil des siècles

L'AUVERGNE ROMANE

Dès le 10e s., l'Auvergne se couvre d'un « blanc manteau d'églises », selon la jolie formule du moine Raoul Glaber, liées aux pèlerinages. Les monastères, comme l'abbaye St-Géraud d'Aurillac, celles de **Souvigny**, de Sauxillanges ou de **La Chaise-Dieu** deviennent de véritables foyers culturels. Les plus belles basiliques romanes de basse Auvergne, dites « majeures », sont **N.-D.-du-Port** (Clermont-Ferrand), **St-Austremoine** à Issoire, N.-D. d'**Orcival** et les églises de **St-Nectaire** et de **St-Saturnin**, construites en arkose dorée ou en lave sombre. La **basilique St-Julien** à Brioude se rattache à l'école romane auvergnate par son chevet étagé et ses pierres de plusieurs couleurs. La **cathédrale de Clermont** fut le premier édifice à posséder un déambulatoire et des chapelles rayonnantes.

Caractéristiques structurelles

Quelques églises ont conservé leurs **pentures**, merveilles de ferronnerie. Les églises romanes auvergnates se distinguent par l'équilibre des volumes architecturaux et la sobriété des lignes. Dans les grandes églises, le **chœur** comprend une travée droite en avant de l'hémicycle, composé de huit hautes colonnes qui délimitent le sanctuaire.

Dans les églises majeures (sauf à St-Saturnin), un **déambulatoire**, dont les voûtes d'arêtes suivent le tracé tournant, donne sur des chapelles rayonnantes qui permettaient de célébrer en même temps plusieurs offices. Au-dessous du chœur des grands sanctuaires s'étend souvent une crypte qui en reproduit le plan.

L'art du sculpteur roman

Les **chapiteaux**, notamment ceux du sanctuaire, ou les **modillons** du chevet sont des petits chefs-d'œuvre d'humour et de fantaisie.

Les artistes, groupés dans des ateliers à **Mozac**, **Clermont** (N.-D.-du-Port), **Brioude**, Thiers et **Chanteuges**, ont emprunté leurs sujets à l'Antiquité : aigles, sirènes, centaures, minotaures, atlantes, serpents, génies ; à l'Orient : griffons affrontés, oiseaux buvant dans une coupe ; à l'histoire récente de la province : scènes de fondation de l'église, st-sépulcre ou chevaliers en armure évoquant la première croisade, prêchée à Clermont ; aux traditions médiévales : saints locaux, singes enchaînés, ânes musiciens, anges et démons, vertus (Générosité, Justice) et vices (Luxure, Avarice).

Les Vierges en majesté – La Vierge revêtue d'or d'Étienne II, abbé de Conques et évêque de Clermont au milieu du 10e s., est le modèle des Vierges auvergnates. Répandues surtout dans le diocèse de Clermont, où le culte de Notre-Dame a toujours été en honneur, incarnant le trône de la sagesse, elles frappent par leur attitude hiératique et la dignité avec laquelle elles présentent un Enfant Jésus au regard d'adulte. Humbles statues en bois polychrome ou merveilles d'orfèvrerie, elles illuminent les sanctuaires de Chastreix, La Sauvetat, Meillers, Ronzières, Orcival, Marsat, entre autres.

Statues-reliquaires – Créations originales auvergnates liées à l'art des émailleurs limousins, ce sont d'admirables travaux d'orfèvrerie enrichis de pierres précieuses. Les plus célèbres sont le buste de saint Baudime à St-Nectaire et celui de saint Césaire (évêque d'Arles) à Maurs, sans oublier le trône sur lequel repose la célèbre statue de Notre-Dame d'Orcival. Les reliquaires et les châsses de Mozac, d'Ébreuil, de Moissat-Bas se rattachent à cet art précieux.

LES SPLENDEURS DU GOTHIQUE

Avec la diffusion de la langue d'oïl, qui s'introduit après la conquête de la province par Philippe Auguste et s'implante sous Alphonse de Poitiers, le style gothique rayonnant pénètre en Auvergne au 14e s.

Les influences du Nord

La plus belle manifestation du gothique en Auvergne est la **cathédrale de Clermont**, des 13e s. et 14e s., qui dut attendre le 19e s. pour voir sa façade et ses flèches élevées par Viollet-le-Duc. Dominant la butte du vieux Clermont, ses immenses fenêtres sont rehaussées par l'éclat de somptueux vitraux; le jeu d'arcs-boutants et la pureté de lignes de son architecture sont remarquables. La lave de Volvic, matériau ingrat rebelle au ciseau du sculpteur mais apprécié pour sa dureté, sa résistance et son caractère inaltérable, lui donne un aspect austère que le soleil n'illumine guère. La toiture des chapelles et des nefs latérales est faite de dalles formant terrasse au-dessous des arcs-boutants, sans l'intermédiaire de combles, une disposition très originale, inconnue dans le Nord.

À cette école se rattachent au 14e s. le chœur de l'église d'Ennezat et l'église d'Ambert. À la fin du siècle, la **ste-chapelle de Riom** est l'œuvre des Dammartin, architectes de Jean de Berry qui avaient travaillé au Louvre de Charles V et à Bourges; elle a conservé trois des vitraux d'origine, ce qui n'est pas le cas de la ste-chapelle d'Aigueperse, élevée par les ducs de Bourbon-Montpensier. Au 16e s., une troisième **ste-chapelle**, dédiée elle aussi à Saint Louis, est érigée à **Vic-le-Comte**. Cette chapelle palatine a conservé des éléments importants de ses vitraux primitifs, dont le programme iconographique original met en parallèle des scènes de l'Ancien et du Nouveau Testament.

En Bourbonnais, l'art gothique est représenté par le chœur de la **cathédrale de Moulins**, chapelle ducale des seigneurs de Bourbon, au train de vie fastueux. Ce bel édifice du 15e s. recèle des vitraux de qualité, une Mise au Tombeau et surtout le triptyque réalisé par le mystérieux Maître de Moulins, à la demande de Pierre II et de son épouse, Anne de Beaujeu.

Le gothique languedocien

Caractérisé par une large nef unique, il est le plus répandu. Dès le 14e s., on le rencontre à l'abbatiale de La Chaise-Dieu, chef-d'œuvre de l'art monastique, initié par le pape Clément VI. Au 15e s., la

Bourbon-l'Archambault, le village et sa forteresse médiévale.
Ph. Blanchot / hemis.fr

cathédrale de St-Flour, l'église du Marthuret à Riom, la nef de celle de Montferrand, puis St-Loup à Billom, Ste-Martine à Pont-du-Château, N.-D.-des-Oliviers à Murat, St-Gal à Langeac et St-Médard à Saugues témoignent de sa large diffusion.

ARCHITECTURE CIVILE ET MILITAIRE

Forteresses et châteaux

À l'apogée de la féodalité, la région se couvre de **châteaux** adaptant leur forme et leur disposition aux particularités des assises rocheuses qui les portent. Depuis le 13e s., ils ont été successivement attaqués par les troupes de Philippe Auguste, détruits pendant la guerre de Cent Ans, puis démolis par les villageois qui trouvaient là les matériaux pour édifier leurs propres maisons. Beaucoup ont disparu, mutilés durant les guerres de Religion, démantelés par Richelieu, Louis XIV, puis la Révolution. On imagine la puissance, au Moyen Âge, de sites comme Anjony, Léotoing, Mauzun, Murol, Châteaugay, Tournoël, entre les monts Dôme et la Limagne, les vingt tours de Bourbon-l'Archambault, les remparts de Billy ou les courtines d'Hérisson… Dans certains villages du val d'Allier désertés par leur seigneur, les villageois inventent le **fort villageois**, constitué de maisons serrées les unes contre les autres, comme à La Sauvetat.

Les villes fortifiées

La fin du 12e s. marque en Auvergne l'octroi des premières **chartes de libertés communales** (1188, Nonette ; 1196, Montferrand). Après celle de Clermont, puis celle d'Ambert (1239), le mouvement se développe lorsqu'en 1241 Alphonse de Poitiers, frère de Saint Louis, reçoit la terre d'Auvergne en apanage et trouve dans la vente de ces privilèges un moyen d'abaisser le pouvoir seigneurial. Les villes, rebâties à la façon des bastides du Sud-Ouest et ceintes de bonnes murailles, deviennent des centres de fabrication artisanale, des résidences de fonctionnaires royaux (Riom) ou des marchés animés comme Montferrand. Ainsi se développent les **bonnes villes.**

Thermalisme et architecture de charme

Le thermalisme prend son essor au Second Empire, porté par une architecture qui exalte le goût de la fête. Il s'agit de séduire une clientèle distinguée, venue aux bains autant pour se soigner que pour se divertir. L'**établissement thermal** s'impose comme un monument phare. Au 19e s., des architectes spécialisés exercent leur discipline au Mont-Dore, à Royat et à La Bourboule, comme les Ledru, père et fils, qui versent dans le néoclassicisme. C'est vrai à Néris-les-Bains, et plus encore dans l'établissement thermal du Mont-Dore où Louis-Charles Ledru imagine un appareillage sophistiqué d'arcades aux claveaux alternés blancs et gris, retombant sur des colonnes de porphyre vert. Si on retrouve dans l'établissement de bains de Bourbon-l'Archambault l'utilisation de la brique polychrome chère à l'architecture bourbonnaise, celui de Vichy, réalisé par Lecœur et Woog à la fin du 19e s., est largement inspiré par les dômes néobyzantins de style oriental. Placé sous le signe des eaux, le **décor** des établissements thermaux, des casinos et des buvettes doit beaucoup au **renouveau des arts décoratifs**, qu'il s'agisse de peintures murales, de céramiques ou de faïence.

Maisons rurales

Les architectures paysannes sont différenciées par leur territoire, selon que le sol est granitique ou volcanique, ou selon leur emplacement géographique en plaine ou en montagne.

CARACTÉRISTIQUES COMMUNES

Souvent composée d'un bâtiment unique d'habitation et d'une longue étable, la maison paysanne s'accroche à la pente naturelle des vallons, orientant au nord les pièces devant garder des températures fraîches, sans trop de variation, été comme hiver. Les murs épais et l'étroitesse des ouvertures permettent de se

QUELQUES TRÉSORS D'AUVERGNE

– Cloîtres : Lavaudieu *(p. 402)*, Le Puy-en-Velay *(p. 332)*, La Chaise-Dieu *(p. 443)*.
– Vierges en majesté : basiliques N.-D.-du-Port à Clermont-Ferrand *(p. 42)*, N.-D.-des-Fers à Orcival *(p. 146)*, églises de Colamine-sous-Vodable *(p. 167)*, Chauriat *(p. 117)*, Moussages *(p. 263)* et Marsat *(p. 87)*.
– Chapiteaux historiés : basiliques St-Julien à Brioude *(p. 377)*, N.-D.-du-Port à Clermont-Ferrand *(p. 42)*, abbatiale St-Austremoine à Issoire *(p. 162)*, église de St-Nectaire *(p. 171)* et de Mozac *(p. 96)*.
– Évangéliaire de Gannat au musée municipal *(p. 499)*.
– Zodiaque de l'abbatiale St-Austremoine à Issoire *(p. 162)* et pilier roman (dit « colonne du Zodiaque ») de l'église prieurale St-Pierre-et-St-Paul au musée de Souvigny *(p. 469)*.
– Fresques et décoration peinte : abbatiale de Lavaudieu *(p. 402)*, église St-Léger à Ébreuil *(p. 492)*, basilique St-Julien à Brioude *(p. 377)*, cathédrale N.-D. du Puy-en-Velay *(p. 332)*.
– Caissons de bois peints de la voûte de l'église de Cheylade *(p. 277)*.
– Tapisseries de l'abbatiale de La Chaise-Dieu *(p. 440)* et le *Bestiaire fantastique* du château de la Trémolière à Anglards-de-Salers *(p. 262)*.
– Fresques d'inspiration Renaissance italienne du *studiolo* (cabinet de curiosités) du château de La Vigne *(p. 271)*.
– Triptyque du Maître de Moulins dans la cathédrale N.-D. à Moulins *(p. 451)*.

protéger des rigueurs du climat. Si le chaume, autrefois généralisé, a déserté les toitures, la lauze et l'ardoise demeurent très présentes, notamment en haute Auvergne.

MAISONS DE LIMAGNE

La **maison en hauteur** du vigneron ou du petit polyculteur est courante dans les vieux villages serrés qui s'élèvent sur les buttes. Le rez-de-chaussée est réservé à l'exploitation (écurie, cuvage et cave voûtée en sous-sol) et l'étage à l'habitation ; on y accède par l'escalier extérieur qui débouche sur un perron abrité d'un auvent. Quelques exemples dans le Lembron ou le val d'Allier, à Plauzat, Montpeyroux, La Sauvetat ou à Boudes. Dans la région de Châteldon, l'« estre » (auvent) court sur toute la longueur de la façade. Au contact de la Combraille, un grenier-séchoir (le galetas) est suspendu sous l'auvent ; on y fait sécher l'ail et les châtaignes. Les meilleurs exemples subsistent aux alentours de Châtel-Guyon.
Enfin, la pierre de taille, la pierre de Volvic particulièrement, servait dans la maison bourgeoise pour les encadrements de porte et de fenêtre, les escaliers, cheminées, lavoirs et fontaines.

LES PIGEONNIERS

Construit au 19ᵉ s. (17ᵉ s. pour les plus anciens), indépendant ou accolé à la ferme, il est très répandu en Limagne, où l'on récoltait la « colombine » (fiente du pigeon), utilisée pour ses vertus fertilisantes dans les vignes ou les cultures de chanvre. Carrés ou circulaires, à étage, il en existe plusieurs variantes : sur pilotis à colombages et coiffé d'un toit pyramidal avec lanterneau (Maringues, Thuret, St-Beauzire, Villeneuve-les-Cerfs), ou sur porche à l'entrée d'un domaine (Chauriat, Cellule, Aigueperse, St-Gervazy…).

LES MAISONS MONTAGNARDES

Elles ont un **caractère massif** dû à leur structure en blocs de basalte et leurs **lourdes toitures** enveloppantes. Abritée des intempéries par une vaste grange à foin, la maison montagnarde donne au sud ; posée sur une terrasse, elle est à demi enterrée, sa toiture descendant à l'arrière jusqu'au sol.
Autrefois, le Cantalien vivait dans une pièce unique où trônait la grande cheminée – le *cantou* – et où s'alignaient contre le mur les **lits clos**, fermés par des rideaux. Dans le haut Livradois, l'habitation, surélevée, s'isole des bâtiments d'exploitation. Les toitures sont en tuiles rondes, et les ouvertures à encadrement de bois remplacent parfois la pierre. Le **buron** est un habitat temporaire d'altitude, trapu et couvert de lauzes. Il abrite le vacher pendant l'estive. Ici se préparaient le fromage et le beurre que le vacher, le boutillier (aide-vacher) et le pâtre (jeune garçon chargé des veaux) faisaient descendre de temps à autre. En Livradois et surtout dans le Forez, la famille montait passer l'été sur les sommets où l'attendait la « ferme d'en haut », solide bâtisse recouverte de chaume, appelée **jasserie**.

DIVERSITÉ DES TOITURES

En montagne, le chaume est souvent remplacé par l'ardoise ou la tôle ondulée. Les plus belles couvertures sont en **lauzes**, dalles de phonolite ou de basalte. Très lourdes, elles nécessitent une forte inclinaison du toit et une puissante charpente. En plaine, la vieille tuile ronde rustique, associée aux rangées de génoises, qui rendaient compte par leur nombre de la richesse du propriétaire de la ferme, recule devant la tuile mécanique, plus stable et plus résistante.

ABC d'architecture

Les dessins présentés dans les planches qui suivent offrent un aperçu visuel de l'histoire de l'architecture dans la région et de ses particularités. Les définitions des termes d'art permettent de se familiariser avec un vocabulaire spécifique et de profiter au mieux des visites des monuments religieux, militaires ou civils.

Architecture religieuse

CLERMONT-FERRAND
Plan de la basilique Notre-Dame-du-Port (11e et 12e s.)

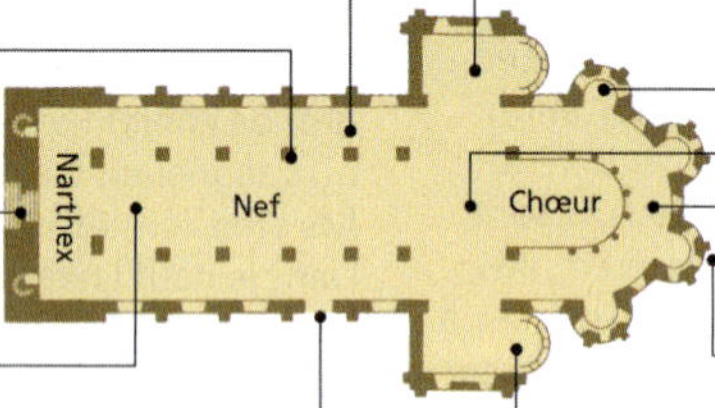

Coupe en élévation d'une église romane auvergnate

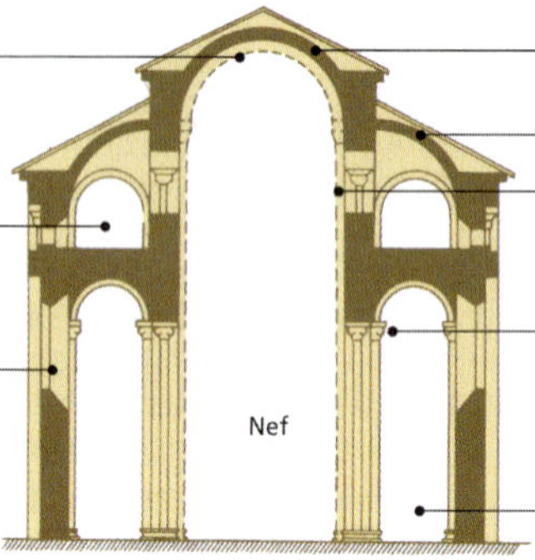

SOUVIGNY – Prieuré St-Pierre
Armoire à reliques en pierre (1444)

ORCIVAL – Basilique Notre-Dame (12e s.)

De style roman, la plupart des églises auvergnates appartiennent à une école qui s'est développée aux 11e s. et 12e s. et qui compte parmi les plus originales de l'art occidental.

CLERMONT-FERRAND – Basilique Notre-Dame-du-Port (11e et 12e s.)

ISSOIRE – Abbatiale St-Austremoine (12e s.)

Architecture militaire

TOURNEMIRE – Château d'Anjony (15e s.)

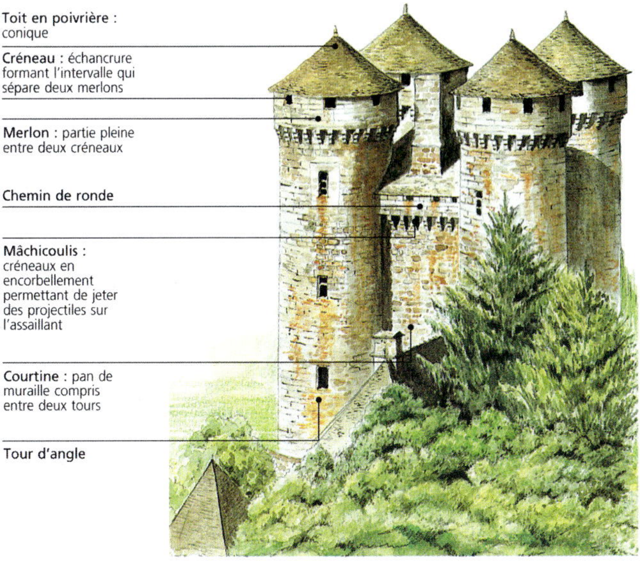

ST-POURÇAIN-SUR-BESBRE
Porte fortifiée du château de Thoury (15e s.)

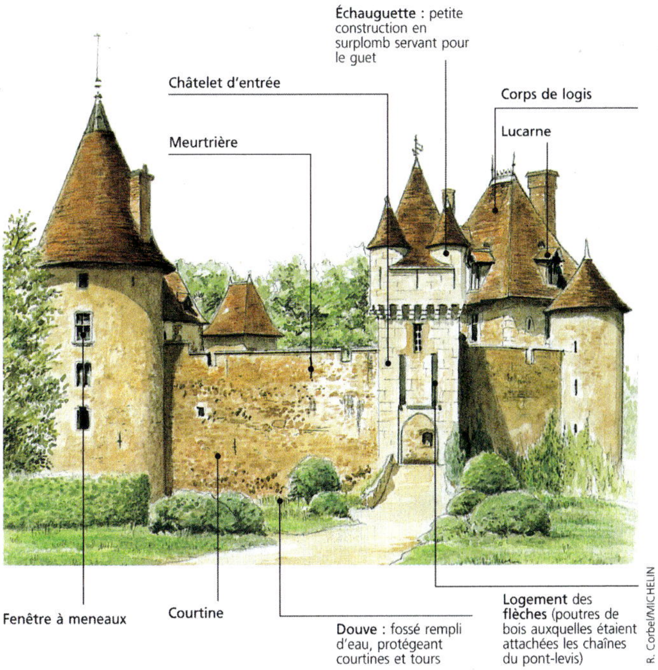

Architecture thermale

LE MONT-DORE – Galerie de la Source César (1890 et 1935-38)

Expression d'un goût prononcé pour l'éclectisme architectural, typique des villes thermales. Forte inspiration des modèles antiques, particulièrement des thermes de Dioclétien et de Caracalla, dans l'agencement des volumes ainsi que dans le décor. Comme à Royat et Châtelguyon, l'influence de l'art roman auvergnat et une mise en scène tendant à la sacralisation viennent interférer avec les réminiscences antiques.

Ouvrages de génie civil

GARABIT – Viaduc franchissant la Truyère (1882-1884)

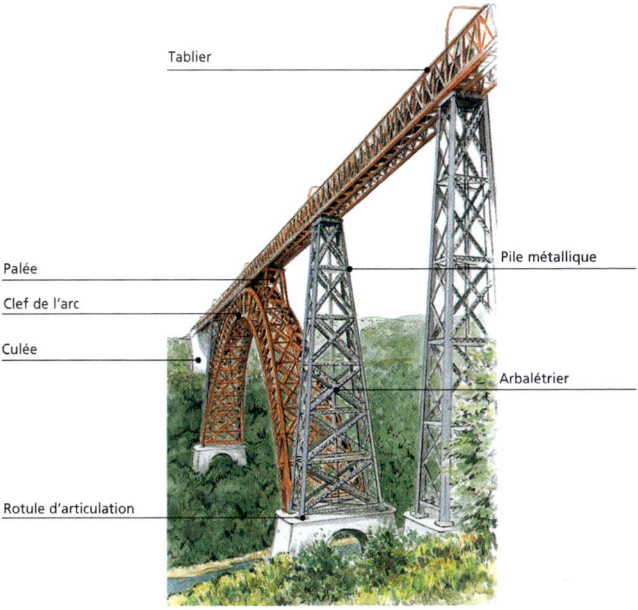

BORT-LES-ORGUES – Barrage retenant la Dordogne (1951)

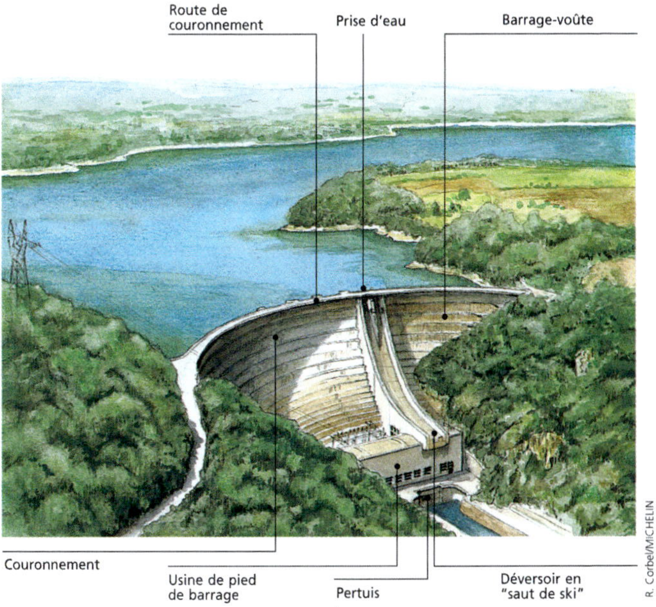

ORGANISER SON VOYAGE

Vol sur le puy Pariou avec le Puy de Dôme en arrière-plan.
F. Cormon / hemis.fr

Aller en Auvergne

Par la route

GRANDS AXES

Clermont-Ferrand est un carrefour majeur au cœur de la France.
L'A 71 relie Clermont à Paris en 4h environ. L'A 75, « La Méridienne », relie Clermont à Montpellier-Béziers (gratuitement, sauf à hauteur du viaduc de Millau) en 3h30.
L'Auvergne est reliée à Barcelone par l'A 75 et l'A 9, en 6h. L'A 89 relie Clermont à Lyon en 2h, et, dans l'autre sens, à Bordeaux, en 3h45. Les axes autoroutiers pénètrent dans Clermont, et il est assez facile de sortir à proximité du centre-ville.

CARTES MICHELIN

Carte de France 721 au 1/1 000 000.
Cartes Régions 518 (Centre) et **522** (Auvergne, Limousin), au 1/200 000.
Cartes Départements 326 (Allier, Puy-de-Dôme), **330** (Cantal, Lozère) et **331** (Ardèche, Haute-Loire), au 1/150 000.
En ligne : calcul d'itinéraires, temps de parcours, coût des trajets, plans de villes et sélection d'hôtels et de restaurants sur : **www.viamichelin.fr**.

COVOITURAGE

– **Bon à savoir**. Économique et écologique - www.idvroom.com ; www.blablacar.fr.

En train

LE RÉSEAU GRANDES LIGNES

De Paris (gare de Paris-Bercy), 8 trains grandes lignes quotidiens, assurés en majorité en Intercités, desservent Clermont-Ferrand (3h10 de trajet minimum) via Nevers, Moulins, Vichy et Riom.
D'autres villes sont directement reliées à Clermont : Lyon, Aurillac, Montluçon, Le Puy-en-Velay.
Renseignements et réservations – ✆ 3635 (0,40 €/mn + prix de l'appel), www.oui.sncf.

TRAINS EXPRESS RÉGIONAUX

Clermont-Ferrand est reliée plusieurs fois par jour à Issoire et Vichy en 30mn, à Brioude en 1h, à Moulins en 1h10, à Montluçon en 1h30, Le Puy-en-Velay en 2h10 et Aurillac en 2h20.
Renseignements et réservations – www.oui.sncf/ter.

ROUTES EN HIVER

WWW.ENROUTE.MASSIF-CENTRAL.EQUIPEMENT.GOUV.FR.
Allier - ✆ 04 70 34 40 03 - www.allier.fr.
Cantal - ✆ 04 71 48 44 44 - www.cantal.fr.
Haute-Loire - ✆ 04 71 07 42 41 - www.hauteloire.fr et www.inforoute43.fr.
Puy-de-Dôme - ✆ 04 73 42 02 63 - www.inforoute63.fr.
A 75 - www.a75lameridienne.com - infos district Sud : ✆ 04 99 91 50 30 - district Nord : ✆ 04 73 29 79 79 - Autoroute info : 107.7 FM.

AUTOCARS RÉGIONAUX

Les lignes du **Trans'Allier** sillonnent la région en complément des trains.

En avion

AÉROPORTS DE LA RÉGION

Aéroport international de Clermont-Ferrand Auvergne – 63510 Aulnat - ✆ 04 73 62 71 00 - www.clermont-aeroport.com. Jusqu'à 8 liaisons quotidiennes avec Paris (Orly ou CDG), vols de différentes villes d'Europe et liaisons avec la Corse en saison (Air France, Hop, Air Corsica, Ryanair).

Aéroport d'Aurillac-Tronquières – 15000 Aurillac - ✆ 04 71 64 50 00 - www.caba.fr/aeroport. À 5mn du centre d'Aurillac - ligne quotidienne Aurillac-Paris (Orly Sud) AR, deux fois par j., sf sam. (Hop).

Aéroport du Puy-en-Velay-Loudes – La Reilhade - 43320 Chaspuzac - ✆ 04 71 08 61 87. Liaison avec Paris-Orly (Twin Jet).

COMPAGNIES AÉRIENNES

Air France – ✆ 3654 (0.35 € TTC/min + prix appel) - www.airfrance.fr.
Hop – ✆ 0 892 70 22 22 - ✆ 3654 (0,35 € TTC/min + prix appel) - www.hop.com.
Twin Jet – ✆ 0 892 707 737 (0,60 € TTC/min) - https://twinjet.fr.

DISTANCES EN KM	Ambert	Aurillac	Brioude	Clermont-Ferrand	Le Mont-Dore	Montluçon	Moulins	Le Puy-en-Velay	St-Flour	Vichy
Ambert	–	177	91	89	136	178	175	71	121	84
Aurillac	177	–	105	156	124	255	252	171	73	217
Bordeaux	479	313	447	383	347	375	456	504	476	420
Brioude	91	105	–	70	111	169	166	59	48	131
Clermont-Ferrand	89	156	70	–	47	108	105	129	102	70
Lille	711	788	703	641	683	556	517	760	732	575
Lyon	147	304	192	179	226	219	210	134	248	158
Marseille	373	432	348	478	457	567	521	298	411	473
Le Mont-Dore	136	124	111	47	–	152	149	167	140	111
Montluçon	178	255	169	108	152	–	76	226	198	90
Moulins	175	252	166	105	149	76	–	222	195	58
Paris	495	572	487	425	467	340	300	543	516	359
Le Puy-en-Velay	71	171	59	129	167	226	222	–	116	187
St-Flour	121	73	48	102	140	198	195	116	–	160
Strasbourg	613	753	685	606	648	578	523	627	714	529
Vichy	84	217	131	70	111	90	58	187	160	–

Avant de partir

Météo

Services téléphoniques de Météo France – ✆ 32 50 (2,99 €/appel + prix de la communication).
En ligne : www.meteofrance.com.
L'été – La fraîcheur des massifs boisés contraste avec la chaleur des plaines. Clermont-Ferrand et Vichy peuvent être étouffants.
L'automne – Les forêts de la chaîne des Puys et des monts du Livradois paraissent s'enflammer.
L'hiver – La neige en montagne modifie les reliefs, les lacs prennent des allures nordiques. Les accès routiers sont parfois difficiles : la prudence s'impose.
Le printemps réserve les tons les plus intenses, avec des cascades et des ruisseaux enrichis par la fonte des neiges.

Adresses utiles

INSTITUTIONS

Comité régional de développement touristique d'Auvergne – ✆ 04 73 29 49 66 (lun.-vend. 8h30-12h30, 13h30-17h30 (17h vend.) - www.auvergne-tourisme.info. Assure la promotion et le développement des activités touristiques dans tout le Massif Central ; informations, édition des topoguides de randonnée à VTT et à pied, brochures, *newsletter*, réservation d'hébergements, séjours thématiques, promotions, etc.

Comités départementaux de tourisme
Allier – ✆ 04 70 46 81 50 - www.allier-auvergne-tourisme.com.
Cantal – ✆ 04 71 63 85 00 - www.cantal-destination.com.
Haute-Loire – ✆ 04 71 07 41 65 - www.auvergnevacances.com.
Puy-de-Dôme – www.planetepuydedome.com.

Renseignements sur Internet
– **Généralités** sur l'Auvergne : www.parcs-massif-central.com.
– **Musées** et **art roman** : www.terres-romanes-auvergne.com.
– Produits du **terroir** : www.fromages-aop-auvergne.com ; www.lalentillevertedupuy.com.

OFFICES DE TOURISME

Vous trouverez les adresses des offices de tourisme dans les rubriques « S'informer » en début de chapitre dans la partie « Découvrir l'Auvergne ».
Sur Internet : **www.tourisme.fr**.
Pour joindre les offices de tourisme et syndicats d'initiative en France sans en avoir les coordonnées, composer le **32 65** *(0,40 €/mn + prix de l'appel).*

TOURISME DES PERSONNES HANDICAPÉES

Dans ce guide, le picto ♿ signale les sites et établissements qui peuvent accueillir des personnes à **mobilité réduite**.
Tourisme et Handicaps – www.tourisme-handicaps.org. Liste des sites labellisés, entre autres infos. Vous trouverez aussi des renseignements (sites, hébergements, activités adaptées, transports accessibles) pour préparer votre séjour sur les sites des comités départementaux de tourisme (mot-clé « Handicap » dans le moteur de recherche).

Sur www.auvergne-tourisme.info, le moteur de recherche permet de sélectionner les hébergements, restaurants, sites de loisirs adaptés aux personnes handicapées ; également des informations sur le **handiski**, qui peut se pratiquer à Lioran et à Super-Besse (voir aussi l'école de ski français : www.esf.net).

Topoguide – *Les Chemins de douce heure* (éditions Chamina, 2000) ; des **randonnées** faciles sur des revêtements carrossables, d'une durée d'une heure et de faible dénivelé, dans le Puy-de-Dôme.

Transports

SNCF Accès Plus – ✆ 0 890 640 650 (0,12 €/mn, 7h-22h) - www.accessibilite.com. Liste des gares adaptées et informations sur le service « Accès Plus » (sur réserv. 48h avant le départ).

Avion – ✆ 09 69 36 72 77 - www.airfrance.fr. Service d'assistance « Saphir » proposé par Air France.

Se loger

Notre sélection d'hébergements est listée dans « Nos adresses à… » en fin de description des principaux sites de la partie « Découvrir… ». Les prix indiqués correspondent au tarif d'une chambre double en saison.

NOTRE SÉLECTION

Les établissements sont classés par catégories de prix : Petit prix, Budget moyen, Pour se faire plaisir et Une folie *(voir tableau ci-dessous)*. À consulter aussi : **Le Guide Michelin France** et le **Guide Camping Michelin France**.

AUTRES ADRESSES D'HÉBERGEMENT

Fédération nationale Clévacances France – www.clevacances.com. Locations saisonnières (gîtes et chambres d'hôtes) labéllisées.

Nattitude – www.auvergne-tourisme.info. Les hébergements référencés par la marque Nattitude ont été distingués par Auvergne tourisme parce que tournés vers la nature, le bien-être, l'authenticité, le confort et le respect des lieux. L'esprit Nattitude c'est un site de charme qui préserve son environnement

Hébergement rural

Fédération des stations vertes de vacances et villages de neige – ✆ 03 80 54 10 50 - www.stationverte.com. Situées à la campagne et à la montagne, les stations vertes sont des destinations de vacances familiales, reconnues pour leur qualité de vie et celles de leurs structures d'accueil et d'hébergement. L'Auvergne en compte une soixantaine.

Bienvenue à la ferme – Le guide *Bienvenue à la ferme*, édité par l'Assemblée permanente des chambres d'agriculture (✆ 01 53 57 11 50), est en vente en librairie ou sur **www.bienvenue-a-la-ferme.com**. Fermes-auberges, campings à la ferme, fermes de séjour et nombreux loisirs.

NOS CATÉGORIES DE PRIX		
	HÉBERGEMENT	**RESTAURATION**
Premier prix	jusqu'à 80 €	jusqu'à 20 €
Budget moyen	de 80 € à 120 €	de 20 € à 40 €
Pour se faire plaisir	de 120 € à 160 €	de 40 € à 60 €
Une folie	plus de 160 €	plus de 60 €

Fédération nationale des gîtes de France et du tourisme vert – ✆ 01 49 70 75 85 - www.gites-de-france.com. Hébergements en milieu rural. Les gîtes Panda sont situés dans des environnements naturels de qualité (rens. sur le site).

Accueil paysan – www.accueil-paysan.com/fr. Cette association regroupe des hébergements (gîtes, chambres d'hôtes,campings) auprès d'acteurs ruraux.

Hébergement pour randonneurs

Le label national Rando Accueil liste ses hébergements nature sur www.rando-accueil.com.

À consulter également, le site www.gites-refuges.com et le guide *Gîtes d'étape et refuges, France et frontières*, de A. et S. Mouraret, imprimable à partir du site.

Auberges de jeunesse

Ligue française des auberges de jeunesse – ✆ 01 44 16 78 78 - www.auberges-de-jeunesse.com. Carte LFAJ : 7 €/an pour les moins de 26 ans, 11 € au-delà de cet âge.

Fédération unie des auberges de jeunesse (FUAJ) – ✆ 01 44 89 87 27 - www.hifrance.org. Carte FUAJ : 7 €/an pour les moins de 26 ans, 11 € au-delà, 20 € pour les familles.

Auberges de jeunesse affiliées à Gannat, au Mont-Dore, au Puy-en-Velay et à St-Martin-des-Olmes.

Se restaurer

NOS CRITÈRES DE CHOIX

Pour répondre à toutes les envies, nous avons sélectionné des **restaurants** régionaux, mais aussi classiques, exotiques, gastronomiques et des adresses où manger sur le pouce. À consulter aussi : **Le Guide Michelin France**.

Fermes-auberges sur **www.bienvenue-a-la-ferme.com.**

SITES REMARQUABLES DU GOÛT

Quelques sites de la région (lieux de production, foires et marchés ou manifestations), dont la richesse gastronomique s'appuie sur des produits de qualité liés à un environnement culturel intéressant et à une réelle volonté d'accueil touristique, ont été dotés du label « Site remarquable du goût ».

En Auvergne : **Billom** pour son ail parfumé rose, **St-Nectaire** pour son onctueux fromage au lait de vache à la saveur fleurie, **Salers** pour son fromage au lait de vache à pâte dure (frère de terre du cantal, produit uniquement en été), Le **Puy-en-Velay** pour sa lentille verte et le **pays d'Ambert**, berceau de la fourme du même nom, fromage de vache traditionnel.

Pour en savoir plus : www.sitesremarquablesdugout.com.

GASTRONOMIE ET TERROIR

Les Toques d'Auvergne (www.toques-auvergne.com) rassemblent de bonnes adresses régionales.

Des hôteliers-restaurateurs indépendants, regroupés au sein de Le Parc des Volcans a mis en place la **marque du Parc** : choix de produits du terroir auvergnats disponibles dans les Maisons du Parc : www.parc-volcans-auvergne.com.

Le Comité régional de développement touristique publie une carte sur la gastronomie auvergnate *(Patrimoine et bonnes tables)* et une liste des établissements engagés dans une démarche de qualité, labellisée **Qualité Auvergne** sur : www.auvergne-tourisme.info.

Le ministère du Tourisme attribue le label **Restaurateurs de France** à ceux qui assurent la promotion des produits du terroir. Liste sur : www.maitresrestaurateurs.fr.

Sur place de A à Z

ARTISANAT

Artisanat rural

Les boutiques de souvenirs regorgent d'objets en bois façonnés par les artisans du cru, comme le **bouffadou**, solide bâton évidé, sans pareil pour ranimer la flamme vacillante de vos cheminées et de vos barbecues. Pour vous protéger des intempéries, optez pour le **parapluie** d'Aurillac qui a fait ses preuves de robustesse.

Pour vos pauses casse-croûte, pensez à acheter un **couteau** à Thiers.

Céramique et lave émaillée

Au pays des volcans, vous trouverez des œuvres taillées dans de la lave. Par des techniques transmises d'une génération à l'autre, des émailleurs les revêtent de couleurs vives et lustrées. On en trouve surtout dans le pays riomois et autour de Volvic.

Terres et potiers d'Auvergne – www.terres-potiers-auvergne.fr. Cette association regroupe une trentaine d'ateliers sur l'Auvergne.

Dentelles

L'art de la dentelle se pratique en Haute-Loire depuis des décennies. Dans la région du Puy et de Brioude, on réalise encore au fuseau de belles compositions à la main, même si la plupart se font désormais sur machine à partir de modèles anciens.

ENVIRONNEMENT

L'Auvergne est un territoire aussi magnifique que fragile. Il convient de respecter certaines règles afin de protéger ce patrimoine naturel. Des organismes peuvent vous informer sur la préservation de l'environnement (érosion, pollution…) et vous aider à organiser vos sorties nature :

Activités et sorties

Parc naturel régional des Volcans d'Auvergne – Maison du Parc - Montlosier - 63970 Aydat - ✆ 04 73 65 64 26 - www.parcdesvolcans.fr.

Parc naturel régional Livradois-Forez – Maison du Parc - 63880 St-Gervais-sous-Meymont - ✆ 04 73 95 57 57 - www.parc-livradois-forez.org.

Union nationale des centres permanents d'initiatives pour l'environnement – ✆ 01 44 61 75 35 - www.cpie.fr. Les centres organisent séjours et w.-ends de découverte de l'environnement et du patrimoine.

Office national des forêts (ONF) – ✆ 04 70 06 12 26 - www.onf.fr. Visite guidée sur demande (3 sem. av.) au 04 70 46 94 64 - toute l'année dans toutes les forêts domaniales de l'Allier.

Espace nature du val d'Allier – ✆ 04 70 44 46 29 - www.lpo-auvergne.org.

Jardins

Le **Comité des parcs et jardins de France** (✆ 01 53 85 40 47 - www.parcsetjardins.fr) recense les jardins et parcs du pays ouverts au public, et les classe par régions. En Auvergne, 9 ont reçu le label **Jardin remarquable** attribué chaque année par le ministère de la Culture : l'arboretum de Balaine de Villeneuve-sur-Allier *(p. 459)*, le Verger de Déduit à Anglars-de-Salers *(p. 262)*, le parc du château Lafayette à Chavaniac-Lafayette *(p. 389)*, les jardins du château de la Bâtisse à Chanonat *(p. 82)*, les jardins du château d'Hauterive à Issoire *(p. 164)*, les jardins du château de Cordès *(p. 148)*, le parc du domaine royal de Randan *(p. 107) et* les jardins du château d'Opme *(p. 62)* à Romagnat.

L'association **Jardins du Massif Central** offre une diversité de jardins : arboretums, jardins de château, botaniques, à thème ou paysagers. ✆ 04 73 95 00 71 - www.jardinsmassifcentral.com.

ESCALADE

Les grimpeurs trouveront en Auvergne de nombreuses voies équipées sur des roches volcaniques, dans un cadre préservé. Le massif du Sancy *(www.sancy.com)* réserve de belles sensations, avec la redoutable Dent de la Rancune et la Crête de Coq (vallée de Chaudefour), le Capucin et le Verrou (vallée du Mont-Dore). Les monts du Cantal offrent également de nombreux sites.

Liste des **sites d'initiation** sur www.ffme.fr.

Adresses utiles

Fédération française de la montagne et de l'escalade (comité régional d'Auvergne) – 15 bis rue du Pré-de-la-Reine - 63000 Clermont-Ferrand - http://cr-ffme-auvergne.asso-web.com.

Club alpin français Clermont-Auvergne – 21 r. Jean-Richepin - 63000 Clermont-Ferrand - ✆ 04 73 90 81 62 - www.clubalpin-clermontauvergne.fr.

Centre d'escalade de Chabreloche – http://escalade.chabreloche.over-blog.com - contact : M. Christian Gelin - ✆ 06 40 65 68 07.

Comité spéléologique régional Auvergne-Rhône-Alpes – www.csr-rhonealpes.fr.

Sur cascades de glace

En hiver, pendant la période la plus froide (janv.-fév.), une initiation est proposée par certaines stations.

Club alpin français du haut Cantal – Jean-Pierre Juillard - 3 pl. du Monument - 15400 Riom-ès-Montagnes - ✆ 04 71 78 14 63.

Le Mont-Dore – ✆ 04 73 65 02 23 (Société des remontées mécaniques - téléphérique) - www.sancy.com - contactez le peloton de gendarmerie de montagne - 26 r. des Chasseurs-Alpins - 63 240 Le Mont-Dore - ✆ 04 73 65 04 06.

GOLF

L'Auvergne est dotée de plusieurs parcours de 9 et 18 trous.

Ligue de golf d'Auvergne -Rhône-Alpes : 28 r. Edouard-Rochet, 69008 Lyon - ✆ 04 78 24 76 61 - www.liguegolfaura.com.

Golf de Vichy – Allée Baugnies - 03700 Bellerive-sur-Allier - ✆ 04 70 32 39 11 - www.golf-vichy.fr.

Golf des Volcans à Orcines – ✆ 04 73 62 15 51. L'Open des Volcans s'y déroule à la mi-septembre - www.golfdesvolcans.fr.

Golf de Haute-Auvergne – Labladade - 15130 Sansac-de-Marmiesse - ✆ 04 71 47 73 75 - www.golfdehauteauvergne.com.

Golf municipal de Mauriac Val St-Jean – 15200 Mauriac - ✆ 04 71 68 23 59 - www.golfvalsaintjean.org.

Golf de Vézac Aurillac – r. Marcel-Dauzier - 15130 Vézac - ✆ 04 71 62 44 11 - www.golfvezac.com.

PÊCHE

Bon à savoir – Quel que soit l'endroit choisi, il convient d'observer la réglementation nationale et locale (les eaux de première catégorie sont autorisées de mars à septembre, celles de deuxième catégorie toute l'année ;

les périodes particulières de pêche pour chaque espèce sont fixées par arrêté préfectoral), de s'affilier pour l'année en cours dans le département de son choix à une association de pêche et de pisciculture agréée, d'acquitter les taxes afférentes au mode de pêche pratiqué ou éventuellement d'acheter une carte journalière.

Rivières, retenues de barrage, ruisseaux

Ces cours et plans d'eau sont classés en deux catégories :

Eaux à salmonidés (truite, ombre commun, saumon) – Classées en première catégorie, elles occupent le cours supérieur de l'Allier et de ses affluents (Alagnon, Dore, Lignon, Sichon), de l'Aveyron, de la Besbre, la Cère, la Dordogne, la Loire, la Rhue et la Truyère.

Eaux à cyprinidés (ablette, barbeau, brème, carpe, gardon, tanche) – Classées en deuxième catégorie, elles occupent les cours moyen et inférieur des rivières mentionnées ci-dessus. On note la présence de barbeaux dans les eaux de la Sioule, rivière à truites par excellence, au niveau de Châteauneuf-les-Bains. La pêche aux écrevisses est sévèrement réglementée.

À signaler la présence de **carnassiers** dans le département de l'Allier. Le brochet est en nette régression, mais le sandre s'est bien adapté aux eaux très froides et aux régimes souvent torrentiels de l'Allier, ainsi que la perche.

Lacs

La pêche y est statique pour taquiner le gardon, la perche, la tanche, mais peut devenir sportive quand on s'attaque au brochet, à la carpe, voire à la truite. Si la région des monts Dore offre une gamme étendue de lacs poissonneux, tout pêcheur doit un jour venir au lac Pavin *(voir Besse)* se mesurer au *Salvelinus alpinus*. Communément appelé omble chevalier, ce poisson vorace hante habituellement les lacs aux eaux très froides et se pêche en bateau, par 60 ou 80 m de profondeur; très fin, il est fort apprécié des gourmets.

Au niveau national

Fédération nationale de pêche – ✆ 01 48 24 96 00 - www.federationpeche.fr. Coordonnées des fédérations départementales de pêche et de protection du milieu aquatique.

Au niveau régional

Fédération de pêche de l'Allier – ✆ 04 70 47 51 55 - www.federation-peche-allier.fr.

Fédération de pêche du Cantal – ✆ 04 71 48 19 25 - www.cantal-peche.com.

Fédération de pêche de Haute-Loire – ✆ 04 71 09 09 44 - www.pechehauteloire.fr.

Fédération de pêche du Puy-de-Dôme – ✆ 04 73 92 56 29 - www.peche63.com. La fédération édite annuellement Le Pêcheur du Puy-de-Dôme; en plus de conseils pratiques, cette revue propose toute la réglementation et une carte des rivières et plans d'eau (celle-ci est disponible en format PDF sur le site Internet).

PRODUITS DU TERROIR

Boissons

Voir aussi « Vignoble » p. 598. Un apéritif un peu amer, appelé indifféremment **gentiane** (nom de la racine jaune utilisée), **Salers** ou **Avèze**, est très prisé en Auvergne. Il est surtout produit dans le Cantal, dans les régions de Salers et de Riom-ès-Montagnes.

La **verveine**, une liqueur sucrée et assez forte à base de 32 plantes, se sert en digestif. C'est la spécialité du Velay. La plante sert aussi à fabriquer des tisanes.

Dans l'Allier, vous découvrirez le vignoble de **St-Pourçain** (classé AOC), qui s'étend sur 600 ha.

Les **côtes d'Auvergne**, dans le Puy-de-Dôme, comptent cinq crus (AOC) qui s'étendent sur 900 ha : le madargue (St-Bonnet-près-Riom), le châteaugay, le chanturgue (au nord de Clermont), le corent et le boudes (au sud d'Issoire). Dans le Cantal, le vignoble des **vins d'Entraygues** et du **Fel** s'étend sur 6 ha au sud du département.

Les amateurs de **bière** goûteront à la Vellavia (Haute-Loire) ou à la Bière des Volcans (Puy-de-Dôme).

Friandises et douceurs

Les fruits issus des vergers ou de la cueillette, surtout la myrtille, omniprésente dans le Livradois et la Montagne bourbonnaise, sont à la base de succulentes pâtes de fruits et de confitures. Sans oublier l'indémodable pastille de Vichy dont le succès perdure depuis 1825.

Fromages

L'Auvergne se distingue avec cinq AOP : st-nectaire, cantal, salers, bleu d'Auvergne, fourme d'Ambert *(voir La Route des fromages p. 592)*. Il existe aussi des spécialités locales comme le gaperon bien onctueux, les petits chèvres frais, etc. Toutes ces variétés se dégustent sur une tranche de pain bis avec la rituelle salade à l'huile de noix.

Lentilles

Au Puy-en-Velay, vous dégusterez les lentilles vertes (le premier légume sec AOP) et, à St-Flour, des lentilles blondes.

Salaisons

De la saucisse sèche aux rillettes de canard, en passant par toute la gamme de terrines, pâtés et grattons, vous n'aurez que l'embarras du choix. Des espaces de vente rassemblent dans les monts Dore, le Cantal et la Haute-Loire des produits réputés pour leur qualité et leur saveur.

Produits de la ferme

De nombreux producteurs de Haute-Loire (signalés par un panneau « Produits fermiers ») pratiquent la vente directe à la ferme. Dans le Puy-de-Dôme, le Cellier Muratois à Murat-le-Quaire

PRINCIPAUX MARCHÉS	
Lundi	Le Mayet-de-Montagne, Besse-et-St-Anastaise, Billom.
Mardi	Chamalières et Royat, Clermont-Ferrand (St-Joseph), St-Flour (ville basse), Moulins (quartiers), Vichy (Célestins), Allanche, Montluçon (Fontbouillant), Massiac.
Mercredi	Montluçon (Ville-Gozet), Aurillac, Égliseneuve-d'Entraigues, Salers, Le Puy-en-Velay (mairie), Vichy (Épinat), St-Pourçain-sur-Sioule (gare), Pierrefort, Thiers, Issoire.
Jeudi	Ambert, Chamalières, Romagnat, Vichy (Célestins), Maurs, Souvigny, Thiers, Yssingeaux.
Vendredi	Aubière, Clermont-Ferrand (St-Joseph), Moulins (centre), Hérisson, Le Mont-Dore.
Samedi	Chamalières, Montluçon (centre), Aurillac, Le Puy-en-Velay (centre et Le Breuil), St-Pourçain-sur-Sioule (centre), Mauriac, St-Flour (ville haute), Brioude, Issoire, Riom, Thiers.
Dimanche	Aubière, Montluçon (Ville-Gozet), Vichy (Célestins).

près de La Bourboule accueille des producteurs régionaux *(p. 207)*.

Les principaux marchés

Hauts en couleur, en parfums et en saveurs du terroir, ils animent la vie des communes et constituent une excellente façon de découvrir les spécialités proposées et présentées par les producteurs eux-mêmes. Ils sont répertoriés sur les sites des offices de tourisme et des communes.

RANDONNÉE ÉQUESTRE

Adresses utiles

Comité national de tourisme équestre – ✆ 02 54 94 46 00 - www.ffe.com. Édite une brochure annuelle, Cheval nature, l'officiel du tourisme équestre.
Comité régional d'équitation d'Auvergne (CREA) – ✆ 04 74 35 29 86 - www.equitation-auvergnerhonealpes.com.
Les **comités départementaux de tourisme équestre** peuvent également fournir la liste des centres équestres et des relais d'étape du département, avec leurs différentes activités, offres de gîtes et propositions de randonnées (de 2 à 8 jours), ainsi que les différents circuits balisés.
Allier – ✆ 04 70 66 13 06 - http://cdte03.ffe.com.
Cantal – ✆ 06 83 27 39 20 - www.cde-cantal.ffe.com.
Haute-Loire – ✆ 04 71 05 66 05.
Puy-de-Dôme – ✆ 04 73 65 03 82 - http://equitation-63.ffe.com.

RANDONNÉE PÉDESTRE

Pays vert de volcans *(voir carte p. 27)* et de montagnes, l'Auvergne se découvre magnifiquement à pied.

Des PR au GRP

Les sentiers de **petite randonnée** ou PR sont destinés aux marcheurs d'un jour. Au départ des circuits, des balisages de couleur indiquent leur durée : **bleu** jusqu'à 2h ; **jaune** de 2h15 à 3h45 ; **vert** de 4h à 6h.
Les sentiers de **grande randonnée** ou GR correspondent à des parcours de plusieurs jours nécessitant des nuits en hébergement. On les reconnaît à leur marquage blanc et rouge. Un autre balisage jaune et rouge concerne les sentiers de **grande randonnée de pays** ou GRP. Ces itinéraires sont répertoriés dans les *Topoguides* de la Fédération française de la randonnée pédestre et de l'association Chamina.

Adresses utiles

Fédération française de la randonnée pédestre – ✆ 01 44 89 93 90 - www.ffrandonnee.fr.
Comité départemental de randonnée pédestre de l'Allier – Centre Éric-Tabarly - 03300 Cusset - www.ffrandonnee-allier.fr.
Comité départemental de la randonnée du Cantal – Maison des Sports - 130 avenue du Gén.-Leclerc - 15000 Aurillac - ✆ 06 70 91 54 36 - http://cdrp15.blogspot.fr.
Comité départemental de randonnée pédestre de la Haute-Loire – La Croisée des Chemins - 21 r. du Collège - 43000 Le Puy-en-Velay - ✆ 04 71 04 15 95 - www.rando-hauteloire.fr.
Comité départemental de randonnée pédestre du Puy-de-Dôme – 15 bis rue du Pré-la-Reine - 63000 Clermont-Ferrand - ✆ 04 73 91 94 01 - puy-de-dome.ffrandonnee.fr.
Chamina – 35, r. du Pré-la-Reine - 63000 Clermont-Ferrand - t 04 73 92 81 44 - www.chamina.com.
Chamina Voyages – www.chamina-voyages.com. Propositions de randonnées accompagnées ou en liberté.

La sécurité en montagne

Apparemment sans risques, les « montagnes à vaches » d'Auvergne

LES GR D'AUVERGNE

Plusieurs sentiers de **grande randonnée** permettent de découvrir la diversité des paysages auvergnats :

GR 3 – Du Puy-en-Velay au Bourbonnais.

GR 4 – Hauts plateaux d'Auvergne, de St-Flour à Aubusson (274 km).

GR 30 – Tour des lacs d'Auvergne, de La Bourboule à St-Nectaire (183 km).

GR 40 – Tour du Velay, Vorey, Montbonnet, Goubet.

GR 330 – Tour du Livradois-Forez.

GR 400 – Tour des volcans cantaliens, Murat, le Lioran, Thiézac (133 km).

GR 441 – Tour de la chaîne des Puys, Volvic, Pontgibaud, Pessade (108 km).

demandent une vigilance été comme hiver. Avalanches, dévissages, chutes de pierres, mauvais temps, brouillard, traîtrises du sol et de la neige, eau glaciale des lacs d'altitude ou des torrents, désorientation, appréciation défectueuse des distances et foudre peuvent surprendre.

Consultez les bulletins météorologiques avant de partir et évitez les départs en fin de journée. Le temps peut changer très vite en montagne, équipez-vous en conséquence ! Prévenez quelqu'un de votre itinéraire, emmenez boissons et fruits (ou barres énergétiques) en quantité. Rechargez avant de partir la batterie de votre téléphone portable.

Les bulletins neige et avalanche (BNA), affichés dans chaque section et lieu de randonnée, avertissent des risques et doivent impérativement être consultés avant tout projet de sortie. Renseignements sur les risques d'avalanche : répondeur téléphonique de **Météo France** ✆ 32 50 (2,99 € + prix d'un appel) ou 0 899 71 02, suivi du numéro du département. Renseignements sur la foudre : www.meteorage.com.

Une autre façon de marcher

Pour randonner librement, sans les contraintes du poids du sac à dos, l'**âne** est le compagnon idéal. Pouvant porter des bagages de 40 kg, il emboîte le pas à la famille et motive les enfants à la marche. L'ânier loue ses animaux à la journée ou à la semaine (possibilité de randonnées accompagnées) et propose de nombreuses prestations pour faciliter la découverte du pays. Depuis l'équipée de Stevenson, il est courant de découvrir l'Auvergne avec un âne.

Fédération nationale ânes et randonnées (Fnar) – ✆ 06 95 26 29 96 - www.ane-et-rando.com. La Fnar fournit la liste de ses prestataires, dans toutes les régions de France, proposant des randonnées à pied en compagnie d'ânes bâtés. À consulter également, www.bourricot.com.

ROUTES HISTORIQUES

Pour découvrir le patrimoine architectural local, la **Fédération nationale des routes historiques** (www.routes-historiques.com) a élaboré une vingtaine d'itinéraires à thème. Tracés et dépliants sont disponibles auprès des offices de tourisme ✆ 01 55 42 60 00 - www.demeure-historique.org.

Route historique des châteaux d'Auvergne

✆ 04 73 29 29 84 - www.auvergne-tourisme.info, www.route-chateaux-auvergne.org ou www.routes-historiques.

com. Une brochure répertorie les 38 châteaux d'Auvergne ouverts à la visite.

Route des forts villageois d'Auvergne

Au 14e et 15e s. pendant la guerre de Cent Ans, les habitants de nombreux villages prirent en charge leur propre défense et dressèrent des fortifications. L'association des Forts villageois d'Auvergne lutte pour leur sauvegarde et propose une liste de 15 forts et des informations, en particulier historiques, sur le sujet. ✆ 04 73 39 52 67 - www.lesfortsvillageois.fr.

ROUTES TOURISTIQUES

La Route des métiers en Livradois-Forez

Maison du Parc - 63880 St-Gervais-sous-Meymont - ✆ 04 73 95 57 57 - www.vacances-livradois-forez.com. Le Parc naturel Livradois-Forez diffuse une carte regroupant une sélection d'artisans d'art, de musées, de châteaux et de producteurs de produits fermiers.

La Route des villes d'eaux

Carte touristique, guide des activités ainsi qu'une brochure annuelle, Séjours et week-ends, disponibles auprès de la Route des villes d'eaux - 8 av. Anatole-France - 63130 Royat - ✆ 04 73 34 72 80 - www.villesdeaux.com.

La Route des fromages

Les syndicats des cinq AOP d'Auvergne proposent une carte indiquant une cinquantaine de lieux de production fromagère (des fermes et des laiteries) et d'affinage, engagés dans une charte de qualité contrôlée chaque année, le long de cette route à cheval sur deux départements, le Cantal et le Puy-de-Dôme. Carte disponible dans les offices de tourisme de la région ou sur demande sur le site Internet www.fromages-aop-auvergne.com.

La Route des églises peintes du Bourbonnais

Ce circuit vous mènera à la découverte de 22 sites médiévaux remarquables pour leurs peintures murales, chargées d'art et d'histoire. L'Association de sauvegarde des monuments peints édite une brochure disponible dans les offices de tourisme - ✆ 04 70 56 63 17 - eglisespeintesbourbonnais.planet-allier.com.

Les chemins de St-Jacques

Voir *p. 333*.

Les viaducs

La conquête du chemin de fer s'accompagne en Auvergne de la construction de grands ouvrages d'art, enjambant d'une portée prodigieuse la Truyère, la Sioule et la Loire. Ils s'insèrent toujours dans des paysages naturels grandioses et peuvent légitimement servir de but à vos promenades.

Six viaducs sont actuellement protégés au titre des Monuments historiques : Garabit et Barajols (Cantal), la Recoumène (Haute-Loire), les Fades (Puy-de-Dôme), Neuvial et Rouzat (Allier). Le service régional de l'inventaire (✆ 04 73 31 85 92) leur a dédié un *Itinéraire du patrimoine*.

Le train Neussargues-Marvejols permet de découvrir les monts de la Margeride depuis le viaduc de Garabit ; renseignez-vous également en gare de Brioude ou de Langogne sur le trajet de Langeac (Haute-Loire) à Langogne (Lozère).

SKI ET AUTRES SPORTS D'HIVER

Ski alpin et ski de fond

Le Puy-de-Dôme et le Cantal sont bien équipés, avec trois importantes stations de ski de piste ou alpin, dans lesquelles est valable

STATIONS	Dép.	Altitude		Remontées mécaniques		Canons à neige	Pistes de ski	
		Station	Sommet	Télé-cabines	Télé-sièges Téléskis		Alpin pistes	Nordique km
Loge-des-Gardes	03	1100	1155	-	3	-	4	21
Col de Prat-de-Bouc	15	1170	1670	-	1	-	2	60
Puy Mary	15	1200	1450	-	-	-	-	71
Le Falgoux	15	1000	1400	-	-	-	-	34
Plomb du Cantal-Carladès	15	1040	1500	-	-	-	-	48
St-Projet-de Salers (col de Légal)	15	1231	1334	-	-	-	-	35
St-Urcize	15	1220	1380	-	3	-	6	35
Le Lioran	15	1170	1670	1	17	oui	44	31
La Bourboule (Charlannes)	63	850	1050	1	-	-	-	22
Chastreix-Sancy	63	1400	1725	-	7	oui	16	46
Le Mont-Dore (Sancy)	63	1300	1885	1	13	oui	32	41 (85)
Domaine nordique du Guéry	63	1268	1450	-	-	-	-	58
Parrot	63	1300	1500	-	-	-	-	44
Picherande	63	1150	1350	-	-	-	-	54
Prabouré	63	1200	1400	-	3	-	7	150
Super-Besse (Sancy)	63	1350	1850	1	20	oui	27	43 (85)
La Tour-d'Auvergne (la Stèle)	63	1245	1450	-	-	-	-	100
Domaine nordique des Crêtes du Forez	63	1250	1420	-	4	-	6	130

le **Ski Pass Massif Central.** Il s'agit des stations du **Mont-Dore**, de **Super-Besse** et du **Lioran**.
Vous trouverez également des stations secondaires. Un réseau de pistes de ski de fond ou nordique occupe douze domaines, dont le **col de Prat-de-Bouc-Le Ché** (Cantal) et le **domaine nordique des Crêtes du Forez** (Puy-de-Dôme).
Le Cézallier cantalien propose quant à lui un vaste réseau de pistes de randonnées et ski de fond dont l'accès est gratuit, mais non sécurisé ; au départ d'**Allanche**, **Montgreleix** et **Marcenat**.

Adresses utiles

Ski de fond - Espace Nordique – www.nordic-massif-central.fr.

Club nordique des Crêtes du Forez – ✆ 04 73 82 00 04 - www.cretesduforez.fr.

Domaine nordique Le Lioran-Haute Planèze – www.lelioran.com.

École du ski français de Super-Besse – 1 ronde de Vassivière - 63610 Super-Besse - ✆ 04 73 79 61 75 - www.esfsuperbesse.com.
Super-Besse – Le site Internet www.sancy.com permet, grâce à plusieurs webcams, de visualiser en direct le domaine skiable, la météo, les nombreuses visites et activités des stations du massif du Sancy.

Luge et ski d'été

Le Mont-Dore – Parc des Léchades 63240 Le Mont-Dore - ✆ 04 73 65 06 29 - piste de luge artificielle ouverte en juil.-août : 10h-12h, 14h-19h ; mai-juin et sept. : w.-end 14h-18h.
Super-Besse – Société Pavin Sancy, rd-pt des Pistes - 63610 Super-Besse - ✆ 04 73 79 60 03 - luge d'été (piste de luge artificielle).
Le Lioran : luge d'été Deval'luge - ✆ 04 71 49 50 09 - www.lelioran.com/deval-luge.

Raquettes ou chiens de traîneau

Pour plus de sécurité, il est recommandé aux néophytes de faire appel à un guide qui, par sa connaissance du terrain, leur fera aussi découvrir quelques secrets de la nature (traces d'animaux).
Le **massif du Sancy** (vallée de Chaudefour) comme les **monts du Cantal** (vallée de Mandailles) sont des sites remarquables pour pratiquer ce type de randonnée (jumelles conseillées). Renseignez-vous auprès des offices de tourisme.
Découvrir l'Auvergne sous la neige en traîneau à chiens :
Association Les P'tits Loups de la Banne – Rte de la Banne-d'Ordanche - chalet des Loups - 63150 Murat-le-Quaire - ✆ 04 73 81 09 39. Rencontre découverte et visite des chiens nordiques, baptême de traîneaux, balade et conduite d'attelage.

SPORTS AQUATIQUES

Aviron

Club de l'aviron de Vichy – 1-3 av. de la Croix-St-Martin - 03200 Vichy - ✆ 04 70 32 36 52 - www.clubavironvichy.asso.fr. Compétition et loisirs, initiation à la journée en été, Internationaux de France masters en sept., stages à la semaine pour tous, des benjamins aux vétérans. Séances découverte pour séminaires, groupe en bateaux à 8 rameurs.

Canoë, kayak...

Le **canoë** (d'origine canadienne) se manie avec une pagaie simple.
Le **kayak** (d'origine inuit) se déplace avec une pagaie double.
Fédération française de canoë-kayak – ✆ 01 45 11 08 50 - www.ffck.org. Elle édite, avec le concours de l'IGN, des plans des cours d'eau praticables en Auvergne.
Asv'olt – Base canoë-nature - le Port - 15120 Vieillevie - ✆ 04 71 49 95 81 - www.asvolt.com.
Tonic Aventure – Base île d'Amour - 43300 Langeac - ✆ 04 71 77 25 64 - www.tonic-aventure.fr.

... rafting et canyoning

Le **rafting** est le plus accessible des sports d'eaux vives. Le brevet de natation est indispensable et l'âge minimal de 10 ans est requis. Il est surtout pratiqué en Haute-Loire dans les gorges du haut Allier. La descente s'effectue en bateaux pneumatiques à 6 ou 8 places (raft), à 4 ou 5 places (mini-raft), ou en canoës gonflables à 2 places (hot-dog), maniés à la pagaie.
Le **canyoning** allie technique et jeux (sauts de vasques, nage, descentes en rappel et toboggans), dans un cadre nature et sauvage à l'état pur (✆ 06 09 35 21 67 - www.canyoning-auvergne.fr).

La station de sports d'hiver de Super-Besse dans le Sancy.
L. Olivier / Photononstop

Tonic Rafting – Le Bourg - 43 580 Monistrol-d'Allier - ☏ 04 71 57 23 90 - www.raft-canyon.fr. Parcours en gorges de rapides, idéal pour les pratiques des sports d'eaux vives (rafting, hot-dog, canoë-kayak).

SPORTS MÉCANIQUES

Commission régionale karting Auvergne – http://karting-auvergne.fr.

THERMALISME, REMISE EN FORME

L'Auvergne compte dix stations thermales qui accueillent chaque année plus de 100 000 visiteurs. Avec la création de la **Route des villes d'eaux du Massif Central** *(voir p. 592)*, les communes concernées s'engagent dans des programmes à long terme pour réhabiliter le patrimoine naturel et culturel de ces stations.

Adresses utiles

Conseil national des exploitants thermaux – ☏ 01 53 91 05 77 - www.medecinethermale.fr.

Chaîne thermale du soleil – ☏ 0 800 050 532 (appel gratuit) - www.chainethermale.fr.

Auvergne thermale – 8 av. Anatole-France - 63130 Royat - ☏ 04 73 34 72 80 - www.auvergne-thermale.com. Assure la promotion des 10 stations d'Auvergne.

Thermhôtel – 8 av. Anatole-France - 63130 Royat - ☏ 04 73 34 72 83 - www.thermhotel.com. Cette chaîne hôtelière propose de nombreux séjours de remise en forme.

Bourbon-l'Archambault (03)

☏ 04 70 67 07 88 - www.chainethermale.fr.

Indications : rhumatologie, rééducation fonctionnelle, gynécologie.

La Bourboule (63)

☏ 04 73 81 40 00 - www.thermesbourboule.com.

Indications : asthme, allergies respiratoires, ORL, dermatologie (allergie).

Châteauneuf-les-Bains (63)

☏ 04 73 86 67 49 - www.thermes-chateauneuf.com.

Indications : rhumatologie. Tourisme de santé.

Châtel-Guyon (63)

☏ 04 73 86 00 08 - www.thermesdechatel-guyon.fr.

Indications : maladies de l'appareil digestif et urinaire, maladies métaboliques. Remise en forme.

Chaudes-Aigues (15)

☏ 04 71 23 51 06 - www.caleden.com.

Indications : rhumatologie. Espace forme : séjours « Forme et randonnées ».

Le Mont-Dore (63)

☏ 0 825 800 339 (appel gratuit) - www.chainethermale.fr.

Indications : asthme, allergies et voies respiratoires, ORL, rhumatologie.

Néris-les-Bains (03)

☏ 04 70 03 10 39 - www.thermes-neris.com.

Indications : affections psychosomatiques, neurologie, rhumatologie.

Royat-Chamalières (63)

☏ 04 73 29 51 51 - www.thermes-de-royat.com.

Indications : maladies cardio-artérielles, rhumatologie.

St-Nectaire (63)

☏ 04 73 78 83 47 - www.thermadore.fr.

Indications : remise en forme : espace aquadétente (piscine, Jacuzzi, sauna, hammam) et espace forme et santé (balnéothérapie et soins esthétiques).

Vichy (03)

www.destinationvichy.com - Vichy Thermal Spa Les Célestins - ✆ 04 70 30 82 35 - www.vichy-spa-hotel.fr ; Le centre thermal des Dômes - ✆ 0 800 300 063 - Les Thermes Callou - ✆ 04 70 30 15 00 ; les eaux de Vichy sont toutes des eaux minérales bicarbonatées sodiques carbogazeuses, riches en sels minéraux et oligoéléments, traitant les affections chroniques des rhumatismes et de l'appareil digestif.
Indications : rhumatologie, maladies de l'appareil digestif. Courts séjours santé (sans prise en charge), remise en forme.

TOURISME AÉRIEN

Avions de tourisme et planeurs

Aéroclub d'Auvergne – ✆ 04 73 92 00 56 - www.aeroclubauvergne.fr.
Aéroclub du Livradois – ✆ 04 73 82 01 64 - www.aeroclub-ambert.fr.
Aéroclub Pierre-Herbaud – ✆ 04 73 89 16 62 - www.aeroclub-issoire.fr.

Hélicoptère

Héli Volcan – Aérodrome d'Issoire - 63500 Le Broc - ✆ 04 73 55 03 60 - www.helivolcan.com - location d'hélicoptères, école de pilotage, transport de passagers, circuits touristiques - Survol de la ville d'Issoire, 70 € env. (12mn). Survols du massif du Sancy et du parc des Volcans, 195/310 € (35/50mn).

Montgolfière

France Montgolfières – ✆ 03 80 97 38 61 - www.franceballoons.com - vols 2 fois par j., tlj (suivant météo) - certificat et « toast des aérostiers » à l'atterrissage.
Ballons de la Grande Vallée – Pl. de l'Office-de-Tourisme - 63 710 St-Nectaire - ✆ 04 73 88 40 00 - vol en montgolfière au cœur du massif du Sancy, durée 3h dont 1h de vol.
Quatre Vents – La petite plage - 63790 Chambon-sur-Lac - ✆ 06 87 33 30 32 - www.vol-montgolfiere-auvergne.fr - survol du Parc des Volcans d'Auvergne.
Montgolfière en Velay – ✆ 06 06 83 43 43 - www.montgolfiere-en-velay.com.

ULM

Aéroclub des Combrailles – ULM multi-axes - 63 640 St-Priest-des-Champs - t 04 73 86 84 52 - baptêmes de l'air.
Auvergne ULM – www.ulm-maringues.fr.

Vol libre

La chaîne des Puys offre un éventail exceptionnel de sites d'envol, avec des dénivelés de 300 à 850 m. L'initiation exige un encadrement qualifié.
Ligue Auvergne Rhône-Alpes de vol libre – www.lauravl.fr - liste des sites d'envol et des écoles de vol libre et de cerf-volant.

Parapente

Fédération française de parapente - ffvl.fr. Avant de faire un stage, on peut découvrir ce sport en sautant en parapente biplace avec un moniteur, à partir de 80 € - ✆ 06 61 24 11 45 - www.aeroparapente.fr.
Centre Espace Volcan – Rte du Col-de-la-Moreno - Laschamps - 63122 St Genès-Champanelle - ✆ 04 73 62 26 00 - www.espacevolcan.fr.
Mont-Dore Parapente – Sites de vols dans le massif du Sancy fournis par le club de parapente du Mont-Dore et disponibles au bureau de tourisme.

TRAINS TOURISTIQUES

Train de la découverte Livradois-Forez

Cette ligne, qui relie Courpière à Sembadel, suit les gorges de la Dore, 85 km de voies au cœur du Parc Livradois-Forez. Informations : Agrivap « train touristique » - la gare - 63000 Ambert - ✆ 04 73 82 43 88 - www.agrivap.fr/train.

Train touristique des gorges de l'Allier

Évasion garantie dans ce train qui offre le magnifique spectacle d'une nature restée sauvage, de Langeac à Langogne : en 2h, il lui faut traverser 51 tunnels, franchir 16 viaducs et affronter des pentes et des tournants difficiles. Retour sur train régulier SNCF - se renseigner à la boutique du train touristique de Langeac - ✆ 04 71 77 70 17 - www.train-gorges-allier.com.

Train touristique Riom-ès-Montagnes-Lugarde

Embarquement à la découverte des terres d'estive, royaume de la vache salers. Itinéraire de Bort-les-Orgues à Lugarde-Marchastel en passant par Riom-ès-Montagnes et le viaduc de Barjol - ✆ 04 71 78 07 37 ou 06 85 05 71 19 - http://gentiane-express.com.

VIGNOBLE

L'Auvergne est une terre viticole depuis l'époque gallo-romaine.
Les vins d'Auvergne p. 563.

AOC côtes d'auvergne (Puy-de-Dôme) – Fédération viticole du Puy-de-Dôme - 11 r. Pierre-de-Fermat - 63170 Aubière - ✆ 04 73 44 45 19 - www.fedeviti-puydedome.com. Le vignoble a obtenu en 2010 son AOC : il s'étend sur 900 ha comprenant cinq dénominations locales : le madargue, le châteaugay, le chanturgue (au nord de Clermont), le corent et le boudes (au sud d'Issoire) ; la fédération propose une Route des vins en trois circuits : le Riomois, le Clermontois et le Lembronnais.

AOC st-pourçain (Allier) – L'un des plus anciens vignobles de France, détruit par le phylloxéra à la fin du 19e s., puis réimplanté. Il s'étend sur 600 ha.

À Chareil-Cintrat, sur le domaine du château, d'anciens cépages ont été plantés selon les méthodes traditionnelles de culture.

L'office du tourisme du Pays st-pourcinois propose une carte (avec circuit et adresses de caves) - 29 r. Marcellin-Berthelot - 03500 St-Pourçain-sur-Sioule - ✆ 04 70 45 32 73 - www.payssaintpourcinois.fr.

VÉLO ET VTT

Les plaines de la Limagne et la campagne vallonnée du Bourbonnais permettent des parcours de difficulté moyenne. Sur les routes montagneuses d'Auvergne, où certains cols dépassent 1 400 m, le grimpeur sera mis à plus rude épreuve.

Cyclotourisme

Fédération française de cyclotourisme – ✆ 01 56 20 88 88 - https://ffvelo.fr.

Comité régional Auvergne-Rhône-Alpes de cyclotourisme – www.cyclorhonalpin.org.

Comités départementaux de cyclotourisme

Allier – https://cdc03.weebly.com.

Cantal – 130 av. du Gén.-Leclerc - 15000 Aurillac - http://cantal.ffct.org. Ce comité organise au départ d'Allanche, Aurillac, Chaudes-Aigues, Massiac, Madic, Maurs, Siran et Mauriac des randonnées cyclotouristes à travers la région, variant de 40 à 152 km.

Haute-Loire – http://haute-loire.ffct.org.

Puy-de-Dôme – http://puy-de-dome.ffct.org.

Le Chambon-sur-Lignon (Haute-Loire)

Lieu de Mémoire

Une histoire d'enfants cachés et de justes

©JM Demars - commune du Chambon-sur-lignon

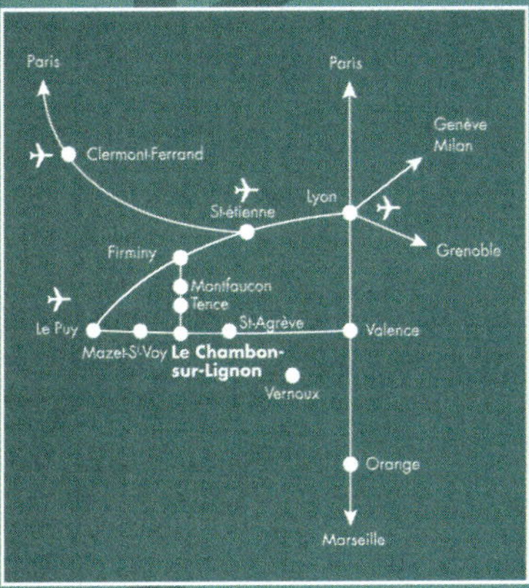

23 route du Mazet
43400 Le Chambon-sur-Lignon

04 71 56 56 65
accueil@memoireduchambon.com
www.memoireduchambon.com
bit.ly/lieumemoire

L'espace ouvert
L'esprit aussi

ville-lechambonsurlignon.fr

Bon à savoir – Les clubs cyclotouristes organisent des sorties week-end ou des circuits découverte avec des guides. Demandez leurs adresses aux comités départementaux de cyclotourisme.

VTT

L'Auvergne, au relief varié, est parcourue de circuits VTT balisés, avec d'importantes infrastructures locales, dans le Puy-de-Dôme (La Bourboule), le Cantal (Le Lioran, Chalinargues, massif du Plomb du Cantal, pays de St-Flour et vallée de la Jordanne) et la Haute-Loire (haut Allier). Le **label VTT**, délivré par la Fédération française de cyclisme, garantit que vous trouverez au minimum 100 km de sentiers balisés, une classification des circuits en 4 niveaux de difficulté, un point d'accueil, un point de lavage, un outillage pour les petites réparations et des documents d'information (circuits, carte d'itinéraires).

Pour plus de détails, consultez les fiches des sites VTT d'Auvergne sur **www.ffc.fr** (rubrique « VTT » puis « sites VTT »).

Fédération française de cyclisme – 01 49 35 69 00 - www.ffc.fr. Elle propose 46 000 km de sentiers balisés pour la pratique du VTT, répertoriés dans un guide annuel.

Chamina – 35 r. du Pré-la-Reine - 63100 Clermont-Ferrand - 04 73 92 81 44 - www.chamina.com. Cette association assure la promotion et le développement de la randonnée dans tout le Massif Central. Elle édite des topoguides de randonnée à VTT et à pied, qui présentent des itinéraires en boucle ou linéaires, sur un ou plusieurs jours.

VTT de descente

En Auvergne, la descente la plus spectaculaire est celle du Sancy (à déconseiller aux néophytes). Du Mont-Dore, prendre le téléphérique qui amène en quelques minutes au sommet puis, parmi la rocaille, emprunter les tracés aménagés l'hiver pour le ski (niveau de difficulté suivant expérience). Le port du casque est indispensable. Descente également au Lioran, dans les monts du Cantal.

En famille

Ces sites ou activités susceptibles de plaire à vos enfants sont signalés dans la partie « Découvrir les sites », grâce au pictogramme.

Famille Plus

Ce label récompense les stations les plus performantes dans le domaine de l'accueil des familles : des animations et des activités adaptées à chaque âge, des tarifs préférentiels pour les familles et des équipements assurant la sécurité des enfants. **Besse-Super-Besse**, **La Bourboule, Chambon-sur-Lac**, **Murol**, **Le Mont-Dore** et **Saint-Nectaire** sont labellisées.
www.familleplus.fr
www.stationverte.com *(p. 583)*.

Villes et Pays d'art et d'histoire

Ce label regroupe 190 villes et pays qui œuvrent activement à la mise en valeur et à l'animation de leur architecture et de leur patrimoine (www.vpah.culture.fr). Sept sont en Auvergne : Pays d'Issoire-Val d'Allier Sud, Pays de Billom-St-Dier d'Auvergne, le haut Allier, Pays de St-Flour, Moulins, Le Puy-en-Velay, Riom. Elles proposent pour les enfants des **visites découverte** et des **ateliers du patrimoine** les mercredis, samedis et pendant les vacances scolaires. En juillet-août, dans le cadre de l'opération « L'Été des 6-12 ans », ces activités sont également proposées pendant la visite des adultes.

SITES OU ACTIVITÉS À FAIRE EN FAMILLE

Chapitre du guide	Nature	Musées-Sites	Loisirs
Ambert	Parc zoologique des monts du Livradois d'Auvergne - Forêt de Gaspard - Jardin pour la Terre - Les Balades de Léa et Tino	Maison de la fourme et des fromages - Moulin Richard de Bas - Musée de l'école 1900 - Musée Jasserie du Coq-Noir	Forêt de l'Aventure - L'Âne Rit - Train de la découverte du Livradois-Forez - Vélorail d'Ambert
Ardes	Parc animalier d'Auvergne		
Aurillac		Muséum des Volcans	Centre aquatique
Lac d'Aydat			Base nautique, plage, aires de jeux.
Besse-et-St-Anastaise	Cheminée de fée de Cotteuges - Randonnées	Musée du Ski	Station de sports d'hiver de Super-Besse - Jeux de piste - Espace VTT
La Bourboule	Chèvrerie des Monts-Dore	La maison de la Toinette et la grange de Julien	Parc Fenestre - Pôle aqualudique - Festival Plein la bobine
Brioude	Plateau d'Ally - Sorties nature (Maison des oiseaux du haut Allier)	Maison du saumon et de la rivière. Château de Paulhac.	Canoë-kayak - Train touristique des gorges de l'Allier

SITES OU ACTIVITÉS À FAIRE EN FAMILLE			
Chapitre du guide	**Nature**	**Musées-Sites**	**Loisirs**
Monts du Cantal	Randonnée - Escalade		Sentier pédagogique des gorges de la Jordane
Monts du Cézallier	Réserve des Sagnes de La Godivelle - Randonnées		Vélorail du Cézallier - Centre équestre de Zanières
Clermont-Ferrand	Parc Montjuzet - Jardin botanique de la Charme - Jardin Lecoq	Muséum d'histoire naturelle Henri-Lecoq - Sucrerie de Bourdon - Espace Aventure Michelin	Stade nautique Pierre-de-Coubertin Festival Puy-de-Mômes
Châtaigneraie cantalienne	Randonnée	Maison de la Châtaigne à Mourjou - Châteaux de Conros et de Vieillevie	Base de loisirs de St-Étienne-Cantalès - Pédalorail des lacs à Nieudan - Équitation à Maurs
Puy de Dôme	Montée au sommet du Puy de Dôme par le chemin des Muletiers	Volcan de Lemptégy	Parcours accrobranches de Charade Aventure - Ruche des Puys
Gannat		Paléopolis	
Lapalisse		Château de La Palice - Préhistorama - Musée de la Meunerie	
Le Lioran	Ascension du Plomb du Cantal - Traîneau en hiver	Maison du buronnier	Domaine skiable - Parcours accrobranche
Mauriac	La Maison des Rapaces	Conservatoire des traditions rurales - Collection de voitures miniatures et de poupées au château de la Vigne	Plan d'eau du Val-St-Jean
Montagne bourbonnaise	Cascade de la Pisserotte - Grotte des Fées	Miniatures - Écomusée du Bois - Osarium	Bases de loisirs Aventure Extrême et la Loge-des-Gardes
Le Mont-Dore	Promenades en forêt du Queureuilh	Taillerie du Sancy	Domaine skiable - Funiculaire du Capucin - Jeu de piste - Ski joëring
Montluçon	Étang de Sault	MuPop - Musée du Canal de Berry	Centre aqualudique de la Loue - Carnaval du Bœuf Villé

SITES OU ACTIVITÉS À FAIRE EN FAMILLE			
Chapitre du guide	**Nature**	**Musées-Sites**	**Loisirs**
Moulins	Arboretum de Balaine	MIJ - Centre national du costume de scène et de la scénographie	Parc de loisirs Le PAL
Le Puy-en-Velay	Pinatelle du Zouave - Tourbière du Mont-Bar	Ascension du rocher Corneille - Château de Polignac - Château de St-Vidal	Train touristique - Fêtes du Roi de l'Oiseau
Riom-ès-Montagnes	Randonnées nature (ânes ou chevaux)		Train touristique Riom-ès-Montagnes-Lugarde
Ruynes-en-Margeride		Écomusée de la Margeride - Ferme de Pierre Allègre - École de Clémence Fontille	Margeride Aventure - Cirque Diego n'Co
St-Nectaire	Grottes du mont Cornadore - Fontaines pétrifiantes	Les Mystères de Farges	
St-Pourçain-sur-Sioule		Musée de la Vigne et du Terroir	
Salers	Le verger de Déduit	Maison du fromage, de la vache et de la gentiane salers - Maison de la Salers Château d'Anjony	
Gorges de la Sioule	Arboretum du bois de Brosse	Musée de Paléontologie de Menat	Plan d'eau des Fades
Thiers	Vallée des Rouets - Observatoire du col du Béal	Musée de la Coutellerie	Base et parc de loisirs Iloa et St-Rémy-sur-Durolle
Forêt de Tronçais	Randonnées		Base nautique de l'étang de St-Bonnet-Tronçais
Vichy	Parcs et berges d'Allier (jeux) - Observatoire des poissons migrateurs	Musée de la Tour prisonnière et souterrains de Cusset - Comptoir européen de la Confiserie	Parc des Sources
Vic-sur-Cère	Cascade du Trou de la Conche	Visites costumées du château de Pesteils - Château de Messilhac	Le P'tit Kiosque de la Cère
Vulcania	Sentiers de découverte	Toutes les animations	

Mémo

Agenda

Retrouvez ces manifestations dans « Nos adresses à… » dans la partie « Découvrir les sites ».

JANVIER

Besse-et-St-Anastaise – La St-Cochon ou « L'Art du lard » - ✆ 04 73 79 52 84 - www.sancy.com.

Clermont-Ferrand – Festival international du court-métrage - ✆ 04 73 91 65 73 - www.clermont-filmfest.com.

FÉVRIER OU MARS

Massif du Sancy – Sancy Snow Jazz - ✆ 04 73 65 20 21 - www.sancy-snowjazz.com.

MARS

Clermont-Ferrand – Vidéoformes : festival international des arts vidéo et multimédias (mi-mars) - ✆ 04 73 17 02 17 - www.videoformes.com.

Massif du Sancy – La Sancy Blanche - ✆ 04 73 21 54 32 - www.sancy.com.

Volvic – Trail de Vulcain - ✆ 06 32 30 61 39 - www.trail-de-vulcain.fr.

Moulins – Festi'BD (le dernier w.-end) - ✆ 04 70 48 25 00 - www.festibd.fr.

JEUDI SAINT-VENDREDI SAINT

Le Puy-en-Velay (Vendredi saint), **Saugues** (Jeudi saint) – Procession traditionnelle des pénitents blancs.

AVRIL

Cournon-d'Auvergne – Puy-de-Mômes, festival de spectacles pour jeune public : théâtre, marionnettes, danse, musique (2e quinz.) - ✆ 04 73 69 90 40 - www.cournon-auvergne.com.

Montluçon – Carnaval du Bœuf Villé (déb. avr.) - ✆ 04 70 02 19 47

Randan – Salon Livre et chansons (1er w.-end) - ✆ 04 70 58 93 38 - www.lachansondeslivres.fr.

Vichy – Vichy fête Napoléon III : 300 figurants et danseurs défilent en costumes, musique d'époque - ✆ 0825 77 10 10 - www.vichy-destinations.fr.

MAI

Allanche – Fête de l'Estive (fin mai) - ✆ 04 71 20 48 43 - www.tourismecezallier.com.

Allanche – Marché de potiers, mi-juillet - ✆ 04 71 20 48 43 - www.tourismecezallier.com.

Clermont-Ferrand – Fête de Notre-Dame-du-Port (dim. qui suit le 15), procession à travers les vieux quartiers - ✆ 04 73 91 32 94.

Orcival – Pèlerinage de la Vierge d'Orcival : la veille, procession aux flambeaux et messe à 22h30 (jeu. de l'Ascension) - ✆ 04 73 65 81 49.

Puy-de-Dôme – Les Arts en balade - ✆ 04 73 93 85 57 - www.lesartsenbalade.fr.

Thiers – Coutellia, salon international du couteau d'art et de tradition - ✆ 04 73 53 91 78 - coutellia.over-blog.com.

Vichy – Une saison en été : théâtre, musique classique ou lyrique, variétés (saison de l'opéra de Vichy jusqu'à oct.) - ✆ 04 70 30 50 30 - www.ville-vichy.fr.

Volvic – Volcanique Experience (w.-end de l'Ascension). Événements sportifs, culturels et festifs sur le territoire exceptionnel de chaîne des Puys - www.volvic-vvx.com

JUIN

La Bourboule – Plein la bobine : festival de cinéma jeune public (fin mai-début juin) - ✆ 04 73 65 51 46 - www.pleinlabobine.com.

Clermont-Ferrand – Fêtes médiévales du Dauphin d'Auvergne dans le vieux Montferrand (1er w.-end) - ✆ 04 73 23 19 29 - www.montferrandmedieval.org.

Issoire – Musicales d'Issoire (de mi-juin à mi-juil.) - ✆ 04 73 55 10 83 - www.musicales-issoire.com.

Riom – Fête de St-Amable : procession des « brayauds » en costume du 17e s. (11 juin ou dim. suivant) - ✆ 04 73 38 99 94 - www.riom-communaute.fr.

St-Flour – Hautes Terres - Festival des cultures de montagne - ✆ 04 71 60 68 43 - www.festivalhautesterres.fr.

St-Nectaire – Grande fête du fromage st-nectaire - ✆ 04 73 88 50 86 - www.sancy.com.

Salers – Fête de l'été et du casse-croûte - ✆ 04 71 40 58 08.

JUILLET

Allier – Les Nuits des musiques vivantes - ✆ 04 70 31 15 00.

Besse-et-St-Anastaise – Foire aux fromages et aux vins - ✆ 04 73 79 52 84 - www.sancy.com.

Craponne-sur-Arzon – Festival Rendez-Vous Country - ✆ 04 71 03 25 52 - www.festivaldecraponne.com.

Gannat – Festival les Cultures du monde - ✆ 04 70 91 12 67 - www.cultures-traditions.org.

Issoire – Festival international de folklore - ✆ 04 73 89 92 85 - festival-issoire.fr.

Le Puy-en-Velay – Interfolk : festival folklorique international (3e sem.) - ✆ 04 71 02 02 84 - www.interfolk.fr.

La Roche-Blanche – Les Arverniales, spectacle d'histoire vivante – ✆ 04 73 79 42 98 - www.ot-gergovie.fr.

Riom-ès-Montagnes - Fête de la gentiane - ✆ 04 71 78 07 37.

Royat – Volcadiva : les grandes voix au prieuré St-Léger - ✆ 04 73 29 74 70 - www.volcadiva.com.

St-Flour – Hautes Terres - Festival des cultures de montagne - ✆ 04 71 60 68 43 - www.festivalhautesterres.fr.

JUILLET-AOÛT

La Bourboule – Festival des sports nature Sancy Outdoor - ✆ 04 73 81 31 03 - www.sancy-outdoor.com.

Clermont-Ferrand – Contre-Plongées de l'été – ✆ *04 73 42 63 63* - www.clermont-ferrand.fr/contreplongees.

Hérisson-Châteloy – Musique en Bourbonnais : concerts de musique classique de mi-juil. à déb. août - ✆ 04 70 06 80 05 - www.festival-musique-bourbonnais.com.

Issoire – Terres romanes d'Auvergne-festival d'art roman de fin juil. à déb. août - ✆ 04 73 89 56 04 - www.terres-romanes-auvergne.com.

Lavaudieu – Concerts de musique classique en l'abbaye - www.abbayedelavaudieu.fr.

Massif du Sancy – Horizon Art-Nature (de juin à sept.) : 10 artistes conçoivent 10 œuvres plastiques éphémères sur le massif - www.horizons-sancy.com.

Pionsat – Fêtes musicales du château de Pionsat - festival de musique classique - musicalesdepionsat.com.

Souvigny – Foire médiévale de Souvigny (fuin juil.-déb. août), festival des troubadours et saltimbanques - ✆ 04 70 43 62 10 - www.souvigny.com.

Vichy – Les Jeudis de Vichy : animations musicales, marché d'artisanat - ✆ 04 70 98 71 94 - www.vichy-destinations.fr.

AOÛT

Allanche – Foire à la brocante (le 1er w.-end d'août) - ✆ 04 71 20 48 43 - www.tourismecezallier.com.

Aurillac – Festival international de théâtre de rue - ✆ 04 71 43 43 70 - www.aurillac.net.

Billom – Foire à l'ail et au vin, 2e w.-end - ✆ 04 73 68 39 85.

Lapalisse – Fête du cou de l'oie à Arfeuilles, à 15 km au sud-est de Lapalisse - 15 août - ✆ 04 70 55 52 00 (mairie).

Laroquebrou – Festival de boogie-woogie (mi-août) - ✆ 04 71 46 07 97 - www.boogie-laroquebrou.com.

Le Mont-Dore – Course de côtes : automobile (déb. mois) - ✆ 04 73 65 09 62 - www.coursedecote-montdore.com.

Pontaumur – Festival Bach en Combrailles (2e sem.) - ✆ 04 73 79 91 10 - www.bachencombrailles.com.

Le Puy-en-Velay – Fêtes mariales : procession de Notre-Dame-du-Puy (15 août).

Riom-ès-Montagnes – Fête du bleu d'Auvergne - ✆ 04 71 78 11 98.

St-Flour – Festa del Païs - ✆ 04 71 60 68 43 - www.saintflour.net.

St-Nectaire – Fête du pain (1er dim. d'août) - hameau de Saillant - ✆ 04 73 88 50 86.

St-Pourçain-sur-Sioule – Festival viticole et gourmand (3e sem. d'août) - ✆ 04 70 45 32 73 - www.ville-saint-pourcain-sur-sioule.com.

Vichy – Fête de l'hippodrome : la journée des enfants (15 août) - ✆ 04 70 30 15 58.

AOÛT-SEPTEMBRE

La Chaise-Dieu – Festival de musique dans l'abbatiale et la salle Cziffra. ✆ 04 71 00 01 16 - www.chaise-dieu.com.

SEPTEMBRE

Clermont-Ferrand – Saison de la Comédie de Clermont (Scène nationale) : théâtre, musique et danse contemporaine (jusqu'à fin juin de l'année suivante) - ✆ 04 73 17 01 80 - www.lacomediedeclermont.com.

Cournon-d'Auvergne – Foire internationale de Clermont-Cournon (2e sem.) - ✆ 04 73 69 36 00 - www.foire-de-clermont.com.

Le Puy-en-Velay – Fêtes Renaissance du Roi de l'Oiseau : théâtre de rue, reconstitutions historiques - ✆ 04 71 09 38 41 - www.roideloiseau.com.

Souvigny – Les Journées musicales d'automne : musique baroque et classique sur l'orgue Clicquot - ✆ 09 61 39 93 81 - www.souvigny-festival.com.

OCTOBRE

Clermont-Ferrand – Jazz en tête, festival international de jazz - ✆ 09 82 47 01 97 - www.jazzentete.com.

Mourjou – Foire de la châtaigne - ✆ 04 71 49 69 34 - www.foirechataignemourjou.fr.

Puy-de-Dôme – Les Automnales : théâtre et musique dans tout le département - ✆ 04 73 42 23 29 - www.puydedome.fr.

NOVEMBRE

Aurillac – Las Rapatonadas : les fêtes du conte dans le Cantal, en français et en occitan de fin nov. à déb. déc. - ✆ 04 71 48 93 87.

Clermont-Ferrand – Traces de vie, festival du film documentaire (nov.-déc.) - ✆ 04 73 69 99 02 - www.tdv.itsra.net.

Montsalvy – Ronde de la châtaigneraie : course pédestre, circuits cyclotouristes (fin nov.) - ✆ 04 71 49 21 43.

Le Puy-en-Velay – Rassemblement international de montgolfières (w.-end du 11) - ✆ 04 71 09 38 41 - www.montgolfiere-en-velay.fr.

Vichy – Une saison en hiver : théâtre, musique classique ou lyrique, variétés (saison de l'opéra de Vichy jusqu'à mai) - ✆ 04 70 30 50 30 - www.ville-vichy.fr.

Bibliographie

Voici une sélection de livres liés à l'Auvergne.

BD – JEUNESSE

Le Bouclier arverne (une aventure d'Astérix), R. Goscinny et A. Uderzo, Hachette, 1968.
Contes et légendes d'Auvergne, J.-P. Siméon, Nathan, 1996.
Contes traditionnels d'Auvergne, B. Solet, Milan Éditions, 1998.
Gaspard des montagnes, 4 volumes, Père Castor/Flammarion, 1re éd. 1931.
Sans Atout dans la gueule du loup, Boileau-Narcejac, Folio Junior, 1re éd. 1984.

GASTRONOMIE

Trésors de bouche, J. Anglade et P. Soissons, De Borée, 2001.
Les Fromages d'Auvergne, Éditions du Miroir, 2002.
Gourmand et léger, Toques d'Auvergne, L. Olivier, Hauteur d'Homme, 2007.
Sur les chemins de l'Auvergne gourmande, G. Dupuy et P. André, Éditions Lucien Souny, 2007.

HISTOIRE – PATRIMOINE

Brioude, la basilique St-Julien dans la lumière de Kim En Joong, C. Keller et J. Damase, Éditions du Cerf, 2009.
Vierges romanes, portraits croisés, H. Leroy et F. Debaisieux, Editions Debaisieux, 2009.
Les Trésors de l'Auvergne romane, Éditions Debaisieux, 2006.
Histoire de l'Auvergne, J. Anglade, Hachette Littératures, 2002.
Histoire secrète de l'Auvergne, J. Peyrard, Albin Michel, 2000.
Présences romane,s en Auvergne, Bourbonnais, Velay, C. Keller, P. Cloux et J. Damase, Éditions Lucien Souny, 2006.
Mémoires paysannes, J. Anglade, De Borée, 2001.
Sur les traces de Michelin à Clermont, O. Bonnet et P. Gazagnes, Éditions du Miroir, 2002.
Le Livradois, un pays, des hommes, J. Olléon, Éditions du Miroir, 2003.
Connaissez-vous ces Auvergnats célèbres ?, G.-L. Hémeret, Éditions Créer, 1990.
Une Auvergne si étrange, D. Roger, Éditions Ouest-France, 2005.
Images du patrimoine – Le service régional de l'Inventaire publie des ouvrages sur des cantons d'Auvergne. Des petites brochures détaillent des itinéraires du patrimoine. Vente par correspondance - ✆ 04 73 41 27 27.

LITTÉRATURE

Le Jardin de Mercure, J. Anglade, Pocket, 1993.
Une étrange entreprise, J. Anglade, Presses de la Cité, 2005.
La Pomme bleue, R. Béteille, Éditions du Rouergue, 2011.
Un domaine sous le vent, P. Cloux, La Table Ronde, 2002.
La Reine Margot, A. Dumas, Folio Classique, 2009.
La Soupe aux choux, R. Fallet, Folio, 1980.
Le Braconnier de Dieu, R. Fallet, Folio, 1973.
L'École en héritage, G. Georges, Presses de la Cité, 2005.
La Vie d'un simple, H. Guillaumin, Livre de Poche, 1977.
Un si joli village, D. Humbert, Presses de la Cité, 1992.
La Malvialle, D. Humbert, Presses de la Cité, 1991.
Pays perdu, P. Jourde, Gallimard, 2005.
Un tour de la France, P. Jourde, Gallimard, 2011.

La première pierre, P. Jourde, Gallimard, 2013.
Les derniers Indiens, M.-H. Lafon, Buchet-Chastel, 2008.
L'Annonce, M.-H. Lafon, Buchet-Chastel, 2009.
Les Brûlures de l'été, J.-P. Leclerc, L'Archipel, 2000.
Un amour naguère, J.-P. Leclerc, Presses de la Cité, 2005.
De mes montagnes..., J. Mallouet, Payot, 1997.
Le Château des Bois-Noirs, R. Margerit, Phébus, 1954.
Mont-Oriol, G. de Maupassant, Folio Classique, 1996.
Gaspard des montagnes, H. Pourrat, Livre de Poche, 1991.
Les Copains, J. Romains, Folio, 1972.
Maigret à Vichy, G. Simenon, Le Livre de Poche, 1968.
Voyage avec un âne dans les Cévennes, R.-L. Stevenson, Flammarion, 1993.

NATURE

Lacs en Auvergne, M. Brulé-Peyronie et P. Durantel, Éditions du Miroir, 2002.
La Chaîne des Puys, M. Brulé-Peyronie, F. Legros, J. Damase et F. Lescuyer, Éditions du Miroir, 2002.

OUVRAGES GÉNÉRAUX – TOURISME

Connaître l'Auvergne, M.-C. Ricard et R. Rosenthal, Sud-Ouest Éditions, 2000.
Couleur Massif Central, F. Graveline et J. Chabanne, Éditions du Miroir, 2002.
Guide de l'Auvergne mystérieuse, A. Lauras-Pourrat, Tchou, 1998.
L'Auvergne absolue, A. Vialatte, Julliard, 1993.

PHOTOGRAPHIE

Auvergne, les plus beaux sites, N. Graveline, F. Debaisieux, L. Debaisieux et M. Debaisieux, Éditions Debaisieux, 2004.
L'Archipel de Clermont, P. Mazataud et J. Damase, Éditions du Miroir, 1998.
Couleur Auvergne, G. Dupuy et J. Damase, Éditions Chamina, 2009.
Allier, terres d'émotions, Jérôme Mondière, Noël Graveline, Vue de Face, 2005.

PRESSE

Quotidiens

La Montagne Centre-France est le principal quotidien de la région. Les nombreuses éditions concernent Montluçon, Moulins et Vichy pour l'Allier ; Riom, Clermont, Issoire et Thiers-Ambert pour le Puy-de-Dôme. Il existe également une édition pour le Cantal et la Haute-Loire. Et pour des infos plus « mordantes », procurez-vous un numéro de *La Galipote*, qui est un peu *Le Canard enchaîné* du coin.

Revues

Deux magazines : *Massif Central* (bimestriel) et *En Auvergne* (trimestriel).

VIE RURALE ET TRADITIONS POPULAIRES

Sur les pas des bergers, estive et transhumance, J. Cantaloube et B. Colliot, Éditions Ouest-France, 2002.
La Première Année, L. Gachon, Éditions du Miroir, 1996.

Filmographie

Depuis 1943, année où Jean Delannoy filmait *L'Éternel Retour* avec Jean Marais, l'Auvergne est devenu un « grand plateau de tournage ». Voici un aperçu du travail réalisé par divers cinéastes dans la région :

Bon voyage (2003) de J.-P. Rappeneau, avec I. Adjani et G. Dérangère : à Vichy (Allier).

Le Capitan (1960), d'A. Hunebelle, avec J. Marais et Bourvil : au château de Val (Cantal).

La Cité de l'indicible peur (1964), de J.-P. Mocky, avec Bourvil et F. Blanche : Salers (Cantal).

La Grande Vadrouille (1966), de G. Oury, avec Bourvil et L. de Funès : au barrage de Grandval (Cantal).

Grand Prix (1966), de J. Frankenheimer, avec J. Garner et Y. Montand : au circuit de Charade (Puy-de-Dôme).

Harry, un ami qui vous veut du bien (1999), de D. Moll, avec Sergi Lopez, L. lucas et M. Seigner : dans le Carladès (Cantal).

La Nouvelle Guerre des boutons (2011), de C. Barratier, avec G. Canet et K. Merad : à Blesle, Lavaudieu et Lavoûte-Chilhac (Haute-Loire) et Chalinargues (Cantal).

Ma nuit chez Maud (1969), d'É. Rohmer, avec J.-L. Trintignant, F. Fabian et M.-C. Barrault : à Clermont-Ferrand (Puy-de-Dôme).

La Princesse de Montpensier (2009), de B. Tavernier, avec M. Thierry et L. Wilson : au château de Messilhac (Cantal).

Quand j'étais chanteur (2006), de X. Giannoli, avec G. Depardieu : à Clermont-Ferrand, à Vulcania et au puy Pariou.

L'Argent de poche (1975), de F. Truffaut, avec J.-F. Stévenin et V. Thévenet : à Thiers (Puy-de-Dôme).

Uranus (1990), de C. Berri, avec P. Noiret et G. Depardieu : Maringues (Puy-de-Dôme).

Être et Avoir (2002), de Nicolas Philibert, documentaire : à St-Étienne-sur-Usson (Puy-de-Dôme).

Les Choristes (2004), de C. Barratier, avec G. Jugnot et F. Berléand : au château de Ravel (Puy-de-Dôme).

Les Brigades du Tigre (2006), de J. Cornuau, avec É. Baer et C. Cornillac : à Vichy (Allier).

Michou d'Auber (2007), de T. Gilou, avec N. Baye et G. Depardieu : Ainay-le-Château (Allier).

INDEX GÉNÉRAL

Clermont-Ferrand : villes, curiosités et régions touristiques.
Vialatte, Alexandre : noms historiques ou termes faisant l'objet d'une explication.
Les sites isolés (châteaux, abbayes, grottes…) sont répertoriés à leur propre nom.
Nous indiquons par son numéro, entre parenthèses, le département auquel appartient chaque ville ou site. Pour rappel :

03 : Allier
15 : Cantal
19 : Corrèze
42 : Loire
43 : Haute-Loire
63 : Puy-de-Dôme

A

B

C

D

E

F

G

H

I

N

S

T

U

CARTES ET PLANS

CARTE GÉNÉRALE

CARTES DES CIRCUITS

CARTES DES MICRORÉGIONS

PLANS DE VILLE

PLANS DE MONUMENTS

CARTES THÉMATIQUES

CARTES DES ITINÉRAIRES

LÉGENDE DES CARTES ET PLANS

Curiosités et repères

- Itinéraire décrit, départ de la visite
- Église
- Mosquée
- Synagogue
- Temple
- Temple : bouddhique - hindou
- Bâtiment
- Monastère - Phare
- Fontaine
- Point de vue
- Château - Ruine ou site archéologique
- Barrage - Grotte
- Monument mégalithique
- Tour génoise - Moulin
- Temple - Vestiges gréco-romains
- Autre lieu d'intérêt, sommet
- Distillerie
- Palais, villa, habitation
- Cimetière : chrétien - musulman - israélite
- Oliveraie - Orangeraie
- Mangrove
- Auberge de jeunesse
- Gravure rupestre
- Pierre runique
- Église en bois
- Église en bois debout
- Parc ou réserve national
- Bastide

Sports et loisirs

- Piscine : de plein air - couverte
- Plage - Stade
- Port de plaisance - Voile
- Plongée - Surf
- Refuge - Promenade à pied
- Randonnée équestre
- Golf - Base de loisirs
- Parc d'attractions
- Parc animalier, zoo
- Parc floral, arboretum
- Parc ornithologique réserve d'oiseaux
- Planche à voile, kitesurf
- Pêche en mer ou sportive
- Canyoning, rafting
- Aire de camping - Auberge
- Arènes
- Base de loisirs, base nautique ou canoë-kayak
- Canoë-kayak
- Promenade en bateau

Informations pratiques

- Information touristique
- Parking - Parking - relais
- Gare : ferroviaire - routière
- Voie ferrée
- Ligne de tramway
- Départ de fiacre
- Métro - RER - Tramway
- Station de métro (Calgary, ...) (Montréal)
- Téléphérique, télécabine
- Funiculaire, voie à crémaillère
- Chemin de fer touristique
- Transport de voitures et passagers
- Transport de passagers
- File d'attente
- Observatoire
- Station-service - Magasin
- Poste - Téléphone
- Internet
- H Hôtel de ville
- B Banque, bureau de change
- J POL. Palais de justice - Police
- GNR Gendarmerie
- T M Théâtre - Musée
- U Université
- Musée de plein air
- Hôpital
- Marché couvert
- Aéroport
- Parador, Pousada (Établissement hôtelier géré par l'État)
- A Chambre d'agriculture
- D Conseil provincial
- G Gouvernement du district, Délégation du Gouvernement Police cantonale
- L Gouvernement provincial (Landhaus)
- P Chef-lieu de province
- Station thermale
- Source thermale

Axes routiers, voirie

- Autoroute ou assimilée
- Échangeur : complet - partiel
- Route
- Rue piétonne
- Escalier - Sentier, piste

Topographie, limites

- Volcan actif - Récif corallien
- Marais - Désert
- Frontière - Parc naturel

Comprendre les symboles utilisés dans le guide

LES ÉTOILES

★★★ Vaut le voyage **★★ Mérite un détour** **★ Intéressant**

HÔTELS ET RESTAURANTS

9 ch.	Nombre de chambres		Wi-Fi
7,5 €	Prix du petit-déjeuner en sus		Piscine
50 €	Prix de la chambre double, petit-déjeuner compris	CC	Paiement par cartes de crédit
bc	Menu boisson comprise		Carte de crédit non acceptée
	Air conditionné dans les chambres	P	Parking réservé à la clientèle
	Restaurant dans l'hôtel	Tram	Station de tramway la plus proche
	Établissement servant de l'alcool (à l'étranger)	M	Station de métro la plus proche

SYMBOLES DANS LE TEXTE

	À faire en famille		Organisme de tourisme
	Pour approfondir		Astuce, conseil
	Promenade à pied		Adresse coup de cœur
	Randonnée à vélo	A2 B	Repère sur le plan
	Facilité d'accès pour les handicapés		

NOTE AU LECTEUR

Michelin a apporté le plus grand soin à la rédaction de ce guide et à sa vérification. Toutefois, les informations pratiques (formalités administratives, prix, adresses, numéros de téléphone, adresses Internet, etc.) doivent être considérées comme des indications du fait de l'évolution constante de ces données.

Il n'est pas totalement exclu que certaines d'entre elles ne soient plus, à la date de parution du guide, tout à fait exactes ou exhaustives. N'hésitez pas à nous signaler toute omission ou inexactitude que vous pourriez constater, ainsi qu'à nous faire part de vos avis et suggestions sur les adresses contenues dans ce guide.

Avant d'entamer toute démarche, formalités administratives ou douanières notamment, vous êtes invité à vous renseigner auprès des organismes officiels. Ces informations ne sauraient, de ce fait, engager notre responsabilité.

Collection sous la direction de Philippe Orain

Responsable d'édition et rédactrice en chef du guide : Françoise Rault

Secrétaire d'édition : Emmanuelle Souty

Rédaction : Renée Grimaud, Gaelle Redon, Marie-Anne Damase, Louise Druet, Serge Guillot, Manuel Sanchez, Marion Vacherot

Remerciements : Cécile Basseville, CDT de l'Allier ; Laure Boyer, Vichy Destinations ; Isabelle Carreau-Parcoret, Maison du tourisme de Clermont-Ferrand ; Laure Chapuis, Maison du tourisme de la Haute-Loire ; Marie Fauchon, Parc naturel régional des Volcans d'Auvergne ; Sylvie Favat, Cantal Destination ; Régine Galvaing, Office de tourisme de Saint-Flour ; Fabienne Gelin, responsable des fonds patrimoniaux, Vichy ; Jérôme Joannet, Office de tourisme de Vichy ; Stéphanie Lachal, architecte, projet de La Chaise-Dieu ; Florence Saragoza, directrice du musée Crozatier, Le Puy-en-Velay ; Karine Wassner, Office de tourisme du Puy-en-Velay

Ont contribué à ce guide : Denis Rasse, Evelyne Girard, Florica Paizs, Costina-Ionela Tarcea (**Cartographie**), Véronique Aissani, Carole Diascorn (**Couverture**), Maria Gaspar, Marie Simonet, Sophie Roques, Pierre Olivier Signe (**Iconographie**), Bénédicte Lathes, Isabelle Foucault, Marion Desvignes-Canonne (**Données objectives**), Bogdan Gheorghiu, Cristian Catona, Hervé Dubois, Pascal Grougon (**Prépresse**), Dominique Auclair (**Pilotage**).

Conception graphique
Christelle Le Déan, Sandro Borel (maquette intérieure)
Laurent Muller (couverture)

Régie publicitaire et partenariats
business-solutions@tp.michelin.com
Le contenu des pages de publicité insérées dans ce guide n'engage que la responsabilité des annonceurs.

Contacts
Qu'avez-vous pensé de ce guide ? Répondez à notre questionnaire en ligne, en allant sur le site : satisfaction.michelin.com

Vous souhaitez nous contacter ? Envoyez-nous un email à l'adresse : tourisme@tp.michelin.com

Parution 2019

VOTRE AVIS EST ESSENTIEL
POUR AMÉLIORER NOS PRODUITS

Aidez-nous en répondant à notre questionnaire sur le site :
satisfaction.michelin.com

Michelin Travel Partner
Société par actions simplifiée au capital de 15 044 940 EUR
27 Cours de l'Ile Seguin - 92100 Boulogne Billancourt (France)
R.C.S. Nanterre 433 677 721

Dépôt légal : 02-2019 – ISSN 0293-9436
Compograveur : IGS-CP, L'Isle-d'Espagnac
Imprimeur : Lego Print, Lavis (Italie)
Imprimé en Italie : 01-2019

Usine certifiée 14001
Sur du papier issu de forêts bien gérées